法学博士　里見岸雄　著

日本国体学第七巻

比較国体論

発行　日本国体学会
発売　展転社

法学博士
里見岸雄著

日本国体学（国体科学大系）第七巻

比較国体論

発行　日本国体学会
発売　展転社

題辞

此書は、故智学居士田中巴之助が五十年に亘つて唱導し、その三男たる不肖の著者が三十余年思索研究に専念した日本国体に関する父子二代継業の学的報告である。全十四巻より成る。現下の国情では、たとへ一巻一冊でもこの種の著作物出版には多大な困難が伴ふのであるが、敢てこの不利と戦ひつつこの書を公刊する所以のものは、日本再建に於ける自己原理としての国体を学的に明かにし、以て祖国無窮の将来の為に留め、且つ日本人が自ら世界に与へた誤解を解いて日本国体の真実を全人類の理性の前に公開してその批判と認識とを要請せんが為である。著者は茲に謹みて天皇陛下甚深の御苦悩を拝察すると共に、聖躬率先して日本再建の先頭に立たせたまふ英姿を仰ぎ奉つて唯々感涙滂沱、終戦に際して賜れる聖訓を念々憶持し、微々碌々の身ながらこの一書を以て無外の皇恩国恩への報謝に擬するのみである。
将来いづれの日にか必ず日本が更めて世界の面前で、真の意味に於ける国体を明徴にすべき時あるべきを著者は確信して疑はぬ。若しこの確信が外れたら、後世予の墓をあばいて枯骨に鞭うたるるも敢て厭はない。右の好機到来の日には、日本国政府は、この書の著者なほ存生ならば著者を、もし没後であるならば著者の学的後継者を徴し出して、希くは参考の言を聞かれん事を、至誠懇祷してやまない。

昭和二十三年三月十七日　全巻の稿を終りて

里見岸雄

謹識

序文

皇紀二千六百八年西紀一九四八年、昭和二十三年三月十七日、予は予の第五十一回の誕生日を以て、「日本国体学全十四巻の序文を記し得ることとなつた。顧みれば日本歴史の中に於てこの書程数奇の運命を負うて世に出づる著書といふものは、類稀れなのではなからうか。抑々「日本国体学」とは予の亡父が明治四十年代に彼の国体論の学称としたものであるが、父は生前折にふれ「明治三十六年橿原太陵の畔に於て二百の門下に対し書紀神武巻に基き建国の三綱を開顕したのが日本国体学創建の始めだ」といふことを言つてゐた。

予が国体問題に関心を懐き始めたのは十五歳の時、所謂大逆事件に縁してであつたが、爾来予の興味は次第にこれに志向し、大正八年早大哲学科の卒業論文の一節に国体論を取扱ひ大正十一年欧州に留学、ロンドンで「Japanese Civilization Its Significance and Realization」及び「Discovery of Japanese Idealism」の二書をケガンポール社より公刊、更に伯林に於て「Altjapanischer Idealismus und seine Entwicklung」を著し、帰朝後大正十五年三十歳で主として父の学説を祖述解説した「日本国体学概論」一巻を著して以来、漸次国体の学的研究を専門とするやうになり、いづれの日にかは必ずこれを大成せんことを期するに到つた。

当時深くマルクス学の所説に心を動かした予は、昭和二年つひに国体科学の名を用ゐて予の国体研究に於ける独自の方向を示したが、この頃から既に右翼の一部には予の説を反国体的なりとして攻撃する者が現れ、その後さまざまな紆余曲折を経て昭和十五年二千六百年奉祝の年を迎へる事となつた。十三年秋この奉祝に擬するとて千二百頁程の拙著「国体法の研究」を公刊したが、これは後に学位論文とした。やがて奉祝の年は来たが祝祭は二月だといふ世上の取沙汰に反し政府は十一月十、十一、十二の三日と決定した。その頃予の主宰してゐた日本国体学会では橿原に於て奉祝を行ふ内定だつたので、予はその日取を最初十日と定めたのであるが、既に係員が原稿を書いてしまつた時、理由は自分にもわからないが、ふと係員を呼び、十日を十一日に改めよと命じたのであつた。愈々二日の後に大和へ出発するといふ時、予は何者にも告げず書斎に於てひそかに「日本国体学大成願文」を書いてゐた。その中で前記した父の講演の事に言及しようとしたが、明治三十六年とだけは記憶してゐたものの月日が不明だつたので文献を調査したところ、何とそれが実に十一月十一日であつた。無論客観的には偶然の一致に過ぎないだらうが、主観的には何か不思議な因縁ででもあるかのやうな気にもなり、一入の感激を以て、予定の通り太陵の大御前で願文を奏上し終つた。かくて構想二年、案成つて昭和十七年十一月十一日、伊勢橿原桃山の三聖地を巡拝してその夕刻、一門の同志と共に、宇治菊屋の明治天皇行在所の聖室に於て起稿の式を挙げたのであるが、時は既に、国運を賭して米英と戦争の最中であつた。

予はそれ以後、生涯の勢力を唯この書の執筆に傾注し、二十一年秋を完成の目標として、戦火をよそに、明けても暮れても書室に籠居する日が続いたのであるが、然もこの前後から右翼官僚軍閥の迫害漸く白熱化しつひに頂点に達し、「国体学創建史」下巻に述べてあるやうな四面楚歌の中に矛盾と闘ふの余儀なきに立ち到り、連日朝から夕迄検事局に呼び出されるやうな始末で甚しく執筆を阻害されたけれども、意気愈々軒昂として筆を進めた。十八年七月漸く数年来の右の事件が一段落を告げると、既に国運は傾き出し、十九年七月サイパン、次でテニヤンの失陥、それからはつるべ落しに敗戦色が濃厚となつて行つたが、十一月二十四日予の居住地たる武蔵野の中島航空会社がB二九の初の空襲を受けてからは、わが小居も連日連夜の空襲にさらされ、時には付近に爆弾も落下することとなり、二十年二月艦載機千六百機の二日に亘る来襲の時など文字通り死生の間を彷徨したが、予は死を覚悟して防空壕外に机を据ゑて執筆し終りを完うせん事をさへ期した。米軍硫黄島に来寇するに及び興廃の岐路この時に在りと信じ、かねて面識ある及川軍令部総長等に建言する処ありしもその採用せられざるを知つて俄かに疎開の決意を為し言語に絶する困難を冒し、数万の蔵書を負うて家族と共に、シベリヤを連想させる北国の吹雪の中を六尺の積雪軒端を掩うてゐた秋田県扇田に移つた。沖縄の戦況終に不利なるを見るに及び、敗戦年内に在りと断じたのは五月であつたが、栄光二千六百年の歴史に汚点を印し、金甌無欠万邦無比と誇つてきた国体の命運又逆睹し難きものあるに到つた日わが生涯の著作は猶ほ孜々として執筆を強行、曾て一日と雖も怠つた日とてなかつた。

だが、やがて敗戦の悲しき日が訪れた。十五日玉音放送を拝聴した時は、かねてひそかに期したところとはいへ、思はず茫然自失、食を欠いて悶々、ただ椅子に身を投じて涯しなき北国の大空を仰ぎ見るばかりであつたが、数時間の後には、国運の急変に驚いて予の許に走せ来り、泣いて将来の方途如何を問ふ者もあり、独居孤愁を擅にする事を許されず、為めに説いて、国体の真発揚は実に今後に在り、使命の重且つ大、よろしく各自に深く開覚の要ある旨を以てした。然らば夫子自ら先づ起たねばならぬ。翌十六日は早朝五時に床を蹴り、悲壮勇躍、執筆を再開したが一二週間といふものは、一日の筆を擱いて寝所に入ると、脳裏を去来するものは国家の安否であり、深夜夢より醒めればあはれにも日本全土の地形が瞼に浮び、安眠を妨げられた。天皇陛下マッカーサー司令官御訪問の記事がその折の御写真と共に新聞に報道された時は、思はず胸を抉られたが、今更ながら、忍び難きを忍び堪え難きを堪えよとの聖訓どほりの生活が始まつてゐる事を痛感せざるを得なかつた。

各方面の思想的混乱が漸く目に見えて著しくなり出したが、その中でも痛ましいばかりに心の平静を失つたのは多年文部省の訓令を後生大事に国体明徴の奈辺を形成して来た教育会で、「もうこれからは国体教育も学校ではやれぬから地下に潜行するか家庭の教育に俟つほかない」といふ声が、泣くが如く、咽ぶが如く、訴ふるが如くに多くの教員の口を衝いて出た。その頃予の在扇を知つた北秋田郡教育会を始め秋田県下の各郡教育会などから講演の依頼が殺到したが、予は請に応じて登壇するや開口一番「マッカーサーの門前で大声でやれないやうな国体論はどうせインチキにきまつてゐるからやめた方がよい。さういふ国体論こそ実に亡国の元凶だつたのである。今後私は占領下に於て益々声を大にして国体を説く積りだが、私の国体論ならば必ず大手を振つて司令部の門を通過すると確信してゐる」といひ、国体の科学的研究の必要を力説骨頂するのを常とした。遥かに東京の情勢などを窺ひながら進止の道を考へてゐるうち、北国の秋は早くも窓にしのびよつてきた。そして素足で座敷を馳け上るやうな速さで朝夕の肌身に沁みわたり始めたが、扇田の人々は、もつと永く滞在せよとすすめてくれる。疎開中に懇意になつた扇田の人々は、ほんとうに親切であつた。我家を捨てていつ帰れるとも定め難い旅の身空である事を忘れさせる程に親切であつた。数多い疎開者の苦悩の物語が何か遠いよそごとの様に思へたわれわれはこの点まことに異数の疎開者であつたらう。だが、扇田に永住するといふことも出来ない。二十年十月末、送別の為にとて雨の十和田湖に誘はれ、「淺酌國のかなしみを心にかへす歌の聲」と感慨の詩四首を賦し、八ヶ月交遊の人々に名残を惜しまれ惜しみつつ、幸にして戦災を免れた東京武蔵野の我家に帰つた。

貨車の到着、荷解き、整理もそこそこに、しかし連合軍占領下の帝都といふ新しい感覚的刺激の中に、再びこの書の執筆が始まつた。だが二十一年は、国情座視するに忍びず、乞はるるままに南船北馬し、為めに執筆は遅れ勝ちとなつたが、菊花の霜に奮る蕭條たる秋には、身を以て大日本帝国憲法を弔送し、新しい日本国憲法を迎へた。かくてはならじと、二十二年は、全力を挙げて執筆に当ることとし、門外不出の厳則を定め、朝七時から夜九時迄規則正しい書斎生活を送る事となつた。明けても暮れても一本のペンにわが精力を注ぎこみ、体力心力の際涯を尽したが、時には綾羅の花に、時には萌え出づる若葉に、たまらない誘惑を感じながらも、われとわが心を叱咤しての執筆三昧であつた。二十二年の大晦日は僅かに午後だけを迎春の準備などに費し、二十三年元旦は午後一時執筆再開といふ有様で兎に角、遮二無二、唯書いて書いて書きまくつた。

ああ隆々たる皇紀二千六百年奉祝の中に発願し、赫々たる緒戦期に起稿し、一転して戦況不利の中に筆を進め、逆転して祖国敗戦の日に猶ほ筆を絶たず、万鐘殷々として再建の音を告げつつありとはいへ、未だ全国土が占領下に置かれつつある日漸く完稿を見るに到つた。惟ふに戦勝の日に国体論を著す者は挙げて算ふるの煩に堪えないであらう。だが予の如く、戦前戦時を通じて本書の完成に志し途中に断じて挫折せず変節せず、たまたま稿成れる日は既に敗戦の後であつたといふ事も、これ国運宿縁の催す処とあれば、免れ難い必然の命数といふべく、時代の歓迎不歓迎の如きは更に意に介せず、将来の日本の為めに、否、世界の為めに「今留めて此に在《お》く」べく、今日敢て世に問はんとするのである。戦時非常の事に妨げられて予定の年月に完成する事を得なかつたのは慚愧の至りであるが、亡国的大混乱の中、兎も角も僅に一年五ケ月の延長を以て、発願の年より足掛九年、起稿の日より正味五年四ケ月を費して、原稿用紙三万五千枚、章目三千五百、本文十三巻、付録一巻、合して十四巻を恙なく脱稿し得たことは、われながら感激を覚えざるを得ない。先考智学大居士の霊位に対しても、聊かその無外の教恩に報謝するを得たやうにも思ふ。

ああ人生五十死して悔なきに庶し、わが今生の使命は既に果し終つた。旦に道を聞いて夕べに死すとも可なりとの古訓も、今始めて少しはこれを身に読む事を得たやうな気もする。残生もとより惜しむに足らぬ、祖国再建の為めの土運びの奉公でもと思つてゐる。静かにペンを投じて冥目すれば、曾つて昭和十四年日本が未だ米英と平常の国交にあつた日、予が同胞に警告した言葉が、ゆくりなくも我が脳裏に回想され来るのである。曰く

茲に於て國體論は雨後の筍の如く、日本精神論は竹葦の如く續々として想壇乃至巷間にあらはれ來つたが、それは單に量的氾濫を意味するだけではなく、質的に幼稚、或は不純なるものの亂發をも意味しないではないのである。或者は依然として國體を神話的説教となし、或者は國體を以て世界征服のイデオロギーと心得、或者は國體の名に於て資本主義秩序の擁護を期し、或者は國體の語を借りて獨裁主義を伸べんとし、或者は國體の觀念に於て空觀の月を澄まし、或者は國體を曰ひつつも實踐に於て天皇を機關化し奉り、或者は國體に便乗して秘密マ

ルクス主義を懐中する等、實に現在は國體論を唱ふる者餘りに多く、その口に筆に單に國體論を宣説しつつありといふだけでは容易に信用し難い時代となつたのである。されば、先づ國體論を整理すると共に國體明徴の意図そのものをすら嚴重吟味せねばならなくなつてきたのである。（昭和十四年日本評論社刊行拙著「日本政治の國體的構造」序文）

堅忍不抜を國民精神だといふものがある、質實剛健を日本精神だと説く者もある、長期建設が國民精神だと考へてゐる者もある。いかに貧弱な指導理論であらうか。「八紘一宇」などときかぢりの言葉を振りまはす者もある。滿洲や支那を征服する事を八紘一宇だと思つてゐる者もある。いかに一夜漬の指導理念であらうか。日本國體の明確透徹せる理解信奉によつて我國體の必然的歸結たる法則を發見するに非ざれば、國民精神惣動員も、機構革新も、斷じて天壤無窮泰山の如き基礎を與へられない。國體を明徴にする能力なき者が國體を知つたかぶりに説く事ほど恐ろしい者はない。それだから、國體と軍國主義が混亂したり、國體と資本主義が不可分の原理になつたり、民族理想と民族主義とが同一視されたり、日本主義者と名乗りながら至高至尊の天皇位に衷心の歸依を爲し得なかつたり、といふやうな矛盾に充ちた思想の大混亂を惹起するのである。國體明徴を求むる聲は尊い、國體明徴を欲する民の心は正しい。然し、官給官命により國體明徴の職務に從事する人間の、なまじの國體論ほど厄介なものはない。日本臣民は、先づ、自ら奮起して國體明徴の學問的、大衆的、理論的、精神的一大運動を持たねばならぬ。國民自らの努力に依つて明徴にした國體こそ、眞に、國民自身の生活の中につかみとられた國體である。國體明徴は、あらゆる意味に於て、日本政府の黎明である。國體明徴によつてのみ、革新の根本指導が出來るのである。（同上書三二八―三二九頁）

と。時まさに開戦前二年。噫。そしてこの書は初版売切の後、発売禁止の官命に接した。

さもあらばあれ、予が生涯の主著たる「日本国体学」を祖国敗れ去りし日に世に留めようとは不敏なる予の曾て夢想だにしなかつた処である。予は今や、万感を胸に秘め、旬日の後、四月三日を期して三たび橿原の聖地に詣し、同門相率ゐて「日本国体学大成奉告式」を挙行せんとしてゐる。

昭和二十三年三月十七日

里見岸雄

総汎例

（一）『日本国体学』全十四巻に共通する注意事項を首巻に於て示す。

（二）本書の正題たる日本国体学とは著者の亡父田中智学の創使した処であるが、著者の学業が父子二代に亘るものであるから、学統を示す為め、又先考の遺功を尊ぶ為め、そのまま本書の題名とした。しかしこの書は、方法に於て学説に於て、単に父業の祖述衍義ではなく、著者独自の内容を有するものであるから著者自身の立場と責任とを明かにする為め国体科学大系の副題を付した。

（三）他の学説思想の紹介論評に際しては必要と思はるる限り成るべく原文を見易く掲出する方針をとり、時に再三同一文に言及する場合でも読者の利便を思ひ、必要なるものは重複の煩を厭はず原文を出すことにした。

（四）戦後の新仮名つかひは採用しなかつた。それはその不合理の故にいつの日にか又変革される運命にあるものと思ふので、本書の如く遠い将来を望んで残される著作に用ゐるのは不適当だと信ずるからである。

（五）特に歴史的な中華民国を指す場合のほか、本書に於てはすべて「支那」と称した。終戦後支那と称するのを不可と為し、事毎に中華、中国と称し、甚しきに到つては中華そば、中華丼、中華蟲といふが如き嘲ふべき風潮をさへ示しつつあるが、支那とは、元来他称であつて自称でないのは Japan と同じであるし、然も他称としては、現在の中華民国とか中華人民共和国とかいふ特定の国家をのみ意味するのではなく、四千年に亘つて興亡したその大陸上の諸国家をも包括した総称で最も利便である。且つ現在英米等諸国に於ても China と称してゐるのであるから、それは国際的他称であつて、これを放棄すべき理由がない。むしろ支那の称こそ日本人にとつて最も普遍的親愛の称であると曰はねばならぬ。

（六）本書には古今を問はず人名には一切敬称を省略した。今人に対しては失礼のやうであるが、現存者であるか否かを一々確かめ得ない場合も多いので、すべて歴史的取扱を以て統一した。

（七）各巻に索引を付することは煩しくもあり経費の都合で困難を感ずるから全巻の精密な索引を第十四巻に載せることにした。

（八）著者が本書の執筆を開始するや、故立命館大学総長中川小十郎翁を始め多くの特志家が研究資金を義援せられ、又、第一巻上梓に際しても出版費の不足額を負担した多くの篤志者があり、又、本書の原稿執筆中には、商学士萩原友雄以下多くの人が、引用文の書写に助力してくれたが、それらの詳細はいづれも第十四巻の付録篇に掲げて、名を千載に伝へる事とした。

（九）英独等の外国語の一語が行末から次の行初に亘る際には出来るだけ正しい節の切り方をしたが、やむを得ない時には日本印刷の都合上変則的切り方をしたところもある。

第七巻　小　引

（一）本巻は昭和十九年三月二日に起稿し同年八月八日に脱稿し、昭和二十六年五月、若干の修正添削を行つたものである。然し執筆の順序は本巻の目次のそれと異り、恰も同年四月からの立命館大学国体学科に於て比較国体論を講ずる事となつてゐた関係上資料の纏つてゐたものから先に書くこととした為め、三月二日から同月二十八日迄印度の部、五月一日から六月十日迄西洋の部、六月十二日から八月一日迄支那の部、最後に八月四日から第一篇の比較国体論概説を書き八月八日に至つて筆を投じたのであつた。

（二）　日本国体学刊行会は、二十五年四月、漸く第一回配本として第一巻の「国体学総論」を刊行したが、予約者は定数に達しないし、経費の不足を毎巻少数同志の負担に帰することは困難であるし、第一回の印刷支払さへ完了されてゐない今日に於ては、いつ第二回分の印刷に着手し得るか全く見込が立たない状態にあつた。然るに、本書の印刷を引受けられた住谷慧秋氏はこれを深く遺憾とされ、自ら印刷を以て世に立つてゐる以上は、かくの如き書をこそ万代に残さなければならぬ、費用の出来るのを待つてゐたのではいつのことかわからないし、自分も死んでしまふかも知れない、かくの如きことに立到つては誠に悔を千載に残すことだから、兎に角、業余、力を注いで組版に着手したい、願くは至急整稿を乞うと、予に一度ならず二度ならず勧告せられたのである。然しながら、予としては如何に何でも住谷氏に負担をかけたくないといふ気持ちが強く動くので、その都度好意を謝しながらも敢て整稿に急ぐことをしなかつた。ところが本年五月一日又又住谷氏来訪、言、日本国体学に及び、むしろ、氏自身が刊行会当事者なるかの如くに、至誠と熱とを傾けて、組版決行の意を披瀝して予に整稿を督促されたのであつた。茲を以て予もつひに氏の尋常ならざる報国の大精神に動かされ、約一ケ月の日子を以て準備を行ふべきを約した。第二回配本の組版は、かくの如く、実に住谷慧秋氏単独の発願によつて開始されたのであつて、予は、刊行会、予約読者諸君と共に、茲に深厚なる感謝を住谷氏に捧げたい。

（三）　本書は九ポ五十二字詰十八行組一頁九百三十六字であるが、これは非常に厖大な著作であるから、一巻でも巻数をすくなくした方がよからうと考へた事、及び企画当時、用紙が極端に行詰つてゐた国情に即応して少しでも頁を減らした方がよいと考へた事に基いて、一頁に最大限の字数を詰める方針をとつた為めである。今若しこれを普通の他の出版物、例へば、有斐閣出版の佐々木博士著「日本国憲法論」の如く五号四十三字詰十四行六百二字の組にすれば、わが第一巻はすくなくとも一千頁以上の大冊になる。六号活字の引用文が非常に多いから、それらを読み易い大きさの活字で組んだら、おそらく一千二三百頁になるだらう。それだけの分量が六百六十余頁の中に組まれてゐるのだから、一頁の組版代も亦非常に高くつくのである。活字の知識のない一般の人は、組方などは全然問題にしないで本の厚さとか頁数とかで、価格の高い安いをいふものだから参考の為に記したのであるが、一般の本に比して一頁の組版代の非常に高いものを六百六十余頁で、然も僅か五百部限定（出版は二千部刷らなければ利益にはならぬ）の、おまけに、僅か二百ほどの予約者を以て六百円で頒つといふ事は、どんな方法を講じても損失にきまつてゐる。予約二百で十二万円、組版印刷製本には、四五十万円、これではどう考へても無理である。この無理を、住谷氏報国の故に、支払の保証なしに断行しようといふのだから、著者としては、著しく内容を傷つけることなしに出来るだけ頁数を削減したいと考へた。かくて、本巻は、熟慮の結果、第一篇「比較国体論概説」原稿紙二百五十九枚を割愛し、又、第三篇西洋の国体論の第三節中の一款「西洋王道論の文献」七目原稿紙四十五枚を削除したのをはじめ、数項目数十枚を省略することとした。但し「比較国体論概説」は、比較国体論といふ学問の組織を立て、概論を試みたもので、このやうな組織を試みたのはこれが学界の嚆矢であるから、新しく書き直した序論の中にその目次だけを収録して紀念とすることにした。

(四) 従つて、本巻に於ては比較国体論とはどういふ学問かを詳しく説明することは出来なくなつたが、比較国体論の主体は何といつても資料であつて、我国の国体又は国体論と比較するべき外国の資料を豊富に、系統的に集成することが最も重要な任務である。此点に関しては、支那、印度、西洋の三篇に分つて、それぞれ主要な思想や文献を紹介し或は批判し又随所に我国のものと比較を試みてあるから、比較国体論としての任務は十分に果してゐると信ずる。

(五) 本巻に取扱つた資料は、著者が長年に亘つて注意してゐたものを分類集成したものではあるが、これが完璧を期するといふことは一人の能くし得る処でないし、殊に著者の浅学を以てしては不可能に近い。経学史学文学に亘る支那四千年の資料を大観するだけでも容易ではない。又西洋のものにしても、古代から近世に到る迄の各国の文献を隈なく昭知することなど著者の語学力を以てしてはこれ又不可能の事である。よつてこの業績は、唯、普通に我等が手にし得る文献を、著者の読書力と経済力の許す限りで渉猟した結果に過ぎないから、各分野の専門家から見れば、まだ幾多の不備欠陥があるにはちがひないが、人類思想文化の三大分野たる支那、印度、西洋の国体思想の枢要は、ほゞこれによつて大観し得ると思ふ。但し、西洋の文献は、支那、印度のそれらに比し、参照の自由が一層限定されてゐた為め僅に傾向を察知するに役立つ程度のものとなつた。これは、執筆期間が、戦争の漸く重大段階に突入した頃であつた為め、図書の輸入もなく、図書館通ひも思ふに任せず、僅かに予の研究ノートに記録してあつた材料、予の蔵書、及び立命館大学図書館の蔵本等を参照しえたに止まつたからである。終戦後秩序の回復と共に漸次外国図書購入の途も開けてはきたが今日迄猶大きな制限があり、且つ、たとへ購入し得る書籍が目の前にあつても著者の経済力が殆んど無力に転落した為め思ふに任せず、さりとて図書館に就て調査することも今の処希望通りに行かないので、一応、十九年脱稿のまゝで世に問ふこととした。

（六）日本の国体を論ずる者が往々にして偏狭無智であり、独善排他であつた事が、痛ましい敗戦の一大原因であることは著者の確信して疑はざる処であるが、比較国体論の研究によつて斯かる弱点を除き然も更に明確に、日本国体の本質を理解する一助となれば、著者無上の喜びである。

（七）予の学業に対し三十年来外護に任じ且つ本書の刊行並びに普及の為め最後迄奮闘力戦した名古屋の医家高見正雄、及び十有五年予に随身し、「日本国体学」の全巻に亘り、日本文、漢文、英独仏文等の引用文の書写に精励し又第一巻校正の助手をも勤めた商学士萩原友雄、両国士が第二回の刊行を待たずに長逝したことは、まことに惜しまれてならぬ。本巻の巻頭に記して以てその冥福を祈る次第である。

（八）昨年本書第一巻刊行後、予は本書を天皇陛下乙夜の覧に奉供し、併せて皇族諸殿下にも各一本を献上したいと思ひ、普通製では用紙が余りに粗悪なので特に五十部だけ上質紙に印刷製本し、一部を添へて宮内庁に手続をふんだ。然るところ「一方に偏したものはすべて御手許に差上げないことになつてゐる」といふ理由で、献上請願は却下されてしまつた。現下、宮内官吏の何ものたるかを自白して余すべきところなき言葉と思ひ、憮然たらざるを得なかつたが、それにしても、余りにも痛ましすぎる国情である。録して以て、後世の鑑とすべきであらう。

昭和二十六年六月一日

著者識す

目　次

比較国体論［日本国体学　第七巻］

第二篇　支那の国体論

第四篇　西洋の国体論

第一篇　比較国体論概説

第一章　比較国体論の性格及び範囲

第一節　比較国体論の意義

第一項　比較国体論の名

比較国体論とは如何なる意味に解すべき語であるか。学問の名称で「比較」の文字を附したものには、比較憲法論、比較神話学、比較宗教学などがあり、学問をする人にとつて必ずしも珍とするものではないが、「比較国体論」なる名称は、一般の学者の耳には猶ほ未だおそらく熟せざるものがあらう。昭和九年に東京工業大学学生主事の奥田寛太郎氏が、「比較国体論」なる一書を公刊したが、これは、吾人の知れる限りでは、「比較国体論」の語を冠した最初の著述である。吾人は、比較国体論なる語を昭和五六年頃より用ゐてゐたが、それははじめ、吾人の蔵書の分類科名として「比較国体論」の一目を立てたるに因るので、これは、昭和十年、里見日本文化学研究所創立十周年紀念事業の一として公刊した「新案分類国体科学図書目録」の中に、㈩比較国体論として掲げ前記奥田氏の著書以下十種の単行著作を出してある。その後、比較国体論の名を用ゐた文献に殆んど接しないが、たゞ吾人は時折、吾人の論稿著作などの中に比較国体論、又は比較国体学の語を使用してゐた。(注1)そして、昭和十八年から十九年にかけ、立命館大学法文学部国体学科の学生の為めに「比較国体論」の名に於て、支那、印度、西洋の帝王思想を講じたことがある。これらが、比較国体論の名の用ゐられたおもなる例であらう。

比較国体論は、又比較国体学とも曰ひ得るし、吾人も曽てこの両者の称を用ゐたことがある。もとより今日までの国体論の範囲では、国体論それ自身が、国体学といはれる迄に生長してゐないのであるから、比較国体の研究が猶更ら幼稚であつて、学といふ程の骨格体系を具備するに到つてゐないのは、やむを得ない。本巻は不完全ながら比較国体論に関し始めて学問的体系と学問的内容とを与へたものであるから、比較国体学と称しても差支へないのであるが、「日本国体学」といふ学名を附した著述の一部である為め、学の名の重複を避けるべく、比較国体論としたのである。即ち、日本国体学の中の比較国体論といふ意味で、本巻を「比較国体論」と名づけたのである。

注1　拙稿「満洲国王道と日本国体」（「社会と国体」第一五九号）
拙稿「英国皇帝の退位事件」（「国体学雑誌」第一七三号）
拙稿「英国の王位と日本の皇位」（「国体学雑誌」第一七五号）
拙著「国体法の研究」一八五頁、等。

第二項　比較国体論の文字的意味

まづ、「比較国体論」とは、どういふ意味であるか。前記奥田氏の著書には「比較国体論」の意味が明瞭にしてない。思ふに、この語は種々な意味に解されるやうである。第一には、「国体を比較する論」といふ意味である。通常はかう解釈するのが常識的である。然し、又、第二に、「国体論の比較」といふ意味にも解されぬことはあるまい。事実、比較国体論なる学問は、国体そのものを比較するばかりではなく、国体に関する論、国体に関する思想をも比較することがあるからである。既に、本書の第一巻に於て、国体そのものと、国体論又は国体思想とは区別すべきものであることを学んだ者にとつて、比較国体論が、国体そのものを比較すると共に国体に関する論説をも比較することがある、といふことは容易に理解されるところであらう。そこで、比較国体論とは

国体そのもの及び国体に関する論説を比較する学問

といふ意味である、といふことに一応落着してきた。然し、猶ほこれだけでは、比較国体論の定義としては不完全である。何となれば、国体そのものを比較し且つ国体に関する論説を比較する、といふことの意味が十分明かにされてゐないからである。国体そのものを比較する、といふのは、英国の国体と日本の国体、支那の国体と独逸の国体、或はギリシヤの国体とスペインの国体、スイスの国体と日本国体といふ風に、世界各国の国体を相互に悉く比較する意味にも解し得るし、又、日本国体と諸外国の国体とを比較する意味にも取れる。比較国体論といふは果してそのいづれであらうか。言ふ迄もなく、後者でなければならぬ。殊に、日本国体学の一部としての比較国体論としては、徒らに各国の国体を相互に万遍なく比較するといふことは無意義であつて、又、さういふ比較は、日本国体学の見地を離れても、格別の意義あるものとは思へない。何となれば、既に第一巻に於て明かにした通り、諸外国の国体なるものは、大体根本的には同性質のもので、消極的には、国体なる概念を適用し得るが積極的にはとりたて言ふべき実質を有しないのであるからそれを相互に一々比較するといふことは、学問上格別の意義なきものと曰はなければならないからである。従つて、比較国体論なるものは、日本国体と諸外国の国体との比較、といふ意味に於て、始めて成立し得る学問であるといふことになる。国体に関する論説の比較といふことも、従つて、これに準じて解さるべきである。勿論、比較国体論といふ場合の「国体」とは広義に於ける国体である。単に国家の基本社会たる狭義厳密な意味での国体ならば、比較すべきことは殆んど無いと言つてもよい程単純で、到底、比較国体論といふ名称を附さるほどの学問的規模を持ち得るものではない。故に、比較国体論とは、文字の意味から言へば

日本国体を中心として諸外国の国体及び国体論説を比較研究する学問である

といふことが出来る。然し、実は、これでも猶ほ「比較国体論」といふ意味が徹底して定義されたとは曰へないのである。何となれば論明の目的が、もう一つ的確に表現されてゐないからである。従つて、これを徹底して明かにする為めには、「比較国体論」といふ文字の上からばかりの解釈では不可能であるといはなければならない。

第三項　比較国体論の目的

比較国体論なるものは、何を目的とする学問であるか。換言すれば、日本の国体を中心として諸外国の国体を比較する、といふことは如何なる目的によるものであるか。比較国体論といふ名称に就て軽率に考へると、比較する事が目的であるかの如くに解されないとも限らないが、比較することは目的ではなく、手段である。目的は、比較することによつて達せられるところに別に存在してをる筈である。勿論、目的といふ語は種々なる場合に種々なる意味に用ゐられるから、先づ目的なる語の意味を明確にしておく必要がある。例へば、「生きることが目的か食ふことが目的か」といふ場合、前者が目的であることは何人も異論なきところであらう。従つて、食ふこと、は目的ではなく手段である、とされるのである。ところが、食ふことが、目的とされる場合も無いとは言へぬ。即ち、料理を食ふことを目的として料亭や食堂に行くこともあるのである。この場合には料亭又は食堂へ行く事が目的ではなく、料理を食ふことが目的である。このやうに、目的なるものは、時と場合とで、多少その意味を異にすることがある。然し、この例の場合で言ふならば、食ふことを目的として料亭に行く場合の目的と、生きることを目的として食ふ場合の目的とでは、目的の意義に於て異るし、又、食ふことの意義も異つてゐる。生きることと食ふこととを比較すれば言ふ迄もなく生きることが目的である。人間にとつて、これ以上にさかのぼり得る目的は無い。国を護る為めに生きるのが目的だ、と言へば、生きる目的以外に更に目的があるかのやうであるが、「国を護る為めに生きる」といふのは、生きることの内容、意義であつて、生きること以外に別に存在する目的ではない。されば生きることは、根本の目的であり、食ふことは飽く迄手段である。料亭又は食堂へ行つて料理を食ふといふことは、この意味に於ける目的ではない。又、「生きる」といふ目的は、単に根本の目的といふだけではなく、本来の目的である。我々が、人として生れ来つた本来の目的である。途中から根本とされたものではなく、もとから根本なのである。この意味を本来といふ。従つて、生きることは、人の本来の目的である。然るに、料亭又は食堂に行つて料理を食ふといふ目的は、本来の目的ではない。然らば料亭又は食堂に行つて料理を食ふことを目的と言ふのは如何なる意味であるか。思ふに、この場合の目的といふのは、人生の全体的意義からする目的といふ意味ではなく、単に、局部的、一時的に、目的なる語を使用したのである。生きることを目的とせずして、食ふことを目的とするといふやうな、根本的、本来的目的を転倒した意味ではなく、極めて派生的、一時的、局部的に、全体的本来的には手段的行為であるものを目的としたまでのことである。比較国体論に於ても、このやうな意味で本来的、抜本的目的と、手段の中に目的を立てることがあり得るのである。然らば、その本来的、根本的目的とは如何なるものであらうか。曰く、「他国と比較することによつて全体的に日本国体を明徴にする」ことにほかならぬ。即ち比較国体論とは、徒らに世界各国の国体を比較することを目的とするものではなく、日本国体を明徴にする為めに、他国と比較する学問である。従つて、日本国体の明徴が本来的且つ根本目的であつて比較は手段に外ならない。換言すれば比較の為めの比較ではなく、国体明徴の為めの比較である。それ故に、比較の中心を常に日本国体に置かねばならないのである。

かく、比較国体論とは、日本国体を明徴にする為めに広義の国体及びそれに関する思想学説を広く世界に求めて、これと日本国体とを比較する事を本来的、根本的目的とするのであるが、この目的を達する為めには、手段の中に於ける目的をも的確にする必要がある。即ち比較は元来手段であるが、この手段を尽す為めには、手段の資料となるところのものを研究しなければならぬ。即ち各国の国体なりその思想なりを研究することなしに、比較することは不可能だからである。従つて、各国の国体を明かにしようとする目的を以て、ここに学問的研究が開始されなければならないこととなる。この目的は結局に於て、日本国体の明徴の手段に供されるのではあるが、それ自身の局られた意義に於ては矢張り目的である。支那の王道を明かにする目的を以て研究する、といふ事は、そのかぎりに於て目的が立つてゐるのである。唯、比較国体論の全体的意義から見る時、さういふ目的はそれ自身独立して本来的目的、根本的目的であるとは考へられない。つまり、派生的目的、手段的目的といはるべきものである。然し、本来的目的、根本的目的、全体的目的を達成する為めには、比較といふ手段を尽す必要があり、比較といふ手段を尽す為めには比較さるべきものについて研究することが必要となるから、比較さるべきものも亦研究の対象となり、研究の対象とされる以上、その対象の内容を明かにする事も亦一つの目的となる。これを手段的目的といふべきである。即ち比較国体論は、本来的目的、根本的目的のほか更に手段的目的をもある程度迄研究の目的とするのである。ある程度迄といふのは、それを研究することを主目的とするものでないから、その研究なり叙述なりにはおのづから一定の限界が存する。即ちそれを主目的として専門に研究する場合に比して研究の範囲は狭小であるし、研究の組織や叙述も、日本国体の明徴に必要なる限りに於て為されればよいのである。

およそ、国体を明徴にする学問的努力はこれを日本国体学と称すべきであるが、その研究は常に比較の上に立つべきは言ふ迄もない。故に、或る意味では日本国体学の全体が比較国体学であるとも言ひ得るのである。けれども日本国体学全体としては、日本国体の意義なり構造なりを全体的に組織的に研究することを目的とするのであつて、比較することを主とするのではない。従つて比較と言つても極めて重要なりと思はれる点を随時随所に比較するのであつて、比較することを組織的に行はんとするものではない。しかるに比較国体学は、比較することを主目的とするものである。従つてその比較は組織的、体系的でなければならぬ。茲に、専門に比較することを主目的とする、いはゞ、元来、手段的なるものを、かへつて主目的とする比較国体学を本来の目的そのものを主目的とする国体学との相違が存するのである。かくて

比較国体論（又は比較国体学）とは日本国体を中心として諸外国の国体及び国体思想を組織的に比較研究して以て日本国体を明徴にする学問である

と定義することが出来る。本巻に展開せんとする比較国体論とは、かやうな意味での比較国体論である。

第四項　比較国体論の可能

ところで、日本の国体に就ては、「万邦無比」といふことが曰はれてをる。無比といふは、「比較すべきもの無し」といふことである。比較すべきものが無いならば、比較国体論といふものは成立しない筈である。然るに、比較国体論といふは何ぞや、といふことになる。

先づ「無比」といふことの意味を明かにする必要がある。新村出博士の「辞苑」によると

他に比べるもののないこと。無二。無雙。無類。

とあり、平凡社の「大辞典」第二十四巻には

比《くら》ぶるものなきこと。たぐひなきこと。無雙。

と出で、落合直文著、芳賀矢一博士改修の「改修　言泉」には

他に比ぶるものなきこと。無二。無雙。無類。

とある。然し、これらの辞書の与へてゐる解釈だけでは、較べるものがないのに如何にして比較が可能であるか、といふ疑問は解決せられないやうである。

この書の著作者は里見岸雄である。里見岸雄なる人は、この世界広しといへども二人とはない。仮りに、里見岸雄といふ姓名の人が今一人、いづれの地にか存在してゐるとしても、それは偶然同姓同名であるだけであつて、この同姓同名の里見岸雄氏は「日本国体学」の著作者であり、又、里見日本文化学研究所長、日本国体学会総裁、立命館大学教授といふやうな役職を帯びて活動してゐる里見岸雄ではない。この意味に於て、この書の著作者たる里見岸雄は、この世界に於て唯一の存在である、無比の存在である。然し世界に無比唯一なる里見岸雄は、無比なる

が故に他と比較され得ない、といふわけではない。身長に於ても重量に於ても年齢に於ても或は健康に於ても、学力に於ても財産に於ても性格に於ても他の者との比較を為し得られるのである。天下無雙の力士、といふやうな場合でもさうである。天下無雙の力士たる人は、その利器に於て無比である、然し、無比なるが故に比較されない、といふことはない。こゝに於て、無比といふことの意味は、単に「比べるものが無い」といふだけでは十分でないことがわかる。そもそも比較すべきものがない、といふことは、比較の上の言葉であつて、比較し得ざるものならば、無比とはいへない筈である。故に、「較べるものがない」といふことは比較すべき事実、実在、現象等が皆無である、存在してゐない、といふ意味ではなく、及ぶものがない、といふ意味であると曰はねばならぬ。及ぶものがないならば、及ばざるものはある筈である。万邦無比の国体とはそれ故に、他国とくらべて、世界には及ぶものがない、といふ意味であるから、従つて及ばざるものとの比較の結果、無比と曰つたのである。然し、及ぶものがないといふことは、「独一」といふことをも意味する。即ち及ぶものがないといふ状態に於ては独一であるからである。若し、独一でないならば、及ぶものが他にもあるといふことであるから、無比とはいひ得ない。従つて無比とは、及ぶもののがないといふ意味に於ての独一なる存在――それは事実をも価値をも含む意味での――といふことになる。故に事実なり価値に於ては独一であつても、その独一は、及ぶものなき独一であるから、及ばざるものとの比較の上に立つてゐるのである。故に、これらを学問的に比較するといふことは可能なのである。日本国体は万邦無比である、といふ命題は、日本国体は世界に唯一つしかない、といふ意味に於て曰はれるのではなく、日本国体は世界のいかなる国家といへども及ぶことの出来ない唯一の存在である、といふ意味であるから、その及ぶもののないことを及ばざるものとの比較に於て明かにするといふことが比較国体論なる意義なのである。

第五項　比較国体論の必要

太陽の光りが無比であつても、それは比べるものがない、といふ意味ではない。太陽の光と電灯の光とを比べることも出来るし、又マッチの光とも比べることが出来る、といふ比較の可能に次で、比較の必要が明かにされなければならぬ。日本国体学の一巻として比較国体論を書くのは、必要を感じた為めにほかならないのであるから、何故に比較国体論が必要であるかを明かにするといふことは著者としての義務でさへもある。然し、著者は自己の意見を述べるに先立ち、「比較国体論」なる題名の書稿の最初の著者たる奥田氏に敬意を表し、先づ、氏が、比較国体論なるものを何故に必要としたかについて、氏の論述するところに聴かうと思ふ。少々長文であるが、次に引用する。

　私の疑問の第一は、明治時代より国体を講説することに熱心し、或はそれを本務として居る程の人々が＝此の万国無比、金甌無欠の国体は実に三千年の歴史的権威を有し且つは現に外国人にも羨まれて居るほどであり、何らの説明をも講釈をも俟たずして当然全国民に納得せらるべき筈だと自ら思ひながら＝国体精神涵養に徹底せる小学校教育を経て後、前に述べたやうな読物、講読説その他諸種の施設を通じてあれ丈け盛んに呼びかけられて居る青年、しかも高等専門の教育を受けた青年の中に、我が国体の尊厳を理解せず、或は之を誹謗さへする者のあるといふ事実に直面して、何故に自己の説明、教授、講演の無力なりしことを反省しないのであらうか。是が私の疑問の第一である。……第二の疑問といふのは、現に我が国体精神に反し或は更に国体を誹謗する者さへあるといふ事象に当面して、徒らに恐怖に陥り、今にも我が国体が根本から覆へされはしないかと杞憂する人が教育者の中にすら少なくないといふ事実に就てである。何故に我が国体の根柢は確固不動のものであるといふことを信じ得ないのか。………私が二つの疑問として述べた其の第一の、熱心に国体を講説し而も効果薄きに際して自己の無力を反省しないのは、恐らくは誠意が足りないのではなく、自分の講説する所が適切でないといふことを覚り得ないが為めであらう。即ち法の浅きに非ずして知の足らざるが故である。次に、第二の、危険思想の徒輩あるを見て忽ち我が国体の将来を疑懼するといふのも亦知の足らざるが為である。……然らば我国の教育者は、先づ如何なることを勉むべきかといへば、我が国史の真髄を把握するといふことが第一に緊要である。しかも第二に我が国史の真価値を認識する為には、宜しく諸外国の歴史の価値を知らなければ到底その肯綮を得ることは出来ないのである。卑近な例を挙げて見れば、東京の市街が綺麗であるか穢ないかを知る為には、京都、大阪、倫敦、巴里、紐育、伯林等の市街が綺麗であるか穢いかを知らねばならぬ。甲なる人が賢か愚か善か悪かを知る為には、之を乙丙丁その他の者の賢愚善悪の程度に比較しなければならぬ。諸外国の国体を知らず、従て之れに比較することなくして、妄りに我が国体は万国無比なりと断じたのでは、之を聴く者の方で疑惑を抱くに至るは実に已むを得ざることであると申さねばならぬ。論理的に言っても苟も無比といふことは、比較上の言辞である以上、比較すべき対象に関して正確なる認識なくしては無比など言ふことは意味をなさない。……私から之れを見れば比較すべき対象の真相を知らずして唯だ万国無比といふ結論のみを強調すればこそ、教へざるに勝る疑惑を起さしむるのである（奥田寛太郎著「比較国体論八―一三頁取要）

これが奥田氏の意見であつて、大正中期から昭和の初期にかけてのマルクス禍の思想国難によつて奮起した学者の真情を吐露したものであらう。即ち、氏に従へば、万国無比の国体を真に知る為めには、外国の国体と比較する必要がある、といふことになる。これはもとより異存のないところといはねばならぬ。

凡そ、ものごとは、比較することによつて明かにすることが出来る。一寸のものは五分のものに比較することによつて、五分のものより長いことが明かになるし、五寸のものと比較すれば一寸のものが短いことがわかる。百円所有するものは十円所有する者よりも九十円だけ金持ちであることがわかるが一万円所有する者と比較すれば百円の財産家は貧乏であることがわかる。電灯の光りは蝋燭の火よりは明るいけれども、太陽の光に比べてみれば物の数でもない。或る人が如何に行儀が粗野であり又いかに言語が野卑であるかは、行儀の極めて正しく又立派な言葉を用ゐる教養深き人と比較する時、まざまざと実感させられるであらう。かやうに、ある物事は、他のそれと類似の物事と比較する時、その形体なり、本質なり、意義なりを一層明白に知る事が出来る。これ比較の必要なる所以であるが、しかしそれは一般に、比較の意義を説明したものであり、必ずしも比較国体論に於ける比較の必要を説き尽したものとは曰へぬ。

然らば比較国体論は如何なる必要に基くのか。勿論、日本国体を明徴にする為めである。されど、何故に、比較国体論は国体明徴に必要であるかは、今少しく掘下げてみなければわからぬ。国体そのものは、日本臣民たる人が、その事実と意味とを自覚することによつて国家生活の原理となるのであつて、如何に国体が尊厳なる事実であつても、人がこれを自覚しないならば、尊厳なる意義も用を為さない。然るに、自覚といふは、この場合、単なる感覚を言ふのではない。勿論、感覚を否定するのではなく、それをも含むけれども、単に感覚だけではなく、これを知識し又体認しそしてそれを信ずることである。われわれの知識し体認し信ずること即ち自覚は、もとより国体の実体に触れての自覚であるから、いはゞ体験的なものである。このものは、われわれの国体に対する精神作用の基礎をなすもので極めて大切なものであるけれども、自覚といふは、真の意味に於て、他との連関に於て成り立つもので､他を無視した自覚といふものはあり得ないのである｡我国といふ自覚は､我国ならぬ他国あるを知つての自覚で、他国の一つも存在せぬところに我国といふ自覚は成り立ちやうがない。自らを自らとして覚るといふことは、自らが他でないことを覚るのであるから、他者の無いところに、自らを自らとして自覚するすべはない。この意味に於て、日本国体の自覚といふも亦然りで、他の国家、他の国体との比較の上に立たなければ、真の意味の国体自覚はむしろ不可能と曰ふのほかないのである。かういふ理由によつて比較国体論は、われわれ日本国民をして、真の意味に於て国体を自覚せしめうるものとして必要なのである。

次に、われわれの自覚なるものは、それが如何なる種類の自覚であるにもせよ、常に必ず真正なる自覚であるとはいへない。殊に、人は、何事かの自覚につき、その内容を言語又は文字を以て表現することがある。国体の場合についていへば、それが所謂国体論である。若し自覚が真正であれば、国体論も大体真正である筈だが、それが又必ずしもさうはゆかないのである。何となれば、たとへ自覚が正しくても、それを言語文字によつて表現する場合には、必ず、何等か、自覚と言語文字との間に隙を生ずるからである。自覚があつても黙つてゐればわからないが、それを言語文字によつて表現すると、そこには説明の辞や断定の辞や、種々なるものが附加されてくる。元来、言語や文字に表現することは、第三者に、自己の自覚内容を伝へんが為めであるから、「第三者に伝へる」といふことの性質上、単純に自覚そのものを表現することはなく、必ず説明や断定や理由や解説がされるのである。かうなると、自覚がたとへ正しい場合に於ても、表現の上では正しくないこともあり得るわけで、況して、自覚が正しくなかつた場合にはその表現の価値は推して知るべきものがあらう。

国体の如き高遠なるものはしばらく措き、すべての人にとつて最も直接的な自己の身体について考へてみると、自覚なるものは極めて大切なものであるが、しかも自覚が往々錯覚であつたり、或は誤覚であつたりする場合がすくなくない。医家も患者の自覚症状を重視するが、それにはおのづから限界がある。著者の知れる実例であるが、ある婦人が身体に故障を自覚したが、その自覚症状では胸の病であると信じてゐた。数年間種々治療に心を砕きながら快癒せぬので煩悶してゐた。然るに、ある専門家の診察により、それは全然反対の子宮に故障があることが明かにされ、その方の治療を施したところ二三ケ月で、さきの自覚症状は拭ふが如く消え去つてしまつた。最も直接的なる自己の身体についての自覚でさへ時にはかくの如き不正確なことがある。況して高遠なる国体の如き事実に対する自覚となれば、自覚なるが故に正しいとは必ずしも言へぬ場合がないとは、何人も保証し得ないところであらう。自覚の説明的表現が、正しいか正しくないかといふことも従つて十分注意を要するであらうことは言ふ迄もない。大東亜戦争に於て、昭和十七年後半以後、戦局漸く我れに不利なるの状況がつゞくに及び、一方には近く神風起りて一挙米英を吹き攘ふであらうといふやうな意見が吐かれた。これはおそらくその国体の自覚より言へるものにほかなるまい。しかるに、神風とおぼしき風は一向吹かぬばかりか、逆に戦局益々重大なる形勢を示し、幾多の島島が的に攻略せられ、わが神聖なる皇土すらも敵機の爆撃にさらされ、幾千万の忠勇なる将兵、民人が、悲痛にも尊い犠牲となり、全員戦死、全員玉砕といふ驚くべき事実が次から次へと発生した。こゝに於て、各方面から、国民が全力を傾注し人事を尽さざるところに神風は吹かぬ、といふ警告が新聞紙その他によつてしばしば繰りかへされた。これは、神風が今にも吹くやうなことを言つた一部の人の国体自覚への批判にほかならないのである。国体自覚及びそれの表現発表は、一般に国民たる他の多数者と極めて深い関係を持つものであるか、若し、ある国体自覚が誤りであり、従つてその言語文字的表現が誤りであるとすれば、それは極めて恐るべき影響をひろく国民不定多数者の上に齎すことが多いのである。然らばその誤れる自覚と、誤れる表現発表とは、たとへば如何なるものであるか。前述の神風の例もその一である。又、「日本の道は皇道であり、皇道とは革命なき道であるが、満洲国の道は王道である、王道とは徳を以て治めるが、不徳であれば革命を遂行する道である」といふやうなことを、誰れはゞからず叫び、満洲国乃至満洲人や支那人に向つてさへ、さやうな皇道王道区別論を提唱することを以て国体明徴なり、皇道宣揚なりと信じてゐるが如きも又その一である。このやうな国体論又は皇道論が行はれるのは、真に国体なるものも皇道なるものも将た又王道なるものをも知らない為めであり、知らずしてしかも己れの自覚を直ちに真理正義なりとして独断したからである。独断は往々にして善意に出でつゝ然も誤謬を犯し、而して重大なる悪影響を他に与へ易い。かくの如きは、真実に皇道王道の語の意味を比較してその正義を把握せず、又、いはゆる国体といはゆる王道又は皇道なるものとの異同をも比較論考せずして、単に自己の自覚と若干の知識とを以て信念を構成し、以て、擅に独断したからにほかならない。又、人によつては、日本には誠の道のみが存し、外国には、こちたき悪道や邪道や、さかしらの道のみが存するやうに曰ひ、かくいふことを以て、国体の明徴なりと心得る者もあるが、これも亦、大体に於て、殊にその傾向に於て、誤れる国体論と曰はなければならぬ。これらは、要するに、日本国体を他との比較に於て正しく理解しなかつた為めである。又、「天皇に姓氏無し」といふことを以て、日本国体の世界に誇る最も大きな一特色である、とする国体論もその一である。成る程この場合に論者は、支那との比較だけはしてゐるが、西洋との比較は全然忘れてゐる。有名なナポレオン一世は、ボナパルト（Bonaparte）家の出身である。彼が皇帝に即位する以前には言ふまでもなく、ナポレオン・ボナパルト（Napoleon Bonaparte）であつた。即ち名と姓とを具備してゐたのである。しかし一度び皇帝となつた彼は、最早やボナパルト・ナポレオンではなく、単にナポレオンである。ナポレオン一世である。西洋の諸国家では、王位に即いた者は、如何なる場合でもその個人名を称するのみで、その家の姓を名乗ることはない。現英国王は、単にその個人名たるジヨージ六世を以て自らも称し他からも称せられるのであつて、姓を用ゐることはない。勿論、西洋諸国に於てはその歴史上、易姓革命が行はれてゐるから、歴史家は各王朝をその出自の姓又はその他の便宜上の称号を以て呼ぶ慣しであるが、たとへば現英国王室は、前欧州大戦頃まではハンノーヴァー家と呼んでゐたが、独逸と戦を交へるに及び独逸出自を示す名を斥けてウインザー家と改称してはゐるが、ハンノーヴアー家といふもウインザー家といふも共に地名を便宜上王室の名としたものに過ぎぬ。しかし、国王は如何なる場合にも、ジョージ・ウインザーとは名乗らぬ。単にジヨージ五世、六世、或はヱドワード八世と名乗るだけである。「天皇に姓氏無し」といふことを誇らうとするのには、すくなくともこの西洋に於ける事実を熟知してゐて、若し猶ほそこに独特の意義があるならば、この比較の上にそれを言ふべきであらう。しかるに、西洋のこの事実を全然知らずして、「姓氏無し」といふことを説き、それを万邦無比の事実なりとしても、西洋史の知識あるものは、その無知独断を苦々しく思ふか一笑に附するかであらう。かくては、折角の国体明徴の意志が逆の効果をさへ生ずるに到るのである。これは、自覚的信念に立脚したものではあつても、他との比較の上に事実なり意義なりを闡明することを忘れた為め、偏狭固陋の独断に陥つたものである。かういふ例は算へれば猶ほすくなからずあるが、以上二三の例によつて、ほゞ要をつくした事と思ふ。かくて、万邦無比といふまことの自覚は他との十分なる比較の上に完成されるのであつて、比較を無視した自覚は往々――往々といふは必ずしも「常に」、又は「全部」といふ意味ではない――誤れる独断に陥るものであることが明かにされ、又、かゝる独断的誤謬は、その人の国体を明徴にしよう、とする意志とむしろ反対の結果に陥り易いことが明かにされ、そして、そこに、比較の必要なる所以も明かにせられた、と信ずる。比較国体論は、かくて、第一、国体自覚を完成する為めに必要であり、第二、国体明徴の為めに必要である、といふことが出来る。而してこの国体明徴は、既に第一巻に述べた通り、国内的必要と国際的即ち世界的必要とを含むものであることを想起すれば、比較国体論は、特に、外国人をして、各々自国の国体を反省しつゝ日本国体との比較に思ひ到らせ、日本国体の世界に於ける至宝たるの所以を察知自覚せしめる為めに必要である、といふことが出来る。従つて、諸外国の国体の研究も十分外国人を首肯せしむるに足るだけのものたるを要するのである。如何に、日本人が日本語で国体論を書くからとて、諸外国の事、一例を挙げれば、支那の王道論を取扱つた場合、日本人の一部の者のみが盲目的に信じてゐる理論を書いてみても、満洲や支那の学者思想家が一笑に附するやうなものであつては何の意味もないのである。これは、外国人が日本に関する著述を発表した場合でも同じことで、日本人が全く一笑に附するやうな独断や粗漏に充ちてゐたら、その書は日本人を首肯せしめ得ないであらう。同じ道理である。

第六項　比較国体論の方針

比較国体論は、然らば如何なる方針の下に行はるべきか、が次の課題である。これは全体としては、第一巻に述べた方法論を参照すべきであるが、比較国体論だけに関して特に言ふべきことが無いでもない。

比較国体論といふは、既に述べた通り、広義に於ける日本の国体と外国の国体とを比較するのが主意であるが、広義の国体を比較する為めには是非とも第一に狭義に於ける国体の比較を必要とする。即ち、日本の民族国家の窮極的基盤体たる基本社会の構造、換言すれば天皇を生命の大本として奉戴するところの人倫の組織事実と、その意義とを中心として、諸外国のそれを比較することが必要である。この比較検討は、比較国体学、又は比較国体論の骨子であつてこの点の比較が不十分であると、その他のすべての比較が根柢なきものとなるのを免れない。比較は、あく迄事実に基き、いやしくも捏造や歪曲があつてはならぬ。冷静公平に比較してそこに差異を発見し或は同種同性質の事実を見、而して、その意義なり価値なりを論明するのでなければならぬ。狭義の国体は、事実そのものを科学的に比較し、更にその意義の比較を試みればよいのであるが、広義の国体殊に国体思想、たとへばその中心を為す帝王思想の如きものは、思想であるから、よく外国の文献を調査せねばならぬ。世界各国の文献を一人の力で悉く調査するといふこと、殊に原文によつて調査するといふ事は不可能であるから、訳書でも差支へない。要は、その骨髄肝要を正確に理解するに存するのであつて、一々各国の思想や事情の専門家的研究を要するわけではない。既刊の各専門家の研究の利用し得べきものは之れを利用してその大概を知れば足るのである。而して、比較国体論としての中心点を見失ひさへしなければ、目的は完全にそれを達することが出来る。比較の中心は、飽くまで日本国体の最高最大の事実たる、君臣本末上下一体の事実及び意義であつて、その他の比較は、悉く、この一点の比較の補助に過ぎない。外国の国体思想なるが故に、悉く低劣なものばかりである、とか、日本の国体に合はざるものである、とかいふ類の独断的前提を去り、取善捨悪の根本指針の下、取るべきを取り捨つべきを捨つるまでである。

しかし、茲に最も注意を要するのは、既に第一巻に詳論したことであるが、すべて、国体事実と国体思想、或は王道そのものと王道思想とを直ちに混同せざることである。比較国体論にとつて、これらを混同することは、最も忌むべきであつて、一度びこの混同に陥るときは、論理は混乱し、事実は歪曲され、思想は曲解され、所期の目的を正確に達成することをして不可能ならしめる。故に、比較国体論は、第一巻に述べた方法の下、この方針を堅持して、飽く迄、冷静確実に観察し比較し、そして批判し、つひに一大建設的国体の論を立てなければならない。

第二節　比較国体論の業績

第一項　一般的業績

比較国体論は、国体学、又は国体科学の中に於て、今、漸く、独立的一分科としての歩みを開始したばかりであるから、従来、独立した比較国体論又は比較国体学が、その体系を示し、その業績を残してきた、といふことはない。然しこの事は、比較国体論が断片的に、又は部分的にも従来行はれたことがない、といふことではない。断片的、又は部分的には、従来、各種の学問的分野に於て、不知不識の間に行はれてゐたのである。もとより、比較国体論なる名称を附したわけではないが、事実上彼我の国体を比較し、実質的に一種の比較国体論を為せるものはおそらく枚挙に遑のないところであらう。既に前節に述べたところであるが、我が国体は万邦無比であるとか、日本国体は尊厳神聖であるとかいふ従来一般の国体論が、いづれも無意識的に大なり小なり一種の比較国体論なのである。比較せざるところに無比といふことは言へず又比較せざるところに神聖、尊厳といふことは言へないからである。されど、通常の場合には、その比較が極めて幼稚であつたり、或は浅薄であつたり、或は甚だ簡単であつたり、或は頗る粗雑であつたり、乃至附加的であつたりする為め、それらを特に比較国体論とは言はないのである。即ち、組織や体系をもつた比較国体論は未発達であつたが、断片的部分的には実質的意味で比較国体論がなされてゐたのである。この意味の比較国体論は、いやしくも我が国体を論ずるものにあつては勿論、歴史、憲法、政治、その他諸種の方面に於ても、しばしば試みられてきた。それは必ずしも現代についてのみ曰ふのではない。試みに、北畠

親房の「神皇正統記」を拉し来れば、有名な冒頭の「大日本は神国なり」といふ一文の終りには

……これを大日本豊秋津洲《おほやまととよあきつしま》と名づく。いまは四十八箇国に分てり。中洲たりし上に、神武天皇東征より代々の皇都なり。仍《よ》りてその名をとりて、余の七洲をもすべて耶麻土といふなるべし。唐にも、周の国より出でたりしかば、天下を周といひ、漢の地よりおこりたれば、海内を漢と名づけしが如し。

といひ、又、それから少し先きに、

おなじ世界の中なれば、天地開闢のはじめは、いづくもかはるべきならねど、三国の説各異なり。

とて、印度、支那の天地開闢説を紹介し、次で、日本のそれに及び

我が朝のはじめは、天神の種を受けて世界を建立するすがたは、天竺の説に似たる方もあるにや、されどもこれは天祖より以来継体違はずして唯一種ましますこと、天竺にもそのたぐひなし。かの国の始めの民主王も衆のために選び立てられしより相続せり。又世くだりてはその種姓も多く亡ぼされて勢力あれば下劣の種も国王となり、剰へ五天竺を統領する族《やから》もありき。震旦(支那)また殊更みだりがはしき国なり。昔世すなほに、道正しかりしときも、賢を選びて授くることありしにより、一種を定むることなし。乱世になるまゝに力を以て国をあらそふ。かかれば民間より出でて位に居たるもあり。戎狄より起りて国を奪へるもあり。或は累世の臣として、その君を凌ぎ、終に譲りを得たるもあり。伏羲氏の後、天子の氏姓を替へたること、既に三十六。乱の甚だしき、いふに足らざるものをや。唯我が国のみ天地開けし始めより、今の世の今日にいたるまで、日嗣を受け給ふ事、邪ならず、一種姓の中におきても、おのづから傍より伝へ給ひしすら、猶正にかへる道ありてぞ、たもちましましける。これしかしながら神明の御誓ひあらたにして、餘国に異なるべきいはれなり（巻の一）

と曰つてゐる。立派な比較国体論である。次に現代のものについて見ると、永井亨博士は、その「新国体論」を著し、全巻到る処に、比較国体論的方法を採用してゐるが、一例を示すと、日英両民族の人種的構成について比較し

たリプレイ（Ripley）の言を引用した後

成る程現代の二大島国は極東の日本と極西のイギリスとであり、そこに世界乃至ヨーロッパの三大人種が混淆されてゐることも共通するところであるが、日本に世界の三大人種が混淆したのは有史以前であり、有史以後には異種族、異民族の侵略を蒙つたことがないのに対して、イギリスにヨーロッパの三大人種が混淆したのは寧ろ有史以後に属してローマ人（ケルト人種）の侵入、ゲルマン族及びノルマン族（チュートン人種）の侵寇はそれであり、しかもアイルランド人は専らケルト人種に属してイングランド及びスコットランド人とは全然人種的構成を異にしてゐる。ただ日本民族の人種的混淆は世界の三大系に及んでイギリスのそれよりも遥に異種異質的であり、更に日本民族の人種的同化はイギリス民族のそれよりも久しきに亘つて行はれ、被征服種族の叛乱、それに対する討伐は王朝時代に及び、その俘虜は主として奴隷農奴となつて混入したことはイギリスに於けると異なるところである。とはいへ、日本民族は建国以来今日に至るまで終始一貫万世一系の天皇を戴き、その下に又それを中心として人種的、種族的結合が行はれ、種族的同化、人種的純化が行はれ、それによる民族的統一が行はれ、そこに日本の国体の基礎が存する一事に至つてはイギリスにも又他の何れの国にも類例がない（「新国体論」一三七—一三八頁）

と曰つてをる。これ又、確に比較国体論であらう。我国の憲法学者が、国体の概念に関し言及するときは、多くの場合に、どれだけかの比較を試みてをるし、穂積陳重博士の名著といはれる「祖先祭祀と日本法律」の如きも、その結論及び第一篇祖先祭祀概論の中に、一種の比較国体論を示してをる。転じて国史書を見よう。代表として文部省の「国史概説」上巻を挙げると、同書の緒論は第一に「我が国体」と題して述べてゐるが、その中に

かくの如くして宏遠なる太古に肇まり、不易の国体を中心として撓むことなき生命を創造発展せしめつ丶ある国家は、世界広しと雖も独り我が国あるのみである。他の国にあつては、建国の精神は必ずしも明確ならず、

而もそれは革命や衰亡によつて屡々中断消滅し、国家の生命は終焉して新たに異なる歴史が発生する。従つて建国の精神が、古今を通じて不変に継続するが如きことはない。これ外国は個人の集団を以て国を形成し、君主は智、徳、武等を標準としてそれらの力の優れたるものが位につき、これを失へば位を逐はれることがあり或は民衆が主権者となり、多数の力によつて政治が行はれる。而してその拠りどころとするこれらの力は極めて相対的であつて、消長汚隆や衝突を繰返すものであるから、人民として屡々不幸なる渦中に投ぜしめる。かくて他の諸国は歴史を貫ぬく不動の永遠性を有せず、所謂革命の国柄を為してゐる。我が国家はこれと異なる

云々（一―二頁）

といふは、又一種の比較国体論にほかならぬ。

今、これ以上引例を繁くするの要はないと思ふが、要するに、かういふ程度で断片的に又は部分的に、簡単な比較国体論を試みたものは一々指摘することを得ないほど、一般にひろく行はれてゐるのである。勿論、中にはいかがはしい比較論もすくなくはないが、「神皇正統記」のやうに、要領を得たものも亦古来必ずしも稀ではないのであつて、これらにより国民は若干の比較国体論的常識なり知識なりを得てきたのである。

第二項　専門的業績

専門的業績といふは、以上の一般的業績と異り、特に比較国体論を専門的に試みた学問的業績を指すのであるが、これは一般的業績に比べると頗る貧弱である。今吾人の眼に触れた主要なるものに就て紹介すれば左の如きものである。

〔1〕奥田寛太郎著「比較国体論」一巻

この書は前記の如く、「比較国体論」の題名を付した最初の著作であるから、刊行の年次に関係なく第一に掲げ

る。昭和九年六月の刊行で、全巻を第一章緒論（特に教育者の為に）、第二章国体、第三章国民性、第四章国家の成立、第五章欧州各国民の国家観念及び政治思想、第六章憲法、第七章共和制と君主制、第八章幕府政治と二重国家、第九章国民精神、第十章我が民族性、第十一章階級闘争と温情主義、第十二章教育勅語と政治教育といふ十二章に分類組織してある。著者の自序によれば、著者別に浩瀚なる大篇を起草中で、「比較国体論」は小篇と称すべきものである、といふ。更に「簡潔を期し繁雑を避くるため、文献の引用等も成るべく少くし且つ一般的のものに限り、以て読者の倦怠を防ぐことに留意した」といふ。この自序が語る通り、此の書は、大体に於て、学問的研究を発表することを目的としたものといふよりは、むしろ啓蒙本位で、高等なる常識ある人士を対象として、諸外国の歴史や思想やその他の国家事情を比較しながら、日本国体の優秀なる事を納得せしめんとしたものである。全体として穏健な態度であり、科学的精神も持して居るから一般に、比較国体論を知らせる為には有益なものと思ふ。但し比較国体論の組織といふ点からは猶ほ十分に再検討の必要があると考へられるし、記述の中にも若干の独断がある。一例をあげれば、「國」の説明中、著者が自ら「こじつけ」と断つて居る点はしばらく措くが、「囯」という字が、中華民国になつて造られた新字である、と言ふが如きものである。勿論、これは中華民国の新字ではない。猶この書の比較は、欧州の引例が多くて、印度や支那の方面が甚だ乏しい。殊に、支那の王道論に殆んど触れてゐないのは目立つた欠陥といはねばならぬ。然し、純学術的見地からこの書を批判することは恐らく著者の目的と反するものであらうから、望蜀の語はこの程度に止むべきが至当であらう。

〔2〕越川弥栄著「忠道に関する東西思想の研究」一巻

これは昭和二年の刊行で当時大分県師範学校長たりし著者の努力になれるもので、問題を忠道に限定してあるが、第一篇「支那に於ける忠道思想」、第二篇「仏教に於ける忠道思想」、第三篇「西洋に於ける忠道思想」、第四篇「基督教に於ける忠道思想」、第五篇「我が国に於ける忠道思想」の五篇に分ち多くの章節項目を設け秩序整然一種の組織を構成して、その研究を開示してをる。特に深い研究を示したものではないが、全体としてよく纏つたそして穏健中正を信条とするが如き著者の筆致に対しては何人も好感を持つことであらう。資料も東西に亘り可成りよく駆使し、解説も十分に行ひながら、結局に於て、日本の忠道の独自にして最高なることを示さんとしたもので、比較国体論の乏しい業績の中に於ては確に優秀なる地位を占むる文献といふべきである。巻頭に沢柳政太郎博士と西晋一郎博士の序文がある。

〔3〕 経済学博士田崎仁義著「皇道及王道」一巻

昭和三年の刊行で、「著者が新聞雑誌に発表し又は講演せるもの等の内より主なるもの四篇を選び」修訂編成せる小冊であるが、「皇道国体の先天絶対性」、「昭和の新政と皇道の大義」、「王道の原理と現代支那」、「王道政治を具象する北京」の四篇がその内容である。田崎博士は、博士独自の標準に於て、皇道と王道とを区別し、その異同を論明するに熱心な学者で、このほか、「皇道・王道・民動・覇道」(昭和十一年刊)「皇道原理と絶対臣道」等の著作がある。いづれも、博士独自の見地よりする一種比較国体論である。否、主として日支の比較国体論といふべきである。流石に篤実なる学者の研究だけあつて啓発せられる処がすくなくないが、たゞ、博士は、皇道の語が支那にも存することに十分の注意を払はず、極端にこの語に執着し、むしろ日本国体といふべき場合にも皇道の語を用ゐ、而して反対に、王道の語、王事の語、勤王の語、王政維新の語が、歴代の勅語の中に厳存し、殊に、近く明治天皇の勅語にすら用ゐられてゐる事実を無視して、昭和十八年の刊行たる「皇道原理と絶対臣道」に於て猶ほ

維新の際に於て、慷慨以て自ら任じたりしものすら王事と云ひ勤王と云ひ、王政維新等と呼びて愧づ可き所以に気付かざるもの、比々皆な然り、甚しきに至りては明治大正の頃迄も、尚ほ王道を以て皇国の国体を解説するの徒ありしが如き、余毒を見ること稀れならざりき(八四頁)

と曰ふに到つては、その余りに、勅語を拝することの粗漏にしてしかも思想の偏狭独断的なるに驚くと共に、博士

の為に惜しまざるを得ない。

〔4〕大石兵太郎著「君主の神的権威」

関西学院大学教授大石兵太郎氏の「君主の神的権威」は、昭和十七年の公刊、短篇であるが表紙に関し、西洋、支那、日本の思想を比較研究したもので、印度のそれを殆ど扱つてゐないといふ短所を存するが、学問的力作であると思ふ。学説の叙述や紹介は簡潔であるが、よく重点を捉へ、手際よく比較し且つ論評して、日本の「神胤的神権観」に最高の段階を見てゐる点、複雑多端の中にその要を取つて明確に問題の所在を指摘してゐる点、敬服する。第一章教義的神権説、第二章王道的神権説、第三章神胤的神権説の三章とその下合して八節より成る。但し著者が、「はしがき」の二頁から三頁に述べた王道皇道の関係論は猶ほ一層厳密なる検討を要することで、再考の余地があらうと思ふ。

〔5〕文学博士新見吉治著「すめらみくに」一巻

此の書は昭和十三年の出版であるが、主として西洋史の方面から彼我国体を比較した一種の比較国体論と見ることが出来る。「国体の本質とその尊厳は国史の知識ばかりでは判りかねる。この意味から著者は西洋史の叙述を試み、之れに由つて読者が皇国の真の姿を見究め、静かに思ひを回らして皇運を扶翼し奉る工夫を積まれる資料にしたいと考へた」といふのがその序文の中に見える著者の立場である。序論、第一章皇御国、第二章地縁か血縁か、第三章小国か大国か、第四章君主か民主か、第五章国体の精華、結論といふ構成で、博士は、その結論の最初に左の如くいふ。

皇国の国体が普遍的なる所は皇国の元首が神にてましますことである。万世一系の神胤にましますことである。国に元首あるは共和国でも同じである。共和国の元首は世襲ではない、神でないが苟も国家として存する以上、たとひ任期が一年にせよ、元首の位は一日も曠うすることは出来ぬ。アメリカ合衆国の如きは大統領満期の前年既に後任大統領が選出されてゐること、世襲君主制に於ける立太子と同様である。主権が人民にあるとの考へは単なる観念に止まり、元首は矢張りその名 president の示す通り、第一人者である。所謂主権といふものは法学上の観念に止まり、主権といふ思想の起らない以前に国家があり、元首があつた。共和でも在任中元首の責任を問ふことの出来ぬのは通念である。従つて元首は超人的性格を具備せねばならぬ。国民の信仰が薄らぐに至つて元首の神性が失はれ、理論の上から築き上げた観念の上で超人性を認めること丶なつてゐる。国家危急の場合共和国大統領でも独裁的性質を帯びて来るのは歴史の法則である。元首の超人性は擬制的に神の子孫としたり、神の恩寵を受くる者としたり、或は法律によつて不可侵としてある。かう考へれば皇国々体は理想的形態である。他の学ぶことの出来ぬものである。学ぶことの出来ぬといふのは現実に即した考へ方である。具体的であり特殊的である。即ち皇国は他の国で擬制を必要とするやうな抽象的な国体ではなくて、万世一系の天皇が神として現実に君臨せさせ給ふ国である。是は我が国を措いて他に無いことである。之に併はせて君民の関係が特殊である云々（五一九―五二〇頁）

これは博士が、その西洋史的比較に基いて得た結論なのであらうが、兎に角、この書も亦一種の比較国体論といふべきである。

〔6〕文学博士松村武雄著「民族性と神話」

昭和九年の刊行であるが、第一章序説、第二章埃及人の民族性と神話、第三章希臘人の民族性と神話、第四章羅馬人の民族性と神話、第五章北欧人の民族性と神話、第六章日本人の民族性と神話といふ構成であるが、わが神話が国体乃至国体論に於て占める重要性を考へればこの書も亦神話学的比較国体論と称して差支へない。

〔7〕法学博士滝川政次郎著「日本法理と支那法理」一巻

日本法理研究会に於ける講演速記の小冊子であるが、法といふ角度を通した一種の比較国体論と見得べく、この種の研究も亦極めて必要である。

第三項　資料的業績

資料的業績といふのは、比較国体論を専門に叙べんとするものではないが、比較国体論の直接的資料となるものの学問的研究業績を意味する。これは見方によつては可成り広範であるから各種の資料を挙げ得るのであつて、たとへば、マキァヴェリーの「君主論」の如きものでも、「康熙皇帝遺訓」の如きものでも、その他この種の幾多のものは悉く比較国体論の資料ならざるはない。

然し、さういふ意味の資料は、比較国体論を如何に研究したかの資料ではなく、比較国体論を為すに就て参考すべき資料であるから今茲には省くのが至当である。即ち、こゝには比較国体論を専門にするのではないが、何等か比較国体論を為すについての最も必要な参考となる資料又は事象を研究しつゝ、文中往々にして我が国体との比較を試みたものに限定することとする。この意味での資料的業績としては、左の如きものを代表作と見倣し得るであらう。

〔1〕　経済学博士田崎仁義著「王道天下之研究」一巻

此の書は直接日本国体を研究したものでなく又、支那の国体と日本のそれとを比較することを主眼としたものでもないが、日本の国体思想に大なる影響を与へた支那の王道思想を研究した力作で、書中、往々我が国体との比較に言及してをる。博士の学説の全体に同意するとせざるとは別とするも、この書の価値は之を正当に評価しなければならない。支那の王道思想は、言ふ迄もなく日本の国体思想史の上に大なる影響を与へてゐるものであるから、此の種の著作は、比較国体論にとつて資料的寄与を為す所多きものであることを認めざるを得ない。博士がその序文に於て曰つてをる通り、書紀の洪範を根本文献として、「古代支那に於ける国家社会並に其法制経済の基本としての王道天下に関する」研究である。大正十五年の刊行である。

〔2〕　文学士手塚良道著「儒教道徳に於ける君臣思想」一巻

広島文理科大学教授で当時文学士たりし手塚博士の著す所、昭和十年の刊行である。此の書も亦、田崎氏の前記の著書と同じく、比較国体論として研究されたものではないが然し、「卑見を以てすれば支那古来の君臣思想は我を扶翼するに足るものと相容れざるものとある。孔子の君臣思想の如きは我を翼くるに足るとなす水戸学者の見解に従ふものである。其の卑見を述べて叱正を仰ぐが此の書の主意とする所である」といふ序文に従へば此の書も亦一種の比較国体論の資料たるものといはねばならぬ。第一章古典と道徳、第二章道徳と社会、第三章家族主義、第四章周の封建制度、第五章君臣の称謂並に其の関係、第六章孔子の君臣道、第七章春秋の君臣思想、第八章朱子の資治通鑑綱目に就いて、第九章忠義伝に就いて、第十章忠道に就いて、結論といふ構成で、付録として「支那古礼の基本観念に就いて」なる論文がある。

〔3〕　亘理章三郎著「漢土の王道思想」一巻

第一章漢土の皇道・帝道・王道及び覇道の訓詁的意義、第二章漢土の帝王観、第三章王道則天、第四章徳治化成、第五章制礼作楽、第六章我が国体皇道と漢土の王道思想、といふ構成で、これは専門的業績の中へ入れても差支へないが、題名及び主力が支那の王道思想の研究に注がれてゐるので、こゝに入れることとした。書誌学的によく文献を博引してある。又著者の適当する見解に於て、よく思想を分析し且つ整理してある。而して、日本の皇道と王道との比較をも試み著者の解釈なるものを示してゐるが、日本の道としての皇道と、支那の王道、皇道の語との関係に就ての著者の理論を示してゐないのは欠点であるが、「何が故に皇道がよく此くの如くなるかと云ふと、其れは一に我が皇国の国体の然らしむる所である」といふ点は、吾人の見解と一致してゐる。

第三節　比較国体論の範囲と重点

第一項　比較の範囲

第一款　空間の範囲

比較国体論は如何なる範囲に亘つて為さるべきか、この課題は、空間、時間、及び事項の三者に亘つて考へ解かるべきであるが、第一の空間的範囲から述べよう。

比較の空間的範囲を決定せんとするに当つては、その決定の権威を何に求むべきかが問はれなければならぬ。この権威は、しからば何に求めらるべきであるか。われわれの希望に求むべきか、否。われらの思惟に求むべきか、否。然らば何に求めるのか。曰く、比較国体論の目的、及び日本国体の目的即ち日本の国家目的そのものに求むべきである。換言すれば、日本国体そのもの、従つて比較国体論そのものの目的が、それを決定する権威なのである。

日本国体の本義に則れる日本の国家目的は八紘一宇の天業成就にある。而して、八紘一宇の天業成就は、国体皇道を八紘に宣布することを以てその重大なる一前提とする。比較国体論が、この日本の国家目的の線に沿うて為さるべきは多言を要しないところである。然らば、比較国体論の試むべき比較の空間的範囲は八紘でなければならぬ。八紘とは全世界である。比較国体論は、全世界を比較の空間的範囲として、ひろく比較すべき対象を求むべきである。日本国体の本義を、全世界に明徴にする為めにも、全世界のあらゆる地域に亘つて国体、及び国体思想が求められ、それらが悉く、日本国体と比較せられることにより、或はその足らざるを補はれ、或はその誤れる処を指摘せられ、而して各国全人類の勇往安住すべき原理が明示せられ、或はその価値が開顕せられなければならぬ。故に、比較国体学の試みる比較の対象としての空間的範囲は、地球即の全世界たるべきである。この事は、明治天皇おんみづから、「中外ニ施シテ悖ラス」と御垂訓下されてあるのであるから、極めて明白である。但し事実問題としては比較を為す人の知識によつて制限をうけることは言ふ迄もない。

第二款　時間の範囲

比較は、次に、如何なる時間的範囲に亘つて行はるべきであるか。この範囲の決定の根拠も亦前記と同様でなければならない。而して、明治天皇の聖訓に之を仰ぐと、「古今ニ通シテ謬ラス」との仰せである。即ち、時間的範囲は古今である。日本国体の本義、「教育勅語」に仰せの「斯道」は、「古今ニ通シテ謬ラス」といふ聖意に於ける「古今」とは、古代と現代、むかしといまとに限定し給ふ意味の「古今」ではなく、他の表現を以てすれば、「過去現在未来」、いはゆる三世一貫の意味に奉解すべきであることは、古今不謬の次に、「咸一其徳」のいま及びのちに通じての仰せがあるのに徴して明かである。しかし、比較は、現在既往に限られる。未だ起らざるもの、未だ存在せざるものを拉し来つて比較することは出来ないから、比較は現在以前のものに限られる。即ち、文字通りの「古今」が比較の時間的範囲である。しかし、その「今」といふは、昭和十九年に於て昭和十九年を「今」とし、紀元三千年に於てその皇紀三千年に当る年を「今」とする客観的今ではない。現に比較国体論を試みんとしてゐる人の生きてゐる時といふ意味での「今」である。かゝる意味に於ける「今」は、次代の人にとつては「古」となる。紀元二千六百年代に比較国体論を試みる人は、紀元二千七百年代を「今」とは為し難いから、紀元二千六百年代、否一層具体的には昭和の聖代を「今」とするが、二千七百年代に之を試みんとする者は、昭和を「古」とし二千七百年代を「今」とする。「今」はかくて、人に約した今であるから、人の滅生、時間の流れに従つて、つねに新しき今が獲得される。かくて、比較国体論の時間的範囲は、之を試みる某なる人の寿命について言へば下限があるが、人一般の生存について言へば無際限である。「古」の方も、理論的にいへば上限がなく無涯久遠の古にさかのぼり得る。しかし、この方は、人の知識の有限なるに基いておのづから大体の上限が画せられざるを得ない。故に比較は、今より以前、およそ人の知識によつて明かになし得る限りの古でなければならない。現代の人——主としてそれは学者を意味するが、の知識を以てして明かにせられてゐない古のことは比較し得ないからである。尤も、現代の学者に不明とされる古い時代についても、世には説を為す者がないでもない。例へば、神武天皇以前に百数十代の天皇の御名と共に皇妃の御名を列ね、その御治績の如きものを記した書物もあるが、これらのものは、如何なる角度からするも現代の学者の認め得ない、否、極めて幼稚なる俗作なることが判明してゐるものであるから、敢て問題とすべきではない。かくて、比較国体論は、国体の本義からは古今に通ずるといふ範囲選定の方針が明かにされると共に、実際的には、人の寿命と知識とに制限せられることとなる。

第三款　事項の範囲

「比較国体論」の「国体」が広義に於ける国体であるとすれば、比較すべき事項の範囲が、自然、広義に於ける国体の全範囲に亘るべきは見易い道理である。従ってその範囲は、詳しくは第一巻に述べた通りであるが、その大要をいへば、国家の基本社会即ち狭義の国体事実の比較、従つて各国各民族の血縁的結合事実、心縁的結合事実、治縁的結合事実、地縁的結合事実の比較、国家の比較、神話の比較、国法の比較、政治の比較、国民性の比較、従つて風俗、習慣、言語、信仰等の比較、国民精神の比較、国民道徳の比較等、実に多岐多端を極めるのである。真に比較国体論を大成せんと欲するならば、これらの諸事項に亘つて、詳細綿密なる比較研究がなし遂げられなければならぬ。しかし、如何なる学者といへども人智には限りがあるから、一人にしてこれらの諸事項を悉く単独に研究しつくすといふことは不可能である。故に、まづ、言語学者は言語の方面から、神話学者は神話の方面から、社会学者は社会の方面から、といふ風に各専門の学者が各自の専攻科目に於て研究を報告する必要がある。而して、この報告を基礎としつゝ取捨よろしきに従ひ、独自の識見を以て綜合体系化する学者を要するわけである。今、吾人は、本巻に於て、かゝる意味の比較国体論を提供し得ると信じてゐるのではない。たゞ、比較国体論の学問的素画を試みるといふに過ぎないのであるから、以上のことを直ちに本書執筆の方針とするものではないけれども、比較国体論の本格的研究としてはかくあるべきだと思ふ。

第二項　比較の重点

比較の範囲は、かくの如く広汎である。しかしいかに広汎なりと雖も、比較国体論としてはおのづからそこに重点が無い筈はない。若し、日本の神話と諸外国の神話とを詳細に組織的に比較するだけならば、それは比較神話学ではあるが必ずしも比較国体論とはいへない。又、各国の言語の構造や法則について如何に科学的に比較詳述してもそれだけならばそれは比較言語学、所謂言語学であつて比較国体論とは言ひ難い。欧米諸国の憲法と日本のそれとを如何に綿密に比較論究しても、国体明徴の学問的努力が全巻を掩うてゐなければ、単に比較憲法論たるに過ぎぬ。こゝに於て、比較国体論は、空間的には極めて広汎なる範囲に亘り、時間的には古今に亘つて極めて多端なる事項を比較するものではあるが、そこには必ず重点がなければならぬ。比較国体論の比較国体論たる所以を明かにする重点の存在が必要である。換言すれば、比較国体論の性格、目的に沿うた諸事項の重点的比較を試みるものでなければ意味を為さないのである。その重点は国体である。といへば足りる筈であるが、実際には、漠然としてゐる感じを受け易いから、今少しく詳細に且つ具体的にその重点を明かにする必要がある。

惟ふに、凡そ吾人の国体論を為す所以のものは、日本国体を以て、人間の生命の本義的事実なりとする確信に基くものである。人間の生命の本義とは、既に本書の各巻に亘つてしば〳〵述べた通り、本末上下尊卑の大義明かなるをいふのであつて、かくの如き大義の完成せられた唯一最高絶対の大本的実在が日本国体に外ならないのである。比較国体論の重点は、徒らなる各国風俗の比較、法の比較、言語の比較、信仰の比較を漫然或は組織的に試みる事には存せずして、若し風俗を論ずれば各国の風俗が、如何にこの本義にかなへる、又は、かなはざる事実であるか、若し言語を論ずれば各国の言語が如何に本末上下尊卑の秩序を反映してゐるか、又はそれを維持するに足るものであるかどうか、若し法を論ずれば各国の法が如何に人間生命の本義を生活の上の秩序規範として把握してゐるかゐないか、といふことを比較論明すべきものである。これが、比較国体論の重点であつて、この重点を逸したならば、比較国体論は比較言語学や比較民俗学や比較法学や、等々のもの丶中に何等の特色なきものとして消入分解されてしまふであらう。即ち、比較国体論存立の基礎を失つてしまふのである。かくて、比較国体論は、具体的には、君臣関係の有無、及び君臣関係の内容の比較を以て重点とするに到る。こ丶に君臣関係と言つたのは、少しく広義の意味で、君たり臣たることの因縁、君たり臣たる結合及び離反、君たり臣たる間柄に即して見るべき規範などを総称して、便宜上、関係と言つたのである。言葉を換へて言へば、君臣関係の比較が、比較国体論の具体的重点である。比較国体論は、それ故、いかに比較の素材を広汎に取つても、結局に於て、抽象的に言へば生命の本義、具体的に言へば君臣関係、若しくは治者被治者の関係の比較を根本としなければならぬ。されば、君臣関係若しくは治者被治者関係が、比較国体論の根本問題なのである。

第三項　本巻に於ける比較国体論

本巻に於て著者の執らんとする比較の方針は、先づ、上来の比較国体論そのもの丶解説に次で、次章を以て、比較国体論の一般的概論を簡略に試みる。これは力めて簡略を期したが、その理由は、次章に述べるところはおほむね本書各巻に到る処展開してあるからである。たゞ、比較国体論としての体裁上、且つは、読者の便宜上、纏めて要説したものであるから、能ふ限り簡潔ならんことを期したのである。しかし、この第二章は、次の第二篇の総提概説ともなるものであるから、論の順序上省くを得ないものである。而して、本巻は次章を以て第一篇を終り、第二篇に入る。この第二篇は、本巻の主力を傾注したところで、いはゆる君臣関係を取扱つたものである。しかし、比較の為には、或る程度迄詳細に且つ組織的に述べる必要があるので、支那、印度、西洋と三大別して、各国の君臣関係、即ち事実の方面と思想の方面とを精説することに力を注いだのである。殊に支那のそれは、所謂「王道」として、日本の国体思想と極めて深い関係があるので、最も詳細ならん事を期した。これにより、世界の三大国体思想が比較し得られ、この比較の上に、いかに日本国体が万邦無比であるかを立証し得るものと信ずる。第一篇の第二章が至極簡単であるのは、独立単行の比較国体論としては適当の形態でないことは言ふ迄もないが、本書の如き大部の組織的著作としては、やむを得ないこと、といふよりは、むしろ当然と曰つてよからう。

第二章

比較国体論一般

第一節　君臣関係の比較

第一項　狭義の国体の比較

第一款　抽象的意義に於ける国体事実の有無

狭義、且つ純粋の国体なる概念が、人間生命の本末上下尊卑的自覚秩序、換言すれば、生命の本義的秩序であるとすれば、これを抽象的意義に於ける国体事実と曰つておかう。この意味の国体事実は、唯日本の国家にのみ具存するのであつて、諸外国には絶無である。諸外国といふ中には、君主を戴く所謂君主国家もあり又君主を有せず、大統領、総統、その他の名称を付する君主ならざる元首を戴く所謂民主国家もある。民主国はしばらく措くとして、所謂君主国もその数二三には止まらない。又、既に滅亡し去つたものではあるが、曽て、この世界の一角に君主国として実在し、その名とその歴史とを残してゐるものも決してすくなくない。しかし、それらのすべての国家を通じて、右の抽象的意義に於ける国体事実を具備した国家は絶無である。即ち、国家全体が、生命の本義的秩序の生活体として現存するは、史上、又現在、唯日本一国であつて、余国には、絶えてこの事あるを見ないのである。

第二款　形式的意義に於ける君臣関係の有無

之に反し、名目的、形式的意義に於ける君臣関係は、日本以外にも数多実在する。勿論、この意味での君臣関係をも見ることの出来ない国家もある。現在までの法律学や国家学乃至政治学などで、国家を大きく、君主国と民主国とに分類してゐるところに従へば、君臣関係の無い国家は之を民主国と呼ぶのである。すくなくも、現在の世界に於てこの二種の国家が併存してゐるのは事実である。君主国或は民主国は、必ずしも固定的なるものではなく、最初君主国であつたものが、民主国に転化せるものもあり、反対に最初民主国として出発した国家が後に到り君主国に転換したものもある。前者としては清王朝の下にあつた人民が革命によつて無君の中華民国となつた例、ロマノフ王朝の支配下にあつたロシアがレーニンの革命によつて無君の共産主義民主国となつた例等々である。後者としては最初民主国として建国の宣言を発しながら後、皇帝を立てて君主国となつた満洲国の例、小地域に選挙王を有してゐたといふ統一国家以前の漠たる伝説時代を除き、確実な統一国家として成立したローマの歴史は最初、二人の執政官によつて政治を行ふ民主国であつたが、後にローマ帝国となつた例、等々である。勿論、中には、現在までのところ、最初のまゝ君主国として継続してゐる英国や、最初のまゝ民主国として立つてゐる米国の如きものもある。今、民主国は別とし、君主国に就てみれば、古今東西の如何を問はずすべての君主国は、君主国なるが故に、形式的には、君臣（民）を以てその国家秩序を形成してをる。この形式に於ては、日本も亦君主国であるから、他の君主国と形式上の同一性がある。形式上の同一性といふのは、これらの国家が、ひとしく君主たる元首を有してをるといふ点に於て曰はれるのである。即ち、君主国にありては、元首たる者が君主なる身分と地位とを有してをる点で、日本もその他の君主国も形式上の同一性を有してゐるといへるのである。又、古今東西のすべての君主国は、君主が何等かの権力を以て政治を行ふといふ点に於ても同一性を有する。但し、これらの形式上の同一性は必ずしも本質上の同一性を意味しない。従つて又、機能の全同性をも意味しない。表面の同一性から一歩その奥に入る時は、形式上の同一性にも拘らず、君主そのもの、本質に於て、又、君主たることの根源に於て、日本と諸外国との根本的差異を見るのである。猶ほ、民主国と君主国とは、国家元首の性質を異にすることは勿論であるが、しかし、両者とも、元首を有するといふ点で、又、君主と大統領とは身分に於て異るけれども、ひとしく国家元首であるといふ点では類同性、又は類似性を有するから、その地位及び機能の比較が可能である。

第三款　君臣思想の大小・浅深・偏円・権《ごん》実

君主国家に於ては君臣関係が国家秩序に於ける人的関係の大本であるから、必ずそこに君臣関係の思想的成長を見る。いかなる君主国に於ても、君臣思想なきは無い。しかし、この君臣思想には、大小・浅深・偏円・権実さまざまの品等がある。あるものは大、あるものは小、或る時代には浅、或る時代には深、ある国に於ては偏、ある国に於ては円、或る民族に於ては権《ごん》、或る民族に於ては実、勿論、それらを一国にして兼ね具する場合も考へ得られる。又、ある国家ある民族には特に君臣思想が発達し、ある国家ある民族には、若干の君臣思想は存在するにしても特別の発達といふほどのものを見ないこともある。而して君臣思想が、理論的に最も発達した国は支那であつて、その点世界に冠たるものがある。支那の君臣思想は、大小、偏円、浅深、権実の一切を網羅具備し、一見驚嘆すべきものがある。さりながら、印度、殊に仏教にも亦これに匹敵すべき君臣思想が発達してをつて、両者には一短一長がある。君臣の道義的規範の思想に於ては概して支那により多くの論説を見るに反し、君主の種姓血統、君主の哲学的若しくは神的性質、及び君主の道義的世界統治を説く点に於ては仏教により多くの深い教説が見られる。西洋諸国にも無論君臣思想は存在する。しかるに西洋のそれは、支那、印度に比して著しく劣るものがあり、僅に君主の道徳的教育論に関する教説に於て、支那、印度に異る特色を見出し得る。言ふ迄もなくこれは著しい特色の大概的比較であつて細部に亘れば、ほゞ共通の思想もすくなくはない。日本に於ても、もとより君臣思想は太古より存在するけれども、諸外国に比する時、むしろ、特別なる思想として表現せられるよりは生活されて居つたものと曰ふことが出来る。古に遡れば遡るほどさうであつて、殊更に君臣関係を思想的に学問的に論説解釈する風が発達してゐない。これは、国体そのものが主として生活されてゐた為めであるが、外国の教学が入り来り、又、国民生活が社会的に政治的に複雑になり漸次、歴史の上に種々なる波瀾が生ずるやうになつてからは、君臣関係も又漸次、思想的に生長したが、それでも外国殊に支那の如くに理論的発達をその特色とするものはなく、常に実際的だつた。即ち、無始以来奉戴せる君を現人神として尊崇し、これに服らふ、神胤一系の君に依つて大義名分を正す、といふ実際的君臣思想の発露がそれであつた。しかし、外国の教学思想に接し、又、内に自らも思想し学問する風を増大するに及びては漸次外国教学の齎した君臣思想をも取捨よろしきに従つて之れを受容し、いつとなしに、自己の実際的君臣思想を中核として之れらを同化し、つひに自己のうちに綜合するの風を生じた。君臣思想は、かくて、日本に於て、最高且つ完全なるものとして、即ち、日本自身の実際的君臣思想の下に各国の、あらゆる君臣思想の小を斥け大を取り、浅を抛つて深を採り、偏を捨て円を受け、権を廃して実を立てる規模を具備して大成せられたのである。

第二項　治道の比較

第一款　治道と治道思想

こゝに治道といふは、近年我国一部の者が、特に我が国の固有の道といふ意味で用ゐる所謂皇道、又、古来、支那で用ゐた皇道、帝道、王道、帝王道、皇王道、王法等々、仏教で用ゐてゐる王法、乃至、いづれの国家でいかなる表現を用ゐるにせよ、国家に於ける政治の道を総称するものと定めておかう。又、治道思想といふ場合の治道も之に例するものであるが、その治道思想といふは治道に関する思想といふ意味である。趣旨は治道そのものと治道に関する思想とを区別せんが為である。道なるものは、人の服従すべく遵守すべく実践すべき法則、規範をいふのであるが、人間が歩行するために設けた道路の如く大地といふ物質の一部に開拓せられたものと異り、純観念上の存在である。しかし、それは空想せられたものではなく、人間生活の事実関係中に発見せられ把握せられたものであつて、人間生活の事実関係無きところに道は観念せられない。一般的に言つて夫婦といふ事実関係無しとすれば夫婦の道は観念せられることはなく、親子なる事実関係無しとせんか、親子の道は成立せぬであらう。然るに一般に人間は、父子の関係、夫婦の関係あるによつて人間たり得てゐるのであるから、この事実関係の中に、父子の道、夫婦の道、乃至兄弟の道、師弟の道等、道を把握するのである。個別的に言へば、某甲と某乙とが父子の事実関係を有することにより某甲は某乙に対し父慈の道を、某乙は某甲に対し子孝の道を践むことが出来るのである。又、AとBとは夫婦としての事実関係を結ぶことによつて夫婦の道を践むことが出来るのであつて、未だ夫婦とならざる以前に於て両者が夫婦の道を践むことは出来ぬ。又、BはAの妻であるが故にAとの間に夫婦の道を践むことは出来るが、夫ならざるC、D等との間に夫婦の道を践むことは出来ぬ。かくて道は観念上の存在であるが、具体的事実の上に即して成立するものである、といふべきである。即ち道は観念上の存在ではあるが、それは事実、又、実践から生れたものであり、常に事実及び実践に即して存在するものである。

然るに道に関する思想は、道に就ての思惟であり、解釈であり、実践でも事実でもない。そこに道そのものと、道に関する思想との区別を為すべき根拠がある。勿論、多くの場合、人は、道の思想によつて道そのものを明かにせられ、実践の必要や、正しき実践の仕方を啓蒙指導せられる。しかし、道は道そのものであり、道の思想は、道に関する思想であつて混同すべきではない。道が事実、実践に即して存在するといふ意味からすれば、事実、実践に即して存在してゐる道は、これを「道の事実」「治道事実」と呼ぶことが出来る。さう呼ぶことによつて、この場合の「道」なるものを一層明確にする利益があるからである。以下、この意味で、「治道事実」の語を用ゐる。

第二款　治道事実たる君臣の有無

形式的意義に於ける君臣関係は、ひとり我が国にのみ存在するのでないことは、既に之れを明かにした。しかるに、君臣そのものが直ちに道であるか否かは、この形式的観点からは明かにせられ得ない。例へば、こゝに数組の夫婦がある、と仮定しよう。この数組の夫婦は形式的意義に於ては、いづれも夫婦であるが、果して、そのすべてが、道の実践当体、今一つ、焦点をしぼると、道たる夫婦であるか否かは、形式的観点からでは判断がつかぬ。若し、夫婦の間に常に闘争が横たはり、夫は妻をあざむき、妻は夫にかくし、特に又夫婦としての致命的欠陥を蔵してゐるならば、それは性的結合といふ事実、共同生活とい事実に基き、形式的意義に於てこそ夫婦であれ、夫婦道の当体たる夫婦とはいへないであらう。君臣関係又然りである。君臣関係といふ事実が存在してゐるといふ形式的観点からすれば、すべての君主国には悉く君臣事実が存在してゐる。君臣関係の事実があればこそ君主国である。然し、それらの君臣関係、君臣事実が、果して道の当体となつてゐるか、即ち道そのものとなつてゐるか否かは別の研究判断にまたねばならぬ。君臣関係が、人間の生命の本義さながら、父子の本末上下を社会的国家的に完成せるものにして始めて君臣事実即道、治道即君臣といひ得るのである。これが君臣道の絶対的意味である。君主の臣民に対する仁愛、臣下の君主に対する忠誠といふやうな道は、この絶対的君臣道に対しては相対的君臣道といはるべきものだ。相対的君臣道は絶対的君臣道の根を有する時に於てのみ絶対的性格を帯びるが、然らざる場合に於ては相対的性格に始終する。

かやうな意味で世界古今の君主国を眺めると、いづれも、君臣即道といふ絶対的意義を成してゐない。それは、君主が、或は力を以て、或は徳望を以て、或は単なる血統を以て位に在るのであつて、全民族生命の本義上の君主となつてゐないからである。世界に、君臣たることそのことがそのまゝ絶対の道を成してゐるものは、即ち治道となつてゐるものは、唯日本一国である。換言すれば、国体が直ちに道を為してゐるのは、日本一国である。若し、王道の語を用ゐるならば、王道たる事実としての君臣国体は、世界中、我が大日本帝国のほかに之れを求め得ない、といひ得るのである。こゝに単なる観念的規範たる王道と、事実の王道即ち国体との別を観る大なる必要があるのである。

第三款　治道思想の有無

之れに反し、治道思想は、世界の如何なる国家にも存在し得る。それは人間の本性と現実の必要に基くのであつて、政治的生活を営まざる人間は無いからである。しかし、治道思想の顕著に発達せる国もあり、然らざる国もあつて、各国一様には論じ得ない。たゞ、支那の治道思想は、古来、王道と称せられ、最も注目すべきものであつて、我国の治道思想も王道思想の影響を受ること甚大である。

王道思想と王道とも前述に照して区別する必要がある。王道といふ道そのものと、王道に関して為されたる思想とは同一物ではない。世には支那の王道思想を見て、それを王道であるとする考が多いが、王道そのものは飽くまで王道そのものであつて王道思想ではない。王道思想の中には王道を正しく把握したるものもあれば誤り解したるものもあり、浅く解釈したるものもあれば深く理解したるものもあり、種々雑多であるから一概に信用し得ないが、支那では「王道」の名称を付した道そのものは、その意義に於て「道の王」たるものであつて、人の能力の差によつておのづから高低浅深等の差を露呈する王道思想と全同視すべきではないのである。王道思想は、しかし決して支那にのみ存するのではない。又決して儒教にのみ存するのでもない。「王道」なる語を用ゐると否とは、王道思想の有無の表示ではない。儒教と相容れざる老墨の中にも王道思想はあり、印度の仏教にも王道が説いてあるし、西洋諸国にも亦あきらかに王道思想と認むべきものがある。われわれは、王道をよく理解する為め、又、他をして理解せしめる為めにはこれらの王道思想を研究する必要がある。勿論日本にも王道思想は生長し発達してゐる。しかし、日本の王道思想は支那、印度の王道思想に間接的にか直接的にか影響を受けたものが非常に多い。けれどもそれは固有に発生したる王道思想が無い、といふことではなく、日本には日本に於て固有のものとして発生した王道思想もあるが、それは、外国の王道思想を養分として吸収することによつて偉大なる発達を遂げきたつたもので、この点、日本は世界唯一の王道事実たる国体を有するのみならず、世界の王道思想の結合の上に、更に世界最高の王道思想を完成せんとしつゝある、と言ってよい。即ち治道思想に於ては、支那の王道思想、仏教の王法思想は古から顕著なるものとして認められ、西洋にはこれに匹敵するほどのものを古に於ては見ないが、然し全然無いわけではなく、若干は諸書に散見する。そして西洋に於ては、近世に到り特に憲法を中心とする法思想として特別の発達を見た。支那の王道思想、印度の王道思想及び西洋の君主政治に関する古来の若干の思想並びに近世の立憲思想は、いづれも治道思想として、比較国体論上、等閑に付せられてはならぬ。本巻の第二篇に於ては、西洋近世の立憲思想を除いて他の王道思想は悉く之れを比較研究することとしたが、立憲思想は、便宜上我国の憲法を論ずる巻に於て併せ述べる方針とした。

第二節　国家の比較

第一項　国家起源の比較

第一款　神話の比較

諸外国と日本との神話の比較に於ける国体学的重点は、国家の誕生とその中核を為す主裁者の有無とでなければならぬ。勇武とか智慧とか明朗性とか深さとかいふやうな問題は、必ず各国にそれぞれ長短のあることで、それらの比較は、もとよりそれ自体として有意義且つ必要であるが、比較国体論としての重点を為すものとは考へられぬ。日本の神話に於ては、大八洲の所謂国生みなるものが伝へられて居るが、他の国々の神話は一般的に、天地が如何にして出来たかを説いても、彼等の国土が如何にして生れたかを説かぬ。この事は事物の、殊に国家の根本に関する思考に於て極めて重大な差を示すものであつて、その事は本書第二巻に於て既に詳述したところであるが、ここに日本民族の生活意識の中心と外国民族のそれとが明白にあらはれてをる。しかも、日本の神話では、この国土の生みの親にゐます諾册二尊は同時に皇室祖宗の生みの親でもゐますのである。それ故に、日本の神話に於ては、国土と皇祖とは同胞の関係にあり、而して皇祖と国民とが又本末の血縁につながる点から、国土と国主と国民とが、生命的一体を成してをる。かくの如き観念が、しかも、統治関係を根本として構成せられてゐるといふことは、全く他国にその例を見ざるところで、国家起源に関する神話が既に、生命本末一体の本義に出発してをるのである。諸外国の神話は、エヂプトの如く霊魂の神話であり、北欧神話が神と悪魔の闘争の神話であるといふ風に、各国それぞれの特色を有しはするが、生命の本義が如何に国家的に完成されたかの神話を有するものは日本以外にないのである。

第二款　建国の比較

建国については、必ずしも科学的意味に於ける史実を以てする比較のみに限定する必要はない。さうする事は、結局、近代国家の建設以外に論議し比較することの自由を失ふことにほかならないからである。日本の建国は、幾多の神話的、史話的背景を以て語り伝へられてゐるが、それらを通して極めて明白且つ強度に浮出してゐるものは、道義秩序の確立と親愛を以てする一大生命体系実現へのあらゆる努力とである。日向三代より神武天皇乃至崇神、垂仁朝等に到る列聖の御治績、さては聖徳太子の御出現による推古憲法の発布より大化改新に及ぶまで、国家肇建の歩みは一に生命本末の道義秩序の確立と、それに基き、多くの異種族に対する包容同化即ち一大生命体系化に指向せられ、かくて地上に比較なき一国万民の国家を完成確立したのである。此の点、諸外国の建国に比し断然趣を異にするものがある。今、世界古今のあらゆる国家の建国を一々精叙する必要はないが、日本を除き世界の君主国の代表と考へられてゐる英国の建国を回顧してみよう。

英国は、英のイングランド上古に於てケルト族がその自然の住民であつた。然るに紀元前五十五年、及び五十四年の二回にローマの征服するところとなり変遷はあるが五世紀の始めまでローマの支配下に隷属してゐた。ところが五世紀のはじめにローマの駐屯兵がイングランドを撤退すると、西紀四四九年、ゲルマン族の一支族であるアングロ・サクソンがエルベ、ヴェーザー両河を利用して海外から侵入し来り、先住のケルト人を西方に駆逐し、ローマ文明を破棄して、所謂七王国を建設した。その後エグバードの出現に及び七王国は統一されてイングランド王国となつた。しかるに十一世紀に入り一〇六六年ゴドウィン家のハロルドが王位に在る時、所謂ノルマン征服が起り、ノルマンデイ公ギョームが英国に侵入し、英軍はヘイスティングの一戦に敗れ国王ハロルドも亦敗死し、こゝにノルマン人ギョームは英国風にウィリアム一世と名乗つて、所謂ノルマン王朝を築き、武力的征服者として英国を治めた。英国はエグバートのセルジク王朝を以てその正式な国史を始めるのであるが、デーン王朝、ゴドウィン王朝を経て、こゝにノルマン王朝となり、全く外国人に征服せられてしまつたわけである。たゞ、ウィリアム一世の子ヘンリー一世が、セルジク王家の第六代の王、アルフレッド大王より八代の子孫たるエディス・マティルダと結婚した為め、女系により古のサクソン王朝と僅に血縁あるに到つたのである。而して、ノルマン王朝は、更にプランタジネット家、ランカスター家、ヨーク家、テューダー家、ステュアート家と変遷して、女王アンの時代に及んで一七〇七年、隣接して古から存在してゐたスコットランド王国と合同法（Act of union）を締結することによつて現英国の建国となつたのである。元来スコットランドは最古にはピクト人が占住してゐたが後ケルト系の人種が移住して、アングロ・サクソン以前に後に合併されたピクト王国と並んでケルト系の国家を建てた。

ローマ皇帝クラウディウスのイングランドを征服したその力は北方の此地に十分に及ばず、やがてアングロ・サクソンの侵入となり、その後は久しきに亘つてイングランドと離合関係複雑を極めたが前述の合同法によつてイングランドに合併せられたのである。アイルランドも元来ケルト人種の国であるが西紀一一七二年にイングランド王ヘンリー二世が武力で征服してイングランドに属せしめたのである。しかし、周知の如く一九二二年英本国から独立して自由国となつてしまつた。かく英国の建国史を一瞥するに、そこには何等、一定の建国の理想も、道義的秩序の建設といふ目的も伝へられず、唯、侵入征服の歴史事実のみが記録せられてゐるに過ぎぬ。日本の建国とは全く日を同じうして語るを得ないのである。

日本の場合には、高天原から天孫降臨といふ事が伝へられ、又、神武天皇の東征が語られてゐるが、それは他の領土を侵略したものではない。高天原と瑞穂国土とは外国の関係にあつたのではなく、最初から政治的首都と地方との関係として意識せられてゐたのであつて、瑞穂国土そのものが前述の如く、祖先神によつて生み成されたもの、即ち、固有本来の領土として信ぜられてゐたのであつた。故に、降臨は飽く迄降臨であり、神武天皇東征は、国内の不服者を征てるもので、主権の正当なる発動にほかならない。主権の発動としての征服と、外地侵略とでは、武力戦を行つたにしても全然その意義を異にする。英国が今日猶ほ小島国の中で、アイルランド人、スコットランド人、イングランド人等、猶ほ細分すら可能なる多元的人種の不融、といふよりはむしろ対立性を残してゐることを考へたならば、思ひ半に過ぎるものがあらう。

印度の建国をかへりみても、今日に於て猶ほ厳守せられてゐる四姓制度あり、被征服者は永遠に被支配的階級として固編され、虐遇されてゐる。漢民族の如きは、異種族を異種族として厳重に区別し賤視しつゞけながらも然も自然に之らを同化してしまつたけれども、その同化は、単に自然の同化であるに過ぎない。即ち、むしろ君主や、君主を中心とする支配階級の思想や希望に反して自然が行つた同化たるに過ぎないのであるから生命本末の一大体系として建国完成されたものとは曰ひ難い。況してや、欧州諸国の近世史が語るやうに、Ａの革命がＢの建国をも齎し、Ｃの革命を促進するといふやうな諸国がその本質を同じうするが故に全体として一の因果関係のもとに建国され革命されたやうなものと、日本のそれとでは甚しく史相を異にするものと曰はなければならない。

第二項　国家基盤の比較

本書第二巻に於て述べた通り、国家をその拠つてゐる、又、基いてをる基盤社会なる観点に於て考察する時、国家基盤なる概念を得るが、この国家基盤に於て比較を試みることは、国体研究の最も基礎的部面といはなければならぬ。既に指摘した如く、世界の古今に亘る諸国家は、悉く吾人の所謂単層国家に属する。即ち、国家の基盤となつてゐる社会構造が、生命の本義に基かず生活の手段を絶対視する原理の上に立つてゐる。従つて、民族は単なる文化団体としての性格を主特色とし民族自体が生命の本義たる相を示してゐない。生命の本義が縦深的に掘りさげられもせず、盛りあげられてもゐない社会は、生命の本義を社会的に立てる事に失敗したもので、従つて、その国家は、生命の本義を確立し維持すべき国家の本質的使命に於て失敗したものと曰はざるを得ない。諸外国に於ては、人間生命の本義が、僅に家によつて維持せられてゐるが、国家そのものが生命の本義を具現してゐないから、その国民をして真に生命の本義に徹せしめることが出来ぬ。これ、彼等が時に国家権力主義に偏傾し、或は個人主義に沈溺し、理想を樹つる者にあつてすら、漠たる社会主義を立てる以上に出で得ない理由である。又、本末上下尊卑卑の生命原理を国家基盤としてゐない国々にあつては、国家の根本に霊性が樹立されてゐないのであるから、倫理道徳や法律を設けても、その効果は飽く迄相対的であつて、根本的世界観はどうしても弱肉強食の動物性に支配されざるを得ない。既に弱肉強食の動物性が根底にひそんでゐる以上、以暴報暴の易姓革命を免れ得るものではない。かくて、革命につぐに革命を以てするのである。民主国家に於ては易姓革命はないけれども、元首の一定期間を以てする交替は、易姓革命の進化せるものに過ぎないのであつて、君主国の歴史に鑑み易姓革命を合理化したものにほかならぬ。国家は元来、一民族を主体とするものであるから、その主体民族の生命の本義を具現せるものたるべきであるが、諸外国は、不幸にして、国家のこの絶対的基盤とすべきものを失つてゐるのである。世界に於て、これを確保し、歴史の発展に随ひ益々これを堅固明確にしつゝあるものは、古往今来、唯日本一国あるのみ。これ日本を神国といひ、聖国といふ科学的根拠なのである。日本は、諸外国の単層国家たるに比し、重層国家であるといふことは既に述べたが、かくて基盤の比較は同時に国家の根本的意義の比較ともなるのである。

第三項　国家主権の比較

主権とこゝでいふのは、日本の統治権、諸外国の統制権、支配権などを総括指称するの意味である。国家は法的に観れば、主権を具備する団体である。しかるに、この主権といふ角度から日本と諸外国とを比較するとき、果して如何なる差異がそこに横たはつてゐるであらうか。勿論、日本と諸外国とが、如何なる意味に於ても、全然異る、といふわけではない。さういふ区別観の誤謬たること又無意義なることは更めて言ふ迄もないところであるが、しかも猶ほ、主権に於ての比較は、そこに極めて大なる差あることを考へるのである。

主権が永久に且つ根本的に何人に帰属するか、といふことは、狭義の国体ではなく、厳密には、政体といふべきであるが、然し、広義の国体概念には包含せられる。主権的帰属は、かく、たゞちに狭義の国体ではないが、狭義の国体と、近く根本的なつながりを有するものであることは疑ひ得ない。さて、然らば、この主権的帰属は比較国体論に於て如何なる意味を有するのであらうか。主権なるものは、語の約束としては国家にのみ用ゐられるものであるが、その意は、国家が統一的意志主体たることを指すのである。ところが、国家は、人間の団体であつて、動物の団体ではないのであるから、その統一は、本来人間生命の本義に基くべきものであり、従つて、その統一的意志主体たる事は、人間生命の本義に基いてのそれたるべきである。主権が、かくの如き性格を帯びてゐるとき、その主権は「生命の本義たる主権」、又は「生命の本義に基ける主権」、又は、「生命の本義を具現せる主権」等と呼ばるべきである。

さて、諸外国の主権を大観するに、主権の根源は階級であり、主権者の決定は個人的能力である。これは古今東西のあらゆる国家に就て曰へると思ふ。未だ曾て如何なる国家に於ても支配階級の社会力を背景とし又は基礎とせずして主権者たる事を得た個人はないが、又個人の能力を基準とせずして主権を確保し得た国家もない。要するに階級的原理の上に立てる個人能力が、主権行使の実際の態様であつたのである。個人の能力といふ中には、徳、智、勇等の如く純粋に一個人にのみ属する能力もあるが、宗教的信仰、血統的相続等の如く単なる個人の能力といふよりは伝統的能力と認められるものも含まれてゐる。かく、階級的原理の上に立てる個人能力が主権及び主権者を決定するのであるから、個人の能力の不適当なる時は、階級内部に於て主権者の交迭を決行する場合もあり、又、必ずしも主権者たる個人の能力に著しい欠陥が見出されなくても階級自体が崩壊する運命に遭遇すれば、猶更ら根本的に主権の座所の移動を見ざるを得ない。かくの如き国家は、主権が、生命の本義の上に確立してゐないことを物語るものである。

日本の主権は、およそかくの如きものと根本的にその趣を異にし、主権は、全民族国民の本末上下尊尊卑卑の生命原理そのものに基き、この生命原理がおのづからに主権者を決定してゐるのであつて、超階級的、超個人的国家本質より来つてをるのである。されば、主権の大義名分は炳として日月の如く、幾千年でも天地と共に窮りがないのである。智を以て競ふべからざる所以、力を以てしても争ふべからざる所以がそこにあるのである。是れ国体より建立せられた主権観である。

第四項　国家目的の比較

すべての国家は、目的を有する。目的を有せざる国家はあり得ない。しかし、その目的には、世界的目的と、自然的目的とがある。いかなる国家も、その包含する社会の支配、従つて秩序の建設維持を以て自然的目的とせざるはない。しかるに国家が次第に強大となるや、単にかゝる自然的目的や、その他国内的諸目的にのみふみとゞまらず、世界的目的をいただくに到る。最初から世界的目的を有して建国されたと信ぜられる国家は殆ど無い。世界的目的なるものは、世界の為めに貢献せんとする目的と、世界を支配せんとする目的とに分ち得るが、現在までの世界の強大国といはれた国々にして世界的目的を明かにしたものは、実質的に悉くこの後者に属するのである。尤もこの後者も亦更に二分せねばならぬ。たとへば、米国や英国の如く、その民族的優越観と物量的優越感とに基き、自己の生活の有利の為めに世界を支配せんとする目的をいだけるものと、ソビエット・ロシアの如く、一種の理想主義即ち資本主義を亡ぼし共産主義に基いて世界を支配せんことを目的とするものとの別である。後者がしかし階級的偏見邪見であることは言ふ迄もない。

之れに反し、日本の国家目的は、国内的にも国際的にも原理的には終始一貫人間生命の本義を確立せんとするに在る。それはひとり国内に止められるべきものではなく、ひろく全世界を掩はざるべからざるものである。この国家目的を、六合一都、八紘一宇といふのであつて、八紘一宇は、日本の世界的国家目的としての天業である。天業とは天皇の御事業である、従つて神聖なる事業の意味でもある。そこには階級的偏見や邪見はなく、民族的支配欲や金権的征服欲などは毛頭もない。唯、人類を同胞と観ずる至高絶対の大同生命観より迸しれる生命原理的目的が見出されるばかりである。もとより日本人の中にも、帝国主義的侵略を以て国家目的と解した者もあるが、それは、諸外国の誤れる思想に惑溺した自己喪失的追随思想家であつて、それらが日本国家の目的を代弁したものではないのは言ふまでもない。たとへば、ソ連国に於て、その国是とするところの主義に反する思想を発表する者があつても、それをソ連国の国家目的として是認しないやうなものである。日本は、建国以来常に、八紘一宇四海同胞化を国家の世界的目的として堅持し来つた国家であつて、明治、大正、昭和の三聖代に入つてから、この世界的目的は一層明確に全国民に信ぜられるやうになり、三聖代順を追うて今や着々之れが客観的実現に、天業の歩みが進められてゐるのである。この点に於ても亦実に、世界の諸国家は、根本的に日本とその明暗を比較せられ得るのである。

以上を以て粗略ながら国家比較の大体を終る。

第三節　国民性の比較

第一項　国民性の意味

こゝに国民性といふは、民族性といふも大体同義であるが、ひろくは国民又は民族一般に共通する性情を意味し、狭くは一国民としての性情特質といふやうな意味に用ゐられる語である。国民性を決定するものは何であるか、といふと、一国の政治、経済、地理的事情、産業、社会組織、道徳、学問、芸術、宗教、言語等であると曰はれるが、しかし、逆にこれらのものが国民性によつて決定されるとも曰ひ得る。この語の概念が包含するところは又極めて広範であることは、それが性情と解せられることによつても推し得る。従つて、細かにこの性情なるものを研究するとなれば、容易なことではない。たとへば、スパルタの国民性は勇武であつた、といふことも国民性論であるし、支那に於ける北方の強なる語も北方民族の武勇的性情と南方民族の文化的性情とを曰つた民族性論である。英国人が常に、自国民を礼節の民と自任し、アメリカ合衆国人やドイツ人を礼節に野卑なる国民と貶するのも、英国の立場よりせる国民性論である。吾人は今、しかし、かやうな広範なる国民性の比較を茲に試みんとするのではなく、例によつて重点的比較を必要とするものである。而してこの重点とは一に、生命の本義なることは、既に読者の承知せられる処であつて、これを人倫、風俗、言語、信仰の四大重点的面から比較せんとするのである。

第二項　人倫の比較

人倫とは人類が社会生活、国家生活を営む中に、おのづから定まつた人と人との間柄に於て現れる人間そのものの秩序であり、又、従つてその秩序を維持する為めの規範をも意味する。さて、人倫には、君臣、親子、兄弟、姉妹、師弟、主従、長幼その他さまざまな結合の間柄を数へることが出来る。しかるに、世界には、これらの人倫中、特にある一つの結合体を一切の根基として特に重んずる現象があるが、それは概して国民性といひ得るのである。ところで、世界にはこの意味の国民性に於て、極めて顕著な三大傾向を認めしめるものがある。即ち、君臣本位の人倫、父子本位の人倫、夫婦本位の人倫である。君臣本位の人倫は日本に於てその最高絶対の姿を見るが、父子本位の人倫は支那に於て代表例を見るべく、夫婦本位の人倫は西洋諸国に於て特に顕著明瞭である。勿論、さればとて西洋に父子の人倫なく君臣の人倫なく、支那に夫婦の人倫なく、日本に父子の人倫なし、等といふ意味ではなく、人倫の根本を何に置くかといふ見方である。

日本の人倫が君臣本位であるといふことの意味は、既に明かな通り、生命の本義たる本末上下尊尊卑卑の大道が、君臣の間柄に於て窮まり完成せられてゐる事に基いてゐるもので、力とか人徳とか利益とかいふ他の事情に依るものではないのである。しかるに、夫婦本位の人倫なるものは、そこに事実上、父子的人倫、兄弟的人倫、乃至君臣的人倫を有してゐても、生活の本座が、男性と女性との結合に置かれてゐることを意味し、甚しく、個人主義的色彩が強い。国家生活の現実に於ては、勿論、いかなる個人も国家命令を無視し、或はそれに反抗して、その個人生活を保持し得るものではないから、夫婦本位の人倫を立てゝゐる国民と雖も、時に国家の意志によりその夫婦生活に於て本来希望せざる生活形態に夫婦の一方が置かれることはあるが、それは、生活の原理ではなく、唯、現実にほかならぬ。夫婦本位の人倫は、自然の作用たる男女の恋愛に基くものであつて、それは生物的には生むといふ自然現象を結果し、生命の目的に合致するものであるが、夫婦本位の人倫といふ人間的精神の参加は、既にそれが単なる生物的現象以上のものであることを物語る。即ち、そこには、意志の活動が見られる。この意志の内容は人生観であるが、この人生観に於て夫婦本位とする事は、動物の場合の純自然と異り、そこに人為的に夫婦生活の性格を導き出してくる。即ち、夫婦が楽しく生活することが本位となされ、親子関係は、むしろそれに従属せしめられる。従つて、夫婦の一方たる妻が肉体的に又精神的に苦痛とする産児は、しばしば夫婦生活に於て重大なる脅威として考へられ、生むことに於て夫婦の性格を本義づけることから逃れようとする。避妊、産児制限などは多く、かうした夫婦性格によつて現れてくる。そこに、生むこと、育くむことを本義とする夫婦生活は歪められ、人の父たり母たることによつて夫婦の意義を完成せんとする生命原理に遠ざかるおそれが多分に存するのである。夫婦本位の人倫は、かくして個人主義の産物といふべく、かゝる夫婦生活の自然の結果として子を生むことがあつても、その子は、俗にいはゆるついでに生れた子であつて、父子本末の原理、父慈子孝の倫理が強く固くその間に打ちたてられないのは又真にやむを得ざるものがあるといはねばなるまい。

之れに反し、父子本位、親子本位の人倫は夫婦を生むといふ点で本義づけ、そして生みたる者と生まれたる者との間の本末上下尊卑の秩序を以て人倫の大本とする思想であるから、単なる夫婦本位の人倫に比し遥に生命の本義に基けるものといはねばならぬ。夫婦を媒介として親子本末の道を前面に押し出した生活である。夫婦の意義が、生命本末上下の大義の中に吸収せられてゐるのである。しかし、支那は、親子本位の人生観を打ち立て、孝を以て道義の大本とはしたけれども、つひにそれ以上のものに達することが出来なかつた。たゞ支那の民族は極めて優秀であつた為め、親子的体験から、君臣本位の人倫観をも、思想としては一方に高く打ち樹てた者もあつて真に敬服に堪えないが画龍点晴を欠く憾あるは、実にその国体事実の反映といはざるを得ぬ。

これらに比較して日本の君臣本位の人倫は社会生活の一切を国家といふ生命完成体の本義並に力により、生命の本義に服ろはしめ、あらゆる人倫を人間の本質に於て調和せしめんとするものである、といひ得るのである。君臣本末上下尊卑の生命原理は、あらゆる個々の親子に及び、兄弟同胞同族に及び、師弟、長幼、主従、朋友、一切の人倫に及んで悉くこの原理の下に秩序をたもたんとするものであるから、所謂父子本位の人倫観も、夫婦本位の人倫観も究極はこゝに於て破邪顕正せられなければならぬものである。而してそのこれを為すのが、天業恢弘の天業恢弘たる所以であつて、かくの如き点を等閑に付して八紘一宇を夢想することは出来ないのである。かくて、夫婦本位の人倫観、親子本位の人倫観、並びに君臣本位の人倫観は、比較国体論の一重要課題として研究されなければならぬことが明瞭であらう。

第三項　言語の比較

言語は人類の意志感情を表現するもので社会的性格を帯びたものであるから、言語は何よりも文化の程度を反映するものといはれる。しかるに、比較国体学に於て言語を取り扱ふ場合に最も大切な点は、単なる文化の反映度ではなく、又、それが孤立語であるか膠着語であるかなどといふ言語の形体的特色でもなく、一に敬語の発達如何に存するのである。敬語の有無は、単に文化が高いとか低いとかいふ差異を示すものではなく、実に、尊卑上下の秩序意識並びに感情の有無、若しくは程度を示すものである。敬語とは、他を敬つていふ言葉、他に対し丁寧にいふ言葉、及び自らをへりくだつていふ言葉の総称である。しかし丁寧に言ふのは他を敬つて言ふのであるから、結局、敬語とは、尊敬の心情をあらはす言葉であつて、自らをへりくだつて言ふのも他に対する敬ひの為めである。要するに敬語は社会に於ける尊卑上下の観念の反映であり、そのことは又実に、その社会が本末尊卑上下の生命的構造を有してゐるか否か、又、有してゐるとしてもどの程度に有してゐるかの反映である。

さて世界に於て最も敬語の発達してゐる国は何国であるか、といへば、吾人は何の躊躇もなく、それは日本であ

る、と答へる。試みに英独仏語に於ける人称単数代名詞を見ると

英　語

I　（一人称）　〔わたくし〕
You　（二人称）　〔あなた〕
He　（男性三人称）　〔かれ〕
She　（女性三人称）　〔かの女〕
Who　（不定称）　〔たれ〕

独逸語

Ich　（一人称）　〔わたくし〕
Sie　（二人称）　〔あなた〕
Du　（二人称）　〔おまへ〕
Er　（男性三人称）　〔かれ〕
Sie　（女性三人称）　〔かの女〕
Wer　（不定称）　〔たれ〕

仏蘭語

Je　（一人称）　〔わたくし〕
Vous　（二人称）　〔あなた〕
Tu　（二人称）　〔おまへ〕
Il　（男性三人称）　〔かれ〕

Elle　（女性三人称）　〔かの女〕

Qui　（不定称）　〔たれ〕

となる。誰れでも一度きけば記憶し得られるところであるが、現代の支那語でも大体同じであつて

我　（一人称）　〔わたくし〕

您《ニン》　（二人称）　〔あなた〕

你《ニー》　（二人称）　〔きみ、あなた〕

他　（三人称）　〔かれ、かの女〕

誰　（不定称）　〔たれ〕

となつてゐる。英独仏支語ともこれら以外に敬意を表す代名詞を通常用ゐ得ないのであつて、英語に例をとれば、尊卑の区別なく、二称は you 一語であり、一人称は I 一語である。しかるに、日本語は古来より敬語が特別に発達し、つひに現代に到つては殆んど最高度に完成されたといつてよい状態で、その複雑多端、まさに世界に比較がない。これを日本の学者の中にすら、野蛮の為めだと考へて得意になつて自国語を攻撃してゐるものがある。その最も奇抜なるものは、高倉テルといふ男性か女性か判明せぬ名称の人が、次の如く論じてゐるものである。曰く、代名詞が今でも統一されていないとゆうことばわ　文明国にわどこにも無い。ドイツ語やフランス語やロシヤ語では二人称だけ du《ヅー》, sie《ジー》; tu《ツュー》, uous《ブー》; tui《ツイ》, bui《ウイ》, の二つお持っているが、英語ではそれさえ you 一つになっている。ところが日本語でわ現在でも一人称の「ワタクシ、アタイ、オレ、ボク」二人称の「アナタ、オマエ、キサマ、キミ」その他、実に無数にある。そして、この複雑きわまる代名詞お中心にして、日本語にあの実に奇妙な「敬語」とゆう現象が今でも大きく残っている。話しかける相手の身分によって、云い方お変えなければならないとゆうワズラワしい習慣わ、ピレネー山脈地帯の蛮族のことばである。バスク語の最も大きな特色であり、ま

た中央アジアの蛮族語にその痕跡お残しているものだ。しかも、日本語の敬語わ、「あなたが飯お食った」と尊敬の代名詞お使っただけでわ、決して完全な云い方ではなく、必ず「あなたが御飯おお上りになられました。」と三重にも四重にも尊敬の意味おくり返さなければならない。南アフリカ土人のバンツー語で、「人人」お意味するabantu《アバンツー》（バンツー語とゆう名詞わこれからリビングストンが付けたものだ）とゆうことばお使えば、その次に来る形容詞にも動詞にもすべてbの音お付けなければならないし、その単数のumuntu《ウムンツー》の場合にわ同様に必ずu、w、mお重ねなければならない。これわ言語学者のあいだでreminder《レマインダー》の名で呼ばれ、蛮族語の最も大きな特色とせられているものだ。日本語の敬語のくり返しは正しくこれと一致する（「日本語の再建」中央公論第五九六号（昭和十二年七月一日））

深くその意義を考察することもなく、自ら自国語を蛮族語として罵り以て博学知識を衒ふこの種の非日本人的思想は何等学問的根拠のないもので、一顧にも価しない。しかし、昭和十二年にはまだかういふ論文を書く人物と、かういふ論文を公開する雑誌とが大手を振つてゐたのである。「人人」を意味するabantuの語を使へばその後に使ふすべての言葉にbの音を付するといふことは、b音の繰り返しであつて、それは言語学者がreminderと名付けてゐるとすれば、文字通り何か記憶と関連した法則であらう。だが日本語で敬語の「お」を名詞や形容詞や動詞や副詞などに一々つけるのは何等reminderではない。ピレネー山脈の蛮族のバスク語などといふものは吾人これを研究したこともないが、若し、バスク語なるものが、話しかける相手の身分によつて云ひ方を変へるとすれば、それは他の文化に於てこそ蛮族であるとしても、その生活の中に正しい人間の上下尊卑の感情が発達してゐる為めであらうから、この論者よりは、道義的感覚の進歩した種族といはねばならぬ。文明の発達と敬語法の消滅とが同義か或は後者が前者の必然的結果でもあるといふならば、か丶る文明こそは、人類を精神的に動物に近く退化せしめた呪ふべき文明であつて、清算すべく破壊すべき文明である。論者の曰ふところでは二人称代名詞がyou一つになつてしまつた英語などは最も文明の語であるといふことになるが、それは退化であつて進歩ではない。元来、英語などは、尊敬の意を表すべき言語が最初から十分発達しなかつたので、thou が実用的に滅びて you 一つになつたといふことは、デモクラシーに於ける尊敬感情の消滅の結果であつて、生命の本義から観れば退化であり堕落でこそあれ何等進歩発展を意味するものではない。

相手の身分によつて、又、相手との間柄によつて、一般に相手方その身に関し、心に関し、行為に関し、将た又関係についてそれぞれ適当の敬意若しくは親愛の接頭語（お、ご、おん等）接尾語（さま、さん、くん、どの、がた、先生、閣下等）を付し、名詞、数詞、代名詞、動詞、助動詞、形容詞、形容動詞、副詞、接続詞、感動詞、ありとしあらゆるものに敬語法が発達し、しかも、事、己れに関するや謙譲の語法を用ゐて相手方への敬意を徹底せしめるといふことは、生命本末上下尊卑の原理の生活実践として極めて重要なことと曰はねばならぬ。西洋人は至高至尊の神に対しても、日常生活に於て、その名を呼ぶ時、尊敬感情を表して「神さま」と称することが出来ない。mr.God とか Herr Gott とかいふ表現は為し得ないのである。然らば、全然敬意を表することを知らないのか、といふとさうではなく、国王などにたいしては Majesty とか Highness とかいふ語を用ゐ、文字に表すときは頭文字で書くのであるから、これは一種の敬語法である。即ち、極めて微弱な敬語法が存するわけである。しかし、代名詞となれば、一般の代名詞の you, your, he, his, she, her, they, their, them を用ゐるのであつて特別の代名詞は無い。殊に、君主国に於て、その君上に用ゐる敬語法にして猶且つ然りであるからその他に対する敬語法の如き殆んど問題ともならぬ。支那では君主に対する敬語は、高度に発達し、陛下、殿下、至尊、聖上等をはじめ、御製、聖意、聖蹟、聖体、聖慮、聖明、聖断、玉体、金枝玉葉、竹園、軫念、等々其他、今日、日本で用ゐてゐる漢字系の敬語は殆ど皆、支那の製作である。支那が、親子本末上下の尊卑秩序を本位とする人生観を強く打ちたてた国であることは多言を要しないが、この体験は君主に関するかゝる敬語を生み出したものであらう。日本は、これらの語を自己のものとすると共に、更に独自特有の敬語をも併せ用ゐること真に自由自在、万邦無比の敬語法となつてゐる。(注1)これ比較国体論に於て見逃すべからざる国民性であつて、尊尊卑卑の秩序が保たれ生命の本義が維持される上に極めて大なる役割を演じてゐるのである。殊にこれが、あまねく下から漸次上へと貫かれて至高の辺に盛りあげられてゐることが最大の特色と観らるべきなのである。近来、欧米の無尊卑的民主主義、自由主義、共産主義的思想の跳梁により、前引高倉某の如き思想が流布せられ、尊卑上下本末を正すべき言語即ち敬譲語が乱され、又、国語教育に於ても徹底訓練が課せられてゐないといふやうな欠陥が感ぜられるから、国家文教の府は言ふに及ばず、世の識者は、敬語を通しての日本国民性の再教養に思ひを致すべきであらう。

第四項　風俗の比較

風俗の比較に於て第一に着目すべきは、敬神崇祖の有無である。日本が敬神崇祖の国であることは言ふ迄もないが、わが敬神といふは、その本義に於て皇祖神を敬ふの意味たることは特に注意せねばならぬ。西洋にもゴッドを敬ふ風俗はあるが、それは、キリスト教の信仰により来るものであつて、民族の最高祖神を有して之れを敬ふといふわけではない。日本の敬神も勿論、これを宗教的信仰として観ることも出来ないわけではないが所謂宗教的現象としてよりも、こゝでは民風としての敬神が問題なのである。日本の神はすべてが皇室関係の尊貴な方々であるといふのではないが、皇祖神を最高絶対の神と崇め、その御一系としての歴代聖皇を悉く神として敬ふのみならず、あらゆる時代の国民が常にその今上を現人神として崇び、この神々並びに現人神に対し奉り、おのづから一定の尊敬風俗を成してをる。神宮神社に参詣することもそれであるし、殊に神宮神社に参拝するには必ず清水を以て洗手口潔を行ふごとき、全く独自の風俗と言はざるを得ぬ。この風俗は各人の家に於ける神棚の奉安となつてあらはれる。そしてこの敬神と結びついて各人の崇祖が位置する。各人の崇祖は悉く敬神へと上昇的につなぎあはされてゐるのであつて、各人の家に於て、先づ神棚を拝して然る後祖先を拝する風俗は、そこにかくの如き意味ある事を示唆すると共に、それが又おのづから本末上下の国体に適うてゐることを物語つてをる。皇室に於かせられては、神宮をはじめ御歴代の祭祀を厳にしたまひ、民に率先して敬神崇祖の範を垂れ給ひ、国民悉く之れに和し、神武天皇祭、明治節等には国旗を奉掲し、挙国神霊を奉拝して一日を謹み、各人の家はそれぞれの祖先を祭祀するこの風俗は、まさに、生命原理が悠久の時間を貫いて実現されてゐるものにほかならぬ。かゝる風俗は、支那、印度、西洋等に全くこれを見ざるところであつて、まさに万邦無比といふべきである。支那は祭天の俗あり又祖先祭祀の俗に於ても特に勝れた伝統を有するが、民族の中心となる生命中枢を欠く為め、日本の如き敬神崇祖の風俗を持つてゐないし、その他の諸国に於ては祖先を祭祀することすら、特別の風俗を為さぬものが多い。

敬神崇祖の風俗は、家紋の尊重愛用にも現れてゐる。紋章は、諸外国にも存するところであつて必ずしも日本独特のものとは曰ひ得ないし、紋章を広義に解すれば、古代に於て既に世界のあらゆる人種がその部族の標示として用ゐたと曰はれるのであるから、その起源は各国各民族とも相当古いものであることがわかる。しかし、ヨーロッパに於て、紋章が家紋として用ゐられたのは主として中世の貴族や騎士の間に於てのみであつて、広く一般庶民に用ゐられた形勢はない。しかも、西洋では多く騎士が戦場に於て部下の目標とする為めに用ゐた事がその起源であるらしいが、日本の紋章は、俗に「家紋は子の胞衣に現はれる」といふ如く、祖先一族の霊魂又は精神の標示と見る。我国の紋章の発達は世界に比類なきものとされるが、又家紋を一般に尊重愛用し、礼服に紋章を付し、冠婚葬祭の器具に紋章を付し、或は墓標に紋章を刻む等その他幾多の実用例を見る時、而して又その最高のものとして菊花御紋章を尊敬するを見る時、この風俗の奥底にひそんでゐる偉大なる生命原理に触れざるを得ないものがある。かくの如き又、各国に比し特に目立つところの特色であらう。(注2)

我国の祭祀のうちその半数以上が農業に関するものであり、殊に民族の主食たる稲作の儀礼を中心として報本反始の風俗が極めて強度に成立つてゐる事は、その現実に於ける道徳性と共に永遠の本末上下を正しうする生命原理の躍動たることに深き注意を払ふべきところで、他の農業民族の農業祭祀の意義と比較して注意せねばならぬところであらう。又、我国の風俗として、「お初」なるものがある。これは、「犠牲」としては一般に他の諸民族にも比較し得るが、「お初」はしかし単なる犠牲ではなく、生活の感謝が、近く自己の生命体系の本と上とに献げられなければならぬといふ生命原理から生れたものである。一家に於て食物のお初は、神棚、仏壇、祖先等にまづ上げられ、家族の中では先づ家長にお初をあげ、しかるに後、家族が食するといふ家風は決してすくなくない。これ又他国に比類すくなきところであらうと思ふ。いづれも皆、本末上下尊尊卑卑の生命原理、即ち国体から生れるものであり、そしてこの風俗が又逆に国体の尊厳を維持する支柱礎石としての役割を果してゐるのである。

かくして風俗の面からも亦われらは比較国体論を為し得るのであつて課題は猶ほ極めて豊富であること言ふまでもない。

第五項　信仰の比較

こゝに信仰といふのは宗教の信仰である。世界には幾多の宗教があり、そして、それらの宗教は、信仰の対象たるものと、ゴッド、仏、アラー等、さまざまの名称を以て表現し、各自特有の信仰規範を説いてをる。仏教、基督教、回教、その他大小種々なる宗教がそれである。これらの宗教が各国民各民族に信ぜられるにあたつて、その信仰と国家生活とは如何なる原理に基いて調和せられてゐるのか、これが問題の重点である。これは仏基両教いづれが優れりといふ問題ではなく、主として、国民、民族の宗教を受容し信仰する上の原理如何の問題である。いかなる宗教も、現実の人を超越した絶対者例へば神とか仏とかを説き又、超世間的世界、たとへば天国とか極楽とかを説くのが通例であるが、時には、超人的絶対者を人に内在するものと説き、超世間的世界が此の世界に本具してゐると説く場合もある。それらは宗教そのものの問題であるが、いづれにしても、超人的超世界的絶対実在を説くといふことは宗教の本質である。しかるに人は、現実に於て、いづれも国家生活を営んでゐる。これは逃れんとして逃れ得ざるところであつて、一部には国家なき生活を理想とする者もあるが、それは飽く迄観念的欲求であつて、現実の肉体は勿論、たとへ無政府主義者といへどもある程度迄は国家によつてその精神を支配される。無政府主義者や無宗教者の如き者は今しばらく措いて問はないが、しからば、多くの民族、国民は、その宗教信仰と国家生活とをいかに調和してゐるか。宗教は超人的絶対者超世間的絶対界を信ずることを目的とするが、国家は現実の絶対者現実の絶対世界（即ち国家）に服従することを要求する。この場合、基督教を信ずる西洋諸国の如きにあつては、「神のものは神に、カイゼルのものはカイゼルに」といふ二元的態度を出ることが出来ぬ。強て一元的に解釈しても、各国がその国家元首を以て神又は神の子とすることは出来ないから、いかに工夫された一元的解釈といへども抽象的、不徹底たるを免れ得るものではない。英国の如きは、国王に即位すれば一国最高の祭祀者たる身分を得るけれども、それは国家が、別箇の原理たる神に服従したのであつて、神と国家とが同一原理化したものではない。これは、英国のみならず他のすべての国家の上に言ふことが出来る。しかるに我が国民性は、仏教その他の宗教を受容するにあたり、この矛盾を克服せずにはすまされなかつたのである。こゝに於て、その宗教受容は、天皇の神性と及びそれを中心とする国体とを宗教の説く超人者及び超世界と如何に調和するかを、根本の課題とした。日本の信仰史は、実に、この問題解決の歴史であるといつてよい。かくて、到達し得たものは何であるかといふと、宗教の説く超人的絶対者を民族の神並びに現実的には現人神の中に体認仰信し、又超世間的絶対世界はこれを国体を中心とする世界秩序の中に見出すべきとの信仰規範をうちたてるに到つたのである。かくして各宗教の説く漠たる理念的神仏は、こゝに生命本末の原理に於て吸収せられ了るのである。国家生活と宗教信仰とはかくて二元たることが克服せられ、宗教は、生命原理に於て受容されることゝなる。これが最も肝要なる比較国体論的信仰論の重点である。

以上の諸論述は独立的比較国体論の最小限度の面影を伝へるものであるが、内容の詳細は、本書各巻に散説しあるところを是非参照すべきである。

注1　敬語法については文学博士山田孝雄著『敬語法の研究』、丸山林平著『日本敬語法』等の著作がある。

注2　紋章については文学博士沼田頼輔著『日本紋章学』・中山太郎著『歴史と民族』・The Encyclopaedia Britannica Vol.13の"Heraldry"の項など参照。

第二篇　支那の国体論

第一章　支那の帝王観及び王道論

第一節　総　論

第一項　支那の民族

読者の便宜を慮り最初に背景としての支那に関して概観を試みておかう。先づ第一に支那の民族に就て略述を試みよう(注1)。

支那の社会は数に於ても質に於ても漢民族を中心として形成されてゐるが、古来、東夷、南蛮、西戎、北狄といふ有名な言葉のある通り、その社会圏政治圏には甚だ多くの異種族異民族を包含してゐるのであつて、支那の歴史を読む者は、それが常に漢民族と異民族の闘争或は混血の歴史である事に気づくであらう。漢民族は北支那に起り、唐及び北宋迄はその中心がたいてい黄河の流域にあつたのであるが、次第に四方に発展して大を成し四周の諸民族を統一したのである。然し地域広大の大陸でもあるからであらうが、漢民族は文化的に他民族を同化し得ただけで、民族的政治的に必ずしも全支那を同化一体たらしめ得なかつた。これ今日に於て猶ほ、漢族のほかに、満洲族、蒙古族、トルコ族、西蔵族の五大民族並びにモン・クメール系の苗族、猺族その他、シヤン系のたとへば白夷族、西蔵ビルマ系の猓猔族、西蕃、摩些《モソ》、玀々、阿娼、その他更に少数のユダヤ、タジク系族などを現存せしめて居り、漢族すらも、客家、福佬、本地などの数派に岐れてゐるのである。日本人や西洋人は、これを一括して支那人とかチャイニーズとか称してゐるので、やゝともすれば単純な一民族であるかの如くに考へる者もあるが、これだけの異民族が同居してゐるといふことは、日本のやうな処と比較してみれば、いかに複雑な民族事情がつねに伴ひまつはつてゐるかを考へておかねばならぬ。従つて第二の政治的事情に於ても亦尋常一様ではないのであつて、秦の始皇のやうな漢民族による強力な統一的大帝国の建設をも見る一方、漢族が古から四周の夷狄にいかに苦しめられ、しば〳〵政権を奪取せられたかをも思はねばならぬ。支那本土の最後の王朝たる清さへも、満洲族であつたことは、我国民も常識として知る処であらう。

第二項　支那古代史の三期

支那の帝王観や王道論は、おほむね支那古代の歴史の産物、又は古代に関した観念であるから、その意味で古代史を一瞥しておく必要がある。学者によつて種々区別の仕方が異るであらうが、支那の古代史は大体に於て三期に分けるのが便利であらうと思ふ。第一期の部族時代、第二期は封建時代、第三期は覇者時代である。第一期の部族時代には、未だ後世の如き統一国家は形成されてゐない比較的原始の国家時代であつて、多分にまだ民族的観念や風習の温存された頃で、いはゞ村落国家又は部落国家が群立してゐた。たゞ、その中にもおのづから大小の差が生じ、小部族の首長はこれを群后といひ、大部族の首長を元后といひ、元后がある程度血縁的にも中心であると観念され且つ祭祀の統一的首長であつたが、何分広大な地に少数の人口を擁する群后の原始国家が存在したのであるから、相互の間には激烈な闘争は起らなかつたらしい。支那歴代の王朝でいへば、夏、商の両王朝はこの元后であつたらう。第二期の封建時代は周室三百年の間であるが、商十六代の主陽甲崩じ弟盤庚《はんかう》即位して国号を殷と改め十二代にして受辛即ち紂現れ終に周に亡ぼされたのであるが、殷に代つた周室も亦最初は元后であつた。然るに周には二代成王の位に即くや周公旦の如き一大政治家が出現し百官を正し礼楽を制して王室は邦畿千里四方の大領土を占拠し、諸侯を封じ、中央の令よく天下に行はれる封建の業を成就したので、文化は欝然として興隆したが、三百余年の後十二代幽王の時閨門の乱れに乗じて異民族犬戎入寇して終に弑せられ、子の宜臼東都洛邑に逃れ遷つてこれより東周となり、周室天下一統の歴史は早くも破れ、覇者対立の時代に入つた。この周の東遷から晋が、韓、魏、趙の三国に分裂する迄の三百六十余年間を春秋時代といふのは、孔子の作といふ「春秋」が魯の隠公元年（西紀前七二二）から哀公十四年（同四八一）の事を記してゐる為めである。孔子は魯の襄公二十二年（西紀前五五一）の生れである。春秋時代は、有名な管仲を用ゐて勢力を拡大した斉の桓公を始め諸侯並に異民族が互に攻伐を事としたが、西紀前四百年周室は安王の頃から、天下の争乱極まつて、所謂戦国時代となるのであるが、孟子が出たのは、この戦国の初期である。かくて西紀前二四〇年代に入つて、印度では阿育王が仏典を結集しつゝあり、西洋ではローマとカルタゴ、エジプトとシリア等の交戦を繰り返へしてゐた頃、秦の始皇によつて画期的統一が行はれた。

第三項　支那の四大思想

第一款　儒　教

さてこのやうな歴史的背景の中に発生し発達した支那の思想は、おほむね春秋時代に勃興し、秦漢以後に於ては諸子百家と称せられる盛況を呈するのであるが、小異を捨てて大同に約し、枝葉末節を去つて根幹条流に就けば、支那の歴史を貫いて卓然たる儒、道、墨、法の四家となる。次にこの四教の要領を解説しよう。

儒教は言ふ迄もなく孔子を太宗とする。孔子は西紀前五五一年に生れ四七九年に死んだが、その徒により至聖として尊崇せられ、時に世界三聖の一とも曰はれる。この人は述べて作らずで、自ら筆をとつて記したものといはれるのは、乱臣賊子がおそれをなしたといふ「春秋」だけで、ほかに詩書、易伝等を刪賛し更に礼楽を定めたといはれるが、孔子の思想人物等を知るのに最も重要な文献とされる「論語」は、弟子の記録である。孔子は、大体に於て唯心的、若しくは精神主義的傾向の強い人で、人間の根本原理を、精神的な仁に求めた。「中庸」によれば、「仁トハ人也」で、人の本質なのであるが、樊遅の問に対して孔子が「人ヲ愛ス」と答へてゐる。故に、「説文」は、「仁トハ親ナリ」と注してゐるのであつて、人を愛する心こそ仁にほかならぬ。故に仁は、倫理の根本であると共に政治の大本なのだが、それは決して遠き迂遠の道ではない、「仁遠カランヤ、我レ仁ヲ欲スレバ斯ニ仁至ル」のであつて、人は何よりも自己に至近の親子兄弟間に、自然に深い愛情のつながりを有してゐる。平凡な事実であるがこのものこそ実は仁の本なのであるといふので、「論語」学而には「孝悌ナルモノハソレ仁ノ本カ」といひ、孟子も亦これをうけて、「仁ノ実ハ親ニ事フルコトコレナリ」(離婁上)といつてゐる。然し仁は、ひとり親子兄弟間などに止むべきものではなく、之れをひろく天下に推し及ぼさなければならぬ。所謂不忍の心を忍に迄拡大すべきなのである。不忍とは人を害するに忍びざる心即ち恩愛、愛情である。忍とは冷酷残忍を平気で為すの意だが、人は通常、親子骨肉の間に於て自然にこの不忍の心をもつて結ばれてゐるが、仁とは、この心を、愛せざるもの即ち忍にまで拡大することによつてその意義を成就するが、仁を最高度に実現するのが道である。かくて、人は、消極的には他人に対し恕の精神、己れの欲せざることは之れを人に施さないといふ精神を養ひ、更に一層積極的精神へと進まなければならない。そこに政治の道があり、その道を王道と称するのである。孟子が「人皆人ニ忍ビザルノ心アリ、先王人ニ忍ビザルノ心アレバ斯ニ人ニ忍ビザルノ政アリ、人ニ忍ビザルノ心ヲ以テ、人ニ忍ビザルノ政ヲ行ハバ、天下ヲ治ムルコト之ヲ掌上ニ運ラスベシ」(公孫丑上)といふのが即ちそれである。然も儒家は、徹底的に人格本位で、上に聖賢あれば下必ずこれに帰一するものと確信し、君子の徳を風に、小人を草木に例へ、君子が自己一身を修めて篤恭であれば天下はおのづから治まると考へる。「論語」「大学」「中庸」「孟子」等にはそれを立証する言葉が到る処に散見してゐる。哀公が政を問うたのに対して孔子が「其人存スレバ則チ其政挙リ其人亡スレバ則チ其政息ム」と答へたことが「中庸」に見えてゐるが、それだから詩経の「嘉楽ノ君子ハ憲憲タル令徳アリ」といふを引いて「故ニ大徳ノ者ハ必ズ命ヲ受ク」と断言するのである。孔子の政治思想に於ては、かくて、すべて善政はその人を待つて行はれるのであり、その人にとつては「政ハ正ナリ、子帥《ヒキ》キルニ正ヲ以テセバ孰《タレ》カ敢テ正ナラザラン」(論語顔淵)やで、上に立つ者は、教化の主体とならなければならぬ。「善人民ヲ教フルコト七年」(子路)、とか「教へザル民ヲ以テ戦フ」(同上)、とかいふ言葉は、皆この教化主義のあらはれであるが、孔子は「善人の政治が百年もつゞいたら民皆善に化して刑殺を要しなくなるだらう」といふ古言を賛して「若シ王者アラバ必ズ世ニシテ後仁ナラン」(論語子路)といひ、王道政治の教化は三十年にして仁義国家を実現すると言つてゐる。孔子孟子の儒教にあつては、かやうに、精神主義的人間観の立場から、一人の聖なる君子、即ち有道の治者に絶大な価値を認め、これを支那民族の積極的原理たる天に結びつけ、天命、天子、代天政治の思想を形成し、かやうな思想の下に治者と被治者との関係を説くのであるから、所謂国民とか民族とか階級とかは殆んど問題にはならない。修身斉家治国平天下は、唯一つの人格主義的連関であつて、天下が有道平和の統一体となるか否かは、一にかゝつて一人の治者——従つてその輔翼の臣——にその人を得るか否かに存するのである。「論語」に出てゐる子夏の言葉「君子敬ニシテ失ナク、人ト恭ニシテ礼アラバ四海ノ内皆兄弟ナリ」といふのはそれを最もよく言ひ表はしてをり、聖君賢臣が出るか出ないかが政治の運命の決る処で、孟子は五百年にして王者興るといつてゐる。かく治者の人格、徳力といふものが政治に於ける絶対的価値である以上、治者の血統などは相対的価値しか認められない。飽く迄合理主義が根底たらざるを得ぬ。孔子は「春秋」を作つて大義名分を説き周室を尊崇したが、それは決して血統を人格より重視したものではない。周室に未だ天命存すとの信念の枠の中に於てのみ周室を尊んだまでの事で、革命思想を否認したものではない。唯、積極的に革命の論を述べる機会がなかつたまでで、孟子が革命放伐を積極的に肯定してゐるといふ理由で孔子と質的に区別せらるべきものではないのである。政治にとつて聖君賢臣は不可欠であるが、それは必ずしも聖君賢臣の独裁主義の安全保障ではない。聖君であるか否かは理念的には天の判断する処としても現実的には民衆の批判によるのである。儒教の天命とは実質的に民衆の推戴承認に外ならぬ。ここに儒教のデモクラシーに通ずる路があるやうである。たゞ、一般に人は、孔子の所謂「性相近シ、習相遠シ」だから、仁義を単に道理として知つただけでは満足すべき状態に達しないから、習慣風俗の上に、自然に仁義の行はれるやうにしなければならぬ。こゝに、礼が大きく介入してくるのであつて、人治は徳治の焦点にしぼられ、更に徳治は礼治として慣習化され風俗化される。故に「論語」里仁に「能ク礼譲ヲ以テ国ヲ為《ヲサ》メンカ何カアラン」といふのである。それであるから、儒教の王道政治は、権利思想とは相容れない。孟子が梁の恵王に対して、王何ぞ必ずしも利といはんと戒めたのは有名であるが、彼は権利観念こそ、人をして、家をして、社会をして、国をして、終には天下をして争乱戦争につき落す元凶であるとして孟子は全力をあげてこの思想と戦つてゐる。かく言へばとて、唯心主義に偏するの余り現実の経済生活を無視したのでないことは、恒産なきもの恒心なしといふところによつて明かであるが、これが荀子となると、孟子の性善観的精神主義と異り、性悪論に立つから、物質的満足によつて精神の調和を図るべきだといふ思想を強調するのだが、それは当時一方に勃興し来つた法家の思想や南方の道家の教学との対立接触より自然に生じた一種の弁証法的発達ともいふべきだらう。荀子は孟子より百年ほど後の人であるが、既に諸子百家蘭菊の美を競ひ、孔孟の学が、とかく精神主義過ぎて現実に迂闊視されその勢甚だ振はざる時にあたつて、この人の出たことは、むしろ儒者の為めに万丈の気を吐いた観がある。元来、孟子は子思の学統を汲み、荀子は子夏の流れに属する者で、いづれも儒教の正統であるにも拘らず、荀子が異端視されたのは、その性悪論によるのであつて、これ宋儒の説天下を風靡してより起れる偏見といはねばならぬ。孔子は前引の如く性相近習相遠といつただけであるが、孟子は性善を確信し、内省自動によつて善を発現せしめんとする精神主義的傾向に進んだ。然るに荀子は、性悪を信じた為めに、外規他動によつて善に向はしめんとしたもので、この人も亦、儒教の特色たる礼を重んじたが、孔孟の精神的解釈と異り、人間には限りなき名誉欲と物質欲とがあつて天子となつて天下を所有したいのは誰も同じだが、皆がそれを争つたのでは結局誰もそれを得られないから、天下の財貨の量を計り、目前の物質的欲望の為めに将来の窮乏を来さないやうにするのが肝要で、先王は実にこの為めに礼義を制して人の身分や境遇に分際を立て、貴賤、貧富、長幼、智愚、能不能の差を設け、各々その差に応じて物質享受の厚薄を定めたのである。それで、たとへば天下を禄としても必ずしも自ら多いと思はない者もあれば、門番や旅館の主人や夜番などでも、必ずしも自らすくないと思はず満足してゐる者もあつて、世の中は「各々其宜シキヲ得」るのであつて、そこに義があり、これが制度化し秩序化すればそれが礼である（栄辱篇）といふ。荀子の哲学も無論、多くの批判を甘受すべき点はあるが、唯心的儒教に唯物的基礎を加味し、儒教の思想を一層総合的に大成の方向に導いた点では、その功高く評価さるべきものがある。

第二款　道　家

道家の祖は老子である。老子の伝は「史記」の列伝にあるが、信じ難い点がある。孔子が周に行つた時礼を老子に問うたといふことであるから古い人であらうが隠君子であつた為めにその行事が詳でないのである。然し老子を祖とする道家の教が、支那に於ける一大思想として儒教に対立するものであるのは多言を要しない処である。儒教が人を中心とし人の精神力を絶対視するのに対し、道教は自然を根本とし自然の理法を絶対視する点で著しく儒教と対立してゐる。故に、道家で道といふは、儒教の道が軌範であるのとは異り、むしろ自然法則といふべきものである。「老子」上篇第一章の劈頭に「道ノ道トスベキハ常ノ道ニ非ズ」云々とあるのはその根本哲学である。道は人類より前に存在してゐるものであつて音声も形体もない絶対不変の実在で何と名づけてよいかわからない、元来無名なのだが、仮りに名づけて道といふのだ、と説く。それだから、聖人といふものは、よく万物自然の性を察知しそれに依るだけで、作為するものではない。自然の大道が廃れたから人為の教たる徳、仁義、礼などが起つたのである、聖だの賢だの智だのを尚ぶから民皆貴ばれんことを欲して争ふのである、すべての不自由は、人智によつて人為を加へるからであつて、絶対自由は無干渉、放任、自然のあるがまゝに、自然の成るがまゝに任せるのがよい、これを荘子は、在宥といふ語で言ひあらはしてゐる。在とは自由自在、宥とは大目にみる、見逃す、許す、とりしまらぬことである。「天下ヲ在宥スルヲ聞ク、天下ヲ治ムルヲ聞カズ」と荘子の言ふ処は、即ち老子の「無為ヲ為セバ則チ治マラザル無シ」にほかならぬ。こゝを以て道家の立場からする政治観は「太上ハ下之レ有ルヲ知ル、其次ハ之ヲ親シミ之ヲ誉《ホ》ム、其次ハ之ヲ畏ル、其次ハ之ヲ侮ル」といふ四種に区分され、最良の政治は、民が唯君主の存在することのみを知つて如何なる政治をしてゐるかに気付かないことだ、さういふ政治は「功成リ事遂ゲ」て然もそれを民は「皆我レ自《オノズカ》ラ然リト謂《オモ》フ」であらう。それが、真に公平無私、普遍の大道なので、老子は、王といふものをかく解してゐる。為政者が徳を以て民衆の先に立てといふ儒教とはおよそ方角のちがつた自然主義である。仁義礼智さへ人為とすれば法令如きに到つてはますます人為の甚しきものとなるのだが、然し、道家の自然は、人の心理の自然をよく観察しないで、万事心理的な事は人為として片付けてしまふ虚無主義、無政府主義的傾向が目立つのがその特色であらう。孟子と同時代の許行などは完全な無政府主義者である。

第三款　墨　家

墨子の説は「韓非子」顕学篇に儒墨と並称され「荘子」天下篇に広く墨経を誦したといふ記事がある通り、支那に於ける一大学派であるが、墨子の伝は到つて詳明でない。彼の思想は、一口に兼愛交利、又は汎愛兼利といはれてゐるが、一層簡潔に表現すれば愛利の二字につきる。たとへば墨子が堯舜禹湯文武所謂三代の聖王の賞を得る所以を説いて「其政ヲ天下ニ為スヤ、兼ネテ之ヲ愛シ、従テ之ヲ利シ、又天下ノ万民ヲ率ヰテ以テ天ヲ尊ビ鬼ニ事ヘ万民ヲ愛利スルコトヲ尚ブ、是ノ故ニ天鬼之ヲ賞シ立テ、天子ト為シ以テ民ノ父母ト為ス」（尚賢）といふが如くに。然しまづこゝに注意すべきは墨子の天であるが、これは儒教のそれと趣を異にし、遥に宗教的で、彼に従へば天は万物の主宰者としての実在である。儒教も天を言ふが、それは寧ろ理的であり法的であつて、宗教的有神論とはいひ難い。墨子に於ても天を法とする（法儀）が、然も彼の天は、天鬼（尚同）即ち神であつて、万物を創造し且つ主宰する者であるから、ヘブライ的神の性格を有する。而して墨子は政治は天に由来し、而して「天ハ必ズ人ノ相愛シ相利スルヲ欲スル」ものと信じたのであるから、天によつて選任された天子は天の兼愛を行うて天下を治むるを以て事と為す者でなければならぬ。天下を治めんとするには必ず乱の自《よ》つて起る所を知察すべきであるが、嘗《こころみ》に乱は何によつて起るかを考へてみると、相愛せざるに起るのである。国と国との戦の如き天下の害も、諸侯独り其国を愛することを知つて人の国を愛せざるに起因するのであるから、仁者は、天下をして兼ねて相愛して、人を愛すること其身を愛するが如くならしむべきであり、乃至、家、国、天下皆然りである。然し、これは儒家から言へば「本を二にする」（孟子・滕文公上）ものであつて、結局、自己の父と他人の父とを兼愛することは父を無視することであると批判するのである。蓋し相愛するといふことは平等に愛することであるから儒家の親子相愛する心を拡大して人類に及ぼすといふものからみれば、かくの如く批評せざるを得ないであらう。而して相愛するならば相互に害を与へないのであるから、それは必然利となるわけで小にしては一身の争から大にしては天下国家の侵略行為を否定する。「大国ニ処《ヲ》リテハ小国ヲ攻メズ、大家ニ処《ヲ》リテハ小家ヲ簒《ウバ》ハズ、強キ者ハ弱ヲ劫《オビヤ》カサズ、貴キ者ハ賤ニ傲ラズ、詐《イツハ》ルモノハ愚ヲ欺カズ」これ「上ハ天ヲ利シ中ハ鬼ヲ利シ下ハ人ヲ利ス」るものであり、これを天意に従ふ義政といひ、義政を行ふ者を聖王といひ、これに反する者を暴王といふのである（天志）。然も墨子は、侵略行為は攻める者にとつても攻められる者にとつても生産その他を害するもので、双方ともに不利であることを力説するのである。而して墨子に於て特に注意すべきは、彼の所謂聖王なるものは、儒教の天命天子に比する時、遥に神権主義的で、「墨経」によれば彼は明かに君民契約思想を認めてゐるし、又、「夫レ天下ノ乱ルル所以ノモノヲ明カニスルニ政長ナキニ生ズ」るのであるから、「天下ノ賢ナルモノヲ選択シ、可ナルモノヲ立テ、以テ天子ト為ス」（墨子、尚同上）と言つてゐるから、所謂民約論的思想の如き点もないではないが、政長既に具はつて国君政令を発するに及んでは、「善而《モ》シクハ不善ヲ開カバ必ズ以テ天子ニ告ゲヨ、天子ノ是トスル所ハ皆之ヲ是トシ、天子ノ非トスル所ハ皆之ヲ非トシ若《ナンヂ》ノ不善ノ言ヲ去リテ天子ノ善言ヲ学ビ、若ノ不善ノ行ヲ去リテ天子ノ善行ヲ学ベ」然らば天下何の説ありてか以て乱れんやといふのであるから、儒家に比する時君主専制的思想を多分に含んでゐる。

第四款　法　家

斉の威王、宣王の二代は西紀前三五七年から三〇一年の僅か六十年未満の短時間であつたが、天下の学者七十余人を招いて今の山東省臨淄県にあつた都の南門たる稷門《しよくもん》の下に住まはしめた。そしてこゝから各派の新しい学説が興つたが、世にこゝに集つた学徒を、稷下の学士といふ。この稷下の学士の一人である慎到は、もと道家であつたが次第に法家に転じたのだが、この人及び尹文、韓非などに到つて法家は、体系ある学派として完成したと思はれる。法家とは儒教の徳治主義などに対し、主として法治主義権治主義を主張する学派を指すのであるが、その起源は、早く、管仲や子産（孔子の友）に認められる。法家は、自然法や道徳法に多くの期待をかける事が出来ないといふ見地から、天下を治めるには国家の権力を以て制定した法を主とすべきだとし「法ハ憲令、官府ニ著ハレ、賞罰民心ニ必ス」（韓非子・法定）といふ。日本国体学の第一巻「国体学総論」に於て国体の体字を研究した際、体の字を礼と釈し、礼は法なりと注したもの、ある事を記しておいたが、礼も次第に制度化してくればそれは客観的規準とされ、人を拘束する法となることは荀子が「礼ハ法ノ大分、群類ノ綱紀ナリ、故ニ学ハ礼ニ至ッテ止マル」（勧学）といひ、更に、君子の学はそれが身に体達されたものなのだから、微言微動するも「一ニ以テ法則ト為スベシ」（同上）といひ、而して「礼ヲ隆《タツト》ベバ未ダ明カナラズト雖モ法士ナリ」（同上）といつてゐる通りである。法家の権威とされる韓非が荀子の弟子である事をおもふべきである。法家は、儒道墨の諸家から多くの影響をうけてゐる。それに、儒道墨にしても何等かの意味で法の思想を有するのであるから、法家の法思想といへどもこれらの前駆なくしてあらはれるものではないし、儒教その他にしても実際問題としては現実の権力、法を無視して仁義道徳が行はれるとは考へ得ないであらう。性善説の孟子が権は神聖の拠るところだと言つてゐるのをみても、その辺の呼吸は理解される筈である。然しながら、刑名の徒から見れば、仁義道徳を主とし刑法を従とするが如きは、そもそも、人性の楽観に過ぎるものであつて、民の性は元来「労ヲ悪ミテ佚ヲ楽ム」（韓非子・心度）ものなのであるから、乱の源を包蔵してゐるのであつて、これに治を与へようとするならば、法を重くして、その乱を抜本的に塞がなければならぬ。「民ハ利禄ヲ好ミテ刑罰ヲ悪ム」（制分）ものなのであるから、法を厳重にすることによつて、始めて人情を得るのである。且つ、刑法を厳重に定めることは「淮南子」に「今夫レ権衡規矩ハ一定シテ易ラズ、秦楚ノ為ニ節ヲ変ゼズ、胡越ノ為メニ容《カタチ》ヲ改メズ、常ニ一ニシテ邪ラズ、方行（四方に行く）シテ流レズ、一日之ヲ形シテ万世之ヲ伝フルハ、為ス無キヲ以テ之ヲ為セバナリ」（主術）といふ通り、君主が、万端に事を決する必要なく、又、意識的に事を行はずとも、つねに、一定不変に道が行はれ、複雑を単純化し、韓非子に先生の守る所は要なりといひ、尹文子に万事一に帰し簡要を得るといふ如く、道家で、君主が意識的に政治をしなければ、自然に民は治まるといふことが、確実に実現されるのである。これ「淮南子」が、「人主ノ術ハ無為ノ事ニ処《ヨ》リテ不言ノ教ヲ行ヒ、清静ニシテ動カズ、度ヲ一ニシテ揺ガズ」（主術）と言へる所以であつて、故に「法ハ王ノ本ナリ、刑ハ愛ノ自《ハジメ》ナリ」（韓非子・心度）なのである。かくして法家にとつて王道とは、単なる自然法でも道徳法でもなく、まして単なる王者の主観的道義心でもなく、それは客観的に明示せられ制裁の権力を伴うた刑法にほかならないのであり、「王道ハ開ク所ニ在リ、塞グ所ニ在リ、其姦ヲ塞グ者ハ必ズ王タリ、故ニ王術ハ外ノ乱サザルヲ恃マザルナリ、其ノ乱ス可カラザルヲ恃ムナリ、外ヨリ乱サレザルヲ恃ミテ治ヲ立ツル者ハ削ラレ、其ノ乱ス可カラザルヲ恃ミテ法ヲ行フ者ハ興ル」のであるから、「乱スベカラザルノ術ニ適《カナ》フ」（韓非子・心度）ことこそ、賢君の国を治める最大の要義だ、といふのである。ここに術といふのは、法家の一部から、法と区別して考へ出された新しい観念で、韓非の説明によると、申不害が術を主張し始めたもので、法と術との差は「凡ソ術ナルモノハ主ノ執ル所以ナリ、法ナルモノハ官ノ師トスル所以」（韓非子・説疑）であるといふ。尹文子も、法で治めきれない時には術を用ゐることを言つてゐるが、そもそも法家としては、「法ヲシテ人ヲ択バシメテ挙ゲザルナリ、法ヲシテ功ヲ量ラシメテ自ラ度《ハカ》ラ」ず、「公法ヲ奉ジ私術ヲ廃」（韓非子・有度）し、「法ニ任ジテ智ニ任ゼズ」（管子・任法）といふのが本領である。マキャベリズムの暴君的用術を否定するのみならず、明君の智を用ゐるのをさへ否定し、この点では儒教の聖賢主義と鋭く対立するものであるから、法家に属して術を肯定するのは、その学派からの転落といはなければならぬ。法と術との問題は、結局、法と政治との関係であらうと思ふから、現代の思想からすれば、法家のいふ処を一から十迄肯定し得ないのは勿論であるが、たゞ、法家が、儒教の観念論に対して社会の現実を一層よく分析し、その基礎の上に、君主が民の父母であるといふやうな古代的観念を法制的可能にきりかへようとしたのはその限りで確に卓見といふべく、近代の立憲君主制に一脈の相通ずるものあるを覚えしめる。

今上下ノ接《マジハ》リハ、子父ノ沢ナシ。而ルニ行義ヲ以テ下ヲ禁ゼント欲セバ、則チ交々必ズ郄《ヒマ》（隙間）アラン。且ツ父母ノ子ニ於ケルヤ、男ヲ産メバ則チ相賀シ、女ヲ産メバ則チ之ヲ殺ス。此レ倶ニ父母ノ懐衽《ジン》ヨリ出ヅ。然ルニ男子ハ賀ヲ受ケ女子ハ之ヲ殺スハ其後便ヲ慮リ之ガ長利ヲ計レバナリ。故ニ父母ノ子ニ於ケルヤ、猶ホ計算ノ心ヲ用キテ以テ相待ツナリ、而モ況ヤ父子ノ沢ナキヲヤ（韓非子・六反）

といふは稍極端の感あるも然も一部の事実を指摘したるは疑ふべくもなく、従つて、「今学者ノ人主ニ説クヤ、皆、利ヲ求ムルノ心ヲ去リテ相愛スルノ道ニ出デシメントス、是レ人主ノ、父母ノ親ミニ過ギンコトヲ求ムルナリ」（同上）と断ずる処など、確かに鋭いものがある。かくて管子の「法ハ民ノ父母ナリ」（法法）といふ思想が、「王ハ民ノ父母ナリ」に代り、「君ノ欲ノ為メニ其命ヲ変ゼズ、令ハ君ヨリモ尊シ」となり、明君は「民ヲ愛スルガ為メニ其法ヲ虧カズ、法ハ民ヨリモ愛ス」（法法）といふ法至上主義となるのである。かく、法家は法至上主義に陥つた結果として、管子の重令篇にいふが如く、法令上より出づる時は、下民之れに絶対に服するを要するのであつて、可と不可とを論ずることは厳禁するといふのであるから、その点では結局君主或は官僚の独裁を許すものに外ならず、立法の根本精神に矛盾する処がある。これは、荀子が早く、その王制篇に、「法アレドモ議セザレバ則チ法ノ至ラザル所ノ者必ズ廃ル」と指摘し、法を議論することの必要をいひ、然も、法に完備万能を求め得ないことを認めて「其法アル者ハ法ヲ以テ行ヒ、法無キ者ハ類ヲ以テ」すべきだと論じ「良法アリテ乱ル者ハ之レアリ、君子アリテ乱ルル者ハ古ヨリ今ニ及ブマデ未ダ嘗テ聞カザルナリ」と曰つてゐる。以て古くから批判の存するところであつたことを知るに足らう。

注1　宋文炳著小口五郎訳「支那民族史」参照

第二節　訓詁的概観

第一項　君主を意味する文字

宋代の「太平御覧」（六二〇巻）の引く「呂氏春秋」に、「昔太古嘗無レ君、其民聚二生群所一知レ母不レ知レ父」とあるが、一度び君主の発生を見るや、支那の君主論は全く古代に於て既に驚くべき発達をとげた。それで漢字には君主を意味する文字が実に多い。「爾雅」を見ると、林亟、天、帝、皇、王、后、辟、公、侯、君の十字をあげ、その疏に「皆天子諸侯南面之異称也」と注してある。今この十字を基本とし更に若干の文字を探索して、文字学的研究を試み、支那王道の基礎的観念を明かにしようと思ふ。

「皇」の字の発音は、現代の北京官話では huang 、漢音クワウ、呉音ワウである。その文字は、白と王とより成るが、白はもと自であるから、「皇」は自と王との合字であるといはれる。「自」とは鼻であつて、ハジメの義である「説文解字」に、「皇者大也、从レ自、自始也、始王者、三皇大君也、自読若レ鼻、今俗以二始生子一為二鼻子一」といふはそれである。又、「説文繋伝」には左の如く解釈してゐる。

皇ハ大也、始也、天地既ニ開ケ、始メテ君ト為ルヲ皇ト曰フ、故ニ文ニ王自ヲ皇ト為ス。自ハ始也、始メテ王ト為ル也、皇ノ言タルヤ煌々然トシテ道ニ放ツテ趨キ、姓ヲ率ヰテ行ク、自然ニシテ道ニ合スルコト有リ、民、得ルコト無クシテ名ク、火ヲ観ルガ若シ焉。其ノ薪燎ノ本ヲ測ラズシテ但其ノ煌々タルヲ見ルノミ。

「ハジメ」の意味に鼻の字を用ゐる例は「説文」のあげた「鼻子」のほか第一の祖先を「鼻祖」と称する様な例もある。「正字通」によれば、その理由を「人之胚胎、鼻先受レ形、故謂二始祖一、為二鼻祖一」と説明してをるが、鼻の字の「自」は人体のハナの形を象はしたものでその下部の「畀」が音符である、と曰はれてゐる。要するに「説文」の解は、徐の「自従也故為始也、今省作白」といふによりて一層補はれるが、結局、皇とはハジメの王、といふが如き意味で、支那最古の君主は、天皇氏、地皇氏、人皇氏（或は伏羲、神農、黄帝）であつて、其徳は天の如く広大であつたと信ぜられてゐるので、これを三皇として、皇字を以て表し、転じて、天子、上帝、美大、荘厳等歎徳の義としたもの、といふことになる。今、皇字の解釈として諸書に散見するもの、中主要なものを挙げてみると

1大也（説文「説文解字」の略、漢の許慎の撰、三十巻）　2天也（風俗通「風俗通義」の略、漢の応劭（せう）の撰、十巻、曲礼の考証研究。）　3中也（風俗通）　4光也（風俗通）　5弘也（風俗通）　6正也（爾雅　釈言十三経の一にして辞書の最古のもの）　7君也（爾雅　釈詁）　8美也（博雅本名は広雅、十巻、魏の張揖の撰隋の曹憲之れが音釈を作り、煬帝の諱を避けて改めて博雅と称す）　9美大（尚書　序疏）　10煌也（白虎通「白虎通義の略、後漢の章帝が諸学者を白虎観に会し五経の研究をさせたものを班固が集撰したもの。）

以上の括弧内の書名は、一例を示したもので、それに限るの意ではないが、此のほかにも猶、荘盛也とか、美盛也とか、華也とか、さまざまの意味が注釈せられてゐるが、肝要なる釈義としては、大体上記の十種くらゐなものであらう。かく多義ではあるが現実の実際的意味としては「爾雅」の所謂「君也」の一語に尽きるのであつて、「風俗通」もこの実際的用法を認めて、「有天下者之通称也」と注してゐる。而して、これが一度び、歎徳的意味に用ゐられると、天であり、美であり、大であり、中であり、光であり、弘であり、正であり、煌であるのだから、「爾雅」に、「尊而君子則称皇天」といふが如く「書経」の大禹謨などの「皇天眷命」といふことになり、皇天は又、同じ「書経」の湯誥篇にいはゆる「惟皇上帝」ともなる。故に、解釈の仕方によつては、「帝よりも大」（尚書序疏）とも考へられるし、又考へ方によつては、「帝」字と結合して、「君」なるもの、至上者を表す「皇帝」ともなることは、董仲舒の所謂「徳侔天地者称皇帝」（春秋繁露）といふやうなものである。又、「王」字と熟合して「皇王」といひ、皇王の二字を以て単に「君」を意味することもあるのは、「詩経」の大雅に「皇王是辟《きみ》」とあるが如きものである。但し、歴史的には漢の蔡邕の「独断」に「皇帝至尊之称也、上古天子庖犠氏、神農氏称皇、堯舜称帝、夏殷周称王、秦并以為号、漢因之不改」、といふやうな次第でもあつたらう。ところがこれらは皆、「皇」、「皇」等の形を有する文字についての解説であるが、古形には、、、、、、、、などといふ字体があるので、これらを解するには以上の如き説では不十分であるとて経済学博士田崎仁義氏は、「説文の此解は皇字を自王の合文即ち皇として説明せるものにして其点よりは捨つ可からざる解釈なれども皇形の字は追敦（拓本）及び『説文』小篆等の外に之を見ず、且つ其にては前記の如き古文形の種々の説明たるを得ざるを如何せん、故に、皇字本来の説明は之を外に求めざるを得ず」（王道天下之研究二二五―二二六頁）といふ。そこで、田崎博士は、まづ、支那の文字研究に就て名ある文学士後藤朝太郎氏が、「国家学会雑誌」第二十七巻第七号に於て主張した皇字日輪説を詳しく批評し、然る後、㈠文献上皇が冠の名なることを証し得ること、㈡作字上皇字の上部は冑の前立冠冕の飾に似たること、㈢

土俗学的方面より皇字冠冕説の保持可能なること、といふ三箇の理由を以て詳細に有益な研究を示し、皇字冠冕説をとり、大体次の如き結論に到達した。即ち

(一) 三皇時代の君長は〓式の冠冕を被りたること

(二) 其君長の位は皇なる文字と共に後世の君主に伝承せられたること

(三) 其祭祀の舞楽祓除託宣等の職は〓式の冠と共に後世の巫人に伝承せられたること

といふのである。そして、皇字古文の一般的原形は、〓であつて上部の〓は原始部落の酋長の頭に飾つた鳥の羽製の冠冕をあらはし、下部の土は、後藤朝太郎氏の土なりといふに反し士は士であつて土ではない、「支那太古の士は自由民なり、公民なり、秘密講の普通のメンバーなり、支那古代の制に於ては士以上の身分のものにあらざれば、冠冕を受け冠を戴くことを得ざりき」と解した。かくて、原形は〓であるが、進化したるものは下部を王字としてゐるのであつて、帰するところ、「支那に於ては公民たる士なるもの丶中、最上の冠冕たる〓の飾を付せるものを着くるを得る者が其社会の酋長々老にして支那に於ては皇と称せられたるなり、其後王の観念起り従て王字を制作するに至りたる後は王は君主の意あり〓も君主の意あり、秘密講は衰退して酋長部落となりたれば士なるものには旧時程の意義はなくなりたるの事情と相合して〓に王を合文して皇の字を制作するに至りたるなる可きなり」(田崎博士「王道天下之研究」四八頁)と観るのである。吾人は、田崎博士の引かれた「礼記」王制の「皇而祭」、その鄭注に「皇冕属也」といひ、その他多くの文献の示すところに従ひ、博士の此説を以て〓等の古形に関する限り至当の見解として敬意を表するが、然ればとて「皇」の直接の原形たる「皇」乃至「〓」「〓」の上部は、単に〓等の冠冕形の変化とは見得ないであらう。それは、直ちに、鼻を意味する「自」であり得ないのは明白だからである。惟ふに、〓等を原始古形とすれば、「皇」等は、後期古形ともいふべく、〓等が原始部落の羽毛の冠をつけたる酋長の形であるところから、それを実質的に君主のハジメ、原始的帝王と見て、既に

制作せられてゐた王字の上部に、最初の君主、始原的君主などといふ意味を表はさんが為に「自」を加へて、形体上に於ても、〓字に近からしめたのであらう。詳しくは第十四款に卑見を述べる。

第二款　帝

「帝」の字の発音は北京官話では tì であるが、漢音はテイ、呉音はタイである。この字は、象形文字ではなく形声文字（又は諧声文字）で、「上」と「朿《し》」の合字と曰はれる。現在の字形では「巾」字を用ゐてゐるために、元の字形があらはれてゐないが、「説文」に、「从上朿声」といふは、古形に就て曰つたものであるから、先づ古形を明かにしなければならぬ。「帝」の古形は〓即ち二と〓（朿）との合字なることが明かである。二は「上」の古字である。「説文」その他一般に字典は、朿は単に音符に止まり、義符は「上」字にあるといふに大体一致してゐるが、後藤朝太郎氏によると、「上」のみならず、「朿」も亦、音符たると共に義符であつて、「亭」字の古形と比較してみると、「帝」字の「朿」は屋蓋の無い祭天の造営物で、その柱の組合せの象形であらう、といふ。更に又、後藤学士に従うと、帝の古音は今日では tì の去声音であるが先秦殊に周代春秋の頃までは、tak といふ入声音であつたと推定され、卓 tak に通じ、高く貴きこと天の如き義に基いて、「帝」と称したものであらう、「上帝」、「天帝」などの語はその意味の強調によつて出来た熟語であるが、要するに、「帝」は、純支那語で周室種族の南漸以前に於ける漢民族は、専ら、「帝」字を用ゐたのである、周室は北方族の語を多く持ち来し、周が殷に代つてから、この外来語の「王」（kuang）「公」（kung）が、「帝」（tak）の語の代りに盛に用ゐられるやうになり、つひに、「帝王」といふ熟語さへ出来た、といふのである。極めて清新独自の研究として傾聴すべきものがある。

帝の字はかくて、まづ第一に「天」の意味を有し、更に之れに「上」字を加へて「上帝」の語を成したが（天帝もこれと同類である）「帝」を「天」の意味に用ゐた文例には、「詩経」大雅に「不レ識不レ知順二帝之則一」、同じく大雅に、「既受二帝祉一施二于孫子一」など、又、「上帝」は、「詩経」大雅の「維此王季、帝度《ハカリ》二其心一貊《シズカニシテ》二其徳音一ヲ其徳克《ク》明《ナリ》」、同じく大雅の「帝命不時《トキナラザランヤ》」など、いくらも文献がある。ある学者は、帝が至上神を意味するといふ説を立てゝさへゐる。これは本章第一節の第六項に言ふ。かく、天を意味した帝の字は、更に、「天を祭る人」従つて、「徳の天の如く高き人」をも帝とするに到つたが、「呂氏春秋」に「堯曰得天之道者為帝、得地之道者為三公」といひ、班固の「白虎通義論」皇帝王之号の条に「徳合天地者称帝」といふなどはその例である。帝を君主（天子）の意に用ゐたのは殷の代であるといはれるが、それは、この徳天地に合したる者の意味であり、天号として用ゐたものである。

然るに「帝」には更にアキラカといふ意味も付加されてゐる。「白虎通」に「帝者諦也象可承也」といひ「説文」には「諦審也」といひ、その段注に「審諦如帝」と解してをるが、「後漢書」の李雲伝も孔子の言として「孔子曰、帝者諦也」と云つてゐる。「書経」堯典序疏は最も詳しく「帝者諦也、言、天蕩然無心、忘二於物我一、言、公平通達、与レ事審諦、故謂之帝也」と解釈してをる。「帝」には又「適」といふ解釈もあつて、「呂氏春秋」下賢に、「帝也者、天下之適也、王也者、天下之往也」とて、王・往に対し帝・適だといつてゐるが適は「行き至る」の形声であるから、往である、「適往」である。「広韻」に「適往也」といふはそれである。但し極めて上古にあつては、君主を追尊して帝といつたのであつて、生前に自ら帝と曰つたかどうかは疑はしい。後世、皇字を冠して「皇帝」の号を造つてからは、生前に君主を帝と称するやうになつたものであらう。

第三款　王

第一目　王字の訓法

王の音は北京官話では wang であるが、漢音はワウ、呉音もワウである。「日本書紀」神功紀四十六年三月の条に王をコニキシと訓ませてゐるのは、百済語で鞬吉支《こむきし》の転、鞬《こむ》とは「大」の意、吉支《きし》は「君」の意といはれるが、コキシ、コムキなどはその略音である。王の音は、現代音はwで始まり、日本に伝つた漢呉音もワで始まるが、後藤朝太郎氏は元来は、君、公、皇、の如くkで始まつた音であつたらうといふ考証も試み、王の古音はkung, kunで更に皇と同じくkuangとなり、そして、皇はhuang 王はwangと変遷したものと為し、その証拠としては、王の字がもと工の字、即ち古音kungであつた「工」を音符とする文字であるといふ。

更に、王の字は、四声のうち、平声と去声とではその意味を異にする、といふは、明の洪武中、楽韶鳳等勅を奉じて撰したる十六巻の「洪武正韻《こうぶせいいん》」（略して正韻）の説で、それによると「凡有二天下一者人称レ之曰レ王、則平声、拠三其身臨二天下一而言、則去声。」とある。吾人の先考田中智学は、その大正二年の筆作たる「神武天皇の建国」に於て、この「正韻」の文を引き、「それで漢籍で『何々王』といふ時と『天下に王たり』といふ時とは字声を違へて読むことにして、特に『王たり』といふ時には去声点が肩に打ツてある、今は大抵の書物は活字だから四声の点がないけれども、昔の仏書や漢籍には太凡はこの四声点を正しくしてあつたものだ。『王』になるとか、『王』の事を行ふとかいふのは去声の『王』の字で、即ち王たるの仕事を行ツて其の資格を現した場合をいふので、ここに言ふ『可王』の王は王道の実行といふ事である。」（「神武天皇の建国」五四頁）と解説したことがあるが猶ほ、昭和十年に刊行した「日本国体新講座」中に執筆せる「日本国体とはどんなものか」なる論文に於ては、「平声に呼ぶのは『下平七陽』の韻で、是れは君主といふ義理になる、それから去声に呼ぶと『二十三漾《やう》』の韻で「天下に王たり」といふ場合の王の義となる、此場合の王の字には『興る』といふ義理や『旺んなり』といふ義理があつて、要するに王者たるの道を実現して天下を統べ導くことを意味する」（第四篇第二章㈤）と詳細に説明してをる。

第二目　王字の構造

次に、王字は、皇字の基礎でもあり、又、君主の意味をあらはす支那文字の中、最も重要なものであるから、更にその構造についてもや、詳しく研究してみよう。

王字は、現在では横の三線の上下の間隔は等しいが、古形は王であつた。現在の「王」といふ字は、もと、玉《たま》といふ字と同じで、玉の古形は王であつた。横の三線は石を表し竪の｜は緒を象れるもので、三は大数の代表として、石を三箇示した象である。三を以て大数を表すは、森、蟲、晶等其例が多い。王がタマで、従つてその発音は漢音ギヨク、呉音ゴクであつた証拠としては、今日、猶ほ、王篇をタマヘンといひ、ワウヘンといはず、又、タマヘンには珀、玲、珠、等の如く、古形の王を用ゐて玉を用ゐないものが多く存するのである。秦代に隷書を作りし時、ワウとタマとを区別する為めタマには点を加へて「玉」としたといふ説があるが、「和漢三才図会」六〇に引く後漢の人王逸の「玉論」によると「玉字、古者作レ王、三画皆均、自レ秦更レ隷、始加レ点、其点在二下画之傍一者、宝玉字、在二中画之傍一者、玉工《タマスリ》人字也、玉乃石之美者也」とあり、明代の「洪武正韻」や張自烈の「王字通」などもこの説を踏襲してゐる。

猶ほ、参考の為に曰はば、将棋の王将には、王の肩に点を打つたものと、無点のものとがあつて、前者を俗に玉《ぎよく》将と称し、恰も碁石の白に相当するものとして優強者が持つこととなつてゐるが、これは玉ではなく、王であつて、この点は称美点と称し、平王に優れる王なることを表すものである。

さて、王字の構造は、然らば何を意味するかといふと、「説文」には、

王ハ天下ノ帰往スル所ナリ、董仲舒ノ曰ク、古ノ文ヲ造ル者、三画シテ其中ヲ連ネ、之ヲ王ト謂フ、三ハ天地人ナリ、而シテ之ニ参通スル者ハ王ナリ、孔子ノ曰ク、一、三ヲ貫クヲ王ト為ス。

とて三才一貫の形なりと解してゐるが、王の形については唐の大暦中に「説文」を写定した李陽泳が「王者ノ王、中ノ一画上ニ近キハ王者ハ天ニ則ルノ義ナリ」と解釈してゐる。これは其後の字書類が皆踏襲するところで、「説文」

及び「玉篇」（梁の顧野王が撰し後、唐の孫強が加筆し、更に宋代に入つてから陳彭年等が奉勅重修せる三十巻の字書）の部首を改変して楷体に依つて部を分けたものではあるが、明の梅膺祚の努力になれる「字彙」も「三王連中者、三者天地人也、而三通レ之故謂二之王一」といひ、同じく明の魏校の撰たる「六書精蘊《りくしよせいおん》」（六巻）も「帝王之王一貫レ三為レ義、三者天地人也、中画近上王者法天也」といつてゐる。而して、南唐広陵の徐鍇の「説文繫伝」を見るに、前に引用せる「説文」の解釈につき、「王者則天之明、因地之義、通人之情」と三才一貫の意味を説き、その竪の一線については「居中也、皇極之道也」と論じ、更に「王者人中之高也、則レ天以臨レ民」と説明してをる。日本に於ても鎌倉時代、即ち支那南宋の終りに生れた日蓮聖人は、その遺文中、二箇所に、王字を解説してゐるがいづれも弘安三年五十九歳の筆で、一は、「諫暁八幡鈔」に、「天人地ノ三ヲ串《ツラヌ》クヲ王ト名ク、天人地ノ三ハ横ナリ、タツテンハ縦ナリ、王ト申スハ黄帝中央ノ名ナリ、天ノ主、人ノ主、地ノ主ヲ王ト申ス。」といひ、一は「内房女房御返事」に「王ト申スハ、三ノ字ヲ横ニ書キテ一ノ字ヲ竪ニサマニ立テタリ、横ノ三ノ字ハ天地人ナリ、竪ノ一文字ハ王ナリ、須弥山ト申ス山ノ大地ヲツキトヲシテ傾カザルガ如シ、天地人ヲ貫キテ少シモ傾カザルヲ王トハ名ケタリ」と注してある。前文に、天人地といへるは、王字の横三線を上から順次、天人地に配した意味をいへるものであり、後文に天、地、人といへるは、三才の通常の呼称順を用ゐたものであらう。拠る所ある解釈といはねばならぬ。後藤朝太郎氏は、王字の構造について、発音の問題と関連して「王の字を分解すると工と一とになる。工は音 kung で功、貢などのときには即ちその音によつて発音せられてゐる。工は天地間の連絡を象つたもので王者と云ふものは天の命を受け天徳によつて民衆を化し治めてゆくものである。それ故天の子であると云ふので工の天地間の中央よりは稍天の方に近い所に一線を引いて王者を象つたもので、それが即ち王である。後世ではその意が忘れられて王の如く書く。がそれは玉の字と混ぜられて王の原義が失はれたのである」（「文字の研究」五六三頁）といふ。即ち後藤氏に依れば、　字の横三線のうち、上線は天、下線は地、縦の丨は天地の連絡を示したもので、横の上線に近く引かれた中線が王者を象つたもの、といふことになり、「説文」その他古来一般の説とは異つてゐる。これは、王の古音がkungであつてwangでないことを主張する立場から、発音の根拠を文字の形体の中に求める為め、　字が工字を基とせるものと観、之れに、「中一画近上王者則天之義」とか、「中画近上王者法天也」とかいふ古来の解釈を拉し来つて、王の中線を王者と見做したものであらう。

以上の諸説を整理すると、第一の説は、横の三線を上から順次天人地と為し、縦線はこの三才を貫く王者なりとするものであり、第二の説は、徐鍇が縦の線を「居中也、皇極之道也」又「王者人中之高也、則天以臨民」等といへるより案ずるに、横三線は上から、天、王、地の三才であり、縦線は皇極の道、即ち王道であると為すものであり、而して第三の説は後藤氏のいふ処で天地の連絡の中に、君主は天の子なるが故に天に近く居る貌が王字である、といふことになる。三説の是非は敢て今之れを決定せねばならぬ、といふほどの必要はない。否むしろ、三説彼此照合して王字の構造を彷彿たらしむるものなりといふべきであらう。いづれにしても以上を便宜上「王字三才説」と名づけておく。

然るに、羅振玉の「殷墟書契考釈」に示された殷代の卜辞の研究によると、王字の天地人三才一貫説は否定せられることになる。即ち卜辞に於ては、王字は㐫若しくは⊥、△に作る由で、火の土中より出づる形である。殊に、士を省いて唯火のみに従ふのは、盛大の義を示したものであると曰ふ。以上は、文学博士手塚良道氏の「儒教道徳に於ける君臣思想」に紹介されたところに従つたのであるが、手塚博士は、「説文にも特に古文として王の字を挙ぐる所を見ると蓋し羅氏の説の方が原意に近きものと思はれる。蓋し太古燧人氏は火を発明し、民に火食を教へて王となつたと伝へらる。太古蒙昧の時、火は最も大切なものであつて往古君長は火を万民に分つの権力を有つて居た時代があつたかも知れぬ。或は羅氏の説の如く火の燃え盛る盛大の意を以て王者の意を示したものかも知れぬ。後世専ら王者の徳の盛大を以て王と謂ふ」（「儒教道徳に於ける君臣思想」一〇八頁）といふ。吾人は是れに対し今直ちに是非の説を樹つるを得ないが、便宜上これを「王字火徳説」と名づけ、一説として参考の為め掲げておく。然し、仮りに王字火徳説を肯定するとしてもそれが為めに王字三才説が崩壊するものとは思はれぬ。何となれば、王字三才説は大体漢儒の通説であるから換言すれば支那民族は、古来久しく、王字を以て三才一貫の意義を示したものとして理解してゐた、といふ事は否定し得ない事実だからである。即ち、彼等は、帝字、〓字等に対し王字を三才一貫の形なりと古くから信じてゐたのであつて、この信念は実際的に王字の意味を決定するものなのである。即ち、王字火徳説が仮りに真理であるとするも、それは近頃に到つていはれた新学説であつて、古の支那民族の王字構造の信念とは何等の関係もない、といつてよいのである。古の人々は、殆んど悉く王字を三才一貫の貌と理解してゐたとすれば、卜辞の貌がどうであらうとも、それは畢竟、彼等の意識にさへのぼつてゐなかつたものであるといつてよい。この事は〓の古形を出せる「説文」すら、それを何等卜辞の火徳説に結びつけてゐないのに徴してもいひ得るであらう。又、火徳説そのものは、あり得る思想でもあり、且つ〓等の古字の存在する事も確実であるが、然し、それが必ず王字であるか否かは猶ほ研究の余地が存するやうに思はれるし、又、「説文」の〓形を直ちに〓の変化であると想像することには何等か確実な根拠が示されない限り容易に賛成し難いところであらうと思ふ。王字を制作する時、〓字の下部）を或はとりいれたかも知れないが、それは、皇字が〓の形をとりいれたと同じやうに、古字の形式を存したといふだけで、王字は王字で新しき創意によつて制定されたと見るべきではあるまいか。王字の古注に火徳説の皆無なるは或はその為めかも知れぬ。

第三目　王の字義

王の文字の意味又は義理として諸書に散見するところを概観すれば、第一に字形よりせる前記の三才一貫の義に次で、第二に、発音に因み且つ王の本質的意義を考へ合せて、王は往なりとする解釈がある。例の「説文解字」第一上を見ると、「王天下所帰往也」といつてあるが、「正韻」も亦「天下帰往謂之王」と記してをる。然し、王を帰往の義とするは、「帰往」といふこの字書の注釈的熟語に始めて発したものではなく、古文献にいくらも拠りどころのあることで、「孟子」然り、「荀子」又然りであつて、これらの思想的義理を含み且つ音の共通なところから、「王往也」といふ解釈が確立したものであらう。第三には「正韻」の「主也」といふ注釈、第四には「説文」繋伝の「為君之義」といふもの、この二つは、王が人の主たり民の君たる意味即ち、君主の意味を指摘せるものである。第五に、隋の陸法言の著した五巻の「広韻」によると、「大也、君也、天下所法」とある。茲にも君長の意味を注すると共に、「大」の意味を点示し、而して王が君主として直ちに民の法とするところなるを曰つてをる。第六に「広韻」に「盛也」といふ解釈がある。これは三才を一貫するといふ政治哲学的意味と共に現実に天下を所有し支配する王者の盛勢をいへるものであらう。第七に、「詩経」小雅の注に「君諸侯也、王天子也」と釈し、王が天子たることを曰つてをる。第八にかの天地人三才一貫の説明をした董仲舒の五科の解釈といふものをあげると「此ノ五科ヲ合セ、一言ヲ以テ之ヲ王ト謂フ。王ハ皇ナリ、王ハ方ナリ、王ハ斥ナリ、王ハ黄ナリ、王ハ往ナリ」（「春秋繁露」深察名号）と言つてをる。皇といふは大、方といふは正直、斥とは周遍、黄とは中和して光あること、往とは天下四方の帰往である。即ち董仲舒は、天地人三才一貫と、皇・方・斥・黄・往の五科を以て王字の意義を解したのである。さすれば、叡山の尊舜が「玄義私類聚」の中に「王ノ字ハ起也、初也ト訓ズ（巻二第二序王下）」と注したのも拠る所ある説といひ得るであらう。

これらは王字の意義の主要なる解釈であるが、王字が外来の語なりや否やは別とし、とにかく周代に最も現実的感覚を帯びて、むしろ帝、皇等の文字をも包含しつゝ、君主の称号といふよりは、君主の一般的表現語として代表的位地を占めるに到つたものと思ふ。特殊の君主の称号に用ゐる場合には、皇とか帝とかいふ文字が好んで選ばれたにも不拘その皇たり帝たる者を、称号を離れて本質的に見る時、王字は、君主一般を表はす最も理義正しき、権威ある文字として上下数千年の支那民衆に親しまれたのである。

以上の皇、帝、王の三字は支那に於て、君主を表す最も重要な文字であるが、皇、帝の二字が文字の制作の上から観て宗教的色彩を帯びてゐるのに対し、王字は政治哲学的色彩が濃厚であることが特色である。三者の使用上に於ける同義化、或は区別については、後に述べる。

第四款　君

「君」といふ字は北京官話では、chun、漢呉音共にクンと発音する。この語は皇帝王の三字と異り、極めて広く活用せられるに到つた為め、種々の義を生じ、一君主を指して君といふ、二子父を尊びて君と称す、三子孫先世を称して君と為す、四夫婦が相互に君と称す、五上より下を君と称す、六後進の先進を称するに君といふ、七彼此相称して君といふ、八主人を指して君と為す、等の用法のほか、一日本では姓《かばね》の一種として用ゐられたこともあり、二「室の君」、「神崎の君」などの如く遊女を君と称したこともあり、三古の封号たりしこともあり、四和歌などに於て天皇又は皇族が臣下を指称し給ふに君を以てせられたこともあり、五夫婦間相互の用法が転じて特に妻が夫を敬つて君と称する場合もある等、さまざまな用法がある。然し、又、皇帝王等の文字が、後にその本来の意義よりもむしろ制度的に君主の一定の身分資格をあらはす用途に固定化せられ、時に帝は皇王に非ず皇は皇王に非ず皇は皇帝に非ず、といふ風に各々融通性を失つた場合もあるが「君」の字は、常にひろく帝王たる者君主たる者を通じての呼称として用ゐられてきた点で、最も普遍的に主権者を表す文字となつてゐる。「君」は尹と口との合字であるが、尹《いん》は「又」と「ノ」の合字である。而して「又」は手であり「ノ」は杖であるから、尹とは手に杖を握れる象で、民衆を指揮支配する者、即ちツカサを意味する。故に、尹は、これをヲサム（治）とかタダス（正）、ツカサドル（司）などと訓ずるのであるが、「君」はこの「尹」の下部に「口」を合したもので、「口」は号令の義である。即ち「君」とは、号令支配する主権者を象れる文字である。而して「父」も亦「尹」と同じく「又」字と「丨」

との合字であることは、「説文」に「父矩也家長率教者从又挙杖」、「白虎通」に「父者矩也、以レ法教レ子」等と解するにより知られてゐる事であるが、田崎博士は、この父の字と転義の関係に於て「尹」字が成立し、更に一転して国家の主権者たる君の文字となつたといふ説を出したが(注1)恐らく、然かありしことと思はれる。

されば「説文」には「尊也从尹発号故从口」といふのであるが、「白虎通」は「君者羣也羣下帰心也」と解した。「羣」は一般に「群」と書くが、「群」は俗字で「羣」が正しい。「羣」とは羊の集団をなす性質を捉へた文字で犬は羊の如く集団をなさず孤立相争ふが故に「ひとり」は犬篇を用ゐて「独」となすのも亦犬の性質を象れるものといはれる。而して、羊は集団中最も優秀強大なる者がひとり全群の先頭に立つ性ありといふに基き、「羊」と「君」とを合して、「羣」なる文を制作したものであるといふ。故に、「君者羣也羣下帰心」と注したのである。周公旦の作と称する「儀礼《ぎらい》」の子夏伝に「君至尊也」といひ、注に、「天子諸侯及卿大夫有地者皆曰君」といふのは、広狭両義に於ける君の実体を指示したものである。

第五款　林烝・林・烝

「爾雅」によると、「林烝」とは君主の意味である、といふ。即ちその注疏に「林者説文云、平地有二叢木一曰林、烝者左釈云、天生二烝民一、樹レ之以君、而司牧レ之、然則人物之衆、必立二君長一、以レ司牧レ之、故以二林烝一為レ君也」といふ。所説や、不明瞭であるが、草原の中に亭々として天に聳ゆる林あるの景観を、庶民に君臨する王者の意とせるものらしい。然し、「林烝」なる文字は一般に用ゐられてゐない。但し、「詩経」の小雅、桑扈の中に「百礼既至、有レ壬有レ林」といふ句があつて、これを通常は「百礼既に至り壬《おほい》なることあり林《さかん》なることあり」と訓み、壬《しん》は大、林は盛で、盛大なありさまを言つたものと解するのであるが、「詩経」の古注たる「毛伝」に従うと、「林は君なり」と注してある。又、同じく「詩経」の大雅文王の中には、「文王烝哉《きみなるかな》」といふ句があり、その他にも「王后烝哉」「皇王烝哉」「武王烝哉」などといふ句がある。この「烝」は君である。「烝」といふ字は、熱気の上りゆく貌でムス、ムレルの意であり、又、衆多の意味もあつて、「烝民」といへば民衆、人民を指すのであるが、これを「キミ」とするは根拠不明確ながら、その熱気の上りゆく貌をとつたものであらうか。然し、要するに、林烝、林、烝等を君主の意味に用ゐることは後世廃れたものといつてよい。

第六款　主

主はchuと発音し、漢音はシュ、呉音はスであるが、古形は㞢で足のある燭台に火の燃えてゐる貌である。最上部の、は燃えてゐる心火を象つたもので、下部の王は、燭台であつて、天地人三才一貫の王《わう》ではない。即ち燭台に燃える灯心の義から転じて、すべて事物の首脳、中心を意味することとなり、却つて元来の義をあらはす為めには別に火篇を加へて炷《しゅ》（燈心）といふ字を作制した。そこで、「主」なる文字は「君」の字とやゝ趣を同じうし、一般に、物事のつかさたるもの、支配者たる者をひろく指称するに用ゐられる。即ち、「儀礼」の士冠礼の注に「謂二長レ人之吏一」といひ又「疏」に「主、亦為レ長者也」といへるが如きはそれである。さればその応用は各方面に亘り家に於ては家長を、物品の所有支配関係に於ては持主《ぬし》を、客に対しては主人《あるじ》を、自己の身体に於ては精神、道心を、活動に於ては中心人物を、結合関係に於ては己れの仕へる人を、それぞれ主といふのである。従つてこの義を国家関係に於ては中心人物を、結合関係に於ては己れの仕へる人を、それぞれ主といふのである。従つてこの義を国家関係に於て取扱へば、君主の意味となる。「広雅」に主君也といひ、「礼記」曲礼下に「凡執二主器一」といふを「注」に「主君也」と釈したるが如きは即ちそれである。この場合には主は臣又は民に対するものであるから「史記」の太史公自序には「主倡而臣和、主先而臣従」と用ゐ董仲の「賢良策」には「行高而恩厚、知明而意美、愛民而好士可謂誼主矣」と用ゐてゐるのである。かくて、君位を「主位」（管子、七臣七主）、君威を「主威」（韓非子受臣）、人君そのものを主君（礼記聘新）又は「君主」（史記）、君主の体を「主体」（漢書東方朔伝）、君主の道を「主道」（荀子正論）、君主の政治を「主政」（管子禁蔵）などといふ幾多の語を生んだのである。近代法学上の用語として知られてゐる「主権」の語も「管子」の七臣七主に用ゐられてをり、君主の力の意味である。但し、「主従」といふ熟語は鎌倉時代に日本で創制したものらしい。

第七款　后

后はhouであるが漢音はコウ、呉音はグである。人と一と口との合字といふ説と、人の義たる尸と口との合字といふ説とあるが、いづれにせよ、天下に号令する人の会意文字たるは明白である。これは「司」と連関して考察するとよい。司は、人と口との合字といはれ、その本義は、臣が外に於て事を司り命令する貌である。故に「口」が外方に向つてゐる。この「司」の字を反対に向け直すと「后」となる。「后」は、口が内にあり、君主の「司」よりも内部にありて命令する貌と解される。故に「説文」は「継体君也象人之形施令以告四方故厂之从一口発号者君后也」と説明してをる。後に到り、后の字は君主の正配を意味したがそれは、后は後也で、天子の後に居てその後胤を広むるの義であるといはれる。「白虎通」に「商以前皆曰㆑妃、周始立㆑后、正嫡曰㆓王后㆒、秦漢曰㆓皇后㆒、漢祖母称㆓太皇太后㆒、母称㆓皇太后㆒、又諸侯亦称㆑后」といふはその説明である。「書経」の説命に「樹㆓后王君公㆒」といひ、「詩経」の魯頌に「皇皇后帝」等といふのは、この君主の意味の后である。

第八款　公

公はkungの音、漢音ではコウであるが、呉音はクである。八と厶との合字であるが、八は私に背き財物を公平に分割するの義、厶は「私」の本字である。「私」という字は禾と厶との合字で禾《い》は禾穀即ちイネであつて厶は単に音符であつたが、後、「私」をム（わたくし）の義に用ゐたものである。田崎博士によると原始的共産社会に於ては、其酋長又は長老が其部落民に対して財物の分配をなすに、公平を旨とし又公平なるが故に酋長と崇め長老と尊びて之に服事せるなる可し、茲に於て、斯かる酋長長老を名けて公と云ひたるものならん、而も『爾雅』には、公も天子南面の異称とあれども、最上位の君主の意には使用したるの例を見ず、『爾雅』の序にも天・帝・皇・王・惟謂二天子一。公・侯・惟謂二諸侯一とあり（『王道天下之研究』二二三頁）といふことである。然れば公の次の侯と共にあたかもヨーロッパ語に於て王公の意味と公爵の意味とを有するprince の文字と同様の観があるといつてよからう。但し、最上位の君主そのものの呼称とはしなくとも、公上（楊惲文）公室（論語）公事（論語）、公堂（詩経）、公憲（後漢書張陵伝）等と用ゐた「公」はいづれも、君主帝王の意味である。

第九款　侯

侯は hou と発音し、漢音はコウ、呉音はクである。「矦」が本字であるが、人と厂と矢との合字である。古文は厌と書く。矢を射る時用ゐた十尺四方の布製の標的であるから、「侯」は、人が弓を持て標的を射る貌である。これも、君長の意味を有すること、「爾雅」に「公侯君也」とある通りだが、主、君、等の文字とは性質を異にし、主君たるの資格を表面にした文字である。即ち、射術を以てその資格を表してゐるのであるから、比較的に原始的小部落の長を意味し、王の如き、最高最大の義を含んでをらぬ。されば、統一的大君主の勢力下に於ては、五爵の第二位、即ち公の下、伯の上に位する所謂侯諸中の上級者、地方的君長を指したものである。故に、公と同じく最上、最大の王者には用ゐないが民の君長の義を有することは否定し得ない。序ながら、「伯」も亦或意味では君長の義を有する。方伯などといふ場合がそれで「周礼」春官、大宗泊の注に「長二諸侯一為二方伯一」とある。「説文」

や「爾雅」には単に「伯長也」とある。五爵の第三位である。

第十款　辟

辟は音 pi、漢音ヘキ、呉音ヒャク、その他ヘイ、ハイ、ハク、ベイ、マイ、ヒャウ等の音もあるが、古形は辟、辟である。「説文」に「後レ卩従レ辛、節二制其辠《サイ》一也、従レ口、口用レ法者也」と注し、「爾雅」の疏にも「辟者法也、為三下所二法則一也」とある。「卩」は「節」の本字で節制の意味、辛は辠で罪《つみ》の意味である。「辠」といふ字は、「説文」に「犯レ法也、従レ辛従レ自言二罪人蹙鼻苦辛之憂一」と注してあるところから考へれば、罪人の鼻を切ることに縁し、「自」即ち鼻と「辛」即ち罪とを合して「辠」の字を作つたのであらう。然るに「辠」の字は一見したところ「皇」字に似てゐる為め、自ら「始皇」と称した秦に到つて、「罪」の字を制作して「辠」に代へたといはれる。かくて、辟は卩と辛と更に口との合字なるも、口は、命令号令の義なること既に前述したところの如く、而して更に君が法律に従ひ辠を聴いて裁断し命令を下す意をも含むと解せられる。つまり、辟は、司法権の角度より見たる人君の義である。故に、「広韻」には「君也」といひ、「爾雅」の釈訓には「皇王后辟君也、天子諸侯通称辟」と注してをる。「詩経」の大雅に「蕩蕩上帝下民之辟《きみ》」「皇王是辟《きみ》」等といふはよく学者に知られた句である。辟の字は、かやうに君主を司法権に於て把握した文字である為め、後には辟を「法」の意味に解し、ノリと訓ずることとなつた。「書経」周書の酒誥に「越尹人祇辟」とあるを、「越《およ》び尹《いん》人、辟《きみ》を祇《つつし》む」と訓めば、官吏が君主を敬ふ意味であるが、「人を尹《ただ》すに越《を》いて辟《のり》を祇《つつ》しむ」といふ訓法もあつて、この場合には辟を法と解したものである。今日、一般には、君主の意味に此の文字を用ゐることはないが、王位に復することを復辟といふは新聞紙上にも折々用ゐられるところ、その辟は即ち「きみ」の意味である。その他君主の命令を辟命、天子の召し出すを辟挙、天子の学校を辟雍《よう》、又は辟廱《やう》といふやうな熟語が、古書に散見するが、いづれも辟を君の意味に用ゐたものである。

第十一款　上

現代音は shang であるが、漢呉音ともにシャウ又はジャウである。古文は・一又は二と書くが下の一は一定の場所を意味し、上部の・一又は一は下の一定の場所より高きことを指示するの意である。故に、うへ、かみ、いただき、そら、高い位などの意味を有するところから、君の称としても用ゐられるがその点は、日本語の「カミ」の語と共通してゐる。「広雅」に「上君也、太上極尊之称」といひ、「易経」の剥に「上以厚レ下、安宅」とあるを注に「上君也」といひ、「史記」の魏其伝に「上初即位」といひ、「孝経」に「忠順不失、以事其上」等といふは皆「上」を君主の意に用ゐた例である。その他、君主の意志を上意（漢書魏相伝）、天子を上帝、君主の命令を上命（邯鄲淳答贈詩）、天子又は譲位後の尊称を上皇（注2）、天子を皇上、天子の見ることを上覧（詩話総亀）、天子の諭を上諭（注3）（元史、阿里海牙伝）などといふ上はみなこれである。

これは、自然発生的社会が次第に秩序を要求するに至り、つひに法的秩序を建設し、国家意思が確立して権力装置が絶対化されるやうになると、命令者と服従者との間に、上下の階級的区別が明かになり、君主は、国家形成に於ける最上位にあるとの観念が明かにされたものであらう。わが上古に於ても、氏の中に氏の上が発生し、さらに多くの氏の上の統者としての大君が確立するにおよび、国家の公に於ては大君を最上唯一の「カミ」と観念した。但し我国の「上諭」は支那と趣を異にし、公式令に於て、法令、条約、予算の公布に当り天皇裁可の表示として使用せられてゐる。

第十二款　乾

乾は Chien 又は Kan 、漢音ケン、又、カン、呉音はゲンである。易の八卦の一で、純陽の卦、天を意味する。

倝《かん》と乙との合字であるが倝は、「説文」に「日始出光倝倝《かんかん》也」とあるにより日が出て光りかゞやく形声であり、乙は色木が発生して高く伸びる義であるから、乾は形声にして会意の文字である。かういふ形声会意なる乾は、又、易の純陽の卦で、

彖《ダン》ニ曰ク、大ナル哉、乾元。万物資《ト》リテ始ム、乃チ天ヲ統ブ。雲行キ雨施シテ、品物形ヲ流《シ》ク。大《オホイ》ニ終始ヲ明カニシ、六位時ニ成ル。時ニ六龍ニ乗ジテ以テ天ヲ御ス。乾道変化シテ各性命ヲ正シクス。大和ヲ保合シテ乃チ利貞ナリ。首トシテ庶物ニ出デ、万国咸ク寧シ（「易経」、上経、乾）

とある如く、乾卦《けんくわ》六爻《かう》の陽気に乗じて天を統御する乾道は聖人之れに法《のつ》とるべく、王者之れに法とりて天下に君臨すれば万国悉く安寧であるといふ易思想によつて、極めて崇重神秘の文字とされ、易自ら「乾以君之」（説卦）といひ、乾を君主の意に用ゐ、「広雅」の如き又、「乾君也」と称した。天を絶対とする思想の存するところ、次の天字と共に乾字を君主の意に転用するは極めて自然の心理といつてよい。

第十三款　天

天は tien テンと発音する。一と大の合字であつて、大は人の貌、人の頭上に一を加へて、テン、おほぞらの義としたものである。一説には、人と二の合字とする。二は上の古字であるから、会意は前説と同じになる。「爾雅」の疏に、「天者説卦云、乾為㆑天為君、以其倶㆓尊極㆒故也、大雅皆謂訓君為天是也」と解してをる。支那古代の信仰は「天」を以て至高絶対の造化主宰の神と為し、所謂上帝、天帝として崇めるものであるが、人の君長を天に比するに到れるは、一方に如何に、君主の意義を重視したかをも示すものとして、注目すべき点である。天、天子、天公、天后、天位、天皇（「旧唐書」高宗紀「楚辞後語」思玄賦）、天兵、天長、天使（勅使の意味）、天胤、天祚、天帝、天威、天恩、天家、天裁、天統、天朝、天詔、天極、天業（牧杜）、天王（春秋隠元）、天寿（書経）、天綸、天語、

天徳、天闔、天閨（君主の正配）その他無数に、「天」を君主の意味に用ゐた熟語がある。

第十四款　覇

覇といふ字は、日本人にとつては誤解され易い特殊の歴史的事情がある。それは、江戸封建の支配下に国体論が勃興し、大義名分を明かにするやうになつてから、之れを王覇の別などと称し、而して一般人は通俗に、覇といふは君主ならざる者が単に力を以て政権を握れる者即ち徳川将軍の事である、といふ風に理解してゐる向きが甚だ多い。

然し、漢字の「覇」及び支那史上の「覇」といふのは、単にかやうな日本の俗解俗用を以て扱ひ去るべきものではない。支那の覇は、立派に事実上の君主である。「覇」といふ文字その物は、現代音はpaにして漢音ハク、呉音ヒャクで、正しくは「覇《はく》」と書くのであるが、一般に俗字の「覇」が多く用ゐられてゐる。これは「説文」によると月の始めて出た貌に基ける形声文字であるが、音、把、伯に通じ、実力を以て主君、支配者となれる伯を覇といふのである。伯の字が、五爵の第三位者に専用せられるやうになつてからは、覇と伯とは区別せられたが、元来は同一の意味で君主を指したらしい。その事は、「左伝」に

伯ハ長也、諸侯ノ長タルヲ言フ、鄭康成云ク、覇ハ把ナリ、王者ノ政教ヲ把持スルヲ言フ、故ニ其字或ハ伯ニ作リ、或ハ覇ニ作ル（成二年疏）

とあるによつて明かである。然るに、孟子に従うと、「力ヲ以テ仁ヲ仮ル者ハ覇タリ、覇ハ必ズ大国ヲ有ツ、徳ヲ以テ仁ヲ行フ者ハ王タリ、王ハ大ヲ待タズ」（公孫丑章句上）で、覇は、力によつて主権者となれるものを指す支那王道思想上の一君主観の表現なのである。そして、単に力だけを以て民を威圧するといふのではなく矢張り「仁ヲ仮リ」て徳政も行ふのであつて、所謂暴君とは異るのである。殊に、周室漸く衰へ、戦国時代に入つて、方伯諸侯、

借して王と称するに到つてから、一部人士の頭の中に残存する周室正統の思想が、現実に勃興し来つて、事実上国家を成し主権を行使しつゝある君主を見て、これらの君主を品評する為めに設けた区別的称謂である。戦国時代の「尉繚子《うつれうし》」に「王国ハ民ヲ富マシ、覇国ハ士ヲ富マシ、僅ニ存スルノ国ハ大夫ヲ富マシ、亡国ハ倉府ヲ富マス」（戦威）といふ句があるが、これなどは、王国に対し覇国といふものを、道徳的性質の差こそ設けてはゐるものの、国家事実として認めてゐる証拠である。「淮南子」に「三代ハ徳ヲ種《ウ》エテ王タリ、斎桓ハ絶エタルヲ継ギテ覇タリ」（人間訓）といふも亦、王とその原因こそ異れ、現実に覇が人の君主なる事を言へるものである。又同じ「淮南子」に「帝ハ太一ヲ体シ、王ハ陰陽ニ法リ、覇ハ四時ニ則リ、君ハ六律ヲ用フ」（本経訓）などといふ区別も、その道の基くところの差を曰ひはしてゐるが、然も覇は、王、帝、君、等に比せられる国君たることを認められてゐる。覇は、「力」を主要な内容とするからといつて必ずしも暴虐といふことではないのであつて、「覇道」といふ語さへあるやうに、覇たる者も亦、何程かの君主としての道を行ふ者たることを必要とされてゐるのである。楚の項羽の如きは自ら覇王と名乗つた位である。覇は君主に非ず、といふことは、故に成り立たないのであつて、覇者も亦、事実上の君主即ち覇王であり、そして、君主たる以上、君主としての道を、何程かは覇王自身も行ひ、又、行ふべきことを軌範とせられたのである。

第十五款　十四文字の比較

以上、君主を表す諸の文字を大観してきたのであるが最後に比較を試みよう。十四文字の中、天、乾の二字は君主を天に擬したる点で最も崇高な意味を有するが、それ丈けに神聖神秘の面に偏してゐるし、且つ、いづれも第一義的には、天そのものを指す文字であつて、君主の正称として作られた文字でない、といはねばならぬ。「君」は最も代表的機能たる命令指揮といふ点をつかんで、一般的に君主の性質を表はしたものであるから最も広く用ゐられる文字であるが、命令者といふ方面に偏してゐることも事実である。后字も亦同断である。辟といふ字は、同様な意味で司法的性質に偏してゐる。侯は、射より出でたものであるから偏してゐるのみならず、他の文字に比して、王者の高さ大きさ神聖さなどの含蓄がない。上の字も、君主の一面を指したものに過ぎないし、主の字また然りである。公の字は、君主のオホヤケを表はした文字であるが、これも一面に偏してゐると共に余りに抽象的であり且つ他の諸性質の含蓄がない。林烝に到つては、一文学的表現たるを出でぬし、覇も亦、原因的に、又沿革的に好字とはいへない。

然るに、帝の字となると、天とか、祭司とかいふ君主の本質、淵源に関する思想を表はした点では、天、乾等に通ふけれども、君主を表すことを第一義として作られた文字であるから、同じく、君主を第一義的に表はす為めに出来た君、后、辟等の文字に比して、根源性が大きい。この意味で、十四文字中、最も高き位地を占める文字の一として重用されてきたのである。次に、王の字は、同じく君主を専門に表現する文字であるが、「天に法る」といふ神聖神秘の意義、即ち宗教性を具備すると共に、君主が現実に領有し支配し道を行ふ領域たる「地」と、君主がその臣民として撫育し統一すべき「人」とを含み、而して更に、君主その者及び君主の行ふべき道の表示たる一貫の「――」を具へてゐるので、最も根本的、淵源的なるものを逸せず然も現実を包含し、而して、原理たる道を表示したる総合的表現といはねばならぬ。この意味に於て、支那上下数千年を一貫して、帝字、皇字も多く愛用され乍ら、然も常に、基本的なものとして王字が重用された理由が理解される。最後に、皇の字は、皇字絶対論者たる田崎博士すら、「王字が出来た後に、〓の下部の士を変へて、王字を合して、皇字を作つた」ことを認めてゐるのであるから、王字を無視しては理解し得ない文字といはねばならぬ。吾人の見解では、皇字は、王字の持つ完全なる総合的意味を讃美し強調し、而して、更に、支那の伝説たる三皇を、特にまことの王の始めの者として表彰すべく、〓なる原始部落の酋長を表はす古文字の持つ「古さ」、「祭礼性」を活用し、この文字の古形に真似て、ハジメの義を有する自の字と王字とを合したものであらうと思ふ。されば皇字は、王字の純粋性、完全性を更に強調特表した最もよき文字といはねばならぬが、それは、常に王字と不可分の間柄にあるものといふべきである。かくて十四文字中、最も勝れた文字は帝王皇の三字である。

第二項　皇道・王道・帝道等の語

第一款　皇道の語

皇道なる語は、一般に、支那の制語たる「王道」に対し日本に於てスメラギの道を曰ひ表はす為めに特選せる熟語である、と考へられてゐる。単に、一般にさう考へてゐるばかりでなく、漢文や国文の方面で文字学を専門とする学者の中にも然か考へてゐる者が多い。今試みに、吾人の手許にある日本人の著した三四の辞書に就て調査してみたところ、第一に大正六年初版発行昭和十三年第百八十版の上田万年博士、岡田正之博士、飯島忠夫博士、柴田猛猪、飯田伝一等五氏共編の「大辞典」は王字の下に「王道」の語は出してあるが、皇字の部には「皇道」の語が全然出してない。第二に昭和十四年第六版の文学博士塩谷温編「新字鑑」は、「皇道」の語を出してゐるが、参考の為め先づ「王道」の項を見ると㈠王者の行ふべきみち。〔説苑君道〕王道知㆑人、臣道知㆑事。㈡王者が徳義の正道を以て天下を治める政治。「王道政治」〔書経洪範〕王道蕩蕩。転じて、㈢仁義をもととした正しいやり方。」と解釈してある。そこで次に「皇道」を見ると、「㈠天子の行ふべき道、㈡位を以て人民をみちびきをさめる政治、㈢我が国体を基礎として立てたる道。」と注してある。即ち、「王道」の解釈は一々支那の出典を例示してあるが、「皇道」の方には全然出典が示してない。ただ、「皇道」の方は、㈢の解釈が、「我が国体を基礎として立てたる道」と特に日本のこととして注してあるので、㈠と㈡とは支那の意味であらうかと推察し得ないでもないが、かゝる推察は此の字鑑を使用する一般の人に期待し得ることではなく要するに日本の制語である、といふ印象を受ける人の方が多いであらう。第三に簡野道明博士の「字源」大正十三年の第十八版を見ると、「王道」に就ては「○帝王の行ふべきみち。書経無レ偏無レ党王道蕩蕩。道徳を以て天下を治める政。覇道の対。」と記してあるが、「皇道」については「○大いなる道。=皇路。○国我が国体を基礎として立てたる道」とある。これも「王道」の出典を示してゐるに反し「皇道」の出典は出してゐないで、「大いなる道=皇路」などといふ第二義的解釈一つだけを与へてゐるだけで、これ又、次の解釈にひきずられ読者は「皇道」の語を以て日本の熟語なりとするものといふ印象を強く受けるであらう。第四に小柳司気太博士の「新修漢和大字典」昭和十一年増補版の第三十五版を見る。それは「王道」について「㈠帝王の行ふべき道。〔書経〕無レ偏無レ党王道蕩蕩。㈡道徳を以て人民を治める政。〔覇道の対〕〔詩経・序〕王道衰、礼儀廃。」と解釈してゐるが、「皇道」については、単に「(国) 我が国体をもととして立てた道。」と解釈してゐるだけである。第五に文学博士服部宇之吉、小柳司気太共著、大正十年改修百四十八版の「詳解漢和大辞典」は、「王道」につき「(イ)帝王の行ふべき道。(ロ)徳義を以て人民に君臨する政治。〔覇道の対〕」と解し、「皇道」の方は「(邦) 我が国体を基礎としておこつた道、皇学の研究する道。」と注釈してをる。第六に文学博士宇野哲人編「明解漢和辞典」の昭和十六年増訂百三十一版を見ると、「王道」は「仁義に基づく王者の政道」と注し、「皇道」については特にその語の頭に国訓たることを示す付号がつけてあるが、注釈には「我国体を基因し我歴史に養成せられて自然に発達したる我国民の道義」と書いてある。その他猶二、三の辞書も大同小異である。〔昭和三三年八月刊行の諸橋博士の大著「大漢和辞典」巻八のみは流石にその名に背かず、支那に於ける用例を二種類掲げ、別に国体を基礎とした日本固有の道である意味を掲げてをる。〕以上は漢字の辞典であるが次に、国語の方に就て二、三調査しよう。

先づ、「凡そ日本人の嘗て用ゐ、また現に用ゐつゝ、ある言語文字で分らぬことのないやうにとの注意のもとに、七十余万の語彙を採用した」と自ら曰ひ、又「漢語としては既に国語と同じく日常用ふるものは勿論、経書史書諸家百般の読書に必要なる語を網羅したる外、支那現代俗用の語にて日本文化と密なるはこれを洩らさず採録した」とも称し、新村出博士の如きは「広さにおいては世界の一切の辞書を超克してゐる。日本の一切の辞書は及びもつかない」とまで激賞した堂々二十六巻の平凡社「大辞典」は「王道」の語は採録してゐるが、皇道全盛下の時代にも拘はらず「皇道」の語は出してゐない。不思議といへば不思議である。落合直文原著、芳賀矢一博士改修五巻本の「言泉」も亦「王道」のみ出して「皇道」の目は無い。次に、昭和十一年百十版の新村出博士編「辞苑」にも「王道」の語は出てゐるが「皇道」の名は全く影も見えない。その他、手許にあるものとしては金沢庄三郎博士の旧版の「辞林」芳賀矢一博士著大正十五年三十版の「新式辞典」等であるが、いづれも「皇道」の項目は無い。

　これによつて是れを見るに、日本の漢文学者国文学者、辞書編纂者等は、「皇道」の語について殆んど何等特別の研究を試みたことがない、といふことになるのであるが、すくなくとも、大正の末期からは、国体学者のこれに関する研究が、さまざまの機会に提供せられてゐるのを、全然気づかずにゐるか然らずんば無視してゐるといはねばならぬ。かういふ辞書類に誤られて、皇道や王道の語の意味や出処を研究して漫然信ずる人が相当に多いであらうことを思ふと、辞書編纂者の責任も亦極めて大なるものがある。

　「皇道」の語は、支那の制作である。支那に於ては、王道の語を最も多く愛用はしてゐるが、「皇道」の語も稀には使用してをるのであつて、熟語としては、決して、日本で創成した所謂、国字、国語ではない。先づ、梁の武帝の長子にして昭明太子と曰はれた蕭統が上は春秋の末から下は六朝梁時代までの幾多の詩文を集めて三十巻となせる「文選《もんぜん》」を見るに、「漢書」の著者たる後漢の人、班固（孟堅）が、「西都賦《せいとのふ》」の中で「博レ我以二皇道一、弘レ我以二漢京一。」と曰つてをる。この皇道といふのは皇帝の道の意味であり、漢京といふのは長安を指したものである。これは西都の客と東都の主人とが、長安の都について問答する中の一節であるが、その前後を参考の為めに書下しにすると「主人曰ク未シ、願クハ賓、旧ヲ懐フノ蓄念ヲ攄《ノ》ベ古ヲ思フノ幽情ヲ発シ、我ヲ博クスルニ皇道ヲ以テシ我ヲ弘クスルニ漢京ヲ以テセヨト。賓曰ク唯々《ヰヰ》。」といふのである。これは「後漢書」の班固伝にも出てゐるが、六臣の注には「皇道ハ皇王之道ナリ」と明記してある。とにかく、そこに、「皇道」といふ熟語が、帝道、王道、君道、などといふものと同じ意味に用ゐられてゐるのである。この班固は後漢の和帝の永元四年（景行天皇御宇第二十二年皇紀七五二年、西紀九二年）に獄死してゐるから、この人が「皇道」の語を用ゐたのは昭和の現代からはすくなくとも一千八百五十年以上の古である。次に「後漢書」の蔡邕伝に「皇道性融、帝猷顕丕。」といふ用例がある。ゝでは、「皇道」の文字が「帝猷」の語に対して用ゐられてゐて、やはり、王道とか帝道とかいふのと同じ意味であることは歴然としてゐる。

又、同じく「文選」に出てゐるものであるが、晋代の張景陽の「七命八首」の中に「皇道煥炳（昭明）、帝載（帝業）緝熈（安康）」とある。「皇道煥炳として帝載緝熈《ていさいしふき》たり」といふのである。猶又、唐の詩人李華の「即壁記」の中にも「潤二色乎大猷一、発二明乎皇道一」とある。

以上の五例は従来、数人の学者によつて指摘せられてゐるものであるが、猶ほ学者の未だ注意を惹かざるもの、中にも、おそらく、いくばくかの用例を見出し得ることであらう。その一例として、何平叔の「景福殿の賦」中の句を指摘することが出来る。何平叔は魏の明帝の時の人で南陽の産であるが、明帝が許昌に宮殿を造営し、「景福殿」と名付け、人に命じて賦せしめしに、何平叔の賦を得た。その一節に「悠悠玄魚、皠皠《かくかく》白鳥、沈浮翱翔《かうしやう》、楽二我皇道一」とある。念の為め、その前から文章を下書しにすると

爾《シカ》シテ乃チ凌雲（層盤の名）ノ層番（高台を作りその上に盤をおき天上の甘露を受ける）ヲ建テ、虞淵《グエン》（霊沼の名）ノ霊沼ヲ浚《フカ》クシ清露瀼瀼《ジヤウジヤウ》（露の深きさま）トシテ渌《リヨク》水（清水）浩浩（大水の貌）タリ、樹《ウ》ウルニ嘉木ヲ以テシ、植ウルニ芳草ヲ以テシ、悠悠タル玄魚、皠皠《カクカク》（白きさま）タル白鳥、沈浮翱翔《カウシヤウ》シ、我ガ皇道ヲ楽シム。

といふのである。「皇」には「大」といふ意味があるから、この文章に於ける「皇道」は、単に「大道」又は「自

然の大道」といふ意味に解せられないでもない。然し、この賦の最初の書出しを読むと、

大ナル哉惟レ魏、世《ヨヨ》哲聖アリ、武ハ元基ヲ創メ文ハ大命ヲ集《ナ》シ、皆天ニ体シテ制ヲ作シ、時ニ順ッテ政ヲ立ツ。帝皇（明帝）ニ至リテ遂ニ重熙（熙は明）ニシテ累盛ナリ、遠キハ則チ陰陽ノ自然ニ襲《ヨ》リ、近キハ則チ人物ノ至情ニ本ヅキ、上ハ則チ稽古ノ弘道（弘とは大、稽古の弘道とは古聖王の大道、即ち王道、又は皇道の意）ヲ崇ビ、下ハ則チ長世ノ善経ヲ闡《ヒラ》キ、庶事既ニ康ク、天秩孔《ハナハ》ダ明カナリ。

とあつて、明帝の君主としての大道、即ち王道を讃歎してをる。このところを参考し照合して、この「楽我皇道」といふ句を解すれば、それは、単に「自然の大道を楽しむ」といふ意味ではないであらう。即ち、「自然の大道」の意味を含ませつゝ、遥に序言に呼応して、明帝の皇道を楽しみつゝある情景を曰へるものと解すべきだらうと考へる。

「皇道」の語が、いつ頃熟字として制作せられたか確実には知り得ないが、以上の六例により、すくなくも、約二千年近くも古にさかのぼつて支那の文献の中に見出し得られ、しかも其後の文献にも稀ながら、用ゐられてゐる事を正確に知り得るのである。支那学専門の士が更に博く探求したならば、意外の文献も亦続々と現れるであらうことを信ずる。

第二款　王道の語

「王道」の語は、支那に於て最も愛用せられ君主を中心とする道をいひあらはす諸語の中で最も盛用せられたところである。従つて、さまで多く出典を挙ぐるを要しないのであるが参考の為め二三を記せば、第一に「書経」の有名な句を挙げなければならぬ。

偏無ク党無ク王道蕩蕩、党無ク偏無ク王道平々《ベンベン》、反無ク側無ク王道正直（洪範）

といふのがそれである。これが「王道」の語の最初であるが「書経」以後の諸用例の中で古いものは、周代の「管子」に

思索ノ精《クハ》シキ者ハ明益《マス〳〵》衰フ、徳行ノ修マル者ハ、王道狭シ（白心第三十八）

と用ゐてあるのが眼につく。次に孟子は

生ヲ養ヒ死ニ喪シテ憾ナキハ王道ノ始ナリ（梁恵王章句上）

といつてをる。孔子は最も古く王道を説いた人であるが、「王道」の語は用ゐてゐないから茲では論及せぬ。

漢代に入ると淮南子が

古ハ天子ハ一畿（方千里）、諸侯ハ一同（方百里）、各其分ヲ守リテ相侵スコトヲ得ズ、王道ヲ行ハザル者アリ、万民ヲ暴虐シ、地ヲ争ヒ壌ヲ侵シ、政ヲ乱リ禁ヲ犯シ、云々。（淮南子本経訓）

と用ゐ、又

王道欠ケテ詩作《オコ》リ、周室廃シテ礼義壊《クヅ》レテ春秋作ル（淮南子氾論訓）

とも用ゐ、又

儒ニ邪辟ナル者アリ、而モ失王ノ道廃レザルハ何ゾヤ、其ノ之ヲ行フ者多ケレバナリ（淮南子修務訓）

とも用ゐた。次で司馬遷も「史記」に

是ヲ以テ、孔子、王道ヲ明カニセントシ七十余名ヲ干《ヲカ》シタレドモ能ク用フルモノ莫シ（史記十二諸侯年表第二）

或は又

王道備ハリ人事浹《アマネ》シ（同上）、その他、吾レ公ニ説クニ王道ヲ以テセリ（商君列伝第八）

などと用ゐてある。又、ほゞ同時代の「賈誼新書」にも

秦王、貪鄙《タンピ》ノ心ヲ懐キ、自奮ノ智ヲ行ヒテ功臣ヲ信ゼズ、士民ヲ親シマズ、王道ヲ廃シテ私愛ヲ立テ、文書ヲ

焚キテ刑法ヲ酷ニシ、詐力ヲ先ニシテ仁義ヲ後ニシ、暴虐ヲ以テ天下ノ始ト為ス（賈誼新書過秦中）

と用ゐ、秦の始皇の王道を破壊せるをいつてゐる。更に、漢代の終りには、劉向も亦

是ノ故ニ人ヲ知ル者ハ王道タリ、事ヲ知ル者ハ臣道タリ、王道ハ人ヲ知リ、臣道ハ事ヲ知リ、旧法ヲ乱ルコト毋クシテ天下治ル（「説苑」君道）

と用ゐた。要するに王道の思想や、王道の語の制作は極めて古くから存在したのであるが、「王道」といふ熟語が盛用せられ出したのは、漢代以後の事と見なければならぬ。

第三款　帝道・君道其他の語

帝の字は、君主の称号として最も支那人が愛好したところであつて、「帝道」の語は極めてすくないが「荘子」の中に例がある。荘子は実在の人物か否か論議の存するところであるが、実在者とすれば、梁の恵王や斉の宣王と同時代、従つて孟子とも同時代の人である。然し、仮りに実在の人物でないといふ説に従つても、「荘子」三十三篇が老子の説に本づいてゐることと、戦国末期の「荀子」の解蔽篇に荘子の説を引いてゐるから、荀子の時には既に「荘子」といふ書物の存在してゐたことは確実である。その「荘子」の天道第十三に

天道運《メグ》ツテ而シテ積ム所無シ、故ニ万物成ル。帝道運ツテ而シテ積ム所無シ、故ニ天下帰ス。聖道運ツテ而シテ積ム所無シ、故ニ海内服ス。天ニ明カニ、聖ニ通ジ、帝王ノ徳ニ六通四辟（辟は開又は闢と同じひらくなり）スル者其レ自ラ為ス也

と言つてをる。即ち、天道、聖道等の語と対比して「帝道」の熟語を用ゐてゐるのである。次に、漢代に入つてからは、洛陽の人、賈誼が

則チ帝道還《マ》タ明ニシテ而シテ臣ノ心還《マ》タ正シク、法立チテ而シテ犯サレズ、令行ハレテ而シテ逆ハズ云々（賈

誼新書巻二、五美）

と用ゐ、又、司馬遷の「史記」にも次のように見える。

吾レ公ニ説クニ帝道ヲ以テセリ、其志開悟セズ（商君列伝第八）

「君道」の語も古くから、そして後世まで甚だ多く愛用せられてゐるが、「管子」及び「晏子」に

自ラ以テ貴バルベキ所ト為サザルハ君道ナリ（乗馬第五）

人ヲ悪ムモ疏《ウト》ンズルコト能ハズンバ、君道ヲ失セン（晏子春秋内篇諫上一）

と出で、孟子に到つては「君タラント欲シテ君道ヲ尽ス」といひ、荀子には「道トハ何ゾヤ君道ヲ曰フ也」（君道篇）と用ゐられ、「君道」を題目として論述してゐる。又、や、後れて賈誼にも「国ニ君トシ民ヲ子トスル者ハ、反ッテ之ヲ己レニ求メテ君道備ハル」（賈誼新書巻七君道）と出てゐる。

このほかなほ、皇道、王道、帝道、君などとほゞ同様の意味を表はしたものに左の如きものがある。

(1)帝王之道（列子、陸賈新語、文選等）、(2)皇王之道（文選注）、(3)百王之道（管子荀子等）、(4)天下之大道（孟子）、(5)君子之大道（孟子）、(6)主道（管子、荀子、韓非子等）、(7)天道（管子、荘子、淮南子等）、(8)人主之道（韓非子）、(9)三王之道（史記大史公自序、白虎通等）、(10)二帝三王之道（書経集伝序）、(11)君臣之道（管子）、(12)先王之道（孟子、荀子等）、(13)王之道（荀子）、(14)三代之道（淮南子）、(15)人君之道（管子）、(16)国之道（管子）。

勿論、まだ細かに探せば類似の表現が此等のほかにもある事と思ふが、要するに、支那で最も古くから、そして満洲国の時代に到るまで、一貫して最も多く愛用、重用せられたのは「王道」の語で、皇道、帝道の例は共に極めてすくなく、その他の表現の中には、一般にしば〳〵用ゐられたもの、例へば「君道」の如き語もあるが、「王道」の語の盛用せられたに比すればいふに足りないのである。

猶ほ、後に述べるやうに、仏教では、「王道」の語も稀には用ゐるが主として「王法」といふ表現を使ふに反し、

支那思想に於ては、「王道」を主用し、稀に「王法」といふ文字を用ゐてゐる。「史記」の日者伝に「公奉ヲ受ケ私利ヲ事トシ王法ヲ枉ゲ農民ヲ猟《アサ》リ、官ヲ以テ威ト為シ法ヲ以テ機ト為シ利ヲ求メテ逆暴ナリ」といふが如きはその一例である。史記には、猶ほ「史記ニ因リ春秋ヲ作リ以テ王法ニ当ツ、其辞微ニシテ指《ムネ》博シ」（儒林列伝）とも見える。後漢の人、王符の著「潜夫論」にも「率土ノ民王臣ニ非ザル莫シ、将シテ必ス誅ス、王法ハ公也、偏無ク頗無ク親疎同ジキ也、大義親ヲ滅スルハ尊王ノ義也」（釈難）とあるし、「漢書」の儒林伝にも「成二一王ノ法一」といふ語が出てゐる。これは「先王之道」についても同じで、孟子は、「先王之道」とも用ゐたが又「先王之法」ともいつてゐる。其他にも、「王法」の語は稀に諸書に散見してゐるが、大体、「王道」といふを、時に「王法」といひかへてゐるものと思はれるが、一概にはいへず、やゝ異る意味に用ゐたものもある。

又、「王道」といふのを「王之道」並びに「王之路」と書き変へてゐる例が「王道」の語の最古の出典たる「書経」洪範に見えてゐるが、「王之路」といふは「韓非子」の有度にも用ゐてある。又、「史記」の儒林列伝には、「之」の字を省いて、「王路廃レテ邪道興ルヲ閔《カナ》シム」と「王路」と記してをる。広漠たる漢籍のことであるから、一々精細に調査すれば、まだ意外な用字語例がすくなくはないであらう。

第三項　皇・帝・王の異同

第一款　皇字・王字・帝字の異同

第一目　序　説

支那で君長、君主を意味する文字が十四種類あり、その一々の文字学的研究は、上来ほゞその要を尽したと思ふが、然も、これらの中の最も重要な意義を帯びるものとして、今日迄、ひろく、又、正式に用ゐられてゐるものは皇・帝・王の三字である。しかるに、この三字は、それぞれ字形を異にしてゐる上に、使用上に幾多の沿革があり、長き沿革を通して、人々の感情が移染してゐる為め、自然そこに、甲乙上下の階級的優劣の感をも伴つて、使用上に種々差等を生ぜしめた。茲に於て、我国一部の人士の如く、王字、帝字を斥け嫌うて、皇字を賞揚するやうな態度を生じ、それが又、君主国にして且つ漢字国たる満洲国民に種々微妙なる影響を与へる結果ともなり、仲々に、単なる文字いぢりとも曰へないことになつた。日本の漢学者や国文学者等、文字に最も深き関係を有する学者の中にさへ「皇道」の語を、日本制の熟語だと思つてゐる人さへあるのだから、一般人が、皇王帝の感情的差別を、感情的差別と心づかないのも無理ではないが、何といふも、漢字は支那で発明せられた文字なのであるから、日本に於ける種々なる変化、殊に使用上の沿革は認めるにしても先づ一応、支那の用例用法を明究してからの事でなければならぬ。今、茲には、主として、皇・帝・王の三字に限定するが、この問題には惟ふに、文字の本義に関するものと、制度的又は慣習的用法に関するものとが含まれてゐるやうである。前者は、皇なり帝なり王なりが、本来如何なる意義を有し、又この本義の線に沿うて如何に用ゐられたか、といふ問題であるに反し、後者は、皇・帝・王等の文字が、制度的に又慣習的に、いかに用ゐられたか、といふ使用の変化、沿革上の問題である。両者は、同時に交錯してゐることもあれば、区別が明瞭になつてゐることもある。この二観点を、あらかじめ心に準備しておかずに皇王帝の異同を論ずる事は、羅針盤なしに船を推進せしめるやうなものである。

第二目　制字沿革上に於ける三字の異義と実質的同義

皇・帝・王の三字は、ひとしく君主たる者を指す文字であるが、文字の形体を異にしてゐる。文字の形体を異にしてゐる以上、そこに、何等かの意味の差異が存することは、言ふまでもない。然し、この形体の相異に伴ふ意味の相異といふものは、制字即ち造字の沿革と無関係には考へらるべきであるまい。古字はしばらく別とし、現在我々の用ゐてゐる文字としての皇王帝の三字中では制字の次第からいへば、おそらく、帝字が最も古く、王字之れに次ぎ、皇字は王字の造られた後に出来たものであらうが、元来、帝字は既に見て来たやうにその古文の形体から考へて、原始時代の人君の最大主要の職務たりし祭祀を象つたものであつて、支那祭天の古信仰に基く文字である。同時に、それは祭天の古民俗に拠れる文字だといひ得るわけである。支那上代の史料を一覧するに、「詩経」に禹を、「書経」に堯舜を、而して「易経」に到つて包犧氏、神農氏、黄帝、堯舜をあげてはゐるが、未だ三皇五帝の名を見ない。帝字は用ゐても、皇字を称号に用ゐてはゐない。周代の法典を集めたる「周礼」（周官ともいふ）に到つて、「外史」に「掌三皇五帝之書」と見えるが、その何人たるかは明記せず、「史記」の秦本紀に来つて、始めて、天皇、地皇、泰皇（又は人皇）といふ名を出してをる。而して五帝の目は、「周礼」や「楚辞」に見えるが未だその一々の名をあげず、「呂氏春秋」などに到つて漸く五方神に配しはじめたものであらう。いづれにしても、「史記」以前に確実なものはない。然るに「史記」は元来、「五帝」より始めて「三皇」を省いたのであるが、唐の司馬貞によつて補はれるに及んで現形を見るに到つたものである。かく「史記」がこの三皇を省いたといふことは、三皇を全く荒唐な俗伝と思考した為にほかならぬ。現今の学者は、五帝説を以て三皇説よりも古きものとする見解に於てほぼ一致してをるのであるが、試みに、「列子」を開いて見れば左の如き文がある。

楊朱曰ク、太古ノ事ハ滅セリ。孰《タレ》カ之ヲ誌《シル》サンヤ。三皇ノ事ハ、存セルガ若《ゴト》ク亡キガ若《ゴト》ク、五帝ノ事ハ、覚メタルガ若ク夢ミルガ若ク、三王ノ事ハ、或ハ隠レ或ハ顕ハレ、億ニ一ヲモ識ラズ（楊朱第七）

と。三皇五帝はその名すら諸書によりて区々一定せず、比較的歴史性の顕著なる三王にして猶ほ「或陰或顕億不識一」なりとすれば、五帝が「若覚若夢」なるは自然といふべく、況や、三皇に到つては「若存若亡」なること理の当然といはねばならぬ。然しそれは列子の如き、後代の、比較的に科学的思想に富める学者の史論であつて、邈々たる太古の人類の感情ではない。おそらく、近代の史家のいふ通り、いつの頃からかまづ五帝の存在が種々の形であらはれ始め、次第に「五帝」として固形し来るや、「帝」の古字を用ゐ、或は皇字等を用ゐて、堯舜なり、原始部落の君長なりを表し、伝してゐたのであらうが、それらのもの、特に、「五帝」といふ一定の形式が確立してくると、更に一層古い、権威的起源を求めたくなるは、おそらく古代人の心理であつたらう。かうした傾向は、ひとり支那のみならず、その他の神話、古史話の中にも多く見受けるところである。かうして、かの「史記」三皇本紀に伝へられてゐるやうな「蛇身人首ニシテ聖徳アリ」といふ風なものが考へ出され、これに種々の神変的、聖徳的皮肉がつけられるに及んで、五帝よりも古き君主としての伝説的位地が漸次に定まり固められたものであつて、つひに、従来の所伝の「帝」と区別してその古きことを曰はんが為め、既に制作せられてゐた王字に、古形の皇とを照合して、「皇」の字を作り、三皇として五帝の前に置いたものであらう。「賈誼新書」によると「古ノ正義ハ、東西南北、苟シクモ舟車ノ達スル所、人迹ノ至ル所、率服セザルハ莫ク、而シテ後ニ天子ト云フ、徳厚ク沢湛《フカ》ク、而シテ後ニ帝ト称ス。又、美ヲ加ヘテ而シテ後ニ皇ト称ス」（威不信）といふ見解もあるから参考とすべきである。「皇」と「帝」とは、制作上、かくの如き沿革的関係を以て異る形体をとりつゝ、ひとしく君主を指す文字とされたものと思ふ。之れに反し、王字は、君主に対する政治哲学的意義の把握が十分に発達したる頃、従来の古字たる帝、皇にあきたらず、古来の祭天の信仰、民俗を継承しながら更に周到なる意味を具足したものとして新しき自覚の上にあらはれた文字である。即ち、制字の沿革から観て、三字は各々その象り表はすところを若干異にしてゐるのである。この意味で、王は王、皇は皇、帝は帝であるのはいふ迄もない。

然るに、帝字には既に古くから君主を指す最善の文字として支那の代表的理想の君主を、堯帝、舜帝等と、「帝」と号し来つた歴史的沿革がある。又、皇字は王字よりは後に出来た文字でありながら、五帝以前といはれる三皇に用ゐられ、然も漸次、三皇五帝なるものが、正史的事実の如くひろく取扱はれるに到つた。そこで、皇字と帝字とは支那の君主の称号としては、最も権威ある最好の文字と考へられるやうになり、然も、「皇帝」なる二字合熟の称号が現れてからは、皇、帝は、称号的には、王字よりも一層上位のものとして扱はれる事となつたのである。即ち、王字は、文字としては帝字に勝り、又、皇字の基礎又は本字なのであるが、制作された歴史が新しい。実質的には勝れてゐても、君主の称号として使用された歴史がない。茲に於てこの歴史的事情が、制度的、慣習的には、何となしに、帝字、皇字を、王字以上のものらしく思はしめたのである。故に、君主の称号としては、帝、皇が、王より上位のものたるかの如く用ゐられるといふ現象を呈したにも拘らず、「其身天下に臨む」といふやうな場合、又、君主たる者の至高の道を名詞にする場合には、その内容を最も簡明に表現すべく実質的意義に従ひ「王タリ」とか「王道」とか用ゐる事が絶対的に多く、「皇タリ」「帝タリ」「帝道」「皇道」とかいふ表現が極めてすくないのであらう。

以上により、制字の沿革上、三字がそれぞれ若干の異義を包蔵すること、従つて、君主の称号としての甲乙が存し乍ら、実質的には悉く、王字の意義によつて区別を払拭され意味の統一をされてゐる事が明かになつた。

第三目　皇・王・帝を同義とせる用例

(イ)　皇・王を同義に使用せる例

「詩」の大雅に「皇王是辟《きみ》」と、皇王を同義に用ゐた例は、既に掲げたところであるが、「史記」三皇本紀に「天地初メテ立ツヤ天皇氏有り、十二頭（十二人也）、澹泊ニシテ施為スル所無クシテ俗自ラ化ス、木徳ノ王タリ。」といひ、その少しく後のところに「然ラバ則チ無懐ノ前、天皇已後、年紀悠邈ニシテ、皇王何レカ昇リテ告ゲタルカ、但ダ古書亡ビタレバ備《ツブサ》ニ論ズ可カラズ、豈ニ帝王無シト謂フコトヲ得ンヤ。」とある。これらは、いづれも制度的又は慣習的区別を立てず、皇も王も共にいはゆるキミ即ち君主たることを表はす文字として同一に取扱へるものである。三皇は制度的、沿革的名称としては、三皇であつて三王でも三帝でもない。若し、この場合に三皇と称せず、三帝又は三王と記しても人はその意味を正解することは出来まい。故に、名称としては飽く迄「三皇」であつて、三君、三帝、三王、三辟などとは用ゐられないのである。三皇とか五帝とかいふときには、その皇も帝も殆んど固有名詞にちかい特定の称号となつてゐるものであるから、その名を指す時には三皇でなければならぬから、「史記」も、是れを「三皇」と書いたのであるが、然も、その「皇」たる三皇の性徳を論ずるに及んでは「木徳ノ皇タリ」といはず「木徳ノ王タリ」といへるは、「皇王是辟」で文字の本義上、又、皇又は王たるの本質上同一なるが故に、皇を王といつたのである。「皇王何レカ昇リ告ゲタルカ」に到つては、二字を合して一者を表現せるもので、両字の間に何等、文字の本義上の、及び、王たり皇たる者の本質上の差異を認めてゐないのである。かういふ例は又「易経」にも見られるところであつて、

古《イニシヘ》、包犠氏ノ天下ニ王タルヤ、仰イデハ則チ象ヲ天ニ観、俯シテハ則チ法ヲ地ニ観、鳥獣ノ文ト地ノ宜シキトヲ観、近クハ諸《コレ》ヲ身ニ取リ遠クハ諸ヲ物ニ取ル（繋辞下伝）

といふ。包犠氏とは、伏羲氏にも作り、所謂三皇の一人で、犠皇といふもの、これを「王タリ」といふは、即ち皇即王の観念である。かういふ用法は、「詩経」などにも多く見られるが、「仮《オホ》イナル哉皇考、予《ワレ》孝子ヲ綏《ヤス》ンゼン」（周頌臣工）といふ皇考とは、武王が文王を指した文字である。周の文王は、明君としてその名後世に高き君主であるが「文王」であつて「文皇」でない。然し、之れを「皇考」といつてをる。又「閔《ヤマ》シイカナ予《ワレ》小子、家ノ造《ナ》ラザルニ遭ヒ、嬛嬛《ケイケイ》トシテ疚《ヤマ》シキニ在リ、於乎《アア》皇考、永世ニ克ク孝アリ、茲ノ皇祖ヲ念フ、陟降《チヨク》、庭《ナホカ》リキ、維レ予小子、於乎《アア》皇王、序ヲ継ガンコト思ウテ忘レズ」（周頌閔予小子）ともあつて、小子といふは成王であるが皇考は武王、皇祖は文王を指したもの、皇王は文王武王を併せ指したものである。更に、次の詩を見るべきである。曰く、

万邦ヲ綏《ヤス》ンジ屡《シバ〳〵》豊年ナリ、天命解《ヲコタ》ラズ、桓桓タル武王、厥《ソ》ノ士ヲ保《ヤスン》ジ有ツ、于《ココ》ニ四方ニ以《モチ》ヒテ、克ク厥ノ家ヲ定メタリ、於《アア》、天ニ昭カニシテ、皇トシ、以テ之レニ間《カハ》レリ（周頌閔予小子）

明かに、武王を称して「皇《きみ》」と呼んでゐる。皇と王とが同義に用ゐられてゐることは、これらの文献によつて動かし難いところである。

(ロ) 帝・皇を同義に使用せる例

「詩経」周頌に「上帝是皇」と用ゐてある。この「皇」は「キミ」の意味であるから、帝即皇といふ用法が極めて明白に示されてゐるといつてよい。又「文選」に載せてある左太沖の「蜀都の賦」を見るに

　九土ノ星分ニハ万国錯《マジハ》リ跱《タ》チ、崤《カウ》函（崤函と函谷関と、両関共に西京長安の近くにある）ニハ帝皇ノ宅アリ、河洛（黄河と洛水と、共に東京洛陽の近くにある）ハ王者ノ里タリ。

といふ用ゐ方がある。即ち、九州の分野には万国相錯《まじは》り存し、長安洛陽は古来王者の都せるところ、といふ意であるが、「帝皇ノ宅」といひ「王者ノ里」というて、はからずも、帝、皇、王三字の同義を示してゐる。猶ほ、文王等を皇考皇祖と称したると同趣のものを出せば「書経」五子之歌に、「皇祖訓アリ、民ハ近ヅク可ク下ス可カラズ、民ハ惟レ邦ノ本ナリ云々」といふ皇祖は、禹帝を指せるもので、禹は称呼上、帝と定まつてゐて王でも皇でもないが、之れを皇祖といふは、帝・皇の同義なるによるのである。

　秦の始皇以前にあつては、皇とか、帝とかいふ文字は、称号としては各一字づゝ、独立して用ゐられてゐたが、始皇の代に及んで、皇字と帝字とを合著して、皇帝の称を用ゐることとなつた。「史記」によれば、始皇の臣は彼に献策して、「古、天皇有リ、地皇有リ、泰皇有リ、泰皇最モ貴シ、臣等昧《マイ》死（昧は冒と同義死罪を犯すの意）シテ尊号ヲ上《タテマツ》リ、王ヲ泰皇ト為シ、命ヲ制ト為シ、令ヲ詔ト為シ、天子自《ミ》ラ称シテ朕ト曰ハン」と曰つたところ、始皇は「泰ヲ去リ皇ヲ著ケ上古ノ帝位ノ号ヲ采《ト》リ号シテ皇帝ト曰ハン、他ハ議ノ如クセン」と裁決した、といふのである。かくして、「皇帝」の号は制せられたのであるが、これ、皇と帝とを、文字の本義上同一のものとするに由るのであつて、然らずんば、帝の上に皇を付するも、皇の下に帝を付するも矛盾といはなければなるまい。

(八)　王・帝を同義に使用せる例

孔子の「春秋左氏伝」僖公二十五年の条を見ると「周礼未レ改、今之王ハ古ノ帝也」とある。これは、文字の用法に関して、王即帝といつたものではなく、周室の徳衰へたりと雖も、其の命は未だ改まつてゐない、今の主君は、制度上「王」と称してはゐるが、おのづから古の「帝」に相当する、といふことを述べたものであるから、この文には極めて含蓄深きものがある。即ち、制度上、沿革上、王と帝との用法の差異が生じた時に於ても、まことの王は即ち古の帝即ち真正の君主たるものであつて、晋の如き成りあがりの君主とはわけがちがふ、といふ意味をいへるものであるから、この場合は、「帝」にも「王」にも、まことの君主、有道の君、といふ意味を認め、文字の本義、乃至、真正なる君主そのものの本質上の同一性を認めたものである。「管子」を開くと「黄帝ノ王タルヤ、山ヲ童《ハゲ》ニシ沢ヲ竭シ、有虞（帝舜）ノ王タルヤ、曽藪《ソウソウ》ヲ焼キ群害ヲ斬リ、以テ民ノ利ヲ為シ、土ヲ封ジテ社ト為シ、木ヲ置《タ》テテ閭（里門）ト為シ、始メテ民、礼ヲ知ル」（軽重戊《ぼう》第八十四）とある。「黄帝」といふのは「陶唐」即ち堯帝の誤りであるが、かく、堯帝や、舜帝に対して、「王タリ」といふは、帝王同義なるによる。されば古の帝を、王といへるものは文献上、極めて豊富であつて、「楚辞」の後語に「聖王堯舜」といひ、又、「子華子」にも「堯舜三代ノ王タルヤ、意《ココロ》王タルニ無クシテ天下治マル」（問仕）といふ例があるし、「呂氏《りょし》春秋」の仲冬紀当務には「六王五伯」の語があり、六王とは堯舜禹湯文武をいふのである。少しく後世、といつても南宋時代の「宣和遺事」の如き文学的作品にも堯王、舜王、禹王、湯王、といふ風に、帝を王と称してゐる（前集上）。故に、恰も皇と帝或は皇と王との場合の如く、帝と王とを合熟して「帝王」の語を成すのであつて、「戦国策」の「身立而為二帝王一」や、前漢末の楊子雲の「帝王始存」（文選）や、唐代の詩人杜甫の「詞感二帝王之尊一」などといふは皆その例であるが、漢初の陸賈はその「新語」の中で「帝王」、「帝王之道」等の語をしば〳〵用ゐてゐるが、その一に「湯ハ七十里ノ封ヲ以テ帝王ノ位ニ升リ、周公ハ三公ノ官ヲ以テ徳ヲ五帝ニ比ス」と曰つてゐる。これは、湯一人を指して「帝王」といへる好き例である。所詮、かゝる見地に立てば、帝、皇、王は、もとより、天にせよ、上にせよ、君にせよ、君主を指せるものなる点で、字形の相異や制字の沿革上の事情などを超越するのであつて、前漢の賈誼の如きは実に明快に「王トハ天子ナリ」（「賈誼新書」匈奴）と喝破してゐるし、又、「史記」には、王に天を冠し「天王トハ乃チ天子ナリ」（孝文本義）とも使つてをる。王は皇以下であるとか、又は帝以下であるとかいふ風な区別は、制度的議論であつて、本質的な区別ではないことが、これを以てするも明白であらう。制度的区別からいへば、天子は皇、帝、又は皇帝であるべきだが、それは飽く迄、制度沿革上のことであることを無視すべきではない。

第四目　皇・王・帝を別義とせる用例

(イ)「書経」洪範の例

「書経」の洪範に「皇、極之敷言、是彝《イ》是訓、于レ帝其訓」とある。これは、「皇《キミ》、極ノ敷言ヲ、是レ彝トシ、是レ訓トセバ、帝ニ于《オイ》テ其レ訓《シタガ》ハン」と訓むのであるが、こゝに「皇」といふは、訓じて「きみ」と為すべきで、君主を指すのであるが、「帝」の方は、「上帝」即ち天帝を指してをる。従つて一往、皇と帝とは各々指すところを異にしてはゐるが、これは、「極」即ちその少し前に説いてをる「皇極」が、人の道であると共に又天の道たることをいへるものであるから、再往の義に於ては、皇と帝との同義をいへるものと観なければならぬ。然も「書経」は、上引の文につゞけて、「凡ソ厥ノ庶民、極ノ敷言ニ是レ訓ヒ是レ行ハバ以テ天子ノ光ニ近ヅカン」といひ、更に結釈して「天子ハ民ノ父母ト作リ、以テ天下ノ王ト為ル。」といつてゐる。然らばこれ、皇が天帝の子、即ち天子たると共に又実に、天下の王たる者であることをいへるものに非ずして何ぞ。されば、尚書は、「皇」と「帝」とに就て、一往区別しつゝ、再往は、皇、帝、王の三字を同義に使用してゐるものといはねばならぬ。

(ロ) 「管子」の皇・帝・王・覇の区別

皇、帝、王の三字を明白に区別的に用ゐた最古の者は恐らく管子であらう。「管子」の兵法第十七に「一ヲ明カニスル者ハ皇タリ、道ヲ察スル者ハ帝タリ、徳ニ通ズル者ハ王タリ、謀得《ハカリゴトエ》、兵勝ツ者ハ覇タリ」とあるのがそれである。即ち、管子は、伝説に従ひ、君主の発生の古さ、及びその変遷沿革の順に、皇帝王覇と次第に挙げてゐるのであるから、必ずしも皇、帝、王等の文字本来の意義を明かにしてゐるものではない。いはば、歴史的、沿革的、制度的観点に立つて、むしろ、称号的意味に用ゐての区別と観るべきであらう。即ち、支那の歴史上、皇の称号を冠せられた者、乃至覇の称号を与へられた者等四者の比較区別であつて、文字の本義上、又は一般に君主たる者の上に、皇帝王覇の区別ありとなすものではあるまい。「一ヲ明カニス」の「一」とは、天地未分の時の一元気であつて、万物発生の大本、陰陽の根本といふほどの意味であり、これを明にする者が「皇」であり、次に、以上の状態から進化して、陰陽既に分れて道を為せる段階に現れてこれを察するのが「帝」であり、而して、更に、この道を体得して徳を為す者が「王」であるといふ、皇帝王の区別は、発生区別論であつて毫も本質区別論ではない。殊に、この区別は、「謀ヲ得、兵勝ツ者ハ覇タリ」といふ次に、「故ニ夫《カ》ノ兵ハ備道至徳ニ非ズト雖モ、然モ王ヲ輔ケ覇ヲ成ス所以ナリ、今代ノ兵ヲ用フル者ハ然ラズ、兵権ヲ知ラザル者ナリ」とあるを見る時、覇者をして真の君主の道に帰せしめんが為めに、覇と区別して、古、既に皇あり帝あり、又王ある所以を示したものと見なければならぬ。故に、かういふ区別は、支那の伝説や歴史上の沿革を基とした便宜的、教訓的区別であつて、厳正に、皇と帝と王との本質を区別し得たものとはいはれない。猶ほ、「管子」の中には「為ス無キ者ハ帝、為シテ而モ為スヲ以《モチ》フルコト無キ者ハ王」（乗馬）「賢ヲ尊ビ徳ニ授クルトキハ帝タリ、仁ヲ身ニシ義ヲ行ヒ、忠ヲ服シ信ヲ用フルトキハ王タリ」（幻官）、「情ヲ以テ伐ツ者ハ帝タリ、事ヲ以テ伐ツ者ハ王タリ」（禁蔵）などといふ文があり帝と王とを区別してゐるが、いづれも主観的区別、又は文章の言ひ回しに過ぎない。

(八)「淮南子」の帝・王・覇・君の区別

「淮南子」の本経訓に次の一節がある。「帝ハ太一ヲ体シ、王ハ陰陽ニ法リ、覇ハ四時ニ則リ、君ハ六律《リクリツ》ヲ用フ」。六律といふのは六律六呂(注4)の六律で、この文の少し前に、「雷霆ノ声モ鼓鐘ヲ以テ写ス可キナリ、風雨ノ変モ音律ヲ以テ知ル可キナリ」とあるに依つても知られる通り、音律の意味であるが、右の文意は、直接、「淮南子」に説明して貰はう。

(1)太一ヲ秉《ト》ル者ハ天地ヲ牢籠シ、山川ヲ弾圧シ、陰陽ヲ含吐シ、四時ヲ伸成シ、八極ヲ紀綱シ、六合ヲ経緯シ、覆露照導シ、普氾ニシテ私ナク、蠉飛蠕動《ケンピゼンドウ》(禽獣)モ徳ヲ仰ギテ生ゼザルハ莫シ。陰陽ハ天地ノ和ヲ承ケ、万殊ノ体ヲ形シ、気ヲ含ミ物ヲ化シ、以テ埒類《レツルイ》(品類)ヲ成シ、贏《エイ》縮巻《ケン》舒(長短屈伸)シテ不測ニ淪《シヅ》ミ、終始虚満シテ無原ニ転ズ。四時ハ春生ジ夏長ジ、秋収メ冬蔵シ、取予節アリ、出入時アリ、開闔《カフ》張歙《キフ》(開閉伸縮)、其ノ叙ヲ失ハズ、喜怒剛柔、其ノ理ヲ離レズ。六律ハ、生ト殺ト、賞ト罰ト、与ト奪ト、此ニ非ザレバ道ナキナリ、故ニ権衡準縄ヲ謹ミ、軽重ヲ審カニシテ、以テ其ノ境内ヲ治ムルニ足ル。是ノ故ニ太一ヲ体スル者ハ、天地ノ情ニ明カニ、道徳ノ倫(直也)ニ通ジ、聡明ハ日月ヨリモ燿キ、精神ハ万物ニ通ジ、動静ハ陰陽ニ調《カナ》ヒ、喜怒ハ四時ニ和シ、徳沢ハ方外ニ施《オヨ》ビ、名声ハ後世ニ伝ハル。

(2)陰陽ニ法《ノット》ル者ハ、徳、天地ト参《マジハ》リ、明、日月ト並ビ、精、鬼神ト総《ア》ヒ、円ヲ戴キ方ヲ履ミ、表(正也)ヲ抱キ縄(直也)ヲ懐《イダ》キ、内ハ能ク身ヲ修メ、外ハ能ク人ヲ得、号ヲ発シ令ヲ施シ、天下風ニ従ハザルハ莫シ。

(3)四時ニ則ル者ハ、柔ナレドモ脆カラズ、剛ナレドモ鞼《クジ》ケズ、寛ナレドモ肆《ホシイママ》ナラズ、粛ナレドモ悖ラズ、優柔委従シテ、以テ群類ヲ養ヒ、其ノ徳ハ愚ヲ含ミ不肖ヲ容レ、私ニ愛スル所無シ。

(4)六律ヲ用フル者ハ、乱ヲ伐チ暴ヲ禁ジ、賢ヲ進メテ不肖ヲ廃シ、撥（曲レルモノ）ヲ扶ケテ以テ正トナシ、険ヲ壊《ヤブ》リテ以テ平トナシ、枉（曲レルモノ）ヲ矯メテ以テ直トナシ、禁舍（禁ずると許すと）開閉ノ道ニ明カニ、時ニ乗ジ勢ニ因リ、以テ人心ヲ服役ス。

以上が、その説明であるが、淮南子は更にこの四者の、「分」は各々その体に基くが故に、貴賤その体を失はず、大は大を、小は小を行ふべしとて、

帝者、陰陽ヲ体スレバ則チ侵サレ、王者、四時ニ則レバ則チ削ラレ、覇者、六律ヲ節スレバ則チ辱メラレ、君者、準縄ヲ失へバ則チ廃セラル。故ニ、小ニシテ大ヲ行へバ則チ滔窕《タウテウ》（散漫）ニシテ親シマレズ、大ニシテ小ヲ行へバ則チ陋隘《ケフアイ》ニシテ容レズ、貴賤、其ノ体ヲ失ハズシテ天下治マル。

といつてゐる。而して、後の「兵略訓」を見ると、更に、帝と王とを比較して

廟戦（廟は廟堂。即ち計略を以て勝つ也）スル者ハ帝タリ、神化（神のわざを行ふ）スル者ハ王タリ、所謂廟戦トハ天道ニ法ル也、神化トハ四時ニ法ル也。

と区別して説いてをる。然し、かういふ区別は、淮南子その人の一家言として、彼の独自の帝王哲学としては意味もあることであらうし、又、さういふ思想の種々相を史的に見る場合の思想史的材料としては見逃すことの出来ぬものであらうが、極端に批評すれば、淮南子の思想的自己陶酔であつて、必ずしも、客観的に、帝と王、乃至、覇と君とを区別したものとはいひ難い。即ち、いはゞ単にさういふ観方をするものもある、といふ一材料となるだけのことであつて、何故に帝は太一を体する者であり、而して、何故に太一を体すれば帝なるか、又、何故に王は陰陽に法る者であり、而して陰陽に法らば何故に王なるか、等、さういふことが明確にせられてゐない限り、何等客観的に帝・王・覇・君の区別を為し得たりといふことは出来ぬ。故に、吾人は支那の有名なる古典としての淮南子に敬意を表して、その説を紹介はしたものの、そこには、彼の随自意的形而上学、神学としての帝と王との区別論

に接し得たけれども、実は、その思想は高きが如くして漠然、深きが如くして模糊、字句必ずしも難解ならざれど、要するに、客観的差異極めて不明瞭曖昧である、といふに帰するやうである。

(二)　邵康節の皇・帝・王・覇の区別

邵康節（邵雍）は宋の人であるが、その著「皇極経世書」に於て、皇帝王覇の区別を為し且つ之れを強調してをる。これは、皇字、帝字、王字、覇字の文字的本義の研究といふよりは、例によつて、これらの文字の慣習的用法、沿革的用法に基き、特に、三皇、五帝、三王、五覇の比較といふべきである。それは、彼がその哲学の大綱を叙した「観物篇」の中に、

観㆑春知㆓易所㆒㆑存乎　易者三皇之事業也
三皇之時如㆑春
観㆑夏知㆓書所㆒㆑存乎　書者帝之事業也
五帝之時如㆑夏
観㆑秋知㆓詩所㆒㆑存乎　詩者三王之事業也
三王之時如㆑秋
観㆑冬知㆓春秋所㆒㆑存乎　春秋者五覇之事業也
五覇之時如㆑冬

とて、易、書、詩、春秋を三皇、五帝、三王、五覇に配し、春夏秋冬をこの四者に比してゐるのを以て知られる。故に、邵康節は、彼の一種独特の哲学と及び支那の信仰的伝説及び歴史に基く史観によつて、三皇、五帝、三王、五覇の区別を為せるものであつて、単に、皇・帝・王・覇の区別を試みたものとはいひ得ないのである。つまり、厳正に

文字の意義を判別したのではなく、支那の歴史的事情と慣習的用法とによつて区別したものと見なければならぬ。邵康節に従へば、三皇は意を修め、五帝は言を修め、三王は象を修め、五覇は数を修め、といふ風に一々区別され、皇は「道ヲ以テ天下ヲ化スル者」、帝は「徳ヲ以テ民ヲ教フル者」、王は「功ヲ以テ民ヲ勧ムル者」、覇は「力ヲ以テ民ヲ率フル者」と為したのである。かくして、彼は、皇帝王につきその果報の相異あるを考へ、それを、道、徳、功の原因によつて説明する。即ちまづ「皇」については

皇者以テレ道ヲ化スレ民ヲ。道能久シ。故ニ其事業ハ可三シ以テ至ル二于千世一

といひ、第二に「帝」については

者以レ徳ヲ教フレ民ヲ。以テレ徳ヲ教フルレ民ヲ者ハ、得二其心漸一レ民ヲ也。故其事業可三以至二于百世一。

といひ、第三に「王」について

王者以テレ功ヲ及スレ民二。以テレ功ヲ及スレ民二者ハ、其効遠シ。故ニ其事業可三シ以テ至ル二于十世一

といふのである。即ち、皇は道を以て民を化する者であるが、道は不滅なものであるから、皇業は千世に伝ふべく、帝は徳を以て民を教へる者であるが、徳教は民を感化し得るものであるから、帝業は百世に伝ふべく、而して王は能く民を利する正しき功を及ぼす者であるが、功利を民に与へればその効能は相当永遠に亘るものであるから、王業は十世に伝へる事が出来る、といふのである。但し、邵康節は、必ずしも、これらの配分を固定的に観てゐるのではなく、種々変動生成あることを認め、それを説明すべく正命、受命、改命、摂命といふ四命といふものを唱へてをる。(注5)

(ホ)　制度的区別

猶ほ茲に一言しておきたいのは制度的区別である。三皇を三皇といひて三王とも三帝ともいはず、五帝は之れを

五帝といつて皇字も王字も用ゐないのは、制度的又従つて慣習的区別である。この種の区別的用例は、われわれの眼にふれる文献の上に非常に多いから一々挙げる必要はないが、一二の実例を示せば、「礼記」の祭法第二十三に、「天下ニ王アリ、地ヲ分チ国ヲ建テ、都ヲ置キ邑ヲ立テ、廟祧壇墠《ベウテウダンゼン》ヲ設ケテ之ヲ祭リ乃チ親疏多少ノ数ヲ為ス。是ノ故ニ、王ハ七廟ヲ立ツ。」といふことがある。その七廟の中に、王考廟と皇考廟といふ区別があるが、前者は祖父の廟、後者は曽祖の廟に名づけたものである。これなどは、制度上の区別であることを明瞭に示しつゝ、然も本質上王皇の同義なることを語つてゐる。即ち、この廟は、祖父の王考廟と曽祖の皇考廟とに分けられてゐる点で、王と皇とを明かに区別するけれども、その区別は僅に、皇字の「ハジメ」の義の区別を認めて之れを曽祖の上に用ゐたほか何等本質上の差異を認め得ない。何となれば、この廟を建てる者は王であり、皇考廟に祀られる者は、王考廟に祀られてゐる王の父であり、之れを建てた王の曽祖で同血一体だからである。又、帝と王とを区別した例もある。たとへば「秦ハ故《モト》王国ナリ、始皇、天下ニ君タリ、故ニ帝ト称ス」（「史記」始皇本義）といふやうなもので、かうした用例は他にもいくらもある。

次に今一つ例をあげてみると、明代の制では、「太子称皇、諸王以下不レ称レ皇」と定められ皇族中、皇の字を称号に用ゐるのは皇太子のみに止め、その他の者は、諸王とて、「王」字を用ゐ皇字を冠しない規定であつた。これなどは全く、純然たる法制上の定めであつて、皇字を用ゐる皇太子と王字を用ゐる諸王とが、その国の皇位継承に於ける地位を全然本質的に異にする意味でないことはいふまでもない。継承の順位は長幼とか嫡庶とかによつて異にするが、一方は継承資格を本質的に有し他方は之れを本質的に有しない、といふのではない。ただ継承の第一の順位にある者を特に重からしめんが為めに皇字を用ゐて諸王と区別したものに過ぎぬ。かういふ制度的用法は、皇、帝、王、そして、親王、王等各種の場合に適用せられ、時代によつて若干の変遷あるを常とするが、今、これ以上に立ち入るの要はない。この点は又、日本に於ても同様である。又、「方百里ニシテ王タリ」（孟子）などといふ王は、もとより秦漢の制度上の称号を意味し帝とか侯とかと区別したものに外ならぬ。

(ヘ)　区別論の比較

管子と淮南子と邵康節の区別論とを比較対照すると次の如くである。

	(管子)	(淮南子)	(邵康節)
皇	明一		道化
帝	察道	体太一	徳教
王	通徳	法陰陽	功及
覇	謀得兵勝	則四時	力率
君		用六律	

この図表によつて明かな通り、三者三様であつて、完全に意見の一致を見るものは一もない。唯、覇に関してのみ、管子と邵康節とは、ほゞ同様の見方に立つてゐるが、淮南子に於ては、法四時と解せられ、むしろ、王道の一部を行ふ者なるかの説明が与へられてゐる事は、前掲引用文が之れを物語る。管子は「明一」なるものを「皇」となしたが淮南子は「太一」なるものを「帝」に配してをるし、管子に於て「明一」とせられた「皇」は邵康節に於て「道化」と解されてゐる。然も、邵康節が「皇」に於て見た「道」なるものは管子にあつては実に邵康節が「徳」となした「帝」の上に見出されてゐるのである。而して、邵康節が「帝」の上に見た「徳」は、管子の見解では「王」の上に配せらるべきであり、然も、邵康節に従へば「王」こそはまさに「功」を以て論ずべきであり、若しも淮南子によるならば、「王」は陰陽に法る者とされてゐるのである。

管子も邵康節も、皇帝王覇の四者に区別してゐるけれども、淮南子は、王、帝のほかに皇を立てず、然かも、管子、邵康節の立てざる君を覇に次で置き、名目の上にも一致を欠いてをる。然し、君主の此種の分類としては、皇帝王覇の方が帝王覇君の形式よりも適当なものといひ得るであらう。淮南子は、又「侯ニシテ覇ヲ求ムル者ハ必ズ其侯ヲ失ヒ、覇ニシテ王ヲ求ムル者ハ必ズ其覇ヲ失フ、故ニ国ハ全ヲ以テ常トナス、覇王ハ其寄ナリ」（詮言訓）ともいつてゐるが、これは必ずしも、君主の分類を試みたものとはいへまい。皇・帝・王・覇といふやうな分類の形式が立てられても、斯様に、時代により、人により考方が一様でないのであつて、これによつて見るも、皇、帝、王を主観的にさまざまに評価するといふことは、何等、皇、帝、王の本質、本義、即ち客観的性質を確定し得る所以でないことがわかる。淮南子の分類に就ては先にいつたけれども、管子の場合にしても、又邵康節の場合にしても、あらかじめ一定の範疇を設けておいて、皇帝王覇を極めて簡単に、そのどれかにあてはめ、その分類によつて四者の区別を為し得たりとするは、極めて大胆、粗大な方法である、といはなければならぬ。即ち彼等の分類又は区別は、極めて客観性に乏しく、主観性のみが、面白く、且つ強く、表面に活動してゐる。それ故、同じく、四者を区別しても、管子が道とする処は邵康節に於て徳であつたり、邵康節が功とするところは管子に於て徳であつたりするのである。邵康節は、多少、動性を認めてはゐるものの、かゝる区別に基く分類なるものは極めて偏狭な観察に基けるものであつて、多く信憑するに足りない。たとへば例を邵康節の場合にとるならば、彼は、皇を道化、帝を徳教、王を功及、覇を力率とわけてしまつてゐるが、現実に人君たる者は、しかく、机上の概念的分類に呼応すべく都合のよい存在ではない。いかに覇者なればとて力率のみによつてその地位を得、保つといふことは困難であつて、智的要素も必要であらうし、又、或る意味では徳的要素も大いに必要とするのである。王は功を民に及ぼす、といふが、王にして徳無く道無くんば、これ又、いはゆる天下に王たることは出来ないのであつて、力も必要、智も必要、徳も必要、道も必要、といふことになる。その他皆然りである。（注6）故にこの種の思想的区別又は解釈は、説そのものに独立した興味を覚えることは出来ても、皇帝王覇の区別論として、特に、これらの四文字の本義、乃至、君主たるものの本質に、皇帝王の三区別が成り立つといふことの深き依拠とするには足りないものと思ふ。吾人は陸贄《りくし》の(注7)原書を未だ見る機会を有たないが、手塚教授の著書によると、「徳天ニ合スルヲ皇ト謂ヒ、地ニ合スルヲ帝ト謂ヒ、人ニ合スルヲ王ト謂ヒ、天ヲ父トシ地ヲ母トシ人ヲ養ヒ物ヲ理ムルヲ皇帝ト謂フ」(注8)と曰つてゐるが、これも単に三才説を主観的に皇、帝、王、皇帝などに配しただけのもので客観的根拠は認め得ない。但し皇帝王を一つとして「王」に代表し、之を「覇」に対立せしめて「王覇」とする区別は、支那特に儒家の通義として成立してゐるが、これに対しては我が荻生徂徠の一党は別の見解を立ててゐるし、吾人又一個の思想を有するが、今は、王覇の区別を論ずるを主趣としないから、これ以上の言及は他の場所に譲らざるを得ない。

第二款　皇道・王道・帝道の異同

吾人の上来の論究によつて、ほゞ明かになつた通り、支那では、王者の称号としては、歴史的事情と、それに伴へる制字の沿革とによつて、皇・帝・王・覇の区別を冠したが、有道の君主を意味する文字としては王字が大本であつて、皇字は佳字ではあるが、三皇の伝説を肯定した上で、特にそれを表現すべく皇字の宗教的意味を受け容れつゝ、王字に「自」の字を冠したものであるし、帝字も亦、原始社会の古字として又帝王祭天の信仰に基いて用ゐられたもので、王者の歴史的称号として尊ばれはしたが、支那民族の合理性追求の欲望を十分に満足させるものではなかつた。然るに、君主たる者の道、といふやうな道の観念なるものは、支那民族の合理観からすれば、単に歴史的称号たる「帝」字を以て表はすよりも、「王道」の表現の方が遥かに切実に胸に迫るものがあつたにちがひない。又、皇字は佳字なるも上述の如き事情に基いて造られたものであるから、いはゞ、王字の中の特別の文字と見るべきであつて、一般に、「道」を示す為めには「王道」の方が遥に適当である。おそらく、かうした理由並びに事由によつて、「王道」の語が主として用ゐられたものであらう。皇字を以て造れる他の熟語（皇基、皇徳、皇上、皇宮等々）、又、帝字を冠して造つた他の熟語（帝都、帝統、帝室、帝位等々）が極めて多く而してしば〳〵用ゐられてゐるにも拘らず、「皇道」「帝道」の語は、熟語としては創成せられてゐながら、実際には極めて稀にしか用ゐられなかつたとも、亦、さうした理由及び事由に起因するのであらう。従つて、単なる皇字、王字、帝字の異同を比較した場合の如くには、比較の材料に極めて乏しいのも当然である。この乏しい材料から観察するに、先づ、さきに引用した「文選」班固の西都賦の「皇道」の語を、「文選」の「六臣注」に「皇道ハ皇王ノ道ナリ」と曰つてゐるのを想起せざるを得ない。「皇道」の語は上述の如く極めて稀な用法であるので、特にこの語を注釈したものと思はれるがその注に、皇天之道とか上皇の道とかいはず、「皇王之道」といへる所以のものは、「皇道」が、「王道」と同義であることを、皇字を活用しつゝ明かにせるもので、これ、単に「皇道王之道」といはずに「皇王之道」といつたものであらう。いづれにしても、皇道が、「王」を斥けての道に非ざることと、皇道が王之道に通ずることとは極めて簡明に表現されて余すところがない。

次に、この「皇道」の語を用ゐてゐる西都賦といふものは、その序に

臣竊ニ見ル……西土（長安を指す、洛陽の西に在るを以て）ノ耆老咸《ミナ》怨思ヲ懐キテ上（後漢明帝）ノ睠《ケン》顧ヲ冀ヒ、而シテ盛ニ長安ノ旧制ヲ称シ、洛邑（洛陽）ヲ陋トスルノ議アルヲ。故ニ臣両都ノ賦ヲ作リ以テ衆人ノ眩曜スル所ヲ極メ、折《サダ》ムルニ今ノ法度ヲ以テス。

とある通り、前漢には長安に京都が置かれてゐたものを後漢の光武帝に到り洛陽に都して以来、長安の耆老は皆これを怨み、遷都を冀ふ者が多かつた。そこで、洛陽側では長安側の運動功を奏して和帝が洛陽を去つて再び長安を都とするが如きことありては一大事と、班固即ち此の賦を作りて奉れるに、和帝甚だ之れを悦んだ、といふのである。つまり、この西都賦は、和帝に対して物をいつてゐるものであるが、然るにも拘らず、「帝道」といはず「皇道」と記してゐる。然らば皇には皇道、帝には帝道、王には王道、といふ風に厳重な区別が存するのではなく、帝に対

しても皇道と称して格別異しむところなきものといはねばならぬ。帝道と王道とについては「史記」の商君伝に例がある。

商君は、名を鞅《あう》、姓を公孫氏といひ、周代衛国の庶公子である。周の孝公の寵臣景監の紹介で孝公に見えたが、孝公は商鞅の長々しい談話に興味を起さず、「時々睡つて聴かず」、鞅の退出を待ち、景監を召し怒つて、「子ノ客ハ妄人《バウジン》（妄誕の人）ノミ、安《イヅク》ンゾ用フルニ足ランヤ」と口を極めて鞅を罵倒した。景監は恐縮して鞅を責めた。すると鞅は、「吾レ公ニ説クニ帝道ヲ以テセリ、其ノ志開悟セズ」（商君列伝第八）といふ。つまり、周公に、帝道を説いて聞かせたが、耳を傾けない、といふのである。然るに、五日の後、孝公は又鞅を膝下に召して会見した。鞅は、「益々愈々」したが、相変らず孝公の理解するところとならず、孝公は又景監を譲《せ》め、景監も亦鞅に責めるところがあつた。その時の鞅の言葉に「吾レ公ニ説クニ王道ヲ以テセリ、而ルニ未ダ入ラズ、請フ復《マ》タ鞅ヲ見《マミ》エシメヨ」とある。然るに希望が容れられ、鞅は三度び孝公に謁して何事かを話した。すると、今度は、孝公稍上機嫌にて景監に「汝ノ客善シ、与《トモ》ニ語ルベシ」といつた。そこで、景監は、鞅に何事を語れるかを尋ねたところ、鞅は「吾レ公ニ説クニ覇道ヲ以テセリ、其意之ヲ用ヒント欲ス、誠ニ復タ我ヲ見エシメヨ、我レ之ヲ知ル。」と答へた。鞅は更に四度び孝公に見えることが出来た。然るに「公与ニ語リ自《ミ》ラ膝ノ席ニ前《スス》ムヲ知ラズ、語ンコト数日、厭カズ」といふ熱心ぶりを示したので、景監は、鞅に、「子、何ヲ以テ吾ガ君ニ中《ア》ツル（気に入る）吾君ノ驩《ヨロコビ》甚シ」といつた。その時に、鞅は

吾レ君ニ説クニ帝王ノ道ノ三代ニ比スルヲ以テセルニ、君曰ク、久遠ニシテ吾レ待ツコト能ハズ、且ツ賢君ハ各其身ニ及ンデ名ヲ天下ニ顕ハス。安ンゾ能ク邑邑トシテ数十百年ヲ待ツテ以テ帝王ヲ成サンヤ、ト。故ニ、吾レ、国ヲ彊《ツヨ》クスルノ術ヲ以テ君ニ説ケリ、君、大ニ之ヲ説《ヨロコ》ベルノミ。然レドモ亦以テ徳ヲ殷周ニ比シ難シ。

といつてをる。行文の間、帝道、王道、帝王之道といふ三箇の語が、皆同義語として用ゐられ、「覇道」及び「彊国之術」

の語に対せしめられてゐることが明白であらう。但し、唐の魏徴の言に「帝道ヲ行ヘバ則チ帝タリ、王道ヲ行ヘバ則チ王タリ」（「貞観政要」政体）とあつて、帝道と王道、帝と王とを区別してゐるものもあるが、これは、帝・王、帝道・王道の本質本義の区別をしたものではなく、戦国時代に諸侯が、梁の恵王、或は斉の宣王の如く、王と称し、更に王よりも帝と称する事を欲するに到りし歴史的事情によつて解すべきものであるから、制度的、慣習的区別といふべきである。然し、かういふ用法は、帝道・王道の語に関する限り極めて稀少である。

帝と王とが同義に用ゐられ、帝王と熟する如く、帝道と王道も又熟しては帝王之道となる。帝王之道は即ち王の道であり帝の道であり、同様に皇の道でもあるのであつて、君主の本義といふ点からいへば、帝と王とで道を異にする筈のものではない。故に、管子には、

公（桓公）曰く、然ラバ当世ノ王タル者ハ何ヲ行ヒテ可ナルカ、ト。管子対《コタ》ヘテ曰ク、並ビ用ヒヨ（先王の道を）、而シテ倶ニ尽クルコト毋《ナ》カラン、ト。公曰ク、何ノ謂ゾヤ、ト。管子対ヘテ曰ク、帝王ノ道備ハレリ、加フ可カラザルナリ、公其レ義ヲ行ハンノミ、ト云々。

とある。「列子」には、「孔子ハ帝王之道明カニシテ時君ノ聘ニ応ジ」云々（楊朱第七）と用ゐ、「漢書」には「帝王之道万全ニ出ヅ」（鼂錯《てうそ》伝）とあり、前引の如く「史記」の商君伝にも「帝王之道」と用ゐ、楊子雲も亦「帝王之道ハ兢兢乎（戒慎の意）トシテ離ル可カラザルノミ」（文選、劇秦美新）と用ゐてゐる。

第四項　天子・皇帝・天皇・天王等

帝皇王等の文字の研究と関連する処があるから、天子皇帝天皇等の称号に就て簡単に述べておかう。限りなき雄大でありながら風雨なき日は平和そのものである天空を仰いではこれに親しみ深い尊敬の念を覚え、風雪雨の怒るやこれに畏敬の念を捧げ、暗夜の恐怖と不便とから解放されると東天を拝してこれに感謝した古代人は、一般に

敬天的であつた。宗教史家フレザーはその著「自然崇拝」の中で世界諸民族の敬天信仰を詳細に述べてゐるが、日本や支那もまたその文明の歴史を敬天思想から起してゐる。日本はしばらく措き、詩経や書経は上代支那の敬天書であるといつてもよい。天とは具体的には我等の眼で仰ぎ見る大空であるからそれは物理的存在である。それは、地球に生活する人類が、地に相対して天と名付けたものだが、古代人の思想的生長に伴ひ、物理的天はいつしか意志の主体としての天、精霊としての天として把握されてくる。かくて物理的の天はつひに神格的存在となる。それは地上のありとしあらゆるものを生み、これに命令し、これを支配せんとする至高唯一窮極の神とされる。四時行はれ、物生ずる太源であると共に、人間、民をも生んだものである。旻天、上天は帝であり天帝であり上帝である。尤もクリール教授によると天の思想が古文献にあらはれたのは周代であつてそれより古い商の時代には帝字が窮極的神格を示すものとして用ゐられてゐたといふが、(注9) これは甲骨文の研究に基く唱導で吾人には今直ちに之に賛否をいひあらはす準備がないから、通説に従つておくほかない。さて天がかやうなものであれば、それは地上の民生に対し加護も与へれば罰も与へる。天祐、天罰といふのがそれである。ひいきを与へる事もあり、わざはひを賫すこともある。天眷、天災などといふ。命令を下す主体でもある。天命といふのがその考である。然し、天は、常に道徳的意志の主体であつて、無軌道な命令を発したり恣意の賞罰を加へるものではない。すべては理に基き道に従ふ徳の主体なのである。天理、天道、天徳だ。湯王の崩後その長孫太甲の即位した時伊尹が「上帝常ナラズ、善ヲ作セバ之ニ百祥ヲ降シ不善ヲ作セバ之ニ百殃ヲ降ス」と訓戒を与へたことが書経の商書に見え、又、老子にも「天道親無ク常ニ善人ニ与ス」とあるのは、いづれも天のこの道徳的性格をいつたものである。天は人民を作つたが、人民なるものは元来「有欲」の者だから「主無ケレバ乃チ乱ル、惟レ天、聡明ヲ生ジテ時《コ》レ入《ヲサ》メシム」(商書)るのであつて、茲に、人君たる者が、特別の天命を以て現れる。然し、人君たる者は、特に天の生んだといふ意味で、天子と称されるのであるから、それは「欽《ツツシ》ンデ天道ヲ崇ビ永ク天命ヲ保」(同上)つべきなのだが、君主が天道を行ふか否かは、民の声によつて明かにされるとするところに、古代支那の王道論中に、一分の民主主義的傾向の存することが察知出来る。易姓革命とは、要するに天命の有無を民衆が判断した結果の政治変革なのだが、この天子の称は、「事物紀原」の第一巻によれば、炎帝より始まつたと伝へられてゐるが、もとより信ずるに足りぬ。日本でも天子の称を用ゐるのは支那からの輸入であるが、一般人の用語として天子様と表言すると、非常に柔かな親しみ深い意味を帯びるやうであるが、公文書に用ゐられたことは大宝令の儀制令の第一条に「天子　祭祀所称。天皇詔書所称。皇帝　華夷所称」とある通りだし、「隋書」(注10)によれば聖徳太子の国書には日出所天子とあつたといふ。日本書紀神武紀には、「兄猾《エウカシ》罪ヲ天《キミ》ニ獲」といふ風に、天の字を直ちにキミと詠ませて天皇の意に用ゐ、十七条憲法にも君を天としてゐる等(注11)、支那の天の思想を知るや、天皇を直ちに天そのものに比してゐる。そして徳川時代には竹内式部敬持が「我国では天子の事を天と云、天神と云。……直に天子が天神ぢやに依て……日本の天子は直に天常《あまとこ》なれば」といひ、「大風を吹かしても大雨を降《ふら》しても」「天を怨み天へ弓が引かれうか」だから「放伐の成らぬと云は天を見たがよい」といつてゐる。又、石原正明の「年々随筆」(注12)や平田の「古道大意」(注13)などには、我国の天皇を天子といふのは実に依つた言方だといふことを強調してゐるし、宗教学者加藤玄智も、日本の天皇は「支那人の云ふ天又は上帝、イスラエル人の云ふヤーヱ即ちゴッドの位置」を取つてゐると論じてゐる。これは、易姓革命のない事実又はないといふ強固な信念と関連して形成された観念であらう。

次に、皇帝とは、秦の始皇に対しその臣下が、三皇の中では泰皇最も貴いから、泰皇の尊号を奉りたいと申出たのに対し始皇自ら、「泰ヲ去リ皇ヲ著ケ上古ノ帝位ノ号ヲ取リ、号シテ皇帝ト曰ハン」と決裁したのだと「史記」の始皇本紀に記してある。それは既に見てきた通りの帝、皇の意味であるから、最高の佳字二個を選び之を結合して一層荘重な称号を創造したものであらう。皇たり帝たり、皇にして帝たり、人君至高の美称といふわけである。この人以後の支那各朝の称号を見るに稀には他の称を用ゐたものもあるが、断然、皇帝が圧倒的に多い。上記の如く令では、この称を華夷所称としてゐるが、奈良朝には我国でも公式の場合に皇帝と記した例がいくつもあり、聖武天皇には勝宝感神聖武皇帝、孝謙天皇には上台宝字称徳孝謙皇帝の尊号を上つて居られるし、堀川天皇の尊星王供告文には、天皇自ら大日本国皇帝と称せられて居る。又、上表文等にも皇帝の称を用ゐたことは例せば嵯峨天皇に上れる伝教大師の「顕戒論」、後醍醐天皇に上れる師錬の「元亨釈書」の如くである。おそらく天皇の称とほゞ同時に用ゐられ始めたのではあるまいか。

日本の本来の言葉は、オホキミ、キミ、ミコト、スメラミコト等であるが、日本が漢字を以て始めて公文書様のものを書いた頃にはおそらく、天皇を単に王と記したのではないかと思ふ。それは日本人自らが選んだものといふよりは、支那から称したものを、漢字に習熟しない日本人が踏襲したといふべきものであらう。支那では、既に皇帝の称号が用ゐられてをり制度上、王はその下位とされてゐたが、何しろ中華九夷の自大思想の持主の事であるから、外国君主などは頭から支那皇帝の下位にあるものと考へ「魏志」などに明かな通り、支那の国書文書は常に、倭王、何王で、日本に対しては王称以上のものを用ゐなかつた。これは隋の時代の国書にさへ「皇帝問倭王」と記し聖徳太子の御不満を買つたくらゐである。そこで、文字の国たる支那から常に我国君を「王」と記してよこしたのだから、最初の間は日本人自身も、漢字で書く時は、王と書いて格別あやしまなかつたのではないかと思はれるのである。

聖徳太子は日本の独立精神を最初に確立された偉人で、天皇の称は、特に意識的に、聖徳太子によつて採用されたものと考へられる。天皇といふ称も元来は支那のものである。然し支那では、所謂三皇の一たる天皇であつてそれは伝説的、神話的、観念的なもので、現実の人を天皇と称したのではない。尤も支那でも現実の皇帝を天皇と称したものが一例ある。旧唐書の高宗本紀咸亨五年条に「皇帝称二天皇一皇后称二天后一」と見え、又咸亨三年に起工し三年後の上元二年に竣工した洛陽龍門の盧舎那仏像の銘に「大唐高宗天皇大帝之所レ建也」とあるがそれは聖徳太子が二度目の大使を隋に派して「東天皇敬みて西皇帝に白す」と国書に記された時（皇紀一二六八 西紀六〇八）からでも六十余年後、わが方の天智天皇の御代のことである。かやうに、天皇は、支那に於て極めて古くから観念的には成立してゐたものであるにも拘らず、現実の国君は、始皇以来皇帝と称して敢て之を用ゐなかつたのであるが、後にたまたま、皇帝を改めて天皇と為した高宗が出たもの丶、これ又一代限りに終つた。我国で天皇の称を用ゐた最初を正確に立証する事は現在の処不可能であるが、現存史料によつて判断する限り、聖徳太子が最初の方であるといふのほかない。書紀などには神武以来天皇と記してはあるが、それは後世からの称であることはいふ迄もあるまい。書紀には推古朝の第一回遣隋使の携行した国書の記事がなく却つて隋書に掲載されてゐるが、それには上述の通り、日出所天子と記されてゐた。然るにその翌年即ち推古朝第十六年の第二回の遣隋使が携へて行つた国書の一部は書紀に伝へられ、その中に「東天皇」と称し「西皇帝」に対せしめてゐる。実はもう一つ記録がある。それは矢張り我方の史乗に記載がないのだが、隋書の東夷伝に隋の開皇二十年（推古天皇第八年）「倭王、姓ハ阿毎《アメ》、字ハ多利思北孤、阿輩鶏弥《アハケミ》ト号ス。使ヲ遣ハシテ闕ニ詣ル。上、所司ヲシテ其風俗ヲ訪ハシム。使者言フ、倭王、天ヲ以テ兄ト為シ日ヲ以テ弟ト為ス」とある。阿毎は天の日本語、多利思北孤の北は比の誤で、タリシヒコは、タラシヒコの訛であらう。神功皇后がオキナガタラシヒメといふ御名であるから、タラシヒコは、使者が何かこの語を使つて説明したものであらうか。阿輩鶏弥は不明。然しいづれにしても、開皇二十年に遣使の事があつたとすれば、勿論推古朝のことで、或は之れが第一回の遣隋使であるかも知れぬ。而してその記事によれば、その時既に、日本の君主が天皇である事の思想が伝へられてゐるのである。かくて現存の史料から見る限り、日本の君主を、対外的に天皇と称した最初であらう。法隆寺の薬師像の光背銘によると「池辺大宮治天下天皇大御身労賜時歳次丙午年」とあるから一寸考へると用明天皇の元年に既に天皇の称があつたやうにも思はれるかも知れないが、それはその次の聖徳太子の誓願についで小治田大宮《おはりだのおほみや》治天下大王天皇及東宮聖王大命受賜而、歳次丁卯年仕奉」といふところを見れば判然とすることで、推古天皇の第十五年に書かれた文章にほかならない。又「元興寺伽藍縁起並流記資財帳」に収録されてゐる丈六釈迦像の光背銘によれば、像は推古朝第十三年に太子の造立されたもので、その中にも、欽明天皇その他を天皇と称してある。いづれにしても、天皇の称は、聖徳太子によつて、特に、意識的に採用されたものであるといふべく、そこに太子の国体自覚を見るべく、又、日本の独立精神の完成を指摘すべきであらう。尤も書紀によれば、神功紀に、新羅王が、「東に神国あり日本と謂ふ、亦聖王有り天皇と謂ふ」と述べたと伝へ、又、欽明朝九年に、「西蕃、皆日本の天皇を称へて可畏《かしこき》天皇と為す」などと見える。これが果して真実かどうかはわからないが、さういふことがなかつたとも断言は出来ぬ。朝鮮が日本に従属的関係を結んでゐた頃に、その立場から日本の君主をいかに表現すべきかは苦心の存する処であつたらうから、天皇の好字を発見して、外交辞令としてこれを用ゐたかも知れない。猶ほ、法隆寺薬師像銘の中に大王天皇の文字があるが、大王はオホキミで、万葉集などにもしば〳〵用ゐられてゐる。猶、天皇に似た表現に、天王といふのがある。これは荀子の王制篇に「天下ヲシテ順化従服セザル莫カラシムルハ天王ナリ」と見え、礼記その他の諸書にも散見するが、史記の孝文本紀に卜人曰くとして「所謂天王とは乃ち天子なり」と解し、「春秋」隠公元年の条に「秋七月、天王、宰咺《サイケン》ヲシテ来リテ恵公仲子ノ賵《バウ》ヲ帰《オク》ラシム」と見えてゐる。実在の人で天王の称を用ゐたのは北周の宇文覚、南朝では宋の順帝などにその例を見る程度であらう。日本では正式に天皇を天王と称した例を知らないが、日蓮の「報恩鈔」(注15)を見ると「天王高雄寺ニ行幸」とあり、天王を天皇に通用してゐる。仏教では天王の用例が非常に多く、普通には、天の主宰者を天王といふのであつて四大天王は最も有名であるが諸仏の名にも天王如来といふのがある。但し心地観経などには正見を成就し如法に世を治める王、即ち理想の国王を天王といふとある。(注16)

第五項　王道の異称

第一款　王　術

王道（皇道、帝道、帝王道等を含めて）の語に関連して参考の為め、その異称若干を挙げておかう。但し、この異称とは、主として、「道」の字を他の文字に代へて王道を意味させるものに限る事とするが、王術、王猷、王教、王法、王数の五をその代表とする。詳しく調査すればまだこのほかにもあるかも知れないが、さしあたりこれらの語につき順次簡略な紹介を試みよう。

王術なる語は、「淮南子」、「韓非子」、「列子」、「文選」その他の諸書に散見するが、王術のほかにも術の字を付したものがある。「主術」（淮南子）「覇王之術」（韓非子）「治世之術」（尹文子）「三王之術」（漢書）「君術」（説苑）「道術」（淮南子）「孔子之術」（淮南子）「先聖之術」（淮南子）「治人之術」（朱子「大学」注）「儒術」（漢書）「中幹之術」（史記）「万世の術」（陸賈新語）「帝王之術」（史記）等はその主なるものである。元来、王術といふ思想は、大体法家系統のものであるが、法家では、法と術とを区別した。韓非子などは、術は人主の執るものであり、法は官吏の拠る処のものとして、術には智能才徳の含みをもたし、尹文子も法で治め得ない時には術を用ゐることを認めてゐる。けれども、それは人君の密かに用ふべきもので群下の妄りに窺ふべきものでないのであるから、どちらかといへば、「管子」任法篇のいふ通り「聖君ハ法ニ任ジテ智ニ任ゼズ……失君ハ然ラズ、法ヲ舍《ス》テテ智ニ任ズ」であり、従つて、尚書洪範の「王道」すらも「古ハ、世治ノ民、公法ヲ奉ジ、私術ヲ廃シ」たものと解するのである。故に、王術は王道の別名ではあるが、その根底には儒教の王道観と異る法家思想が流れてゐるものと思ふ。かつて、日本に於ては、武術、剣術、柔術、弓術などの語が一般に用ゐられてゐたが、近来、これを武道、剣道、柔道、弓道といふ風に呼び換へてゐる。「術にあらずして道なり」といふ観念である。然し算術の語は、算道とはいはないやうであるし、技術も技道とはいはないらしい。学術も然りで学道とはいはぬ。学道といふ語もあるが、それは学術と少しく異つた意味に用ゐられてゐる。さて、然らば、「術」なる文字は果して如何なる意味であるか。又「道」との関係は如何。「術」の字は、「行」と「朮」（求とは別字である）とから成るが、「邑中の道」と注されてゐる。即ち、村の中の道路の意味である。されば「行」の字を用ゐてゐるのであつて、中の「朮」は音符である。即ち元来の意味に於て「道」と大差のない文字である。因みに、ミチを意味する漢字としては、道、路、塗、方、行、術、陌、阡、紀、途、径、逕、隧、運、程、衢、通、教、理、迪《てき》、経、衕、衜、街、典、庚、迒《かう》、軌、涂《と》、戛《かつ》、馗《き》、隊、猶、猷、詮、誼、繇《えう》、倫、芺《いう》、羑《いう》、衜（道の古字）、闤《くわん》、闠《くわい》、等を挙げることが出来るが、要するに、具体的道即ち、人の歩行する道か、抽象的道即ち人の行ひの道、ものごとのすぢみちかを意味するものにほかならぬ。「術」はその本来の意味に於て、邑中の道路であり「道」は一達の道路であつて、要するに、歩行するミチにほかならない。即ち、「康凞字典」に「術ハ道ナリ」と解してある所以である。「漢書」の刑法志には「園圃術路」とあるが、この術は、道路にほかならぬ。そこで「淮南子」に、「薄疑、衛ノ嗣君ニ説クニ王術ヲ以テス」（道応訓）といふは、王道を王術といひ換へたもので別に他意あるものとは思へぬ。「韓非子」に

聖人ノ民ヲ治ムルヤ、法、時ト移リテ、禁、治ト変ズ。能ク力ヲ地ニ越《オコ》ス者ハ富ミ、能ク力ヲ敵ニ起ス者ハ彊《ツヨ》シ。彊クシテ塞ガラザル者ハ王タリ。故ニ王道ハ開ク所ニ在リ、塞グ所ニ在リ。其ノ姦ヲ塞グ者ハ必ズ王タリ、故ニ王術ハ外ノ乱サザルヲ恃マザルナリ、其ノ乱スベカラザルヲ恃ムナリ。外ヨリ乱サレザルヲ恃ミテ治ヲ立ツル者ハ削ラレ、其ノ乱スベカラザルヲ恃ミテ法ヲ行フ者ハ興ル。故ニ、賢君ノ国ヲ治ムルヤ乱スベカラザルノ術ニ適《カナ》フ（心度）

と王道と王術とは全く同義に用ゐられてをる。尤も、「賈誼新書」に「道術」の章あり、その最初に

曰ク、数《シバシ》バ道ノ名ヲ聞ク、而シテ未ダソノ実ヲ知ラザルナリ。請ヒ問フ、道トハ何ノ謂ゾヤ。対ヘテ曰ク、道

ハ従《ヨ》リテ物ニ接スル所ナリ。其ノ本ハ之レヲ虚ト謂ヒ、其ノ末ハ之レヲ術ト謂フ。虚ナル者ハ其ノ精微ヲ言フナリ、平素ニシテ設施無キナリ。術ナル者ハ従リテ物ヲ制スル所ナリ、動静ノ数ナリ。凡ソ此レ皆道ナリト。と説明し、道を虚と術とに分析してをる。術とは、彼に従へば道の動静即ち実践であり、虚とは精微にして設施なき原理である。かく分析は試みたが、術は道と異るものではないことが記されてゐるのである。

然し、「術」の字は、はかりごと、てだて、などの意味にも用ゐられ、権謀術数とか、術計とか術策とかいふ熟語を構成する。それらの語に元来、不道徳な意味はないのであるが、術策を弄すとか、権謀術数を事とす、とかいふと正道に非ざるの意味となる。されば儒教の側からは、申韓の術、即ち刑名法術を、この弄術の意味に解して遠ざけるのであるが、これは「術」の本義ではなく転義といふべきであらう。

第二款　王猷・王猶

王道を王猷、王猶、大猷、帝猷などといひ「猷」字を用ゐて道に代へてゐる例もある。猷は猶と同義で共に猿を意味する文字らしく、猿を意味する文字が何故に、道と同義に用ゐられるかの根拠は不詳であるが、「爾雅」によると、「猷ハ道ナリ」、「猷ハ謀ナリ」などと注してある。「詩経」の大雅蕩に「王猶允ニ塞《ミ》テリ、徐方既ニ来レリ」云々とあるが、「釈詁」に猶ほ謀なり又道なりと解し、「伝」は謀の義を朱子の「集伝」では道の義を取つてゐる。簡野道明著「字源」の引く「女史箴」に「家道以正王猷有倫」とある。「書経」の周官には「王曰ク、昔ノ大猷ニ若《シタガ》ヒ、治ヲ乱レザルニ制シ、邦ヲ危カラザルニ保ンズ。」と見えるが、「漢書」の厳助伝には「詩云ク、王猶允塞、徐方既来。王道甚大ニシテ、遠方之レニ懐ツクヲ言フ」と解してある。その他、「後漢書」の蔡邕伝が皇道の語を用ゐたる処に、「帝猷」と出し、「唐書」の新羅国伝に「巍々皇猷昌」と出す等、猷字を以て帝道、王道等を書きあらはしたものがすくなくない。

第三款　王　教

王道とほゞ同義に用ゐた王教、聖王之教などといふ語がある。

是レ聖王ヲ以テシテ君子ナランカ、事ヲ執リテ民ニ臨ム者、日ニ一日ヲ戒慎スルトキハ則チ士民モ亦日ニ一日ヲ戒慎ス。道ヲ以テ民ニ先ンズレバナリ。道ハ聖王ノ行ナリ、文ハ聖王ノ辞ナリ、恭敬ハ聖王ノ容ナリ、忠信ハ聖王ノ教ナリ。

といふ「賈誼新書」の大政上の聖王之教とは、「道ヲ以テ先ンズル」の句と照応して解すべきである。「教」は道と全同の意味又は道の作用として用ゐられる場合がある。これは、後の「王道の政治十綱」を参照すると一層明白になる筈である。中庸に「道ヲ修ムル之レヲ教ト謂フ」とある注解は、最も権威ある解釈といつてよい。「漢書」の匡衡伝には「此レ綱紀ノ首ニシテ王教ノ端ナリ」とあるが、同書の儒林伝には「古ノ儒者ハ博ク六芸ノ文ヲ学ブ、六学ハ王教ノ典籍、先聖、天道ヲ明カニシ、人倫ヲ正シクシ、至治ヲ致ス所以ノ成法ナリ。周道既ニ衰へ、幽厲（幽王と厲王。共に周の暴君）ニ壊レ、礼楽征伐諸侯ヨリ出ヅ。陵夷二百余年ニシテ孔子興リ乃至先王ノ教立ツヲ」といつてをる。

第四款　王　法

道を法といつた例もある。先王之道を先王之法、三王之道を三王之法等といふのがそれであるが、王道も亦王法といはれることがある。孟子は、「先王之道」なる語を好んで用ゐたが時に之れを「先王之法」ともいつた。即ち「詩ニ云フ、不愆不忘、率由旧章。先王ノ法ニ遵ヒテ過ツ者ハ未ダ之レ有ラザルナリ」（離婁上）とあるのがその例である。「史記」の儒林別伝には「春秋ヲ作リ、以テ王法ニ当ツ。其ノ辞微ニシテ指博シ」と見え、又「史記」の日者伝には「公奉（公俸なり）ヲ受ケテ私利ヲ事トシ、王法ヲ枉ゲテ農民ヲ猟《アサ》リ、官ヲ以テ威ト為シ法ヲ以テ機ト為シ利ヲ求メテ逆暴ナリ」と見える。いづれも王道の意味である。又、「漢書」の儒林伝にも「魯ノ春秋ニ因テ十二公ノ行事ヲ挙ゲテ之レヲ縄《タダ》スニ文武ノ道ヲ以テシ一王ノ法ヲ成ス。」とある。法を「尚書」の呂刑に「惟レ五虐ノ刑ヲ作リテ法ト曰フ」といへる場合のやうに刑法を意味し、或は、「釈名」の釈典芸に「法ハ逼ナリ、人其ノ志ニ従フコトヲ欲セザルナシ、逼リ正シテ限ルトコロアラシム」といふやうな場合、若しくは「荀子」に「礼儀之レヲ法ト謂フ」（法行）、又「孝経」に「先王ノ法服ニ非レバ敢テ服セズ」（卿太夫）といふやうな「礼」を意味する特別の用法もあるが、王道そのものを王法といふこともあるのである。

第五款　王　数

「管子」に「譏《キ》ヲ好ミテ而モ乱サズ、亟《シバシバ》変ジテ而モ変ゼズ、時至ルトキハ為シ、過グルトキハ去ル、王数ハ予メ致ス可カラズ、此レ五家ノ国准ナリ」（国准）とある。王数といふは術数の数であるから、王術といふに同じである。「賈誼新書」道術に、動勢の数といふもこれである。「数」は、ハカルことを意味する文字で、物のカズ、カサをあらはす。物の数量の意味から、理法の義を出し、又、算へることから技術をも意味することとなつたのであらう。

以上の王術、王猷、王教、王法、王数、さては王路などといふ呼称は、いづれも王道の異称であるが、正式の称呼とはいへない。即ち、時に、文字の変化の為め、文章の文《あや》の為めに用ゐたもので、正しくは王道といふべきである。尤も、これらの文字が、本来の王道の意味から転じて用ゐられる場合には、その転義に関する限り、王術、王数、王教、王法等、それぞれの文字が正式の称号とされることは申す迄もない。

第六款　小　結

以上吾人は、支那の王道論の基礎ともいふべき「君主」を意味する文字を調査し、特に重点を皇・王・帝の三字、及び皇道・王道・帝道の三語に置いて、本義及び用法上の異同を攻究したが、是れを要約すると、皇・王・帝の三字には、造字沿革的、制度的、慣習的用法の区別が存するけれども、君主たる者の本質的差別を意味するものではない、といふ事が明かになつた、と信ずる。是れ一。帝・王・皇の三字は、帝字及び𦤎字が先在し、然る後、王字が制作せられ、而して、三皇の肯定により、その意義を文字に表すべく王字を基礎とし、始の意味を有する「自」をその上部に冠して「皇」即ち皇字が出来たが、この制字に当つては、帝字と共に古来存在した𦤎の字形とその宗教的意義とが摂取せられた、と推定出来ること、是れ二。皇道・王道・帝道の三語については、我国では、「愚管抄」の如き鎌倉時代初期のものに既に、「漢家ニ三ノ道アリ、皇道、帝道、王道也」といつてゐるが、「愚管抄」が是れを異る三道と観たか否か、又、これを三道と称することの可否などは今措いて問はずとするも、流石に、「皇道」の語が、支那の熟語であることは知つてゐたものといふべきだが、近世に到つては、学者にして猶ほ「皇道」の語が支那に存せず、我国に於て、特に支那の「王道」の語に対して日本の特勝をいはんが為めに制作せる語なるかの如き説をなす者往々有之も、吾人は、その然らざる所以を六例の文証によつて明かにすると共に、何故に、支那に於ては「皇道」、「帝道」の語の用例が稀少であつて、ひとり「王道」の語のみが盛用せられたか、この理由並びに事由を推定し、聊か此の混沌たりし問題に曙光を投じ得た、と思ふこと、是れ三。而して、「王道」「皇道」「帝道」の三語は、王・皇・帝の場合に於て見たる制度的、称号的差等の意味すらも殆んど無く、三者は要するに完全に同義であつて何等、意味内容を異にするものでないことを明かにし得たと信ずること、是れ四。といふことになる。

日本に於ける皇・帝・王の文字の用法、又、皇道・王道・帝道等の語の意味の異同等は、日本のこととして別に論究すべきであるが、すくなくも支那に於けるこれらの用法が基礎的に明かにされてゐる事は有意義であらう。

注1　田崎仁義著「王道天之下の研究」七六頁

注2　上皇の称は日本では譲位後の尊称として用ゐたが、支那では「荘子」の天運に『治成徳備、監照下土、天下戴、此謂上皇』とある如く単に天子の別称である。

注3　上諭といふ語は「元史」阿里海牙伝に「上諭伯顔」とあるが、清朝に於ては皇帝又は太后の下す綸旨を指した。

注4　六律六呂を十二律といひ、六律は陽音、呂律は陰音に属する。六律は黄鐘、大蔟《ソウ》、姑洗、蕤賓《スイヒン》、夷則、無射、六呂は夾鐘、仲呂、林鐘、南呂、応鐘、大呂。「礼記」に「正二六律一和二五声一」とあるが、君子の音声の正しかるべきをいへるものである。その西洋音楽との比較解説については、田辺尚雄著「東洋音楽史」一七一頁参照。

注5　田崎仁義著「邵康節の皇帝王覇の論」一八頁、一九頁、同博士著「皇道原理と絶対臣道」付録「邵康節の皇帝王覇の論」二六九頁、三九三頁等参照。

注6　程子によれば詩経は帝天王の文字につき『凡ソ一箇ノ主宰底ノ意思アルハ皆帝ト言ヒ、一箇ノ包涵徧覆底ノ意思アレハ、即チ天ト言ヒ、一箇ノ公共無思底アレバ即チ王ト言フ。上下百千歳ノ中符ヲ合スルガ如シ』（「二程全書」）といふ。これも亦主観的解釈の一例である。

注7　陸贄は唐の人で字は敬輿、宣公と諡し、「陸贄公奏儀」（一名「翰苑集」）二十巻の著がある。

注8　文学博士手塚良道著「儒教道徳に於ける君臣思想」一〇八—一〇九頁に拠る。

注9　H. G. Creel, Studies in Early Chinese Culture.

注10　「日本書紀」巻三の長髄彦に関する記事中にも「天人之際」と書いてこの天人をキミトタミと訓ませてゐる。

注11　十七条憲法第三条は、承詔必謹を令しその理由を示して「君則天之、臣則地之、天覆地載、四時順行」云々と記し又、孝徳天皇大化改新の詔にも「天覆地載、帝道唯一」と見える。

注12　「年々随筆」六に「天子といふ称は、から国よりうつり来しなり。されどわが天皇は、日の神の御後におはし

ませば天子とも天孫とも申て、其ながれ万世無窮の天子におはしませば、から国とは、やうかはりて、実によりたる御称なり」といひ、公式令義解に「凡《スベテ》人君者、父レ天母レ地、故曰二天子一」と釈したるを支那文献の抄書に過ぎぬと否定してゐる。

注13　篤胤は「古道大意」下に「天子唱へ申すは字音にて元より漢語なれども此の天つ神の御子と申上る御称によく叶つてゐる言で、実に天子称すべきは我天皇に限ることで、夫に付て諸越《もろこし》の王を天子と云ふことの当らぬわけは、漢学の大意に論弁いたすつもりでござる」といつてゐる。

注14　「神道精義」一八七頁。

注15　日蓮聖人は「神国王御書」にも「其上八幡大菩薩ハ殊ニ天王守護ノ大願アリ」と用ゐてゐる。

注16　元版大蔵経の「大乗本生心地観経」巻第二報恩品第二之上に『若有人王成就正見、如法化世名為天王』といひ、又、同品に『以天王法持世間故』の文も見える。

第三節　帝王観の諸問題

第一項　天命君主

第一款　祭天の民俗と帝王の起源

第一目　天とその祭祀

天に関する思想又は祭天の俗といふべきものは類型的なもので古代の各民族に見出せるのであるが、支那には支那特有の趣があるから、こゝに必要と思はれる限りに於て、まづ支那の「天」観念を概観しておかう。

支那では天を窮極的実在、宇宙の根源乃至神霊とする、といつたが、勿論、天体そのものをも見なかったわけではない。故に、天の形体的方面即ち四時、四方などの意味に「天」の文字を用ゐたものも、「詩経」を始め、決してすくなくはないのであるが、然し、大体に於て、形体天よりは、形而上の神霊的意味の「天」の方が多い。「詩経」に見える「穹蒼」とか、「悠々昊天」とかいふ類のものは、形体天を指せるもので、形而上の天をいったものではない。

形而上の天に就ても、人格性を認める場合と、然らざる場合とがある。「詩経」大雅の文王に「上天ノ載《コト》ハ声モ無ク臭モ無シ」といつてあるが、この無声無臭の如きは、全く、非人格的観念と見られる。又、「彖《タン》ニ曰ク、大ナル哉乾元、万物資《ト》リテ始ム、乃チ天ヲ統グ、雲行キ雨施シテ、品《ヒン》物形ヲ流《シ》ク」（「易紀」上）といふも、非人格としての天をいへるものであり、孔子の「天何ヲカ言フヤ、四時行ハレ、百物生ズ、天何ヲカ言フヤ」（「論語」陽貨）といふも亦然りである。荀子になると、もう少し自然科学的で、天地人の三才につき「天ニ其時アリ、地ニ其財アリ、人ニ其治アリ、夫レ是ヲ能ク参スト謂フ（天論篇）といひ、それ故に、「天行、常アリ、堯ノ為メニ存セズ、桀ノ為メニ亡ビズ」（同上）で、「天人ノ分ニ明カ」なることが「至人」たるの第一義なりと論じた。それで彼は、「天君」といふ語を創め、これを「心」の意味に用ゐてゐる程である（天論）。前漢の「淮南子」に到ると

天墜《テンチ》未ダ形《アラハ》レザルトキハ馮馮翼翼（盛にみちととのふ）、洞洞灟灟《ショクショク》（形なく色なし）タリ、故ニ大昭ト曰フ。道ハ虚霩《クワク》（むなしくひろし）ニ始マル。虚霩、宇宙ヲ生ジ、宇宙、気ヲ生ズ、気ニ涯垠《ガイギン》（垠ハ境）アリ。清陽ナル者ハ薄靡シテ天トナリ、重濁《ダク》ナル者ハ凝滞シテ地トナル。清妙ノ合専（集ル）スルハ易ク、重濁ノ凝竭《ケツ》（竭ハ結）スルハ難シ。故ニ、天先ヅ成リテ、地後ニ定マル（天文訓）

といふのであるから、その観察は更に一層自然科学的である。而して宋代の儒者は、形体天、主宰天の思想を離れ、その理気の哲学から、天を理であると解してゐる。かういふ風に宗教的信仰以外の思想もないではないが、それらは皆後世の出現であり、又、支那上下数千年の民俗の大体を制したものといふわけには行かぬ。

以上は、天を人格と認めてゐない二三の例であるが、「詩経」の大雅に「皇《オホイ》ナルカナ上帝、下ニ臨ミテ赫タルコト有リ、四方ヲ監観シテ民ノ莫《サダ》マランコトヲ求ム」（文王）といふ場合の「皇矣上帝」とは、天を人格と見たものであり、又、「書経」の大禹謨に「皇天眷命シ四海ヲ奄有シテ天下ノ君トナレリ。」といふ皇天も、天を命令支配の意志の主体即ち人格と見てをる。大体の傾向からいへば天の人格性をいふ場合には、多く、帝、上帝などの表現を用ゐてあるやうであるが、然し上記の「皇天」の如く、天の字を用ゐてゐることも無いではない。故に一概にはいへないけれども、帝の字の方が、天の字よりも人格的感じを出すに都合のよい為か、大体に於ては、天の人格性は帝字で表現する用法が割合上多いのである。

その他、老子の場合の如くに、天よりも道の観念を上位に置ける人もあり、孔子の如く天を宇宙の主宰者とは見たが（他の一面では運命とも見てゐる）人格神と認めない人もあり（「中庸」に「誠ハ天也」とある。）、墨子の如く人格的最高神と考へる人もあり、孟子の如く、上帝を人格神と認める一方、人性を向上せしむれば即ち天なりと考へた人もある等で、思想家の天観、天論は必ずしも同一ではないが、一般民衆が、天を宇宙の主宰者であると共に人間にとつての最高神として崇めた、といふことは否定出来ない。即ち、かくの如き信仰があれば、そこに祭天の民俗を生ずることは自然である。この、一般民衆の天の信仰、祭天の俗こそは、原始、古代、それ以後を通じての帝王の根拠なのである。勿論、支那民族は、天のみを崇拝したのではなく、天神、地祇、人畜の三大信仰に分ち得る多神教的色彩を有し、篤く祖先を崇拝したのであるが、就中、天に対して最大の崇敬を献げたといふ意味で、支那民族こそは、まさに、世界独特の祭天民族であるといつてよい。然も、天崇拝と祖先崇拝とは後に結合して、支那の帝王思想の上に偉観を呈したのであるが、それは兎も角、君主をあらはす最高のそして最も代表的な文字たる「帝」及び「皇」の形体的原型となつた字などが、祭天に縁起せる古字であることを考へると、支那古代の君主は、祭天の主であつたことは否定出来ない。それで、支那の古代には、蒼天、昊《かう》《そら》天、旻《びん》《そら》天、上天、皇天の所謂五天のほか、帝、上帝、皇天上帝、五帝など、天に関連した称呼が極めて多く、漢の鄭《ぢやう》玄に到つては天即ち上帝の作用を、木火土金水の五行をはじめ、春、夏、土用、秋、冬、の季節、及び、東、南、中、西、北の五方等に配し、木帝、火帝、土帝、水帝、金帝の五帝を立て、更に之れに上帝を加へて六天説を唱へたりした。

第二目　郡后と元后

支那の文献には、夏殷周以後の、比較的に統一的なる国家に於ける先天的王種王統の観念の実在を徴すべきものがない。然し、支那の政治社会に、全然、血縁的要素を最初から欠いてゐたとは考へられないから、各地方の小部族国家或は連合部族国家などには、何等か、その痕跡が見られるにちがひない。この点に関し吾人は支那の社会に今日猶伝つてゐる宗法と、群后、元后などの関係を考へてみる必要があると思ふ。

各地に散在してゐた部落的集団が、血縁団体であつたらうことは、古代社会の通性に照して信じ得るところであるが、それらがどの程度の大きさのものであつたかは判然しないが、社会構成上の最下部に位してゐる集団でも、自治的組織体であつたことは肯ける。この最下部の自治体としての集団は、血縁団体であつて、集団に属する人々は皆、姓を同じうする。姓といふ字は、女と生との合字であつて、太古、人類の出生が母系によつて認められ、母に従つて居が定まりその属する所が明かにせられたことを物語る。故に、古くからの有名な姓は、姚、姒、姫、姜、嬛、妊等みな女扁の文字が多い。支那では、この姓に基く結合意識は、今日猶ほ頗る強固であるが、「礼記」に見える通り同姓は婚しないのを鉄則とする。(注1) その理由は、「国語」の中に

姓ヲ異ニスレバ則チ類ヲ異ニス、徳ヲ異ニスレバ則チ類ヲ異ニス。類ヲ異ニスルハ近シト雖モ男女相及ボスハ、民ヲ生ズルヲ以テナリ。姓ヲ同ジクスレバ則チ徳ヲ同ジクス、徳ヲ同ジクスレバ則チ心ヲ同ジクス、心ヲ同ジクスレバ則チ志ヲ同ジクス、志ヲ同ジクスレバ遠シト雖モ男女相及ボサザルハ黷《ケガ》サンコトヲ畏ルヽ故ナリ（晉

語）

といふに明かである。即ち、「同姓婚セザルハ殖《シゲ》ラザルヲ悪ミ」て、又、「同姓ヲ避クルハ乱災ヲ畏レ」てであるとされる。しかし、同姓の自治的集団であつても、それが、独立自存し且つ統一ある行動を為すには、主権の確立した団体組織を必要とするから、これらの最下部の集団は、各自にその集団を統制してゆく首長を有してゐた筈である。この首長らは后と呼ばれたが、その数も多く、且つ、彼等は相互に大体平等の地位にあったから、史家は後世からではあるが、之れを群后と名づけてゐる。群后の始めてゐた集団は、後の発達した社会の標準に於ての国家と呼ばるべきではないにしても、それぞれ主権を具備して一姓の社会を統制して、統一意志ある団体たらしめてゐたものであるから、一種の国家といふべきものであることは疑へない。以下、便宜上、群后の治下にあつた政治組織体を、群后国家と呼ぶことにしよう。さて、この群后国家は、もとよりその包含してゐる一姓の族員の数もさまで多くはなかつたし、又その支配力の及ぶ領域より観るも極めて小なるものであつたことはいふ迄もないから、これが漸次、甲乙丙、ＡＢＣＤといふ風に、何かの外的及び内的機縁によつて、連合し、個々の群后国家に比しては一層大なる組織を成立せしめて行つたものと観なければならぬ。（注2）そして、そこに成立した連合集団も亦、その集団の必要とする統制を持たなければならぬから、統制者即ち首長の発生を見た。この首長を元后といつたのである。故に元后の統制する集団をば、前者に倣つて、元后国家と呼ぶことにしよう。支那の原始的政治組織は、吾等の文献上知り得る限りでは、この多数の群后国家と、いくつかの群后国家の連合体たる元后国家とから成り立つてゐたものと観られる。而して、この群后なり元后なりは、いかにして群后たり得、又元后たり得たか、といふ問題であるが、それに先立つて、この群后及び元后の資格について考へてみなければならぬ。

支那では第二次大戦迄は猶ほ牢固たる血縁法則が存在してゐた。それは宗法と呼ばれるものである。勿論、現代宗法は古宗法の如くに家の本支の区別を厳にし、宗本家が最高の指揮権を有するものではないが、同族結合の上には依然として相当な力を有する様である。ところで、宗法といふのは、祖先の血統を尊重し、血統を根本原理として生存族員の統制を目的とするものであるから、勢ひ、宗教的には祖先の祭祀といふ事と結びつく。宗法によれば、まづ一族を大宗と小宗とに分けるが、大宗といふは宗本家又は大本家といふべきもので、一族中には唯一つ存するだけである。この大宗は、始祖から直系の嫡長子が相承けるもので、これは「百世ニシテ遷《ウツ》ラザルノ宗」（礼記大伝）といはれ永久に継続する。之れに反し、小本家たる小宗は「五世ニシテ遷ルノ宗」（同上）といはれる。故に族人は常に高祖父以下の祖先から出た嫡長系統は、父の嫡長系たる継禰《でい》小宗、祖父の継祖小宗、曽祖父の継曽祖小宗、高祖父の継高祖小宗といふ四箇の小宗と、之れに大宗を加へて五宗の支配関係に立つわけである。但し小宗にあつては、高祖父を超過する遠祖となつたとき、小宗たる資格を消失する定めであつた。この宗法は単に血縁の本支や祖先祭祀のみに関するものではなく、深くその社会の経済的組織の中にも食ひこんで、原始的な群后国家に於ては、その社会秩序を維持すると同時に、政治の原理ともなつたものであらう。後の比較的に統一的国家に到つても無論この宗法はどれだけかは踏襲されたが、殊に周代に於ては、天子以下庶民に到る迄皆これに従ふべきものと考へられたやうである。然し、天子や諸侯王の支子は、多く臣下に列せられ身分を異にする為め、直接に天子諸侯王を宗とすることなく、それらの支子は別に自ら一家を建て、大宗となる定めで、これを「別」子と称した。

この宗法は、今日の支那に猶ほ、どの程度にか生きてゐる点で、まさに、支那の生命的根本法といふべきであるが、これが、国家生活の上に如何に具現されたかといふところに支那の国体決定の問題が横たはつてゐるのである。詩経に、「之レ（臣を指す）ニ対シテ君ト為リ宗ト為ル」とあるが、これは、血縁の中心者、一姓の本宗を以て君主としたことを物語るものであつて、恐らく初期の群后国家の事実であつたらう。群后は、後世に到つては諸侯即ち地方的王者たるの地位を得たが、此の諸侯となつた頃には、最早や、大部分のものは君にして同時に宗たるの性質は失つたものと思はれるが、とにかく原始の群后は、殆んど皆、「君タリ宗タル」ものであつたにちがひない。然るに、これらの群后国家は、時代の進むにつれ、それぞれの内的及び外的機縁によつて次に大同団結して一層高単位の集団となる必然性を有して居り、そこに元后国家が発生したのであるが、この元后国家の首長は、然らば如何にして決定せられたであらうか。ところで、この元后国家を理解するには、姓の問題を離れることを許されない。群后国家のそれぞれは姓を異にする血縁団体であるが、群后国家の一つ、これを后国家と仮称すれば、后国家は、一姓的血縁団体である。然るに、元后国家は群后国家の統一せられたものであるから、そこには、民族学的に観ての血縁は存在するとしても（勿論被支配者としての異民族を包含してゐるが、）姓的に観るならば、多姓的血縁団体であるといはねばならぬ。支那の民族が、民族としての大きさ、高さに於て、世界の諸民族中、最も優秀なるものの一つであり、然も、王道哲学の如き大思想の所有者でありながら、国家的に最高の完成を遂げ得なかつた原因は、実に民族以上にその姓に支配せられた為めである。姓は、宿命的に支那の社会原理として誤つて確把せられてしまつた。そこで、元后国家は、一姓的血縁団体たる后国家の「為君為宗」をそのまゝにうけつぎ拡大し強固にする事が出来ず、他の方法によつて、国家の統一原理を樹てなければならなかつたのである。

　果して然らば支那民族は、如何なる者に、この元后国家統制の原理を発見し、而して、如何なる方法によつて、元后を定めたか。茲に再び、吾人は祭天問題にかへらなければならぬ場面に逢着した。支那では、上述の如く極めて原始の頃から、どの程度かの天崇拝があり、従つて、祭天の俗があつて、古代人の通例として祭祀は極めて重大視せられたが、群后国家にあつては、この祭祀は血縁の中心者が行つてゐたから問題はないが、元后国家となると、姓の共通が無い為め、一姓の本家が之れに当る、といふことが出来なくなつた。然し、祭天そのことは、依然、新しい大きな集団にあつても第一義的重大事であることに変りはなかつた。そこで、姓の共通は無いけれども、元后たる者の資格は、祭天者でなければならぬ、といふことは、社会的公理として信ぜられてゐたにちがひない。ここに於ては、もはや、祭天は姓とか血縁とかいふ生命の本源性を遊離して一箇個性的能力の問題に転化してきたので

ある。支那民族の本質的帝王観に従へば、

一伍ノ長ハ、才以テ一伍ニ長タルニ足ル者ナリ、一国ノ君ハ、才以テ一国ニ君タルニ足ル者ナリ、天下ノ王ハ、才以テ天下ニ王タルニ足ル者ナリ（「後漢書」仲長統伝）

であるから、姓の共同を失ひ、更に異民族が国家組織の周辺に蝟集してくれば、そこにとられる方針は、国家の絶対に必要とする有能者を選ぶのほかなくなつてくるのは極めて自然である。

かくして、この新しい集団生活に於ては、その基礎社会たる群后国家の統制機構のうち祭天の部面は之れを継承したが、后そのものの決定方法に関しては、おのづから異る途を歩まなければならなかつた。勿論、武力的闘争の如きものも行はれたではあらうが、それは、支那民族の合理主義的性格を満足させるものではないから、とにかく、彼等の民族性の一特徴たる合理主義的方法が確立されずにはゐない。そこで、「周官」をみると「小司寇ハ外朝ノ政ヲ掌リ、万民ヲ集メテ事ヲ詢ル。一ニ国ノ危キヲ詢ル、二ニ国ノ遷都ヲ詢ル、三ニ君ヲ立ツルヲ詢ル」（小司寇）とある。（注3）この「君ヲ立ツルヲ詢ル」といふは、君主選挙の会議の意味で、「周官」の記事はその悉くを信じ得ないけれども、この点は、古代支那社会の君主選挙の名残を留めるものとして注目信用してよいと思ふ。君主の選挙制は印度にも西洋にもあつたから古代人類に共通の現象であつたのであらう。即ち、元后国家に於ける元后は、選挙を以て原則とする、と合理的に定められたのである。

かくして群后国家は元后国家に生長し、群后の上位に元后が設定せられたが、此の関係は、後世の侯国と天下、諸侯と天子にそのまゝ持ち越された。そこで、春秋の注釈書たる「公羊伝」などによつて見ると、封建時代に入つてからも、天子と諸侯とは倶に南面の位についた者で、天子と諸侯との間には服属関係はあるけれども、さればとて、天子は諸侯を純然たる臣下としては取扱はなかつたのである。天子は宗主権を有してはゐるが諸侯も亦それぞれ自国に於ては独立の主権を有してゐて、天子は彼等の内政には干渉しないたてまへであつた。勿論、元后時代には、事実上、選挙も可能であつたらうが、封建時代になれば、天下広汎、衆庶又文字通り千万で、形式を具備した選挙の如きは行はれ得べくもないが、統一国家の元首を選挙によつて決定するといふ思想は、爾来支那民族の心底深くに呼吸しつゞけたのである。

第二款　絶対君主主義と天

第一目　王権絶対化の原理

以上によつてほゞ、支那に於ける君主の起源を明白に為し得たと思ふが、群后にあつては、文字通り祭政一致であつた。而してその祭政一致とは、祭天と祭祖とそして政治とのいはゞ三位一体的それであつた。然るに元后となると、姓を異にする者の上に選挙せられて臨んだ君主であるから、群后の場合の如く、三位一体的祭政一致といふわけにはゆかなかつた。これは、群后の立脚してゐる基盤社会と元后のそれとが異る為めであるが、然し、そこに生ずる欠陥は何かの方法で補はなければなるまい。それと共に、元后が、群后を包容したる国家の元首たる地位につくや、従来の群后が各自の后国家の中で自然に具へてゐた絶対性を、自然には具足してゐないのであるから、こに、元后の絶対化を指向して何等か新しい努力をするに到るも亦自然の趣く処といへよう。元后は多くの群后の会議によつて推戴せられたものであらうが、一度び推挙されて、統一的君主たるの地位につけば、その権力の絶対化を望むは人情の常であるが、権力による権力の絶対化は最も拙劣なものであるから、出来れば、もつと人心の深部に無理なく受け容れられる方法が考へられるであらう。この場合、元后が国家の最高唯一の祭天者であるといふことは、たくんでも、たくらまないでも、おのづからこの目的への絶好の立場として作用したことはいふ迄もない。元后は、元后国家の唯一にして最高の祭天者であり、且つ元后が元后として立つに到つた以前の后国家に於ての三位一体的祭政一致に基いた君主であつたとすれば、元后となつた後に於て、いかなる方法を以てか、何かの機会にもとの三位一体的祭政一致が元后国家のそれへと上昇する様努力するであらうと推考せられる。元后の祖先が、追尊して帝と称せられるやうになつたのはこの努力、この指向の第一段の成功であつたに違ひない。これによつて、祭天の中へ、元后の始祖を祀ることが包含せられ、第一の問題は解決した。次には宗法の問題である。宗法からいへば、元后とその宗主権下にある群后とは相互に異姓であつて、厳密には宗法を同じうし得るものではない。然し、一度び、元后の地位に即けば漸次その同姓の者を、各地の群后として封じて行つたであらうから、その勢力を基幹として、他の者をも準拠せしめ、こゝに、元后国家を、元后を根幹とする宗法によつて固めて行つたことと思ふ。周の時代になつて、諸侯は周の君主を「宗周」と呼んだが、周の成王はその即位の初にあたり今の山東省曲阜地方にあつた奄《えん》といふ国が叛いたので王自ら征討し、帰国するや、未だ周室に帰順せざる殷の人民をはじめ多方の民に、諭告を発したが、そのことを叙した「書経」の文に「惟レ五月丁亥《ガイ》、王、奄ヨリ来リ、宗周ニ至ル」（多方）といひ、又、「荀子」にも「……聖王ノ子ナリ、天下ヲ有セルモノノ後ナリ、勢籍ノ在ル所ナリ、天下ノ宗室ナリ」（正論篇）といつてをる。群后が諸侯となり、元后が天子となつたとすれば、周を以て諸侯の宗室といふに到つたのは、それに先立つて元后が群后の宗室となつてゐたことを物語るものであらう。勿論、群后国家に於て、その君主たる后とその同姓者ばかりの民との間に成立した宗法関係ほど純粋ではあり得ないにしても、国家的制度の完備と共に、かかる欠陥は、制度の力で補つた辺もあるであらう。かくて、最後には、王権の絶対化王位の絶対化への努力を為し得る事となつた。

天が絶対尊崇の対象である以上、祭天その事も、支那民族にとつて絶対の必要事であるから、「祭天する人」の重要性も亦極めて大きく評価せられる、といふ事は、この王権の絶対化にとつて、むしろ、自明的原理を、用意してゐるものといつてよい。即ち、天と王権との一致化さへ行へばよいのである。然も上述の如き祭天、祭祖、宗法等の諸要件が具備してくれれば、この王権の絶対化は比較的容易である。

君主を追尊して「帝」といふに到つたことは先きに叙べたところであるが、何人かが一度び君長の地位にのぼれば、そこに、如何に能力主義の原理があらうとも、必ず、何等かの方途を見出して世襲主義が台頭してくる。能力主義が、支那民族の古来の根本原理であるにしても、この能力主義の厳重なる境界を破つて、世襲主義が侵入して来るのは、蓋し、人情人欲の自然といはねばならぬ。史伝に語られてゐる堯舜禹が白鳥博士のいふが如き抹殺論を正しとすべきか将た林泰輔博士の主張する実在論に左袒すべきかは兎に角、そこに語られてゐる帝位継承観は、未だ世襲思想の侵入を見なかつた純能力主義思想の支配した原始群后と元后との間の事情の伝説的反映であらう。然し、すでに、五帝も堯舜二代を過ぎて禹に到ると、彼は、夏王朝十七君十四世の始祖として後世に物語られてゐる。「書経」や「史記」に従うと、禹は治水の大功によつて舜の崩を受け天命により帝位に即いたのであるが、禹の崩ずるに臨み、位をその子啓に授けず、臣益に授けた。然るに諸侯は悉く、啓に朝したので遂に啓が帝位に即き、これより子孫相承けたのである、といふことになつてをる。「書経」の禹の記事は後世の付加であるといはれてをり、記述のまゝに史実として受取ることは出来ないが、選挙制から世襲制に移転する光景だけは、ほゞ実情を想像し得た記事と称してよからう。

かくの如く、世襲制となると、君主の祖先の地位といふものは極めて高くなるのが自然であつて、そこへ、祖先崇拝の強い民俗が作用し、更に、後に述べる天子感生思想が信ぜられるやうになれば猶更らのことである。支那民族の宗教的祭祀の中で、最高、最大、最尊なるは、いふ迄もなく祭天であるが、この祭天は、君主の特別任務であり又君主の特権でもあつて、天を祀るものは、王者に限られたのである。この君主の祭天は、君主の世襲制の起るに及んでは、つひに、君主の祖先を上帝として崇め、更に、君位君権の淵源が天なることを民衆に知らしめ、従つて現実の君主そのものも亦、天の人格化せるものなることをいはんとするに到つた。「書経」の舜が摂位せる時の記事に「肆《ツヒ》ニ上帝ニ類シ六宗ニ禋《イン》シ山川ニ望シ羣神ニ徧クス」といふは、おそらく、舜がその始祖を上帝に配した意味であらうが、「詩経」の「三后（太王、王季文王を云ふ）、天ニ在リ、王、京ニ配ス」（大雅）や、又「思文ナル后稷、克ク彼ノ天ニ配ス」（周頌）、などには君主がその祖先を天に配したことが明確に表現されてゐる。「詩経」大雅の文王に「文王陟降シテ帝ノ左右ニアリ。」といふも、亦これで、帝は上帝であるが、文王の祖、即ち周祖の霊を指せるものである。かく、君主がその父祖を天として祀ることを、「禘《てい》」といふが、「礼ニ、王タラザレバ禘セズ、王者其ノ祖ノ自《ヨ》リテ出デタル所ヲ禘シテ其ノ祖ヲ以テ之レニ配ス」（「礼記」大伝）といふはそれである。而して、一度びは舜によつて位を譲られて然も帝位に即き得なかつた益は、堯を讃歎して「都《アア》、帝徳広運、乃チ聖乃チ神、乃チ武乃チ文、皇天眷命シテ四海ヲ奄有シ、天下ノ君トナレリ」（「書経」大禹謨）といつたと伝へられてゐるが、これは現実に生きてゐる君主を、直ちに天となせるもので、必ずしも堯の歴史性の確不確によつてこの言葉の意味を左右すべきものではない。現実に君主たる者も亦、かくて、つひに、皇天の眷命するところ、ひとりその始祖が帝、上帝に配せられるのみならず、生ける君主それ自身が天に配せられるに到つた。先づ人ありて、天下の君となる所以のものは、これ天の命に依る。所謂皇天眷命である。それは、区々たる衆人の希望や推挙に基くのではなく、天が、命を下したのであるから、人にして神たるものである。乃聖乃神《ないせいないしん》といふのがそれで、上の「乃聖」の「乃」はその上の「乃」「帝徳広運」を承けて強める文字であるが、「聖」とは耳と音符の呈の合字で、智徳の勝れたる人を意味する。後の「乃神」の「乃」は、上の「聖」を承けて強める文字であるから「聖でありながらそのまゝ」といふ意味であらう。すなはち、「聖人でありながら」「人でありながらそのまゝ直ちに神」である、といふ意味であらうと解せられる。こゝに、天帝そのものに類した人帝が現れてくる。そして人帝は天帝の眷命による、といふこと以上に、天崇拝国に於て、人帝の絶対性を表現することは出来ぬ。現実に民に臨みつゝある君主は、かくて、単なる選挙推戴に依る者でもなく、武力征服による者でもなく、それらの人事を超越して天の命を受けたものであつて、所謂乃聖乃神なるもの、又、乃武乃文なるものとされるに到つたのである。これによつて、君主側からの、絶対君主主義化は次第にその功を収めてきたのであるが、これを一層、現実的感覚にまで顕著ならしめ得るならば、更に大なる成功といはねばならぬ。而して、これを、この大なる成功に導いたものこそは、次に述べんとする天子感生説だつたのである。

第二目　天帝と天子

天帝と人帝とが区別せられても、人帝の権威は、飽く迄、天帝の中に淵源がなければならぬ。始祖を上帝に配する事は、始祖が現実に存在しない人々であり、且つ、帝権を以て盛大なる祭祀を営めば、或程度までは、人心に作用するとしても、現実に生きてゐる君主を、天に配するといふことは、単純な命令や儀式を以て成功し得る性質のものではない。然し、君権君位の絶対性を確位せしめる為めには、是非共、生きてゐる現実の君主が、天に配せられる事の確信が民衆の心の中に宿らなければならない。そこに現れたものが、天子感生説である。天子感生といふは、現実の帝王又はその祖先たる者は、一般人類が夫婦の道によりて生誕するものと異り、天帝の神霊が、特定の婦人に感じて妊産せるものである、と為す説で「詩経」大雅の生民、「史記」の周本紀をはじめ、晋の皇甫謐の「帝王世紀」、晋の武帝の時魏の襄王の陵を発いて竹簡の書数十車を得たりといはれ、因つて「竹書紀年」と称せられる選者不詳の書、その他多く、経書によつて吉凶禍福等の予言を為せるこの種の緯書に説かれてゐる。天子感生なる思想の考案なりそれの信仰なりが、いつの頃に起つたものであるかは、不明であるが、鄭玄の如き有名な学者まで注釈を書いたくらゐであるから、相当古くから且つ広く信ぜられてゐたことは事実であらう。殊に、田崎博士のいへるが如き(注4)母系法社会と関係あるものとせば、それが幼稚な民衆によつて容易に受け容れられそして固く信ぜられたであらうことは疑ふ余地がすくないものといはねばならぬ。「荘子」に「神農ノ世ハ臥セバ則チ居居(安息)、起テバ則チ宇宇(自得)、民、共ノ母ヲ知ツテ其父ヲ知ラズ」(盗跖《せき》)とあるから、上古には母系法であつたらう。支那人が「姓」を絶対視するは母系法時代の遺習が特に強く保存されたものと思はれる。「姓」は「説文」に所謂「因レ生以為レ姓、従二女生一」である。

かくて天子感生説は、母系法を基礎とし、後、父母の観念を生じてから、父を天となすやうになり、更に一層進んで、天地を父母に配する思想が生れたものであらう。かくして君主は天帝の子である、といふことが、感生といふ如何にも神秘的超人的でありながら然も一面では現実に足を掛けてゐる巧みな説明によつて流布されゝば、万民は容易に之れを信ずるに到り、この信念こそは、帝位帝権を神聖不可侵なものとして維持するに、此上なく役立つたわけである。「呂氏春秋」に「始メテ之ヲ生ズル者ハ天ナリ、養ヒテ之ヲ成ス者ハ人ナリ、能ク天ノ生ズル所ヲ養ヒ之ニ攖《モト》ルコト勿《ナ》キ、之ヲ天子ト謂フ」（孟春紀本生）といひ、「白虎通」に「天子ト称スル所以ハ何ゾ、王者ハ天ヲ父トシ地ヲ母トス、天ノ子ト為スナリ」などといふは皆その説明である。

第三目　帝位と道徳

天命、天子の思想は、いはゞ支那に於ける神権説とでもいふべきもので、この神権説によつて、民衆に対して、君主の神聖権を信ぜしめ、之れに絶対の服従を求める礎地は成立したのである。

かういふ思想は、どこにも大なり小なり起り易いもので、西洋にも趣は異るが、後に述べるやうに、独特の神権説が起つてゐる。然し西洋の神権説は主として君主の権利を主張するに急であつたが、支那古代の神権説は、流石に世界に卓越せる王道哲学を根拠としただけに、大いに之れと趣を異にするものがある。帝王の位地、帝王の権力の神聖絶対を主張せんが為めに、天の信仰をその背景に取りいれると共に、他方には、帝位そのものが、人間世界に於て、特に国家社稷に於て、道徳の座所たる事を強く主張したのである。それには、たまたま、邃古に於て堯舜の如き、稀なる偉聖ありしとする伝説的史話の存した事が与つて貢献するところ大であつたにちがひない。堯舜が「史記」その他の伝する通りの、統一的最高君主であつたか否かは別問題として、すくなくも、多くの群后の上に立つた元后として実在したか、又たとへ実在はしなかつたにせよ、実在したものとして、古くから、その治績が理想的なものとされて、語りつがれてきたものではあらう。後になればなる程、理想化は一層完成の域に達したであらうが、この堯舜の伝説的史話こそは、帝位が天に基くものであるといふ説に、更に道徳的内容を付与する契機となつたにちがひない。「書経」が其の冒頭に於て「曰若《ココ》ニ古ヲ稽フルニ、帝堯ヲ放勲ト曰フ、欽明文思安安、允ニ恭シクシテ克ク譲ル。四表ニ光被シ上下ニ格《イタ》ル。克ク俊徳ヲ明カニシテ以テ九族ヲ親シム。九族既ニ睦ジクシテ百姓ヲ平章《ベンシヤウ》ス。百姓昭明ニシテ万邦ヲ協和ス。黎民於《アア》変リ時《コ》レ雍《ヤハラ》グ」などとあるのは、すなはち、それである。これ帝位が道の座所であり、帝権が道の力たる事をいへるもので、この傾向が、つひに、「王道」思想として大成せられるに到つたのである。これは積極的に解すれば、帝位帝権が、天の命に出づるといふ思想から内容的に発達し来つたものであると共に、消極的に解釈すると、一方には君主側の自覚と自戒の結果であり、又、他方には被治者側からの要求に基く王政の性格づけでもあつたのである。勿論、初期から、さうした自覚自戒又は被治者側からの性格づけが明白にあらはれてゐるとはいへないが、支那の歴史及び王道の思想史全体の上から観察すれば、かくいふも大過なきもののやうに思はれる。かくて、王位、王権は、天命に基けるものであるから、王は、天功即ち天の事業を行ふべきものとされ、王位、王権の内容は道徳的なものであつて、毫も王者個人の恣意に基くべきものでないとされたのである。

第四目　帝位継承と血統主義化

天命に基き王位が与へられ、それによつて王権を行使する君主は、かくの如くにして絶対化せられ神聖不可侵なものとされてきた。しかるに、元来の起源に於て、君主の位は、選挙推戴に依つて定められたものであり、かゝる選挙方式を生み出したものは、元后国家の実際の社会構造と及び能力に頼らんとする合理主義とであつたが、一度び、絶対君主主義が建設せられてくると、先づ君主側から、この君位君権を子孫に継承せしめたき希望の起り来るであらうことは察するに余りあるところといはねばならぬ。然るに、元来建国の根本事情は、選挙主義、従つて禅譲主義を採つてきたのであつて、天命なるものも、個なる有徳者の上に下るといふ点は顕著であるが、そのものの血統の上に、換言すれば子孫承統の上に天命が下るといふ思想ではないから、子孫継承が之れに代る為めには、理論的にも実際的にも、禅譲主義、選挙主義が批判せられなければならない。唐代の韓退之が「之レヲ人ニ伝フレバ争フ、之レヲ子ニ伝フレバ争ハズ、前ニ定マレバナリ、前ニ定マレバ賢ニ当ラズトイヘドモ、猶ホ以テ法ヲ守ルベシ、前ニ定マラズシテ賢ニ遇ハザレバ、争ヒテ且ツ乱ル」(対禹問)といつたのは、後世の言ではあるが、堯舜二代の禅譲の後は早くも禹の夏王朝血統相続が興り、然も、さきに説いたやうに、益に位を譲つたのであるが、諸侯皆、子の啓に朝したといふのであるから、その時に、恰も韓退之のいへるが如き結論を得たものなのであらう。賢を得て之れに譲るといふことは如何にも理想的のやうであるが、国家が大きくなればなる程、国民の人口は増大し、その居住する地域も広大となるのであるから、賢者を得るといふことは、容易なことのやうであつて非常に困難なこととなる。たとへ、賢なる者を得たとしても、その者が果して国中の最賢者であるか否かを決定することには、客観的確実性を保証し得ない。然らば、天命某に下るといふことは、事実、極めて至難なことといはねばならぬ。又、賢を得て之れに位を譲るといふことは、如何にも公平であるやうだが、人間の社会に於ては、か丶る事が平穏理想的に行はれるといふことは、堯舜の場合は兎に角、永く軌範と為し難い。何となれば、そこには必ず競争が惹起され、従つて、隠謀、暗中飛躍、結党相排といふやうな現象を見るに到るは必然だからである。その他種々な理由によつて、禅譲主義は批判せられ血統主義が採られるに到つたのであるが、これは、君主といふものの性質上、むしろ、当然の成行といつてよい。かくて、夏王朝により血統主義が採用せられたがその王朝は、桀で亡び、殷王朝も血統主義を採用したが、湯以下二十八代にして紂が国を亡ぼし、周は三十七代、秦は三代、前漢十四代、後漢十三代、三国もそれぞれ数代を出でず、西晉四代、東晉十一代、五胡十六国悉く、短きは二代、長きも七八代、南北朝亦然り、隋三代を経て唐に到つて珍しくも二十代、唐以後には、宋が九代、南宋を合算するも十八代、爾来清朝末に到る迄再び二十代を算へる王統を見ないのである。そこに、大きく革命の問題が浮き上つてくるが、これは後に取扱ふこととする。

かくて、夏王朝以来、血統主義が採用せられ、その血統主義は、各自皆、万世一系主義をとれることはいふまでもない。血統主義を採る限り、途中、他姓他氏によつて王位を継承せらるゝ事あるべきを予定するものはあり得ないから、主義としては、万世一系を法とする。これは支那のみならず、世界古今のあらゆる君主国の原理であるが、唯、事実上、万世一系であり得なかつたのである。周室の興るに及んで、世襲制度は一層完璧を期せられるやうになり、之れが方策として、周官を造り、礼楽を興し大いに制度を改めたのであるが、しきりに同姓を封じて諸侯と為し、以て王室の藩屏となせるは、これ即ち周室一系君位相承の基礎を強固にせんが為に外ならなかつたのである。然るに、後世、この親藩諸侯が血で血を洗ふが如き利害の争奪に闘魂を傾け、宗室之れを制し得ざるに到り、遂に衰亡の端を成した。次で秦は、「朕ヲ始皇帝ト為シ、後世以テ計数シ、二世三世ヨリ万世ニ至リ、之ヲ無窮ニ伝ヘン」（「史記」本紀六）と為し、大いに子を諸侯に封じて、政権の基礎を鞏うせんとしたのであるが、丞相綰《わん》等は「諸侯初メテ破レ燕、斉、荊ハ地遠シ、為メニ王ヲ置カズンバ以テ之ヲ塡《シヅ》ムルコト毋《ナ》カラン、請フ諸子ヲ立テン、唯、上、幸ニ許セ」（「史記」始皇本紀）と提議したところ、始皇は之れを群臣の議に付した。而して群臣は殆ど皆賛成したのであるが、ひとり廷尉の李斯なる者あり、所信を吐露するに曰く、「周ノ文武ノ封ズル所ノ子弟同姓甚ダ衆シ。然ルニ後属疏遠ニシテ相攻撃スルコト仇讎《シウ》ノ如ク、諸侯更《タガヒ》ニ相誅伐シ、周ノ天子禁止スルコト能ハズ。今海内陛下ノ神霊ニ頼リテ一統シテ皆郡県ト為レリ。諸子、功臣ハ、公ノ賦税ヲ以テ重ク之ニ賞賜セバ、甚ダ足リテ制シ易ク天下異意無カラン、則チ安寧ノ術ナリ、諸侯ヲ置クハ便ナラズ」と。始皇は、之れに対し「天下共ニ戦闘ニ苦シミ休セザリシハ、侯王有リシヲ以テナリ、宗廟ニ頼リテ天下初メテ定マレリ。又復国ヲ立ツルハ是レ兵ヲ樹ツルナリ、而シテ其ノ寧息ヲ求ムルハ豈ニ難カラズヤ、廷尉ノ議、是《ぜ》ナリ」と裁決を下し、よつて、天下を三十六郡に分ち、中央集権的政治機構を建てたのであつたが、三代にして亡びてしまつた。

かくて時代は漢の天下となつた。然るに漢は、秦の滅亡に鑑み、「高帝、封ジテ子弟ヲ王トシ、地、犬牙《ガ》相制ス、此レ所謂盤石ノ宗ナリ、天下其ノ彊《ツヨ》キニ服ス」（「史記」孝文本紀）又、「高帝、天下ヲ平定シ諸ノ子弟ヲ王トスルヤ、悼恵王、斉ニ王タリ云々」（「史記」呂后本紀）とある通り、王子を各地に分封したが、劉氏、呂氏等閨閥の対立内争あり、「劉氏ニ非ズシテ王タル者ハ天下共ニ之レヲ撃テ」（「史記」呂后本紀）とか、「王陵曰ク、高帝、白馬ヲ刑《コロ》シ盟ヒテ曰ヘリ、劉氏ニ非ズシテ王タラバ天下共ニ之レヲ撃テト、今、呂氏ヲ王トスルハ約ニ非ザルナリト、太后、説《ヨロコ》バズ」（「史記」呂后本紀）とかいふ文章がその事情を語つてゐる。但し孝文帝に就ては、支那の禅譲主義と血統主義との思想的交錯上の一参考として伝ふべきものがある。「史記」の孝文本紀によれば孝文は漢の高祖の中子であるが、その即位の元年、有司が「蚤《ハヤ》ク太子ヲ建ツルハ宗廟ヲ尊ブ所以ナリ、請フ太子ヲ立テヨ」といふに対し、「朕既ニ不徳ニシテ上帝神明未ダ歆享《キンキヤウ》（うける）セズ、天下ノ人民未ダ嗛志《ケフシ》（満足の心）有ラズ、今縦《タト》ヒ博ク天下ノ賢聖有徳ノ人ヲ求メテ天下ヲ禅《ユツ》ルコト能ハズトモ、予メ太子ヲ建テン、ト曰フハ、是レ吾ガ不徳ヲ重ヌルナリ、天下ヲ謂何《イカン》セン、其レ之ヲ安《オモムロ》ニセヨ」とて肯じない。即ち有司は「予メ太子ヲ建ツルハ宗廟社稷ヲ重ンジ天下ヲ忘レザル所以ナリ」と意の存する処を重ねて上陳せるも、孝文帝は、

楚王ハ季父ナリ、春秋高ク天下ノ義理ヲ閲シタルコト多ク、国家ノ大体ニ明カナリ。呉王ハ朕ニ於テ兄ナリ、恵仁シテ以テ徳ヲ好ム。淮《ワイ》南王ハ弟ナリ、徳ヲ秉《ト》リテ以テ朕ヲ陪《タス》ク。豈ニ予メセザルヲ為サンヤ。諸侯王、宗室、昆弟、有功ノ臣ニ、賢ニシテ及ビ徳義有ル者多シ。若シ有徳ヲ挙ゲテ以テ朕ノ終フルコト能ハザルヲ陪《タス》ケバ、コレ社稷ノ霊（幸福）、天下ノ福《サイハヒ》ナリ。今、選挙セズシテ、必ズ子、ト曰ハヾ、人其レ朕ヲ以テ賢ニシテ徳

有ル者ヲ忘レテ子ニ専ラナリト為サン、天下ヲ憂フル所以ニ非ザルナリ、朕甚ダ取ラザルナリ。

とて、容易に有司の言を用ゐようとせぬ。そこで、有司は皆更に固く請うて漸くに帝の許可を得たのであるが、「史記」はそれを次の如くに叙してをる。

古ハ殷、周ノ国ヲ有《タモ》ツヤ、治安皆千余歳、古ノ天下ヲ有ツ者、焉《コ》レヨリモ長キハ莫キハ、此道ヲ用ヰタレバナリ。嗣ヲ立ツルニ必ズ子ナルハ、従《ヨ》ツテ来ル所遠シ。高帝親ラ士大夫ヲ率ヰテ始メテ天下ヲ平ラグルヤ、諸侯ヲ建テ、帝者ノ太祖ト為レリ。諸侯王及ビ列侯ノ始メテ国ヲ受クル者、皆、亦其国ノ祖ト為レリ。子孫継嗣シ、世々絶エザルハ、天下ノ大義ナリ。故ニ、高帝之レヲ設ケ、以テ海内ヲ撫セリ。今宜シク建ツベキヲ釈《ス》テテ、更ニ諸侯及ビ宗室ニ選ブハ、高帝ノ志ニ非ザルナリ、更ニ議センコト宜シカラズ。子某（啓を指す、後の景帝也）最モ長ジ純厚ニシテ慈仁ナリ、請フ建テテ太子ト為サン、ト。上乃チ之ヲ許ス。

即ち子孫継嗣の法は、昨今のものではなく、淵源するところ極めて遠きこと、世々不絶は天下の大義なること、漢祖高帝の志にして之れに背くは不孝なること、大凡そ三条を以て孝文帝を首肯せしめた、といふのである。これは観念的には一種の理想主義として禅譲主義が回顧せられ乍ら、現実には血統主義が勝利を占むるに到つたことを物語るものである。かくて、漢に於ては、子孫継承が、天下の大義として一層強く意識せられるやうになつたが、この王朝も亦亡んだ。そこで、更に時代が下つて唐になると、太宗が又特にこの問題に関心あり、その著「帝範」に於て言及してゐる。「帝範」は、太宗の選、四巻あるが、この書は、則天武后の著たる「臣軌」と共に、早くから日本に流伝し、文政十三年には官板として印刻せられたが、寛政八年には更に、「臣軌」と共に合板せられてをる。この「帝範」の「建親篇」に、太宗は

漢祖初メテ関中ヲ定メ亡秦ノ失策ヲ戒メ、広ク懿親ヲ封ズルコト古制ニ過ギタリ。大ナルハ都ヲ専ニシテ国ニ偶シ、小ナルハ郡ニ跨リ州ヲ連ヌ。末大ナルトキハ危ク、尾大ナルハ掉《フル》ヒ難シ。六王叛逆ノ志ヲ懐キ七国鉄鉞

ノ災ヲ受ク。此レ皆地広ク兵強ク、積勢ノ致ストコロナリ。魏武業ヲ創メテ遠図ニ暗ク、子弟ニ一戸ノ民ナク、宗室ニ立錐ノ地ナシ。外ニハ維城ノ以テ自ラ固ムルナク、内ニハ磐石ノ以テ基ヲ為スナシ。遂ニ神器（王位）他人ニ保タレ社稷異姓ニ亡ボサル。故ニ諺ニ曰ク、流尽クルトキハ源尽キ、條《エダ》落ツルトキハ根枯ル、ト。此ノ謂ヒナリ。

といつてゐるが、血統主義を採用はしたもの丶、此のやうに歴朝皆、これが永続無窮に関しては封建の制と絡んで頭痛苦心の種であり、又、実際に革命又革命の歴史を展開し来つたのである。天命君主の思想は、かくて、その原初の意図のま丶に信奉せられるには、歴史の実情余りに複雑、民心又漸く懐疑に堪えざるに到るは免れ難い運命といはねばならぬ。

かくて、太古、堯舜の名によつて理想的に示されたとする禅譲は、つひに血統的世襲主義に取つて代られた。支那の思想家は、これを、官から家に代つたと考へた。「漢書」に「五帝ハ天下ヲ官ニシ、三王ハ天下ヲ家ニス、家ハ以テ子ニ伝ヘ、官ハ以テ賢ニ伝フ、四時ノ運ノ若ク、功成ル者ハ去ル、其ノ人ヲ得ザレバ則チ其ノ位ニ居ラズ」（蓋寛饒伝）といふのがそれだ。これは、禅譲を以て世襲より高き道であるとしたものであるが、孟子は、その門人が、「人言ヘルアリ、禹ニ至ツテ徳衰ヘ、賢ニ伝ヘズシテ子ニ伝フト。コレ有リヤ」と質問した時、「否、然ラザルナリ、天、賢ニ与フレバ則チ賢ニ与ヘ、天、子ニ与フレバ則チ子ニ与フ」（萬章上）と答へてゐるから、禅譲も天命、世襲も天命、天命の存するところ王ありと為す者であらう。然し、禅譲の場合と異り世襲の場合には、初代の王は天命を受けたとしてもその子孫が必ず賢良相つぐとはいへないのであるが、これに就て孟子は、「其ノ子ノ賢不肖ハ皆天ナリ、人ノ能ク為ス所ニ非ザルナリ、之レヲ為ス無クシテ為ス者ハ天ナリ、之レヲ致ス無クシテ至ル者ハ命ナリ。」と解し、更に「匹夫ニシテ天下ヲ有《タモ》ツ者ハ、徳必ズ舜禹ノ若《ゴト》ク、而シテ又天子ノ之レヲ薦ムル者アリ、故ニ仲尼ハ天下ヲ有タズ。世ヲ継ギテ天下ヲ有ツニ、天ノ廃スル所ハ必ズ桀紂ノ若クナル者ナリ、故ニ、益、伊尹、周公ハ天下ヲ有タズ」（萬章上）と考へた。即ち、一度び世襲となれば、桀紂の如き特に暴虐なる者でない限り、天はその血統の者を廃しないから、孔子其他の如き聖人有徳者といへども王とはなれぬ、といふのである。理義不透徹であるが、禅譲と世襲とを共に肯定すればかういふより道はないのである。この文章の終りに「孔子曰ク、唐虞ハ禅《ユヅ》リ、夏后殷周ハ継グ、其ノ義一ナリト」とあるが、要するに、天命は、かういふ風に「自然の運命」といふ意味に近い解釈に陥つてゆくのである。「左伝」に「今、周ノ徳衰ヘタリト雖モ天命未ダ改マラズ、鼎ノ軽重ハ問フ可ラザルナリ」（宣三年）といふところの天命未改の判断の如き即ちそれである。

第二項　天命説の実践的改訂

第一款　天命への懐疑

天命説は、比較的すなほに、最初民衆に受け容れられた、としても、暴虐、或は暗愚の君主が現れて、人民がその政治に当惑苦悩するに及んでは、果して、その君主及びその後胤に、天命ありや否や、第一に懐疑の念をいだかせざるを得なくなるであらう。又、諸侯の雄なる者が興つて実力により従来の王朝を追ひ亡ぼして新に天子と号するに到れば、そこにも亦当然、この問題が起る。亡国果して命なきや、興国果して命ありや、天命の証憑は、見て分つべき何ものをも示してゐない。桀紂にして猶ほ、「己れに命あり」といふとすれば、遂には、天命、天威（「書経」泰誓上に用ゐてある語）そのものをも疑はざるを得なくなる。「詩経」に「蕩々タル上帝、下民ノ辟《キミ》ナリ、疾威ナル上帝、其命辟《ヨコシマ》多シ。天、烝民ヲ生ズ、其命諶《マコト》ニ匪《アラ》ズ」（大雅、蕩）といふは、実によくこの懐疑思想を表現せるもので、流石は敏感なる詩人といはねばならぬ。「疾威なる上帝」とは賦斂《れん》を重くして人を病ましめ、刑を峻にして人を威罪《つみ》する上帝、といふこと、匪諶《しん》とは、信じ難いといふ意味である。又、「旻《カウ》天疾威、天篤ク喪ヲ降シ、我レヲ飢饉ニ瘨《ヤ》マシム、民卒《コトゴト》ク流亡シ、我ガ居圉《ギヨ》卒ク荒ル」（大雅、蕩）といふは、幽王の虐政をいへるものであるが、天への懐疑は極めて深刻である。天の思想が最も純朴極端に行はれたのは蓋し、商、周の時代で、周の王朝の滅亡に瀕するやこの思想に一大動揺を来し初めたのである。かういふ天に対する不信、懐疑の情を詠んだ詩が、「詩経」の中には、まだこの外に相当ある。「上帝是依無災無害」（「詩経」魯頌）即ち、上帝がその子孫に依り添ひ護るといふ信念は、根底から動揺せざるを得ない。最早や、単純なる古代的天命思想の肯定に甘んずることは不可能となつた。かくして天降り式天命天功説は、暴虐な君主の政治を通して即ち、民衆の実際生活を通して否定されざるを得なくなつたのである。然し、支那民族は、あくまで天の篤信者であつた。天を否定し、天命を全く信ぜざるやうな別の思想、信仰に走る事は出来ないのであつた。茲に、天の再解釈が必然、台頭し来るのである。

第二款　天命への再解釈

比較的質朴、柔順に、為政者の教化を受け容れて、元来の崇天信仰を基として、天子受命を信じてきた支那民族は、かくの如くして従来の天命説を実践的に改訂することとなつた。天とは何であるか、天は飽く迄、神聖なる支那民族の宗教的崇拝対象である、本尊である。然し、天は如何にしてその天命を下すか、これが、実践的改訂の第一の着眼点であつた。即ち、茲に、支那民族は太古以来の教権的解釈を打破して、新に、民衆を基準とせる民主主義的再解釈を確立せんとしたのである。「詩経」大雅文王に「侯《コ》レ周ニ服セリ、天命常靡《ナ》シ」といふ。これは、おそらく成王を戒しめたものであらうが、こゝに、天命の無常観が示されてゐる。天命は常に「一王統にのみ存す」るやうに従来の王朝は皆、民を教へてきたが、若し、天命常あるものとすれば、いかなる悪虐無道の国王現るるとも民は絶対に之れを奉ぜざるを得ない。然るに、「嗚呼我ガ生クルハ命ノ天ニ在ル有ラズヤ」（「書経」西伯）とて民を更に意に介せざりし紂が亡び、天命無常なるが故に、文王の如き明君が西伯より起つて天下を有つに至つた、といふのである。

かく、天命無常観により、特定の一者が、超越的、独断的に天命在我を主張する根拠を打破したのであるが、そこに、孟子の所謂「天ニ順フ者ハ存シ、天ニ逆フ者ハ亡ブ」（離婁上）といふ一般法則が把握される。然し次には、天命の現れ方の解釈如何である。古は、天命降る、と称した者が、自ら之れを主張する事によつて、受命を証明せんとした。然るに、今や、かくの如き主観的なる証明は民の信じ得ざるところとなり、民の信じ得る天命を欲するに到つた。民の信じ得る天命とは、結局如何なる外部的証憑よりも民自身が天命彼に在りと信ずる事以上に有力なものは無い筈である。茲に於て、天意、天命は、民意に現れる、といふ新解釈を以て彼等支那民族はその古来の信仰を救つたのである。そして、曽ては「嗚呼、惟レ天、民ヲ生ズ、欲有リテ主無ケレバ乃チ乱ル、惟レ天、聡明ヲ生ジ、時《コ》レ乂《ヲサ》メシム」（「書経」仲虺《ちうき》）と考へさせられたものが、「天、民ヲ生ジ、之ガ君ヲ樹ツ、以テ之レヲ利スル也」（「左伝」文一三年）となり、一層明白に「天ノ民ヲ生ズルハ君ノ為メニスルニ非ズ、天ノ君ヲ立ツルハ以テ民ノ為メニスルナリ」（大略篇）となつて、茲に民主主義的帝王観が、「天」の思想に於て確立されてきたのである。かうなると、天命の在否の判定は、君主そのものに存するのでなく、民意に存することゝなり、天意は民意となつて現れる、といふことになる。「天ノ聡明ハ我ガ民ノ聡明ニ自《シタガ》ヒ、天ノ明畏ハ我ガ民ノ明威ニ自フ」（「書経」皐陶謨《かうえうぼ》）「天ハ民ヲ矜《アハレ》ミ、民ノ欲スル所、天必ズ之レニ従フ」（「書経」泰誓上）、「天ノ視ルハ我ガ民ノ視ルニ自ヒ、天ノ聴クハ我ガ民ノ聴クニ自フ」（同上泰誓中）等、これらの語は、「左伝」や「孟子」にも引用されてゐるが、皆、この新しく勃興した民主主義的天命観にほかならぬ。所詮「王者ハ民人ヲ以テ天ト為ス」（「史記」酈《れき》生列伝）で、民が天となつてしまふのである。もとより、かくいへばとて、民に君を凌ぐを許すものではない。唯上一人の無道を「天命」に藉口するを許さざるが本旨であることは、「春秋左氏伝」に

　良君ハ将ニ善ヲ賞シテ淫（淫匿の義にして虐げむさぼる也）ヲ刑シ、民ヲ養フコト子ノ如ク、之ヲ蓋《オホ》フコト天ノ如ク、之ヲ容ルルコト地ノ如クセントス。民モ其君ヲ奉ジテ之ヲ愛スルコト父母ノ如ク、之ヲ仰グコト日月ノ如ク、之ヲ敬ス

ルコト神明ノ如ク、之ヲ畏ル、コト雷霆ノ如クナラバ、其レ出スベケンヤ、夫レ君ハ神ノ主（祭祀の主）ニシテ民ノ望ムトコロナリ。若シ民ノ生ヲ困《クル》シメ神ノ祀ヲ匱《トボ》シクシ、百姓望ミヲ絶チ、社稷、主ナクバ、将ニ安《イヅ》クニカ之ヲ用ヰントスル。去ラズシテ何ヲカ為サン。天、民ヲ生ジテ之ガ君ヲ立テ、之ヲ司牧セシメテ性ヲ失ハシムルコトナシ。君アリテ而シテ之ガ貳（臣佐）ヲ為シ、之ニ師保タラシメテ、度ニ過ギシムルコトナシ」（襄公十四年）

とあるがその一例である。かくて、天命の在否は、人民の判定する処となり、天命の内容は、民を利するに在り、こゝに於ては、君たる者、民意を以て天意とするのほか無きに到る。「嗚呼、古、我ガ前后、惟レ民ヲ承ケザル罔シ」（「書経」盤庚中）といふは即ちそれで、「承」とは「敬」であるから民意を天意として敬重するをいふのである。

第三款　天命測定の三方法

天命の在否を測定する方法に就ては、その実質的重点は既に述べたところによつて民意を以てすることが明白になつたから、もはや何等の付加すべきもののなきが如くであるが、実は此の外にも方法が無いではない。それは今、詳説するの要なきことではあるが、便宜参考の為めに略述しよう。これは支那民族の信仰に関することであるが、彼等は古来、殊の外、卜筮の道を信じた。そこで、天命の在否を確める方法の一つとしても亦この卜筮が選ばれてゐる。「礼記」によると、「卜筮ハ先聖王ノ民ヲシテ時日ヲ信ジ、鬼神ヲ敬シ、法令ヲ畏レシムル所以ノモノナリ、民ヲシテ嫌疑ヲ決シ猶与（遅疑不決）ヲ定メシムル所以ノモノナリ。故ニ曰ク、疑ウテ之ヲ筮スレバ則チ非《ソシ》ラズ、日ニシテ事ヲ行ヘバ則チ必ズ之ヲ践《ヨシ》トス」（曲礼上）とあるから、君主側に於ても民の信をとるべく用ゐられたもので、「昔、三代ノ明王、皆天地ノ神明ニ事《ツカ》フ、卜筮ヲ之ヲ用フルニ非ザルナシ。敢テ其ノ私褻《セツ》（私の汚れた心）ヲ以テ上帝ニ事ヘズ」（表記）で、公明の心を以て用ふるものとされてゐた。故に、卜筮を以て天命を卜ふことが行はれたことは、舜が禹に位を譲つた時、禹が「功臣ヲ枚トシテ惟吉ニ之レ従ハン」（「書経」大禹謨）といつてゐるのでも知られる。武王が紂を討伐した時の「書経」泰誓の記事にも卜筮を行つたことが見えてゐるし、かういふ方法は、しば〳〵とられたものと思ふ。次には、後に述べる仏教の哲学と趣を同じくし、自然の順逆を以て判ずる方法がある。即ち、人君不徳にして天命の存する無き時は、それが自然の災異となつて現れる、といふ思想で、仏教の仁王経、金光明経等の思想と酷似してゐる。「周易」によれば「天、象ヲ垂レ吉凶ヲ見ハス」（繫辞上）といふのが一般原則であるが、この原則に従つて、「惟レ上帝、常ナラズ、善ヲ作セバ之ニ百祥ヲ降シ、不善ヲ作セバ之ニ百殃ヲ降ス」（「書経」伊訓）ものと信ぜられ、王者の政治の善悪は、直ちに、天これに応報し、善政には善果を報ゐ、悪政には悪果を報ゐるといふ考方である。勿論、かくの如き自然現象の判断の上にも卜筮が応用せられたことであらうが、天命ありて王道の行はるゝところには「王道得レバ則チ陰陽和理シ」、反対に、無道の天下には「政化乖《ソム》ケバ則チ崩震災ヲ為ス」（「後漢書」李固伝）と考へられる。「春秋」が災異について一々詳細に論評してゐる所以のものは、王道の安危を曰つてゐるものだ、といふ「漢書」翼奉伝の説は正しい。この天の災異は、君主の不徳無道を天が警告するものと解せられたやうで、「漢書」の成帝紀に、建始三年の詔として「人君不徳ナルトキハ譴天地ニ見ハル、災異屢発リテ以テ治ラザルヲ告グ」とあるが、人君の不徳を警告する為めに、天が災を人民に及ぼすのか否か、そこには何か割切れないものがある。卜筮も、自然の幸福並びに災異も、共に、天命の在否を判定する方法として考へられたものではあるが、これらだけを以てしたのでは、猶ほ、決定的測定法とするに足りなかつたのである。そこで、最後の、然も直接最も確実な測定法であり且つ判定法たるものとして、民意が尊重せられるに到つたものであらう。民意といふは輿論にほかならないが、勿論、迷信深い民衆が、同時に卜筮や天象を併せて天命測定、又は決定の方法として存置したことは、必ずしも今日の心を以て嘲ふべきものではなからう。

第三項　革命放伐

第一款　王道革命の誤解

世には支那の王道は革命主義を含むと考へてゐる者があり、終戦前の我が国体論者は十中の九分九厘迄は斯く信じ、依つて、革命を絶対に容認しない日本の皇道と支那の王道とは根本的に異るといふことを力説してゐた。これに対し予は数回批判の筆を振ひ、所謂皇道論者から目の敵にされたのであるが、王道と革命とは全然範疇を異にする概念である事に気がつかず、ミソもクソも一緒にして考へるからこのやうな粗雑な誤解を生むのである。王道とは王たるの道である。王たるの道とは王者が行ふべき軌範である。革命とは、王者の天命が革まることであつて、然らば何故天命が革まるかを検討せねばならぬ。王者が王者として認められるのは王者に天命ありと信ぜられてゐる為めであるが、天命ありと信ぜられるのは、王者が王道を行うてゐるからである。称号だけ王であつてもその行ふ処が王道に反する時、天は、即ち民は、之を王として奉ずることを欲しない。つまり革命を起すのであつて、然もその場合革命を正当な政治的行為として是認するのである。然らば、革命は王道そのものの中に内在するものではなく、王道と範疇を異にしてその外部に存するものでなければならぬ。王道を行つてゐても革命を起すといふことはないのであり、従つて王道を行つてゐるものに対して革命を認めるといふことはありえないのである。つまり王道と革命とは同時に両立しえない概念なのである。王宇が三才一貫の義とされるのは、その事自身、無革命を意味するものでなくして何でありえよう。この事は第五項王統の中に説く王統無窮の条件、第二款（本書二二一頁）を参照すれば一層明瞭になると思ふが、以上のやうな明白な論理を確認することの出来ないものが、王道と革命といふ全然範疇を異にする概念を混乱させて王道は革命思想だといふやうな見当違ひの独断に陥るのである。

第二款　受命と革命

王道そのものは革命思想ではないが、王たる者がその地位を追はれるか追はれないかを決定するものは命の有無である。そもそも、ある人が君主として天より命を受けたものとして信解されるのは「大学」に所謂明徳であり、天が災祥を示す場合も「惟レ天ノ災祥ヲ降スコト徳ニ在リ」（商書・咸有一徳）で、専ら、個人本位である。政治上の首長を、個人の徳を標準にして決定するのは確に合理的であり、又確かに勝れた一方法ではあるが、この合理は窮極的には、年期制に帰着すべき性質のものである。例へばアメリカの政治的首長たる大統領が任期四ケ年と定められてゐるが如くに。凡そ国家統治の中枢を決定する方法は大別して、有君組織によるか無君組織によるかの二つとなるが、有君組織の場合には必然的に君主の血統が重要な条件となり無君組織の場合には首長たる者の智徳が唯一の条件となる。従つて、天命といふやうな思想を介入せしめる場合でも、有君組織に於ては血統そのものの永続に天命を信じ易いが、無君組織にあつては個人の能力そのものに基いて天命の有無が判断される。古代支那に於ても血統を全然無視したのではないが、君主個人の徳が命の有無を判断する決定的基準とせられたのは畢竟その国家の基盤社会が民族的に複雑であつて、全体として一個の生命的体系を成さなかつた点にその根本の原因があると思ふ。然るにもかゝはらず、武力最強の者が天下を統一して王と号するところから、漢民族の思弁性と相俟つて弁証法的に、世界無類の精妙な王道論及び革命論を生み出したのであらう。革命とは「易」に「湯武、命ヲ革メテ天ニ順ヒ人ニ応ズ、革ノ時大ナルカナ」（革）とある革命で、陰陽家では辛酉の歳に革命ありといひ「詩経」の疏によると午亥の歳を革命、卯酉の歳は革正と使ひわけてゐるが、もとより何等客観的根拠あるものではない。命が革まれば必然、君主たる人の交代が行はれる。それが易姓である。易世とも書く。例へば「風俗通」に「王者易姓而起」、魏文帝の「周成漢昭論」に「使二夫昭成一均無而立、易姓而化、貿《カヘ》臣而治」といふやうに。革命は必然に易姓を生み、易姓は必然に革命となる。故に連唱して易姓革命と称するのであるが、支那の易姓革命は中央王朝のみに就て見るも前後実に二十数回の多きに達し、清朝で君主制は死滅してしまつたが、これがむしろ支那民族本然の姿である。既に血統よりは個人の徳に君主の本質を認める以上、即ち個人の受命を王権王位の根拠とすれば、その個人がいかに命を行ふかが問題で、若し、その施政にして民意に沿はざる時は、忽ちにして「帝(高羽)其ノ政ヲ乱シ、豺虎(王莽)虐ヲ肆ニセシトキ真人(光武)革命ノ秋ナリ」(文選「南都」の賦)となり、反対に又「惟レ天、親無シ、克ク敬スルヲ惟レ親シム」(「書経」太甲)「天道親無シ、常ニ善人ニ与ス」(「説苑」説叢)といふことにもなるは極めて当然である。

第三款　禅譲と放伐

革命の徴標は、卜筮にも現れ、天象にも現れるが、就中、民意に於て決定的に示現する。然し革命には二つの方法がある。第一には、君主自ら、その命の赴く所を察知し、己の子孫に執着して禅譲する方式である。禅譲といふは文字は禅も譲も共に単にゆづるの義で何等革命的意味を有するものではないが、然も禅譲と熟語した場合には慣用的に、他姓の有徳なる者に位をゆづる意味とされてゐるから、結局革命の一の方式なのであるが、然しこれにも二つの場合が分けられる。其一は、歴史的事実としては確認されてゐないが、堯が「朕位ニ在ルコト七十載、汝能ク命ヲ庸《モチ》フ、朕ガ位ヲ巽《ユヅ》ラン」(書経)といつて微賤の舜を挙用して位を譲つたやうな場合、又、舜が同様の方式で禹に後をつがしめた場合、これらはいづれも純粋の徳譲であるが、おそらく理想を語つた神話であらう。其二は実質的には権臣が君主に迫つて帝位を簒奪するのであるが、名目的形式的には禅譲の方式をとるもので、これは下からする無血革命にほかならぬ。曹丕(魏の文帝)が後漢の献帝に迫つて位を己れに譲らしめたので漢室はこゝに滅亡したが、これはこの意味の禅譲の始めで、爾来前後八百年、北宋の代頃迄、干戈を用ゐずして帝位を簒奪せんとする者が好んで用ゐた方式で、南北朝時代に最も甚しいやうであつた。後漢の献帝などは禅譲後も山陽公に封ぜられて終を完うしたが、多くは脅迫と甘言とを以て禅譲せしめられた後に殺害されてゐる。劉宋最後の順帝は、権臣蕭道成に擁立せられ又簒奪せられそして弑せられ、八代五十八年で宋室は亡びたのであるが、帝はその死に臨み、「願後身世々勿復生天王家」（「南史」三）といつたといふ。

放伐は、放「はなつ」、伐「うつ」で、天命の去つた天子は之れを武力を用ゐて帝位から追放し又は討伐すべしとする思想である。悪虐の王に対しては、「天ノ明威ヲ将《オコナ》ヒ王ノ罰ヲ致シ」又「厥《ソ》レ惟《コ》レ天命（大命）ヲ廃シ、罰ヲ降致」するのであるが、具体的には武力を以て討つのほかない。無力の民衆ではどうすることも出来ない。こゝに諸侯が武力を以て天子に迫ることが大義名分的に正当化されてくるのである。「書経」は云ふ

夏王、徳ヲ滅ボシ威ヲ作シ、以テ虐ヲ爾《ナンヂ》万方ノ百姓ニ敷ク、爾万方ノ百姓、其ノ凶害ニ罹リ、荼毒《トドク》ニ忍ビズシテ、並ビニ無辜ヲ上下ノ神祇ニ告グ。天道ハ善ニ福《サイハヒ》シ淫ニ禍シ、災ヲ夏ニ降シ、以テ厥ノ罪ヲ彰《アラ》ハセリ。肆《ユヱ》ニ台《ワレ》小子、天命ノ明威ヲ将《オコナ》ヒ、敢テ赦サズ、敢テ玄牡《ゲンボウ》（黒牛、天に供へしもの）ヲ用《モツ》テ、敢テ昭ニ上天神后ニ告ゲ、有夏ヲ罪センコトヲ請フ。聿《ツヒ》ニ元聖ヲ求メ、之レト力ヲ戮《アハ》セ以テ爾有衆ト命ヲ請フ（商書、湯誥）

湯が夏の桀を武力で放逐討伐したのは、即ち、天が湯をして災を夏に降せるものにほかならない。故に天命は夏から「命」を取消して湯に命を授けたことになるのである。同じく「書経」の別の箇所に

厥レ、帝ノ命ヲ図《ハカ》リ、民ノ麗（生活の依るところ）ヲ開ク克《アタ》ハズ、即チ大イニ罰ヲ降シ、有夏ヲ崇乱ス……天惟《コ》レ時《コ》レ民ノ主ヲ求ム、乃チ大イニ顕休ノ命ヲ成湯ニ降シ、有夏ヲ刑殄（罰し滅す）セリ（多方）

とあるも亦、同巧異曲の説である。商の王朝も、因果は廻る小車の如く紂王に到つて「商ノ罪貫盈ス、天命ジテ之ヲ誅セシム」（「書経」泰誓上、中）で、放伐の下にその運命の最期を曝し出したのであつた。孟子は之れを簡明に「桀紂、天下ヲ失フハ其ノ民ヲ失ヘバナリ、其ノ民ヲ失フハ其ノ心ヲ失ヘバナリ」（離婁上）と評し去つた。尽し得て

余すところなしといふべきである。而して孟子は、梁恵三章句下に、斉の宣王が孟子に向つて「湯、桀ヲ放チ、武王、紂ヲ伐テリト。コレアルカ」と問うたのに対し、「伝ニ於テ之レアリ」と答へ、一転して宣王が、「臣其君ヲ弑ス可ナルカ」と質問すると、これに対し孟子は「義ヲ賊《ソコナ》フ者、之ヲ残《ザン》トイフ。残賊ノ人ハ之ヲ一夫ト謂フ。一夫紂ヲ誅スルヲ聞ケリ、未ダ君ヲ弑スルヲ聞カザルナリ」と説いてゐる。これは宣王の質問に対してはむしろ詭弁ともいふべき処であるが、流石に臣その君を弑するも可とはいへなかつた為めであらう。か丶る儒教の禅譲放伐に対しては、支那にも之を否とする説がある。たとへば法家の韓非子はその忠孝篇に於て、まづ「堯舜湯武ハ或ハ君臣ノ義ニ反シ後世ノ教ヲ乱ル者ナリ」と評し、禅譲に対しては「此レ位ヲ定メ教ヲ一ニスル所以ノ道ニ非ザルナリ」といひ、更に「所謂忠臣ハ其君ヲ危クセズ、孝子ハ其親ヲ非《ソシ》ラズ、今、舜ハ賢ヲ以テ君ノ国ヲ取リ、湯武ハ義ヲ以テ其君ヲ放弑ス、此レ皆賢ヲ以テ主ヲ危クスル者ナリ、而ルニ天下之ヲ賢トス」と批判痛烈を極めてゐる。又、「史記」の儒林列伝によると、前漢十六代の景帝の時帝の面前で黄生と轅固《ゑんこ》生とがこの問題について論争してゐるが、轅固は湯武の放伐を是認し受命なりと主張するのに対し、黄生は「桀紂ハ道ヲ失フト雖モ然モ君上也、湯武ハ聖ナリト雖モ臣下ナリ、ソレ主、失行アリ、臣下正言シ過ヲ匡シテ以テ天子ヲ尊ブコト能ハズ、反ツテ過ニ因ツテ之ヲ誅シ代リ立テ南面ヲ践ム、弑ニ非ズシテ何ゾ」と反駁した。すると轅固生は「必ズ云フ所ノ若《ゴト》クンバ是レ高帝ノ秦ニ代リテ天子ノ位ニ即キシハ非カ」と追撃するのであるが、これは黄生にとつては難題であらう。高帝とは孝景帝の祖で、漢の第一代高祖の事だからである。然し景帝は聡明であつた。間髪をいれずにこの提問を引取つて、自ら「肉ヲ食フニ馬肝ヲ食ハズトモ味ヲ知ラズト為サズ、学ヲ言フ者、湯武ノ受命ヲ言フ無シトモ、愚ト為サズ」と解決したので、両人の論争は終止符を打つた。而して「史記」は「是後、学者、敢テ受命放殺ヲ明カニスル者莫シ」といつてゐる。故に、武力を以て臣下たる者が君主を放伐するが如きはその事情の如何に拘らず之を非とし、放伐是認論に対抗する思想も支那に存することは明かである。又、「前漢書」七五眭《き》弘伝には眭《き》弘が前漢昭帝の時、禅譲の必要を論じて上言し、為めに大逆として誅されたことが見えてゐる。

日本ではもとより禅譲放伐の思想を認めないから、古来「孟子」を載せた船が日本近海に到ると神の怒に触れて必ず覆没するといふ伝説が古くからあり、明の謝肇淛の「五雑爼」巻四にもこの伝説を録して「此亦一奇事也」と評してをるが、寛政十二年出版の桂川中良著「桂林漫録」（上巻）によると、此文は我国の刻本には刪去してある、とのことである。然し「書経」その他儒教の経典はひとしく皆この方式を是認してゐるのであるから、ひとり「孟子」だけを悪んでみても、他の書の流通を塞がなければ、実は無意味に近い。

惟ふに禅譲放伐を是認するか否認するかは、王道そのものの問題ではなく、国体の問題であり而して君主統治の事実問題であらう。支那に於て禅譲放伐を認める思想の台頭したのは、単なる抽象的理論としてではなく、実践的是認、経験的肯定に基いたものであらう。禅譲放伐の悪用は誰れでも勿論之れを否定するし、君臣道徳から見ても亦反対の論も可能である。それにも不拘一般に支那でこの思想が肯定されるといふ事は、何よりその歴史的経験に因るのであり、更に根本的にはそのやうな歴史を発生せしめてゐる国家の社会的基盤、即ち国体に因るのである。我国に於ては古来曽て一度も禅譲放伐が是認されたことがない。それは君臣の道義といふ理論的結論としても成立し得るが、主としてその思想の支柱を成してゐるものは、禅譲放伐を是認しなければならないやうな歴史的経験がなく、逆に、それを絶対に不可とする思想に凝固せしむる史的経験が持続されてをり、而して、この経験が結局、根本的には国体に基くものであるのはいふ迄もない。然し、日本でも、特殊の事情、即ち共産主義或は無政府主義の如き特別の思想に感化せられ、二千余年の国民的経験を否定して、故意に皇室を支配階級の源頭と悪解すれば、天皇制廃止の主張の如きものが出てくる。現代の天皇制廃止論は、明かに禅譲といふよりは放伐の思想である。勿論、共産主義の放伐論の如きは偏見と邪見とが根幹を成してゐるのであるから、我々は之れを断乎として否定しなければならない。否定する為めには一方に勇敢なる思想闘争を以てこの現代的放伐思想を討伐すると共に、他方善良なる国民大衆に対し、真の国体思想を啓蒙普及する必要が起つてくる。対共産主義問題を別としても、将来永久に日本には放伐思想が是認されるやうなことはないとはいひ切れない。万一にも輔弼その当を得ざる事久しきに亘り、天皇統治の真義が国民生活から遮断されてしまつたり、或は天皇統治が著しく歪曲され、官僚や国会の悪政が天皇政治そのものの如く誤解されて長期に及んだりすることがあれば、日本も亦人の国である限り、一般国民の中から放伐思想が台頭して来ないものでもない。そこに君民の覚悟と聡明なる努力とが要求せられるのである。猶ほこれは「国体軌範」の巻に於て精しく考へたい。

第四項　王　種

第一款　王の種姓

以上数項の叙述により、支那の帝王なるものが如何なる性質のものか、稍判明したのであるが更に重要な諸点を二三掘り下げてゆかう。

王種といふは、王の種姓といふ意味であつて、王統とは若干、観念を異にしてをる。王統といへば、それは王者の血統、系譜の意味で、主として、特定の王位を占めてゐる王者の永生する血統の同一的連続性を表現する概念である、が、これに反し、王種といふは、一国の構成員中に血統の品種を定めたものであつて、国人中に、民種に属する者と王種に属する者をわかつ思想である。

陳勝は秦末漢初の人であるが、陽城の産、曽て貧しくして人と共に傭耕してゐたが、一日傭者に向つて、「苟《モ》シ富者トナルトモ相忘ル丶コト無カラン」といつた。傭者は驚いて、「若《ナン》傭耕《ヂ》ヲ為ス、何ゾ富貴トナランヤ」と一笑に付したので、陳勝は、太息して「嗟乎《アア》、燕雀安《イツク》ンゾ鴻鵠ノ志ヲ知ランヤ」といつたといふ。この陳勝は「史記」や「漢書」によると、秦の二世皇帝がその元年七月に、地方の民を徴発して漁陽に屯せしめ辺境の防備に奉仕せしめた時、召されて屯長となり呉広なる者と共に漁陽に向つて出発した。たまたま大雨にあひ、道不通となり、命令の期日に漁陽に到着すること不可能なるに立ち到つた。然も期日迄に到着せざる時は皆斬罪に処せられる法規であつた。陳勝は茲に於て、「今亡《ニ》グトモ亦死セン、大計ヲ挙グトモ亦死セン、等シク死センニハ国ニ死ナンコト可ナランカ」といひ「天下秦ニ苦シムコト久シ」よろしく、放伐の唱たらんといふ決意を披瀝せるに、呉広又「然り」となせるを以て、卜者に行くと、卜者は「足下ノ事ハ皆成リテ功有ラン、然レドモ足下ノトハ鬼ニ之《ユ》カンカ」と答へた。陳勝、呉広はこゝに於て、「陳勝、王タラン」との言を流布し、徒属に令したが、その時の言葉に

公等雨ニ遇ヒ皆已ニ期ヲ失ヘリ、期ヲ失フハ斬ニ当ス、藉《タト》ヒ第《タ》ダ斬ラルヽコト毋《ナ》カラシムトモ、戍《ジュ》（守備兵也）ノ死スル者ハ固《マコト》ニ十ニ六七ナリ。且ツ壮士、死セズンバ即チ已《ヤ》マン、死セバ即チ大名《タイメイ》ヲ挙ゲンノミ。王侯将相、寧ゾ種有ランヤ（「史記」陳渉世）

とある。彼は終りを完うはしなかつたが、一時成功して陳に侵入し国を張楚と号したが、これに刺激せられて群雄各地に蜂起し、秦室の統一は破壊せられ、秦を亡ぼす一大導火線となつたから死して悔なきものであらう。此の「王侯将相寧有種乎」といふ言葉は、単に陳勝が挙兵に際しその徒属を刺激発奮せしめんが為めに発したる一時の壮言と解し去るべきものではない。又、我国明治時代の俗謡に「書生書生と軽蔑するな末は博士か大臣か」といふものとも亦性質を異にする。若し、「将軍宰相寧有種乎」ならば、「末は博士か大臣か」に相当する訳であるが、「王侯」の二字の存するを以て見れば、その思想は、国家的上下の身分地位に関する本質的平等観だといはねばならぬ。これは、孟子を見ると「何ヲ以テ人ニ異ナラムヤ、堯舜モ人ト同ジキノミ」（離婁下）「舜モ人ナリ、我モ亦人ナリ、舜ハ法ヲ天下ニ為シ後世ニ伝フベシ、我ハ由《ナ》ホ未ダ郷人タルコトヲ免レザルナリ」（同上）などといふ文のあるところによつても察せられる通り、王の種姓といふものが先天的に高く民種の上に光臨することを認めない思想であつて、敗戦後の日本民主主義者が、人間天皇論や血統信仰軽蔑論などを、さも新しい民主主義思想であるかの如く

鼓吹してゐるのを見ると、そのいぢらしさに苦笑を禁じえないものがある。そのやうなものは、既に古代支那から考へられてゐるものに過ぎないのであつて、「仁ヲ賊《ソコナ》フ者之ヲ賊《ゾク》トイフ、義ヲ賊フ者之ヲ残トイフ、残賊ノ人ハ之ヲ一夫ト謂フ。一夫紂ヲ誅スルヲ聞ケリ、未ダ君ヲ弑スルヲ聞カザルナリ」（「孟子」梁恵王上）といふは、孟子としては、大義名分をいふをおそれてこれを正したつもりであつたにちがひなく、支那では、また、さうするよりほかに方法のないことではあるが、「一夫紂」とは紂の王種たることを否認したものである。特定の王種を否認すれば、能力ある者、衆望ある者は、何人たりとも、王たり得るわけで、「老イタルモノ帛ヲ衣《キ》、肉ヲ食ヒ、黎民飢ヱズ、寒エズ、然リ而シテ王タラザル者ハ未ダ之レ有ラザルナリ」（「孟子」梁恵王上同上公孫丑上）、「天下ニ敵ナキ者ハ天吏ナリ、然リ而シテ王タラザル者ハ未ダ之レ有ラザルナリ」（同上、公孫丑上）などといふのがその思想である。

支那は、全く、王種問題について平等観に立ちつくしてきた。王侯の種を特殊なものとは全然考へてゐない。日本の「徒然草」のいふ「人間の種ならぬぞやんごとなき」といふやうな観念は存しないのである。即ち特定の王種、といふ思想も之れを見る事が出来ず、特定の一種でないまでも、王者の種姓が民族の以て尊貴となすものでなければならぬ、とする思想もない。印度では此の点、特定思想は無いが、尊貴思想は発達し、王者たるものの要件として、種姓尊高といふことをいつてをることは、「印度の王道論」中に詳しく指摘しておいた通りである。かく、王種の思想が全く存在してゐないといふことは、これ、支那の国体に基けるものであつて、換言すれば、その国体が、民族生命の本末、宗支、上下の体統を根本的に有しないことに基くもので、単なる抽象的思想力の不備に帰すべき問題ではない。されば、支那古来の帝王は、本来、民種であつて、本質的には王種でない、といふべきである。

この王種従つてその王統の問題は、君主と国家との重要なる一関係を決定する。この「重要なる一関係」といふは君主と国家との関係なるものは、必ずしも一ではなく、さまざまの途に於て見得るといふ事を前提として、「一関係」といつたのであるが、具体的にいふと、君主が、国家の首長となつたことの関係である。この関係を、先考田中智学は、「得国王」、「王国王」と表現したが、吾人も今之れを踏襲することとする。「得国王」とは、「国ヲ得ルノ王」と訓み、「王国王」とは「国ニ王タルノ王」と訓むのであるが、前者は、後天的に国家の元首となつた者を指し後者は、先天的に国家の元首たる者を称する。而してこゝに、「国」といふは、単なる政府、若しくは法政的権力組織体たる国家を指すのではない。勿論その意味の国家をも包含するが、もう一層根本的にその民族の生命的基本社会をも完全に包含したる意味での「国」である。

まづ「王国王」とは、生命体たる国そのものの内的必然性に因つておのづから王たる者、即ち、何等王者たる個々の君主の徳望、智慧、智識、武力、腕力等の能力に因る事なく、生命体の本質上、従つて生命体たる国家の道義的本義上、先天的に国に王たる王である。之れに反し、「得国王」とは、かゝる生命体の必然性に基くものではなく、君主たる個人の能力とその能力を取巻いてゐる環境との運命的合流に因り、国を支配するものとして得た王である。「王国王」は、先天的王種のみにかぎられるが、「得国王」は、国を得さへすればよいのであるから、民種といへども王となることが出来る。「王国王」は、君主であることその事が既に直ちに道であるが、「得国王」は、君主であることその事が道であるとはいへず、別に、君主としての道を行ふ事が必要とされる。「孟子」に「天下ヲ得ルニ道アリ、其ノ民ヲ得レバ斯ニ天下ヲ得」（離婁上）といふが、この「得天下」とは、即ち吾人の「得国」であつて、これをその志についていへば、「王タラント欲ス」（同上）即ち「欲王」である。かういふ、「得天下」「欲王」などといふ表現は、まだ上記の引例のほかすくなくないが、これは、先天絶対の王種の定まらざる国としては免れ難い。民種が国を得て王と号するのほか道なきが為めである。得天下、欲王の得国王が本質である以上、その王は、徳によるか力によるかするのほかないのであるが、孟子は、「苟モ善ヲ為サバ、後世子孫必ズ王タル者有ラン、君子ハ業ヲ創メ統ヲ垂レ、継グ可キヲ為ス、夫ノ成功ノ若キハ天也」（梁恵王下）とて、仁者の子孫は王と成ることが出来るといつてをる。仏教にも宿世に善根を積み来世に王となるといふ教説があるが、対比すべきである。孟子は、猶ほ「当今ノ時、万乗ノ国仁政ヲ行ヘバ民ノ之レヲ悦ブコト、倒懸（さかしまにつるされる）ヲ解クガ猶《ゴト》キナリ、故ニ事ハ古ノ人ニ半ニシテ功ハ之レニ倍ス、惟此ノ時ヲ然リト為ス」（公孫丑上）といひ、「今天下ノ君、仁ヲ好ム者有ラバ王タル無カラント欲スト雖モ得ベカラザルノミ」（離婁上）といひ、つひには「諸侯、文王ノ政ヲ行フ者有ラバ、七年ノ内ニ必ズ政ヲ天下ニ為サン矣」（同上）などといつてをる。「古来君臣の分定まれり矣」といふ日本に於て考へられない事が、孟子の如き偉人によつていはれてをるのは、孟子の思想が危険な為めではなく、支那の国体が然らしめるまでである。特定の王種なくんば何人たりとも王たり得るわけで、唯、その要件たるもの即ち徳がありさへすればよい、といふ事になる。かく得国、得天下、欲王が許される以上、徳を以て得るといふことは、堯舜的理想王以外には、どうしても武力による逐鹿争奪といふものを事実上容認するのほかなくなる。「史記」によれば、淮《わい》陰侯に計を献じて漢の高祖に捕へられ、まさに刑せられんとした蒯通《くわいとう》は、「秦ノ鋼絶エ、維弛《ユル》ブヤ、山東大イニ擾《ミダ》レ、異姓並ビ起リ、英俊烏集ス、秦、其ノ鹿ヲ失ヒ、天下共ニ之レヲ逐フ。是ニ於テ高材疾足ノ者先ヅ（其の鹿を）得タリ云々」（淮陰侯列伝）といつてゐるが、この天下の逐鹿は、全くやむを得ざることとなる。唯だ、や、悟道に達したる者にあつてのみ

天道ハ親ナク唯徳ニ是レ与《クミ》ス、道アル者ハ時ト人トヲ失ハズ、道ナキ者ハ時ヲ失ウテ人ヲ取ル。己ヲ直クシテ以テ命ヲ待ツトモ時ノ至ルハ迎ヘテ反スベカラザルナリ、要遮シテ合ハンコトヲ求ムトモ、時ノ去ルハ追ウテ援ク可カラザルナリ、故ニ我レ以テ為スナクシテ天下遠ザカルト曰ハズ、我レ欲セズシテ天下至ラズト曰ハズ

（「淮南子」詮言訓）

といふやうな、支那の所謂「聖人」の境界に自適するのであるが、よし、かやうな人があつたにもせよ、堯舜の古はしばらく別として、歴史の上には曽て、かゝる聖人が天下を得て王者の道を行うた例が殆んど無いのである。これについては、「呂氏春秋」に、曽て湯未だ諸侯たりし時、伊尹に対し「天下ヲ取ラント欲ス、若何《イカン》」と、問うたところ伊尹は「天下ヲ取ラント欲セバ天下ハ取ルベカラズ、身将ニ先ヅ取ラレントス」（季春紀、先己）といつたといふ記事があるが、一面、支那民族自身、さういふ反省もしてはゐるのであるが、それも亦徳を以て根底とするのほかはない。故に、得国王は、王と国と道との三者につねに不融なるものが介在し勝ちであるが、この点に関しても「淮南子」の

夫レ天下ハ亦吾ガ有也、吾レモ亦天下ノ有也、天下ト我ト豈ニ間《ヘダテ》アランヤ、夫レ、天下ヲ有ストハ、豈ニ必ズシモ権ヲ摂シ勢ヲ持シ、殺生ノ柄ヲ操リテ以テ其ノ号令ヲ行フナランヤ、吾ガ所有天下ヲ有ストハ、此レヲ謂フニ非ザルナリ、自ラ得ルノミ。自ラ得レバ則チ天下モ亦我ヲ得。吾レト天下ト相得レバ、則チ常ニ相有スルノミ。亦焉ンゾ其ノ間ニ容ルゝヲ得ザル者アランヤ、所謂自ラ得トハ其ノ身ヲ全クスル者也、其ノ身ヲ全クスレバ、則チ道ト一タリ（原道訓）

といふやうな完全一体論もあるけれども、これ又、君主たる者の徳による、とするものであつて、得国王は最上の場合、その天下を得るに道を以てしその天下を保つに道を以てすといふことになる。所詮、天命も禅譲も革命も放伐も一切は、根本に特定の唯一王種を有せざるところから生れてきた合理的帝王論にほかならないのであるが、これ支那の民族が負うた宿命といふのほかない。

先天絶対尊高不可侵の王種なきところに、王統の不滅は約束せられず、王位の不動も亦決して保証せられないのである。支那上下数千年に亘り、王道の思想は円熟し、王統不滅の思想亦必ずしも無きに非ず、王位の哲学的高想も亦大いに見るべきものありながら、事実は徹頭徹尾、易姓革命の歴史であり、天命論の走馬灯式展開たりし所以

のものは、実にその根本に於て、王種の大本なく、民種を以て王種を成せる国体上の欠陥に起因するものといはなければならない。

第五項　王　統

第一款　王統無窮思想の存在

王統とは王の血統である。先天的王種といふ観念がなくても、王者が現れゝばその血統を王統として一般の血統と区別するに到るは当然であり、従つて王統を尊重する思想も起つてくる。古代支那に最も多い姓は、姜氏、姫氏であるが、伏羲を祖とする者が姜氏、黄帝を祖とする者が姫氏である。「史記」によると、黄帝は、神農氏の衰へて天下の乱れた時に諸侯を抑へて古代支那を統一した天子であるといふので、後世、黄帝の裔であると名乗つて姫氏を称する者が増加した。而して堯は自ら黄帝直系の曽孫と名乗り、舜もいつのまにか黄帝四世の孫と称したといふ。これらは伝説であるが、支那にも王統を名誉に思ふ思想の古くから存する例証にはなるであらう。次に、支那や西洋は革命の国だから王統無窮の思想はないと考へるものがあるが、さうではない。

凡そ一国の王たる者があつて、世襲以て王位を伝へる以上、そこに王統の無窮なる思想が、人情的希望の上からも、法理の上からも成立するは当然である。現代ヨーロッパその他に存する諸君主国といへども、この点では例外無しに、それぞれ現に君主たる者の血統を国法上、唯一の王統とし而して王統は法上無窮なるのたてまへをとつてゐる。(注5)

王統交迭を国法上の主義とする君主国といふものは唯の一国も存しないのである。これは過去の夥しい王国についていふも亦全く同じ関係である。然るに、それは、一王朝の下に治安定まり、王朝の威信実力の充実してゐる事を前提として、各王朝毎に成り立つところの無窮観であつて、いはゞ、相対的無窮観である。この無窮観は、王朝正統観と結びつくものであつて、いかなる国のいかなる王朝も、みなそれぞれに正統たることを主張するから、結局、現実の支配者が自ら正統たることをいふものと見なければならぬ。支那に例を取るならば、「新唐書」の著者として知られた宋代の欧陽修が「正統論七首」を著して居るし、司馬光は「資治通鑑」に劉備の即位に関し、又朱熹も「資治通鑑綱目」に於て、それぞれ正統論を試みてゐるが、しかし、外国に於ては正統論の根本が一定不変であるといふわけには行かないから、結局、理論的にはそれぞれの味方する処を正統と為すのほかなく、現実的には支配力を実有する者を正統とするのほかない。故に、相対的正統論以上のものを期待することは出来ぬ。かくて、この相対的正統論から相対的無窮観を生むのである。

　支那に於ても、われわれはこの種の王統無窮思想を、いくつかの文献の上に見ることが出来る。「書経」に「已茲《アアカク》ノ如ク監シ、惟レ万年ニ至ランコトヲ欲ト曰へ、惟レ王ハ子子孫孫マデ永ク民ヲ保タン」（梓材《しざい》）といふは、王統の万年をいへるものである。「文選」の魯の霊光殿の賦を見ると作者王文考は「神霊ソノ棟宇ヲ扶ケ、千載ヲ経テ弥堅ク、永ク安寧ニシテ以テ祉福アリ、長ク大漢ト与ニシテ久シク存セリ。実ニ至尊ノ御スル所、延寿ヲ保チテ子孫ニ宜シ、苟《マコト》ニ貴ブベキコト其レ斯ノ若シ、孰《タレ》カ亦云ヒテ珍トセザル者アランヤ」といつてをる。これまた、子孫一系万世に栄伝することを言表したものである。帝王も亦みづからその王統の一系不断を期するであらうことは、顔延年が「三月三日曲水詩の序」に於て「夫レ方策既ニ載スルモ皇王ノ迹已ニ殊《コト》ナリ、鐘石畢《コトゴト》ク陳ルモ舞詠ノ情一ナラズ、淵流遂ニ往キ詳略、聞ヲ異ニスト雖モ、然モ其ノ天衷ヲ宅シ、民極ヲ立ツル、其ノ道ヲ崇尚シ、其ノ位ヲ神明ニシ、世ヲ拓キ統ヲ貽シ、万葉ヲ固ウシテ量トナサヾル者ナキナリ」（「文選」）といつてゐるところに照しても察せられるが、われわれは、その最も典型的な帝王自らの思想発表をば、さきに引いた秦の始皇の「二世三世ヨリ万世ニ至リ之レヲ無窮ニ伝ヘン」といふ「史記」の伝へるところの勅語に見出し得るのである。かういふものは探せば諸書に相当多いことと思ふが、著者は此の処を草しつゝありし日の一夜、ふと「晋書《じょ》」の楽志を見たところ、その上下二巻だけにも⑴万方来祭、常于時仮、保祚永世。⑵恵我無疆、享祚永年。⑶弈《エキ》弈万嗣、明明顕融、高朗令終、保茲永祚、与レ天比レ崇。⑷受霊之祐、於万斯年。⑸王猷充塞、万載無傾。⑹遠跡由斯挙、永世無風塵。⑺億兆夷人、悦仰皇風、丕顕大業、永世弥崇。⑻以文以戎、奄有粲《サン》墟、声流無窮。⑼品物咸寧、洪基永固。⑽享世永長、……祚隆無疆……栄此洪基。⑾功斉四海、洪列流万世。⑿光宅四海、永享天之祐。このほか、猶ほこれに類似したもの、例へば直接に位の無窮を曰へるものではないが、万年無窮の意志を憲章に托して表現せる「先朝稽古、憲章垂式、万世者也」といふ類のものがすくなくない。これと同巧異曲のものとしては、「漢書」の景帝紀に「祖宗之功徳施二万世一永々無窮。」とある。是れらの文献を通して察するに、王統無窮の思想が確に存在したのである。

第二款　王統無窮の条件

かくの如く、支那にも、革命思想のみが存するのではなく、一方には王統無窮の思想も亦存在するのであるが、但し、革命思想はほゞ一般に時処を問はず支那上下数千年の大部分の民衆的思想であり又信念であつたに反し王統無窮は、主として具体的には特定王朝の君主及びその王族又はその同姓の臣の思想であり希望でもあつたが、一般民衆と直接には深き関係がない。然し、思想家は又別に、往々にして、純理の上から、王統の無窮のあり得べきこと、即ち可能性を論じてをる。それは、王道と王統との因果関係を考へたものであつて、永続無窮の場合と革命亡国の場合とを対比してゐるのであるが、その王統一系万世無窮は一定の条件を具備する時にのみ可能であると考へられてゐる。即ち、無条件絶対ではなく、条件付きなのである。然らば、その条件とは何であるか、といふと、所謂「道」即ち王道の実行といふことにほかならぬ。王者が道を行へば無窮であり、道を行はざれば亡びる、といふのがそれである。「今、人ノ王タル所以ノ者ヲ行ハズシテ、反ツテ己ガ奪ハル、所以ヲ益スハ、是レ亡ニ趨クノ道也」（「淮南子」氾論訓）といふものは、その亡びる原因が、王道を行はざるにあるをいへるものであり、老子が「公ナレバ乃チ王、王ナレバ乃チ天、天ナレバ乃チ道、道ナレバ乃チ久シ」（上篇）といつたのは、王統の無窮は君主歴代悉く道を行ふによつて可能なる事を喝破したものである。「賈誼新書」によると、此点は次の如くに説明されてゐる。

師尚父（太公望）曰ク、吾レ之レヲ政ニ聞ク、曰ク、天下壙壙トシテ一人之レヲ有シ、万民、藂藂《ソウソウ》（集まる貌）トシテ一人之ヲ理《ヲサ》ム。故ニ天下ハ一家ノ有ニ非ズ、有道者ノ有ナリ。故ニ夫《カ》ノ天下ハ唯、有道者ノミ之レヲ理メ、唯、有道者ノミ之レヲ紀シ、唯、有道者ノミ之レヲ使ヒ、唯、有道者ノミ宜シク処シテ之ヲ久シクス。故ニ夫ノ天下ハ得難クシテ失ヒ易ク、常ニシ難クシテ亡ビ易シ。故ニ天下ヲ守ル者ハ、道ヲ以テスルニ非ザレバ則チ得テ長カラズ、故ニ夫《ソ》レ道ハ万世ノ宝ナリト。（修政語下）

道を有するもの、或は道を行ふものであつて、はじめて、永久であり得るのであり、又不滅たり得るのである。それは、道が永遠不変、不死不滅なものであるから、といふ考へに基くものなることは多言を要しない。道はどこまでも抽象的原理であつて、本質的には王者の守るべきもの、行ふべきものとしてのみ考へられ、王統無窮そのものが道の実践であり、否、むしろ道そのものである、といふ風には受取られてゐない。道と王者とはこの意味に於て、行ふものと行はれるもの、といふ関係を一歩も出てゐないといはなければならぬ。それは、支那の「道」の思想の不完全、思想力の不十分なるが為めに、さう解釈せられたと見るべきではなく、結局道の根拠となるべき社会事実、即ち国体が存在しなかつたものと解すべきである。王統そのものの中に直ちに道を把握し得ざる事情にあつて、然も王統無窮を願うとすれば、王統の外に無窮の因を求めざるを得ぬであらう。道なれば久しといふ考方がそこに生れてくるのである。

第六項　王　位

第一款　授与位たる王位

王位が中道の淵源するところであり又徳教の発する源であることは次に述べる皇極なる思想によつて示されるが、かゝる道徳の淵源たる王位が存在する以上、それは、国家統一の中心位でなければならぬ。故に王位は又「国位ヲ以テ車ト為シ、勢ヲ以テ馬ト為ス」（韓非子、勢難）などといふものあり、国位といはれるのである。即ち、おのづから至上の中心を成してゐるといふに止まらず、更に一層積極的に国家を統一し、体制秩序あらしめる作用の中心でなければならぬ。「周礼」に「惟フニ王ノ国ヲ建ツルヤ、方ヲ弁ジ、位ヲ正ス」（天官）といふは、国家の自目的の第一に居るべき統一の作用として、先づ君主自ら「位ヲ正ス」のをいへるものである。けだし、君臣が、「天地ノ位」（「管子」任法）にあるものとすれば、天位を正さずして地の統治あるを得ないのはいふ迄もない。「位」の字は、「人」と「立」との会意であるが、古は「立」と通用したもので、「周礼」には「凡所坐立者皆曰位」とあり、すべて、立つべきところのものを皆、位といひ、「説文」の「列中庭之左右曰位」との解釈に従へば、群臣の列する中庭の左右の位地をいふ。然し、位の中の位ともいふべきは王位である。王位は王の処るところであり、天下之れによつて安定の中心を得、万民その堵に安んずるを得るのであるから、「易」に「聖人ノ大宝ヲ位ト曰フ」（注6）（繋辞）と解してをる。この王位は、いふ迄もなく、天命によつて登る事を得るものであつて、これ天命を受けた君主その者にとつては、一種の祿《さいはひ》であるから、単に祚とも又宝祚（「周書」宣帝紀）ともいふのであるが、天命によつて与へられた地位は天命の革まるに及んでは之れを維持し難い、といふ事は自明の理であつて「管子」は、これを「殺戮衆《オホ》クシテ而モ心服セザルトキハ上ノ位危フシ」（牧順四民）といつてゐるのである。王位は、かくて支那では、国家生命体そのものに内在する自性位ではなく天によつて与へられることによつて、始めて君主たる者の即くことを得る地位なのである。換言すれば授与位といふべきものにほかならない。王位は天より授け与へられる王者の地位であるから、その外因は天命であり、その内因は王者たる人の徳である。この内因が何等かの機会に縁せられて天命を受けるのであるから、内因、外縁、外因が一致すれば、何人といへどもその地位を履むことが出来るのである。日本の皇位の自性位たると対照すべきである。

第二款　道徳の淵源たる王位皇極

支那の王位論は王種王統と不可分離に結びついての論を立てられなかつたので、所論頗る抽象的であるが、然し、「位」といふ観念としては、印度や西洋の帝王論のそれに比して格段の哲学的深さを具備してゐる。まづ第一に王位皇極の思想を一見せねばならぬ。

皇極といふは、「書経」の洪範に「建ツルニ皇極ヲ用フ」と出てゐるもので、これは、所謂洪範九疇の中位に居るものである。「疇」とは、「類」の意味であるが、天下の大法九類あるを以て九疇と称するのである。この洪範九疇は、もと禹王が天帝から啓示せられ代々相伝へて箕子に至り、箕子が武王の問に答へて初めて世に顕はされたものといふ、極めて神秘的伝承の衣に覆はれたものである。かの有名な「偏無ク党無ク王道蕩々」といふ句も此の洪範九疇の中の皇極の説明の中に出てゐるのであるが、「皇極」とは、文に、「皇、其ノ有極ヲ建テ」とある如く、皇の立てた極をいふのである。「有極」の「有」には特別の意味が無いやうである。

「極」の字は形声文字であるが、家の棟木を意味する。棟木は、家の最高のところにあるので最高、無上、きはまる等の意味を生じ、又、棟から軒へ渡す垂木の中心、標準となるところから、中央の意味をも生じた。天下の君たる者は、道の把持者実行者であるが、その道たるや「偏無ク党無キ」そして、「蕩蕩タリ」又「平平タル」中道である。この中道は、恰も「極」即ち棟木の如く一切のものの最高無上の標準、中心となるものである、といふ意味に於て、君主の建てた道を皇極といふのであるが、然も、この「極」は、君主の居するところであるから、極は即ち位である。極は道であり、その極が位である、とすれば、位も又道であるは当然であらう。「登極」が即位の意味であることはいふ迄もないが、その極とは、即ち「皇の建てた極《みち》」といふ意味にほかならない。そして、その道は、即ち中道であつて、中道とは王道の異名なのである。されば、この皇極王位は「其ノ有極ニ会シ、其ノ有極ニ帰セヨ」で、一切の人々の集り来つて帰一すべきところ、といふことになるのであるが、それには先づ、皇極を立てるところの王者自身が、その道を実践せねばならぬ、といふので「曰ク、皇極ノ敷言（或は「皇、極ノ敷言」と訓んでもよい）ヲ是レ彝トシ是レ訓トセバ、帝ニ于《オイ》テ其レ訓《シタガ》ハン」とある。帝既に然り、民又道の民たらざるべからず、故に「凡ソ厥ノ庶民、極ノ敷言ニ是レ訓《シタガ》ヒ是レ行ハヾ、以テ天子ノ光ニ近ヅカン」といふのである。君民共に皇極に於て一致せば、即ち「垂拱シテ天下治ル」（「書経」武成）こととなるのである。かくの如き皇極であるから、君主は、この道を言葉に出して民を教化するのであつて、その君主の言葉は、君主彼自身の言葉ではなく、天の言葉である、と考へられる。「洪範」の伝に蔡氏が、「是レ天下ノ常理、是レ天下ノ大訓、君ノ訓ニ非ザルナリ、天ノ訓ナリ」と解釈したのはそれである。「書経」に「其レ惟レ王位徳元ニ在リ、小民乃チ惟レ刑《ノット》リテ天下ニ用フ、王ニ越《オイ》テ顕レン」（召誥）といふもの、又「天下ノ広居ニ居リ、天下ノ正位ニ立チ、天下ノ大道ヲ行ヒ、志ヲ得レバ民ト与ニ之レニ由リ、志ヲ得ザレバ独リ其道ヲ行フ」（孟子）といふものなどに、読みこまれてしまへば、如何にも尤もらしいが、要するに、この思想には、自然人たる個々の王者に、余りにも文字通りに「完全」を求めるものであるから、到底、まことの意味でその位に堪え得る人といふものは先づ得られない、といふことになる。「書経」の所謂「天位ハ難イ哉」（太甲下）といふ嘆声は、あに桀紂のみならんやで、孟子が「五百年必ズ王者興ルアリ」（公孫丑下）といつたのも、実は、王者の出現の如何に稀なるかを告白したものにほかならない。されば支那の民庶一般の実感としては

唯、生ト位ト之レヲ大宝ト謂フ、生ニ脩短（長短）ノ命アリ、位ニ通塞ノ遇アリ、鬼神モ之レヲ要スルナク、聖智モ予メスル能ハズ（文選）

といふ処が事実であらう。これは、晉の恵帝の時、潘安仁の作つた「西征の賦」の一節であるが、通塞とは「とほる」、と「ふさがる」であり、「遇」とは「運命」であるから、位にも永続するものもあれば然らざるの運に遇ふものもあつて、鬼神聖智といへどもこれを予期したり、或は「必ず斯くあらしめる」といふことの出来ないものである、といふことをいつたものであらう。これが、一般支那民族の王位に対する偽らざる感想であるにちがひないが、然し他面、上述の如き、王位永世の思想も確に存在してゐる事を無視すべきではあるまい。

第七項　王の諸義

第一款　序　説

本項に「王」と称するのは、王字のみを指すのではなく、帝、皇、君、上、主、等文字は如何にともあれ、要は、君主たるものの謂である。即ち、「王の諸義」とは、君主とは如何なるものであるか、及び、君主とは如何にあるべきものなるか、といふ二箇の考へ方から得た君主の意味、或は意義を指すのである。君主の意味なり意義なりを論ずるといふことは、実は次節の「王道論」の首項と為してもよいのであるが、執筆の便宜上の方針として、茲に摂するのである。即ち、以下に展開する王の諸義とは、徳又は道を行うといふ点に重きを置くのでなく、徳は得なりで、性徳にせよ修得にせよ、君主の得てをる徳、君主の得てをる使命、といふが如きものを指すものと承知して頂きたい。

次に、本項の第二款として掲ぐる「王道十可」といふ説に就て、一言しておかねばならぬ。「王道十可」といふは、先考田中智学の唱導せる学説であつて、明治四十三年の論著たる「神武天皇の建国」に初めてその名目を用ゐたものである。而して、その「王道十可」と名づけたる所以は、神勅の「可王之地」の「可王」とは何ぞや、を論究するに当り、「可王」の二字が漢字なのであるから、先づ、漢字の意義を研究するを要すとの趣旨を以て、王字の意味に就て調査した結果、十義を得たりとなして、これを「王道十可」と名づけたのである。而して、その「王」の字の十義と、「可」の字とは如何なる関係ありやについては

　此十の意義は、みな『王』の字に含んで居るのである。その字に含んで有るだけの内容実質が、必ず実物の方にもなくてはならぬ、これだけの実質を持ツて居なければ、それは真の『王』ではない、酋長の大きいのと『王』とは全《まる》で違ふ、当然含まれた義意に適合した場合を『可』と仰せられたのである（「師子王全集」国体篇一五三頁　昭和十六年天業民報社版一八九頁）

といひ、又

　「王道」そのものに元来この十則が含まれて居るのを、行ひ人《て》が其法則に可《かな》ふ様に行うてゆく、その振舞を『可』といふのである、即ち「王」は体に、「可」は用《はたらき》である（「天壌無窮」「師子王全集」続国体篇八〇頁）

とも説明してをる。その十義といふは、神聖、君長、中心、始祖、元興、豪盛、無外、統貫、大公、帰往であるが、「神武天皇の建国」に次でこの「王道十可」を説明した大正三年即位大典奉祝紀念に著し、御即位式当日を中心に京都に於て十万冊を群衆に頒施した「天壌無窮」には、各名目の下に次の如く挙注してをる。

　神聖の義　（乃神乃聖）
　君長の義　（礼教基本）
　中心の義　（文物中心）
　始祖の義　（種族元首）
　元興の義　（事業元首）
　豪盛の義　（勢力淵源）
　無外の義　（言満天下）

統貫の義　（三才一貫）
大公の義　（王道蕩々）
帰往の義　（天下帰往）

この「王道十可」説は、上述の如く、専ら「王」の字に就て十義を立てたもので、王字に就て斯く体系ある説を為せるものを他に見ないから、その点で特色ある研究といふべく、又、「王」字が、君主を意味する最も代表的文字である関係上、一般に支那の君主の意義を知る為めにも便利であると信ずるので、以下にその所説に基いて要点を述べる。但し、吾人の先考は、支那の王字の意義そのものを、そのものの立場に於て追求する事を目的としたのでなく、神勅の「可王」の二字を注する手段として研究したのであるから、行論はおのづから、王字の意義を得るに随つて、その義を、日本国体解釈に応用してゐるのである。従つて支那の文献を詳しく掲げるといふやうな方法は採用してゐない。然し、予は、今、支那の王字又は君主観に於ける帝王の意義そのものを探求せんとしてゐるのであるから、茲での取扱態度は、純粋に支那の問題として限定せねばならぬ。又、先考は一二の例外はあるが、典拠とした支那の文献の名を殆んど示さぬ方針をとつてをるので、これは吾人自身の責任に於て、文献を追求して列挙することとした。

猶ほ、支那の君主観に於ける帝王の意義については、この十義のほかにも、注目すべきものなしとしないので、それらは、第三款に於て取扱ふこととし、併せて「王道十可」の趣旨を補はんことを期した。

第二款　王道十可

第一目　神聖の義

王道十可の第一は「神聖の義」であるが、これは「管子」の「神聖ナル者ハ王タリ」（君臣下）といふものや「書経」に「都《ああ》、帝徳広運、乃聖乃神」とあるものなどに拠つたのであらう。古代純朴の民は、崇天思想と結びついた天子思想を与へられて幾分かさういふ実感を持つたかも知れないが、由来、支那民族は一方に於て「帝力我ニ於テ何カアラン」といふ思想を強く有してゐたものであるから、ひろく民衆の信仰として生長しなかつたことは事実である。然し、太古上世に於て、幾分斯様な信仰を有つた民衆も多少はあつたであらう。然し、思想としては、相当根底あるものにまで磨きあげられてゐるのであつて、基督教に基いた西洋の帝王神権説の君主神聖論に比して遥に合理的、科学的であるのは一の大なる特色である。皇帝神聖論が、空漠たる神秘の論に陥らないで、飽く迄、理性を以て解信し得るやうに、考へられてゐる。従つて同姓の臣や一部の神秘的信仰者以外の者にも皇帝神聖の意味がわかり且つ信じ得られるやうに説かれてゐるのであつて、そのよき一例としては管子の説明を指摘し得よう。彼は「夫レ先王ノ天下ヲ取ルヤ術術乎（術は恤、憂ふる貌。民其所を得ざるを憂ふ）トシテ大徳ナル哉、物利ノ謂ナリ。夫レ国ヲシテ常ニ患無クシテ名利並ビ至ラシムル者ハ神聖ナリ」（覇言）といふ。又その内業篇にも「物一ニシテ能ク化ス、之レヲ神ト謂フ、……一ヲ執ツテ失ハザレバ能ク万物ニ君タリ」といってゐる。「荀子」も「………是クノ如キハ則チ聖人ト謂フベシ、此レ其道一ニ出ヅ、何ヲカ一ト謂フ、曰ク神ヲ執リテ固シ、曷《ナニ》ヲカ神ト曰フ、曰ク善ヲ尽スノ浹洽《セフカフ》（あまねし）ナルヲ神ト謂ヒ、万物以テ之レヲ傾クルニ足ル莫キヲ固ト謂フ、神固ナルヲ聖人ト謂フ。聖人ナル者ハ道ノ管（枢要）ナリ、天下ノ道ハ是レニ管シ百王ノ道ハ是レニ一ナリ、故ニ詩書礼楽モ是レニ帰ス」（儒效篇）といつてをる。古代人の解釈としてはいかにも科学的であり、合理的であるが、孟子は簡要を以て「充実シテ光輝アル之レヲ大ト謂ヒ大ニシテ之レヲ化スル之レヲ聖ト謂フ、聖ニシテ之レヲ知ル可カラザル之レヲ神ト謂フ」（尽心下）といつたが、又、「神聖ハ天下ノ形ヲ視、動勢ノ時ヲ知リ、先後ノ称ヲ視、禍福ノ門ヲ知ル」（「管子」覇言）といふものも参照すべきである。「書経」は堯を乃聖乃神と称し、「漢書」は「五帝ハ神聖、其ノ臣能ク及ブ莫シ」（鼂《チヨウ》錯論）といつたが、つひには支那歴代の王朝の後胤は、その祖宗を歎徳する場合、しば〳〵神聖の語を用ゐる事を殆んど慣習となせる

かの観がある。（注7）

第二目　君長の義

先考は、君長の義といふについては

字典に『王』を釈して『君也』とあるは、たしかに君長の義である（「神武天皇の建国」）

と曰つてゐるが、鄭玄の「詩箋」に「王ハ君ナリ」となし、「広韻」に「王」を「大ナリ、君ナリ、天下ノ法トスル所」といひ、「爾雅」には「皇」を「君ナリ」とすると共に「帝」についても亦「君ナリ」と解してゐる。けだし、君とは、民に命令を下す者の意味であることは、前節、「君」字の研究に於て既に詳説しおける通りである。而して、この命令者たる君と、その命令を受くる者たる民との命令に於ける関係は、「君令臣共」である。君は令し、民は共す、共とは恭であつて、敬ひ謹しんで受けるといふ意味である。君主たる者は、かくて、民に命令する者である。これは、西洋の君主の観念にも見られるところであつて、けだし、君主なるものの共通性といはねばならぬ。但し、「君」に「長」の字を加へて「君長」と熟字して呼んだ文献もないではない。

是《ココ》ヲ以テ日月ヲ廃セズ（諸侯が朝宗の日月を違へぬ）、亀筮《キゼイ》ニ違ハズ（貢の物を亀筮の命じた通りに献上する）、以テ其ノ君長ニ敬事ス。是《ココ》ヲ以テ上ハ民ニ瀆《ケガ》サレズ、下ハ上ニ褻《ナ》レズ（「礼記」表記）

といふが如きものがその一例である。

第三目　中心の義

王道十可の第三は中心の義といふのであるが、これについては

この『中心』といふことも、字典には『主也』と注してあるのに拠ツたのである（「神武天皇の建国」）

と原拠を曰つてあるが、惟ふに「正韻」に王字を注して「主ナリ、天下ノ帰往スル之レヲ王ト謂フ」とあるものに従つたのであらう。但し、「帰往」は、十可の最後に独立の目として掲げてあるから、最初の「主也」といふ点に一義を見たのであらう。「主」は、本章第二節第二項第六款（本書一三二頁）に説明した通り、灯心の意味から、転じて物事の中心の義を出すものであるから、「王ハ主ナリ」と注する時は、王に中心の義を認めるといふことは明かである。然し、単に、「主」といふ文字によつてのみ、中心の義を為すのではなく、既に説明し来れる皇極中道の思想は、一層積極的に、王の中心の義を明かにするものであらう。然も、古来、支那の文字学者にも亦、皇極の理によりて之れを説くものあり、「説文」繋伝三十三の「王ハ居中ナリ、皇極ノ道ナリ」といふやうな代表的解釈もある。棟木の家に於ける中心であるが如く、皇極中道に居す君主たる者は、国家社会の中心でなければならないのは当然で、「白虎通」一の下に「王ハ中央ニ平居シ、四方ヲ制御ス」といふも亦明かにこの思想に拠つた解釈と見做さるべきであらう。

第四目　始祖の義

始祖の義に就ては「神武天皇の建国」には支那の典拠を示してゐないが、これは、「書経」洪範に「天子ハ民ノ父母ト作リ以テ天下ノ王ト為ル」とあるものを以て代表とする。前述した通り支那の社会は、姓を余りに偏重した為めに、宗法の如き特色ある体法の如きものを持つたにも不拘、反つて、生命的統体を全民族の上に確立することが出来なかつたけれども、擬制的には父子の関係を想定し、依つて以て、王者を父になぞらへ或は始祖の義としたのである。これは、孟子も斉の宣王に王道を説いた際「然ル後ニ以テ民ノ父母タルベシ」（梁恵王下）といつて、君主を父母の義に擬してゐるし、「詩経」大雅生民に召康公が成王を戒しむる泂酌《けいしやく》の第一詩の中に「泂《トホ》ク彼ノ行潦《カウラウ》

（雨水）ヲ酌ミ、彼ニ挹《ク》ンデ茲ニ注グ、以テ饙饎《ホンシ》（一度蒸した米を再度蒸す）スベシ、豈弟《ガイテイ》（和楽）ノ君子ハ民ノ父母ナリ」といつてをる。

而して「礼記」は之れを承け釈して

詩ニ云ク、凱弟ノ君子ハ民ノ父母ナリト。凱ハ強ヲ以テ之レヲ教ヘ、弟ハ説《ヨロコビ》ヲ以テ之レヲ安ンズ、楽シミテ荒ムコトナク、礼アリテ親シミ、威荘ニシテ安ク、孝慈ニシテ敬シ、民ヲシテ父ノ尊アリ母ノ親アラシム、此クノ如クシテ后《ノチ》ニ以テ民ノ父母タルベシ（表記）

とて、父の尊母の親といふ義を摘注してゐるし、猶ほ「天子ノ男教ヲ脩ムルハ父ノ道ナリ、后ノ女順ヲ脩ムルハ母ノ道ナリ、故ニ曰ク、天子ト后トハ、猶ホ父ト母トノゴトシ」といふ例も見える。「爾雅」に「父ノ考ヲ王父ト為シ父ノ母ヲ王母ト曰フ」といへる王字は、祖の意味で、漢の劉熙の「釈名」の釈親属には、王を解して「父ハ甫ナリ、甫ハ始ナリ、始己ヲ生ズルナリ。母ハ冒ナリ、冒ハ含ナリ、含己ヲ生ズルナリ。祖ハ祚ナリ、祚ハ物ノ先ナリ、又之レヲ王父ト謂フ、王ハ暀ナリ、家中ノ帰暀スル所ナリ、王母亦之《カク》ノ如シ」となしてゐる。共に皆、王の父母始祖の義をいへるものである。

第五目　元興の義

元興の義とは如何なる意味であるかをその立名者の解釈に徴すると

今こゝに『元興』と目したのは「王」の徳用に備ふべきものの一として、必ず事業の元頭となりて世を開発すべきものぞといふ意義（「神武天皇の建国」）

といつてをる。徳用とは、徳の用《はたら》きである。「元興」なる熟字が支那に存するか否かは未検であるが一般に用ゐられてゐない処を以てするに先考の義立せるものであらうが、その意味は前引の原文がこれを明かにしてをる。試みに「管子」の治国篇を披くに「凡ソ国ヲ治ムルノ道ハ必ズ先ヅ民ヲ富マス、民富ムトキハ治メ易キナリ、民貧シキトキハ治メ難キナリ」といひ、この故に「善ク国ヲ為《ヲサ》ムル者ハ先ヅ民ヲ富マシ、然ル後ニ之レヲ治ム」と為し、而して「富ミテ治マルハ此レ王ノ道ナリ」といひ、然もこれ先王の道なることを論じて「先王ハ、善ク民ノ為メニ害ヲ除キ利ヲ興ス、故ニ天下ノ民之レニ帰ス、所謂利ヲ興ストハ農事ヲ利スルナリ、所謂害ヲ除クトハ農事ヲ害スルヲ禁ズルナリ」といつてをる。こゝに「興」といふは即ち、「元興」の興であらう。然も、君主の利興が、農事を以て大本とするのは、農耕民族たる支那として当然であるが、必ずしも利興は、農事にかぎるのではない。その事は、前引の文章の少し前に「先王、農士商工ノ四民ヲシテ能ヲ交へ、作ヲ易へ、終歳ノ利、相過グルニ道無カラシム、是ヲ以テ民作ルコト一ニシテ得ルコト均シ。」（「管子」治国）といへるを以て明かである。「書経」の舜典を見るに、舜は十二州の長官に対して訓示した第一言は、「食ナル哉惟レ時」といふ農事振興に関するものであり、棄なる者に命じて農事を司らしめ、禹を司空即ち水土の官に任じて治水土木の事を興さしめ、契《せつ》に命じて文教を敷かしめ、乃至、皐陶に司法を、垂に共工即ち工業を、伯益に山川草木を、伯夷に祭祀を、夔《き》に楽を、といふ風に諸官を任じて国業を興さしめてゐるが、かくの如きは、ひとり君主にしてよく為し能ふところであつて、国を興す根元である。この意味に於て、王は元興の義といふのである。

第六目　豪盛の義

「豪盛」と「王道十可」の論に於ていふところは、「神武天皇の建国」によれば、「勢力の淵源」の意味であるが、その「勢力」とは精神的、物質的、数量的超勝力をいふのであつて

王業の一大条件として、その王業を実行し得べき力の要素として、兵馬の権、富の力、名誉の淵源、尊栄の依地、これ等あらゆる勢力の資となるべきものを集中累積して所謂『豪盛』の主体と成り居らねばならぬ（「神武天皇の建国」）

といふのがその説明である。然し、漢籍の典拠は名を挙げてをらぬ。試みに、正韻を検すれば、「王ハ盛ナリ」といふ盛、「詩」の豳風《ひん》に「皇ハ荘盛ナリ」といふ荘盛などは、この「豪盛」と共通の盛であらう。「豪盛」の熟字を以て王字を解したものが支那にあるかどうかは未だ明かではないが、「王」字を「盛」の意味に用ゐた例としては「荘子」の「養生主」に公文軒と右師との問答体の一句の末に「神ハ王スト雖モ善《タノ》シカラザレバナリ」とあるが如きを挙げることが出来る。然し、これらは、王字を盛の義、皇字を荘盛の義となす字釈であるが、字釈を離れて、君主たる者が、人の世に於て、将た国家に於て、精神、物質、両面に亘り勢力の淵源たることは必ずしも多言を費すの要がない。「易」はこれを「豊ハ亨《トホ》ル、王之レニ仮《イタ》ル。憂フルコト勿レ、日中ニ宜《ヨロ》シ」（下経）と離下震上の卦䷶を以て説いた。豊とは大である。離は明、震は動、即ち明を以て動くところよく豊大をなし、万事亨通《かう》せざるものなきは、王者四海の富を保つ所以である。天地の盈虚は時の消息であつて王者の憂ふべき問題ではない、須く日の世界を照すが如くあるべし、といふのである。故に、「彖《たん》」には「豊ハ大ナリ、明以テ動ク、故ニ豊ナリ、王之レニ仮《イタ》ルトハ、大ヲ尚ブナリ、憂フルコト勿レ日中ニ宜シ、トハ、宜シク天下ヲ照スベキナリ、日《ヒ》中スレバ則チ昃《カタ》ムキ、月盈ツレバ則チ食《カ》ク。天地ノ盈虚ハ時ト消息ス、而ルヲ況ヤ人ニ於テヲヤ、況ヤ鬼神ニ於テヲヤ」と解釈してをる。「呂氏春秋」は極めて簡単に「王ナル者ハ勢ナリ」（注8）といひ、又、「ソレ一世ヲ定メ、黔《ケン》首ノ命（人民の生命）ヲ安ンジ、功名、槃盂《ハンウ》（器の名、功名を銘としてこの器に彫刻す）ニ著《アラ》ハレ、銘篆《メイテン》、壺鑑（両者とも器名、解釈従上）ニ著ハレンコトヲ欲スレバ、其ノ勢、尊キヲ厭ハズ、其ノ実、多キヲ厭ハズ、多実尊勢、賢士之レヲ制シ以テ乱世ニ遇ハヾ、王タルダモ猶尚少《ナホスクナ》シ（王となつても多しとするには足りない、即ち王となつて猶余りあり、といふ程の意味）」（審分覧、慎勢）といつてゐる。

第七目　無外の義

無外の義とは何であるか、先考の筆をして説かしめよう。

元々王者といふものは、みづから道の代表者たり保護者たるの資格を具するものとすれば、その『道』なるものが無限である限り、その能行者たり能護者たる王者も「無限大」のものでなくてはならぬ、それが『無外』といふことである、いかなるものも王の下に覆はれてしまふ、外に立つものがない、即ち限りなく大きいものといふことである（「神武天皇の建国」）

又、その先きの方には

天下の聡明を聚め、天下の技能を聚め、天下億兆体力肢用の一切を収めて一身と為したのであるから、これほどの大きいものはないといふ事になる、即ち『無外之大』である、所謂『王者無外』、現実界に於ける量と力との絶対を示したものである（同上）

といひ、その又先きの方に、管子の「室ニ言ヘバ室ニ満チ堂ニ言ヘバ堂ニ満ツ」といふ文を引いてをるところを以て考へるに、前款の豪盛が、物質、精神に亘る勢力の淵源なるに反し、無外とは、主として精神的大きさ、意味の大きさをいふものであらう。但し、「無外」なる熟字については出典を挙げてゐないから、果して何に拠つたものか不明であるが、一体、この「無外」なる語は用例比較的に稀少である。たゞ、吾人が従来閲読の際、偶然遭遇して注意してゐたものとしては「管子」に

天ハ覆ヒテ外無キナリ、其ノ徳在ラザル所無シ。地ハ載セテ棄ツル無キナリ、安固ニシテ動カズ、故ニ生殖セザルモノ莫シ。聖人之ニ法リ以テ万民ヲ覆載《フサイ》ス、故ニ其ノ職性ヲ得ザルハ莫ク、則チ用ヲ為サザルハ莫シ。故ニ曰ク、天ノ徳ヲ合スルニ法《ノット》リ、地ノ親無キニ象ル、ト（版法解）

とある。これは、「天覆而無外也……地載而無棄也」、即ち、天の無外と地の無棄とを対語としてゐる。無外の意味が、天の万物を覆ふの大きさである意味がよく理解し得られる。次には「独断」の中に「天子ハ無外、天下ヲ以テ家ト為ス、故ニ天家ト称ス」とある例である。これも、天下を以て家とするといふ句によつて、天子の大きさを

示してその「無外」なる意味を説明してゐるので、文意暢達である。「春秋」公羊伝にも「王者無外」の語があり「元史」の外夷伝、巻九十五、日本の条下に載せてある国書の中に「蓋シ聞ク、王ハ無外云々」とある。これらによつて稀ながら、「無外」の語は、天の大きさを以て、天子のそれに比したものである事がわかる。と共に、外無きが故に「天子ニハ出ヅト言ハズ」（「礼記」曲礼下）といふのである。猶ほ、この研究の印度の部で示すであらうやうに、仏典の中にも華厳経にその一用例があるが、先考が何によつたかはわからない。

いづれにしても、「無外」とは「外に比較すべきもの無し」といふ絶対の大きさを言つたものではあるが、それは必ずしも物量的概念ではなく、意味の大きさであつて、老子が「道ハ大ナリ、天ハ大ナリ、地ハ大ナリ、王モ亦大ナリ、域中ニ四大アリ、而シテ王其ノ一ニ居ル」（上篇）といつたのは語簡なれども王の無外大が、道と天と地とに比せられる事によつて、此の上なく明白にせられてゐる。荘子は、古の天下に王たる者は「知、天地ヲ落《マト》（絡と同じ）フト雖モ自ラ慮ラズ、弁、万物ヲ彫《ヱ》ルト雖モ自ラ説カズ、能、海内ヲ窮ムト雖モ《ミ》、自ラ為サズ」とて知、弁、能、の三を無為の思想で説き来つて結局「天ヨリモ神ナルハ莫ク、地ヨリモ富メルハ莫ク、帝王ヨリモ大ナルハ莫シ」（天道）といつてをる。

「孝経」が卿大夫について「言、天下ニ満ツルモ口過無ク、行、天下ニ満ツルモ怨悪無シ」といへる所以のものは、卿大夫の仕へる王者の無外大、王者の言満天下を背景としてのみ可能なことである。王が無外であり、王が大なのであつて卿大夫が大なのではない。故ニ「王ノ形ハ大ナリ」と考へた管子は「室ニ言ヘバ室ニ満チ堂ニ言ヘバ堂ニ満ツ、是レヲ天下ノ王ト謂フ」と説明し、又「夫レ先王ノ天下ヲ争フヤ方心ヲ以テス、其ノ之ヲ立ツルヤ整斉ヲ以テス、其ノ之ヲ理ムルヤ平易ヲ以テス。政ヲ立テ令ヲ出スニ人道ヲ用ヰ、爵禄ヲ施クニ地道ヲ用ヰ、大事ヲ挙グルニ天道ヲ以テス」（覇言）と、王の大なる所以を語つてゐる。「万姓ヲシテ咸、大ナル哉王ノ言ト曰ハシム」（「書経」商書咸有一徳）である。

これは三才を一貫する王字構造の意味であつて、「神武天皇の建国」には董仲舒や、「六書精蘊」の原文などを引いて相当に詳述してある。支那では、すくなくも漢代の儒者は、君主たる者は三才一貫の中心人格でなければならぬといふ理念を築きあげてゐたのであつて、前節にもいつた通り、「六書精蘊」などに、王の中劃の上に近いのは「上、天に法るの義」であると解されてゐる王字なるものは支那の信仰に於て「絶対」を意味する「天」を根本原理として、これを人及び地の上に実現するといふ構想である。かゝる三才一貫の実現に於ける主体者が「王」なのであるから、王とは、「自らが天たり、地たり、人たるの上に、この三者の結合点、調和点たる大法位を占める」（「神武天皇の建国」）者と解されたのである。王道哲学を根柢とした支那の帝王観の最も堂々最も雄大最も深淵な一面は実に此の点に見られるといつて差支へない。兵法の書ではあるが、「司馬法」に「先王ノ治ハ天ノ道ニ順ヒ、地ノ宜キニ設ヒ、民ノ徳ヲ官シ、而シテ名ヲ正シ物ヲ治ム」といへるは王の此の義に基ける解釈にほかならぬ。而して、かく一貫される三才と、一貫する一との合する処に王ありとすれば、その一とは何であるか、試みに「書経」に依れば「一徳ヲ眷求シテ神ノ主タラシム」（商書、咸有一徳）とあり、更に「徳惟レ一ナルトキハ動イテ吉ナラザル罔《ナ》ク、徳二三ナルトキハ動イテ凶ナラザル罔シ」（同上）とある。而して、この一徳は、天下を一に帰するのみならず、永遠に日に新たなるの一である事は「天我ガ有商ニ私シタルニ非ズ、惟レ天、一徳ヲ佑ケタルノミ、商ガ下民ニ求メタルニ非ズ、惟レ民、一徳ニ帰シタルノミ」（同上）といひ、「今嗣王新ニ厥ノ命ニ服ス、惟レ厥ノ徳ヲ新ニセヨ、終始惟レ一ナレバ、時《コ》レ乃チ日ニ新ナリ」（同上）といふところによつて看取し得る。「書経」は更に「嗚呼、乃《ナンヂ》、一徳一心、厥ノ功ヲ立定シ、惟レ克ク世ヲ永ウセヨ」（周書、泰誓中）といつてゐるが、一徳が天下を一心ならしむる源で、天下を一徳に帰心せしむるが故に、三才一貫にして且つ永世たるを得る、とする。「受ハ億兆ノ夷人アリテ離心離徳タリ、予ハ乱臣十人(注9)アリテ同心同徳タリ、周親アリト雖モ仁人ニ如カズ」(同上)とは、その実際的説明といへよう。

第九目　大公の義

大公の義については「書」の「無偏無党王道蕩々」や「論語」の「君子之道坦蕩々」などの文が出してあるが、第一節の「公」字の意味をかへりみると、君主の本義の一として、公、即ち無私たる事が強く考へられてゐたものといはねばならぬ。「書経」洪範の「王道蕩々」の詩は、「無偏無陂」を第一にあげてゐるが、無偏なるは無私なるに由る、「陂」は不平の貌で、元来「頗」の字を用ゐてあつたのであるが、韻が合はないといふので、唐の玄宗皇帝が勅して「陂」に改めたものだといふことである。「不平無し」も亦、王者の無私、即ち公なるによることは申す迄もない。第二句第三句を合すると、「好悪を作すことある無し」であるから、これも亦無私にしてよく為し得るところ、第四句の「無偏無党」又大公無私、第五句の「無党無偏」も亦然り、第六句の「無反無側」亦然りで、この有名な詩は、要するに、王の大公無私をいへるものにほかならぬ。「呂氏春秋」が「昔、先王ノ天下ヲ治ムルヤ公ヲ先トス、公ナレバ則チ天下平ナリ矣、平ハ公ヨリ得、嘗試《ココロミ》ニ上志ヲ観ルニ、天下ヲ得ル者衆《オホ》シ、其ノ之レヲ得ルニ公ヲ以テ、其ノ之レヲ失フニ必ズ偏ヲ以テス、凡ソ主ノ立ツヤ公ヨリ生ズ」(孟春紀、貴公)といへるは、この「洪範」の詩を解釈したものであるが、老子も亦「公ナレバ即チ王」といつてゐる事は既にしば〳〵引ける通りである。孟子も亦王者の大公につき「民ノ楽ヲ楽ム者ハ民モ亦其ノ楽ヲ楽ム、民ノ憂ヲ憂フル者ハ民モ亦其ノ憂ヲ憂フ、楽ムニ天下ヲ以テシ憂フルニ天下ヲ以テス、而シテ王タラザル者ハ未ダ之レ有ラザル也」と説いてゐる。大公なるものは無私である。「礼記」に

子夏曰ク、三王ノ徳ハ天地ニ参ス。敢テ問フ、何如ナルヲカ斯レ天地ニ参スト謂フ可キヤ、孔子曰ク、三無私ヲ奉ジ、以テ天下ヲ労ス。子夏曰ク、敢テ問フ、何ヲカ三無私ト謂フ、孔子曰ク、天ニ私覆無ク、地ニ私載無

ク、日月ニ私照無シ、斯ノ三者ヲ奉ジテ以テ天下ヲ労ス、此レヲ之レ三無私ト謂フ（孔子閒居）とあるはそれである。かくて王道は大公無私の道であるとされる。

第十目　帰往の義

王道十可の最後は、帰往の義であるが、これは、字典の往といふ解釈、孟子の言などを典拠としてあげてゐる。王を往とする解釈は文献上非常に多いから、それを悉く列挙する事は不必要であるが、「正韻」には「王ハ主ナリ、天下帰往之レヲ王ト謂フ」と為し、その他の字典類皆大同小異の解釈を与へてゐる。但し、「独断」には「天王ハ諸夏ノ称スル所、天下ノ帰往スル所、故ニ天王ト称ス」とて特に天王の意義を釈し、又、「荀子」には「天下之レニ帰スル之レヲ王ト謂フ」と、単に「帰」の一字を以て解してゐるが、孟子は内容を与へて「芻蕘《スウゼウ》（芻は草、蕘は薪、転じて「きこり」の意）ノ者モ往キ、稚兎《チト》ノ者（猟師、転じて卑賤の者）モ往ク、民ト楽ヲ同ジウスルナリ」（梁恵王下）といつてゐる。又、「春秋」の「穀梁伝」には「王ハ民ノ帰往スル所ナリ」（荘三年条）とし、「天下」の代りに「民」といつてゐる。然しいづれにしても意味は同じである。「呂氏春秋」に「帝ナル者ハ天下ノ適ナリ」（下賢）といふ「適」は、「広韻」に「適ハ往ナリ」とあるから、帝適は王往と同一の思想であるといつてよい。然るに「王往也」の帝王観は、支那の能力主義の解釈で、「民先君後」の国家思想である、と為す者もあるが、必ずしもさうばかりはいへないのであつて、能力主義に非ざる日本の場合にも、天皇を中心と仰いであらゆるものが往至する意味からは、往の義が成立つのである。支那では、但し、帰往する反面に離背して独夫たらしむといふこともあるが、その離背するといふことは既に「王」の意味ではないので、王の意味に非ざるものを以て、王を解することは行き過ぎといはねばならぬ。王たる限りはすべてのものが帰《と》ぎ往《ゆ》くのであつて、帰往せざる様になれば最早や王ではない。これは、飽く迄王の意義を釈したものであるから、王ならざる者、即ち民の帰往せざるに到りし者の如きは、王往也といふ注釈に於ては全く別問題なのである。

第三款　王の百義

第一目　無敵の義

「荀子」に「天子ナル者ハ勢位至尊、天下ニ敵無シ」（正論篇）と見えるが、前款「豪盛の義」の下に出した「呂氏春秋」の「王ナル者ハ勢ナリ」の次にも

王ナル者ハ勢《イキホヒ》敵無キナリ、勢敵有レバ王者廃ル。小ノ大ニ愈《マサ》リ少ノ多ニ賢《マサ》ルコトヲ知ル者有レバ、敵無キヲ知ル。敵無キヲ知レバ、似類嫌疑ノ道遠ザカル、故ニ先王ノ法、天子ヲ立テヽ、諸侯ヲシテ疑ハシメズ、諸侯ヲ立テテ大夫ヲシテ疑ハシメズ、適子ヲ立テヽ、庶孽《ゲツ》（庶子）ヲシテ疑ハシメズ、疑ハ争ヲ生ジ、争ハ乱ヲ生ズ（審分覧）

とあつて王者無敵なる理由がよく述べられてゐる。これは、孟子が梁恵王に王道を説ける時、「その民の時を奪ひ」「耕耨《かうどう》（たがやしくさきる）して以て其の父母を養ふことを得ざらしめ」、「父母は凍餓し」、「兄弟妻子は離散し」、「その民を陥溺」して暴虐を擅にしつゝあつた秦、楚、斉などを討伐すべきことをいへる中に「王往イテ之レヲ征セバ、ソレ誰カ王ト敵セム、故ニ曰ク、仁者ハ敵無シト、王、請フ疑フコト勿レ」とあるによつて、その無敵なる理由は極めて明白である。

第二目　上一人の義

我国に於ても「上御一人」といふ言葉を有するが、支那でも、王は、一人の義である。後の「中国一人」の義との混同を避ける為め、義をとつて「上一人」の義と目する。即ち、君主は唯一人、唯一者であつて、並ぶ者を見出

すことがない。「天下ニ君タルヲ天子ト曰フ、諸侯ヲ朝シ、職ヲ分チ政ヲ授ケ、功ニ任ジ、予《ワ》レ一人ト曰フ」（「礼記」曲礼下）といひ、「書経」に「一人元良（善良）ナルトキハ万邦以テ貞《タダ》シ」（太甲）といひ、皆君主を指して一人といふ。その他「爾尚《コヒネガ》ハクハ敬《ツツシ》ンデ天命ヲ逆《ムカ》ヘ、以テ我一人ニ奉ゼヨ。………一人慶アレバ、（注10）兆民之レニ頼リ、其レ寧《ヤス》クシテ惟レ永シ」（「書経」周書、呂刑）ともある。絶対、最高、無二、などの意味で一人といふのであるが、それは、「礼記」に

天ニ二日無シ、土ニ二王無シ、国ニ二君無シ、家ニ二尊無シ、一ヲ以テ之ヲ治ムル也（喪服四制）

とある通り、治者一人の意である。「孟子」に「孔子曰ク、天ニ二日無ク民ニ二王無シト、舜既ニ天子タリ矣、又天子ノ諸侯ヲ師《ヒキ》ヰ、以テ堯ノ三年ノ喪ヲ為ス、是レ二リノ天子ナリ矣」（万章上）とあるのも、天下一人ありて二人なきをいへるものであるが、これはその少し前の処に「堯老イテ舜摂ス」とあり、舜が堯の在世中には摂政したのであつて帝位に即いたのでないといふ文と連絡して読むとその意明瞭となる。

第三目　国主の義

王字に主の義があり、主が君の意味であることは既に述べたところであるが、こゝでは特に、天下の所有者といふ意味である。「詩経」に「溥天ノ下、王土ニ非ザルナク、卒土ノ浜、王臣ニ非ザルナシ」といふは、孟子が「尺土モ其ノ有ニ非ザルハナク、一民モ其ノ臣ニ非ザルハ莫シ」（公孫丑上）といふのと同じで、国土を王の所有と考へ、人民を、特に君主の臣従と為せるもの、これいはゆる「天禄」（「書経」大禹「論語」堯曰）といふものである。或は、「天下ヲ有ツ」（注11）、或は「天下ヲ奄有ス」、「或は四海ヲ奄有ス」、乃至「富、四海ノ内ヲ有ツ」などといふは、皆、王が天下の主、即ち国主たるをいへるものにほかならぬ。天であり天子である君主は天と同じく無外である如く、国の主人であり、持主である君主は、従つて客となることがない。君主を客として、自ら主となつて対し得るものは

一人もないからである。そこで「礼記」には「天子ハ四海ノ内ニ客礼無シ、敢テ主ト為ルナシ」（坊記）といつてある。「天子無介」（「礼記」礼器）といふも同様の意味であるし、又、「天子ハ客礼ナシ、敢テ主タルナシ、君、其ノ臣ニ適クトキ、阼階《ソカイ》（主人の昇降する階をいふ）ヨリ升《ノボ》ルハ、敢テ其ノ室ヲ有タザルナリ」（郊特牲）ともいつて、人臣たる者は、その室家を有すといへども、君主に対しては敢てこれを私有と考へず、君主のものとするのである。「覲《キン》礼ニ、天子ハ堂ヲ下リテ諸侯ヲ見ズ、堂ヲ下リテ諸侯ヲ見ルハ天子ノ失礼ナリ」（同上）といふも天下の主なるがゆゑである。但し明の黄宗義は、「明夷待訪録」を著して、民が主で君は客だといつてゐる。

第四目　言則の義

君主の言は天下に満つ、といふが、その言の質に就て、「中庸」に「言ヒテ世々天下ノ則ト為ル」とある。君主は、その言直ちに法則でなければならぬ。「賈誼新書」に「人君タル者其ノ令ヲ出スヤ其レ声ノ如シ、士民之レヲ学ブヤ其レ響ノ如シ、曲折シテ従フヤ其レ景ノ如シ」（大政上）といふは、君主の言と民の行とを声と響との関係に例へたものであるから、君の一言は即ち天下の安危のかゝはるところ、「管子」はその重要性を、

治心中ニ在リテ治言口ヨリ出デ、治事人ニ加ハル、然ラバ則チ天下治マル矣。一言得レバ天下服シ、一言定マレバ天下聴ク、(注12)公ノ謂ナリ（内業）。

と力説した。君主の一言は、令であり治言であるから、それは人民天下の治安と根本的に因果の関係にあるものであつて、いやしくも、反真理、反道徳、たることを許されない。我国に於て、勅言を、ノリ、ミコトノリなどと称するものと対照すべきである。「史記」によると、天子に戯言なしとある、即ち

武王崩ジ成王立ツ、唐（現在の山西晋陽の古名）ニ乱アリ、周公、唐ヲ誅滅ス。成王、叔虞ト戯レ、桐葉ヲ削リテ珪《ケイ》（たま）ト為シ以テ叔虞ニ与ヘテ曰ク、此ヲ以テ若《ナンヂ》ヲ封ゼン、ト。史佚（太史尹佚）因ツテ日ヲ択ビテ叔虞ヲ立テンコトヲ請フ。

成王曰ク、吾レ之レト戯レシノミト。史佚曰ク、天子ニハ戯言無シ、言ヘバ則チ史之レヲ書シ、礼之レヲ成シ、
楽之レヲ歌フ、ト。是ニ於テ遂ニ叔虞ヲ唐ニ封ズ（晋世家）

といふが、それである。これらにより、王の言は真理であり、法則であるとする、即ち王は真理を言ふ人であり、法則を口に出す人であるとするの義が存することを知り得るのである。されば、「礼記」緇衣篇には、「綸言汗ノ如シ」とか「王言絲ノ如ク其ノ出ヅルヤ綸ノ如シ」とか「王言綸ノ如ク其ノ出ヅルヤ綍《フツ》ノ如シ」などと戒め、「漢書」劉向伝も亦「令ヲ出スヤ汗ヲ出スガ如シ」といふのである。

第五目　元首の義

ヨーロッパの国家有機体説は比較的近世のことであるが、支那では、「書経」に於て既に、君臣国家を人体に例へ「臣ハ朕ガ股肱耳目タリ、予レ有民ヲ左右セント欲ス、汝翼《タス》ケヨ」（益稷）「股肱喜ブ哉、元首起ル哉、百工熙《ヒロ》マル哉」（同上）「元首明ナル哉、股肱良イ哉、庶事康イ哉」（同上）「元首叢脞（煩瑣）ナル哉、股肱惰《オコタ》ル哉、万事堕《ヤブ》ル、哉」（同上）などと用ゐてあるが、これはその当時の歌である。「漢書」の魏相丙吉伝賛には、注して「古ノ名ヲ制スルヤ、必ズ象類ニ繇《カ》ク、遠キハ諸《コ》レヲ物ニ取リ、近キハ諸《コ》レヲ身ニ取ル、故ニ経ニ君ヲ謂ヒテ元首ト為シ、臣ヲ股肱ト為ス、其ノ一体相待チテ成スヲ明スナリ」といつてゐるが、意を尽して余りなきものである。「後漢書」の朗顗伝にも「三公上応二台階一、下同二元首一」などと用ゐてあるが、要するに、君主を人体に於ける頭脳に比して、国の元首と為せるもので、欧米をはじめ、日本に於ても今日、法学上の用語として「元首」の語を用ゐてゐる点から顧みて甚だ興味深きところといふべきである。猶ほ、「賈誼新書」の中にも

天子ハ天下ノ首ナリ、何ゾヤ、上ナレバナリ、蛮夷ハ天下ノ足ナリ、何ゾヤ、下ナレバナリ、蛮夷徴令スルハ、是レ主上ノ操ナリ、天子共貢スルハ、是レ臣下ノ礼ナリ。足反ツテ上ニ居リ、首顧《カヘ》ツテ下ニ居ル、是レ倒植ノ

勢ナリ（威不信）

とあるが、これによると、上下の観念で、首足といつたものらしい。

第六目　国家の義

ルイ十四世の「朕は国家なり」の語はひろく世界の人口に膾炙してゐるところであるが支那では、「晉書」の陶侃伝を見ると「国家年少、胸懐ヲ出デズ」といひ、君主を直ちに国家と呼んでゐる。かういふ用例は、時々諸書に散見し、魏の曹子建の上疏せる「自試を求むる表」を見ると、「而カモ臣敢テ陛下ニ陳聞スル者ハ、誠ニ国ト形ヲ分チ気ヲ同ジウシ、憂患之レヲ共ニスル者ナレバナリ」（「文選」）とあるが、こゝにいふ「国」とは天子を指す文字であつて、「形ヲ分チ気ヲ同ジウス」とは、天子即ち文帝と兄弟なるをいへるものである。「宣和画譜」に「家世貴顕、又、身、国壻《セイ》トナル」とある「国壻」とは天子の女を娶るをいふのであるから、国を君主と為せるもの、又、「国嗣」、皇太后の意味の「国母」、皇太子の意味の「国棟」などの「国」は皆、天子王者を意味するのである。これは、溥天の下、王土にあらざるなし、又、卒土の浜、王臣に非ざるなしの観念と密接な関連があつて、国家を国王の所有物として考へた点もあるが、この場合は、所有物を以て王の別称としたと解するよりは、国家の公なる意味を転用して、君主を国家と称したものと解すべきであらう。

第七目　師唱の義

「書経」の泰誓を見ると「天、下民ヲ佑ケテ之レガ君ヲ作リ、之レガ師ヲ作ル。惟レ其レ克ク上帝ヲ相《タス》ケテ四方ヲ寵綏《スイ》ス」とある。これは、君主を以てそのまゝ民の師と為す思想であつて、支那の君主論中、最も注目すべきものの一である。而して「荀子」の正論篇を見るに世俗ノ説ヲ為ス者曰ク、主道ハ周ナルニ利アリト。是レ然ラズ、主ナル者ハ民ノ唱ナリ、上ナル者ハ下ノ儀ナリ彼、将ニ唱ヲ聴イテ応ジ、儀ヲ視テ動カントス。唱、嘿《モク》（默と同じ）ナレバ則チ民応ズベキ無ク、儀、隠ナレバ則チ下動クベキ無シ。応ゼズ、動カザレバ、則チ上下以テ相有《タモ》ツベキ無シ、是クノ若クナレバ則チ上《カミ》無キト同ジ、不祥焉《コレ》ヨリモ大ナルハ莫カラン。

とある。この唱とは「首唱」、「唱導」等の意味であり、儀は「儀表」であるから、これ又、君主が民の唱導者、儀表者なることをいへるものでなければならぬ。今、「書経」の「師」と荀子の「唱」とを合熟して便宜上、「師唱の義」と目したのである。次節の王道論に展開されるやうに、支那では天子の教化といふことを最も重んじたが、これ、君主を以て民の師匠、指導者、教導者と考へるにより、王道思想の極めて顕著な特色を為すものである。「天子に戯言無し」などいふも亦、君主を師唱とする思想にも強く根ざしてゐるやうである。

第八目　国心の義

これは、「淮南子」繆《びう》称訓に「主ハ国ノ心ナリ。心治マレバ則チ百節皆安ク、心擾《ミダ》ルレバ即チ百節皆乱ル。故ニ其ノ心治マル者ハ支体相遺《ワス》レ、其ノ国治マル者ハ君臣相忘ル」とあるに拠つたのである。これは、「元首」といふのが、国家を身体にたとへ、その頭首が君主であり肢体が臣であるとしたのとやゝ趣を同じうする。即ち、君民国家を人の身体に擬したものではあるが、君主を心、臣を体に例へたところにその特色があり、君主の解釈として確に一つの見方であるといつてよい。如何に四肢五体が完備し強壮であつても、若し心が不健在であれば、その身体は忽ちに悩乱に陥る事はいふまでもないから、国の心たる君の重要なること知るべきのみ、といふのであらう。即ち、君主を国の心なり、といふ意味は、換言すれば、民は君を以て心とするものとの義にほかならず、従つて、民の心とする君主、即ち国の心たる君主の治まるか擾れるかは国家生活の上に極めて生命的関係を有するものといははなければならぬ、とするものである。而して、「其ノ国治マル者ハ君臣相忘ル」といふは、国心たる王にして真に道を体して民に臨まば、王と臣との非有機性、対立性の如きは完全に忘れ、王臣一如一体恰も心身の一如に於て身体の各機関各部分がその個々の分裂、対立を見ず、四肢五体首足の全体がたゞ一なるものと感ぜられるが如きである、と為すものであらう。かく、君臣を心体の関係に於て懐みるものは、猶ほこのほかにも「君ハ民ノ心ナリ、民ハ君ノ体ナリ、心ノ好ム所、体必ズ之レヲ安ンズ、君ノ命ズル所、民必ズ之レニ従フ」といふ「春秋繁露」や、又、「蓋シ君ハ心ナリ、民ハ猶ホ支体ノゴトシ。支体傷ヘバ則チ心怛《サンダツ》ス」といふ「漢書」の武帝の詔勅の如きものがある。

第九目　法原の義

荀子は、「乱君アリテ乱国無ク、治人有リテ治法無シ」（君道篇）と確信した。乱るゝは法の不備によるのでなく乱君によるのであり、国家の治まるは治める人によるのであり、治法によるのではない、故に、彼は

羿《ゲイ》（夏王朝の侯君主）ノ法ハ亡ビタルニ非ザルモ而モ羿ハ世中《ヨヨア》タラズ（羿の法は射法なる故にかくいふ）、禹ノ法ハ猶ホ存スルモ而モ夏ハ世《ヨヨ》王タラズ、故ニ法ハ独リ立ツ能ハズ、類（法の類例）ハ自《ミ》ラ行ハルル能ハズ、其ノ人ヲ得レバ則チ存シ、其ノ人ヲ失ヘバ則チ亡ブ（同上）

といふのである。けだし、法そのものは「亡国ノ法ニモ随フ可キモノアリ、治国ノ俗ニモ非トス可キモノアリ」（「淮南子」説山訓）であるから、亡国となりし国にも、善法といはるゝものはあるにちがひないのであるが、善法ありてもこれを用ふる治人なき故に亡国となつたのである。この意味に於て、荀子は法の根元たるものを君主であると考へ、「法ハ治ノ端ナリ、君子ハ法ノ原ナリ。故ニ君子有レバ即チ法省クト雖モ以テ偏《アマネ》キニ足リ、君子無ケレバ則チ法具ハルト雖モ、先後ノ施ヲ失ヒ、事ノ変ニ応ズルコト能ハズシテ以テ乱ルヽニ足ル。法ノ義ヲ知ラズシテ法ノ数ヲ正ス者ハ、博シト雖モ事ニ臨ンデ必ズ乱ル」（同上）といふのである。「君子」とは「君主」又は「帝王」である。

第十目　治原の義

再び、荀子の説くところに聴くに、君主は治原である。既に法原なれば、治原たるは、事の関連上、自然の観念ではあるが、治の原は、力に非ず法に非ず富に非ず才に非ず、治者その人にほかならぬ。されば、彼は次の如くいふのである。

符節ヲ合セ契券《ケイケン》ヲ別ツハ信ヲ為ス所以ナリ。上、権謀ヲ好メバ則チ臣下安吏誕詐ノ人是レニ乗ジテ後欺ク。籌《チウ》（じく）ヲ探リ鉤《コウ》（じく）ヲ投ズルハ公ヲ為ス所以ナリ。上、曲私ヲ好メバ、則チ臣下百吏是レニ乗ジテ後偏ス。衡《カウ》石称県（はかり）ハ平ヲ為ス所以ナリ、上、傾覆ヲ好メバ、則チ臣下百吏是レニ乗ジテ後険ナリ。斗斛《トコク》敦槩《トンガイ》（ます）ハ嘖ヲ為ス所以ナリ、上、貪利ヲ好メバ、則チ臣下百吏是レニ乗ジテ後鄙《ヒ》ナリ。豊取刻与シ無度ヲ以テ民ニ取ル」（君道）

いかに斉整たる法度数制あるも、上、私曲を行ふ時は下つひに是れに乗ずるものであるから、上一人毅然たることは、即ち治を成す所以で、王たる者は此の意味に於て「治原」である。かくて彼は「械数（符契の機械や法数をいふ）ナル者ハ治ノ流ナリ、治ノ原ニ非ズ、君子ハ治ノ原ナリ、官人ハ数ヲ守リ、君子ハ原《モト》ヲ養フ、原清ケレバ則チ流清ク、原濁レバ則チ流濁ル」（同上）といふのである。畢竟、「賞用ヒズシテ民勧メ、罰用ヒズシテ民服シ、有司労セズシテ事治マリ、政令煩ハシカラズシテ俗美ニ、百姓、敢テ上ノ法ニ順ヒ、上ノ志ニ象《ノット》リ、上ノ事ニ勧メ」（同上）て国をして安楽ならしめ、「敵国ハ服スルヲ待タズシテ詘《クツ》シ、四海ノ民ハ令ヲ待タズシテ一ナラン」（同上）ことが、治原たる君主の如何によるのである。

第十一目　能羣民原の義

君とは群なりといふ字典の注釈は既に第一節に出したが、この群することは、君の君たる所以の一である。されば、われをして三度び「荀子」を引かしむるならば、君とは能羣の義たる事を

君トハ何ゾヤ、曰ク能ク羣スルナリ。能ク羣スルトハ何ゾヤ、曰ク、善ク人ヲ生養スル者ナリ。善ク人ヲ班治（職を分つて治むる也）スル者ナリ、善ク人ヲ顕設（才能あるを朝に用ふ）スル者ナリ、善ク人ヲ藩飾（位や爵を以て恩恵する）スル者ナリ。能ク人ヲ生養スルモノハ人之レヲ親シミ、善ク人ヲ班治スルモノハ人之レヲ安ンジ、善ク人ヲ顕設スルモノハ人之レヲ楽シミ、善ク人ヲ藩飾スル者ハ人之レヲ栄トス。四統ノ者倶《ソナ》ハリテ天下之レニ帰ス、夫レ是レヲ羣スト謂フ（君道篇）

と為し、能羣四統を以て、君主の意義を解してをる。荀子は、同じやうなことを王制篇の中で

君ナル者ハ群ヲ善《ヨ》クスルナリ、群スルノ道当レバ則チ万物皆其ノ宜シキヲ得、六畜皆其ノ長ヲ得、群生皆其ノ命ヲ得。故ニ養長、時ナレバ則チ六畜育チ、殺生、時ナレバ則チ草木殖シ、政令、時ナレバ則チ百姓一ニシテ賢良服ス、聖王ノ制ナリ。

ともいつてをる。この能く羣し、又、善く群する者たる、実に、民の原であつて、これあるが故に民生完きを得ると考へた彼は、更に

君ハ民ノ原ナリ、原清《ス》メバ則チ流清ミ、原濁レバ則チ流濁ル、故ニ社稷ヲ有《タモ》ツ者ニシテ、民ヲ愛スルコト能ハズ、民ヲ利スルコト能ハズシテ、民ノ己ヲ親愛センコトヲ求ムルモ、得ベカラザル也（「荀子」君道篇）

とて、君主を「民原」なりと論じてをる。さきの法原、治原、民原と合すれば三原の義を成すであらう。

第十二目　中国一人の義

さきの一人の義は、上一人の義であつた。今茲にあぐるは、「礼記」に「聖人ハ耐《ヨ》ク天下ヲ以テ一家ト為シ、中

国ヲ以テ一人ト為ス」（礼運）とあるものによつたのであるが、これは王字の一種の解釈としても興味深きものがある。「淮南子」は、「五帝三王、事ヲ異ニシテ指ヲ同ジウシ、路ヲ異ニシテ帰ヲ同ジウス」といつたが、中国は、「天子ニハ兆民、諸侯ニハ万民」（「史記」晋世家）といひ、所謂億兆（「戦国策」）あらんも、この無数なる民は、唯一人を得ることによつてのみ、中国一人となることが出来る。億兆はその一人一人についてみる時、悉く「異路」なる者であり、「異路」にある者の総合的数名は億兆であるが、異路の億兆あるも国を成すことは出来ぬ。異路の億兆が同帰の一人となつてのみ、はじめて、国は、国としての完全さを持ち得るのである。而して、中国異路の億兆をして同帰の一人たらしむる者は之れを何人に求むべきか。君主でなければならぬ、所謂天子でなければならぬ。天子こそは、上一人であり、元首であり、民原であり、父母であり、乃至帰往等であるのだから、天子に帰往し結合し没入し了つて、中国は一人となる。完全な有機的国家となる。その一人は、一つの大なる一人である。この一つの大なる一人は、億兆、上一人に帰往しつくす事により、上一人を通じて現れるものであるから、この意味では、天子なる者を、中国一人の表現者と観なければならぬ。即ち、君主は中国一人の義をもなすといつてよいのである。「礼記」の此の表現と思想とは、日本に於ても亦、国体の論、乃至国家の論の立て方の上に十分参考となるものといふべきである。

第十三目　至尊の義

至尊の義とは「始皇ニ至ルニ及ビテ、六世ノ余烈ヲ奮ヒ、長策ヲ振ヒテ宇内ヲ御シ、二周ヲ呑ミテ諸侯ヲ亡ボシ、至尊ヲ履ミテ六合ヲ制シ、搞朴《カウボク》（むち）ヲ執リテ以テ天下ヲ鞭笞《ベンチ》シ、威四海ニ振フ」（「賈誼新書」過秦上）とあるに拠つたものである。「中庸」にも「徳ハ聖人タリ、尊ハ天子タリ」とあるが、天子を以て、「尊」、就中、至尊とするは、「公侯の尊」（「賈誼」過秦中の語）と区別する為めである。けだし、尊卑の観念は、支那の社会に於ける根本的なものの一つで、父を父とし、師を師とし、君を君とする所以のものは、所謂尊卑の観念に基く尊尊であつて、これなくしては、人生も国家も、王道も帝道も理解し得ず、とするものである。尤も、支那では、「父ハ至尊ナリ」（儀礼、喪服伝）ともいふが、父の至尊は具体的には、億兆が各個別に有するものであるに過ぎないが、全体社会、或は国家天下の観念からは、各個の父を至尊なりとすることの出来る道理はないから、この場合には、至尊を天子の義とするのである。故に、「爾雅」の疏にも「周公ノ詁ヲ作ル必ズ、始也、君也、大也ヲ以テ先キニ居《ヲ》クハ、始ハ先キ無キノ称、君ハ至尊ノ号、大ハ則チ包マザル所無シ、故ニ先ヅ之レヲ言フ」といひ、池田四郎次郎著「故事熟語大辞典」に拠るに唐の杜佑の「通典」にも「凡ソ夷夏ノ通称、天子ヲ皇帝ト曰ヒ、臣下内外兼ネテ称シテ、至尊ト曰フ」といひ、共に天子は天下の至尊なるの義を証するものである。而して唐の李延寿の「北史」に清河王の言葉として「天子ニ父ナシ」といふは、天子は天下の至尊たるを以て、一度び天子の位に即けば、たとへ、位に在らざる生みの父ありとも、子たる天子の至尊に非ざるをいへるものであらう。即ち、天子の父といへば、唯、天のみであつて、人間たる父は、天子にとつて至尊とはいへないのである。

第十四目　乃武乃文の義

「書経」の大禹謨に、堯帝を讃した益の言葉の中、乃聖乃神に次で、「乃武乃文」の語がある。これは、允文允武といふも同じで「詩経」の魯頌に「穆穆タル魯侯、其ノ徳ヲ敬明ニシ、威儀ヲ敬慎ス、維レ民ノ則ナリ、允ニ文允ニ武、昭カニ列疽ニ仮《イタ》リ、自《ミ》ラ伊《コ》ノ祜《サイハヒ》ヲ求メヨ」とある。天子は文武の徳を具備するものと考へ、乃武乃文、又は允文允武といへば、直ちに天子の徳を意味する。文王と武王との二王は、前者は文を外として武を内に、後者は武を表として文を裏にせるもの、されば、「論語」にも文武の道即ち文王と武王との道をば聖人の道の意味に用ゐて「子貢曰ク文武ノ道未ダ地ニ堕チズ」といつてをる。唐の太宗も「克ク明ニ克ク哲ニ、允ニ文允ニ武、皇天眷《けん》命シテ暦数躬ニ在ルニ非ザルヨリハ、安ンゾ以テ濫リニ霊図ヲ拠リ、叩リニ神器（帝位）ニ臨ムベケンヤ」（「帝範」序）といひ、允文允武に非ざれば、真の王者に非ざる事を自認してをる。然し、支那の思想史を通覧するに、文武両道とも之れを重んじ、両者の一致を必要とする、と為す思想が一方に明確に説かれてはゐるが、事実に於ては文を尚び武を卑しめる傾向が著しく、「宋史」の礼志に「広㆓列聖崇儒右文之声㆒」などとあるやうに、又、右文左武といふ熟語の存してゐるやうに、文を上とし武を下とした。されば、一層この允文允武、乃武乃文なるものが真の王の義なることをも思はしめるのである。この問題は猶ほ後の「王道文武」に説く処と併せて考ふべきである。

第十五目　愛利（三利）の義

これは「墨子」の言に拠つた。曰く「上ハ天ヲ利シ、中ハ鬼ヲ利シ、下ハ人ヲ利スルナリ、三利ハ利セザル所ナシ、故ニ天下ノ美名ヲ挙ゲテ之レニ加ヘテ之レヲ聖王ト謂フ」（天志上）と。これは、墨子の兼愛思想による説明であることは彼が「昔三代ノ聖王、禹湯文武ハ此レ天意ニ順ツテ賞ヲ得タル者ナリ、昔三代ノ暴王、桀紂幽厲ハ此レ天意ニ反シテ罰ヲ得タル者ナリ、然ラバ則チ禹湯文武ノ其ノ賞ヲ得タルハ何ヲ以テセル、曰ク、其レ上ハ天ヲ尊ビ、中ハ鬼神ニ事ヘ、下ハ人ヲ愛スルヲ事トス、故ニ天意ニ曰ク、此レハ之レ我ガ愛スル所ニ於テ兼ネテ之レヲ愛シ、我ガ利スル所ヲ兼ネテ之レヲ利ス」（同上）といつてゐるに徴して明かである。墨子に従へば、故に

人ヲ愛スルヲバ此レヲ博シトナシ、人ヲ利スルヲバ此レヲ厚シトナス、故ニ貴キコト天子ト為リ、富ハ天下ヲ有《タモ》チ、万世ヲ業《ツ》ギ、子孫其ノ善ヲ伝ヘ称シ、旁《アマネ》ク天下ニ施ス、今ニ至ツテ之レヲ称シテ之レヲ聖王ト謂フ（同上）

「愛利」なる語は、墨子の言に拠りはしたが、その思想は、支那の王者観に於てはひろく共通した基本的観念の一つといふべきで、かの「左伝」に、「天民ヲ生ジ而シテ之レガ君ヲ樹ツ、以テ之レヲ利スル也」といふもその一例であれば、「管子」正世に「天下ノ為メニ利ヲ致シ」といふもその一例なれば、邵康節が、王を以て「功」と解し

たるも亦その一例であらう。

第十六目　正縄の義

「爾雅」釈言に、「皇正也」とて、帝王に「正」の意味を認めてゐる事は、第一節に於て既に指摘したところであるが、正縄の義とは、この皇正也の「正」と、「商子」に「王道ハ縄《タダ》スコト有リ夫レ王道ハ一端ニシテ臣道モ亦一端、道トスル所ハ則チ異ニシテ、縄ス所ハ則チ一ナリ」（開塞）といふ「王道有縄」の「縄」とを合熟して仮りに名づけたところである。帝王は正である、正でなければならぬ、それ故に又、正す者でなければならない。「詩」の国風豳《ひん》の中には、「四国是皇」とあり、皇を「たゞす」と訓む。天下に王たる者は左太冲の所謂「位ヲ正シ体ニ居ル」（「魏都の賦」文選）は即ち、「天之ノ正位ニ立チ」（「孟子」滕文公下）而して先づ必ずや「名ヲ正シ」（「論語」子路、「管子」枢言等）又、「有道ノ君ハ其徳ヲ正シクシテ以テ民ニ莅《ノゾ》ミ」（「管子」君臣）自《みづか》ら「主ノ身ハ徳ヲ正スノ本」（「管子」同上）たるを自覚し来らば、王の言を正すべきこと「一言正シケレバ天下治マル」（「太平御覧」政道）といふが如くであるべく、かくて、「天下に王として諸侯に正」たるの後「王公大人、天下ニ王トシ諸侯ヲ正サント欲ス」（「墨子」尚賢中）るを得るのである。茲に於て帝王天子たる者は、「管子」の所謂「時ニ天下ヲ匡シ、……曲国ヲバ之レヲ正シ」（覇言）所謂王業を成すものであるから、兵馬を用ゐるもまた全く、侵略奪取の如き恣意私欲に基くべきではなく、「王用《モ》ツテ出デテ征ストハ以テ国ヲ正サンガ為メ」（「易経」）であるべく、いはゆる「兼ネテ之国《タコク》ヲ正ス之レヲ王ト謂フ」（「管子」覇言）のであつて、王とは結局「世ヲ正シ天下ヲ調ヘント欲スル者」（同上）を意味するものとなる。これを「一匡天下」又は「一正天下」といふは、「論語」に「管仲、桓公ヲ相《タス》ケテ諸侯ニ覇タラシメ天下ヲ一匡ス」（憲問）といひ又、「集解」に「桓公、諸公ヲ率ヰ以テ周室ヲ尊ビ天下ヲ一正ス」といひ、又「荀子」に「諸侯ヲ九合シ天下ヲ一匡ス」（王覇）といふなどによつて明かであらう。

第十七目　作一の義

作一の義とは、「官ヲ常ニスレバ則チ国治マリ、務ヲ一ニスレバ即チ国富ム。国富ミテ治マルハ王ノ道ナリ。故ニ曰ク、王道ハ一ヲ作《ト》スノミ」（「商子」農戦）の「作一」の語に拠れるものであるが、「陸賈新語」懐慮に「道ヲ失フ者ハ誅シ、義ヲ秉ル者ハ顕シ、一事ヲ挙ゲテ天下従ヒ、一政ヲ出シテ諸侯靡ク。故ニ聖人ハ一政ヲ執リテ百姓ヲ縄《タダ》シ、一槩ヲ持シテ万民ヲ等シクスルハ、一治ヲ同ジクシテ一統ヲ明カニスル所以ナリ、故ニ天ノ一ハ大ヲ以テ数ヲ成シ、人ノ一ハ○ヲ以テ倫ヲ成ス（○は欠字）とあるも、又この作一の義である。「陸賈新語」には、猶ほこの文のさきに、「執一統物」ともいってある。王字の構造も亦、三才を一以て貫くのであるから、作一の義にも相当するのであるが、三才一貫は、むしろ三才を貫通するに重きを置いたものとして、その一に重きを見る作一の義を茲に別出したのである。この一は、「書経」咸有一徳篇のいはゆる「一徳ヲ眷求シテ神ノ主タラシム」或は「終始惟レ一ナレバ、時《コ》レ乃チ日ニ新ナリ」或は「一ナル哉王ノ心」及び、「書経」周書泰誓のいはゆる「一徳一心」等の一でもある。「此レ其道一ニ出ヅ」との「管子」の言も茲に思ひ出されて然るべきである。

第十八目　取法観聖の義

取法観聖とは、「天子ノ義ハ、必ズ純《モツパ》ラ法ヲ天地ニ取リテ先聖ニ観ル、士庶ノ義ハ、必ズ父母ニ奉ジテ君長ニ正ス」（「司馬法」天子之義）とあるに拠る。これは、荀子が、君主を法原と解したると関連せしめて考ふべきで、司馬法は、法を立てるに就ての見地、即ち取り方から天子の義を見たものである。人の服すべき規律としての法を天地の道に基かしめ、恰も春生じ、夏長じ、秋収め、冬蔵する四時の道の如く、仁以て之れを愛し、義以て之れを制し、礼以て之れを敬し、智以て之れを別つを天子とする。而して又、単に天地自然の法に則るのみならず、先聖先王の往迹聖鑑を観て之れに儀るを天子の義と考へたのである。即ち、教は之れを父母に、法は之れを君長に取るもの、司馬法それ自身の観方としては一方に偏してはゐるが、「法を天地に取り、又先聖に観る」ことその事が、王の一義を為すものでその事は疑ひ得ない。「司馬法」の著者が周の大司馬なりや否やの如きは別として「先王ノ治ハ天ノ道ニ順ヒ地ノ宜シキヲ設ケ、民ノ徳ヲ官ニシ、名ヲ正シウシテ物ヲ治メ、国ヲ立テ職ヲ弁ジ、爵ヲ以テ禄ヲ分チ、諸侯説《ヨロコ》ビ懐《ナツ》キ、海外来リ服シ、獄弭《ヤ》ミ兵寝《ヤ》ム、聖徳ノ至ナリ」（仁本）といへるは又、この取法観聖に呼応する王の義の説明といはねばならぬ。

第十九目　道管の義

道管の義とは、「道の枢要」の義であつて、これは「管子」に「聖人ナル者ハ道ノ管ナリ、天下ノ道ハ是レニ管シ、百王ノ道ハ是レニ一ナリ」（儒效）とあるものに拠つたのであるが、元来、道なるものは、無形（「賈誼新書」道徳説）なるものであつて然も「道ハ天下ニ満チ、普ク民ノ所ニ在レドモ民知ル能ハザルナリ」（「管子」内業）であるから、そこに教化の必要が生じてくるのであるが、この教化なるものは、たゞ、一を執るの君子のみがよく之れをなし得る。故に「一ヲ執リテ失ハザレバ能ク万物ニ君タリ」（同上）といふことが出来るのであつて、斯様な意味に於て、道は、君を得てはじめて民之れを知り得るものといはなければならぬ。否、「賈誼新書」の如く「道ハ聖王ノ行ナリ」（大政上）といふに結論されるとすれば、君主なるものの意義は正に、道の枢要といふことに存しなければならぬ。道を以て「万世の宝」なりとするならば、この道の枢要たる君も又「万世の宝」である。董仲舒が「道ノ大原ハ天ニ出ヅ」（対策）といへるは支那の観念として正しいけれども道をして道たらしめる枢要が名君であることを了解しないならば、永久に道は行はれない、といふ意味が、どれほど支那民族に信ぜられたかは別問題として、この「道管」の観念は注目すべきものと思ふ。

第二十目　至約官人の義

至約官人とは、次の「荀子」の説くところに拠る。曰く

人主ナル者ハ、守《マモリ》、至約ニシテ而モ詳《ツマビラ》カニ、事、至佚ニシテ而モ功アリ、衣裳ヲ垂レ、簟席ノ上ヲ下ラズシテ、海内ノ民、得テ以テ帝王ト為スコトヲ願ハザル莫シ。夫レ是レヲ至約ト謂フ、楽焉《コレ》ヨリ大ナルハ莫シ。人主ハ人ヲ官スルヲ以テ能ト為ス者ナリ、匹夫ハ自ラ能《ミ》クスルヲ以テ能ト為ス者ナリ。人主ハ人ヲシテ之レヲ為サシムルヲ得、正夫ハ則チ之レヲ移ス所無シ、百畝《ポ》一守、事業窮リアリ、之レヲ移ス所無ケレバナリ。今一人ヲ以テ天下ヲ兼聴シ、日余リアリテ治足ラザルハ、人ヲシテ之レヲ為サシムレバナリ（王覇篇）

これは君主なる者の本義が、「統」にあつて技に存せざることをいつたのであつて、「至約」なる語は右の文中に説明されてゐる通り、至佚の語と相俟ち、君主が、大位に居り、天下を総統するの意で、「主道ハ人ヲ知ル、臣道ハ事ヲ知ル、故ニ舜ノ天下ヲ治ムルヤ、事ヲ以テ詔《ツ》ゲズシテ万物成レリ、農ハ田ニ精シキモ以テ田師ト為ス可カラズ、工賈《コ》モ亦然リ」（大略篇）といふを読まば一層その意明かであらう。わが、「シロシメス」といふ程の明確性は疑はしく、又、どれだけこの思想が支那で重んぜられたかも怪しいが、こゝに「知」の字を用ゐてゐることは注意しておくべきであらう。即ち細事にあたり一々自ら指揮し或は決定するが如き技術的末梢に於て王を観るべきではなくいかに至約の大綱を確把し、いかに人を官してゐるかを見る事によつて王の意義を知ることが出来ると為すものである。故に彼は又、王制篇の中には「上、天ニ案シ、下、地ニ錯《マジハ》リ、天地ノ間ニ塞備（塞満即ち充満の誤りといはれる）シ、万物ノ上ニ加施ス、微ニシテ明、短ニシテ長、狭ニシテ広、神明博大ニシテ以テ至約、故ニ曰ク、「一ト一ト、是レヲ以テ人ヲ為《ヲサ》ムル者、之レヲ聖人ト謂フト」ともいつてをる。

第二十一目　天吏の義

これは、支那の国体に基く最も典型的君主観であつて、君主を天の下した官吏とする思想である。「天下ニ敵ナキ者ハ天吏ナリ、然リ而シテ王タラザル者ハ未ダ之レ有ラザルナリ」（「孟子」公孫丑上）といふのがその出所である。「淮南子」にも「天吏」の語が見えるがそれは「四時者天之吏也」（天文）とあるから、天子の意味ではない。「天官」なる語も周代六官の一の名に見えるが、これも天子に仕へる官吏の意味であるが、孟子の例は、天子そのものを天の吏と見たもので、明白に機関説である。抽象的原理としての天が不易であつても、天命をうけ、天を体現する者は、最高官吏なのであつて、絶対の主人ではない。フレデリック大王の「朕は国家の公吏なり」といふものと全く一脈相通ふところのもので東西期せずして符節を合するものといはねばならぬ。

猶ほその他、内聖外王の義、尚賢の義、執一の義、独断の義、天下の義、垂光の義、洪叙の義、煌煌の義、大宗の義、仁義の義などといふ風に網羅し来れば文字通りの「百義」を得る事決して困難ではないが、支那の帝王思想を専攻するを以て目的とせざる本巻として、さまでに詳論することも如何かと思ふので材料は之れを保留し、以上二十目に加ふる事一を以て百義の趣旨に擬する次第である。

注1　曲礼上に『取㆑妻不㆑取㆓同姓㆒。故買㆑妾不㆑知㆓其姓㆒則卜㆑之』と見える。但し上古には必ずしも同姓不婚ではなかつたらしい。文学博士諸橋轍次著「支那の家族制」参照。

注2　后国家は相互に異姓であつたから、或者と或者とは通婚関係によつて親和して社会生活の体系化に協力したであらうし、或者と或者とは、互に勢力争ひに従事し、闘争、征服、叛逆、征服といふやうな過程を辿つたであらう。「呂氏春秋」の如きは、『天子ノ立ツヤ、君ヨリ出ヅ。君ノ立ツヤ、長ヨリ出ヅ。長ノ立ツヤ、争

ヨリ出ヅ。争闘ノ自《ヨ》ツテ来ル所ノ者久シ矣』といつてゐる。されば彼は、支那が理想的君主として後世永く讃歎してゐる五帝についても、「五帝固《モト》ヨリ相与ニ争ヘリ矣、逓ニ興廃シ、勝者事ヲ用フ」といひ、君権継承、興廃の闘争史的一面を論明してをる。

注3　この「選挙」の文字は、漢の孝文帝の言葉として「史記」に有徳を挙げて太子を選挙する意味に用ゐてある。『若シ有徳ヲ挙ゲテ以テ朕ノ終フルコト能ハザルヲ陪《タス》ケバ是レ社稷ノ霊（福の意味）天下の福《サイハヒ》ナリ、令コレヲ選挙セズシテ必ズ子ト曰ハゞ、人其レ朕ヲ以テ賢ニシテ徳アル者ヲ忘レテ子ニ専ラナリト為サン。天下ヲ憂フル所以ニ非ザルナリ。朕甚ダ取ラザルナリ』（孝文本紀）と。孝文帝は漢高祖の第四子である。然し臣下の『嗣ヲ立ツルニ必ズ子ナルハ従《ヨ》ツテ来ル所遠シ』の諫言に従つた。

注4　「王道天下之研究」二六七頁

注5　英国の王位確定法 Act of Settlement の第一条、オランダ国憲法第十条などみな永久に現王室の血統によつて王位の継承せらるべきを規定してゐる。これは試みに二例を挙げたまで、過去現在の欧州君主国の憲法は皆同趣旨の規定をかゝげざるはない。

注6　「大宝」については、明の丘濬の「大学衍義補」巻一に、「天地ハ物ヲ生ズルヲ以テ徳ト為ス、故ニ人、大徳ヲ以テ之レニ帰ス、聖人崇高ノ位ヲ得テ然ル後ニ位ヲ中ニ成シ、而シテ化育ヲ賛ス、故ニ位ヲ以テ大宝ト為ス也、大宝トハ亦聖人自ラ以テ宝ト為ル非ザル也、天下ノ有生、聖人之位ヲ得テ幸トシ以テ其ノ沢ヲ蒙ル、故ニ天下以テ宝ト為ス」とある。

注7　例へば戦国時代の兵法家慰繚子でも王者を解して神明、無光、洪叙、無敵（「慰繚子」治本第十一）と、第一に神明をあげてゐる。

注8　荀子は「国ナル者ハ天下ノ利用ナリ、人主ナル者ハ天下ノ利勢ナリ、道ヲ得テ以テ之レヲ持スレバ即チ大安ナ

リ、大栄ナリ、積美ノ源ナリ」（王覇篇）となし、王が勢力の淵源なる事を利勢と称してゐる。但し、道を以て之れを持せざる時は大危なり、大累なり、之れあるは之れ無きに如かず、と曰つてゐる。

注9 「乱臣」といふは「乱を治むる臣」の意味で、「治臣」の義に用ゐてある。「乱臣賊子」の乱臣ではない。乱臣十人といふは、周公旦、召公奭《せき》、太公望、畢公、栄公、太顛、閎《くわう》夭、散宜生、南宮适《くわつ》、文母を指すと伝へられてゐる。

注10 この「一人有慶」は昭憲皇太后がそのまゝ御題とされ「天の下をさむる君がよろこびは青人草のさかえなるらむ」（明治十四年）とお歌ひになつた。

注11 国主とこゝに用ゐたのは、国の主人即ち、国の所有者といふ意味であつて、「李陵書」に「故ニ前書ノ言ノ如ク国主ニ報恩センコトヲ欲スルノミ」の如き用例がある。但し、皇帝を下して国主となす、といふ貶称に用ゐたこともあるのは、宋の馬令の「南唐書」に「嗣主令ヲ下シ帝号ヲ去リ国主ト称ス」、「五代史」南唐世家に「皇帝恭問㆓江南国主㆒」等とあるによつて知られる。

注12 「公」は王念孫の説によると「此」の誤りといふ、一説には「心」の誤りともいふ。

第四節　王　道　論

第一項　総　説

第一款　序　説

さてこれより愈々、支那の王道について述べるのであるが、支那では「士、王道ヲ談ゼザレバ即チ樵夫モ之レヲ笑フ」（「文選」長楊の賦）といふくらゐで王道論は士人の常のたしなみとされてゐる。王道論なるものは元来、断片的に種々壮麗な字句を以ていはれてをる割合に、首尾一貫した体系を具備した論を見ないものであつて、王道王道と喧伝しつゝ、ある王道論者にして猶ほ然りとせば、一般民衆が王道の何たるかに無頓着であるのは仕方ない。

支那の王道論は、民主主義的観念を有してゐながら民主主義的行動に徹し得なかつた支那の民族が常に絶対的君主主義国家の国民として生きなければならなかつた運命の中に、弁証法的に生み出した比類稀な思想である。これを比較的早く民主制国家に進み得た西洋諸国の王道論、並びに、君主が比較的に政治の実権に介入する事なく然も民族的統一の象徴的機能の面に多くの意義を発揮した日本の天皇論と比較する時、如何にしてかの精密な王道論が生れたかの理由を察知出来よう。支那では三代の王道といひ、夏殷周の三代は、真に王道の行はれた三代であり、秦以後になると、最早や王道の観念はあり、王道への希求もあり乍ら現実に王道の亡びた時代であると考へるのが一般である。尤も後世に於ても、局部的に王道の存在を認めようとする傾向はあつた。例へば清朝の英主であつた康熙帝の如きは王道の体現者であつたと清末の論客がいつてゐるやうに、夏殷周の時代は大体に於て族制的国家であつて、父権的大家族主義の観念が、一般社会構造と相俟つて、比較的によく政治の上に反映したことは認められよう。そこに王道時代といふことが考へられるのであるが、その国家的形態は矢張り、絶対専制的君主主義といはねばならぬ。けれども氏族制度時代の観念が猶ほ争闘の勢力を保持してゐたから、道徳的にも感情的にも、王者並にその周囲の者は、民の父母といふやうな観念によつて幾分制約されてゐたかも知れない。すくなくも、夏が十七主約四百五十年、商殷が二十八主六百五十年、周は三十八主八百七十年つゞいたのであるから、後の、秦三主四十年、前漢十三主二百年、後漢十三主二百年等に比して安定性が多かつたのは事実であり、尚古思想と相俟つて、後代の人が、三代を理想の王道時代としたのは事実である。先王之道といふのはそれで、つまり三代に実践された王道が後世のよるべき所で、諸家皆口をそろへて、先王の道から逸脱すべからざる事を力説してゐる。秦漢以後になると主権の変動は激しく、王朝の興亡、分裂、対立、闘争は絶間がなくなつてゐる。支那に於ける封建制は、厳密な意味で周代で終つてゐるのであつて、秦以後は、たとへ諸侯が存在しても、周代の分権は崩れて全体的地縁社会の生長と共に一大集権国家となつた。然しそれにも不拘、支那の専制君主主義は毫も変化せず、ヘーゲルが早く固定的存在と評したやうに、近代の清朝に到る迄、実に上下四千年、不変不動の存在をつゞけてきたのである。これは支那の民族性を無視しては理解し難い現象であるが、かの「帝王世紀」に「帝堯ノ世天下太和ナリ、百姓事無シ、八九十ノ老人アリ壌ヲ撃テ歌フ。歌ニ曰ク、日出デテ作リ日入リテ息《イコ》フ、井ヲ鑿《ウガ》チテ飲ミ、田ヲ耕シテ食フ、帝力我ニ于《オイ》テ何カ有ランヤ」といふ撃壌歌は、内容もとより後世の偽作ではあるが、この王者への無関心、政治への消極的態度こそ、世界無比の長期に亘る絶対君主主義を固定せしめたものであり、そしてこの固定の中で、可能なる弁証法的民衆防衛として生れたものが王道論であり、王道論を以て制しきれなかつた場合の対応作として革命放伐を是認したのであるが、それすらも、中華民国の出現迄は民衆自身による放伐は見られなかつたのである。

　吾人は、王道論に進む前に、王道に関する支那思想の取扱方について一つ述べておきたいと思ふことがある。通常、支那思想史的方法に従うと、孔子をはじめ、墨子、老子等から、そもそも、家を別にし思想を異にするものとして派別的に叙するを慣はしとする。勿論かやうな方法も必要であり且つ或る意味で正当性を有することを、吾人も敢て否定するのではない。然し、支那思想一般はしばらく別とし、孔子以下の諸子並びにその後学には、或は儒、或は墨、或は道、或は法等と、その学派の所属をこそ異にすれ、すくなくも君主を肯定し、且つ君主の道を説くといふ点からは、それらは本質的に対立するものではなく、考へ方、説明の仕方の差異を示すものに過ぎない。若し対立といふならば、孔墨老が対立するのみならず、同じ儒家の中でも対立があるし、その他の諸家尚然りである。荀子は、孟子と並んで、否、ある意味では孟子よりも一層純粋に孔子の学徒と思はれるが、然も、宋儒の説が天下を風靡するや、ひとり孟子のみが儒の正統と崇められ荀子は異端邪説の巨頭と貶せられた。それは荀子が何等儒の大道に反する説の主唱者たりし為めではなく、畢竟、孟子の性善説に対抗して性悪説を樹てた為めにほかならぬ。然し、吾人を以て見れば、孟子の性善説にせよ荀子の性悪説にせよ、おのおの一面の観察であつて、それぞれ独立しては偏狭の説たるを免れぬ。孟子の説を奉じた者が宋代に多数を占めたから、荀子は異端とされたけれども、若し、性善説から荀子を異端とするならば荀子の説から評すれば孟子も亦異端にほかならぬから、かくの如きは畢竟、蝸牛角上の争であつてそのいづれに左袒する事も出来ぬ。性善を以て説明し得る場合もあれば性悪から説明して真を得る場合もあるのであつて、むしろ両者を総合して儒教の面目を見るのが正しい態度であらう。この道理を推す時は、孔老その他いかなる学派を問はず、王者及びその道を肯定する者たる限り、その思想は、要するに、支那民族の広義の王道思想の或は表裏であり、或は正変であるのであつて、それらを全体的に関連あるものとして取扱ふことが正しいと信ずる。勿論個々の学説や方法に関して細かく注意すれば孔子と孟子と老子とでは種々の差異が認められる。孔子が仁を以て道と為し、礼を以てその実行方法と考へたに対し、孟子は兼愛を主張し更にその後人は節葬の如きを主張し、(注1)老子は道の根本は天道であり無為以て道に合する事を主張した。従つて、支那思想史はその源頭に於て既に相容れざる根本三流に分れてゐるかの如くにいはれるが、吾人は必ずしもさう考へない。墨子が兼愛は、要するに孔子の仁に外ならないのであり、墨子が相利といへるはいかにも孔子の思想に比し、低俗なるかの観を為す者もあるが、仁は自然に相利の問題をも包含してゐるのであるから孔墨が根本的に相容れざるものとは考へられない。ただ孔子が礼楽を厚く重んずることを主張せるに対し三墨に至つて節葬非楽を説いたので両者は対立したけれども、これとて、必ずしも本質的に対立するものとは思はれぬ。節葬非楽といふも礼楽無用論ではないのであつて、重点の置き方の程度の相違にほかならぬ。老子が、「道ノ道トスベキハ常道ニ非ズ、名ノ名トスベキハ常名ニ非ズ、無名ハ天地ノ始メニシテ有名ハ万物ノ母ナリ」(上篇)といへば、いかにも儒家の道たる仁や墨家の道たる兼愛を否定し正反対の思想を示すものであるかの如く解されるが、実は孔子が実践的に把握したものを老子は哲学的に思索しただけのもので、共に支那民族の先験的原理たる「天」を根拠としてゐる点では、本質的に同じものに過ぎないのである。唯、応用、解釈に於て若干の差違を示してゐるまでのことなのである。儒家は王道治国平天下を説き道家は無為の治を説き法家は覇道を説く、といへば、恰も三者全く異なるかの如く思はれるが、三者は単に立場を異にするだけで、広義の王道そのものを認める点で根本的には同一だと思ふ。即ち、儒家は専ら君主側に立つて王道を考へてゐるに反し道家では人民側に立つて王道を説いてゐるのであり、儒家は王道の本質を曰ふに反し法家は現実国家の君権の法を論ずるのであつて、説き方や立場は異るが、結局に於てそれぞれ楯の一面をなすものたる事は否定出来ない。故に、王道に関する支那思想を全体的に取扱ふ場合には、諸派の説を一々区別して論ずる必要はないのであつて、変通自在たるべきである。たとへば「道」についても道なるものの掴み方や説明の仕方は、孔子の如く仁道と為す者もあれば老子の如く天道と為す者もあつて種々に異るが、然し、それらは説明の相違であつて、道そのものの相違ではない。荀子は、孔子の礼教を承け、「百王ノ変ズル無キ者（礼を指す）ハ、以テ道ノ貫（一貫条綱）ト為スニ足ル、一廃一起、之レニ応ズルニ貫ヲ以テス、貫ヲ理ムレバ乱レズ、貫ヲ知ラザレバ、変ニ応ズルヲ知ラズ、之レガ大体ヲ貫スレバ未ダ嘗テ亡ビザルナリ」（天論篇）といつたが、さればとて、決してそれに止まつたのではない。孔子にしても老子にしても墨家にしても自然法の観念を多く出でなかつたのに対し、彼は、自然法を認めると共に、実定法、制定法を、礼と共に著しく君主の制定する治国の要たるを力説してをる。これは発展であつて反対物へと転化したのではない。されば、若し、学術的区別を明かにする必要ある時は区別に於て観察すべく、連関一体として見るべき場合には同体に於て観察すればよいのである。吾人は、斯かる見解に基いて、王道思想に関する限り、支那各派の思想は、その派別に煩される事なく、連関的総合的に取扱ふことを根本の方針とする。いはゞ王道に関して諸派で説いてゐるところは一見対立の如くではあるが、それは全くの対立ではなく要するに、支那王道思想の多くの陰影なのであるから、吾等は、支那王道思想一体の観点から、自由にこれを観察して差支へないのである。吾人のいはんとするところは、儒教の所謂王道のみを王道として限定することは必ずしも正鵠を射たものではない、苟くも君主の存在を肯定し君主が正しき政治の道を行ふべきことを主張するものであるかぎり、それらも亦広義の王道である、といふに存する。勿論「儒教の王道」と称することは差支へない、然しそれは断じて、広義に於ける支那王道思想のすべてではない。儒教が、所謂王道思想の大宗であることは何人も之れを認めるに吝かでないが、その王道とは畢竟、治者の治道にほかならぬ。儒者は主としてそれを礼楽に見出したのであるが、如何なる儒教の王道主義政治といへども礼楽のみを以て政治を行ひ得るものではない。無為を絶対道となせる老子すら、無為を説く有為を自ら為さねばならなかつたし、兼愛を説く者必ずしも無礼を是認するものではない。これらは要するに治道の把握の仕方、重点の置き方、観察の仕方、乃至立場の相違であつて、広義に治道即ち王道を説いたものと認めて差支へない。儒家の治道観、法家の治道観等はそれぞれ何等かの差異を示してゐる事は事実であるが、儒教の思想だけが支那の思想であるのではない。その他の諸派又等しく支那の思想である。故に、吾人は、支那の王道といふ場合、ひとり儒家のそれに限らず、ひろく諸流に出入して、支那全体として如何なる治道思想を持つかを明かにするのが正しいと信ずる。

次に、今一つ、重要な問題は、王道論又は王道思想と王道そのものとの区別を厳にすべきことである。これは、国体論と国体との混同を戒しめると同様の意味に於て是非為さねばならぬ。故に孔子以下幾多の聖賢の王道論は、皆彼等の王道の把握、理解、説明等であつてそれらは極めて貴重なものであり、我等の道に悟入する有力な指針ではあるが、それを以て王道そのものとする事は出来ぬ。王道はおそらく絶対的な道として古今を一貫してゐるであらうが、人の王道に対する理解や把握や説明には深浅もあれば過不及もあり正誤もあり一様ではない。故に、「支那の王道」といふ便宜上の呼称は、厳密には「支那の王道論」若しくは「支那の王道思想」といふ意味に於て用ゐられてゐるものでなければならぬ。論の誤りを以て道そのものの誤りと為すのは、決して正しい論理ではないのである。換言すれば、王道哲学、王道思想、王道教学、王道論などといふものには、支那のそれら、日本のそれら、印度のそれら、或は孔子のそれら、孟子のそれら等といふ風な区別を附し得るが、王道そのものには何国の王道、何某の王道といふ区別は不可能なのである。この事をよく念題に置かないと王道論はおそらく常に失敗に帰するであらう。

第二款　王道は如何なる種類の道か

第一目　辞書に現れた王道の語義

王道なる語は、漢籍に古から存する語であるから、たいていの辞書は、之れを掲げてその意味を説明してをる。先づその説明の二三を一見しよう。

(1)文学博士小柳司気太著「新修漢和大字典」曰く、「㈠帝王の行ふべき道。〔書経〕無偏無党、王道蕩蕩。㈡道徳を以て人民を治める政。〔覇道の対〕〔詩経・序〕王道衰、礼儀廃。」

(2)文学博士上田万年等五氏著「大辞典」曰く、「天子の世を治めらるゝ道。」

(3)文学博士塩谷温著「新字鑑」曰く、「㈠王者の行ふべきみち。〔説苑君道〕王道知レ人、臣道知レ事。㈡王者が徳義の正道を以て天下を治める政治。「王道政治」〔書経、洪範〕王道蕩蕩。転じて㈢仁義をもととした正しいやり方。

(4)文学博士簡野道明著「字源」に曰く、『○帝王の行ふべきみち。書経「無レ偏無レ党王道蕩蕩」○道徳を以て天下を治める政。覇道の対。』

これらの辞書の解釈は上田万年等五氏の「大辞典」が、「天子の世を治めらるゝ道」といふ一義だけを挙げてゐるのを除くと他は悉く、王道に二義を認めてゐる。即ち、第一には帝王の行ふべき道、第二には道徳を以て人民を治める政、といふのがそれである。この王道に二義あることは極めて大切な点で、王の行ふべき道が王道であるのは誰れにも理解せられるが、「道徳を以て天下を治める政」をも王道といふ、とするこれらの辞書の解説は決して拠り所なきものではないのである。

第二目　道の意味

「王道」とは如何なる道であるかを明かにするに先立ち、道といふは、如何なる意であるかを研究しよう。「道」の字は、会意文字で、「説文」によると、「所レ行道也、従二辵首一、一達謂二之首一」とある。「首」は「頁《かしら》」と巛（かみ）とを合せ、人体の頭を意味することから転じて人を指すのであるから、「唯一方にのみ通じた人の歩み行くみち」を意味する。即ち、「道」の第一の意味は歩行往来する「道路」である。路は形声文字で、足扁を以て歩行の意味を示し「各」は音符である。人は、或る場所から他の場所へ移動する為めには、その目的を完全に達する為め、一達の道路を設け、その上を歩行来往する。これは大地といふ自然の中に打ち樹てた人間性である。動物は歩行するが道路を設けるといふことはない。歩行は、人獣に共通する生理現象であるが、道路を開拓する事は、人間的現象である。然るに、人は、単に道路の上を歩行するだけではない。その生活の一々が、悉く人間的であつて動物的でない事に於て、所謂万物の霊長たるを得るのである。即ち人はその「行ひ」に於て人間的たるを要する。可食物をあさりて口腹を充すことは、本能的であつて人間的ではない。男女の欲望も単に生理現象として観れば、動物的であつて人間的でない。人は、人間性によつて規定されてこそ、人なのであるから、行為は悉く人間的でなければならぬ。この場合、人間的である、といふことは、行為の内も外も全体的に人間に役立ち、人間が善として是認することにほかならぬ。かくて、そこには行為の人間的範則が成り立つてくる。それは人が人間性の自覚に依つて自らの本能的行為を切り開いて、その奥に、生存生活の意義を汲みとり、生活のすぢみちとしたものにほかならぬ。されば、恰も大地の上に設けた「道」の如く、人は、行為をこの範則の上に於てせねばならぬ。茲を以て、「道」は、道路の意味から転じて、行為一達のすぢみちたる義に用ゐられるやうになつたのである。

人は永久に一箇所に停止してゐることは出来ないのであつて、必ず動く、そして甲地から乙地へ、乙地から丙地へ道路が開拓され人の来往するところとなる。形而下の道はかくして人類が人間的に発展する交通路として漸次に四通八達し、人は必ずこの道路によつて交通する。それと共に、人は、人間の中に生活のすぢみちたる形而上の道を拓開し、人間の本義をこの道の上を歩むことによつて、体証しようとする。即ち、道を行為の準則として、人間的存在、人間的発展を期する。支那民族は、極めて実際を尚んだ民族で、徒らに幽冥深邃な哲理を弄ぶより、すべて人生の事実を中心として考へるから、道を単に哲理として思索するよりは、道を実践的に求め、実在は直ちに現象に即すべきものとし、「形而上ナル者之レヲ道ト謂ヒ、形而下ナル者之レヲ器ト謂ヒ、化シテ之レヲ裁スル之レヲ変ト謂ヒ、推シテ之レヲ行フ之レヲ通ト謂ヒ、挙ゲテ之レヲ天下ノ民ニ措ク之レヲ事業ト謂フ（「易経」繋辞上）と為した。「王宗伝」はこれを解釈して「道ハ方ナク体ナク、是ノ器ヲ妙ニスル所以ナリ、器ハ法アリ体アリ、是ノ道ヲ顕ス所以ナリ、道ノ外ニ器ナク、器ノ外ニ道ナシ、其ノ本ハ一ナリ」といつた。この文としては直接には、道即ち易道と、器即ち蓍策《しさく》巫竹との関係の相即不離をいつたものかも知れないが、その根本思想は現象即実在論であらう。

道は、かやうに現象たる人生に即して実在するもので、人生を遊離して如何に深遠らしい道を考へても、それは支那民族にとつては要するに遠い世界の夢物語に過ぎない。支那民族も、天の如き宗教的原理を考へ或は信じてはゐるが、それとても、彼等の日常生活の現実に於て取扱つてゐるものであつて、無我恍惚の宗教的体験としての天ではない。而して現象に即して道の実在を認めるとなれば、現象は多端なるが故に、道も亦それに応じて無数でなければならぬ。夫婦あれば夫婦の道あり、父子あれば父子の道あり、師弟あれば師弟の道あり、君臣あれば君臣の道あり、又、商業農業、郷党、親族、その他文武百般、遊芸の末に到るまで、悉く道ありといはねばならぬ。苟くも人あり、而して人が生活するところ、道ならざるはない。道は特殊の人の思想上の高処にのみ思惟せられてゐる高遠なる哲理ではなく、万人の生活の実践に即して実在する行為の準縄である。道は人間をして人間たらしめてゐる経穴であり経路である。如何なる者も、道を実践せずして真正な人たることは出来ぬ。道を行へば人間的存在たり得、道を行はざれば禽獣に同ずといはねばならぬ。されば、道は社会と共に個人にとつては先験的範則として絶対的権威を有するものと考へられる。勿論、千枝万葉なる道は、個々の人によつて、そのすべてが最初から又常に一時に実践せられるものとは限らぬ。道は総包的、全体社会的には千枝万葉を姿とする具足の道であるが、個々の人の上にその千枝万葉を具足するとは限らぬ。例へば親子の道の如きは、生誕すると同時に何人の上にも見得るものであるが、夫婦の道の如きは、或る特定の男女が夫婦として結合せざる以前の各個人には直接に現れ得べからざるものであるからである。従つて、或る特定の男又は女は、夫婦として結合せざる以前に於て夫婦の道を行ふ事は出来ないが、然し、未だ夫婦の生活に入らざる未婚の男又は女と雖も、常に、一旦相手を得て夫婦となる場合の到来したる時には、夫婦の道を行ふべく予定されてゐるものといはねばならぬ。されば、個々の人にとつては、その人々の生活の進展に伴うて起る「事」を縁して道に入るのではあるが、社会全体、即ち人間にとつては千枝万葉の道が常在してゐると考へなければならない。かやうに、道は千枝万葉であるが、然しこの道は相互に孤立せるものではなく実は一大道である。故に人若し道に通じ道を実行せんとするならば道の大本を明かにし、その枢柄をとらなければならぬ。「淮南子」に「夫レ道ハ経紀条貫有リ、一ノ道ヲ得テ千枝万葉ヲ連ヌ」（俶真訓）といふはそれである。即ち、一の道を得ざれば、千枝万葉は千枝各々孤立し万葉又各々自らを立て徒らに煩雑無統一なる道の林立を来すのみであるから、千枝万葉の道を活かすには一の道を得る必要がある。この一の道とは根本の道である。一般の儒家や墨家に従へば、道は天道であり地道であつていはゞ一種の自然法的説き方をするが、荀子は、「道トハ天之道ニ非ズ、地之道ニ非ズ、人ノ道トスル所以ナリ、君子ノ道トスル所ナリ」（儒教）といふから、一見、実定法のみを法とし、天道地道といふやうなものを否定してゐるやうに見える。然し、それは要するに、説明の対立相違であつて、支那民族の根本観念が分裂してゐるのではない。天道といふも人が考へたものであり、人と関連なしに天道を説く者はない。地道といふも亦然りで、説明の仕方の相違に外ならないのである。説明の仕方は異り、道の名称は種々に分れても、何等か人の守るべき根本の道たるものがあると考へ、この道を尊重する、といふ点で、支那の思想家は全く共通してゐるのである。要するに人が生きるためには必ず道を行はねばならぬ、道を行ふには道の中の根本たる道をつかまなければならぬ、といふ点では諸派百家皆同一なのである。

第三目　王道は治道を本義とす

さて、道の意味は大体上記の如くであるとして、王道といふは如何なる種類の道かを明かにしなければならない。王道とは、王之道、帝王之道、王之路などとも書き現はされる処によつても察せられる通り、王者の行ふべき道といふ意味であることは、先引の諸辞典類の解釈に従つてよろしい。しかし、王者の行ふべき道とは、後に論証する通り、必ずしも形式的、制度的、名分的意味の皇帝や国王即ち君主のみの行ふべき道と解すべきではなく、一層広義に、一般に国家の統率者即ち国家主権を行ふ者の道をも包含するものと解さなければならないのであるが、さて、かゝる意味での王者の行ふべき道とは何であるか。王者も亦人たる者であるから、人間の本質に従つて、千枝万葉なる道を行はねばならぬことは申す迄もない。天子は天地を父母とすればそれは天子に父母なしといふ意味にもなるが（注2）それは天子の肉体に関してのことではなく天子の職務及び地位に関連しての一思惟であつて、天子といへども、父母の子たることは多言を要しない。然らば、天子も亦、その父母に対し子としての道を行はねばならぬ。その他、夫婦の道、兄弟の道、或は遊芸の道、千枝万葉の道を守るべきも申す迄もない。碁や将棋をもてあそぶ場合と雖も亦それらの道に従はねばならぬ。将棋を指す者が天子なるが故に、その王将は、桂馬の性能、飛車角行の性能をも併せ行うといふことは、絶対に許されぬ。それを強行すれば、将棋の道は破れるのであるから、将棋にはならない。故に天子といへども将棋を指す場合には将棋の道を守らざるを得ないのである。天子も亦、かやうに千枝万葉の道を守り行はねばならぬ。しかし、王者の道を行ふ、といふことは、かやうな意味での道の実践をいふのではあるまい。かやうな意味での道は、一般に、人たる者がその本質上、即ち人間たる事に於て何人も必ず行はねばならぬところであるから、これは人道と名付けられて然るべきものである。人道を行うといふことは王者たると人民たるとを問はず「人」の本義であつて、敢て王者に限られた本義ではない。勿論、王者が人の本義たる人道を行うといふことは、王者の地位の崇高なるに鑑みて極めて大切なことであるけれども、王者がその父母には孝であり、その子には慈であり、その他人道一として守らざるなし、としてもそれだけでは単に、一般の人としての道を行うてをるに過ぎぬ。

既に述べたやうに、道は千枝万葉である。千枝といひ万葉といふ以上、それは、その根本が一つであることを前提とするものであつて、この根本の一つの道を明かにしなければ千枝万葉の道なるものも畢竟、まことの意味を成さないであらうことは当然である。千枝万葉の道なるものは、その一つ一つに就て立言すると、種々なる道の名称を得る。即ち、事柄によつて又、名を附する重点の置き方によつてその名を異にすることが出来る。宗教の道といへば事柄によつて立てた名であるが、同じ事柄でも重点を宗教の客体に置く時は、神の道、神道、或は仏道といふが、若し又、重点を宗教の主体に置くならば、信仰の道といひ得るであらう。かやうに、種々の名を以て千枝万葉の道を表現し得るのであるが、これらの道は、いづれも、何等かの観点から、そこに人の行くべき筋道、軌範を立てたものたることはいふまでもない。ところで、これらの道は、各自の筋道として首尾一貫してゐても、一つの道が他の千枝万葉の道と如何に連関するか、又、千枝万葉の道は如何にして一の大道としてその根に還り得るかの筋道を必ずしも明かにしてゐるものではない。従つて、宗教の道は宗教の道、農の道は農の道、武の道は武の道、商の道は商の道といふ風に、それぞれ特殊の現象に即しての道を明かにはするが、それらを一括しての全人的道を確実に指示することは出来ない。しかるに、人は人間であり、従つて全関連的である。個々の人々が、各自に必ずしも全関連的でなくても、個に先立つてゐるところの社会が全関連的である以上、その個々の人々の存在は本質上全関連的であるといはれ得る。商業に従事する者が商業に於ての道を守るべきはいふ迄もないが、彼は、同時に人の子として又人の親としての道をも守らねばならず、更に又、彼は商業を営んでゐて直接に農業の従事者ではないが、然も彼が農産物を食うて生きてゐる以上、農業者の道から全然縁なき者として存在することは不可能であらう。然も商業の道は直接農業の道ではない、農業の道は厳然として商業の道以外に存在してゐる。このやうな関係は社会の殆んど全般に亘つていひ得ることである。商業の道は農業の道に非ず、農業の道は武道に非ず、武道は商道ではない。武道と商道とを一なり、といはゞ、おそらく武道に従ふ者は怒りを禁じ得ないであらう。然し、それにも不拘、商業なる事実も、従つて商道なるものも世には厳然として実在してゐるのである。若し、千枝万葉の道をして、各自の欲するまゝに放置しおくならば、千枝万葉の道は徒らに多端分裂して相剋の関係に立つのみであらう。ここに於て、千枝万葉の道をそのまゝの姿で認めると共に、それらのものが相互に矛盾とならぬやうにしなければ、道はかへつて人間の生存発展向上にとつて大なる障害とならざるを得ない。しかも千枝万葉の道の個々は人の生活にとつてそれぞれ切実な必要である。千枝万葉の道の一つ一つは悉く人間の踏むべき道として必要であるとしても、それらの道は、その枝たり葉たるの性格に鑑みて、是非とも根幹を明かにし、根幹の枝であり葉であることが実践上に定められなければ、それらの道もやがて皆消滅せざるを得ないのである。千枝万葉の道の根幹たる道とは何であるか。他なし、千枝万葉の道をして人間的全関連に於て、それぞれ道たらしめるところの道である。換言すれば、千枝万葉の道をして相互に矛盾たらしめ道と道とが対立し、或は人間を分割裂張せしめぬやうに、すべての道をして人間的全関連性即ち人間一体の根本に治める道である。千枝万葉の道、従つてそれらの道の実践主体たる人が無数に個々に分裂相剋したのでは、人及び人間の本義は崩壊し滅亡する。元来、いかなる道も、道といふものは、人及び人間の生存発展向上の為めの軌範であるのだが、道は事柄を縁してあらはれる関係上、一見、反対又は矛盾せるかの如き相貌を呈することやむを得ざるものがある。されば、この千枝万葉の道が、各自に孤立してそれ自身のみを絶対唯一無上なるかの如くに作用せしめざるやう、換言すれば、一の根本への還元を期して悉く一体一本の分道たるの性格へ治め定める道を必要とする。「王道」はこの意味での治道である。「治道」の語は漢籍に余り多く用ゐられてはゐないが、王道の同義語として「韓非子」に「聖人ノ治道ヲ為ス所以ノ者三アリ、一ニ曰ク利、二ニ曰ク威、三ニ曰ク名ナリ」（詭使）と見えてゐるし、朱氏と東莱呂氏の共編にかゝる「近思録」には「当ニ治道ヲ修復シテ紀綱ヲ正シ、法度ヲ明カニシ、進ンデ先代明王ノ治ニ復ルベシ」（治体類）といふほか、しば〳〵「治道」の語を用ゐ又時に「治《ムル》レ之《ヲ》之《ノ》道」「治レ之道」などとも用ゐてゐる。殊に「治レ身斉レ家、以至《ハル》レ平《カニ》二天下《ヲ》一者治之道也」（治体類）といふところを見れば、治道が王道の異名たること明々白々であらう。「礼記」に「是ノ故ニ声ヲ審カニシテ以テ音ヲ知リ、音ヲ審カニシテ以テ楽ヲ知リ、楽ヲ審カニシテ以テ政ヲ知ル、而シテ治道備ル」（楽記）といふ「治道」が「王道」の意味であることは、何人も異論の無い所であらう。現に同書には、こゝに掲げた文章の後に、「王道」の語を用ゐてゐる。蓋し礼楽は王道の重大なる一面であり、而してこれは礼楽の中、楽を論じて以て王道に及べる言だからである。この事は第二項第二款の「礼記の王道四達」を参照せば（本書二八二頁）一層明かになる筈である。

かくて王道は治道であり、王道が直ちに武道でもなければ、宗教的信仰の道が直ちに王道であるのでもない。王道は、世を治める道、千枝万葉の道をそれぞれ矛盾することなく道たり得るやう治め定める道、いはゞ政道、又は政治の道であることを先づ明確にしておく必要がある。

第三款　道即王道

道なるものは千枝万葉である。従つて「道」の字もさまざまな場合に用ゐられることはいふ迄もないが、時に、たゞ「道」の一字を以て王道をいひ表はすことがある。「文王ハ民ヲ視ルコト傷《イタ》メルガ如ク、道ヲ望ミテ未ダ之ヲ見ザルガゴトシ」（「孟子」離婁上）といふ「道」、又「天下ノ広居ニ居リ、天下ノ正位ニ立チ、天下ノ大道ヲ行ヒ」（「孟子」藤文公下）といふ「大道」などは、そのまゝ王道である。「明王、道ヲ修メ民ヲ一ニシ俗ヲ同ジウス」（景子春秋内篇問上）といふ「道」も亦王道にほかならぬ。老子の「道乃久」といふ道も王道を指してゐること極めて明白である。殊に荀子の「道トハ何ゾヤ、君道ヲ曰フナリ」（君道篇）といふ表現は、此の思想を最も明快率直に示してをる。荀子の君道といふは、臣道に対して用ゐられてゐるから、稍狭い意味たることが語の使用法の上に現れてはゐるが、要するに王道にほかならないのであつて、この「道とは君道なり」といふ表現は、確に勝れた喝破と称して差支へない。これは、後に述べる王道為本の思想と密接な関係あるものであつて王道を以て道の中の道と観るものといはなければならぬ。そしてかういふ表現の中に、支那民族が、古来如何に王道なるものを無上の道として憧憬したかの心情が看取せられるのであつて、支那の王道を研究する者はこの王道尊重の心持ちを十分に理解して臨むことが甚だ大切なことであると思はれるのである。

第四款　王道と王者と革命

既に一言したところではあるが、我国には王道を以て革命思想、若しくはすくなくとも革命を是認する思想なるかに説く者があるが、未だ王道を純粋に理解せざるものである。第一、凡そ王道が革命思想なりや否やを検定する為めには、先づ、王道に於ける道そのものと王たる人とを一応分別して考察する必要がある。この両者は密接なる関係にある事はいふ迄もないが、道は抽象的であり王たる人は具象的であるのだから、全く同一者として混同することは出来ぬ。「王道とは王者の行ふべき道」といふ限りに於て、王道は王者の行為を規定する軌範であり、王者は王道を行ふべき者であつて、そこには規定してゐる抽象者と規定されてゐる具象者との区別が厳存し、行ふ具体的人と行はるべき抽象的軌範との差異が極めて明白である。故にこの両者を区別することが問題解決上の要件である。第二、王たる者が必ず行ふべき道なるものは、人君に対して天の命じたところと考へられてゐるのであるから、王道は権威的淵源に約すれば天道にほかならないのである。「漢書」には「天地位ヲ設ケ日月ヲ懸ケ星辰ヲ布キ陰陽ヲ分チ四時ヲ定メ五行ヲ列ネ以テ聖人ニ視メス、之レヲ名ケテ道ト曰フ」（翼事伝）とあるが、道は天に発して聖人に視めされたものである。故にこの意味では王道は天道である。天道とは元来「易経」のいふとほり天地自然の法則であつて「天之神道」ともいふ。易の程伝にはこの「天之神道」といふを「天道ハ至神ナリ故ニ神道ト曰フ」と注してゐるが、「礼記」には「天道至教」ともいつてある。この天道を地上に移したものが王道であることは「嗚呼、明王ハ天道ヲ奉若シテ邦ヲ建テ都ヲ設ク」（「書経」説命中）といふに徴して疑ひ得ざるところである。第三、天道は絶対にして永遠不滅である、と信ぜられてゐることは天道の概念よりするも自明の理である。然らば、天道を地上に移して聖人に視めしたものが王道であるとする以上、王道も亦不滅であることは自明といふべく、王字の三才一貫的構造又この思想の表現に外ならぬ。第四、王道といふは王者の行ふべき道、即ち治道の意味であるから、それは王者が天下を治める治め方、即ち治国の道である。直ちに国を治める作用として観られる道であつて、王者なり王統なりを変革する道とは全然別箇のものである。王者王統を変革することは王道を行ふについて関係ある事柄ではあるが、変革そのものが王道であるとはいへない。第五、王道は天道にほかならないのであるから、王道そのものは時空を一貫掩包せる道であると信ぜられる。それ故に、王道は不変無革、所謂太古にして又常に太新なるものなのであるが、「道を行ふ人が如何なる人であるか」、といふ問題は、厳密には断じて王道そのものの範疇に属し

ないのである。「書経」に

嗚呼、惟レ天、民ヲ生ジテ欲有リ、主無ケレバ乃チ乱ル。惟レ天、聡明ヲ生ジテ時乂《コレヲサ》メシム。有夏昏徳ニシテ、民塗炭ニ墜ツ。天乃チ王ニ勇智ヲ錫《タマ》ヒ、万邦ヲ表正シ、禹ノ旧服ヲ纘《ツ》ガシム。茲ニ厥ノ典ニ率ヒ、天命ヲ奉若ス（仲虺《き》之誥）

とあるを今試みに分析してみると、「嗚呼、惟レ天、民ヲ生ジテ欲有リ」といふは、未だ国家組織を有せざりし原始社会の状態であり、「主無ケレバ乃チ乱ル」といふは国家の建設を必要とするに到つた自覚的状態である。而して、「惟レ天、聡明ヲ生ジテ時《コ》乂《オサ》メシム」といふのは、右の国家の基礎たる国体、即ち主たる者を決定する支那の国体事情の根本を示したもの、「有夏昏徳ニシテ民塗炭ニ墜ツ」といふは国体事情を根柢として国家の政治が王道に反してゐる事実を指摘したものであり、「天乃チ王ニ勇智ヲ錫《タマ》ヒ」といふは次の「万邦ヲ表正シ」といふものとあはせて太古太新なる王道の実践を指し、而して、「禹ノ旧服ヲ纘《ツ》ガシム」とは王道を根柢に包みつゝ国家組織の更生を意味するものである。「天命ヲ奉若ス」とは天命たる王道の実践を奉若して、新しく王位に昇るのである。かう分析してみると、道は不変不滅であるが、その道とは別箇に、道を行ふ人の問題が明確に指摘されてゐる。即ち、道と道を行ふ人即ち王者との先天的一体を論証し得ない、といふことは治道たる王道そのものの問題ではなく、吾人の所謂狭義の国体即ち支那の国家基盤体たる民族生命体系の問題に外ならぬ。支那の民族が先天的に父子的君臣の間柄を持たぬ、といふことは国体が民主的性質たることである。然し、父子的君臣の間柄を事実上有してゐなくても、いやしくも国家を成し支配なり統治なりが行はれる以上、そこに父子的君臣の義が行はれなければならぬであらう。たとへ、君臣といふ君主国家的関係の無いところと雖も、猶ほ、父子的親愛が支配者と人民との間に成立すべきことは、人の世の政治に於ける軌範として要求せられるであらう。いかなる詭弁を弄するも支配者が父親的であるよりは悪鬼的であれ、といふ軌範は成立せぬにちがひない。そこに治道としての王道が把握せられるのである。故に王道を行ふ人の決定は国体に属するが、王道そのものは人の人間性に属するのであつて、この両者を混同すると、つひには国体も王道も国家も君主も混乱に陥つて、正しき理解を得ることは絶望とならざるを得ないだらう。第六、支那の国体は、王たる者を有徳者より選立する事を命ずるから、王者たるの絶対要件は徳である。徳とはその人自身が人道に適ひ而して王道を行ふ素質をいふのであつて、徳が直ちに王道と同義なのではない。然し、徳を以て王道を行へば、その王者は永く天命を保つと信ぜられてゐるのである。かの「嗚呼、厥《ソ》ノ終ヲ慎ムコト惟レ其レ始メノゴトクセヨ、有礼ヲ殖シ昏暴ヲ覆シ、欽ミテ天道ヲ崇ビ永ク天命ヲ保テヨ」（「書経」仲虺之誥）といふところのものは、欽崇天道と永保天命とを因果の関係に於て見てゐる事、更に疑を容れる余地がない。この「天道」とは「王道」に外ならないのであるから、永保天命の原因は、王道の欽崇に存すること、文意明白を極めてゐる。然らば、王道は永保天命を期待こそすれ、革命易姓を導き出し来るものではないといはざるを得まい。幾度びか引く老子の「公ナレバ乃チ王、王ナレバ乃チ天、天ナレバ乃チ道、道ナレバ乃チ久シ」（上経）とは、王の道義性を指摘すると共に道の不滅常久なるを点示し、併せて道の王の不滅常久をいへるものにほかならぬ。天に順ひ王道を行ふ者は不滅でなければならず、これに革命を考へるといふことは出来ぬ。革命は、王道を行はずして然も王位を犯してゐる者の上に天の下す鉄槌なのである。孟子は極めて明確に「天ニ順フ者ハ存シ、天ニ逆フ者ハ亡ブ」（離婁上）といつてをる。「天ニ順フ者ハ存ス」とは、王道の王は不滅なりといふことであり、「天ニ逆フ者ハ亡ブ」とは王道を行はず王道に反逆する君主は滅亡する、といふことである。「天ニ逆フ者ハ亡ブ」といふことは王道そのものではなく、王道に反する者即ち王者の運命に外ならぬ。「賈誼新書」が太公望の語として

師尚父曰ク、吾レ之レヲ政ニ聞ク、曰ク、天下壙々トシテ一人之レヲ有シ、万民藂《ソウ》々トシテ一人之レヲ理《ヲサ》ム。故ニ天下ハ一家ノ有ニ非ズ、有道者ノ有ナリ、故ニ夫《カ》ノ天下ハ唯ダ有道者ノミ之レヲ理メ、唯ダ有道者ノミ之レヲ紀シ、唯ダ有道者ノミ之レヲ使ヒ、唯ダ有道者ノミ宜シク処シテ之レヲ久シクス、故ニ夫ノ天下ハ得難ク

シテ失ヒ易ク、常ナリ難クシテ亡ビ易シ。故ニ天下ヲ守ル者ハ道ヲ以テスルニ非ザレバ、則チ得テ長カラズ、故ニ夫《ソ》レ道ハ万世ノ宝ナリ、ト（修正語下）

といつてをるのも、支那の国体と王道とを明々白々各自に説きつくして余すところがない。即ち天下の得失を論じてゐるところは、支那の先天絶対の君主なき国体を指摘せるものであるが、王道統治者若し在らば、道の不滅なるが如くにその者又長久不滅なるべきをいへるは即ち王道論に外ならぬ。かく王道は、それ自らの不滅常久をいふと共に王国王、即ち王道を行ふ王者の不変不滅をも亦確信してゐるのである。支那では、君臣事実そのものを究極的に道の当体とする思想が無い。それは、さういふ国体が無いからに外ならぬ。然し、さればとて、常に国安からずして闘争簒奪の起らんことを願うといふことは有り得ない処であつて、何人も同一の国家が正しくて繁栄して無窮ならんことを祈るは当然である。然もこの事を祈り期待する唯一の途は、彼等が治道の理想とせる王道を明確にし王道の実践に待つの外ない。こゝに於て、「道存スレバ則チ国存シ、道亡ブレバ則チ国亡ブ」（「荀子」君道篇）とて、道即ち王道の実践の有無と国家の存亡とを因果の関係に於て理解し、而して「道ニ従ヒテ君ニ従ハズ」（同上）といふ結論に達したのである。「道ニ従ヒテ」とは王道論である、「君ニ従ハズ」とは国体論であつて、その間、混同すべからざるものが確在するのである。但し「君ニ従ハズ」といふは無道の君に従はざるの意で、有道の君には従ふものなることは自明の理であらう。

以上により、王道そのものは、常久不滅なる道であると信ぜられてゐること、又、王道を行ふ王国王も道と共に不変不滅であると考へられてゐることが明かになつた。王道は断じて革命を主張したり是認したりするものではなく、反対に王者が道によつて常久ならん事を期待するのである。唯だ、支那の歴史の事実は、幾多の暴君を生み常に易姓革命を繰り返へし、又易姓革命をも是認したがそれは反王道主義への抵抗であつて断じて王道そのものではないのである。

第五款　王道は君主国に於ける君道の意味に限定すべきか

王道とは、「王者の行ふべき道」と解され、又王之道、王之路、先王之道、三王之道、百王之道、帝王之道の意味であることは、既に吾等の学んだところであるが、然らば王道とは厳密単純なる君主道の意味にのみ限定して解すべきであらうか。前漢末の楊雄はその著「法言」に於て「道ナル者ハ通ナリ、通ゼザルコト無キナリ、堯舜文王ニ適ク者ヲ正道ト為シ、堯舜文王ニ非ル者ヲ他道ト為ス、君子ハ正ニシテ他ナラズ」（問道節略）といつてをる。これによると、王道なるものは必ずしも君主たる者の道のみをいふのではない事が察せられる。劉子が君道と臣道とを分けて取扱つてゐるやうな場合、その君道を荀子の用語に従ひ「明王の道」とせばそれは臣道を含まざるものであることは申す迄もない。然し、荀子といへども、君道篇、臣道篇以外の論篇に於て或は百王之道といひ、或は王道等といふ時には、おそらく単純なる君主道のみを指すのではなく臣道をも含めて居るにちがひないのである。劉向が「説苑」に「人ヲ知ルハ王道ナリ、事ヲ知ルハ臣道ナリ、王道ハ人ヲ知リ、臣道ハ事ヲ知ル」（君道）といふやうな王道は即ち臣道に対しての君道を指すもので、これは狭義の王道である。王道とは、故に狭義に解すれば君主たる者の道であるが広義には、臣たり又は民たる者が王道に遵ふことをも亦王道と称するのである。これ王道が治道たるの性質上むしろ当然のことといふべく、治者のみありて治道を行ひ民は之れに関せずといふことはあり得ないのである。「臣軌」に「君臣之道」といふは、いはゆる狭義の君道と臣道とを一連の道とせるもので、これは広義の王道に相当する。王道が天下国家の治道たる限り治者と被治者と共に之れに順《よ》り、共に之れを行ふのでなければ「治」まることはあり得ないのであるから、王道は「治」に関する君令臣共の道たらざるを得ないのである。然し臣共は君令の中に摂して単に王道と称し毫も差支へないわけである。

次に、王道を若し君主之道、或は広義に君臣の道と解すると、王道なるものは結局、君主国の治道である、といふことになり、君主国ならざる国家即ち民主国に於ては妥当せぬ道といふことになる。果して然るか。一般的に見て君主国体・民主国体といふやうな区別を立て丶ゐるやうであるが、かういふ区別が先天的且つ形式的に確定してゐるとすれば、王道は王道国体を有する王道国家なるものに於てのみ行はれるといふ事になるし、若し又王とは君主なり、王道とは君主の道なりと解すれば王道は君主国の治道であつて民主国には縁なきものといふ事になる。かういふ風に解する事は果して真に王道の意味を正解したものといへるであらうか。これは我が「皇道」の上にも関連する極めて重要な問題であるから、是非公正なる学問的解決を必要とする。

この問題は支那の学者によつて特に取りあげられて論明はされてゐないやうであるが、解決の鍵は、君主国及び民主国なるものの意味の定め方に存すると思はれる。古代より現代に至るまで、一般に国家の形体を君主国と民主国とに二大別するのが例であるが、その君主国といふものは、君主たる者の存在する国家であり之れに反し民主国といふは君主無き国家であるといふことは事新しくいふまでもないところである。だが、問題は、実に此処に存するのである。世界歴史の上に現れた所謂君主国と民主国との間には果して本質的に又絶対的に区別せられる程の差異を見出し得るであらうか。勿論、一応の差異の存することは極めて明かであつて、差異明かであればこそ、有君を君主国といひ無君を民主国と称するのである。而してこの差異は一に君主の有無にか丶つてゐるのであるが、然らば君主とは何であるか、又、その君主ある事により君主無き国と絶対的に区別せらるべきほどのものが果して実在するか、が問題である。

われわれは、支那を始め、印度、西洋等に発生発達した幾多の君主論を学ぶことが出来る。それと共に、世界の歴史を通じて各国古来の君主そのものの事実に就ても多くのものを観察することが出来る。そして、一方、無君の国と有君の国とを比較して観る事も亦決して困難なことではないのである。そしてそこにわれわれは果して如何に有君の国と無君の国との根本的差異を領解せしめられるであらうか。

惟ふに支那を始め世界の各国に於てわれわれが学びとり得る君主なる者は、絶対的意義に於ける君主ではないのである。いはゆる君主なる者は本質的には人民の一員たるものであつて、元来君主たる者ではないのである。故にそれは相対的君主であつて、与へていへば君主たるも奪つていへば人民たるに過ぎないのである。君主国は人間生命の体系的意義を僅に形式の上に伝承してはゐるが、その実質に於ては民主国たると大差なきものであつて、堯舜既に民種たり、況や文武以下の諸王に於てをやである。所謂君主国と民主国との差異は、単に制度的差であつて断じて本質上のそれではないのである。即ち、世界に於ける一般の君主国と民主国とは、制度上君主と呼ばれる者を元首として戴くか否かの差であつて、政体の差を有するにとゞまり生命の本義による君臣本末一体の体系を意味する国体の差ではないのである。王道は、支那固有の王たる者の道を意味するものではない。又、王道は決して支那の特定の王者とその人民との関係軌範を意味するものではない。換言すれば、我国に於ける特定の唯一絶対者たる天皇とその臣民との間の生命的軌範を意味する君臣道の如きものではなく、一般に治道を指すものにほかならぬ。日本の君民道の如き特殊の生命体系的事実の上に成立してゐる軌範、即ち事実がそのまゝ軌範であり又軌範が直ちに事実であるところの「事実軌範」たるものは、之れを直ちに英国の上に適用する事は出来ぬし、又アメリカ合衆国の上に適用する事も出来ない。然し、支那の王道の如きは、特殊の事実軌範としての君臣道ではなく、一般に治道なのであるから、それはひとり君主国の道、又は君主の道たるに止まらず、無君の国の道ともされるものである。無君の国といへども制度上君主と呼ばれる者が存在しないだけで政治の機構や支配事実がないわけではなく一定の範囲に於て君主とほゞ同様の機能を営む最高機関が存在するのであるから、国家作用の上に於ては何等いはゆる君主国と根本の差異があるわけのものではないのである。

　王道とは、かく、日本の国体に於ける君民の如き事実軌範ではなく、一般に治道として思索せられ説示せられたものである。勿論、治道なるが故に、治者と被治者との間の軌範をも説きはするが、それは多く「斯くあるべし」

といふ軌範であつて、「斯くあり」といふ事実軌範ではない。然も支那では君主を以てその道の儀表者と考へたから王道といふのであるが、上記の如く、その「王」とは要するに治者をひろく包含するものであつて、君主といふ形式上の称謂に必ずしも限定されるわけではない。従つて王道とは君主国に於ける君道といふ意味に限定せらるべきではなく、ひろく民主国に於ける治道としても適用せられる性質を有するものと考ふべきである。その歴史的確証の一実例としては満洲国の建国当時の事情を指摘することが出来る。満洲国は建国後に君主国となつたが、建国の肇に於ては明白に民主国であつた。それは、満洲国が大同元年三月一日、はじめて中外に示した「満洲国建国宣言」に「応ニ即チ三千万民衆ノ意向ヲ以テ即日宣告シテ中華民国トノ関係ヲ脱離シ、満洲国ヲ創立ス」といつてゐるに徴して明白更に疑ふ余地がない。次で三月十二日、日本を始め英国、エストニヤ、米国、伊太利、ラトビヤ、仏国、リスアニヤ、独逸、オランダ、蘇連国、ポーランド、オーストリヤ、ポルトガル、ベルギー、チエツコ、デンマーク等の各国に送つた「建国ニ関スル対外通告」の中でも「是ニ於テ満洲国人民ハ此ノ旧軍閥覆滅ノ機ニ乗シ同心協力シテ新国家ヲ建設シタル次第ナリ」といひ、民主国家たる事を標榜してゐるのである。然るにこの民主国家たる満洲国は、その「建国宣言」に於て又実に「王道主義ヲ実行シ、必ス境内一切ノ民族ヲシテ熙熙皞皞トシテ春台ニ登ルカ如クナラシメ、東亜永久ノ光栄ヲ保チテ世界政治ノ模型ト為サム」と公言してゐるのである。これは同年三月九日、即ち建国後九日目の「執政宣言」にも「王道楽土当ニ諸ノ実事ヲ見ル可シ」といつてあるに徴し、全く否定の余地なき歴史的事実である。君主を有せざる民主国としての満洲国が、「王道主義ヲ実行シ」、「王道楽土」の建設を目的とした事は、所謂王道が、君主国の君道といふ狭い意味にのみ限定されるものでないことを、元来支那の一部たりし満洲三千万民衆の名を以て示したものにほかならぬ。満洲国はこの建国宣言の後約二年にして溥儀氏が推戴せられて皇帝の位に即き君主国となつたが、建国当初民国であった事実然かも王道を以て国家の主義と為せる事実は、如何なる理論家も史家も到底之れを否定し得ないのであるから、王道が民主国にも行はるべきものなる事は、満洲国の建国史によつて世界に新しく立証せられたものといつてよい。従つて、王道が君主国にのみ行はれるか否かといふが如き一部の討論は最早や終止符を打たれたものと申さねばならぬ。（注3）

第二項　諸家の王道綱要

第一款　序　説

吾人は、吾人の理解把握したる王道概論を述べんことを期する者であるが、それに先立ち、支那古来の先哲大儒が王道の綱要を如何に摘示したであらうかを一応知つておきたいと思ふ。もとより、古来の王道論を歴史的に詳述するといふことは吾人の企図してゐるところではないのであつて、単に若干の代表的見解と思はるゝものを瞥見せんことを欲するに止まる。「書経」の如く洪範九疇といふやうな具体的軌範を詳細に且つ組織的に示したものもあれば、唯一語「仁」といふが如き抽象的表現を以て説いたものもあり、具体抽象、簡繁等は説者によつて区々であるし、又、明かに王道の語を用ゐて、これが王道の要義であると示したものもあれば、王道の語を用ゐずして王道の綱要を説いたものもあつて、王道綱要論の形式や内容は一様ではないのである。今、それらを網羅し一々刻命に研究するといふ企画は之れを有しないが、書経以下最近の満洲国要人の論に到るまで、最も代表的と思はるゝものの数例を選んで、極めて簡単にそれらの論旨を逐次紹介することとしよう。

但し諸家といふも学系を異にする儒家、道家、法家などを算へ得るのであるから、こゝには一応、儒家とそれ以外の諸家とを二大別して見てゆく事にしたい。然し、考へ方の相違こそあれ、諸家が畢竟、王道を理想とする究極の一点に於て共通なることが判明するところに、支那政治思想史上、いかに王道が普遍的に信ぜられたかを知り得るのは極めて興味深きところといはねばならぬ。

第二款　儒家の王道綱要

第一目　「書経」の九疇

王道の語の初出は「書経」洪範であることは既に述べ所謂洪範九疇に就ても亦既に一言しておいたが、洪範とは天の下せる洪範即ち王道にほかならないのであつて、九疇とは書経の王道綱要といつてよい。まづその名目を掲げよう。㈠五行（水・火・木・金・土）㈡五事（貌・言・視・聴・思）㈢八政（食・貨・祀・司空・司徒・司寇・賓・師）㈣五紀（歳・日・月・星辰・暦数）㈤皇極　㈥三徳（正直・剛克・柔克）㈦稽疑（雨・霽・蒙・駅・克・貞・悔）㈧庶徴（雨・暘《やう》・燠《いく》・寒・風・時）㈨五福六極　㋑五福（寿・富・康・寧・徳・考終命）㋺六極（凶短折・疾・憂・貧・悪・弱）以上が九疇の名目及び項目であるが、九疇は九法ともいひ、名義を釈すれば「九種類の王道の法」とでもいふべきものである。上は天の道に法り下は地の宜しきに従ひ、一身を治むるの道より平天下の道に到るまで悉く、具体的に示した点で、後世永く王者の実際的洪範となつたものである。然し、具体的、実際的であるだけに九疇は支那の民族的独自性や固有の民俗が濃厚であるから、研究者は、この九疇の根底に横たはる根本法を見出さなければならぬ。田崎仁義博士は、五行、五事、八政、五紀、皇極の五疇が根本で、この五疇を要約すると、天、民、君の三要素に帰着しこの三要素を以て構成せられる王道的天下観念は、㈠領土無限の観念、㈡国民無限の観念、㈢天君民三者一体の意志、といふ三個の特色を有するといふ。(注4) 傾聴すべき卓論である。

第二目　「礼記」の四達

「礼記」によると、先王は

礼以テ其ノ志ヲ道《ミチビ》キ、楽以テ其ノ声ヲ和ゲ、政以テ其ノ行ヲ一ニシ、刑以テ其ノ姦ヲ防グ、礼楽刑政其ノ極一

ナリ、民心ヲ同ジクシテ治道ヲ出ス所以ナリ（楽記）

とある。この「治道」は同書同篇の「治道備ハル」の「治道」と同一であつて、王道にほかならないことは「礼ハ民心ヲ節シ、楽ハ民声ヲ和シ、政以テ之レヲ行ヒ、刑以テ之レヲ防グ、礼楽刑政四達シテ悖ラザルトキハ則チ王道備ハル」（楽記）といふので明かである。さきに礼楽刑政を「治道」と称し後に礼楽刑政を王道と称してゐるのは、王道即治道の意味によるのであるが、これによると、「礼記」は礼楽刑政の四達不悖を以て王道の具備と観てゐることが明かである。而して「礼記」はこの四達不悖を説明して左の如くいふ。

楽ハ同ジクスルコトヲ為シ、礼ハ異ニスルコトヲ為ス。同ジケレバ則チ相親シミ、異ナルトキハ則チ相敬ス。楽勝ツトキハ則チ流レ（同に過ぐ）、礼勝ツトキハ則チ離ル（異に過ぐ）、情ヲ合セ貌ヲ飾ルハ礼楽ノ事ナリ。礼儀立ツトキハ則チ貴賤、等アリ、楽文同ジトキハ則チ賢不肖、別ル。刑ニテ暴ヲ禁ジ、爵ニテ賢ヲ挙グルトキハ、則チ政、均シ。仁以テ之レヲ愛シ、義以テ之レヲ正ス、此クノ如クスルトキハ則チ民治行ハル（楽記）

第三目　「大学」の三綱八目

「四書」の一たる「大学」は、もと「礼記」の中の一篇であつたものを、宋代に入つて司馬光が別に表出したるによつて独立の書の形式を帯びることとなり、程明道が孔子の遺著と称し、朱子その説を奉じて四書の中に加へたものであるが、近世考証学派は之れを否定する。さて、大学はその冒頭に「大学ノ道ハ明徳ヲ明カニスルニ在リ、民ヲ親（新の字が正し）ニスルニ在リ、止善ニ止マルニ在リ」とて、まづ所謂三綱領を示し、次で、学問する方法を説いて「物ニ本末有リ、事ニ終始有リ、先後スル所ヲ知ラバ則チ道ニ近シ矣」と結論し、更に筆を転じて、所謂八条目なるものを左の如く叙べてをる。

古ノ明徳ヲ天下ニ明カニセント欲スル者ハ先ヅ其ノ国ヲ治ム、其ノ国ヲ治メント欲スル者ハ先ヅ其ノ家ヲ斉フ、其ノ家ヲ斉ヘント欲スル者ハ先ヅ其ノ身ヲ修ム、其ノ身ヲ修メント欲スル者ハ先ヅ其ノ心ヲ正シウス、其ノ心ヲ正シウセント欲スル者ハ先ヅ其ノ意ヲ誠ニス、其ノ意ヲ誠ニセント欲スル者ハ先ヅ其ノ知ヲ致ス、知ヲ致スハ物ニ格《イタ》ルニ在リ。

この大学の三綱領八条目といふは、とりもなほさず王道の三綱八目にほかならぬ。「大学」は、直ちに「王道」の語を用ゐてはゐないが、「君子有大道」の如き表現を以て、王道が、修身の「個」より始まりて平天下の「全」に完現せられることを主張する点、極めて明白、特色ある王道綱領といはねばならぬ。

第四目　「中庸」の一誠九経

「中庸」も亦「四書」の一であるが、その王道綱要は「凡ソ天下国家ヲ為《ヲサ》ムルニ九経アリ、之レヲ行フ所以ノ者ハ一ナリ」といふに見出される。九経とは、文に「凡ソ天下国家ヲ為《ヲサ》ムルニ九経有リ、曰ク、身ヲ修ムルナリ、賢ヲ尊ブナリ、親ヲ親シムナリ、大臣ヲ敬スルナリ、群臣ヲ体スルナリ、庶民ヲ子トスルナリ、百工ヲ来スナリ、遠人ヲ柔グルナリ、諸侯ヲ懐《ナツ》クルナリ」とあるもので、文学博士小牧昌業氏の「国訳中庸」によるに、宋の呂大臨は之れを注して

天下国家ノ本ハ身ニ在リ、故ニ身ヲ修ムルヲ九経ノ本ト為ス。然レドモ必ズ師ヲ親シミ友ヲ取リテ然ル後身ヲ修ムルノ道進ム、故ニ賢ヲ尊ブコト之レニ次グ。道ノ進ム所ハ其ノ家ヨリモ先ナルハ莫シ、故ニ親シムコト之レニ次グ。家ヨリ以テ朝廷ニ及ブ、故ニ大臣ヲ敬シ、群臣ヲ体スルコト之レニ次グ。朝廷ヨリ以テ其ノ国ニ及ブ、故ニ庶民ヲ子トシ、百工ヲ来スコト之レニ次グ。其ノ国ヨリ以テ天下ニ及ブ、故ニ遠人ヲ柔ゲ、諸侯ヲ懐クルコト之レニ次グ。此レ九経ノ序ナリ。群臣ヲ視ルコト猶ホ吾ガ四体ノゴトク、百姓ヲ視ルコト猶ホ吾ガ子ノゴトシ、此レ臣ヲ視ルト民ヲ視ルトノ別ナリ。

といつてゐる。又呂大臨は、「之ヲ行フ者ハ一ナリ」といふについては

九経ハ天下国家ヲ治ムルノ常道ナリト曰フト雖モ、誠以テ之レヲ行フ無ケレバ、即チ道虚ト為ル。終日事ニ従フト雖モ、而モ功立タザルナリ、人信ゼザルナリ、此レ誠ナラザレバ物無キ所以ナリ。故ニ曰ク、凡ソ天下国家ヲ治ムルニ九経有リ、之レヲ行フ所以ノ者ハ一ナリト、一トハ即チ誠ナリ。

と説いてゐる。群臣とは百官を指すのであるが、「体ス」とは一体となる意味である。呂大臨によれば、群臣を視ること吾が四体の如く、百姓を視ること吾が子の如き、此れ臣を視ると民を見るとの別だといふ。九経は王道の方策の面より詳かにし、一誠は王道を心の面より闡明したるものといふべきであらう。

第五目　「論語」の徳一要

「論語」為政第二の劈頭に「子曰ク、政ヲ為スニ徳ヲ以テスルハ、例ヘバ北辰ノ其ノ所ニ居テ、衆星ノ之レニムカフガ如シ」とあるは、孔子の王道綱要論にほかならぬ。即ち「論語」に於ける孔子は、王道の一要は即ち徳につきることを確信したのであつて、彼はこの為政第二に於て、右の言の次に「詩三百、一言以蔽之、曰、思無邪」といつた後、「更ニ之レヲ道クニ政ヲ以テシ之レヲ斉シウスルニ刑ヲ以テスレバ民免レテ而シテ恥無シ。之レヲ道クニ徳ヲ以テシ、之レヲ斉シウスルニ刑ヲ以テスレバ、恥有リテ且ツ格《タダ》ス」といつてをる。これは、法治主義又は権力主義的政治と、徳治主義即ち王道主義との比較評論であるが、法治は政刑、徳治は徳礼なりと観てゐることが明示されてゐる。この徳礼といふは、前文の「徳」といへるを開いたもので、一言にして要をつくせば、徳一目、開いてその義を詳にすれば、徳礼の二義、といふ関係であらう。孔子は司馬光が「仲尼王タラズト雖モ乃チ学ブ所ハ則チ王道ナリ」と評した通り、最も顕著且つ権威ある王道論者である。尤も、彼は、王道の語を用ゐないで王道を説いてをる。かの「朝ニ道ヲ聞イテ夕ニ死ストモ可ナリ」（里仁第四）といひ或は「吾道一以テ之ヲ貫ケリ」（同上）

とか、「斉一変セバ魯ニ至リ、魯一変セバ道ニ至ラム」（雍也第六）といふ風に単に道といつてゐる場合が多く、稀には「三代の直道」（衛霊公第十五）、「斯道」（雍也）などさまざまな表現をも用ゐてゐるが、要するに王道を指すものにほかならぬ。孔子のいはゆる徳の本体は仁であつて、「君子仁ヲ去ツテ悪《イヅク》ンゾ名ヲ成サン、君子ハ終食ノ間モ仁ヲ違《サ》ルコト無シ、造次モ必ズ是ニ於テシ、顛沛モ必ズ是ニ於テス」（里仁）といふ君子の根本原理である。門人子貢が、「一言ニシテ以テ終身之レヲ行フベキ者アリヤ」と問ふに対し孔子は「其レ恕カ、己レノ欲セザル所ヲ人ニ施ス勿レ」（衛霊公）といつてゐるが、この恕といふは仁の実行方途であつて、里仁第四に、「吾道一以貫之」といへるを曾子が「夫子ノ道ハ忠恕ノミ」と解してゐるのと参照して考ふべきである。要するに、「論語」に於ける孔子の王道は、仁を根本原理としてをる。この原理が恕、又は忠恕といふふうな方途を以て実践的に見れば、徳を以て王道の一要となしたものといつてよい。孟子が、孔子の言として「道ハ二ツ、仁ト不仁トノミ」といへるは、孔子が、正道と邪道とを分ちて然も正道は仁なりと認めたことを傍証するものである。

第六目　孟子の仁一要

孟子は、上述の説を継承祖述して王道を論じ、「三代ノ天下ヲ得ルヤ仁ヲ以テシ、其ノ天下ヲ失フヤ不仁ヲ以テス。国ノ廃興存亡スル所以ノ者亦然リ」（離婁上）といつてをる。これ、明かに、王道の要は仁に究まることを述べたものであつて、彼が梁の恵王に見えた時、王が「叟、千里ヲ遠シトセズシテ来ル、亦将ニ以テ吾ガ国ヲ利スル有ラントスルカ」と喜んだに対し、

王何ゾ必ズシモ利ヲ曰ハン、亦仁義有ルノミ、王ハ何ヲ以テ吾ガ国ヲ利セント曰ヒ、大夫ハ何ヲ以テ吾ガ家ヲ利セント曰ヒ、士庶人ハ何ヲ以テ吾ガ身ヲ利セント曰ヒ、上下交利ヲ征《ト》レバ而チ国危シ。万乗ノ国、其ノ君ヲ弑《シイ》スル者ハ必ズ千乗ノ家ナリ。千乗ノ国、其ノ君ヲ弑スル者ハ必ズ百乗ノ家ナリ。万ニ千ヲ取リ、千ニ百ヲ取

レバ多カラズトセズ。苟クモ義ヲ後ニシテ利ヲ先トスルコトヲ為サバ、奪ハズンバ饜《ア》カジ。未ダ仁ニシテ其ノ親ヲ遺《ス》ツル者ハ有ラザルナリ。未ダ義ニシテ其ノ君ヲ後ニスル者ハ有ラザルナリ。王モ亦仁義ヲ曰ハンノミ、何ゾ必ズシモ利ヲ曰ハン（梁恵王上）

と教訓したのは有名であるが、こゝに仁義といへるは、仁を二つに説き分けたものと見るべきである。孟子が「徳ヲ以テ仁ヲ行フ者ハ王タリ、王ハ大ヲ待タズ」（公孫丑上）といつたのは、よく孔子の王道論を相承して、その中心点を闡明し得たものといふべきである。従つて孟子も亦、王道は仁の一要に尽きる事を確信し、仁又は仁義、或は以徳行仁を王道の綱要なりとした者である。勿論、孟子は、このほかにさまざまな表現を以て王道を説いてゐるから、その王道論の全体が必ずしもこれによつて示されるわけではないが、すくなくも王道の根本的要綱としては、簡明に、仁又は仁義を以て説いたものといふべきである。

第七目　「荀子」の神固五形

荀子は孔子以後の儒教の地位に於ては孟子と伯仲の間にあるが、彼は「此レ其ノ道一ニ出ヅ……、曷《ナニ》ヲカ一ト謂フ、曰ク、神ヲ執リテ固シ。……百王ノ道ハ是レニ一ナリ、故ニ詩書礼楽モ是レニ帰ス」（傭効篇）といひ、王道の大本を神固なるものと認めたが、然も亦「至道ノ大形ハ、礼ヲ隆《タツト》ビ法ヲ至セバ、則チ国ニ常アリ。賢ヲ尚ビ能ヲ使ヘバ、則チ民、方ヲ知ル。纂論公察ナレバ、則チ民疑ハズ。勉ヲ賞シ偸《トウ》ヲ罰スレバ、則チ民怠ラズ。兼聴斉明ナレバ、則チ天下之レニ帰ス」（君道篇）といつてゐる。これ一の神固なる至道の五形である。即ち彼は

神固一道
- 隆礼至法――国有常
- 尚賢使能――民知方
- 纂論公察――民不疑

賞勉罰愉 ── 民不怠
兼聴斉明 ── 天下帰往

を以て王道の綱要と為せるものといつてよからう。然るに荀子は、儒教の正系に立ちながら孔子の仁論の抽象的原理をその言葉のまゝ祖述せず「治ノ要ハ道ノ人ヲ知ルニ在リ」(解蔽篇)といふ王道実行者尊重の見解から、仁、仁義、徳、礼などといふ代りに、神固なるもの、換言すれば、「聖人」を以て「道の管」と為し、こゝに王道を見んとしたのである。故に彼は、「法ハ治ノ端ナリ、君子ハ法ノ原ナリ」(君道篇)といひ、「君子ハ道ニ一ニシテ以テ物ヲ賛稽ス、道ニ一ナレバ則チ正シク、物ヲ賛稽スレバ則チ察ナリ、正シキ志ヲ以テ察ナルノ論ヲ行ヘバ則チ万物官ス」(解蔽篇)と為し、それが古王道の精髄なるを確信して「昔者《ムカシ》、舜ノ天下ヲ治ムルヤ、事ヲ以テ詔《ツ》ゲズシテ万物成レリ」(同上)といつたのである。これ又特色ある王道綱要と申してよい。

第八目　尹文の八術

尹文は周代諸子の一人であつて、黄帝老子を本とし申韓の刑名、六経などを雑へ説ける者であるが、その著「尹文子」に

仁義礼楽名法刑賞、凡ソ此ノ八ノ者ハ、五帝三王世ヲ治ムルノ術ナリ。故ニ仁之ヲ道キ、義以テ之レヲ宜シクシ、礼以テ之レヲ行ヒ、楽以テ之レヲ和シ、名以テ之レヲ正シ、法以テ之レヲ斉ヘ、刑以テ之レヲ威シ、賞以テ之レヲ勧ム(聖人篇)

といふ。これは尹文の王道綱要である。「礼記」の礼楽刑政と比較するに、仁義を礼楽の中より別立し、又、刑政を開して名法刑賞の四となせるもので、観察の根本は同じものと思はれる。その事は「礼記」が四達の中に仁義を名目として出さなかつたけれども、前款引用文の末尾に「仁以テ之レヲ愛シ、義以テ之レヲ正ス」といふに徴して

明かであらう。これは既に周易などに現れた思想であつて「天地ノ大徳ヲ生ト曰フ、聖人ノ大宝ヲ位ト曰フ、何ヲ以テ位ヲ守ルヤ、曰ク仁。何ヲ以テ人ヲ聚ムルヤ、曰ク財。財ヲ理シテ辞ヲ正シ、民ノ非ヲ為スヲ禁ズルヲ義ト曰フ」（繋辞下）と見え、仁義は王道の一翼とされてゐる。「漢書」に

臣聞ク、天道ハ信ヲ貴ビ、地道ハ貞ヲ貴ブ。信ナラズ貞ナラザレバ、万物生ゼズ、生ハ天地ノ貴ブ所ナリ。王者天地ノ生ズル所ヲ承ケ、理メテ之レヲ成ス、昆虫草本ニイタルマデ其ノ所ヲ得ザル靡シ。王者ハ天地ニ法ル、仁ニ非ザレバ以テ広ク施ス無ク、義ニ非ザレバ以テ身ヲ正ス無シ、己ニ克チテ義ニ就キ、恕以テ人ニ及ボス、六経ノ上《タフト》ブ所ナリ。

といふも亦王道に於ける仁義を説けるものである。「礼記」はこの仁義を上記の如く礼楽の中に摂し、伊文は別立し開出の差を見るのみである。

第九目　武帝の六義

漢の第七代武帝の詔を見ると「夫レ仁ヲ本トシ、義ヲ祖トシ、徳ヲ褒シ、賢ヲ禄シ、善ヲ勧メ、暴ヲ刑スルハ五帝三王ノ繇《ヨ》ツテ昌フル所ナリ」（「漢書」武帝紀第六）とある。武帝は文景二帝の後を承けて即位し赫々たる偉業を成した人であつて、武帝紀の末文に「卓然トシテ百家ヲ罷黜《ヒチュツ》シ、六経ヲ表章ス」とて王道の学たる儒教を振興せるをいつてゐるが、かゝる見地から武帝は五帝三王の繇昌《ヨウショウ》せる所以を探求し、つひに、本仁、祖義、褒徳、禄賢、勧善、刑暴の六義にその要を看破したのであらう。これは詔勅であるから、敢てその理義の注解義釈の如きものは、全然試みてゐないけれども、堂々たる武帝の王道綱要と称して不可なきものである。礼楽をいはざるは隠文顕義と見るべく、敢て之れを欠けるものとなすべきではあるまい。五帝三王の繇昌せるはその王道を行へるがためであることは支那思想の通義である。いはゆる王道蕩々王道平々たるものありしによつて五帝三王は上古の聖王と崇められる

のであるから、その繇昌せる所以が本仁以下の六義にありといふは、とりも直さず王道綱要の六義を述べたものにほかならないのである。

第十目　董仲舒の三綱

董仲舒は、明白に由道之三綱なる名目を用ゐて彼の王道要義を宣べてゐる。曰く

天ヲ君ト為シテ之レヲ覆路シ、地ヲ臣ト為シテ之レヲ持戴ス。陽ヲ夫ト為シテ之レヲ生ジ、陰ヲ婦ト為シテ之レヲ助ク。春ヲ父ト為シテ之レヲ生ジ、夏ヲ子ト為シテ之ヲ養ヒ、秋ヲ死ト為シテ之レヲ棺シ、冬ヲ痛ト為シテ之レヲ喪ス。王道ノ三綱ハ天ニ求ムベキナリ（「春秋繁露」基義）

これは、君臣、父子、夫婦を以て王道の三綱となせるもので、それを天地、陰陽、四時によつて説明せるものである。それ故この王道三綱論は王道の抽象的理論の綱要ではなく、王道の主体的構造の三綱をいへるものであつて、むしろ、甚だ注目すべき王道綱要といはねばならぬ。彼の諸著作中には、いはゆる王道の軌範内容に言及せるもの極めて多く、王字三才一貫論にせよ王字の五科、君字の五科の如きにせよ皆一種の王道要綱論であるがそれらのものより或る意味ではこの君臣父子夫婦の三綱論は、注意する価値あるものと思ふ。何となれば、君臣とは治者と被治者とであるから治道に於ける政治的構造であり、父子、夫婦はこの政治的構造の依つて立つてゐる社会の構造なのであるから、本来ならばこゝに君臣の間柄を中心として支那特有の社会的実体即ち国体が論ぜらるべきであるのだが、それが事実上出来ないので、君臣を天地に配する形而上学となり、その立場で君臣の道、夫婦の道、父子の道を取扱つたのである。故にその解釈の仕方は飽く迄支那的であるけれども、とにかく君臣父子夫婦といふ人間結合の三大態様をそれぞれ道として把握し、然してこの三者を王道之三綱としたるは一着眼と称して可なるものと思ふ。いづれにしても諸家の王道綱要論の中、人間的三大結合態様を摘出して王道の三綱と銘打てるところは一の特色とい

はねばならぬ。

董仲舒は王道思想史上、注目に価する一要人であつて、王の意義を分析して、王とは、皇也、方也、斥也、黄也、往也といひ、これを五科と称し「此五科ヲ合ハセ一言ヲ以テ之ヲ王ト謂フ」（「春秋繁露」深察名号）と注し又王字の構造を論じて三才一貫の王道思想を闡明したことは、既に、本篇第一章第二節訓詁的概観の第三款（本書一二三頁）にも一言しておいたところである。彼は三才一貫の解説こそ真に王道王者の深義を明かになし得たものと確信し「王者ニ非ズンバ孰カ能ク是ニ当ラン」（「春秋繁露」王道通）と述べてゐる。尚ほ、彼は君にも五科ありとし、君とは、元也、原也、権也、温也、羣也（同上深察名号）と注してゐる。王といふも君といふも、もとより異類別種のものではないから、要するに、漢民族が、王者にいかなる理念を求めたかを語るものである。又、董仲舒は、三才一貫の王者、皇、方、斥、黄、往、元、原、権、温、羣等合して十科の義を具備する王者といへども、王は王それ自身のために存在理由を有するものではなく、民のために存すると考へ、「春秋繁露」に「天ノ民ヲ生ズルハ王ノ為ニスルニ非ズ、天、王ヲ立テヽ以テ民ノ為ニスル也」といひ、尚書や左伝乃至孟子などと同様の民主的、民本的思想を示してゐる。

第十一目　「漢書」の四本

「漢書」の刑法志に「尚書」の洪範を引きつゝ、「洪範ニ曰ク、天子ハ民ノ父母ト作リ天下ノ王ト為ルト。聖人類ヲ取リテ以テ名ヲ正シ而シテ君ヲ謂ツテ父母ト為ス。仁愛徳譲ハ王道ノ本ナルヲ明カニスルナリ」と曰ふは、仁と愛と徳と譲とを以て王道の四本なりとなせるものであつて、これ又一種の王道綱要の論と見做し得る。勿論、儒教の教学的精神からいへば、この四者は、仁と徳との二目に摂収することも出来るし、又場合によつて唯だ仁の一目に収めることも出来るから、四本は結局一本論ともいひ得ないことはない。然し、さきに述べた荀子の場合と異り、明かに、仁愛徳譲の四字を以て王道を注してゐるのであるから、「漢書」は単に「仁」の一語を以てするよりも、仁愛徳譲の四字を以て解するを、より適切と考へたものにちがひない。かういふ名目の立て方や、綱要の挙げ方は、人によつてさまざまに異るものでもあり、又、時と場合とによつて説相を異にするものであるから、細部の名目などは一々に比較するまでもないと思ふ。

第三款　道・墨・法家の王道綱要

第一目　道家の一要四綱二理

道家は、儒家の形式主義に抗して起つた思想であるから儒家のやうに礼楽の如きを特に重要視する事を斥け、周知の如く無為の治を主張した。従つて、道家は王道の如きものをも亦否定するかに考へる人も無いではないが、道家の説くところも実は王道の一種なのであつて、唯だ儒家の如き思索方法と趣を異にするだけなのである。老子が、

聖人ハ無為ノ事ニ処リ、不言ノ教ヲ行フ、万物作リテ辞セズ、生ジテ有セズ、為シテ恃マズ、功成リテ居ラズ、夫レ唯居ラズ、是ヲ以テ去ラズ（上篇）

といひ、又

賢ヲ尚バザレバ民ヲシテ争ハザラシム、得難キノ貨ヲ貴バザレバ民ヲシテ盗ヲ為サヾラシム、欲ス可キヲ見ザレバ心ヲシテ乱レザラシム、是ヲ以テ聖人ノ治ハ其ノ心ヲ虚ニシテ其ノ腹ヲ実《ミタ》シ、其ノ志ヲ弱クシテ其ノ骨ヲ強クシ、常ニ民ヲシテ無知無欲ナラシメ、夫ノ智者ヲシテ敢テ為サヾラシム、無為ヲ為セバ則チ治ラザル無シ（同上）

等といふは、無為を治道の大本となせるものである。儒家が仁又は徳を王道の大本と為せるものとは対蹠的教説を為すが、決して治道の必要なしといふのではない。老子の絶対に尊崇せる道は、人為の道でなく、「天之道」である、

即ち自然の道である。仁義といふが如きものは「大道廃シテ仁義有リ、智慧出デテ大俗有リ、六親和セズシテ孝慈有リ国家昏乱シテ忠臣有リ」（上経）とは見るけれども、「常にして無名」なる道そのものを否定するのではない。そして彼は、無為、自然といふことを崇びはするが必ずしも無政府主義を主張するのではないから「道ハ常無為ニシテ而モ為サヾルコト無シ、侯王若シ能ク守ラバ、万物将ニ自ラ化セントス」（上経）といひ、侯王の治を常無為の大道に於て認めてゐるのである。これが老子の治道即ち王道論の中心点である。されば、道、天、地、王を城中の四大と為し、「公乃王、王乃天、天乃道、道乃久」となし長生久視の道なるものを説きて「国ヲ有ツノ母（君主の意）ハ以テ長久ナル可シ」（下）とも言つてをる。然しそれが為めには、「根ヲ深クシ柢ヲ固ク」する必要があるのであつて、そこに、「其ノ極ヲ知リ」て以て「国ヲ有ツ可シ」といふのである。如何にしてその極を知るか、その道四、曰く、無為、無事、無味、無欲。老子はこれを説明して「我レ無為ニシテ民自ラ化シ、我レ静ヲ好ンデ民自ラ正シク、我レ無事ニシテ民自ラ富ミ、我レ無欲ニシテ民自ラ撲ナリ」（下）といつてゐる。然しこの説明は、上篇の最後に「道ハ常無為ニシテ而モ為サザルハ無シ。侯王若シ能ク守ラバ万物将ニ自ラ化セントス。化シテ而モ作サント欲スルアラバ吾レ将ニ之レヲ鎮ムルニ無名ノ撲ヲ以テセントス。無名ノ撲ハ亦将タ無欲ナリ。無欲ニシテ以テ静カナレバ天下将ニ自ラ正シカラントス」とあり、而して、下篇に、「無為ヲ為シ、無事ヲ事トシ、無味ヲ味フ、小ヲ大トシ、少キヲ多トス云々」とある処に照して考へると錯簡か誤記と考へられるから、吾人は彼此を照合して、無為、無事、無味、無欲の四を取り、之れを便宜上老子の有国長久の道に於ける四綱と名づける。而して、この四綱を根柢（老子の語の「根ヲ深クシ柢ヲ固クス」による。）として、善建善抱が結果する。之れを仮りに二理と称する。二理とは曰く、「善ク建ツル者ハ抜ケズ、善ク抱ク者ハ脱セズ」即ち善建不抜と善抱不脱とである。この二理は、如何なる報を生むか、曰く、子孫以テ祭祀シテ輟《ヤ》マズ、之レヲ身ニ修ムレバ其ノ徳乃チ真ナリ、之レヲ家ニ修ムレバ其ノ徳乃チ余ル、之レヲ郷ニ修ムレバ其ノ徳乃チ長シ、之レヲ国ニ修ムレバ其ノ徳乃チ豊ナリ、之レヲ天下ニ修ムレバ其ノ徳乃チ普シ。故ニ、身ヲ以テ身ヲ観、家ヲ以テ家ヲ観、郷ヲ以テ郷ヲ観、国ヲ以テ国ヲ観、天下ヲ以テ天下ヲ観ル、何ヲ以テ天下ノ然ルヲ知ルヤ、此レ（善建善抱）ヲ以テナリ（下篇）と。老子の治道観即ち王道観はかくて無為、無事、無味、無欲の四綱、善建善抱の二理、合して四綱二理を出でないものといふべきであらう。然し、彼の哲学の根本は結局無為の一語につきるのであるから、四綱二理を更に要約せば無為の一要に帰すること、彼自ら「侯王ハ一ヲ得テ以テ天下ノ貞（貞幹）タリ」といふにより明かである。されば、これを、一要四綱二理と称してよい。「群書治要」に引くところの文子の「道自然」に「王道ハ無為ノ事ヲ処シテ不言ノ教ヲ行フ」と注してゐるのは此派又自ら無為を以て王道の極致と解せる証左といへるであらう。その他老子の流を汲める列子の物我兼利、荘子の存形窮生、立徳明道、又、以天為宗、以徳為本、以道為門、兆於変化の説等、又、いづれも一種の王道綱要であるが、道家は老子の一を挙げて諸余の例としておかう。

第二目　墨家の三綱三利

墨家も亦王道を説く。その代表は申す迄もなく墨子である。彼は実際政治の論に於ては一種の国家社会主義を説いてをるが、君主論に於ては儒教の民主主義的合理主義的帝王推戴説に反し、むしろ絶対神権的宗教的帝王観である。

墨家の絶対原理も亦儒、道両者と等しく天である。唯、墨家の天は、儒教道教と異り著しく宗教的で、墨子はこの天の意志、即ち、天意又は天志と名付けられるものを説明して「天意ニ曰ク、此レハ之レ我ガ愛スル所ニ於テ兼ネテ之レヲ愛シ、我ガ利スル所ヲ兼ネテ之レヲ利ス」（天志上）といつてをる。天、従つてその志たる兼愛兼利は、天子の順るべきところたるを「天意ニ順フモノハ兼ネテ相愛シ、交々相利シテ必ズ賞ヲ得、天意ニ反クモノハ別チテ相悪ミ、交々相賊シテ必ズ罰ヲ得」（同上）と考へた。然れば、天意に順つて賞を得たる者ありや、将た又、天意に反して罰を得たる者ありや、曰く「昔三代ノ聖王、禹湯文武ハ此レ天意ニ順ツテ賞ヲ得タルモノナリ、昔三代ノ暴王桀紂幽厲ハ此レ天意ニ反シテ罰ヲ得タルモノナリ」。そこで、墨子は更に、禹湯文武のその賞を得たる所以を究明して

其レ上ハ天ヲ尊ビ、中ハ鬼神ニ事ヘ、下ハ人ヲ愛スルヲ事トス（同上）

といつてをる。尊天、事神、愛人は正に、墨子王道の三綱である。而してこの三綱は「此レ必ズ上ハ天ヲ利シ、中ハ鬼ヲ利シ、下ハ人ヲ利スルナリ、三利ハ利セザル所ナシ、故ニ天下ノ美名ヲ挙ゲテ之レニ加ヘ、之レヲ聖王ト謂フ」（同上）とてこれを聖王の義政と称し、暴王の力政と区別してをる。三綱三利は、かくて彼の王道綱要といはねばならぬ。

第三目　法家の二柄

法家の説くところは通常覇道といはれ、儒教の王道と区別せられる。その区別は支那思想内部の問題として、一応それでよろしい。然し、覇道といふも亦、実際には、治者の軌範であつて、事実に於ては、所謂王者なる者が大小に拘らず触れるところのものである。故に、広義には王道と呼ばれて差支へない。広義には、故に印度の王道、西洋の王道といふことも成立するものといはなければならない。

法家の代表文献は、今日、「韓非子」と認められてゐる。「韓非子」は韓の公子韓非の著であつて、唐以前には之れを「韓子」と称したが、韓愈と区別する必要上、今の名に改められた、といふ。「管子」も「隋志」以後には法家に分類せられ、「呂氏春秋」や「淮南子」にも法家思想を認められるが、「韓非子」を以て代表とする事は学界の定説といつてよい。「韓非子」は往々にして酷薄の言辞を弄して一概に先賢を指駁痛罵するの弊あり、古来指弾を蒙るところであつて、例へば「今、世皆曰ク、主ヲ尊ビ国ヲ安ンズル者ハ、必ズ仁義智能ヲ以テス、ト。而モ主ヲ

卑シクシ国ヲ危クスル者ノ必ズ仁義智能ヲ以テスルヲ知ラザルナリ、故ニ有道ノ主ハ仁義ヲ遠ザケ智能ヲ去リ、之レヲ服スルニ法ヲ以テス、是ヲ以テ誉広クシテ名成リ、民治アリテ国安シ、民ヲ用フルノ法ヲ知レバナリ」（説疑）といふが如き見当違ひの仁義攻撃などもその一つである。「韓非子」には斯様な欠点もあるがその治道に関して主張するところは、又一種の王道たるものである。

韓非は、君主について、㈠身の至貴、㈡位の至尊、㈢主威の重、㈣主勢の隆、を以て四美と称し、君主と道との関係については「道ハ万物ノ始ニシテ是非ノ紀ナリ、是ヲ以テ明君ハ始ヲ守リテ以テ万物ノ源ヲ知リ、紀ヲ治メテ以テ善敗ノ端ヲ知ル」（主道）といひ、「王道」の代りに「主道」といつてをる。然し「先王ノ法ニ曰ク、臣ハ威ヲ作スアルナカレ、利ヲ作スアルナカレ、王ノ指《ムネ》ニ従へ、悪ヲ作スアルナカレ、王ノ路ニ従ヘト。古ハ世治ノ民、公法ヲ奉ジ、私術ヲ廃シ、意ヲ専ラニシ具ヘテ以テ使ヲ待テリ」（有度）といつてゐるから、矢張り堯舜の王道を讃美してをるものと申してよい。但し、茲に出せる「尚書」の文は若干本文と異つてをる。法家の王道綱要は「二柄」といふ。二柄とは

明主ノ導《ヨ》リテ其ノ臣ヲ制スルトコロノ者ハ二柄ノミ、二柄トハ刑徳ナリ（二柄）

といふ説明に示されてゐる通りであるが、就中、刑即ち法術度数に於てその特色を示してゐる。彼が法術御臣といひ刑名賞罰を力説するは即ちそれであるが、「明主ハ法ヲシテ人ヲ択バシメテ自ラ挙ゲザルナリ、法ヲシテ功ヲ量ラシメテ自ラ度《ハカ》ラザルナリ」（有度）といふは、彼の所謂「治至」であつて君主の絶対に依るべき道とされるけれども、然ればとて、君主の不徳を是認するのではなく、徳も亦治道の一要件として数へてをるのである。「聖人ノ万事ニ於ケルヤ尽ク慈母ノ弱子ノ為ニ慮ルガ如シ」（解老）といふやうなものにしても、所謂儒教の「民の父母」と同一の思想であつて、刑さへ重んずれば徳を捨て丶差支へない、といふが如き治道の常識に敢て違ふことを主張するのではないのである。勿論、末流に至つては王道を離れて権力至上の法治主義に陥れる者も無しとはせぬであらうが、

法家の根本思想としては必ずしも所謂王道に反するものではなく、むしろ矢張り王道を崇ぶ者といはねばならぬ。「漢書」が「法家者流ハ蓋シ理官ニ出ヅ、信賞必罰、以テ礼制ヲ輔ク、此レ其ノ長ズル所ナリ。刻者之レヲ為スニ及ビテ則チ教化ヲ無ミシ、仁愛ヲ去リ〝専ラ刑法ニ任ジ〟而シテ以テ治ヲ致サント欲シ、至親ヲ残害シ恩ヲ傷ツケ厚ヲ薄クスルニ至ル」（志）と記してゐるのは、極めて正当な論評と称すべきである。むしろ、儒教が多くを開拓し能はざりし刑法の面に、新しく王道の一端を見んとした努力こそ法家の功績であつて、王道は単に儒家一派によつてのみ完成され得るものとは考へられないのである。儒家の王道は王道の基本的部分ではあらうが断じて全面的王道ではなく、諸派の努力の総合によつて、支那民族の王道観の完成が見らるべきである。兵家ですらも猶ほ

人君ニ六守三宝アリ、文王曰ク、六守トハ何ゾヤ、太公曰ク、一ニ曰ク仁、二ニ曰ク義、三ニ曰ク忠、四ニ曰ク信、五ニ曰ク勇、六ニ曰ク謀、……文王曰ク、敢テ三宝ヲ問フ、太公曰ク、大農、大工、大商、之レヲ三宝ト謂フ、農ソノ郷ニ一ナレバ穀足リ、工ソノ郷ニ一ナレバ器足リ、商ソノ郷ニ一ナレバ貨足ル……六守長ズレバ君昌へ三宝全ケレバ国安シ（「六韜」六守）

といふ。「六韜」が太公の著なりや否やは今の問題ではない。六守三宝は「六韜」の王道論であることを知れば足りるのである。およそ支那の思想史は、かくの如く、その何派何学に属するとを問はず、苟くも天下国家を論ずる者は殆んど悉く王道に言及せざるは無いのである。王道論がひとり儒家の専有でないのは王道が万人の道なるが為めで、たゞ必ずしも王道なる文字によつて王道そのものを論ずるとは限らない、といふべきのみである。

第四款　鄭孝胥の三大要義

鄭孝胥は満洲国の国務総理であつた。その王道論は「王道学本義」(注5)の短篇に示されてゐるが佐藤胆斎の衍義訳注するところ、而して今茲に特に之れに言及する所以のものはその論が、満洲国総理たりし者の著なるが故である。

鄭孝胥の「王道学本義」がこの満洲国王道の根本性格について何等言明してゐないことは、根本的欠陥ではあるが、儒教伝統の王道論を、一個の立場から要約してその大綱を示した点では出色の論といつてよい。彼の王道綱要は極めて簡明整然たるもので、内聖、外王、(注6)大同小康の三大要義を点出してをる。大同小康とは著者自ら記すやうに礼記の礼運に拠つたものであるが、内聖外王は荘子に基いたものであらう。若しさうであるならば、内聖と外王とは別項となすよりは一者二面の関係といふべきである。内聖とは、他なし惟だ克己であつて、食色を大瑞となす欲を縦まゝにするを制し、更に貪利を除くは即ち克己の功である。克己にして始めて内聖であり得る。外王とは、利人である。利人の顕にして見るべきものは政治であり、又利人の深くして緩にし難きものは教化である。政治と教化と皆人を利して世の害を除くは外王の義である。内に聖、外に王、王道内外を分つと雖も実に一貫の学である。大同小康とは王道盛衰升降の由来するところ「礼記」の礼運に帝王礼楽の沿革をいふの首に、孔子の言として

大道ノ行ハルヽヤ天下ヲ公トナシ、賢ヲ選ビ能ニ与《クミ》シ、信ヲ講ジ睦ヲ脩ム。故ニ人、独リ其ノ親ヲ親トセズ、独リ其ノ子ヲ子トセズ、老ヲシテ終ルトコロアリ、牧ヲシテ用フルトコロアリ、幼ヲシテ長ズルトコロアリ、矜《カン》寡孤独廃疾ノ者ヲシテ皆養フトコロアラシム。男ハ分アリ。女ハ帰アリ。貨ハ其ノ地ニ棄テラルヽヲ悪メドモ必ズシモ己ニ蔵《ヲサ》メズ。力ハ其ノ身ヨリ出サザルヲ悪メドモ必ズシモ己ノ為メニセズ。是ノ故ニ謀ハ閉ヂテ興ラズ、盗竊乱賊而モ作《オコ》ラズ。故ニ外戸閉ヂズ。是レヲ大同ト謂フ。今大道既ニ陰レ天下ヲ家ト為ス。各其ノ親ヲ親トシ、各其ノ子ヲ子トシ、貨力ハ己ノ為メニス。大人ハ世及シテ以テ礼ト為シ城郭溝池以テ固メト為シ、礼義以テ紀ト為シ、以テ君臣ヲ正シ、以テ父子ヲ篤クシ、以テ兄弟ヲ睦クシ、以テ夫婦ヲ和ゲ、以テ制度ヲ設ケ、以テ田里ヲ立テ、以テ勇知ヲ賢《タツト》ビ、功ヲ以テ己ノ為メニス。故ニ謀、是ヲ用ヰテ作《オコ》リ、兵此レニ由リテ起ル。禹湯文武、成王周公、此レヲ由《モチ》ヒテ其レ選《スグ》レタリ。此ノ六君子ハ、未ダ礼ヲ謹マザルハアラザルナリ。以テ其ノ義ヲ著シ、以テ其ノ信ヲ考《ナ》シ、有過ヲ著《アキラカ》ニシ、仁ニ刑《ノツト》リ譲ヲ講ジ、民ニ常アルヲ示ス。如《モ》シ此レヲ由《モチ》ヰ

ザルモノアレバ執《イキオヒ》ニアル者モ去《ス》テ、衆以テ殃《ワザハヒ》ト為ス、是レヲ小康ト謂フ。

とあるものを出し略注を附してあるが、着眼構想は五族協和、本業安堵、小康より大同に進まんことを理想としてゐる。殊に注目すべきは著者が、

何等の国家に論なく、皆王道を実行し得ん。孟子言ふ、「力を以て仁を仮る者は覇たり、覇は必ず大国を有つ、徳を以て仁を行ふ者は王たり、王は大なるに在らず、湯は七十里を以てし文王は百里を以てす」。又言ふ、「民を保つて王たらば、之れを能く禦ぐことなし」と。民を有て而して後国を有つ、保民は乃ち国家の天職にして推諉すべきなし。諸君。聖人王道を以て自ら任ずれば、坐して言ふべく、起て行ふべし。然る後、我等同じく一堂に聚り討論する所のもの決して空言補なきの事に非るを知るべき也。

といつてゐる。日本の敗戦により一切は過去の夢となつてしまつたが、当時の満洲国の上級者に理念せられた新しき王道論として、注目するに足るであらう。

第三項　王道の綜合的体系

第一款　王道の性格三綱

第一目　王道絶対

支那民族の王道に対する確信は三、曰く絶対、曰く貫普、曰く不偏。第一に彼等に取つて王道は、絶対であり最高であり永遠である。前漢末の楊雄が（注7）「法言」の中に「道ナル者ハ通ナリ、通ゼザルコト無キナリ、堯舜文王ニ適ク者ヲ正道ト為シ、堯舜文王ニ非ザル者ヲ他道ト為ス、君子ハ正ニシテ他ナラズ」（問道節略）といへるは、王道を以て天下唯一の絶対正道と為し、万道悉く茲に通達するをいへるものであつて、王道絶対の確信見るべきものが

ある。揚雄より遡れば董仲舒が[注8]「道トハ、繇《ヨ》ツテ治ニ適《ユ》クノ路ナリ、仁義礼楽ハ皆其ノ具ナリ」（「漢書」董仲舒伝）といへるは、所謂、仁義礼楽をすら猶ほ王道の具と見たるもので、王道の絶対観を窺ふ最も好適の文献である。然も、「道者所繇適於治之路也」といふに於て彼は王道を治道としての性格の下に明確に把握し、治道を根本として仁義礼楽をその具と観たのである。仁義礼楽が具なるや否やに就ては、勿論異論を免れまいが、それは兎も角、王道を絶対の根本と為せる点は、支那民族の王道への確信を代表した一文例と称して差支へなからう。この点で伊藤仁斎が

己ヲ修メ人ヲ治ムル万般ノ工夫ハ皆王道由リシテ出ヅ、故ニ孔子曰ク、君子ハ己レヲ修メテ以テ百姓ヲ安ンズト又曰ク、一日己レニ克チテ礼ニ復レバ天下仁ニ帰スト。凡ソ心ヲ存シ性ヲ養フ、忠信篤敬条目多シト雖モ、皆王道ヲ以テ本ト為サザルハ莫シ（「童子問」中）

といつたのは、正しい理解と申さねばならぬ。誠に、仁斎の語を借りれば、支那民族の王道に対する確信は、「王道為本」の四字に尽きるといふも過言ではなからう。

第二目　王道貫普

支那では「易」にいふ通り三才の道を考へる。「易ノ書タルヤ、広大悉ク伝ハル、天道アリ、地道アリ、人道アリ」（繋辞下）、又いふ、「昔ハ聖人ノ易ヲ作ルヤ、将ニ以テ性命ノ理ニ順ハントス、是ヲ以テ夫ノ道ヲ立ツ、曰ク、陰ト陽トナリ。地ノ道ヲ立ツ、曰ク、柔ト剛トナリ、人ノ道ヲ立ツ、曰ク仁ト義トナリ」（説卦）。而して、天地人三才の道は、申す迄もなく、時によりて変化するものではない、即ち三時一貫の道である。又、国や民族によつて変化するものでもない、即ち普遍妥当の道である。標題の「貫普」とは、この三時一貫と普遍妥当の貫と普とを便宜上合熟作成せるものである。而して、董仲舒等のいへるが如く、王が、参通の義なりとせば、王道も亦、三時一貫普遍

妥当なる事は申す迄もないところであつて、これ支那民族の王道信仰の重要なる一面である。「管子」に

天ニ常象アリ、地ニ常形アリ、人ニ常礼アリ、一設シテ更マラズ、此レヲ三常ト謂フ。兼ネテ之レヲ一ニスルハ人君ノ道ナリ、分チテ之レヲ職《ツカサ》ドルハ人臣ノ事ナリ（君臣上）

といへるは三才不変、然かも之れを兼一にするのが王だとする思想を窺知せしめるものといつてよいが、これが支那民族の根本の確信なのであつて、その確信は単なる主観的性質のものではなく、天地の客観性をよく把握したものといふべきである。これは彼等の天下即ち世界国家の思想と緊密に結びついてゐることであるが、彼等は、自らを中国中華と称し他を蛮夷と貶しながら、道については、特に、中華の道、中国の道といふ風な表現を殆んど用ゐない。或は単に道、或は聖人之道、将た又王道と称するだけで、毫も自国特有の道とか、自民族固有の道とかいふ主張に急でない。勿論、時に堯舜之道とか文王之道とかいふやうに固有名詞化して用ゐる事はあるが、それは道を具現した王者の名を冠したといふだけで、道そのものの普遍妥当性の信念を離れたものではない。故に「文王ノ道ハ南国ニ被リ、美化江漢ノ域ニ行ハル」（「詩経」漢広序）といふのである。（注9）この周南の一文は、文王の道、即ち王道が中華以外の地にも普遍して行はれるといふ信念を吐露せるものであつて、かの「易経」に

日月ハ天ヲ得テ能ク久シク照ス、四時ハ変化シテ能ク久シク成ス、聖人ハ其ノ道ニ久シクシテ天下化成ス（下経）

といへるも、亦同じ確信にほかならない。この王道普遍の信念こそ、一方に王者の教化なる思想を発達せしめたのである。日本の皇道論の中に、日本固有とか日本にのみ行はれるといふ思想のあることと対照すべきであらう。

第三目　王道無偏

支那民族の王道に対する確信の第三は無偏といふことである。無偏とは、かたよらぬこと、左右両極のいづれにも傾かぬこと、換言すれば中道たることである。「偏無ク陂《ヒ》（不平）無ク王ノ義ニ遵ヘ、好ヲ作スコト有ル無ク、王

ノ道ニ遵ヘ。悪ヲ作スコト有ル無ク、王ノ路ニ遵ヘ」といふは、王道実践に於ける三の軌範である。即ち、㈠に無偏無陂、㈡に無有作好、㈢無有作悪、の三軌が示されてゐる。かくの如き三軌を要求する所以のものは、王道を絶対と為すからであるが、その絶対たる所以は、王道が中道たるの確信に基く。即ち、洪範は、前掲の文につゞけて「偏無ク党無ク、王道蕩々タリ。党無ク偏無ク、王道平々タリ。反無ク側無ク、王道正直」と出してゐる。一文の主意は、無偏無党に存する。無党無偏といふは単に文章のあやとして無偏無党を転倒しただけで別の意味はなく、無反無側とは、無偏無党の中から一義を開出強調したものに過ぎない、と思ふ。よつて一文の重点は無偏無党といふ四字に置かれてゐると解される。而して、無偏といふは抽象的にいひ、無党といふは具体的にいつたまでで、要するに、天子は天子なるが故に億兆を子とし天下を家とする大公無私、王の一人は即ち万民億兆に外ならず、蒼生は悉く王の一人に於て大なる一人となるといふ観念に基くものである。いやしくもいづれの方へか偏し、いやしくも何者とでも党を結ぶは大公の道に非ず、大公の道に非ざるものは王道でない、王道は必ず偏るところなく、党するところ無きものでなければならぬ、これが支那民族の確信したる王道の一性格である。老子が王道を無為によつて解したるは、天道を尚べる為めであるが、その趣旨の根底にはおそらく有為の偏党性を払ふ気持がひそんでゐたものであらうと解される。

かくて、王道の性格は、一に絶対性、二に貫普性、三に無偏性といふ三点に於て確信せられ、天道即王道、天即王の最高信念をすら形成したのである。この確信あればこそ、支那の民族は、あらゆる反王道的歴史事実の永続にもかゝはらず、つひに王道に対する夢を今日まで捨て得なかつたのであつて、こゝに於ては、支那民族の王道信仰の、むしろ余りにも強靱なるに瞳目せぬ者はないであらう。

第二款　王道の基本三綱

第一目　王道則天

王道の基本は則天、慈孝、克己の三要に約すことが出来る。先づ、則天に就て述べよう。王道学の大宗孔子は曾て「大ナル哉、堯ノ君タルヤ、巍巍乎タリ、唯天ヲ大ナリト為ス。唯堯之レニ則ル、蕩蕩乎トシテ民能ク名ヅクル無シ焉。巍巍乎トシテ其レ成功有リ、煥乎トシテ其レ文章アリ」（「論語」泰伯）と讃歎した。天に則るといふことは王者の王者たる所以であるが、事実は極めて困難なことで、則天の王、又は法天の王といふものは容易に得難いのであるが、孔子は、唯、堯こそは天に則り得た聖王であると仰信讃歎したのである。支那では聖と賢とを熟合して聖賢といひ、聖賢の教などといふが、聖と賢との相違は「春秋繁露」によれば「聖者ハ天ニ法リ、賢者ハ聖ニ法ル」とある。王道を聖人之道ともいふのはこの考へ方に基くものである。祭天の俗については既に述べたところを反照して貫ふこととし、こゝには再述を避けるが、この祭天は、支那民族固有の宗教的信仰である。従つてその相貌は特殊具体性を帯びてゐるから、支那民族「一貫普遍」の確信は確信として、事実に於ては必ずしも普遍とはいへぬ。然し、支那民族の性格を移植したる天の解釈そのものでなく、彼等が天といふ原理を設けた意味を深く考察する時、この意味での天は、いづれの国、いづれの時代を問はず、王道原理たるに足るであらう。但し支那で「天ハ百神ノ大君ナリ」（「春秋繁露」郊祭）と信じ、又、「帝ヲ郊ニ祀ルハ敬ノ至リナリ」（「礼記」礼器）と信ぜられたとしても、各国がそのままの形そのままの内容を以て則天郊祀し得るとはいへぬ。「后稷ヲ郊祀シ以テ天ニ配ス、文王ヲ明堂ニ宗祀シ以テ上帝ニ配ス、四海ノ内各其ノ職ヲ以テ来テ祭ヲ助ク」（「漢書」郊祀志）といふことは周の則天郊祀ではあり得ても、これを直ちにベルギー国の道とする事は出来ぬ、況や、中共、ソ連、独逸、アメリカ合衆国の道とする事など思ひもよらぬ。故に、王道則天を、支那、殊にその古代の特殊国情によつて固定的に解釈する事は、むしろ王道の自殺にほかならないのである。故に活釈を要す、といふのである。而してこゝに所謂活釈の下に把握された王道則天とは、各国の治道がそれぞれその民族の固有なる心質と風俗と歴史とを活用しつゝ、人間の霊性の深さに於て治道の絶対的権威を求め、之れを宗教的に崇信し、之れに絶対的に事遵せんとすることに外ならぬ。この意味での王道則天ならば、それは決して支那古代の特殊信仰ではなく、常に各国の絶対とすべく、亦、一貫とすべくして然も各国に普遍して妥当するところといひ得るであらう。

王道則天には今一つ重要な問題がある。それは、「孝経」に「父子ノ道ハ天性ナリ」といつてをる天性の問題である。天性の問題はやがて人性の問題でもあるのだが、要するに性を如何に見るかといふことである。性は単に、父子の道ばかりではない、男女の道も性であり、食の道も性であり、色の道も性である。所謂「飲食男女ハ人ノ大欲存ス（「礼記」礼運）「食色ハ性ナリ」（「孟子」告子）である。又、「民ハ食ヲ以テ天ト為ス」（「史記」酈生食其伝《れきせいいきでん》）である。孟子と荀子とは、性の問題で対立したがこれは各々性の一面を観たのであつて、性悪が王道ともいへず性善が王道ともいへぬ。王道は天性を尚ぶのであるから「性善性悪」でなければならぬが、学者の論議学説は兎に角とし、天の性に則ることは王道の基本問題として十分注意し猶ほ研究する事が肝要である。

第二目　王道孝慈

王道第二の基本は孝慈である。慈とは父の子に対する道、孝とは子の父に対する道、即ち父子の道、換言すれば親子の道である。「孝慈」といふは、「礼記」礼運に「礼、祖廟ニ行ハレテ孝慈服ス」と用ゐ又、「論語」にも「孝慈ナレバ則チ忠」（為政）と用ゐてあるもの等に拠つたのである。「礼記」礼運には七情十義とて、人情を喜怒哀懼《く》愛悪を欲の七に、人義を、父慈、子孝、兄良、弟弟、夫義、婦聴《てい》、長忍、幼順、君仁、臣忠の十に分説してゐる。父慈子孝は、この人義十条の基本を為すものである。「大学」に「人ノ子ト為ツテハ孝ニ止マリ、人ノ父ト為ツテハ慈ニ止マル」といひ、「管子」に「慈ハ父母ノ高行ナリ、孝ハ子婦ノ高行ナリ」（形執解）といふものなど、皆これである。慈といふ文字は恵の意味であるが、「左伝」には「父ハ慈ニシテ教ヘ子ハ孝ニシテ箴シム」（昭公二十六年）といひ、「管子」には「父母ハ、子婦ノ、教ヲ受クル所ナリ、能ク慈仁ニシテ教訓シテ理ヲ失ハザルトキハ、子婦孝ナリ」（形執解）といひ、韓嬰の「韓詩外伝」には更に具体的に「夫レ人ノ父タル者ハ、必ズ慈仁ノ愛ヲ懐イテ以テ其ノ子ヲ畜養シ、撫順シ飲食セシメテ其ノ身ヲ全ウス」（巻七）といつてをる。されば慈とは、親が子に対し慈愛の心を以て教育長養すること、即ち、慈愛の心と行とを総称する。孝とは、「説文」に従うと、老と子との合字で、子の親に対する従属的関係を意味する文字である。勿論、この従属とは、小児の、むしろ生物的ともいふべき恋従服属を意味するのでなく、主体的、自覚的、実践的服従を指すのであるが、その主たる内容は、親を養ふこと、親に仕へること、又それらを通じて親を敬ふこと、親を喜ばせることであるが、支那民族は、この孝を以て万徳の根元と覚り、最高の軌範とした。この点、支那民族は偉大なる教訓を世界に垂れたといつてよい。「孝経」に「孝ハ夫レ徳ノ本ナリ、教ノ由ツテ生ズル所ナリ」（開宗明義）、といひ、又「大載礼記」に「孝ハ徳ノ始メナリ」（巻六衛将軍文子第六十）といふ等はそれである。支那の孝論は、子の親に対する従属軌範論として、殆んど理想的といふを得べく、間然するところなきまでに思索し体験し整理し組織せられてゐる。但し「夫レ孝ハ親ニ事フルニ始マリ君ニ事フルニ中シ身ヲ立ツルニ終ル」（「孝経」開宗明義）といふやうな点になると、日本国体的軌範とは相容れぬものがあるが、さういふ点を除けば、支那ほど孝論の完備したところは他にないであらう。孝が封建的道徳であつて民主主義とは矛盾するといふ終戦後の考へ方は、孝そのものと共に別に十分の批判検討を要するところであるが(注10)それは、筆硯をあらたにして詳細に展開する予定である。いづれにせよ支那の王道の基本が此の孝慈の道、就中、孝弟に置かれてゐることは最も注意を要するところで、孟子は「堯舜ノ道ハ孝弟ノミ矣」（告子下）と切言した。これは、同じく孟子が「人人其ノ親ヲ親トシ、其ノ長ヲ長トシテ天下平ナリ」（離婁上）といつたところと照合すると、一層その理由が明白となる。「孝経」に「昔者明王ノ孝ヲ以テ天下ヲ治ムルヤ敢テ小国ノ臣ヲ遺レズ、而ルヲ況ンヤ公侯伯子男ニ於テヲヤ」（孝治）といふは、殆んど王道即孝道の観がある。万民悉く孝ならざるべからずではあるが、就中、帝王は自ら卒先して父母に孝にして以て兆民を率ゐるのが王道だといふのである。故に「孝経」は「子曰ク、親ヲ愛スル者ハ敢テ人ヲ悪マズ、親ヲ敬スル者ハ敢テ人ヲ慢《アナド》ラズ、愛敬親ニ事ルニ尽シテ徳教百姓ニ加ハリ四海ニ刑ス、蓋シ天子ノ孝ナリ、（注11）甫刑ニ云ク、一人慶アレバ兆民之レニ頼ルト」（天子）といひ、「呂氏春秋」も亦

凡ソ天下ヲ為《ヲサ》メ、国家ヲ治ムルニハ必ズ本ヲ務メテ末ヲ後ニス。謂《イハ》ユル本ナル者ハ耕耘種殖ヲ謂フニ非ズ、其ノ人ヲ務ムルナリ、其ノ人ヲ務ムルトハ貧ニシテ之レヲ富マシ寡ニシテ之レヲ衆《オホ》クスルニ非ズ、其ノ本ヲ務ムルナリ。本ヲ務ムルハ孝ヨリモ貴キハ莫シ。人主孝ナレバ名章栄ニ下服聴《テフ》シ、天下誉《タノ》シム。人臣孝ナレバ君ニ事ヘテ忠ニ、官ニ処ツテ廉ニ、難ニ臨ンデ死ス。士民孝ナレバ耕耘疾ク、守戦固ク罷北《ハイ》セズ。夫レ孝ハ三皇五帝ノ本務ニシテ万事ノ紀ナリ。夫レ一術ヲ執ツテ百善至リ、百邪去リ、天下従フ者ハ其レ唯ダ孝ノミナリ（孝行覧）

といふ。「謂ユル本ナル者ハ耕耘種殖ヲ謂フニ非ズ」とて、孝を治道の本とした点は、生命体系そのものの中に道を見たものとして吾人の深く注意せんと欲するところである。

第三目　王道修身

王道の第三の基本は、帝王若しくは治者たる者の克己修身に置かれてゐる。帝王又は治者たる者が、身を以て道を行ひ道を護らずして道を維持するといふことは至難であり、又、さうした矛盾の存する限り、帝王の天職は行ひ得ぬからである。修身、斉家、治国平天下は、最後のものを一つと観れば、治道の三楷梯であり、又最後のものを二つ、即ち治国と平天下と観れば四楷梯となる。これは既に引いた「大学」の八条目の中であるが、「大学」には

更に八条目の本を論じて「天子ヨリ以テ庶人ニ至ルマデ壱ニ是レ皆身ヲ修ムルヲ以テ本ト為ス、其ノ本乱レテ末治マル者ハ否《アラ》ズ、其ノ厚ウスル所ノ者薄クシテ其ノ薄クスル所ノ者厚キハ未ダ之レアラザルナリ」といつてある。孔子は、「政ハ正ナリ」（「論語」顔淵）と解し、「其ノ身正シケレバ令セズシテ行ハレ、其ノ身正シカラザレバ令スト雖モ従ハズ」（「論語」子路）又、「苟クモ其ノ身ヲ正シクセバ、政ニ従フニ於テ何カ有ラン、其ノ身ヲ正シクスル能ハザレバ人ヲ正シクスルヲ如何セン」（同上）等といつてゐるがこれ孔子が「君子ノ徳ハ風ナリ、小人ノ徳ハ草ナリ、草之レニ風ヲ上《クワ》フレバ必ズ偃《フ》ス」（「論語」顔淵）、「徳孤ナラズ必ズ隣アリ」（里仁）といふ信念主義、精神主義をとつたからである。然し子路が君子といふことにつき孔子に問うたに対し、「論語」には、「子路君子ヲ問フ、子曰ク、己ヲ修メテ以テ敬。曰ク、斯クノ如キノミカ。曰ク、己ヲ修メテ以テ人ヲ安ンズ。曰ク、斯クノ如キノミカ。曰ク、己ヲ修メテ以テ百姓ヲ安ンズ、己ヲ修メテ以テ百姓ヲ安ンズルハ堯舜モ其レ猶ホ病メリ」（憲問）と記してゐるところを見れば、一方ではそれが容易でないことも知つてゐたのであらう。孟子も亦同一信念に住し「君子ノ守リハ其ノ身ヲ修メテ天下平カナリ」（尽心下）といつてゐる。是を以て、支那には、君主の修身斉家に於ける軌範観念が頗る発達し、諸説縦横である。かの「易」に「九五、王、有家ニ仮《イタ》ル、恤《ウレ》フルコト勿《ナ》カレ、吉ナリ」（下経）といふは王身を以て範を家に垂れ以て家を治むるをいへるもので修身は斉家に斉家は治国平天下に連り、然もその本常に修身にありと為す論理の構造は磐石の如き観がある。この意味では帝王に於ては治国といふも畢竟修身に外ならないのであつて、これ荀子に

国ヲ為《ヲサ》ムルヲ請ヒ問フ、曰ク、身ヲ修ムルヲ聞ク、未ダ嘗テ国ヲ為ムルヲ聞カズ、君ハ儀ナリ、儀正シケレバ景《カゲ》正シ。君ハ槃（たらひ）ナリ、槃円ナレバ水円ナリ。君ハ盂《ウ》（たらひ）ナリ、盂方ナレバ水方ナリ。君射レバ則チ臣決ス、楚ノ荘王、細腰ヲ好ム、故ニ朝ニ餓人アリ、故ニ曰ク、身ヲ修ムルヲ聞ク、未ダ嘗テ国ヲ為ムルヲ聞カズト（君道篇）

といふ所である。されば、「書経」をはじめ幾多の書は、筆を揃へ口を極めて帝王修身の必要を説き或は修己の道の要点を開示し、或は微に入り細を穿つて為すべきこと為すべからざる事を論じてゐるのである。「書経」の如き或る意味では実に帝王修身の書といふも不可なきものの如くである。かの「書経」商書太甲上の終りに「先ニ奉ズルニハ孝ヲ思ヒ、下ニ接スルニハ恭ヲ思ヒ、遠キヲ視ルニハ明ヲ惟ヒ、徳ヲ聴クニハ聡ヲ惟ヘ」といふが如きも亦一種の修身概論であつて、治者の修身は、孝、恭、明、徳の四大目標に於て為さるべきをいつたものであるが、このほか具体的に細論的に為すべきことと為すべからざることを説けるものも亦頗る多い。そして、それらの修身論の中には、後世一般に修身の格言となつたものさへ相当にあるのであつて、如何に支那民族の力が茲に注がれたかがわかる。「習ひ性と成る」とは我国でも通常用ゐる格言であるが、これは伊尹の言葉として「茲レ乃《ナンジ》ノ不義、習ヒ性と成ル、予弗順（義理の言に順はぬこと）ニ狎レシメジ（商書、太甲上）とあるもの、「教ふる事は学ぶの半」といふも亦人口に膾炙してゐるものであるが、これは高宗の宰相傅説《ふえつ》が、高宗の「爾惟レ朕ガ志ヲ訓ヘヨ」といふ命に応じて説いた言葉の中に出でてゐる文句である。(注12)「五子の歌」に「訓ニ之レ有リ、内ハ色荒ヲ作シ、外ハ禽荒ヲ作シ、酒ヲ甘シトシ、音ヲ嗜ミ、宇《ノキ》ヲ峻《タカ》クシ牆《カキ》ニ彫ル、此《ココ》ニ一アレバ未ダ亡ビザル或《ア》ラズ」といふは、王者の為すべからざることの総論とも見得るであらう。即ち㈠女色（色荒）、㈡狩猟（禽荒）、㈢飲酒、㈣歌舞音曲、㈤土木建築の五事を慎しむべきをいへるものであつて、古来各国の帝王は、多くこれらの情欲の放縦によつて亡び去つてゐるのであるから、特に、情欲の制御修身は治者修身の端とせねばならぬ。このほかにも「惟レ王、声色ヲ邇《チカ》ヅケズ、貨利ヲ殖セズ」（商書、仲虺之誥）、「欲ハ度ヲ敗《ヤブ》リ、縦ハ礼ヲ敗リ以テ戻《ツミ》ヲ厥ノ身ニ速《マネ》ケリ、天ノ作セル孽《ワザハヒ》ハ猶ホ違《サ》ク可キモ、自ラ作セル孽ハ逭《ノガ》ル可カラズ」（太甲中）、「民ノ事ヲ軽ンズル無クシテ難キヲ惟ヘ、厥ノ位ニ安ンズル無クシテ危キヲ思ヘ。終ヲ慎ムハ始ニ于《オイ》テセヨ。言、汝ノ心ニ逆ラフアラバ必ズ諸《コレ》ニ求メヨ、言汝ノ志ニ遜《シタガ》フアラバ必ズ諸ヲ非道ニ求メヨ」（商書、太甲下）、「乃《ナンヂ》ノ心ヲ黜《シリゾ》ケ、傲《オゴ》リテ康キニ従フ無カレ」（商書、盤庚上）、「貨宝ヲ総《アツ》ムル無カレ、生生自ラ庸《モチ》ヒヨ」（商書、盤庚下）、「過《アヤマ》チヲ恥ヂテ非ヲ作ス無カレ」（商書、説命中）、「徳盛ナレバ狎侮セズ」（周書、旅獒）、「人ヲ玩《モテアソ》ベバ徳ヲ失ヒ、物ヲ玩ベバ志ヲ喪フ」（同上）、「細行ヲ矜シマズンバ終ニ大徳ニ累セン、山ヲ為《ツク》ル九仞、功、一簣ニ虧《カ》ク」（同上）「祀ニノミ茲レ酒アリ」（注13）（周書、酒誥）等、この種の修身極めて豊富である。「書経」のみに就て見るも斯くの如く夥しいのであるから古今数千年に亘る諸家の書に説くところを集めれば、真に思ひ半ばに過ぎるものがある。「賈誼新書」の如きは「胎教」の章を設けて古法を明かにすると共に、帝王の場合特に胎教を重んずべきをいつてをる。「礼記」の如きも、元よりひとり天子の為めに礼を設けるものではないが、又天子修身の教として欠くべからざるもの、支那に於ける天子修身論はまさに瞠目に価するものがある。

第三款　王道の政治十綱

第一目　王道内省

こゝに政治といふのは必ずしも現代一般の通念としての政治、或は政治学上の定義、乃至「詩経」や「書経」（注14）などに見える政治の語に捉はれず、王道が実践される場合を指したものとして約束したい。さて、王道はこれを実践する者に対して、何よりも先づ内省を要求する。内省なき処に王道の実践はありえない。換言すれば、王道は内省克己の治道である。而して、内省克己の治道は、自覚確信の政治である。無憂無懼の政治である。司馬牛曾て孔子に君子を問へるに、孔子は「君子ハ憂ヘズ懼レズ」（「論語」顔淵）と答へたが、司馬牛は半信半疑で「憂ヘズ懼レザレバ斯レ之レヲ君子ト謂フカ」（同上）と、反問した。すると孔子は之れに対し「内ニ省ミテ疚《ヤマ》シカラズンバ、夫レ何ヲカ憂ヘ何ヲカ懼レン」（同上）と教へてゐる。これ孔子王道学の一要点を述べたものであつて、これは孟子も「昔ハ曾子、子襄ニ謂ツテ曰ク、子、勇ヲ好ムカ、吾レ嘗テ大勇ヲ夫子ニ聞ケリ。自ラ反《カヘサウ》シテ縮《ナホ》カラズンバ、褐《カツ》寛博（褐は粗末な布、寛博はその作り方の粗大なこと、卑賤の着るもの、転じて卑賤なる者の意）トイヘドモ吾レ惴《オソ》レザラムヤ、自ラ反シテ縮クンバ、千万人ト雖モ、吾レ往カムトス」（公孫丑上）といつてゐる。かくの如く、内省は自覚確信を生むのであるが、「論語」には、猶ほ曾子の曰くとして「吾レ日ニ三タビ吾身ヲ省ル。人ノ為メニ謀リテ忠ナラザルカ。朋友ト交リテ信ナラザルカ。伝ヘテ習ハザルカ」（学而）といふ所謂三省の文があるが、孔子教の反映であつて、王道の最も内面的作用としては実にこの内省を挙げなければならぬ。一人天下に衡行するも文王これを恥づで剋していへば、内省なきところに王道は無い、といふも過言ではない。「百姓過アレバ予一人ニ在リ」（「書経」泰誓中）といふは反省より来れる自覚であつて、「言、汝ノ心ニ逆フアラバ必ズ諸《コレ》ヲ道ニ求メヨ、言汝ノ志ニ遜《シタガ》フアラバ必ズ諸ヲ非道ニ求メヨ」（「書経」前出）といふのも亦この類であらう。王者は大公無私たるを要するが、然も王者も亦人である。人である以上は人の情欲をも有し、更に王者の地位、権力と結びついて無限の情欲をも持ちかねないであらう。「管子」は「人君ノ欲ハ窮リ無シ」（権修）と喝破し、殊に、三欲なるものを論じて「君ハ、民ニ三欲アリ、三欲節セザルトキハ、上ノ位危シ。三欲トハ何ゾヤ、一ニ曰ク求。二ニ曰ク禁。三ニ曰ク令。求ハ必ズ得ルコトヲ欲シ、禁ハ必ズ止ムヲ欲シ、令ハ必ズ行ハルゝヲ欲ス」（法法）といひ、これを節すべきことを教へてゐるが、これを節するには反省と克己とのほかない。又荀子も、人主の三欲三悪なるものを説き「人主タル者、彊ヲ欲シテ弱ヲ悪ミ、安ヲ欲シテ危ヲ悪ミ、栄ヲ欲シテ辱ヲ悪マザルハ莫シ、是レ禹桀ノ同ジウスル所ナリ」（君道篇）といひ、「此ノ三欲ヲ要《モト》メ此ノ三悪ヲ辟《サ》クルハ果シテ何レノ道ヨリシテカ便ナル、曰ク相ヲ取ルヲ慎シムニ在リ、道是レヨリモ径《チカ》キハ莫シ」と断じてゐるが、それは政治技術の談で政道といふ点からは、矢張り、王者そのものの内省克己に道を求めなければならぬ。「尚書」が「天ノ視ルハ我ガ民ノ視ルニ自《シタガ》ヒ、天ノ聴クハ我ガ民ノ聴クニ自フ」といひ、又、既に述べた通り、天が災害を以て王に警告するといふ思想も、要するに王者の反省克己を促すものに外なるまい。洪範には「八ニ庶徴、曰ク雨、曰ク暘《ヤウ》（旱）、曰ク燠《イク》（温）、曰ク寒、曰ク風、曰ク時。五者来リ備ハリ各其ノ叙ヲ以テスルトキハ、庶草蕃廡《バンブ》ス。一ノ極マリテ備ハルハ凶ニシテ、一ノ極マリテ無キモ凶ナリ」といひ、而して狂、僭、予（惰怠）、急、蒙（愚）の五不徳ある時は、恒雨、恒暘、恒燠、恒寒、恒風の五不吉があらはれるとしてゐる。即ち単に社会的事象のみならず不順なる自然現象をすらも人君の徳不徳に応ずるものと考へたのであるから、人君の責任が如何に重且つ大であるとされたかゞわかる。されば「曰ク、王ノ省ミルハ惟レ歳、卿士ハ惟レ月、師尹ハ惟レ日」（洪範）とて治者階級の地位身分に応じて反省に差異あるをいふのである。が、就中、王は最も高大なるが故に、その徴は歳にあらはれるものと考へ、依つて一年を以て内省すべきことをいへるものである。かゝる政治と自然との因果関係の如きは、今敢て批判の必要がない。注意すべきは、自然現象を見て、内に省みよ、といふその反省の精神的意義である。「詩経」に殷鑑不遠とか、商鑑不遠などといふのは、歴史に照して、自己の行為の内省を促し克己を期待してゐる文字である。歴史の事実から見るも殷鑑によつて内省克己せざるものは、皆滅亡してゐることを思へば、内省克己の王道内面に占める重要性といふものが明白になるであらう。

無為や、無欲は、放心、無心、無関心の状態ではない。「中庸」によると「唯天下ノ至誠能ク化スルコトヲ為ス」とあるから、無為が実は誠なることを明かにしてゐる。故に「誠ハ天ノ道ナリ、之レヲ誠ニスル者ハ人ノ道ナリ、誠ハ勉メズシテ中リ、思ハズシテ得、従容道ニ中ルハ聖人ナリ、之レヲ誠ニスルハ、善ヲ択ンデ固ク之レヲ執ル者ナリ」といふ。「勉メズシテ中リ思ハズシテ得」といふは無為で、その無為は天の道であり、之れを誠にするのが人の道なのであるから、それは人智人策を超えた徳でなければならぬ。故に「誠ハ自《オ》ラ成ル」（中庸）のであつて、智策の為すところではない。かゝる誠を以て徳化するのが王道であるとて、「以テ天地ノ化育ヲ賛スベク、以テ天地ノ化育ヲ賛スベクンバ則チ以テ天地ト参ナルベシ矣」（中庸）といふのである。誠といふは猶ほ然し抽象的である。誠の最も具体的にあらはれたものは孝である。親子の道である。凡そ人倫に於て親子の道よりも誠なるはない。これを「孝経」に「子曰ク、天地ノ性、人ヲ貴シト為ス。人ノ行ハ孝ヨリ大ナルハ莫シ、孝ハ父ヲ厳ニスルヨリ大ナルハ莫シ云々」（聖治）といつたのである。天地の徳は他なし孝徳である。故に「孝経」は天地と父母とを対応させて「昔ハ明王、父ニ事ヘテ孝、故ニ天ニ事ヘテ明ナリ。母ニ事ヘテ孝、故ニ地ニ事ヘテ察ナリ」（応感）といつてをる。また、三才章には三才に配し「夫レ孝ハ天ノ経ナリ、地ノ義ナリ、民ノ行ナリ。天地ノ経ニシテ民是レニ則ル、天ノ明ニ則リ、地ノ利ニ因リ、以テ天下順フ」といつてゐるが、この思想は、王の三才一貫の義と照応してゐるものと見て差支へない。而して孝といふは子の親に対する道徳であつて、子の道徳は親の子に対する道徳たる慈と不可分に結びついたむしろ一連のものであるが、既に述べた通り、徳教といふ点からは、慈をさまで強調せずとも孝を力説すれば足りるので、支那では漸次、孝慈といふを単に孝といつたのであるが、慈を除外したわけではない。

第二目　王道徳治

王道政治の最も顕著な思想は、徳を以て民を治めるといふ点にある。既にこのことは、しば〳〵散説した処であるが、徳とは「孝ハ徳ノ本ナリ」で孝を指す場合が多いやうである。「孝経」に「先王、至徳要道アリ、以テ天下ヲ順ニス。民用《モ》ツテ和睦シ、上下怨無シ」（開宗明義）といふ至徳要道とは孝に外ならぬ。先きに引いた「堯舜ノ道ハ孝弟ノミ」とは、堯舜の道即ち王道が直ちに孝の徳であることをいつたものであらう。老子の「無為而民自化」については既に述べたが、孔子も「無為ニシテ治マル者ハソレ舜カ。夫レ何ヲカ為サンヤ、己ヲ恭シクシテ正ニ南面スルノミ」と、「論語」衛霊公にいつてゐる。老子の無為と孔子のそれとは異るとする見解もあり同義とする説もあるやうだが、要するに無為といふことの考へ方によるものと思ふ。孔子の無為は任賢の無為だから老子の無為とは一応区別されるやうであるが、いかに老子と雖、苟くも人間社会の政治に就て論ずるものである以上、何事も無さず、自然に放置することを無為とするものとは考へられないし、又、孔子の「舜ニ臣五人アリ、天下治マル」（論語泰伯）といふのによつて、任賢の無為だといふのも、あまり十分な根拠ある説とはいへないやうである。孔子にせよ老子にせよ、要するに無為とは、小策を弄し過ぎたり、我見にまかせ過ぎたりする政治を否定したもので、両者の間に根本的に異る二つの無為の思想があるものとは考へられぬ。老子系の荘子が「ソレ帝王ノ徳ハ天地ヲ以テ宗ト為シ、道徳ヲ以テ主ト為シ、無為ヲ以テ常ト為ス。無為ナレバ則チ天下ヲ用ヰテ余アリ、有為ナレバ則チ天下ノ用ヰラレテ而モ足ラズ」（天道）といふはそれで君主の徳を天地に配してをる。

一層明瞭なのは、前引の文章の少しさきに、「天ヨリモ神ナルハ莫ク、地ヨリモ富メルハ莫ク、帝王ヨリモ大ナルハ莫シ、故ニ曰ク帝王ノ徳ハ天地ニ配ス」とあるが、この天地の徳といふは、無為の意味であつて、それを更に分析したものが前記の文である。つまり、帝王の徳は天地が無為無欲にして万物を生成化育すると同じ風格を具ふべきものであつて、小欲小智に基いて策を弄し細工を施すが如きは帝王の道に非ずと為すのである。故に、天道第十三には「天道運ツテ而シテ積ム所無シ（「積む」とは凝滞不通なるを曰ふ）故ニ万物成ル、帝道運ツテ而シテ積ム所無シ、故ニ天下帰ス、聖道運ツテ而シテ積ム所無シ、故ニ海内服ス。天ニ明カニ、聖ニ通ジ、帝王ノ徳ニ六通四辟（辟は開）スル者、其レ自《オ》ラ為ス也、昧然トシテ静ナラザル者無シ」といふ。「静」といふは「善ナルガ故ニ静ナリ」とあるが、「善」とは無欲の義と注されてゐる。唐の太宗は「帝範」の序に「帝王ノ業ハ、智ヲ以テ競フベキニ非ズ、力ヲ以テ争フベカラザルモノナリ」といつてゐるが、それは、帝王の徳を以て天地に配する教学的信念であらう。荘子は、かくの如き無為の王を、堯に於て見、「此レヲ明カニシテ以テ南郷（南面に同）スルハ堯ノ君タルナリ、此レヲ明カニシテ以テ北面スルハ堯ノ臣タルナリ」（同上）と考へ、そこで彼は、帝王、天子と玄聖、素王とを区別して「此レヲ以テ上ニ処《ヲ》ルハ帝王、天子ノ徳ナリ、此レヲ以テ下ニ処ルハ玄聖、素王ノ道ナリ」（同上）といつてをる。玄聖とは玄徳なる聖人であるが君主の位に処らざる者、素王といふは聖人の徳あるも王位無き者を指すのである。

荘子は無為を天地の徳と解して「天地ノ徳ニ明白ナル者、此レヲ之レ大本、大宗ト謂フ、天ト和スル者ナリ、所以《ユエ》ニ天下ヲ均調シ、人ト和スル者ナリ」（天道第十三）といつたが、かゝる天地の徳は、実践的には結局孝の徳を意味するものにほかならないのであつて、「中庸」が「舜ハ其レ大孝ナルカ、徳ハ聖人タリ、尊ハ天子タリ、富ハ四海ノ内ヲ有チテ宗廟之レヲ饗《ウ》ケ、子孫之レヲ保ツ」といふもの即ちこれである。以上により徳、無為、誠、孝の四者が結局一体なることを理解し得た。而して王道徳化とは、この四者一体なる徳を以て天地が万物を教育する如くに万民を教育する政治を意味することをも亦理解し得た。

王道徳治は、実践的には王道孝化である、といつても差支へないことが、上記によつて明かになつたが、これに由つてこれを見れば徳治といふは、徳を以て治めるのであるが、その治めるといふは、支配し命令し強制することによつて治めるのではなく、「自《おのづか》ら成る」の語の如く、おのづから治まるのである。治めるとは、治者の徳因に約した立言であり、治まるとは、徳果たる被治者の化成に約した立言である。即ち主客の間に人為的、細工的しかけの無い政治が徳治であると考へられてゐるのである。されば、孔子は王道徳治の政治を形容して「政ヲ為スニ徳ヲ以テス、例へバ北辰ノ其ノ所ニ居テ衆星之レニ共《ムカ》フガ如シ」（「論語」為政）といつたが、王は帰往の義なりといふも亦ほゞ同じ思想であつて、「徳孤ナラズ必ズ隣アリ」「君子ノ徳ハ風ナリ、小人ノ徳ハ草ナリ」などの句と対照して考察せば、その真意を把捉するにちかきものがあるであらう。

而して、この徳治には重要なる一件が伴うてをる。それは、君主が野に遺賢無きを期し、世の有徳才能を用ゐるといふ要件である。「書経」大禹謨に、帝舜の言葉として「嘉言伏スル攸《トコロ》罔ク、野ニ遺賢無クンバ、万邦咸寧《ヤス》カラン」とあるが、これより、帝王の道は野に遺賢なきを期すべきものとされたのであつて、野に遺賢なきを期する為めにはもとより、朝臣をしてその道に協力せしめなければならないが、王者自身としては、まづよく、その臣を知ることが必要である。「君、事ヲ挙グルニ、臣敢テソノ能クセザル所ヲ誣ヒズ、君、臣ヲ知リ、臣モ亦君ノ己レヲ知ルヲ知ルナリ、故ニ臣敢テ力ヲ竭サゞルモノ莫シ。倶ニソノ誠ヲ操《ト》リテ以テ来リ道《イ》フ」（「管子」乗馬）の如きはその一例である。所謂、君主は人を知り、臣下は事を知るべきなのであるが、人を知る、ことは単に在朝の臣にのみ局られるのではなく広く野に賢あるを知り、これを求める事ともなる。それが君徳でもあるし、又、賢を得て徳を補ひ以てその徳政徳治を完全ならしめる為めでもある。太宗の「帝範」は求賢第三に於て「夫レ国ノ匡輔ハ必ズ忠良ヲ待ツ。任使ソノ人ヲ得ルトキハ天下オノヅカラ治ル」といひ、賢を求めることの天職なるを「之レヲ求ムルコトハ斯ニ労シ」といつてをる。尚賢使能（「荀子」君道）或は求賢について支那の思想史が極めて多くの言を費してをるのは一に徳治の完成のためにほかならぬ。なほこゝに考ふべき一つの問題がある。それは、かの天子父母の義との連関である。王が民の父母となるといふ思想については既に説明したところであるが、王道徳化、王道孝化は、この父母たる天子とその子たる民との間に如何に適用されるか。天下の民をして個々にその父母に孝ならしめ、天子も亦その父母に孝たるのみが、王道徳化であるか、それのみが果して王道孝化であるか。この点について、支那の王道思想は未だ真に王道の根底を全説するに至らなかつた、といはねばならぬ。何となれば、天子が民の父母たり民はその子たるの義を出し乍ら、その間の慈孝を十分に説いてゐないからである。勿論、「慈父ノ子ヲ愛スルハ報ノ為メニスルニ非ザルナリ、内、心ヨリ解ク可カラザレバナリ。聖主ノ民ヲ養フハ用ヲ求ムルニ非ザルナリ、性、已ムコト能ハザレバナリ。火ノ自ラ熱ク氷ノ自ラ寒キガ若シ、夫レ何ヲカ修ムルコトアラン」（「淮南子」謬称訓）といふ思想はある。君臣を父子として力説した思想も勿論ある。然るにも拘らず、「孝経」の如きすら、民、その父母たる君に帰するを大孝なりと説けるものがない。これは、王道そのものの問題といふよりは、支那の王道思想、又は王道教学の問題であるが、その根柢を洗へば、国体問題にほかならないのである。茲に於て、支那の王道教学――王道そのものに非ず――を、改めて日本国体から観察批判する必要が起つてくる。王道徳化、王道孝化なるものは、勿論、人間の大義道徳であるから、日本国体も亦敢てこれと異るものではない。世には血統主義（日本）、徳治主義（支那）といふ一部学者の分類を誤解して、徳治主義は日本国体、否それらの人の常用する語に従へば皇道の忌むところであるかの如く考へてゐる者もあるやうだが、それは飽く迄誤解である。一部の学者が、上記の如く分類対照させるのは、日本が徳治を排するといふ意味ではなく、根底の比較を試みたまでのことである。徳治は勿論治道の骨髄であつて、日本の国体皇道も又徳治を重要なる一面としてゐるのである。たゞ、支那では徳治を無為的に解釈しながら実は極めて有為的であり、若しくは全く徳治の実がないのに反し、日本では徳治が真の意味での無為となつてをる。支那の王道徳治の理想は、実に日本に於て完現されてゐるのであるが、それは、君臣本末一体、万邦無比の国体事実の実在するが為にほかならぬ。その国体を、一部学者が血統主義といふ文字で言ひ表したまでの事である。「孝を以て本と為す」といふ徳化は、之れを古今に通じて謬らず之れを中外に施して悖らざるてい の道であることはいふ迄もない。従つて、王道徳化は矢張り絶対の道である。然し支那の歴史を見るに、この理念のみ確立して徳化の実践に於て大いに欠けるところのあるは、これ又否定すべからざる事実である。即ち理念は正しいが実践に於て成功し得なかつた、といはなければならないのであるが、こゝに吾人のいはゆる王道と区別すべき国体の問題が存するのである。天下を治める実践の基本を孝に求めた事は飽く迄正しい、それにも拘らず、王道孝化の実が徹底的に具現されなかつたのは、王道理念そのものの罪ではなく、国体の齎した欠陥露呈なのである。日本の如くに、天下の孝を一元化して忠と為すことの出来なかつたのは支那の国体の本質に基くものであつて、王道そのものの欠陥より来るものではない。王道思想が、忠孝一本を説かなかつたのは、かゝる事を説くべき国体事実が無かつた為め、即ち王道の事実たる国体が無かつた為めではあるけれども、それは忠孝一本、即ち孝が忠に於て一本となる事を思想的に否定したものではない。堯舜文武が如何に大孝であり達孝であつても惜しい哉、君民本末一体の生命的基礎が無い。故に、孝は多元的に社会風教の支柱となつたが、国家一全一人の一元に組織しつくすことが出来なかつたのである。

第三目　王道名分

王道政治は、名分によつて大義を明かにし維持し発揚する事を期する。曾て子路は、「衛君、子ヲ待チテ政ヲ為サバ、子将ニ奚《ナニ》ヲカ先ニセントスル」と問うたところ孔子は之れに対し次のやうに答へた。「子曰ク、必ズヤ名ヲ正サンカ」と。然るに子路は「是レアルカナ、子ノ迂ナルヤ、奚ゾ其レ正サン」と曰つて、師の思想を迂遠なりとした。即ち孔子諄々として之れを諭すに次の語を以てしてゐる。

子曰ク、野ナルカナ由ヤ、君子其ノ知ラザル所ニ於テ、蓋シ闕如タリ。名正シカラザレバ則チ言順ナラズ、言順ナラザレバ則チ事成ラズ、事成ラザレバ則チ礼楽興ラズ、礼楽興ラザレバ則チ刑罰中ラズ、刑罰中ラザレバ則チ民手足ヲ措クニ所無シ。故ニ君子之レニ名ヅクレバ必ズ言フベキナリ、之レヲ言ヘバ必ズ行フベキナリ、君子ハ其ノ言ニ於テ苟モスル所無キノミ（「論語」子路）

孔子は、単に「名」といつて「名分」とはいつてゐないが、孔子のいふ「名」とは、単に名称のみを意味するのでなく、名によつて表はされる人倫上の関係即ち分際を包含するものたるは右の文章におのづから義として示されてゐる。孔子が「春秋」を著したので「乱臣賊子懼ル」と孟子はいつたが、その「春秋」を荘子は「易ハ以テ陰陽ヲ道《イ》ヒ、春秋ハ以テ名分ヲ道フ」とて、「名分」といつてゐる。「春秋」はその行文の間、用字の上にさへ名分を正し殺と弑との区別を厳にし、又、「元年、春、王ノ正月」といふ風に、独特の創意を以て後世に垂範したのである。宋儒に到つて名分大義の学が理論的に展開されたが、その源頭は、孔子の中に深く横たはつてゐるのである。「荘子」の中には、「子、天下ヲ治メテ、天下既ニ治マレリ、而ルニ我レ猶ホ子に代ラバ、吾レ将タ名ノ為メニセンカ、名ハ実ノ賓ナリ、吾レ将タ賓ノ為メニセンカ」（「逍遥遊」）とあり、名を実の賓とする有名な句があるが人は往々この語を以て名の重からざるをいふものと解するけれども、これは名と実とを分離して唯だ名の為めにすることを斥けたもので名そのものの無価値や重からざる事をいつたものではない。老子すら「無名ハ天地ノ始メニシテ有名ハ万物ノ母ナリ」（上篇）といひ、人間の世界に於ける名の位地と価値とを認め、「道ハ無名」であるが、帝王「始メテ制スレバ名有リ、名亦既ニ有レバ夫レ亦将ニ止マルヲ知ラントス、止マルヲ知ルハ危カラザル所以ナリ」（上篇）ともいつてをる。名と実とは相合するを要するもので、孔子の名なるものは、勿論、実と不可分の連関に於ていふものであつて、実なき空名を弄ぶものでないことは多言を要しない。荀子は「名ヲ制シテ以テ実ヲ指シ、上ハ以テ貴賤ヲ明カニシ、下ハ以テ同異ヲ弁ズ」（正名篇）といつて名を制することの意義を明かにしてをる。「名」を制する所以は、「実」を正しく表現して、天地の徳をその本然に於て認識せしめ、よつて以て人間社会の秩序を正さんが為めで、名を制し、名を正さざれば、言語によつて行動する人間の本質上、その正序を保ち得ないとするからである。故に王者は、名を制し名を正すを要するのであつて、「荀子」にはこの趣旨を「王者ノ名ヲ制スルヤ、名定マリテ実弁ジ、道行ハレテ志通ジ、則チ慎シンデ民ヲ率ヰテ一ニス。故ニ辞ヲ析《ワカ》チテ擅《ホシイママ》ニ名ヲ作リ、以テ正名ヲ乱リ、民ヲシテ疑惑シテ弁訟多カラシムルハ則チ之レヲ大姦ト謂フ、其ノ罪ハ猶ホ符節度量ヲ為《イツハ》ルノ罪ノゴトシ」（正名篇）といつてをる。茲に於て、「名」を正す、とは即ち「実」を正すのであつて、「実」なき名を弄ぶの意味でないことが明かである。孔子は、この名分大義の唱導者なる故に、後世特にその文功を崇んで、その教を「名教」と讃称したのであつて、「宋文鑑」の、范質の「戒㆓従子果㆒詩」に「周孔名教ヲ垂ル」といつてあるのはそれである。

荀子のいふ通り、貴賤を分ち同異を類別することが必要である以上、名分を正すことは影の形に沿ふ関係にある。若し名分が一如せざるものあらば、それこそ形式主義の名であつて、それは王道名分と似て非なるものといはなければならない。されば「管子」にも「凡ソ人ノ名三ツ、治ナル者アリ、恥ナル者アリ、事ナル者アリ。事ノ名二ツ、之レヲ正シ、之レヲ察ス。五ツノ者ニシテ天下治マル。名正シキトキハ治マリ、名倚《ヨコシマ》ナルトキハ乱レ、名無キトキハ死ス、故ニ先王ハ名ヲ貴ブ」（枢言）といつて、貴名が先王の道、即ち王道なることを明言してゐる。「管子」の明法第四十六に「君臣道ヲ共ニスルトキハ乱レ、専ラ授クルトキハ失フ」といふ前句について、その明法解第六十七は「主、臣ノ道ヲ行フトキハ乱レ、臣、主ノ道ヲ行フトキハ危シ、故ニ、上下分ナク、君臣道ヲ共ニスルハ乱ノ本ナリ。故ニ明法ニ曰ク、君臣道ヲ共ニスルトキハ乱ル」と注してゐるが、これ又、君臣の名分を正さゞる時は一国乱に亡ぶることをいへるものと見てよろしい。名分は実に天下統一の絶対要件であつて、支那民族はこれをその崇信する天象に比し「子云ク、天ニ二日無ク、土ニ二王無ク、家ニ二主無ク、尊ニ二上無シ、民ニ君臣ノ別アルヲ示スナリ」（「礼記」坊記）と理由づけてゐる。

第四目　王道教化

「周孔名教ヲ垂ル」とは名分を正して教化を施すことである。孔子は教といふものについて「孔子家語」問玉によれば、天に四時ありて風吹き雨降り霜ふり露おく、教に非ざることなく、地は神気を載せて雷霆を吐納し形を庶物に流《し》く、教に非ざることなし、天地の教は聖人と相参《まじ》はる、と考へてゐたやうであるから、恰も、「円人法ヲ受クルニ法トシテ円ナラザルナシ」の大乗境界に於て、教といふものを観てゐたことがわかる。元来「教」の字は孝《かう》と攴《ぼく》との合字であるが、孝は爻《かう》と子とを以て成る。爻《かう》とは「説文」に「交也象㆓易六爻頭㆒也」とある通り易の変化の象を示したもので、易は天下の動を六爻の動として説き変動して相交る義を「爻」の形であらはしたのである。故に「爻」はマジハル又はカタドルと訓じ、転じて学ぶ習ふの義とするのである。即ち「爻《かう》」は、子弟が長者を模倣する義を示すのであるが、攴《ぼく》とは軽く撃つことであるから、鞭韃して励ますのは、義である。されば「教」とは下からいへば、まなび、ならふ、のであるが、上からいへば、形を以て動いて習はせるのである、即ち、実践以て導くのである。その点では、教の本質は徳と通ずるものといつてよい。たゞ、「徳は得」なりで、聖人の身に得て備はれるもの「正韻」の所謂善美、正大、光明、純懿の称であるに反し、教は徳に到らしめ徳を等しくする目的を達するために上より下をおしへ導くものたるの差がある。「おしへ導く」は教へて徳に化する為めである。故に、「教化」といふ。「教化」の語は、一般には「法華経」に用ゐられた仏語として理解せられてゐるが、漢籍の方でも用ゐてゐるから、敢て仏教の用語とのみはいへない。即ち「礼記」の経解や「貞観政要」や「漢書」さては、「陸賈新語」などさまざまの書に散見する「教化」の文字がそれであるが、儒仏共、その意味は同じに用ゐてをる。

　王道教化は、上が実践以て下を教へるの意が根本であるが、然し、「教へる」といふ事柄の性質上、それは言を伴ふものとされる。故に教に於ては、行と共に言を尊重するものである。「論語」に「言ヲ知ラザレバ以テ人ヲ知ルコト無キナリ」（堯曰）といふはそれであるが、言とは言語及び文字を総称するものと理解すべきである。こゝに於て、天台の「教トハ聖人下ニ被ラシムルノ言也」（「法華玄義」巻一）といふ解釈は、仏教教学といふ点を離れても支那の「教」の文字に関する有力なる思想的解釈といはねばならぬ。孔子が「徳アル者ハ必ズ言アリ」（憲問）といつたのは、この意味に於ける教化の言であるにちがひなく、こゝに徳と教との関連を見ることが出来よう。孔子は三畏を説いて「君子ニ三畏アリ、天命ヲ畏レ、大人ヲ畏レ、聖人ノ言ヲ畏ル。小人ハ天命ヲ知ラズシテ畏レズ、大人ニ狎レ、聖人ノ言ヲ侮ル」（季氏）といつたが、如何に教化に於ける言を重視したかゞわかる。「史記」の商君伝には「教ノ民ヲ化スルヤ、命《メイ》ヨリモ深ク、民ノ上ニ効《ナラ》フヤ、令ヨリモ捷シ」と見えてゐるが、これまた王道に於ける教化の重要性を、命令の効果との比較に於て強調した支那正統の王道教化思想の一例である。かくの如く王道政治は教化の政治であるといつて徳治と教化を不可分のものとするのである。これ所謂言ある所以である。

　然らば教化は何故に必要であるか、「管子」はこれを「道ハ天下ニ満チ、普ク民ノ所ニ在レドモ民知ル能ハズ、一言ノ解、上ハ天ニ察《アキラ》カニ、下ハ地ニ極アリ、九州ニ蟠満ス」（内業）と説明してゐる。而して「管子」はその民を教化するの道を説明して「聖王ノ民ヲ教フルヤ、仁ヲ以テ之レヲ錯《オ》キ、恥ヲ以テ之レヲ使ヒ、其ノ能ヲ修メ、其ノ成ル所ヲ致シテ止ム。故ニ曰ク、絶チテ（人民の野心を絶つて）定マリ、静ニシテ治マリ、安クシテ尊ク、挙錯シテ変ゼザル者ハ、聖王ノ道ナリ」（法禁）といつてゐる教化は、天子の師たるの義より出づるものであるが、孔子が「太上ハ徳ヲ以テ民ヲ教ヘ、礼ヲ以テ之レヲ斉フ」（「孔子家語」刑政）といつたやうに、単に智識を以て教へるのでも、智識技芸を教へるのでもない。徳を以て化するを目的とするのである。故に徳と教とは表裏の関係、動静の関係にあるのであつて、教は、王、民を慈愛するの心より、主として「言」となつてあらはされたるもの、故に、名教といひ徳教といふのである。その教は、絶対的権威のあるものなるは「一言得レバ而《スナハ》チ天下服シ、一言定マレバ而チ天下聴ク」（『管子』内業）といふが如きものである。「論語」に「教ヘザル民ヲ以テ戦フハ是レ之レヲ棄ツルト謂フ」（子路）と見えるのも、王者にして若し民を教へざることあらば、そは王者の王道到らざるが為めであることをいつたものである。「論語」子罕に「子、九夷ニ居ラント欲ス、或ヒト曰ク、陋ナルコト之レヲ如何セン。子曰ク、君子之レニ居ラバ、何ノ陋カ之レアラン」といふは、君子の王道教化の力とその光輝を信じたものであつて、孔子が「論語」の衛霊公第十五に「教アリテ類無シ」といつたのも亦王道教化の威力が如何なる種類のものにも及ぶことをいつたもので、これらは、王道教化がひとり自国自民族の中に行はるべきのみならず、異民族異類の中にも亦翼をのばすべきこと、従つて王道の絶対性普遍性などの確信の証左とも見られる。「晏子春秋」には、「教令」なる語を用ゐて明王教化の理を次のやうに述べてをる。曰く、

景公晏子ニ問ヒテ曰ク、明王ノ民ヲ教フルコト何若《イカン》。晏子対《コタ》ヘテ曰ク、其ノ教令ヲ明ニシテ、之レヲ先ンズルニ義ヲ行フヲ以テシ、民ヲ養フコト苛ナラズシテ、之レヲ防グニ刑辟ヲ以テシ、下ニ求ムル所ノ者、上ニ務メズ、民ニ禁ズル所ノ者身ニ行ハズ、民財ヲ守リテ之レヲ虧クニ利ヲ以テスルコトナク、儀法ヲ立テ、、之レヲ犯スニ邪ヲ以テセズ、苟クモ民ニ求ムル所ハ身ヲ以テ之レヲ害セズ、故ニ下《シモ》其ノ教ニ勧従スルナリ。事ヲ謀リテ以テ民ニ任ジ、中聴（公平に聞く）シテ以テ邪ヲ禁ジ、之レヲ窮スルニ労ヲ以テセズ、之レヲ害スルニ実ヲ以テセズ、苟クモ民ニ禁ズル所、事ヲ以テ之レニ逆ハズ、故ニ下其ノ上ヲ犯サヾルナリ。古ハ百里ニシテ習ヲ異ニシ、千里ニシテ俗ヲ異ニス。故ニ明王道ヲ修メ民ヲ一ニシ俗ヲ同ジクス。上ハ民ヲ愛スルヲ法ト為シ、下ハ相親シムヲ義ト為ス。是ヲ以テ天下相遺《ス》テズ、此レ明王民ヲ教フルノ理ナリ、ト（内篇問上）

これによると、王道教化とは、明王自らが道を修め、その政治の一挙手一投足が悉く教たるべきものたることが必要とされてゐる。蓋し、政治そのものが徳たることが王道であるからであらう。而して「賈誼新書」には、これを主上の化と称し、教化の結果について

故ニ化成リ俗定マルトキハ、則チ人臣タル者ハ主ノ醜《ハジ》ニハ身ヲ忘レ、国ノ醜《ハジ》ニハ家ヲ忘レ、公ノ醜《ハジ》ニハ私ヲ忘レ、利、苟クモ就カズ、害、苟クモ去ラズ、唯、義ノ在ル所ノミ。主上ノ化ナリ。故ニ父兄ノ臣ハ誠ニ宗廟ニ死シ、法度ノ臣ハ誠ニ社稷ニ死シ、輔翼ノ臣ハ誠ニ君上ニ死シ、守衛捍敵ノ臣ハ誠ニ城郭封境ニ死ス。故ニ曰ク、聖人ニハ金城有リトハ、此ノ志ヲ比物スルナリ。彼レ且《マサ》ニ我ガ為メニ死セントス、故ニ吾レ之レト倶ニ生クルヲ得、彼レ且ニ我ガ為メニ亡ビントス、故ニ吾レ之レト倶ニ存スルコトヲ得、夫《カ》レ将ニ我ガ為メニ危カラントス、故ニ吾レ之レト皆安キコトヲ得、行ヲ顧ミテ利ヲ忘レ、節ヲ守リテ義ニ服ス（階級）

といつてをる。まさに君臣一体、彼此の生死一如して、一国上下大義に生くるのさまを描いてゐるものといふべきである。

政治の一言一行の悉く、即ち政道の実践そのものが直ちに教となつてゐることは、王道教化の、たとへば水の如き状態であるが、時に水を湯とする必要もあらう。水を湯とした場合は、然らばどのやうなものであるか。「孔子家語」の左の一文は、おそらく、之れが回答として見得るであらう。曰く、

衛ノ将軍文子、子貢ニ問ヒテ曰ク、吾レ聞ク、孔子ノ教ヲ施スヤ之レニ先ンズルニ詩書ヲ以テシ、之レヲ道《ミチビ》クニ孝悌ヲ以テシ、之レニ説クニ仁義ヲ以テシ、之レニ観《シメ》スニ礼楽ヲ以テシ、然シテ後ニ之レヲ成スニ文徳ヲ以テス、蓋シ室ニ入リ堂ニ升《ノボ》レル者七十余人ト。ソレ孰《タ》レヲカ賢ト為スト、子貢対フルニ知ラザルヲ以テスト（弟子行）

これ必ずしも庶人への教化ではないが、士大夫以上の教への王道教化の一班を示すものでなければならぬ。然し、

国によつては、王道の教へ方の異るものあることを孔子は認めてゐる。必ずしも「之レニ先ンズルニ詩書ヲ以テス」る方式の固定化を主張するのではなからう。そのことは

ソノ国ニ入レバソノ教知ル可キナリ。ソノ人ト為リヤ、温柔、敦厚ナルハ詩ノ教ナリ、疏通、知遠ナルハ書ノ教ナリ、広博、易良ナルハ楽ノ教ナリ、潔静、精微ナルハ易ノ教ナリ、恭倹、荘敬ナルハ礼ノ教ナリ、属辞、比事スルハ春秋ノ教ナリ（「孔子家語」問玉）

といふを見て察せられる。又、「教」の字と同じ系統の文字に「学」の字がある。「学」の古文は「斅」であつて「教」と「冖」と「臼」の合字である。教を受け無智を開いてまなびならふの意であるから、教と、愚なる者を上より掩ふ貌の冖と、両手を拱いて謹しみうける貌の臼とを合したのである。帝王のこの「学」を尊ぶべきことを「礼記」に

慮ヲ発《オコ》スコト憲アリ（法則に合致す）、善良ヲ求ムルトキハ以テ諛聞《セウブン》（諛は、すこし、少しく声誉を致す）スルニ足ルモ、以テ衆ヲ動カスニ足ラズ。賢ニ就キ遠キヲ体スルハ以テ衆ヲ動カスニ足レドモ、未ダ以テ民ヲ化スルニ足ラズ。君子如シ民ヲ化シ俗ヲ成サント欲セバ、其レ必ズ学ニ由ルカ（学記）

といひ、更に、教と学とを合して「教学」と為し、

玉琢《ミガ》カザレバ器ト成ラズ、人学バザレバ道ヲ知ラズ、是ノ故ニ古ノ王者国ヲ建テ民ニ君タルトキ、教学ヲ先トナス。兌命《エツメイ》（書経の篇名）ニ曰ク、終始ヲ念ヒテ学ニ典《ツネ》ニスト、其レコノ謂カ。嘉者アリト雖モ、食ハザレバ其ノ旨《ウマ》キヲ知ラズ、至道アリト雖モ、学バザレバソノ善キヲ知ラザルナリ、是ノ故ニ、学ビテ然ル後ニ足ラザルヲ知リ、教ヘテ然ル後ニ困《クル》シムヲ知ル。足ラザルヲ知リテ然ル後ニ能ク自ラ反《カエリミ》ルナリ、困シムヲ知リテ、然ル後ニ能ク自ラ強《ツト》ムルナリ。故ニ曰ク、教学相長ズルナリト。兌命ニ曰ク、斅《オシ》フルハ学ブルノ半ナリト。其レコレノ謂カ（学記）

といふ。教ある処学これに呼応するは、治者の教化と被治者の学習とが一如する所以であらう。かく、教化をいふ処に学習を接し、教学一如して道に達するを説くと共に、「凡ソ学ノ道ハ師ヲ厳（尊敬）ニスルヲ難シト為ス、師厳ニシテ然ル後道尊シ」（学記）といつて、一如の中、おのづから師弟尊卑の軌範を点示したあたり、誠に王道教化の風格躍如たるものあるを感じさせられるであらう。

かくて、王道教化は教学一如となりその教学は詩書礼楽等として示されたが、その精神から見れば、必ずしも支那のそれらの典籍に固定限定する、といふ趣旨と解すべきではない。基督教国家がバイブルを以てするも、仏教国家が仏典を以てするも、将た又、日本が所謂神典を以てするも、その国々に於ての王道教化たり得るものであり、又、もとより、彼此参照して、よりよき教化を施くは更に一層高き期待とされてよいのである。

第五目　王道礼楽

礼楽といふは礼儀と音楽とであるが、「礼記」に

王者功成リテ楽ヲ作《オコ》シ、治定マリテ礼ヲ制ス、ソノ功大ナルモノハ、ソノ楽備ハル、ソノ治辯《アマ》ネキモノハ、ソノ礼具ハル（楽記）

といひ、「礼楽刑政、四達而不悖、則王道備矣」といひ、或は又「先王ノ道礼楽ヲ盛ナリト謂フ可シ」（楽記）等といふ。支那の王道思想に於ては礼楽と王道とは離るべからざるものと信ぜられたのである。然らば、その礼楽とは何であるか、「礼記」はこれを「楽至レバ則チ怨無シ、礼至レバ則チ争ハズ、揖譲シテ天下ヲ治ムルハ礼楽ノ謂ナリ」（楽記）と説明してをる。即天下を治むるの道の謂であつて、「漢書」五行志の如きは「昔周公、礼楽ヲ制シ周道ヲ成ス」といつて、礼楽と周の王道とを同義に用ゐてをる程である。礼儀と音楽とが、然らば、何故に道であり王道であるのか。これを最も明瞭に説明したものは、「礼記」の「礼ハ天地ノ序ナリ、序ナルガ故ニ羣物皆別アリ。楽

ハ天地ノ和ナリ、和ナルガ故ニ百物化ス」（楽記）といふものである。而してその理由は、同じ楽記に「天高ク地下《ヒク》ク、万物散殊シテ礼制行ハル。（天地陰陽の両気が）流レテ息マズ、合同シテ化シテ楽興ル」といひ、更に一層詳説して、先づ礼につき

天ハ尊《タカ》ク地ハ卑《ヒク》ク、君臣定マル。卑高以テ陳《ツラ》ネ貴賤位ス。動静常アリ、小大殊ナル。方《ミチ》ハ類ヲ以テ聚《アツマ》リ、物ハ羣ヲ以テ分ルゝハ則チ性命同ジカラザルナリ。天ニ在リテハ象ヲ成シ、地ニ在リテハ形ヲ成ス。此クノ如キハ則チ礼ハ天地ノ別ナリ。

といひ、次に楽について

地気上ニ斉《ノボ》リ天地下ニ降リ、陰陽相摩シ天地相蕩《ウゴ》ク。之レヲ鼓スルニ雷霆ヲ以テシ、之レヲ奮《フル》フニ風雨ヲ以テシ、之レヲ動カスニ四時ヲ以テシ、之レヲ煖《アタタ》ムルニ日月ヲ以テシ、百化興ル。此クノ如キハ則チ楽ハ天地ノ和ナリ。

といつてをる。則ちこれによれば、礼は人の本末尊貴高下等の本然の差等を秩序として維持する具体的行為の軌範であり、楽は万物の和を齎す音声的軌範と解されてゐる。マックス・ウエーバーの自然法則《ナトウルゲゼッツ》と礼の法則《リッアルゲゼッツ》との一致といふが如きものである。勿論、かういふ解釈は、必ずしも限定的、固定的に受取るべきものではなく、大体の趣旨を見ればよいのであつて、礼が差別の秩序を規定するからといつて、和と無関係のものでもなく、むしろ差別に徹する事によつて和を見るものであることは、「論語」に有子の言葉として「礼ノ用ハ和ヲ貴シト為ス、先王ノ道、斯レヲ美《ヨシ》ト為シ、小大之レニ由ル、行ハレザル所アリ、和ヲ知リテ和スルモ、礼ヲ以テ之レヲ節セザレバ亦行フ可カラザルナリ」（学而）といふに徴して察すべきであらう。楽又然りで、たとへば琴を弾ずる者、十三絃の柱《ことぢ》の差別に徹せざらんか、かの嬈々たる和諧の音を得ることは出来ぬ。されば、余りに一文の言辞に捉はれ過ぎて解釈する必要はないものと思ふ。

この、王道は必ず礼楽となつて現れる、といふ思想は、王道なる抽象的原理が、人倫に於ては孝といふ具体的表

現を見るが如く、政治社会の方面に於ては、礼楽といふ具体的形体となつて現れるとするものにほかならないのである。この故に、礼楽を制する者は天子である、と信ずるのである。孔子は、礼楽と征伐即ち軍統帥権が共に天子より出づべきものであると確信したので、礼楽征伐の出処によつて王道の有無を知るとて「天下道有レバ則チ礼楽征伐天子ヨリ出デ天下道無ケレバ則チ礼楽征伐諸侯ヨリ出ヅ」（季氏）と曰つたが、「漢書」の儒林伝にも「周道既ニ衰へ、幽厲ニ壊《ヤブ》レ、礼楽征伐諸侯ヨリ出ヅ」といつてある。いづれにしても「王道挙リテ礼楽興ル」（「春秋繁露」盟会要）、又「王道欠ケテ礼楽衰フ」（「史記」大史公自序）といふ風に、王道と礼楽とは不可分のものと信ぜられてゐる。否、道は必ず礼でなければならないのである。それで、「中庸」の第二十八章には

天子ニ非ザレバ礼ヲ議セズ、度（宮室車服等の品節限制）ヲ制セズ文ヲ考ヘズ。今天下、車ハ軌ヲ同ジウシ、書ハ文ヲ同ジウシ、行ハ倫（礼の倫序）ヲ同ジウス。其ノ位アリト雖モ苟クモ其ノ徳無ケレバ敢テ礼楽ヲ作ラズ、其ノ徳アリト雖モ苟クモ其ノ位ナケレバ亦敢テ礼楽ヲ作ラズ。

といひ、礼楽の制はひとり天子の権に属し、王道必ず礼楽、礼楽必ず王道の思想を堅く持してゐるものである。

体礼といふは、「礼記」に「礼節ハ仁ノ貌ナリ」（儒行）といふ通り、仁といふ精神的なものの体現である。即ち徳の形であると解されてゐる。故に、「礼ナル者ハ猶ホ体ノゴトシ、体備ハラザレバ君子之レヲ不成人ト謂フ」（「礼記」礼器）といふ。礼として発表体現されない仁や徳はそれ故不成人なのである。礼と体とを同義関係として注するものには、猶ほ、たとへば論語の学而の疏に「礼ハ其ノ情ヲ体スルナリ」、漢の劉熙の「釈名《せきめい》」に「礼ハ体ナリ、事体ヲ得ルナリ」といひ而してその「体」について「弟也、次第スルナリ」と注し、天台の「法華玄義」巻一にも「体ノ字ハ礼ニ訓ズ、礼ハ法ナリ」といひ、「淮南子」にも「義ハ宜ナリ、礼ハ体ナリ」（斉俗）などといふ解釈がある。「管子」にも、やゝ趣を異にして、「先王ノ天下ヲ取ルヤ遠キハ礼ヲ以テシ、近キハ体ヲ以テス、礼体ハ天下ヲ取ル所以、遠近ハ天下ノ際ヲ殊ニスル所以ナリ」（枢言）と見えてゐる。礼と体との関係はこれで明白であるが、その体は、

体現であるから、行為である、行動たらざるを得ない。これは「礼記」には「身ヲ修メ、言ヲ践ム、之レヲ善行ト謂フ、行修マリ、言道アルハ礼ノ質ナリ」（曲礼）といふのであるが、鄭注には「質ハ猶ホ本ノゴトシ、礼ハ之レガ文飾ヲ為スノミ」と注釈してをるし、「淮南子」にも「礼トハ情ヲ体シテ文ヲ制スル者ナリ」（齊俗）とあるから、礼が情、心、徳の、体現、文飾であることは明かであらう。即ち、徳と礼、又は仁と礼、乃至道と礼とは、質と文、心と体の関係にあるものだから、礼は徳の実践形体たるもの、即ち実践的教範である。礼（禮）の字は「示」と神前の供物「豊」との合成文字であるが、これ心を形示するの意味である。形示するとは形に現して履行するをいふのであるがその行為の具体的一つ一つを礼といふのみに止まらず、形而履行その事を一般に法則と観てこれを礼といふのである。「礼ナルモノハ事ヲ行フノ法ナリ」（「礼記」王制五）といふは、礼の法則たる事、軌範たる事をいつたものであるが、荀子も亦「礼ハ法ノ大分、羣類ノ綱紀ナリ」（勧学）といつてをる。軌範は人の実践すべきものであることは申す迄もないところで、「礼記」に「礼ハ此レヲ履ム者ナリ」（義祭）といひ、「白虎通」の礼楽にも「礼ノ言タル履ナリ」といふが、これは礼が内なる徳、内なる仁の実践履行であることをいつたもので、荀子も「礼ハ人ノ履ムトコロナリ」（大略）と注してゐる。その履むといふは「礼ハ尚ホ往来ノゴトシ」（「礼記」礼曲上）で、彼我相互に実践すべきもの即ち、礼が直ちに道と解されてゐるのである。更に、「礼記」の礼器には、礼は器、即ち人を容れる器であるといふ注釈がある。

「礼ハ器ナリ。是ノ故ニ大ニ備ル」といふのが、それであるが、これも「履」と共通の実践といふ観点に立つたものであつて、人を礼といふ器に入れることによつて、人をして、当為に順じて本来あるべき姿に置かうとする即ち徳の実践者たらしめるといふ考へである。更に、「礼記」の坊記に礼は坊なり、といふ解釈もあるが、これは坊即ち防で、人を罪過から防ぎまもるといふ考へに基くものであつて、いはゆる「礼ハ未然ヲ禁ズ」と「史記」の自序にいふものにほかならぬ。支那民族の礼に対する観念の一端を見ることが出来よう。

徳が礼の形をとつてあらはれるとすれば、その形は何であるか。「礼記」の開巻劈頭第一に「曲礼ニ曰ク、敬セザルコト毋《ナカ》レ」（曲礼上）といつてある。即ち礼とは敬にほかならぬ。この句は程朱学派の特に重んじたもので、「唐鑑」を著し、唐鑑公と学者から尊称された宋の范祖禹の如きは、「経礼三百、曲礼三千、一言以テ之レヲ蔽ハヾ曰ク敬ハザル毋シ」とさへいつてゐる。孟子はこれを「恭敬之心」（告子）といひ、孔子は「倹」（八佾）といつてゐる。「礼記」には一層具体的に

夫レ礼ハ自ラヲ卑《ヒク》クシ而シテ人ヲ尊ブ、負販ノ者（品物を負ひて行商販売する者）ト雖モ必ズ尊ブベキモノアルナリ、而ルヲ況ンヤ、富貴ナルヲヤ（曲礼上）

といつてゐる。そこで、礼とは敬ふことであるが、敬ふとは相手方を尊ぶことと不可分に自ら卑くすることである。孟子は、尊敬については「恭敬ノ心ハ礼ナリ」といつたが、後の自ら卑くすることをば、「辞譲ノ心ハ礼ノ端ナリ」（公孫丑上）といつてゐる。即ち、「他に対し、恭敬、自らは辞譲」といふのが礼であるとされる。これは礼の意義の解釈であるが、この趣旨が、外面的規律として現れたもの即ち大は制度法律より小は儀式作法を、奥は宗教的儀礼より表は日常的儀礼迄を包括して礼といふのである。故に「礼記」は

道徳仁義モ礼ニ非ザレバ成ラズ、教訓俗ヲ正スモ礼ニ非ザレバ備ハラズ、争ヲ分チ訟ヲ弁ズルモ礼ニ非ザレバ決セズ、君臣上下父子兄弟モ礼ニ非ザレバ定マラズ、宦《クワン》学（仕官の道たる礼楽射御書数の六芸の文を学ぶ）シテ師ニ事フルモ礼ニ非ザレバ親シマズ、朝ヲ班《ワカ》チ、軍ヲ治メ、礼ニ涖《ノゾ》ミ、法ヲ行フモ礼ニ非ザレバ威厳行ハレズ、祷祠祭祀、鬼神ニ供給（供物を捧ぐ）スルモ礼ニ非ザレバ誠ナラズ、荘《オゴソカ》ナラズ、是ヲ以テ君子ハ恭敬撙節（撙は抑節は制）退譲以テ礼ヲ明カニス（曲礼上）

といふのである。されば、もと「礼記」の一章であつた「中庸」には「優々トシテ大ナル哉、礼儀三百、威儀三千」と礼を讃へてゐるが、収めれば敬の一字につき開けば大小の礼儀三百、威儀三千たるもの、これを「礼ニ大

アリ小アリ、顕アリ、微アリ、大ナル者ハ損スベカラズ、小ナル者ハ益スベカラズ、顕ナル者ハ揜《オホ》フベカラズ、微ナル者ハ大ニスベカラズ、故ニ経礼三百、曲礼三千其ノ致一ナリ」（「礼記」礼器）といつたのである。こゝを以て、一身を修むる礼に非ざれば難しとて「凡ソ人ノ人タル所以ハ礼儀ナリ、礼儀ノ始メハ容体ヲ正シクシ、顔色ヲ斉へ、辞令ヲ順ニスルニアリ、容体正シク、顔色斉ヒ、辞令順ニシテ而ル後礼儀備ハル。以テ君臣ヲ正シクシ、父子ヲ親シクシ、長幼ヲ和グ。君臣正シク、父子親シミ、長幼和シテ後礼義立ツ」（同上冠義）といひ、又、国を治むるの道又、礼より要なるはなしとて「凡ソ人ヲ治ムルノ道ハ礼ヨリ急ナルハナシ、礼ニ五経アリ、祭ヨリ重キハナシ」（祭統）「礼ノ国ヲ正スヤ、猶ホ衡ノ軽重ニ於ケル、縄ノ曲直ニ於ケル、規矩ノ方圜《クン》ニ於ケルガ如シ」（同上）、「古ノ政ヲ為スモノハ人ヲ愛スルヲ大ト為ス、人ヲ治愛スル所以ハ礼ヲ大ト為ス」（哀公問）等といふのである。即ち総は個人をして道あらしむると共に又国をして治まらしむるの道である。荀子の如きは、礼の起源を人の欲望と社会関係とに基く弁証法的発生と見て政治の大本と考へ

礼ハ何ニ起ルヤ、曰ク、人生ルレバ欲アリ。欲シテ得ザレバ則チ求ムル無キコト能ハズ、求メテ度量分界無ケレバ則チ争ハザルコト能ハズ。争ヘバ則チ乱レ、乱ルレバ則チ窮ス。先王ハ其ノ乱ヲ悪クム、故ニ礼義ヲ制シテ以テ之レヲ分チ、以テ人ノ欲ヲ養ヒ、人ノ求メヲ給シ、欲ヲシテ必ズ物ヲ窮メズ、物ヲシテ必ズ欲ニ屈《ツ》キザラシム、両者相持シテ長シ、是レ礼ノ起ル所ナリ（礼論）

と論じ更に一転して、「故ニ礼ナル者ハ養ナリ」と注してゐる。確に一つの活釈といつてよい。荀子、法家などに到つて、孔子の精神的礼は、度量分界、権利確認の法へと実際化されてきた。されば、儒教に於ては、礼を以て王道の枢要と為し、之れを楽と共に重んずる事甚しく孔子の如きは極言して「己レニ克チテ礼ニ復ルヲ仁ト為ス」との信念から「論語」に「礼ニ非ザレバ視ル勿レ、礼ニ非ザレバ聴ク勿レ、礼ニ非ザレバ言フ勿レ、礼ニ非ザレバ動ク勿レ」（顔淵）と顔淵に教へ、又、「君子之ヲ学ビ、之レヲ約スニ礼ヲ以テス、亦以テ畔《ソム》カザルベシ」（雍也）とい

つてをるのである。

これらはいづれも「凡ソ礼ノ大体ハ、天地ニ體《カタド》リ、四時ニ法リ、陰陽ニ則リ、人情ニ順フ、故ニ之レヲ礼ト謂フ、之レヲ訾《ソシ》ル者ハ、是レ礼ノ由テ生ズル所ヲ知ラザル者ナリ」（「礼記」喪服四制）といふ不動の信念から出てをるものといつてよからう。勿論、礼も人によつて、誤り解せられ、或は形式に流れ、或は礼を失するやうなことがある。元来、「礼ハ中ヲ制スル所以」（「礼記」仲尼燕居）なのであるが、之れを行ふ者が人である以上、礼の真義にそむく場合のある事も亦致し方がない。されば、人によつては、礼を形式主義なりとして攻撃するものもある。然しそれは、形式主義化された礼を攻撃するに於ては意味があるが、純真の礼を攻撃することに於ては背理たらざるを得ない。王道の礼とは形式主義化したる礼、精神なき虚礼をいふのではなく、純真なる礼を指すものであるから王道の礼は、確に比類なき実践的教範といはねばならぬ。かの虚礼や無礼やに到つては王道論者自ら之れを斥けてゐるところであつて、「礼記」に「敬シテ礼ニ中ラザレバ之レヲ野ト謂フ、恭ニシテ礼ニ中ラザレバ之レヲ給（佞）ト謂フ、勇ニシテ礼ニ中ラザレバ之レヲ逆ト謂フ」（仲尼燕居）といひ「論語」に「恭ニシテ礼無ケレバ則チ労ス、慎ニシテ礼無ケレバ則チ葸《オソ》ル、勇ニシテ礼無ケレバ則チ乱ル、直ニシテ礼無ケレバ則チ絞ス」（泰伯）等といふはそれである。「淮南子」も「夫レ礼ハ尊卑ヲ別チ貴賤ヲ異ニスル所以」（齊俗）と礼の意義を認めながら、然も「今世ノ礼ヲ為ス者ハ恭敬ニシテ忮ヒ（強ふ）、義ヲ為ス者ハ布施シテ徳トシ、君臣以テ相非《ソシ》リ、骨肉以テ怨ヲ生ズ、則チ礼義ノ本ヲ失ヘリ、故ニ構ヘテ責多シ、……礼義飾レバ則チ偽匿《チヨク》ノ本ヲ生ズ」（齊俗）と痛罵し又「言ト行ト相悖リ、情ト貌ト相反キ、礼ハ飾リテ以テ煩ハシク、楽ハ優ニシテ以テ淫シ」（同上）と嘆いてゐるのである。これらは孔子も早く上引の如く「礼ト云ヒ礼ト云フ、玉帛ヲ云ハンヤ。楽ト云ヒ楽ト云フ、鐘鼓ヲ云ハンヤ」（「論語」陽貨）と、痛烈に魂なき礼を嫌つた処である。況や賄賂阿諛の如き礼は、むしろ無礼といふべきであらう。

その他、礼が中を失へば民はその煩瑣に堪えずしてつひには親和をやぶるといふことを「礼勝テバ則チ離ル」（「礼記」楽記）といひ、いはゆる繁文辱礼に陥るときは「礼煩シケレバ則チ乱ル」（「書経」説命中）といふ風に、虚礼や礼に似た非礼に対しては、礼楽論者自ら正当な批判をしてゐるのである。儒教以外の者の批判も亦、誤れる礼の攻撃に存すること、たとへば、「韓非子」に「礼繁ナレバ実心衰フ」（解老）といふやうなもので、強ち、礼楽そのものを全く無用などといつてゐるのではない。唯、末流の儒者、偏狭の儒者、変態の儒者、良心無き儒者、乃至因循なる民衆が、屋上屋を架するにも似た虚礼に捉はれて、韓非子のいはゆる実心なき生活に陥れるを痛撃するの要あるのみである。正しい心と体との関係にある礼及び楽は如何なる場合といへども「礼ハ淫ヲ救フ所以ナリ、楽ハ憂ヲ救フ所以ナリ」（「淮南子」本経訓）といはなければならぬ。

次に、簡単に、楽について一見しよう。「楽」の字は、象形であつて、「白」は鼓の形、白の両側の「幺《えう》」はちいさい意味であるが、これは鞞《へい》、即ち馬上で用ゐる鼓、下の「木」は台を示してをる。換言すれば、鼓が木の台に置かれた貌であるが、是れにより所謂音楽の総称となつたものである。われわれの現代語たる音楽といふ概念から見ると、支那の音楽は、声楽、器楽の両者を含むのみならず、音にあはせて手足や肢体を動かす舞をも舞楽と称して音楽の中に摂してゐる。さて、まづ、声と音と楽との関係及びそれらと人事、国家との関係を見ると、「礼記」に

凡ソ音ハ人ノ心ニ生ズルモノナリ。楽ハ倫理ヲ通ズルモノナリ。是ノ故ニ声ヲ知リテ音ヲ知ラザルモノハ禽獣是レナリ。音ヲ知リテ楽ヲ知ラザルモノハ衆庶是レナリ。唯君子ノミ能ク楽ヲ知ルト為ス。是ノ故ニ、声ヲ審ニシテ以テ音ヲ知リ、音ヲ審ニシテ以テ楽ヲ知リ、審ニシテ以テ政ヲ知ル、而シテ治道備ル（楽記）

といつてある。現代のわれわれが、或は趣味として或は教養として音楽を談ずるものと頗る根柢を異にしてゐる事を見るべきである。

「礼記」は右の文につゞけて猶ほ、「是ノ故ニ声ヲ知ラザル者ハ与ニ音ヲ言フベカラズ、音ヲ知ラザル者ハ与ニ楽ヲ言フベカラズ、楽ヲ知ルトキハ則チ礼ニ幾シ。礼楽皆得、之レヲ有徳ト謂フ、徳トハ（礼楽の二者を）得ルナリ」とい

つてをる。「礼記」によれば心は必ず声にあらはれる、声が文《あや》を為して音となる、そして音が合して楽となる。

凡ソ音ノ起ルハ、人心ニ由リテ生ズルナリ、人心ノ動クハ、物、之レヲシテ然ラシムルナリ。物ニ感ジテ動ク、故ニ声ニ形《アラハ》ル。声相応ズ、故ニ変ヲ生ジ、変ジテ方ヲ成ス、之レヲ音ト謂フ。音ヲ比（合）シテ之レヲ楽シ、干戚羽旄《ボウ》（注15）ニ及ブ、之レヲ楽ト謂フ（楽記）

されば、まづ、心が物に感じて声となるのであるから、音声は心を本とする。故に

ソノ哀心感ズルトキハ、ソノ声噍《シハガ》レテ以テ殺《ソ》グ、ソノ楽《ラク》心感ズルトキハ、ソノ声嘽《ユタカ》ニシテ以テ緩《ユル》シ。ソノ喜心感ズルトキハ、ソノ声発《アガ》リテ以テ散ル。ソノ怒心感ズルトキハ、ソノ声和ギテ以テ柔ナリ（楽記）

といふのである。而して「情、中ニ動クガ故ニ声ニ現レ、声、文ヲ成ス、之レヲ音ト謂フ」（同上）とすれば、音は人心より生ずるものとして、必ず人心を反映する。そこで

是ノ故ニ治世ノ音ハ安クシテ以テ楽シム。其ノ政和ゲバナリ。乱世ノ音ハ怨ミテ以テ怒ル、其ノ政乖《ソム》ケバナリ、亡国ノ音ハ哀ミテ以テ思フ、其ノ民困《クルシ》メバナリ。声音ノ道ハ政ト通ズ（同上）

とあるやうに、音に治世の音あり、乱世の音あり、亡国の音あり、音と天下の政とは深い関係があると見るのである。而して、「楽ハ中ヨリ出デ、礼ハ外ヨリ起ル。楽ハ中ヨリ出ヅ、故ニ教ナリ。礼ハ外ヨリ作《オコ》ル、故ニ文ナリ」（同上）で、楽と礼とは、内なる心、内なる徳の声形と体形との関係にあるものとして不可分の連関を有することがわかる。かくて、楽は礼と共に王道の一端とされるのであつて、

楽至ルトキハ則チ怨ナク、礼至ルトキハ則チ争ハズ、揖譲シテ天下ヲ治ムトハ礼楽ノ謂ナリ。暴民作《オコ》ラズ、皆侯賓服シ、兵革試《モチ》ヒズ、五刑用ヰズ、百姓患無ク、天子怒ラズ、此クノ如キハ則チ楽達ス。父子ノ親ヲ合セ、長幼ノ序ヲ明ニシ、以テ四海ノ内ヲ敬《ツツシ》マシム、天子此クノ如キトキハ則チ礼行ハル（同上）

といふのがそれである。然し、礼と楽との相違として注目すべきは、「ソレ楽ナル者ハ楽シムナリ、人情ノ必ズ免

レザル所ナリ、故ニ人楽シミ無キコト能ハズ、楽シメバ則チ必ズ声音ニ発シ、動静ニ形《アラハ》ル」（「荀子」楽論編）といふ点である。即ち、楽しませつゝ和を成させるところに楽の効用が存するのである。楽も荀子によれば天地四時に象り

　楽行ハレテ志清ク礼修マリテ行成ル、耳目聡明血気和平、風ヲ移シ俗ヲ易ヘテ天下皆寧ンズルハ楽ヨリモ善キハ莫シ。故ニ曰ク楽ハ楽シムナリト。君子ハソノ道ヲ得ルヲ楽シミ小人ハソノ欲ヲ得ルヲ楽シム。道ヲ以テ欲ヲ制スレバ則チ楽シンデ乱レズ、欲ヲ以テ道ヲ忘ルレバ則チ惑ウテ楽シマズ。故ニ楽《ガク》ナル者ハ楽ミヲ導ク所以ナリ、金石絲竹ナル者ハ楽ヲ導ク所以ナリ。楽行ハレテ民方ニ嚮《ムカ》フ。故ニ楽ナル者ハ人ヲ治ムルノ盛ナル者ナリ（楽論篇）

といふのは傾聴すべき楽論であらう。

最後に、墨子は通常、楽の反対者といはれるが、然し、墨子といへども必ずしも正当な意味での楽を不可と為すものではない。即ち「大鐘、鳴鼓、琴瑟、竽笙《ウセイ》ノ声ヲ以テ楽シカラズト以為《オモ》フニ非ザルナリ云々」（非楽上）といつてゐるから、音楽の楽しいことも認めてをるし、「楽器モ反ツテ民ノ利ニ中ルコト亦此クノ如クナラバ（この文章の前に述べてゐる舟の例を指す）則チ我レ敢テ非トセジ」（同上）とて、民利になる楽ならば必ずしも非としないともいつてゐるのである。然るにも拘らず墨子が「楽ヲ為スハ非ナリ」と極力反対したのは恰も礼に於ける虚礼の場合の如く、楽がその精神を喪つて形式に流れ、甚しきは万民を苛斂して大鐘鳴鼓の美を競ひ、酒池肉林の伴奏者として惰落したからである。即ち

　今王公大人唯ダ楽器ヲ造為シテ以テ事ヲ国家ニ為スハ、直《タダ》ニ潦水《レウスイ》（雨水）ヲ培《ト》リ壌壇《ジヤウダン》（壌土）ヲ折《サ》キテ之レヲ為スニ非ズ、将ニ必ズ厚ク万民ニ斂シテ以テ大鐘鳴鼓琴瑟竽笙ノ声ヲ為サントス（同上）

といふ民の苦しき負担に於ての王公大人の遊興と化した楽を否定してゐるのである。その点では、孔子も、「楽ト

云ヒ楽ト云フ、鐘鼓ヲ曰ハンヤ」といつて歎いてゐるのであるから必ずしも儒家が盲目的に楽を為すを奨励してゐるとはいへぬ。要するに如何なるものも正当な意義に於て為されなければ、薬も変じて毒となるが如きものであらう。

第六目　王道祭祀

王道の礼楽を崇ぶことは上述の如くであるが、神明に対する礼楽は特に重大なるを以て人倫の礼楽と区別し、これを祭、又は祭祀などといふ。祭とは礼記に用ゐ、祭祀とは書経や礼記に用ゐるところである。天子と祭との関係については既に述べたところであるが、「国ノ神位ヲ建ツルニハ社稷ヲ右ニシ宗廟ヲ左ニス」（祭義）といふ如く、祭祀は国家の政治と不可分なものと考へられた。この祭祀は、上述の如く礼の一種であるが、特に宗教的礼として一門を為すもので、礼の中では最も重要なものとされてゐる。「凡ソ人ヲ治ムルノ道ハ礼ヨリ急ナルハ莫シ。礼ニ五経アリ、祭ヨリ重キハナシ」（祭統）といふはそれであるが、五経とはこゝでは五道といふも同じで、吉、凶、軍、賓、嘉の五礼をいふのである。祭祀の対象が何であるかは、国家によつて異るわけであるが、「礼記」には

夫レ聖王ノ祭祀ヲ制スルヤ、法、民ニ施セルモノハ則チコレヲ祀ル。死以テ事ヲ勤メタルモノハ則チコレヲ祀ル。労ヲ以テ国ヲ定メタルモノハ則チ之レヲ祀ル。能ク大菑《サイ》（災）ヲ禦ゲルモノハ則チコレヲ祀ル。能ク大患ヲ捍《フセ》ゲルモノハ則チコレヲ祀ル（祭法）

とて対象が示してある。故に、子孫には子孫の為すべき、庶民には庶民の為すべき、王侯には王侯の為すべき祭祀があるわけであるが、これも、礼楽と同じく、天子の制するところとされ、王道の一環と信ぜられてゐるのである。然し、王者は、前にも述べた通り、天及びその祖を国都の郊に祭るを本分とするが、それは、周などの理想的解釈によると「万物ハ天ニ本ヅキ、人ハ祖ニ本ヅク。此レ上帝ニ配スル所以ナリ、郊ノ祭ハ、大ニ本ニ報ヒ始ニ反ルナ

リ」（「礼記」郊特性）といふ理由によるもので、こゝに報本反始といふことが祭の重大な意義となつてゐる。かくて礼孝が現世の軌範であるに比し、祭祀が永遠の過去にさかのぼる宗教的軌範たることが明かである。「孝子ノ親ニ事フルヤ三道アリ、生ケルトキハ則チ養ヒ、歿スルトキハ則チ喪シ、喪昇ルトキハ即チ祭ル。養フトキハ則チソノ順ヲ観ル、喪スル時ハ則チソノ哀ヲ観ル、祭ルトキハ則チソノ敬ヒテ時アルヲ観ル。此ノ三道ヲ尽ス者ハ孝子ノ行ナリ」（祭統）といふも亦、祭が孝と関連したる然も宗教的軌範たるをいつたものにほかならない。「国語」の楚語にも「祀ハ孝ヲ昭カニシ民ヲ息シ、国家ヲ撫シ、百姓ヲ定ムル所以ナリ」といつてをる。

次に「夫レ祭ハ、物ノ外ヨリ至ル者ニ非ズ、中ヨリ出デテ心ニ生ズル者」（祭統）であるから正しき祭祀たるや「ソノ誠信ト、ソノ忠敬トヲ致シテ、コレヲ奉ズルニ物ヲ以テシ、コレヲ道《ミチビ》クニ礼ヲ以テシ、コレヲ安ンズルニ楽ヲ以テシ、コレニ参《マジ》フルニ時ヲ以テシ、明ニコレヲ薦ムルノミ、ソノ為メニスルヲ求メズ」（祭統）といふていのものであるべく、「礼記」はこれを「此レ孝子ノ心ナリ」といつてをる。即ち、「外ハ則チ物ヲ尽シ、内ハ則チ志ヲ尽ス、此レ祭ノ心ナリ」（同上）といふ所以なのであつて、孔子はさらにこれを明釈して「祭ルコト在《イマ》スガ如ク、神ヲ祭ルコト神在スガ如シ。子曰ク、吾レ祭ニ興ラザレバ祭ラザルガ如シト」といつて、祭の心が誠であること義を教へてゐる。

「論語」の子張第十九に「祭ニハ敬ヲ思フ」とあるが、これも、祭の心をいつたもので、「敬」といふ解釈から見れば、それは全く礼と根本の意義に於て同じであることがわかるのである。「礼記」の祭義に「先王先公ヲ祀ル、敬ノ至ナリ」といふも亦同じである。祭も亦斯くて、礼や楽と共に精神的なものを本質とするが、王者は専ら神明に事へて以て民を率ゐるのが祭の道である事を

是ノ故ニ天子ハ親ヲ南郊ニ耕シテ以テ斉《シ》盛ヲ共シ、王后ハ北郊ニ蚕シテ以テ純《シ》服（祭服）ヲ共ス。諸侯ハ東郊ニ耕シテ亦以テ斉《シ》盛ヲ共シ、夫人ハ北郊ニ蚕シテ以テ冕《ベン》服ヲ共ス。天子諸侯、耕ス者ナキニ非ズ、王后夫人、蚕

スル者ナキニ非ザルナリ。身、其ノ誠信ヲ致スナリ、誠信アルヲ之レ尽スト謂フ、尽スヲ之レ敬ト謂フ。敬尽シテ然ル後、以テ神明ニ事フベシ、此レ祭ノ道ナリ（「礼記」祭統）

と説いてある。祭祀たる、かくの如く、孝と連関して報本反始するの義であるが故に、これ、人倫徳教の大本でなければならぬ。これを「礼記」は

夫レ祭ノ物タル大ナリ。ソノ物ヲ興スコト備レリ。順ニシテ以テ備レル者ナリ。其レ教ノ本カ。是ノ故ニ君子ノ教ヤ、外ハ則チ之レニ教フルニ其ノ君長ヲ学ブヲ以テシ、内ハ則チ之レニ教フルニ其ノ親ニ孝ナルヲ以テス。是ノ故ニ、明君、上ニ在ルトキハ則チ諸臣服従シ、宗廟社稷ニ崇事スルトキハ則チ子孫順孝ナリ。其ノ道ヲ尽シ其ノ義ヲ端《タダ》シテ教生ズ。是ノ故ニ君子ノ君ニ事フルヤ、必ズ、身之レヲ行フ。上ニ安ンゼザル所ハ、則チ以テ下ニセシメズ、下ニ悪ム所ハ、則チ以テ上ニ事ヘズ、諸《コ》レヲ人ニ非《セ》メテ諸《コ》レヲ己ニ行フハ教ノ道ニ非ザルナリ。是ノ故ニ君子ノ教ヤ、必ズ、其ノ本ニ由ル。順ノ至ナリ。祭ハ其レ是レカ。故ニ曰ク、祭ハ教ノ本ナルノミト（祭統）

といつてゐる。かくて、祭は教の本とされるのであるが、「礼記」は、これに十倫なるもを論じてをる。曰く、「夫レ祭ニ十倫アリ、鬼神ニ事フルノ道ヲ見《シメ》シ、君臣ノ義ヲ見シ、父子ノ倫ヲ見シ、貴賤ノ等ヲ見シ、親疎ノ殺《サイ》ヲ見シ、爵賞ノ施ヲ見シ、夫婦ノ別ヲ見シ、政事ノ均シキヲ見シ、長幼ノ序ヲ見シ、上下ノ際ヲ見ス、此レヲ十倫ト謂フ」（統祭）と。

祭祀は、致斉三日、散斉七日と称し、心を純潔にし或は外の感ずる処を防ぐ為めに心を散じて厳粛な斉戒を為し、以て之れを行ふのであるが、之れをして効果あらしめんが為めに

祭ハ数《シバシバ》スルヲ欲セズ、数スルトキハ則チ煩シ、煩シキトキハ則チ敬セズ。祭ハ疎《オロソカ》ニスルヲ欲セズ、疎《オロソカ》ニスルトキハ則チ怠ル、怠ルトキハ則チ忘ル。是ノ故ニ君子ハ諸レヲ天道ニ合セ、春ハ禘《ヤク》シ秋ハ嘗スルナリ（春禘は春の祭の名秋嘗

は秋の祭の名）秋、霜露既ニ降レバ、君子之レヲ履ミテ必ズ悽愴ノ心アリ、ソノ寒キノ謂ニアラザルナリ。春、雨露既ニ濡ヘバ、君子之レヲ履ミテ必ズ怵惕《ジュツテキ》（恐れ慎しむ）ノ心アリ、将ニ之レヲ見ントスルガ如シ。（ソノ温カキノ謂ニ非ザルナリ）。楽ミテ以テ来ルヲ迎ヘ、哀ミテ以テ往クヲ送ル、故ニ禘《ヤク》ニハ楽アリ、嘗ニハ楽ナシ（祭義）

と説いてある。以上により、王道祭祀は政治の深さと敬虔性の軌範である事が明かであつて、祭祀の対象や形式に相違あるは免れぬとするも、その本義の如き、いかなる国家のいかなる治者も将た又国民も服せざるべからざる道を明示したものといはねばならぬ。

第七目　王道政刑

この「政刑」の語は、「礼記」が王道の四達として「礼楽刑政」の名を挙げてゐるもの、特に「左伝」に「政刑」と熟語したものに拠つたものであるが既に四達のうちの礼楽について述べたから、次に政刑に就て所見を記すこととしよう。既に引いた句であるが、孔子の「之レヲ道クニ政ヲ以テシ、之レヲ斉フルニ刑ヲ以テスレバ、民免レテ恥無シ」といふに就て見るものは、政刑の道が王道政治に非ざる如く感ずるであらう。況やその次句の「之レヲ道クニ徳ヲ以テシ之レヲ斉フルニ礼ヲ以テスレバ恥有リテ且ツ格シ」（「論語」為政）といふものと比較すると、徳礼が王道であり政刑は王道に非ざるものとの感を一層強くするであらう。又、後の董仲舒の「王者ノ道ハ徳ニ任ジテ刑ニ任ゼズ、天ニ順フ」（「春秋繁露」執贄）といふものなどを見れば、益々その感を深めるであらう。事実、古来、王道の徳治を強調するの余り、刑政の方面はむしろ甚しく不当に王道の域外に追ひやられたかの観があるがこれ皆古来の観念的王道論者、文質彬々たらざる空想的理想主義王道論者の罪といはねばならぬ。すくなくも、右の孔子の言は、孟子の所謂「孔子春秋ヲ成シテ乱臣賊子懼ル」といふ孔子唯一の筆業たる「春秋」に

鄭ノ荘公、政刑ヲ失ヘリ、政ハ以テ民ヲ治メ、刑ハ以テ邪ヲ正ス。既ニ徳政無ク、又威刑無シ、是ヲ以テ邪ニ

及べり。邪ニシテ之レヲ詛《ノロ》フトモ将タ何ノ益カアラン（左伝隠公十一年）といふものと照応して考へなければならぬ。それと共に、「論語」に於ける「礼楽興ラザレバ則チ刑罰中ラズ、刑罰中ラザレバ則チ民手足ヲ措クニ所ナシ」（子路）といふ孔子の言をも参考する必要がある。理想としては、「書経」に「刑ハ刑無キヲ期シ、民ヲ中ニ協ハシム」（大禹謨）といふ事がいへるけれども、刑なきを期するといふのは、刑以上のものに拠ることを明かにしたものであつて、刑の不必要なることをいつたものではない。若し、政刑が特に刑が不必要である、とするならば、同書上引の文の次上に「五刑ヲ明カニシ以テ五教ヲ弼ケ、吾ガ治ヲ期セリ」といふ筈がない。徳を以てさへすれば刑は無用なりといふが如き単純な楽天主義的人生観、現実社会の無視を孔子の思想とするは、孔子を正解し得たものではない。「民免レテ恥無シ」の政刑とは、徳を行はざる単なる政刑を批判したものであつて、徳治の下に行はれる政刑を難じたものではないのである。「孔子家語」に仲弓が孔子に向つて「雍聞ク、至刑ハ政ヲ用フル所ナク、至政ハ刑ヲ用フル所ナシ。至刑ハ政ヲ用フル所ナシトハ桀、紂ノ世是レナリ。至政ハ刑ヲ用フル所ナシトハ、成、康ノ世是レナリト。信ナルカ」と問うたとき、孔子はこれに対し、次の如く教説してをる。

聖人ノ治化ハ必ズ刑政相参《マジ》ユ。太上ハ徳ヲ以テ民ヲ教ヘ而シテ礼ヲ以テ之レヲ斉フ、其ノ次ハ政ヲ以テ民ヲ導キ刑ヲ以テ之レヲ禁ズ、刑アレドモ刑セザルナリ（刑政）

これを以てかの「論語」為政を見れば、文義けだし判然たるものがあらう。このことは、「家語」の五刑にも「冉有、孔子ニ問ヒテ曰ク、古ハ三皇五帝五刑ヲ用ヰズト、信ナル乎、孔子曰ク、聖人ノ防ヲ設クルヤ、其ノ犯サヾルヲ貴ブノ五刑ヲ制シテ用ヰズ、至治ト為ス所以ナリ」とあるものとも共通し、おそらく孔子の実語であるにちがひない。然し、こゝに、刑を用ゐず、といふのは、決して、実際に全然法を適用して刑罰に処さない、といふ意味ではないと思ふ。若し文字通りに、絶対に刑を適用しないのが聖人の治であるならば、かゝる聖人の治は、理想ではなく空想に属する。孔子を始め幾多の王道論者が、実際にかやうな空想を王道と為したものとは考へられない。刑を用ゐず、といふは刑を乱用せぬ、刑罰本位で用ゐぬ、といふ意味であつて、「聖王ハ徳教ヲ先ニシ、刑罰ヲ後ニス」（「説苑」政理）る意味にほかなるまい。「説苑」は更に、孔子の風草の例をひいて

君子ノ徳ハ風ナリ、小人ノ徳ハ草ナリ、草之レニ風ヲ上《クハ》フレバ必ズ偃《フ》スト。言フ心ハ其ノ他ヲ明ニスルノミ。国ヲ治ムルニ二機アリ、刑徳是レナリ。王者ハソノ徳ヲ尚ンデソノ刑ヲ希ニシ、覇者ハ刑徳並ビ湊《アツ》メ、強国ハソノ刑ヲ先ニシ徳ヲ後ニス。夫レ刑徳ハ化ノ由リテ興ル所ナリ、徳ハ善ヲ養ツテ闕ヲ進ムル者ナリ、刑ハ悪ヲ懲ラシテ後ヲ禁ズル者ナリ。故ニ徳化ノ崇《タカ》キ者ハ賞ニ至リ、刑罰ノ甚シキ者ハ誅ニ至ル（政理）

と論じてゐるが、王道政刑の意を摘示することほゞその要を得たるものといつてよい。孔子は「政ハ正ナリ、子帥《ヒキ》ヰルニ正ヲ以テセバ孰カ敢テ正ナラザラン」（顔淵）といひ政は正であると考へたが、それは第一に「君君タリ、臣臣タリ、父父タリ、子子タリ」（顔淵）といふ名分の正しさによつて、各々その本分を尽すことにほかならぬ。それだから「其ノ位ニ在ラザレバ、其ノ政ヲ謀ラズ」（泰伯）といふ名分主義となるのだが、この名分を正し而して例の風草の例の如く徳以て民に臨むに政刑の二機を用ゐるのであるから、先づ「其ノ身正シケレバ令セズシテ行ハル。ソノ身正シカラザレバ令スト雖モ従ハズ」（「論語」子路）で、治者たる者の正しさが何よりも厳しく要求せられるのである。政は正で、まづ治者その者が正でなければならない。然し正は単に治者の精神の上にのみ論ぜらるべきものではなく、あらゆる制度の上にも需められるものである。それを孔子は「権量ヲ謹ミ、法度ヲ審ニシ、廃官ヲ修メテ、四方ノ政行ハル」（堯曰）といつたのである。かういふ風に観てくれば管子や韓非、殊に後者の法治論の全体に対する批判は兎も角として、すくなくも「明主ノ導リテソノ臣ヲ制スルトコロノモノハ、二柄ノミ、二柄トハ刑徳ナリ」（「韓非子」二柄）といふ主張は、儒教から観るも王道から観るも決して異端とはいひ得ないのである。政刑の根本は徳であつても、徳の防衛としての刑が無視せられたならば、徳そのものを犯罪者の蹂躙にま

かせることであつて、かくの如きは、正とはいひ得ないのである。されば、「管子」が、四守なる目を立て

有道ノ君ハ本ヲ執リ、相ハ要ヲ執リ、大夫ハ法ヲ執リ、以テソノ群臣ヲ牧シ、群臣ハ智ヲ尽シ、力ヲ竭シ以テ其ノ上ニ役ス。四守ノ者得ルトキハ治マリ、易ルトキハ乱ル（君臣下）

といつたのは、正当なる王道的政刑観であり又よく政治の大要を捉へたものといふべきである。韓非子の如きも上述の如く根本に於ては必ずしも王道を否定したものではなく、むしろ王道の一面を正当に理解したといふべきであるが、余りに法の軌範力を過信した為めに、や、ともすると法至上主義に陥つて法の根底たる人、人間社会を見ず、王道と余りにも遠く掛け離れた術策の主張に傾き、東洋のマキァヴェリーといふが如き批評を蒙るのである。

第八目　王道文武

「乃文乃武」とは、支那の最高の理想的帝王たる堯を讃美する為に益が用ゐた言葉として「書経」大禹謨の記すところである。乃文乃武といふは、堂々たる王道観念であつて、苟くも王道研究に志す者の逸すべからざるところである。支那の思想史を大観すると、一般に武よりも文を尊重し、若しくは偏重してをる。更に進んでは武を賤しめて文を崇ぶ傾向もすくなくはない。しかし、この崇文貶武、偏文斥武は王道ではない。王道が無偏無党であり、蕩々平々たるものであるかぎり、或は文に偏して武を斥け、或は武を崇びて文を思はざる、そのいづれをも王道とは称し得ない筈である。文を尚ぶも文弱を尊ぶべき理由はなく、凶兵を斥くるも神武を捨つべき理由がないからである。孔子は「論語」に「周ハ二代ニ監ミ郁郁乎トシテ文ナル哉、吾レハ周ニ従ハン」（八佾）といつてゐるし、又、「礼記」には「詩経」の大雅江漢の篇を出しその意を承けて「詩ニ云ク、明明タル天子、令聞已マズト。三代ノ徳ヤ、其ノ文徳ヲ弛《ホドコ》シ此ノ四国ヲ協《ヤハラ》グト。大王ノ徳ナリ」（孔子間居）といつてゐる。然し、これらは必ずしも文を偏重し武を斥けたものとは思へない。孔子は「文質彬彬トシテ然ル後ニ君子ナリ」（「論語」雍也）といつてゐるし、又、「論語」

の子張第十九に依ると、子貢が衛の公孫朝の問に答へた中で、孔子の学を「文武ノ道」であるとしてをる。即ち

衛ノ公孫朝、子貢ニ問ヒテ曰ク、仲尼ハ焉《イヅク》ニカ学ベル。子貢曰ク文武ノ道、未ダ地ニ墜チズシテ人ニ在リ。賢者ハソノ大ナル者ヲ識リ、不賢者ハソノ小ナル者ヲ識ル。文武ノ道アラザルハナシ。夫子焉ニカ学バザラン。而シテ亦何ゾ常師カコレ有ラン。

とある。これらを以てするに、孔子は、文の偏重者ではなく、すくなくも弟子子張には、文武の道の体達者として確信せられたことがわかる。劉向の「説苑」には、王道文武の要義が比較的明白に説かれてゐる。曰く

成王伯禽ヲ封ジテ魯公ト為シ、召シテ之レニ告ゲテ曰ク、爾《ナンヂ》、人ノ上タルノ道ヲ知ルカ。凡ソ尊位ニ処ル者ハ、必ズ敬下順徳ヲ以テシ、規諫ニハ必ズ不諱《キ》（忌み嫌はぬ）ノ門ヲ開キ、撙節（へりくだる）安静以テ之レニ（法度を）藉《シ》ク。諫者ニ振フニ威ヲ以テスル勿レ、其ノ言ヲ格スル（へだてて行はしめない）ナカレ。博クソノ辞ヲ采《ト》リ、乃チ観ルベキヲ擇《エラ》べ。夫レ文有リテ武無キトキハ以テ下ヲ威スル無ク、武有リテ文無キトキハ民畏レテ親シマズ、文武倶ニ行ハルヽトキハ威徳乃チ成ル。既ニ威徳ヲ成ストキハ、民親シンデ以テ服シ、清白上ニ通ジ、巧佞下ニ塞ガリ、諫者進ムコトヲ得テ忠信乃チ畜《オコ》ルト。伯禽再拝、命ヲ受ケテ辞ス（君道）

伯禽は周公旦の子で成王には従兄弟にあたる人である。正しい王道は文武のいづれをも偏重せず、正当に両道を全うする、といふ思想は、このほかにも「文武兼備ト謂フベシ」（「唐書」裴行倹伝）、「文武ノ二道ヲ正サバ則チ武、文ヲ輔クベシ」（「李義山集」）、「文武並ビ用フルハ長久ノ術ナリ（「陸賈伝」）「文、天地ヲ経シ、武、禍乱ヲ定ム」（「孔伝」）、「乃チ文乃チ質タルハ王道ノ綱ナリ」（「文選」答賓戯）などと見えるし、又、「淮南子」にも「夫レ文ヲ為シテ其ノ徳ニ達スルコト能ハズ、武ヲ為シテ其ノ力ニ任ズルコト能ハザルハ、乱焉《コレ》ヨリモ大ナルハ莫シ」（人間訓）といふものがある。尤も、「淮南子」には他方に「湯ノ地ハ方七十里ニシテ王タルハ徳ヲ修ムレバナリ。智伯ハ千里ノ地ヲ有《タモ》チテ亡ブルハ武ヲ窮ムレバナリ。故ニ千乗ノ国モ文徳ヲ行フ者ハ王タリ、万乗ノ国モ好ンデ兵ヲ用フル者ハ亡

ブ」（兵略訓）、ともあるが、これは、文を偏重して武を斥けたるものとはいへない。「武ヲ窮ム」といひ、「好ンデ兵ヲ用フ」とあるのだから、反つて、文を斥けて、由なきに武を偏重したことをいへるもので、以て、文武の平衡を失すべからざることを教訓したものと見るべきである。されば兵略訓の中には「聖人ノ兵ヲ用フルヤ、髪ヲ櫛《クシケヅ》リ苗ヲ耨《クサキ》ル如ク、去ル所ノ者少クシテ、利スル所ノ者多シ」といひ、又、兵と道との関係を叙べ、兵、道なれば神明なりとして

兵ハ道ヲ失ヘバ弱ク、道ヲ得レバ強シ、将ハ道ヲ失ヘバ拙ニ、道ヲ得レバ工《タクミ》ナリ。国ハ道ヲ得レバ存シ道ヲ失ヘバ亡ブ。所謂道トハ、円ヲ体シ方ニ法リ、陰ヲ背ニシ陽ヲ抱キ、柔ヲ左ニシ剛ヲ右ニシ、幽ヲ履ミテ明ヲ戴キ、変化シテ常ナク、一ノ原《モト》ヲ得テ以テ無方ニ応ズ、是レヲ神明ト謂フ。

といつてをる。（注16）これらを以て観れば淮南子も決して単なる偏文斥武ではなく、その真意に於ては文武を以て聖人の道即ち王道と考へてゐるものといはなければならぬ。兵は用ゐないに越したことはない。「兵ハ不祥ノ器ニシテ君子ノ器ニ非ズ、已ムヲ得ズシテ之レヲ用フ」（「老子」上）「聖王ハ兵ヲ号シテ凶器トナシ已ムヲ得ズシテ之レヲ用フ」（「六韜」兵道）と考へられるものはあるが、然も之れを用ゐなければならぬとすれば、それは、邪悪を正すところの力としてでなければならぬ。孔子は、「天下道アレバ則チ礼楽征伐天子ヨリ出ヅ、天下道ナケレバ則チ礼楽征伐諸侯ヨリ出ヅ」（「論語」季子）といつてゐるが諸侯から出づるやうなことになると「蓋シ十世ニシテ失ハザルハ希ナリ」と警告してゐる。孟子も「王往イテ征ス」（梁恵王上）「天子ハ討シテ伐セズ」（告子下）といつてゐるが、征といひ討といふのは、いづれも私闘や侵略でなく、真に、王道を以て無道邪道を正すの意味である。征とは往いて正すべき「上、下を伐つ」（「孟子」尽心）のであり、討とは「書経」に「天討㆓有罪㆒」で、征と同義であり、「左伝」には討を「其君日トシテ国人ヲ討《ヲサ》メテ之ヲ訓フ」（宣公十二年）と「治」と同義にさへ用ゐてゐる。故に、王道の武征あるや、かの文王一たび怒つて天下安しといふていのものでなければならぬ、といふものである。

「淮南子」の左の一節の如き、又、具体的に、王道の兵武を説いたものである。曰く、

王道ヲ行ハザル者アリ、万民ヲ暴虐シ、地ヲ争ヒ壌ヲ侵シ、政ヲ乱リ禁ヲ犯シ、之レヲ召セドモ至ラズ、之レヲ令スレドモ行ハズ、之レヲ禁ズレドモ止メズ、之レヲ誨フレドモ変ゼザレバ、乃チ兵ヲ挙ゲテ之レヲ伐チ、其ノ君ヲ戮《リク》シ、其ノ党ヲ易《ヲサ》メ其ノ墓ニ封ジ（暴君の誅を受けた者の墓を封殖す。武王が紂を伐つて、忠臣比干の墓を封殖せる例あり）、其ノ社ニ類シ（臨時の祭）其ノ子孫ヲトシテ以テ之レニ代ラシム。晩世ニハ、務メテ地ヲ広メ壌ヲ侵シ、併セ兼ネテ已ムナク、不義ノ兵ヲ挙ゲ、無罪ノ国ヲ伐チ、不辜ノ民ヲ殺シ、先聖ノ後ヲ絶ツ。大国ハ出デテ攻メ小国ハ城ニ守リ、人ノ牛馬ヲ駆リ人ノ子女ヲツナギ（緊に同じ）、人ノ宗廟ヲ毀《コボ》チ、人ノ重宝ヲ遷シ、血ハ千里ニ流レ、暴《バク》骸ハ野ニ満チテ以テ貪主ノ欲ヲ贍《タラ》ス。兵ノ生ズル所為ニ非ズ、故ニ、兵ハ暴ヲ討ズル所以ニシテ暴ヲ為ス所以ニ非ザルナリ（本経訓）

王道の兵と無道の兵との差をよく説いてゐるといつてよい。「兼ネテ他国ヲ正ス之レヲ王ト謂フ」（「管子」覇言）といふのも亦、征は正なるの武を認めたものといふべく、「王者ハ暴乱ヲ伐ツニ仁義ヲ本トス」（「尉繚子」兵令上）とは、王者の武が仁義に基くをいへるものである。支那では帝王に対し、「欽明文思安々」とか「文命敷于四海」（いづれも「書経」）とかその他、「文」を以て歎徳せるものが多いが、一方には聖武（書経）、神武（易経晉書）、神兵（晉書）などとも称し、武の神聖をも認めてゐる。

以上により、支那の純正なる王道思想に於ては、王道文武が観念せられてゐることを知り得る。文と武とのいづれか一方に偏したる思想、殊に文に偏した思想の多いといふことは、支那の歴史が暴武に汚されることが多かつた為めの反動であるが、それは飽くまで反動思想であつて王道思想ではない。又、もとより王道そのものでもない。「陸賈新語」に

上ノ下ヲ化スルハ猶ホ風ノ草ヲ靡カスゴトシ。王者武ヲ朝ニ尚ベバ、農夫用ヲ田ニ繕フ（無為）

といふ通り、王者偏武なれば民亦武に偏し、上、文弱なれば下亦文弱となるを免れぬ。これ王道に反するものとい

ふべく、故に「史記」の孔子世家には「文事有ル者必ズ武備アリ、武事アル者必ズ文備アリ」といつてをる。正しき王道思想は、王道文武の道を正当に認識してゐるのである。

第九目　王道厚生

こゝに厚生といふは、「書経」の左の文に基くものである。

徳ハ惟レ政ヲ善クス、政ハ民ヲ養フニ在リ、水火金木土穀惟レ修メ、徳ヲ正シ、用ヲ利シ生ヲ厚クシテ惟レ和ス（大禹謨）

即ち、「利用厚生」の厚生である。王道の道は単なる抽象的道徳価値に存するのではなく、それの治道たる性質に鑑みて、正しい利用厚生でなければならない。一般に、英のジョン・スチュアート・ミルにも似た法家の思想に圧倒されて儒教は厚生利用の道に疎なるが如く思はれてゐる。殊に孟子が恵王に「王も亦仁義を曰はんのみ何ぞ必ずしも利を曰はん」と説いた例が思ひ出されるので、儒家が利を軽んずるが如く解せられる傾向が多い。孟子はひとり梁に於てのみならず、楚に行かんとして宋牼《サウケイ》にも「何ぞ必ずしも利を曰はん」と説いてゐるが、それは決して真の利用厚生を斥けてゐるのではなく、飽くなき王者の利欲を斥けてゐるものに過ぎない。兵は凶なりといふ「武」でさへも、一方からは「ホコ」を止める思想とされ神武といふ考へ方さへ展けてくるのであるから、厚生利用が王道の外に放置される理由は無からう。

元来、書経の「利用」といふは、物の用ゐ方をよくする意味で、たとへば工人が器を作り、商人が貨財を運搬販売するの類をいひ、厚生とは、帛を着、肉を食ひ、以て飢ゑず寒《こご》へざるやうにすることである。「利」なる文字は、刀と和の省画との合字で、刀はこれを鍛錬して砥にかける迄、一切の要件が調和しなければ到底鋭利なるを得ない、刀をして刀たらしむる要件は、さればば和の一つにありといはなければならぬ。故に和と刀とを合したのである。然るに、私欲の対象たる利潤の如きもののみが、利と観念せられるに及んで、利の正当なる意味が見失はれるやうになつたが、それは見失つた者の罪で、「利」そのものの罪ではない。王道は、もとより、私欲の利、即ち私利の横行を許すものではない。それ故に、孟子が仁義を説いて私利を斥くるの教訓ともなつたのであるが、然し、かく利欲を斥けて仁義を高唱する所以のものは何であるか、曰く、正しい利用厚生を期するからである。孔子は、政の意義を説いて「小利ヲ見ルコト無カレ………小利ヲ見レバ則チ大事成ラズ」（子路）と戒めつつ、然も始めて衛国に行つた時冉《ゼン》有との問答に於て「子曰ク、庶《オホ》イカナ。冉有曰ク、既ニ庶シ、又何ヲカ加ヘン。曰ク、之レヲ富マサン。曰ク、既ニ富メリ、又何ヲカ加ヘン、曰ク、之レヲ教ヘン」（子路）といつてをる。これ政治の要諦が、先づ民を富有ならしめ、而して教化に進むべきことをいつたものと解される。民を富有ならしめるといふことは国を富有ならしめるといふことでこれ利用厚生の大なるもの、而して、かゝる王道の利用厚生を来らしめる為めには、私利私欲を追はなければならない。誠の利、誠の生は、故に徳より来るものであつて、これを「大学」に「是ノ故ニ君子ハ先ヅ徳ヲ慎ム。徳アレバ此《ココ》ニ人アリ、人アレバ此ニ土アリ、土アレバ此ニ財アリ、財アレバ此ニ用アリ。徳ハ本ナリ、財ハ末ナリ。本ヲ外ニシ末ヲ内ニスレバ、民ヲ争ハシメテ奪フコトヲ施ス」といつてをる。王道の利用厚生と私利私欲との差を明確に指摘したものといふべきである。「管子」の左の言は、「大学」のものより実際的であるが趣旨はほゞ同一である。曰く

凡ソ国ヲ治ムルノ道ハ、必ズ先ヅ民ヲ富マス。民富ムトキハ治メ易シ。民貧シキトキハ治メ難シ。奚ヲ以テソノ然ルヲ知ルヤ、民富ムトキハ郷ニ安ンジ、家ヲ重ンズ。郷ニ安ンジ家ヲ重ンズルトキハ、上ヲ敬シテ罪ヲ畏ル。上ヲ敬シテ罪ヲ畏ルヽトキハ治メ易シ。民貧シキトキハ郷ヲ危ブミ家ヲ軽ンズ、郷ヲ危ブミ家ヲ軽ンズルトキハ敢テ上ヲ陵《シノ》ギ禁ヲ犯ス。上ヲ陵ギ禁ヲ犯ストキハ、治メ難シ。故ニ治国ハ常ニ富ミテ乱国ハ常ニ貧シ。是《ココ》ヲ以テ善ク国ヲ為《オサ》ムル者ハ必ズ先ヅ民ヲ富マシ、然ル後ニ之レヲ治ム（治国）

「大学」に「国ハ利ヲ以テ利ト為サズ、義ヲ以テ利ト為スナリ」といふ「利ヲ以テ利ト為サズ」とは、「所謂利ヲ以テ利ト為サズ」の意味であり、「義」といふは、徳を本とする利用厚生の意味と解して差支へない。利用厚生の思想は、それ故、道徳即利用厚生、即ち天性と見るものであつて、徒らに利を卑しとする観念的道徳論ではないのである。かくて、利用厚生の原理は王道そのものである。孟子が「ソレ仁政ハ必ズ経界ヨリハジマル」といひ、尚書の八政が、食、貨、社、司宮、司徒、司寇、賓、郷と次第して食と貨とを第一、第二に列してゐるも皆この思想である。この王道が実際の利用厚生として現れる場合は、国により、時代により種々方法や形態を異にする。支那の古代に於ては、農業民族たるの生活に即して、利用厚生が論ぜられてゐるから、おのづから農本的色彩を呈してゐるが、農業を十分に発達せしめ得ない土地に建てられた国家ならば、従つて他の方法を主とするであらう。それらは末の問題であつてその本は即ち、利用厚生の原理を王道の実践的軌範として確実に把握することに存するのである。厚生なきところには王道も亦行はれ得ないからである。満洲国が、建国の宣言その他に於て、王道楽土を高唱した意味も、亦そこにあつた。王道厚生こそは、王道の実価を測らしめるところの根本的道果であるから、いやしくも王道に志を有するものは、利用厚生の実際面に、王道の実現を徹底せしめる事を期さねばならぬ。荀子以後の傾向はこの考へ方の一発表であらう。

第十目　王道天下

王道天下とは王道世界といふに等しく、王道の行はるゝ範域を世界とする事を軌範とする観念である。即ち王道は天下に行はれるといふ確信の軌範である。「書経」の「皇天眷命シ四海ヲ奄有シテ天下ノ君ト為ル」（大禹謨）とは如何にも雄大な思想であるが、四海といふは、「爾雅」の釈地に「九夷、八狄、七戎、六蛮、之レヲ四海ト謂フ」と釈してあるとほり、四夷の居る処をいひ、要するに現代のわれわれの観念たる世界に相当する。勿論、この場合世界といふは、客観的限界を有する地球の意識を伴つてゐるが天下にはさうした客観的明確性はない。漢民族の住するところを中国となし、これに四夷なる観念を附加して、四海といひ、四海を天下と為したものである。従つて「帝ハ天下ニ光《カガヤ》キ、海隅ノ蒼生ニ至ル、万邦ノ黎献（賢人）ハ共ニ惟レ帝ノ臣ナリ」（「書経」益益）といつても、頗る文学的、観念的で謂ふところの天下の光の客観性や、万邦の客観性などは敢て問題とはならぬ。即ち、支那を中国として他を四夷と為し、そこに、天下の観念を構成するはよいとしても、天下の君たる天子の歴史性は事実上極めて有限であるから、堯舜は勿論文武その他の諸王にせよ、事実上天下四海を奄有したものでないことは明かである。従つて、この意味に於ける天下思想は文学的、比喩的性命以外には何等の客観性を認める事が出来ぬ。「荒《オホ》イニ土功ヲ度《ハカ》リ、五服（甸、侯、綏、要、荒の五服服毎に五百里といふ）ヲ弼成シテ五千（服毎に五百里なる故東西南北相距ること五千里）ニ至ル。州ゴトニ十有二師有リ、外ハ四海ニ薄《イタ》リ、咸《ミナ》五長ヲ建ツ」（「書経」益稷）といふ方五千里の天下は、天下の服属関係的大観としてや、客観性を帯びるけれども、その服属が中国との関係であるのを以て見れば、要するに中国的天下であり、支那の歴史的天下たるに過ぎないことが明かになる。此の意味の天下を、便宜上、中国天下と称しておく。

然るに王道天下は中国天下と異る。支那の歴史的国家、或は歴史的君主の下に天下が服属するといふ中国天下は、客観性のないもの、若しあつても飽く迄中国的客観性に過ぎないが、王道天下は、王道の妥当範囲を天下とするものであるから、問題はおのづから異つてゐる。天下に王たり、天下を得、天下を失ふなどといふ天下は、要するに比喩的天下であるか、中国天下であるが、王道の天下は、文字通りの天下である。支那の文献には、混同して用ゐてゐるが、王道を明確にする為めには分けなければならぬ。所謂、「道ハ通ナリ」で、王道そのものは、如何なる時代如何なる国家、如何なる民族の上にも、政治の道として妥当するもの、これを知ると否とに関らず王道は世界の当為として輝いてゐるのである。「五帝三王ノ道ハ天下ノ綱紀ニシテ治ノ儀表ナリ」（「淮南子」泰族訓）といふは、支那の歴史的表現を用ゐてはあるが、言ひかへれば、「王道ハ天下ノ綱紀、治ノ儀表」といふことにほかならぬ。上来、叙べ来れる王道こそ、まことに、「天下ヲ治ムルノ大経大法」（書経集伝序）所謂、蕩々、平々、無偏無党の中道であり公道であるところのものを多く含んだものとして、ひろく世界の認識と評価を要求し得るものであらう。

第四款　王道の実現と成功の年数

王道がいかに立派な道であつても、実行困難であり、従つて実現至難であるとすれば、その説が精密であればある程、一種の空理空論であることになる。王道といふものは「六韜」に「王道如二竜首一高居而遠望、深視而審聴、示二其形一隠二其情一」（上賢第九）といつてある。誠に巧妙な比喩であるが、その情を隠すといふは蓋し、王者自受法楽の境地を指したもので、子華子の[注17]「王者ハソノ王タル所以ヲ楽シム」といふものでなければならぬ。然し、いかに高くいかに深くとも、いかに王たる所以を楽しんでゐようと、これが社会一般に国家の上に実現困難では、義を徒らに高閣に論ずるやうなものであらう。然し王道の実現は決して困難ではない。子張が「行ハレンコト」を問うた後、孔子は「言忠信、行篤敬ナラバ、蛮貊ノ邦ト雖モ行ハレン、言忠信ナラズ、行篤敬ナラザレバ、州里ト雖モ行ハレンヤ」（「論語」衛霊公）と答へてゐる。これは例の精神主義であるのは申す迄もないが、孔子は真実さう考へたのである。孔子のみならず王道論者は皆さう信じたのである。例へば秦始皇の最高の僚臣であつた李斯の伝にさへ「故ニ曰ク」として「王道ハ約ニシテ操リ易キナリ、唯明主ノミ能ク之ヲ行フト為ス」（「史記」李斯列伝）と曰つてゐる。李斯は儒学に於ては性悪説を信奉し更に法家の思想を学んだ者であるが、「故ニ曰ク」とは申韓の術、商君の法を治めた者の間でいはれてゐた言葉である。問題は、常に王道を行ふ人ありや、王道の儀表たる人物ありや、といふことに帰するのであつて、個人の智徳に王者の資格を、求める方法は、簡単なやうであつて、然も容易でないことは東西の歴史がこれを語り、孟子さへも五百年にして王者興るといふのである。然し、若しそのやうな理想的王者が出現すれば、どうか。孔子は、「若シ五者アラバ必ズ世ニシテ而シテ後ニ仁ナラム」（「論語」子路）といつてゐるから二三十年で天下は王道化すると信じたのであらう。尤も、孔子自身については始めて衛に行つた時、「省苟モ我ヲ用ヰル者アラバ朞月《キゲツ》（朞は周一箇年）ニシテ已ニ可ナラム、三年ニシテ成ルコトアラム」（同上）と抱負を語つてゐる。

注1　孟子は墨者夷子に向つてその節葬を「本ヲ二ニスル故」であるとし、親を谷間に捨て他日之を過るに屍に蠅蚋《ようぜい》の類群り狐狸之を食ふをみて忍び難き情を起し帰つて鍬の類を持ち来り之を掩ふた者があるといふ話をしたら、夷子が啓蒙せられたと告白したといふことが滕文公上に出てゐる。

注2　「書経」洪範の云ふが如く又「白虎通」の爵編に『天子者爵称也、王者父㆑天母㆑地、為㆓天之子㆒也』といふが如く、天子が天又は天地を親とすることは人間的な父母を持たぬといふことである。わが「平家物語」は『主上仰せなりけるは、天子に父母なし』（巻一、二代の后の事）と記してゐるが、これ天子たる自然人を指すのではなく、地位、天職の角度より考へた完全概念としての天子である。

注3　民国に王道行はれずとする説は、田崎仁義著「皇道日本と王道新支那」、蓑田胸喜著「日本的世界観」等の主張する処であるが、これに対する反論は拙著「日本国体と王道」三七頁以下。

注4　田崎仁義著「王道天下之研究」四頁以下。

注5　鄭孝胥の「王道学本義」は佐藤胆斎講述、中野江漢編注「王道講話」二八九頁以下に収録されてゐる。

注6　荘子は内聖外王といふことを表現を異にして静聖動王ともいつてゐる。即ち『静カナレバ聖タリ、動ケバ王タリ、無為ナレバ尊ク、撲素ナレバ天下能ク之レト美ヲ争フ莫シ』（天道第十三）といふのがそれである。

注7　楊雄の字は子雲、蜀の成都の人「論語」に擬して「法言」十巻十三編を作つた。黄老の言天下を圧してゐた頃、儒風の宣揚に身を捧げた人である。

注8　董仲舒は漢の武帝の時の大儒で、「賢良対策」三編、「春秋繁露」十七巻の著があるが、「対策」の三に「天ハ万物ノ祖ナリ」といふのがその学説の基礎で、道に就ても「道ノ大原ハ天ニ出ヅ、天ハ変ゼズ、道モ亦変ゼズ」といふ（対策三）。

注9　周南といふは「詩経」の国風のはじめにある「関雎《しょ》」「葛覃《たん》」「巻耳《けんじ》」「樛《きゅう》木」「桃夭」「兎罝《しゃ》」「芣苢《ふい》」「漢広」「汝墳」「麟之趾」等十一編を総称するもので、周は国名、南は南方諸侯の意味である。但し実際に収められてゐるのは漢広と汝墳とだけでその他は悉く周室及び国中の詩である。これ漢水汝水の間には余りに多くの国がありその国風を網羅するの煩に堪えなかつた為、南国の詩については之を専ら「召南」に譲つたものであらう。

注10　拙稿「民主主義と教育勅語」（「国体文化」昭和二十六年七月、八月、九月号）参照。

注11　甫刑といふは「書経」の呂刑編を指すのであるが、呂侯の子孫が、甫に封ぜられたので呂刑を甫刑とも称するやうになつた。

注12　殷の武丁即ち高宗は位に即いて三年無言、夢に聖人の説《えつ》あるを知り、百官をして野に営求せしめた結果傅険《ふがん》といふ処に説の住するを発見、之を宰相に任じた（「史記」殷本紀）。高宗常に説の教を聞く。「教学半」とは高宗が学に就て問うたのに対する答へである（書経説命下）。

注13　酒誥は、周公が康叔に対して飲酒を戒しめたもので、康叔の封ぜられた衛国が殷の故地で、殷は酒で国を亡ぼしたとの見解に基きこの教訓が生れたのである。されば、「有正有事（官職ある者）、酒ヲ彝《ツネ》ニスル無カレ、庶国ニ越《オイ》テ飲ムハ惟ダ祀ノミ、徳ニ将《タス》ケテ酔《エ》フコト無カレ」といひ酒池肉林を造り男女を全裸にして相逐はしめて以て興じた（「史記」による）紂王については、「我レ聞クニ亦惟レ曰ク、在今、後嗣王（紂王）身ヲ酣シ（沈酒）、厥ノ命民ニ顕ル、罔シ、祇《タダ》怨ミニ保ンジテ易ヘズ、誕《オホ》イニ惟レ厥レ淫泆《イツ》ヲ非彝《イ》ニ縦ニシテ用《モ》ツテ燕シテ威儀ヲ喪フ、民心ヲ衋《キヨク》傷（衋は痛と同義）セザルモノ罔シ。惟レ酒ニ荒腆《テン》（耽り荒ぶ）シ、自ラ息《ヤ》ムルヲ惟《オモ》ハズシテ乃チ逸ス、厥ノ心疾

狠《コン》ニシテ死ヲ畏ル、克《アタ》ハズ、辜《ツミ》ヲナシテ商邑ニ在リ、殷国ノ滅ブルニ越《オヨ》ビテモ罹《ウレ》フル無シ」云々と述べてをる。

注14 「詩経」鄘《ヨウ》風、定之方中の疏に「此章説二政治之美一」、「書経」畢命に「道洽政治」等。

注15 干とは盾、戚とは斧、共に武の舞に用ゐるもの、羽旄《バウ》は羽と牛尾で文の舞に用ゐる。

注16 「淮南子」兵略訓には『猶ホ兵ニ三詆《テイ》事アリ。国家ヲ治メ、境内ヲ理メ、仁義ヲ行ヒ、徳恵ヲ布キ、正法ヲ立テ、邪隧《スキ》（邪道）ヲ塞ゲバ、羣臣親附シ、百姓和輯シ、上下心ヲ一ニシ、君臣力ヲ同ジウシ、諸侯ソノ威ニ服シテ四方ソノ徳ニ懐《ナツ》キ、政ヲ廟堂ノ上ニ修メテ千里ノ外ニ折衝シ、拱揖シ指撝《キ》（指揮に同じ）シテ天下饗応ス』。『兵ノ隠議スル所ノ者ハ天道ナリ。図画スル所ノ者ハ地形ナリ、明言スル所ノ者ハ人事ナリ。勝ヲ決スル所以ノ者ハ鈐《クン》勢（戦略）ナリ。故ニ上将ノ兵ヲ用フルヤ、上ハ天道ヲ得、下ハ地利ヲ得、中ハ人心ヲ得、乃チ之レヲ行フニ機ヲ以テシ、之レヲ発スルニ勢ヲ以テス、是《ココ》ヲ以テ破軍敗兵ナシ』『兵ノ強キ所以ハ民ナリ、民ノ必ズ死スル所以ハ義ナリ』等見える。

注17 子華子は程子、孔子時代の人、この語は「子華子」の執中篇に見え、「呂氏春秋」孟夏にも引用してゐる。

第二章

支那の君民関係と臣道論

第一節　支那の君民関係

第一項　君・臣・民の一般関係

西洋の神権説は、たとへばボッシュの試みたやうに、神の名において君権の絶対を説いたものであるが、支那古代の王道論に於ける受命説は、神の名に於て、否、天の名に於て王者の特権を語るものではなく、天命を畏れ、大人の徳を畏れ、聖人の言を畏れつゝ、つねに内省と自粛に於て、天位の難きに即き、「以力仮仁」の覇に非ず、「以徳行仁」の王たるべきを強調するものである。一夫紂の為めに権力の神授を証せんとするものではなく、王道を提げて一夫紂を正しくせんとするものである。その点西洋の神権説と支那の王道論とは似て非なるものを有すると思ふが、然し王道論そのものとすれば、どうしても、理念の追究が主となり、必ずしも現実の王者とその臣たり民たるものとの関係に基く実際的判断からは遠ざかり易い。現実がどうであらうと、超然として高く理念としての王道を追究してみても、一歩、現実に眼を転ずれば、悪逆の王、無辜の民の苦悩が論者の胸を傷ましめる。堯舜が実在者かどうかは別として堯舜を慕ふ心が切であればあるだけ、現実の王者には失望の感を深くする。王道の王は、誠に間世の出現で、孟子すら、五百年にして王者興るといはざるを得なかつた。かくて、極めて勝れた王道哲学が、理念や思想としては皇皇と光り輝いてゐながら、支那は、易姓と革命を歴史の動脈とせざるをえなかつた。こゝに、支那は一方に王道の理念を持ちながら他方に易姓革命を肯定する矛盾をその生態とする歴史を残したのであるが、以下、王道との関連的側面としての支那の君民関係を研究しようと思ふ。王道の理念に即して考へられた君民関係は理念的であるが、現実の君民関係は必ずしも理念的ではありえない。この点は、日本国体を念頭においた比較国体学上注意を要する点である。

支那の君民関係は、理念的には五帝三王の王権の拠る所として、「書経」の所謂「民ノ父母」「赤子ヲ保ツガ如シ」といふ親子的観念に始まる。これは父権的家族、殊に支那特有の厳重な尊父的父子観念の根拠に立つてこれを王権にまで延長拡大したものではあるが、かゝる延長拡大を可能ならしめたところに、いかに漢民族が王道理念の支持に厚かつたかを、見るべきであらう。理念的には、君民を父母赤子の関係と解したけれども、由来、支那民族は、姓の観念が強烈であり、同姓不婚、同姓本末上下の小体系の対立が厳しく、しかも、国家的には、異民族との政権争奪も烈しく、常に易姓革命の可能性の内在した事は、支那の国家に於ける体質の宿命であつたといつてもよい。

わが帝国憲法や教育勅語に使用された「臣民」の語は、民族共同社会を背景としたものであつたが、支那では、臣と民とが本質を異にする存在であつた。臣とは君の同姓に名づけ、民は概して異姓の称であり、君臣一体の可能に比し、君民一体のそれは基礎甚だ薄弱であつた。

「臣」とは指事文字で、君前に屈服する者の貌であつて、「纏《せん》也、堅也、志ヲ厲シ、自ラ堅固ニスルナリ」(「白虎通」六紀)、「牽也、君ニ事フル者」(「説文」)、「繕也」(「広雅」)などといふのがその字解である。これに対し、「民」とは「母」と「一」の合字であるとされ、母の生み出した庶人、即ち「衆萌也」(「説文」)と解され、董仲舒によれば「冥也」「眠レル者」である。そして、臣は君と同姓で、君に対してこそ屈服的であるが、ひとたび庶人に対すれば、君と同姓なるが故に又君側に奉侍するが故に、支配者階級にほかならぬ。国家的階層に於ては、君・臣・民であるが、支配被支配の階級構造に於ては君臣・民である。もちろん、文字の用例からみれば、例外もある。晋葛洪の「抱朴子」に従へば、孔子は「凡ソ邦内ニ在ルハ皆臣ナリ」といつたといふし、孟子に「尺土モ其ノ有ニ非ザルハ莫ク、一民モ其ノ臣ニ非ザルハ莫シ」(公孫丑上)、又「国ニ在ルヲ市井ノ臣ト曰ヒ野ニ在ルヲ草莽ノ臣ト曰フ、皆庶人ヲ謂フナリ」(万章上)などとあり、「詩経」にも有名な「普天ノ下王土ニ非ル莫ク、率土ノ浜王臣ニ非ザル莫シ」といつてゐるから、臣が民に代用される場合もないではないが、文字そのものの意味といふよりはむしろ慣用上、臣と民と区別するのが原則である。

臣と民とを区別する原則上、臣は官僚有司である。清朝の黄宗羲は「天下ハ一人ニシテ治ムル能ハズ、則チ官ヲ設ケテ之ヲ治ム。是レ官ハ分身ノ君タルナリ」（「明夷待訪録」置相篇）といつてゐるが、分身の君たる臣が民に対して支配的地位にあるはあきらかであらう。「尚書」に「惟レ天ハ聡明ニシテ、惟レ聖ハ時《コ》レ憲リ、惟レ臣ハ欽若シ、惟レ民ハ従乂《カイ》ス」といふ聖・民・臣の関係は、以上に照して理解すべく、「漢書」に「天ハ道ヲ作シ、皇ハ極ヲ作シ、臣ハ輔ヲ作シ、民ハ基ヲ作ス」とあるのなども、同型の考へ方であらう。

君に聖君あり暴君があるやうに、臣にも、忠臣あり邪臣あり、諸書に、有道の臣、良臣、邪枉の臣等の論があるが、「管子」には七臣（法臣、飾臣、侵臣、乱臣、諸臣、愚臣、姦臣）といひ「荀子」には四臣（態臣、簒臣、功臣、聖臣）といふ。態臣とは媚態の臣であらう。又「説苑」をみると、聖臣、良臣、忠臣、智臣、貞臣、直臣、具臣、諛臣、姦臣、讒臣、賊臣、亡国之臣、合して六正六邪の十二臣を説いてゐる。右のうち具臣といふは「論語」にも大臣と併せて用ゐてあるが、その意味は臣の数に備はつてゐる者を指すらしいが、「説苑」のは安官貪禄の臣を指してゐる。

支那の絶対君主主義が国家体制の上に名実共に完成せられたのは秦であつて、それ以前の事は、歴史的事実としての信憑性は多くない。然るに秦は、始皇の万世無窮の期待に反し僅か三代数十年にして亡び、周が興つた。周はひとり支那に於てのみならず、世界史上に於ても長命の部に入る王国で、前後実に七八百年にわたつてその社稷を保つた。周がかく長い歴史を維持し、秦が三代で亡びたことについては、日蓮聖人が「周ノ代七百年ハ文王ノ礼孝ニヨル、秦ノ世ホドモナシ、始皇ノ左道ナリ」（「報恩鈔」下）といつてゐるが、その文王の礼孝なるものは、彼が単に礼孝に厚かつたといふばかりでなく、三皇五帝以来の君民理念たる父母赤子の観念に徹し、治国の上に活用したるが為である。ルソーはその「不平等起源論」の中で、父権と専制君権とを比較してゐるが、専制君権は父の子に対する権とは似ても似つかぬものであつて、人民の物を捲きあげるのが君主の正義であり、人民を殺さないことが君主の恩恵であると極論してゐる。支那の父子的君民も、多くは不幸にしてルソーの言の如くであり、周ですらも、つひには亡国革命の運に陥つたのであつて、所詮、父子関係は、稀に、明王聖君といはれる者の下に於て見られるに過ぎず、近世の唐甄が「秦ヨリ以来凡ソ帝王タル者ハ皆賊也」（「潜書」室語論）と評したのは少しく酷とは思ふが、おほむね肯綮にあたると申さねばなるまい。我国体が、君民父子の観念を、皇統中心の社会的血統網としてほゞ客観的につくりあげたのと比較し、観念、理念のみ急にして、民族的血統体系を成就しなかつた漢民族支那の革命的国家興亡史をくりひろげ、つひには、清朝を以て王国の終焉とするに至つたのは、やむを得ない史的必然であつたといへよう。

第二項　君臣結合観

支那に於ては、全民族が渾然融和するに至らなかつたため、生命的一体性を具現しえず従つて本末上下、有中枢的国体を成就しなかつた。それ故、君臣の、又、君民の結合観は主として合理的たらざるを得ない。「近思録」は孔子の言として「父子ノ道ハ天性ナリ……君臣兄弟賓主朋友ノ類ノ如キ亦豈ニ是レ天性ニアラズヤ」、「父子君臣ハ天下ノ定理、天地ノ間逃ル、所無シ」と記してゐる。おそらく孔子その人の思想と見て差支へあるまいが(注1)、然しその所謂天性なるものは、君臣に関する限り、孔子の理想主義的信念であつて、日本のやうな国体事実と見ることは困難である。「論語」によると孔子は、子路をして「仕ヘザレバ義ナシ。長幼ノ節廃スベカラザルナリ。君臣ノ義之レヲ如何。其レ之レヲ廃シ其ノ身ヲ潔クセント欲シテ大倫ヲ乱サンヤ」（微子）と文人隠者に説かしめたといふが、この「君臣の義」は果して文人隠者に受けいれられたであらうか。朱子によれば「道ニ合スレバ則チ従ヒ、合セザレバ則チ去ル、即チ是レ義ナリ」といふは「礼記」曲礼の鄭注が「君臣合離ノ義アリ云々。君臣義アレバ則チ合シ義無ケレバ則チ離ル」といふ極めて合理的思想であり、そこには、君臣天性の如き理想主義的考へ方は見えない。孔子は、仕へなければ義は無いとしたが、この仕へるといふ考へ方は孔子の君臣天性の信仰から生まれたものであつて、高い心境ではあるが、他の合理主義者には通じない。合理主義的支那人にとつては義こそが君臣結合の拠点なのであつて、君臣間の自然の、又、歴史的の愛情などは問題にならないのである。天性が認められないからである。「礼記」が「人臣タルノ礼ハ顕ニ諌メズ、三諌シテ聴カレズバ則チ之ヲ逃ル」（曲礼下）、「孟子」に「君過アレバ則チ諌ム、之ヲ反覆シテ聴カレズバ則チ去ル」（万章下）といふは、この合理主義的結合観に於ては避けがたいところであらう。左の鬼谷子に至つては合理主義的君臣観の頂点といへよう。

君臣上下ノ事ハ、遠クシテ親シク、近クシテ疎《ウト》キアリ。……事皆内揵（内は説を君に進む揵は固く持つ）アリ。素ヨリ本始ヲ結べバナリ。或ハ結ブニ道徳ヲ以テシ、或ハ結ブニ党友ヲ以テシ、或ハ結ブニ財貨ヲ以テシ、或ハ結ブニ采邑ヲ以テス。其ノ意ヲ用フレバ入ラント欲スレバ入リ、出デント欲スレバ出デ、親シマント欲スレバ親シミ、疎《ウト》ンゼント欲スレバ疎ンジ、就カント欲スレバ就キ、去ラント欲スレバ去リ、求メント欲スレバ求メ、思ハント欲スレバ思フコト、蚨《フ》母（出入毎に穴を覆うて子を保護する土蜘蛛の母）ノ其ノ子ニ従フガ如ク、出ヅルニ間《ヒマ》ナク、入ルニ朕《キザシ》ナク、独リ往キ独リ来リ、之ヲ能ク止ムルナシ（内揵）

これ畢竟、荀子の「天ノ民ヲ生ズルヤ君ノ為メニアラザルナリ。天ノ君ヲ立ツル以テ民ノ為メナリ」（大略）といふ君民観にほかならぬ。

第三項　君舟民水観

日本の謡曲などにも、しば〳〵君は舟民は水といふ言葉を見かけるが、基くところは、支那の思想である。「荀子」王制篇はこの観念を詳説して云ふ。

庶人政ニ安ンジテ然ル後君子位ニ安ンズ。伝ニ曰ク、君ハ舟ナリ、庶人ハ水ナリ。水ハ則チ舟ヲ載セ、水ハ則チ舟ヲ覆ス、ト。此レヲ謂フナリ。故ニ人ニ君タル者、安キヲ欲スレバ則チ政ヲ平ニシ、民ヲ愛スルニ若クハ莫ク、栄ヲ欲スレバ則チ礼ヲ隆《タット》ビ士ヲ敬スルニ若クハ莫ク功名ヲ立テント欲スレバ則チ賢ヲ尚ビ能ヲ使フニ如クハ莫シ。是レ人ニ君タル者ノ大節ナリ。

この君舟民水の例は、「孔子家語」その他多くの書にも散見するところであるが、「伝ニ曰ク」といふ通り、古くから支那の伝統的観念であつたと思はれる。君位の根拠、君主存在の根拠は民意であるといふ民主主義的思想であるのは申す迄もない。「後漢書」の皇甫規伝には、一層、分析的に「夫レ君ハ舟ナリ、人（民）ハ水ナリ、群臣ハ舟ニ乗ル者ナリ」と見えるが、これは、前述した君臣が一体を成し民庶に対立するものであることをよく示したものと思はれる。

第四項　因果相対

「書経」蔡仲之命に「皇天ハ親無シ、惟《タダ》徳ヲ是レ輔ク、民心ハ常無シ、惟恵ニ之懐《ナツ》ク」とあるのは、先天的王統の無い国として当然であるが、この文につき「孔伝」は「民心ノ上ニ於ケル常主有ルコト無シ、惟己ヲ愛スル者アレバ則チ之ニ帰ス」と注し、「書経」の民心無常と「孔伝」の無有常主とが論理的に結ばれることを認めざるを得ない。これは、先天的、絶対的君臣関係の無い支那としては当然であるのだが、日本の国体論者の中にはかゝる思想そのものを直ちに王道論であると誤解し、支那の王道論は日本の国体と相容れぬとなす説が行はれたが、これは正当な学的研究の結論とは思へない。先天的ともいふべきわが君民結合と支那の後天的君民関係とは国体の相違であつて、王道そのものではない。「書経」の泰誓が「我レヲ撫スレバ則チ后《キミ》タリ、我レヲ虐スレバ則チ讎タリ」といひ、孟子が「君ノ臣ヲ視ルコト手足ノ如クナレバ、則チ臣モ君ヲ視ルコト腹心ノ如クス。君ノ臣ヲ視ルコト犬馬ノ如クナレバ、則チ臣モ君ヲ視ルコト国人ノ如クス。君ノ臣ヲ視ルコト土芥ノ如クナレバ、則チ臣モ君ヲ視ルコト寇讎ノ如クス」（離婁上）といふが如きものは、必ずしも支那の王道論と見るべきではなく、君臣関係の極めて普遍的なる因果相対観であつて、理念としての王道そのものは、かゝる君民関係を発生せしめる余地のないものであり、日本が、すくなくも、敗戦後の占領政策的民主主義の台頭以前に、かゝる君民関係を肯定するものを見なかつたのは、我国体の優秀なる結果、支那の所謂王道理念を実現したともいふべき君民結合が成立してゐたからにほかならぬ。

第五項　民本君末観（民貴君軽観）

父は子にとつて先天の尊であるが、君は民にとつて必ずしも先天の尊でない支那では、君民の本末軽重を問うとき、民本君末、民貴君軽となるは理の当然である。「書経」五子之歌に聖帝禹の教訓なるものが見える。

皇祖訓有リ、民ハ近ヅク可ク、下ス可カラズ。民ハ惟レ邦ノ本ナリ。本固ケレバ邦寧シ。予天下ヲ視ルニ、愚夫愚婦モ一ニ能ク予ニ勝ツ。一人三失アリ。怨豈ニ明ニ在ランヤ。見《アラ》ハレザルニ是レ図ル。予兆民ニ臨ムニ、懍乎トシテ朽索ノ六馬ヲ馭スルガ若シ。人ノ上タル者、奈何ゾ敬セザル。

これは、もちろん、君主たる者がその地位と特権とに狎れ、驕慢な精神に陥り、民を土芥の如くに視ることのないやう、自らの心を戒しめる訓としては、世界のすべての君主たる者に妥当するもので、日本の天皇と雖も敢てその外にあるとは考へられない。

曽てモルネはその「暴君放伐論」に於て、人民は君主無しに存在し得るが君主は人民無しに存在することを得ず、人民こそ真に不滅なる存在であると力説したが、「王者ハ民人ヲ以テ天ト為ス」（「史記」酈生列伝）、又、孟子の「民ヲ貴ト為ス、社稷之ニ次グ、君ヲ軽シト為ス」などといふ考へ方は、このモルネ的理論からいへば当然なことで、日本の天皇の詔勅の中にも民を本とするといふ思想は見える。然し孟子の「万乗ノ君ヲ刺スヲ視ルコト、褐夫ヲ刺スガ如シ」（公孫丑上）となると、支那と日本の国体の差を感ぜざるを得ないし、孟子が天子の語を「天此民ヲ生ズ」といひ、その意味を「天民」といふ熟語で表はしてゐるが、そこには、君民一体の生命観を伴つてゐない点で日本と異るもののあるのを見落してはならない。「賈誼新書」大政上の左の文なども、同型の民本思想である。曰く

之ヲ聞ク、政ニ於ケルヤ、民ヲ本ト為サヾルハ莫シト。国以テ本ト為シ、民以テ本ト為シ、吏以テ本ト為ス。故ニ国ハ民ヲ以テ安危ヲ為シ、君ハ民ヲ以テ威侮ヲ為シ、吏ハ民ヲ以テ貴賤ヲ為ス。此レヲ民ヲ本ト為サヾルハ無シト謂フ。

そして更に民を命とし功とし力とする事を論じてゐるが、これは反面からいへば支那の君主がいかに民を軽視したかを語るものでもある。淮南子は、君民を構造的に見て「君主ノ民アルハ猶ホ城ノ基アリ、木ノ根アルガ如ク根深ケレバ則チ末固ク、基美ナレバ則チ上寧シ」（泰族訓）といつてゐるが、これ民本君末の理論といふべく、前述のモルネ説とほゞ同趣である。

第六項　君本民末観

民本君末思想は支那の基礎的君民論であるが、しかし支那にも君本民末説がないわけではない。「主ハ国ノ心ナリ」と考へた淮南子は「君ハ根本ナリ、臣ハ枝葉ナリ。根本美ナラズシテ枝葉茂ル者ハ未ダ之ヲ聞カザル也」（繆称訓）といふ。これ、国家の政は、天の意即ち人民の意に基くとはいへ、これを政治する者は君主であり、君主は政治の儀表であると考へたからであつて、古代の元首観とも一脈通ふものがある。「五帝三王ノ道ハ、天下ノ綱紀、治ノ儀表也」（「淮南子」泰族訓）と考へれば、儀表たる君主は、政治の根本となる。日本の場合には、血統の根本といふ生命体的観念が確立し民族の融和結合に役立つたが、この点支那では、十分の大成を見なかつたので、君本民末観も、何か底の浅い感じである。君本民末観は君上民下の序列観念を伴ふこと、たとへば「管子」が、君、相、大

夫、群臣を四守と名づけ「有道ノ君ハ本ヲ執リ、相ハ要ヲ執リ、大夫ハ法ヲ執リ、以テ其ノ群臣ヲ牧シ、群臣ハ智ヲ尽シ力ヲ竭シ以テ其ノ上ニ役ス。四守ノ者得ルトキハ治マリ、易ルトキハ乱ル」（君臣下）、又「下ノ上ニ事フルヤ、響ノ声ニ応ズルガ如ク、臣ノ主ニ事フルヤ、影ノ形ニ従フガ如シ。故ニ上令シテ下応ジ、主行ヒテ臣従フ。此レ治ノ道ナリ」（任法）といふが如く、又「泰族訓」に「国主ノ民アルハ猶ホ城ノ基アリ木ノ根アルガ如ク、根深ケレバ則チ末固ク、基美ナレバ則チ上寧シ」といふが如きものである。

第七項　君民一体観

民族一体の生命的深さに於て、君・臣・民が一体感を持つことは支那では不可能であるが、王道を以て後天的に君臣民を一体化しようとの観念上の希望、努力はつねにつゞけられたやうである。

彼等はそれを堯舜の上にイメージとして作りあげた。「克ク俊徳ヲ明カニシテ以テ九族ヲ親シム、九族既ニ睦ジクシテ百姓ヲ平賞ス、百姓昭明ニシテ万邦ヲ協和ス、黎民於《アア》変リ時《コ》レ雍《ヤハラ》グ」といふ堯の代は君民一体「四表ニ光被シ上下ニ格《イタ》ル」ものと信ぜられた。「嘉言伏スル攸罔《トコロナ》ク、野ニ遺賢無ク、万邦咸《ミナ》安シ。衆ニ稽ヘ己ヲ舎《ス》テ、人ニ従ヒ、無告ヲ虐ゲズ困窮ヲ廃セズ」（「書経」大禹謨）といふ聖世であつたから、君民は悲喜共生の間柄をなし「帝（堯）乃チ殂《ソ》落（死）ス、百姓、考妣（父母）ヲ喪ヘルガ如シ。三載（三年）、四海、八音（金、石、糸、竹、匏、土、革、木制楽器）ヲ遏《アツ》密（停音して静かにす）ス」といふことにもなつたのであらう。「股肱喜ブ哉、元首起ル哉」、「元首明カナル哉、股肱良イ哉、庶事康イ哉」と歌つてその幸福を祝しあつた君民は、文字通り君民一体一如である。「天ノ聡明ハ我ガ民ノ聡明ニ自《シタガ》ヒ、天明ノ畏ハ我ガ民ノ明威ニ自フ。上下ニ達ス」、それ故に「帝ハ天ノ下ニ光キ、海隅ノ蒼生ニ至ル。万邦ノ黎献（賢人）ハ共ニ惟レ帝ノ臣ナリ」（「書経」虞書益稷）といふ君民和楽は君民一体を一層強固にし、天子は民の父母と作つて天下に王たり、億兆の蒼生はまさに赤子であり天下一家にほかならぬ。孟子なども「君臣相説《えつ》」をいひ、「民ト楽ヲ同ジクス」（梁恵王）といつてゐるが、このようなイメージ、或は理念からすれば「臣軌」の「ソレ人臣ノ君ニ於ケルヤ、猶ホ四支ノ元首ヲ戴キ、耳目ノ心ノ使ト為ルガゴトシ。相須テ体ヲ為シ、相猶ホ未ダ君臣ノ得テ後用ヲ成ス。故ニ臣ノ君ニ事フルヤ、猶ホ子ノ父ニ事フルガゴトシ。父子至親ト雖モ体ヲ同ジウスルニ若カザルナリ」（同体）といふ観念も可能である。「左伝」に「大義滅親」（隠四）といふことも、以上の如き父子至親も及ばざる君臣同体の大親を治国の窮極的大義とすることによつて、国家君臣の理念とされるわけである。「晏子春秋」にはこれを君臣同欲といつてゐるが、このやうな現実的功利的観方による一体観の方が、支那の場合、前者よりは一層切実であつたであらう。曰く「景公晏子ニ問ヒテ曰ク、国ニ莅《ノゾ》ミ民ニ臨ミテ患フル所ハ何ゾヤ。晏子対ヘテ曰ク、患フルトコロノモノ三アリ。忠臣信ゼラレザル、一ノ患ナリ。信臣忠ナラザル、二ノ患ナリ。君臣心ヲ異ニスル、三ノ患ナリ。是ヲ以テ明君上ニ居レバ、忠ニシテ信ゼラレザルナク、信ゼズシテ忠ナラザル者ナシ。是ノ故ニ君臣欲ヲ同ジクシ、百姓怨ナシ」（内篇問上）。

第二節　支那の臣道論

第一項　臣道の語

臣道とは狭義の君道に対する語であるが、支那の臣道といふは、多くの場合、民と区別された臣の道を指し、時にはひろく民をも含んでの道の意に用ゐられるやうである。臣道の語は孟子が「君タラントスレバ君道ヲ尽シ臣タラント欲セバ臣道ヲ尽ス」（離婁上）といつたのを最も典型的用例と見てよからうが、「荀子」にも「臣道篇」といふ一篇がある。但し臣道を内容的に説いてはゐるが、臣道の語は見えぬ。君道の語は時に、君臣民を通じての軌範たる王道と同義にも使用されてゐるが、「説苑」は、王道を王術といひ、これに対し臣道といふ語を対せしめてゐる。

「古ノ王タル者ハ、ソノ為ス所少ク、ソノ因ル所多シ。因ル者ハ君術ナリ、為ス者ハ臣道ナリ」（申子）といふのがそれであるが、その巻第二は、題名を「臣術」と称し、本文には「人臣之術」の語を使用してゐる。この「人臣之術」は、「臣軌」にも「賢臣ハ六正ノ道ニ処リ、六邪ノ術《ミチ》ヲ行ハズ、故ニ上安ンジテ下理マリ、生キテハ則チ楽シマレ、死シテハ則チ思ハル。此レ人臣ノ術ナリ」（公正）と見えるが、王術が王道の意味であつたやうに、臣術もまた「人臣之術」（例「近思録」）にほかならない。「臣軌」の至忠第二に忠臣之道といふもまたこれであらう。然し、私の視野狭きためであるかも知れないが、王道論、君道論の汗牛充棟なのに比する時、臣道論は割合にすくなく、殊に独立して臣道論が説かれてゐる例は非常に稀だと思ふ。これは印度の場合も大体同傾向であり、西洋に於ても帝王論に力を注ぐこと絶大でありながら臣道論には殆んど見るべきもの少く、最も貧弱であり、この点、日本が、君道論に於て比較的僅少でありながら臣道論を説くこと甚だ盛であるのと、好対照といはねばならぬ。

支那の臣道論は、主として君に臣事する者の道を説いたものであつて、日本の、一般国民を主とした臣民道よりは狭義のもので、いはゞ一種の吏道論である。支那の君道が、堯舜の如き伝説的イメージの中に求められたところの理想としての「有道君主」であるが如く、臣道論もまた、それに対応するかの如き理想としての「有道の臣」である。されば「管子」にはこの「有道の臣」を古の道なりとして左の如くいつてゐる。

> 昔者ノ有道ノ臣ハ、質《シ》（初めて君主に見ゆる時の献上物）ヲ委シテ（置く。尊上には授けず）臣ト為リ、左右ニ賓事セズ（側近に媚びず）、君知ルトキハ仕ヘ、知ラザルトキハ已《ヤ》メ、若シ事アルトキハ必ズ国家ヲ図リテソノ発揮ヲ徧クシ、ソノ祖徳ニ循ハシメソノ順逆ヲ弁ジ、賢人ヲ推育シ、讒慝ヲ作《オコ》ラズ、君ニ事フルコト義ナリ。下ヲ使フコト礼アリ。貴賤相親シムコト、兄ノ若《ゴト》ク弟ノ若ク、国家ニ忠アリ、上下、体ヲ得、居処ニハ義ヲ思ヒ、語言ニハ謀謨アリ、動作ニハ事アリ、国ニ居リテハ富ミ、軍ニ処リテハ克チ、難ニ臨ミ事ニ拠リテハ死スト雖モ悔イズ、君ニ近ヅキテハ払ト為リ、君ニ遠ザカリテハ輔ト為リ、義以テ与ニ交ハリ、廉以テ処リ、官ニ臨ミテハ治マリ、酒食ニハ慈アリ、ソノ君ヲ誘ラ

ズ、ソノ辞ヲ毀《ソシ》ラズ、君若シ過アルトキハ進諫シテ疑ハズ、君若シ憂アルトキハ臣之ニ服ス。之レ亦昔者ノ有道ノ臣ト謂フベシ（四称）

「管子」には又「経臣」の語があり、経は常の意味であらうが、一種の臣道概説と見てよからう。曰く

朝ニ経臣アリ……何ヲカ朝ノ経臣ト謂フ。身ノ能ヲ察シテ官ヲ受ケ、上ヲ誣《シ》ヒズ、法令ヲ謹ミテ以テ治メ、阿党セズ能ヲ尽シ力ヲ尽シテ而モ得ルヲ尚バズ、難ヲ犯シ患ニ離《ア》（遭と同じ）ヒテ而モ死ヲ辞セズ、禄ヲ受クルニソノ功ヲ過サズ位ニ服スルニ其ノ能ヲ侈《オホヒ》ニセズ。毋実（毋は無に同じ）ヲ以テ虚シク受ケザル者ハ朝ノ経臣ナリ（重令）（注2）

第二項　臣従の限界と臣道観

第一款　無限服従の絶対臣道観

「論語」八佾に「君ニ事ヘテ礼ヲ尽セバ人以テ諂ヘリト為ス」とあるのは有名だが、孔子は周公の廟に入るや「事毎ニ問ヒ」（八佾）「公門ニ入ルニ鞠躬如タリ、容レラレザルガ如シ。立ツニ門ニ中セズ、行クニ閾ヲ履マズ。位（君の座所）ヲ過グレバ色勃如タリ、足躩《カク》如タリ、ソノ言フコト足ラザル者ニ似タリ。斉《モスソ》ヲ摂《カカ》ゲテ堂ニ升レバ鞠躬如タリ、気ヲ屏《ヲサ》メテ息セザル者ニ似タリ、出デテ一等ヲ降レバ、顔色ヲ逞《ハナ》チテ怡《イ》怡如（よろこぶ）タリ。階ヲ没シテ（階を降る）趨リ進メバ翼如（つつしむ）タリ、ソノ位（堂下の自己の位地）ニ復レバ踧踖《シユクセキ》如（敬ひ謹む）タリ」（郷党）とあるところによれば、殆んど無限絶対臣道の実践者であつた。その臣道観は左の一文につくされてゐる。

斉ノ景公、政ヲ孔子ニ問フ。孔子対ヘテ曰ク、君君、臣臣、父父、子子。公曰ク、善イ哉。信《マコト》ニ如シ君君タラズ、臣臣タラズ、父父タラズ、子子タラズ、粟アリト雖、吾レ得テ諸レヲ食ハンヤ（「論語」顔渕）

この「君君」「臣臣」には二つの読み方があり読み方を異にすると意味も異つてくる。第一の訓み方は

君、君タリ。臣、臣タリ。父、父タリ。子、子タリ（又は、君ハ君タリ、臣ハ臣タリ……）。

第二の訓み方は

君、君タレバ、臣、臣タリ。父、父タレバ、子、子タリ。

といふのであるが、「論語」にはもう一つ同じ問題に属する文がある。八佾の「君使レ臣以レ礼臣事レ君以レ忠」がそれで、「君、臣ヲ使フニ礼ヲ以テス。臣、君ニ事フルニ忠ヲ以テス」とも訓めるし、「君、臣ヲ使フニ礼ヲ以テスレバ、臣、君ニ事フルニ忠ヲ以テス」とも訓める。後者の場合は、本来なら「君君則臣臣」といふやうにあるべきだらうが「則」は省略することもできる。これは東条一堂がその著「論語知言」に「夫問語両事、問不レ得レ容二則字一」と明断してゐる通り、「君君。臣臣」は並列体であり、四句それぞれ文章として独立してゐるのであつて、「君君」「父父」は、「臣臣」「子子」の条件句と見るべきこと、次の景公の言葉が「君不レ君。臣不レ臣。父不レ父。子不レ子。」と四句並列体になつてゐる事から逆推して疑ふ余地がない。又、「論語」「春秋」「孔子家語」その他の孔子の全言行思想から判断してみても孔子が、君が君らしく道を尽せば臣もまたそれに応じて忠をつくす、といふやうな条件的臣道、相対的臣道を認めた者とは考へられない。然し孔子は、かく君君臣臣父父子子を説き且つ彼自らは厳格に実践したけれども、君君臣臣について、彼の生涯を通じ力説高調不断といふほどではなかつた。これ彼の祖国魯はもとより、その他彼の周遊した諸国の諸君主が現実に皆、王国之王といふよりは得国之王であり、君君臣臣の社会的歴史的基盤（国体）に於て満たされないものがあつた為めであらう。孔子の活動したのは周末西紀前八世紀の頃で周室既に衰へ、所謂春秋五覇（斉桓公、晋文公、宋襄公、秦穆公、楚荘王）争乱の時代であり、真実には君君臣臣の当体を見出し難い時であつたから彼の王道理念の到達した君君臣臣も現実的にその根拠を十分に求めることができず、僅に、神話的には五帝、歴史的には周初の文武王乃至周公旦に国体のイメージを求め、世を周室の古に復せんと努力したものであらう。然し、遊説も空しく、晩年を魯国に退養するのほかなかつたばかりでなく、君君臣臣の王道的理念は、支那の後代の歴史を通じてもつひに単なる古代的理念に終り、日本国体の如き国体事実を成すに至らなかつた。

もちろん、孔子の君君臣臣の思想は、理念として猶ほ後世にも若干の伝統をなし、孔子十二世の孫で漢代の大儒であつた孔安国の如き、「論語訓辞」に於て「君、君タラズトモ臣以テ臣タラザルベカラズ、父、父タラズト雖、子以テ子タラザルベカラズ」と絶対臣道を説いてをるが、「春秋」文公十七年の杜預の注に

昭公無道ヲ以テ弑セラルト雖、文公猶宜シク君ヲ弑スルヲ以テ討ヲ受クベシ。故ニ林父宋ヲ伐チテ所ヲ失フヲ以テ人ト称シ、晋侯宋ヲ平ゲ功無キヲ以テ序セズ。君、君タラズト雖、臣ハ以テ臣タラザル可ラザルヲ明ニス。大教ヲ督スル所以ナリ。

といふものと共に、君主が如何なる道を履むかは、臣臣の条件とはならないといふ孔子の無制限絶対服従の臣道論の祖述にほかならない。

第二款　有限服従の相対的臣道観

君君臣臣を相対的条件的意味に解すれば、「漢書」武帝五子伝の中に見える壺関三老の上書にいふ「父、父タラザレバ則チ、子、子タラズ。君、君タラザレバ、則チ、臣、臣タラズ」となるは論理の自然である。孟子は楊墨を難じて「楊墨ノ道息マザレバ孔子ノ道著レズ」（滕文公下）といつたが、その理由は「楊子ノ我ガ為メニスルハ是レ君ヲ無ミスルナリ。墨氏ノ兼ネ愛スルハ是レ父ヲ無ミスルナリ。父ヲ無ミシ君ヲ無ミスルハ是レ禽獣ナリ」といふものである。無父無君是禽獣と断じた孟子は然し一方で「君ノ臣ヲ視ルコト土芥ノ如クナレバ、則チ、臣ノ君ヲ視ルコト寇讎ノ如クス……寇讎ニハ何ノ服カアラン」（離婁下）と、極めて合理主義的に割切つてゐる。この合理論は、確に普遍妥当的思想であるから、日本の場合でもそれが認められない筈はないのであるが、日本の国体思想史には、天皇に対しては、かうした臣道観が成立した例がない。但し、日本でも、諸侯大名とその家臣との間には、

同巧の思想は存したことが立証される。「絵本太功記」に「五十五年の夢覚め来て一元に帰すとは何のたは言、君、臣を見る事塵芥の如くせば、臣、君を見ること怨敵の如しと春長猛威に増長し」、「十訓抄」に「君独り臣を選ぶべからず、臣も亦君を選ぶ」などと見えるが、前者は孟子の、後者はおそらく「後漢書」（注3）の文に拠つたのであらうが、「主の子養ふも身助からうため」、「主の門は泣いて通れ」などの俚諺と共に、日本封建社会に於ける相対的君臣観を知るべきであらう。勿論、封建時代にも赤穂四十七士の如き絶対観もないではないが、同時に幾多の明智光秀組も存したのである。その中に於て、天皇に対してこのやうな思想が特に成立しなかつたことは、比較国体論的にも注意されなければならぬところである。

第三項　尽忠臣道

第一款　忠の広狭二義

「忠」は中と心の合字であつて、広くは一般に、まごころ、中心の情報などを意味するのであつて、直、無私、厚、中能外応、内尽其心而不欺、などと解されてゐる。これらが忠の本来の意味であるが、後には多く臣が君に事へる道を指すこととなつた。即ち、事君の道を忠とするのが狭義の意味となつた。いづれにしても、まごころといふ意味を基本として他人に対する忠、自己に対する忠、事に対する忠と、三大別を生じた。忠一字でかゝる観念を含むものとするが補助文字を附して一層その意味を的確にしようとすれば、忠信、忠誠、忠恕等々と熟字する場合も多い。曽子三省の中に「人ノ為メニ謀リテ忠ナラザルカ」（「論語」学而）といふは対人の忠であるが、それは「人ニ分ツニ財ヲ以テス、之ヲ恵トイフ。人ヲ教フルニ善ヲ以テス、之ヲ忠トイフ」（「孟子」滕文公）といひ、「之ヲ愛シテ能ク労スルコト勿ランヤ、忠ニシテ能ク誨フルコト勿ランヤ」（「論語」憲問）、「子貢友ヲ問フ。子曰ク、忠告シテ善ク之ヲ導キ、可《キ》カザレバ則チ止ム。自ラ辱シムル毋レ」（同上顔淵）等と同じく、皆誠心を以て他人と交り、他人に尽す道にほかならない。されば、孝養をさへ忠養といふ場合のあることは、宋の王応麟（注4）の「聖賢ノ忠ヲ言フハ君ニ事フルヲ専ラトセズ。人ノ為メニ謀レバ必ズ忠、朋友ニハ忠告ス。親ニ仕ヘテハ忠養ス。善ヲ以テ人ヲ教フ。適クトシテ忠ニ非ザル無シ」（「困学紀聞」六）の例がある。忠の意義の広博思ふべきであるが、これ忠がマコトを以てその本義とするからである。

　次に己に約しての忠は、「論語」述而第七に「子、四ヲ以テ教フ、文行忠信」、学而第一に「忠信ヲ主トス、己ニ如カザル者ヲ友トスル毋レ、過チテハ則チ改ムルニ憚ルコト勿レ」などとあり、この忠信がおのづから、形の上で恭敬となることは「荀子」修身篇に「体ハ恭敬ニシテ心ハ忠信」といふものであらう。又己が忠信であればこそ他人に対して同情、寛大のまごころともなるのであつて、これが結局政治の大本ともなるわけで、「論語」の顔淵第十二に、子張が政を問うたのに対し、孔子が「之ニ居テ倦ムコトナク、之ヲ行フニ忠ヲ以テセヨ」といつたのはこの辺の消息であらう。尚ほ、「礼記」祭義によれば、他人といつても殊に親、君などには、その人の生前のみならず、死後の祭祀に於ても忠でなければならぬことを文王をひいて「文王ノ祭ヤ、死者ニ事フルコト生ニ事フルガ如ク死者ヲ思フコト生ヲ欲セザルガ如クス。忌日ニハ必ズ哀ミ、諱ヲ称スルトキハ親ヲ見ルガ如クス。祀ノ忠ナリ」といつてゐる。

　忠は又、君に対して考へられる。忠孝などいふ場合の忠は主として君に対する忠であるが、「戦国策」に「其ノ君ニ忠ナレバ天下皆以テ臣タランコトヲ欲シ、其ノ親ヲ愛セバ天下皆以テ子タランコトヲ欲ス」といふやうなのは、忠を孝と対照して、もつぱら君主に対するまごころを忠となした場合である。君に忠をつくす臣を忠臣と称することは、「忠臣二君ニ事ヘズ」（「史記」田単伝）、「忠臣ハ孝子ノ門ニ出ヅ」（「後漢書」韋彪伝）などの用例の如くであるが、忠は時に君主自身の道を指す場合もあるやうである。宋代のものといはれる「忠経」の聖訓章に「社稷ヲ保チ以テ、祖先ヲ光カスハ、蓋シ聖君ノ忠ナリ」とするのがそれであるが、「左伝」桓公六年の条に「所謂道トハ、民ニ忠ニシテ神ニ信アルナリ。上、民ヲ利スルヲ思フハ忠ナリ」など、といふものに稽へれば拠る所ある用法といつてよい。

我国では、戦後、民主主義万能となり、教育勅語の「克忠克孝」など頭で馬鹿にし、封建道徳として一蹴する風潮が支配的であるが、誠に半可通の知識といはねばならない。王応麟も「困学紀聞」六に「君ノ民ニ於ケルモ亦忠ト曰フ。李梁曰ク、上民ヲ利スルヲ思フハ忠ナリ」といひ、「賈誼」に「君吏之ヲ率ヰルニ忠ヲ以テシ、然ル後、士民忠ナリ」（大政）といふのだから、忠は必ずしも単に臣民が君上に奉仕する道徳ではない。より根本的に、汎人類的道徳であつて、その君たると大臣たると庶民たるとを問はないのであり教育勅語が「克忠克孝」を含む諸の軌範に対し、「朕爾臣民ト倶ニ拳々服膺」といふ所以のものが決して空疎なものでないことを知り得るのである。

第二款　身分的忠と忠君愛国

「忠経」は宋代の偽作と考へられてゐるがそれは漢の馬融の選、鄭玄の注と題するところに存するのであつて、その思想内容が支那民族のものであるといふ点では何等問題はない。「孝経」に倣つたのであらう十八章を開いてゐるが、身分の差に基く忠を五つあげてゐる。

㈠聖君の忠（君主の忠）
㈡冢《ちょう》臣の忠（大臣の忠）
㈢百工の忠（群臣の忠）
㈣守宰の忠（卑官の忠）
㈤兆人の忠（国民の忠）

「忠経」によれば、天下を治める道は忠のほかにない。何となれば、忠とは中であり、至高にして無私、忠信にして誠一「書経」に所謂「惟精惟一、允執㆓厥中㆒」といふ道であつて、語を換へれば天道であつて、堯舜以来、帝王の道として相伝されたものである。されば「忠ハ其心ヲ一ニスルノ謂ナリ。国ヲ為ムルノ本、何ゾ忠ニ由ルコト莫カラン。忠ハ能ク君臣ヲ固クシ、社稷ヲ安ンジ、天地ヲ感ゼシメ、神明ヲ動カス。而ルヲ況ヤ人ニ於テヲヤ」といひ、「明主国ヲ為ムルニハ必ズ先ヅ忠ヲ弁ズベシ」と主張する。次に大臣以下諸々身分の差はあるがおのおのその本分をつくすのが忠であるといふ点では、基本的に共通する。支那には、日本のやうな忠君愛国なる思想が十分に発達しなかつたと思はれるが、この「忠経」は珍しくも忠君と愛国とを結びつけ「国ニ報ズルヲ思ハザルハ豈忠ナランヤ」といひ、報国の道を貢献、献猷、立功興利の四と為してゐる。「忠経」はかくして遂に忠を最大の道徳と考へ「天ノ覆フ所、地ノ載スル所、人ノ履ム所、忠ヨリ大ナルハ莫シ」といふ。

第三款　一般国民の忠

支那に於ける「臣之道」は必ずしも「民之道」ではない。然し「忠経」は極めて稀な例として、先にその名を列ねた通り、「兆人之忠」なる目を置いて一般国民の忠なるものを説いてゐる。「天地泰寧ナルハ君ノ徳ナリ。君徳昭明ナレバ則チ陰陽風雨和ヲ以テス。人之レニ頼リテ生クルナリ。是ノ故ニ、祇ミテ君ノ法度ヲ承ケ、孝悌ヲ其家ニ行ヒ、服勤稼穡シテ以テ王賦ニ供ス。此レ兆人ノ忠ナリ」といふところによれば、国民の忠とは、㈠君主の定めた制度法令を守ること、㈡各人家に在つては孝悌をつくすこと、㈢職業に勉み生産増殖して租税を負担すること、の三条にありと為すもので、我国の教育勅語が皇運扶翼にすべての人の、個人的、家族的、社会的、国家的道徳の帰一点を見出したものと、興味深く対照せられるところであらう。「左伝」宣公十二年の条末に「古ハ明王不敬ヲ伐テバ其ノ鯨鯢《ケイゲイ》（大魚即ち巨魁の例）ヲ取リ、之ヲ封ジテ以テ大戮《リク》ト為ス。是ニ於テカ京観（尸を積みその上に土を封ず）アリ、以テ淫慝ヲ懲ス。今（晉の）罪、所ナク、而シテ民皆忠ヲ尽シテ以テ君命ニ死セリ。又以テ京観ヲ為《ツク》ル可ケン」とあり、一般国民の尽忠をいつたものではあるが、客観的事実としてどの程度のものであるか不明でもあるし、支那の思想史上に強く国民の軌範として生きてゐたとも思はれない。「臣軌」に「夫レ人《タミ》ノ君ニ於ケルヤ猶ホ子ノ父母ニ於ケルガゴトシ」（利人）とあるは、この句だけを見る時は天子を民の父母とする古義と照応するもののやうでもあるが、その次下に「百姓足ラズンバ君孰トトモニカ足ラン」といふ「論語」の句を出して人を恤れむ人臣の忠を説いてゐる事により、その然らざることがわかるし、「管子」の君臣篇に「民ニ三務（春夏秋の農務）アリ、布《ツト》メザルトキハ民ソノ民ニ非ザルナリ。民ソノ民ニ非ザルトキハ以テ守戦スベカラズ」といふやうなものも、広義に於ける民の忠を説いたものとはいへようが、必ずしも、君に対する忠を強く意識してゐるものとはいへないであらう。

第四款　忠臣の種類

「荀子」臣道篇を見ると大忠、次忠、下忠の説が見え、下忠に入らざるものを国賊としてゐる。「大忠ナル者アリ、次忠ナル者アリ、下忠ナル者アリ、国賊ナル者アリ。徳ヲ以テ君ヲ復《オホ》ヒテ之ヲ化スルハ大忠ナリ。徳ヲ以テ君ヲ調ヘテ之ヲ補フハ次忠ナリ。是《ゼ》ヲ以テ非ヲ諫メテ之ヲ怒ラスハ下忠ナリ。君ノ栄辱ヲ卹《カヘリ》ミズ、国ノ臧否ヲ卹ミズ偸合苟容シテ以テ禄ヲ持シ交ヲ養フノミナルハ国賊」であるといふが、その史的例証として周公の成王に於けるが如きを大忠、管仲の桓公に於けるが如きを次忠、子胥の夫差に於けるが如きを下忠となし、而して曹触竜の紂に於けるが如きを国賊と断じてゐる。これはそのまゝ、「韓詩外伝」にも載せてゐるが、「韓非子」には単に小忠と大忠の二となし、「小忠ヲ行フハ則チ大忠ノ賊ナリ」（過十）といふ。その理由の説は次の通りである。

奚《ナニ》ヲカ小忠ト謂フ。昔ハ楚ノ共王、晉ノ厲公ト鄢《エン》陵ニ戦ヒシトキ、楚ノ師敗レテ共王其ノ目ヲ傷ツク。酣《カン》戦ノ時、司馬子反（楚国の臣）渇シテ飲ヲ求メシニ、豎《ジュ》（未元服者の官名）ノ穀陽、觴酒ヲ操リテ之ヲ進ム。子反曰ク、嘻《アア》、退ケヨ、酒ナリト（陣中飲酒を禁ぜらる。故にかく言ふ）、豎ノ穀陽曰ク、酒ニアラザルナリト。子反受ケテ之ヲ飲ム。子反ノ人ト為リヤ、酒ヲ嗜ミテ甘シトス。口ニ絶ツコト能ハズシテ酔ヘリ。戦既ニ罷ミテ共王復戦ハント欲シ、人ヲシテ司馬子反ヲ召サシム。司馬子反辞スルニ心疾（胸部疾病）ヲ以テス。共王駕シテ自ラ往キ、ソノ幄中ニ入リ、酒臭ヲ聞キテ還ル。曰ク、今日ノ戦、不穀（君主の謙称）親ラ傷ツク。恃ム所ノ者ハ司馬ナリ。而ルニ司馬又酔ヘルコト此クノ如シ。是レ楚国ノ社稷ヲ忘レテ而シテ吾ガ衆ヲ恤《ウレ》ヘザルナリ。不穀復戦フナケント。是ニ於テ師ヲ還シテ去リ、司馬子反ヲ斬リテ以テ大戮ヲ為セリ。故ニ豎ノ穀陽ノ酒ヲ進メシハ以テ子反ニ讐《アダ》セルニハアラザルナリ。其ノ心之ヲ忠愛シテ而モ適《タマ〳〵》以テ之ヲ殺スニ足レルナリ。故ニ曰ク、小忠ヲ行フハ則チ大忠ノ賊ナリト。

忠に非ざるものは不忠であるが、「論語」には不臣といひ、「戦国策」には大逆不忠ともいふ。忠に似て忠に非ざるものは大姦で、「宋史」の呂誨に所謂「大姦ハ忠ニ似タリ、大詐ハ信ニ似タリ」と道破するところ、古来我国の人口にも膾炙してゐる。「大不誠ヲ中ニ蔵スル者ハ必ズ小誠ヲ外ニ謹ミ以テソノ大不誠ヲ成ス」（「晏子春秋」外篇）は、史上、いづくに於ても見られる現象であらう。

第三節　臣道十綱

第一項　序　説

支那では上述の如く、その国体の性質上、君、臣、民が生命体的に一元化してゐないため立国の大義としての君民一体感が十分成立せず、君と一体不可分となり得るものは、臣に限られ、臣と民とは、階級的にも、血統的にも対立的であるのが原則で、従つて臣道即民道の義を、十分に完成することができなかつた。然し、社会国家の構成原理からは、事実上「管子」の所謂「王者ハ民ヲ以テ天ト為ス」のほかないのである。王政王朝の持続か革命かは、この基礎において決定されるのであり、然も「民ハ食ヲ以テ天ト為ス」のであるから、王者の政治が民の生活を如何に支配するかがやがて天たる民の如何に動くかの因たらざるをえない。これは、ひとり支那に於て然りといふだけではなく、人類世界普遍の理であるが、政治は勿論君主一人を以てその悉くを行ひうるものではなく、必ず輔弼者の協力を要する。この輔弼者たる者は即ち臣であるから臣にその人を得るか否か、臣がその道を適正に行ふか否かは王朝王政に重大な関係を有するところで、古来、王道の一翼としてさまざまに論究されきたつたところである。

支那の書で、臣道を専門的に考究した文献としては則天武后の選「臣軌」上下二巻をあげなければならぬが、この書は、臣軌即ち臣道を、同体、至忠、守道、公正、臣諫、誠信、慎意、廉潔、良将、利人の十と為してをり、体系的思想を展開してゐるが、その精神は「周朝ノ十乱ヲ想ウテ爰ニ十章ヲ著シ、殷室ノ両臣ヲ思ウテ、分ツテ両巻ト為ス。言行ヲ発揮シ、身心ヲ鎔範シ、上ニ事フルノ軌模ト為シ、下ニ臣タルノ準縄ト作ス所以ナリ」といふ序文によつて窺ふべきであらう。

「晏子春秋」には臣道を三倫に要約して「君ニ事フルノ倫ハ、知慮以テ国ヲ安ンズルニ足リ、誉厚以テ民ヲ導クニ足リ和従以テ衆ヲ懐クルニ足リ、上ニ廉ニシテ以テ名ヲ為サズ、民ニ倍《ソム》キテ以テ行ヲ為サザルハ上ナリ。己ヲ治ムルニ潔ク、過ヲ飾リテ以テ先ヲ求メズ、讒諛シテ以テ進ムヲ求メズ、以私（所私の誤親しき所）ニ阿ラズ、能クスル所ヲ誣ヒザルハ次ナリ。力ヲ尽シ、職ヲ守リテ怠ラズ、官ヲ奉ジ上ニ従ヒ敢テ惰《オコ》タラズ、上ヲ畏ルヽ故ニ苟モセズ、罪ヲ忌ム故ニ辟セザルハ下ナリ。三ノ者ハ君ニ事フルノ倫也」（内篇問下）と詳説してゐる。即ち三倫とは臣の三類であり、その各倫に説く所は臣道軌範であり、まさに一部の臣道概論といひえよう。以下に述べるところは、諸家の説を窺ひ、その要をとつて分類し、ほゞ十綱に整理しうるだらうとの私見に基いたものである。

第二項　同体守分の臣道

「臣軌」の第一章は、同体と題し、その最初には、さきに引用した通り、君臣関係を外形的に元首と四肢との関係と見てゐるが、然らば君臣の内面的関係はどうかといへば、これを次の如く説いてゐる。「臣ハ君ヲ以テ心ト為シ、君ハ臣ヲ以テ体ト為ス。心安キトキハ則チ体安シ。君泰キトキハ則チ臣泰シ。未ダ心、中ニ瘁《ヤ》ミテ、体、外ニ悦ビ、君上ニ憂ヘテ臣下ニ楽シムコトハ有ラザルナリ。古人ノ所謂其ノ安危ヲ共ニシ、其ノ休戚ヲ同ジクスルハ、豈ニ信《マコト》ナラズヤ」。即ち君臣は一個の共同体と考へられてをり、比喩的にいへば、君臣は一有機体の身心関係である。勿論、同体必ずしも平等ではなく、分に於て異る所以を、同書は「冕旒《ベンリウ》（玉を貫いた糸で飾つた冠をつける意）垂拱（装束を正しくして手をこまねく意）、上ニ無為ナル者ハ人君ノ任ナリ。国ヲ憂ヘ人ヲ恤ミ、力ヲ下ニ竭ス者ハ人臣ノ職ナリ」と説きはするが、いづれにしても、君と臣とが同体の自覚的結合を以て、下、民に臨むといふ意味である。支那の国体構造に基いたものであるのは申す迄もないところで、臣が君に摂せられて君臣対民の構造を持つか、臣が民に摂せられて君民同体の意識を形成するかは、厳密には国体問題といふべきであらう。

「臣軌」が君主の任ずるところと臣の職とするところを分つたのは、拠る所ある古義といふべく、「管子」などは極めて整然と説き示してゐる。

有道ノ君ハ、ソノ徳ヲ正シクシテ以テ民ニ涖《ノゾ》ミ、而シテ智能聡明ヲ言ハズ。智能聡明ハ下ノ職ナリ。智能聡明ヲ用フル所以ノ者ハ上ノ道ナリ。上ノ人ハ其ノ道ヲ明カニシ、下ノ人ハ其ノ職ヲ守ル。上下ノ分、任ヲ同ジクセズ。而モ復、合シテ一体ト為ル（君臣上）

君主の要は徳を正しくして下に臨むことにあり智能聡明の如き必ずしも君主の要にあらずとする思想は、君主が区々たる智識才能の器たらんよりは、その位に在りてその一身を以てする統合の作用を重く評価した為めであらう。所謂三常を兼ねて一にするといふもので

天ニ常象アリ、地ニ常形アリ、人ニ常礼アリ、一設シテ更マラズ。此レヲ三常ト謂フ。兼ネテ之ヲ一ニスルハ人君ノ道ナリ。分チテ之ヲ職《ツカサ》ドルハ人臣ノ事ナリ。

といふ。されば「人ノ上タル者ハ功ヲ量リテ之ヲ食《ヤシナ》ヒテ以テ足ラシメ、人ノ臣タル者ハ任ヲ受ケテ之ニ処《ヲ》リ以テ教へ、政ヲ布クコト拘アリ」（君臣上）ともいふのである。

第三項　忠節操守の臣道

忠誠は臣たる者のマコトであり、良心である。忠誠を欠けば最早や人臣たりえない。忠誠は良心なるが故に不変の節操たるべきものといふ意味で忠節といふ。一夫に献げた婦の貞操は一時的なものであつてはならず、それは終生を貫いて不変なるべきものと考へられ、これを貞節といふが如きものである。「史記」に「王蠋曰ク、忠臣ハ二君ニ事へズ、貞女ハ二夫ヲ更ヘズト。斉王、吾ガ諫ヲ聴カズ、故ニ退イテ野ニ耕ス。国既ニ破亡ス。吾レ存スルコト能ハズ、今又之ヲ却《オビヤ》カスニ兵ヲ以テシ、君ノ将ト為ルハ、是レ桀ヲ助ケテ暴ヲ為スナリ。ソノ生キテ義無カランヨリハ固ヨリ烹《ニ》ラレンニ如カズト。遂ニ其ノ頭ヲ樹枝ニ経リ、自ラ奮ヒ脰《トウ》（道）ヲ絶チテ死ス」（田単伝）といふは、忠義の節操、即ち忠節にほかならぬ。忠節は忠義の徹底である。されば「史記」は筆をつゞけて「王蠋ハ布衣ナレドモ、義トシテ北面セズ、況ヤ位ニ在リ禄ヲ食ム者ヲヤ」といつてゐる。伯夷、叔斉が、武王の紂を滅ぼすや周室の粟を食ふを恥ぢ、首陽山に逃れて餓死したのも、忠節を完了した例として高く評価され、孔子の如きは「伯夷叔斉ハ旧悪ヲ念ハズ、怨是ヲ以テ希ナリ」（公冶長）、「仁ヲ求メテ仁ヲ得タリ、又何ヲカ怨ミン」（述而）、「其志ヲ降サズ、其身ヲ辱メザルハ伯夷叔斉カ」（微子）等と「論語」にしば〳〵激讃してゐるのである。その朝にあつて仕へるや「夙夜ニ解《ヨコタ》ラズ以テ一人ニ事フ」（「詩経」大雅）べきは勿論だが、一たび臣事した君に対しては、事により去つた後でも一種の心操を守るべしとの考へは、東洋の古道であり、「古ノ君子ハ、交絶ツモ悪声ヲ出サズ、忠臣ノ国ヲ去ルヤ其名ヲ潔《イサギヨ》クセズ」（燕恵王）、「之ヲ去リテ謗ラズ、之ニ就キテ賂セズ、亦忠ト謂フベシ」（大載礼記）といふ。いづれも、忠の節操としての価値をいへるもの、この節操こそ人の奥床しさであるとしたものであらう。

第四項　尊君安国の臣道

「尊君安国」とは「荀子」の臣道篇より採ったものであるが、「臣軌」には「尊主安国」といふ表現が見える。(注6) 尊王安国としてもよいのであるが、支那では通常「尊王」の語を使用しないやうであるから、荀子の用語にしたがった。尊君は尊尊の大義の至れるものと考へられる点から見て、人臣倫道の極致といつてよからう。尊君とは、その君を選びその君を尊くするの義である。荀子が「礼儀ヲ隆《タツト》ブノ、君ヲ尊ブガ為ナルヲ知リ」(君道)といふが如く、尊君は王道礼楽の命ずる軌範である。支那の尊君は、尊父に比しやゝ理論倒れの感なきを得ないが、それは国体の然らしめるところであり、単なる王道論、臣道軌範内の問題ではない。孔子に従へば、尊君は敬忠である。「季康子問フ、民ヲシテ敬忠ニシテ勧《ハゲ》マシムルハ之ヲ如何セン。子曰ク之ニ臨ムニ荘ヲ以テスレバ則チ敬シ、孝慈ナレバ則チ忠ニ、善ヲ挙ゲテ不能ヲ教フレバ則チ勧ム」(為政)といふはそれである。元来、支那では親を尊ぶことを日常倫道の大本とする。単に、養うとか、愛するとかいふのではなく、敬することを要求する。「論語」為政第二に子游への有名な教がある。「今ノ孝ハ是レ能ク養ウト謂フ。犬馬ニ至ルマデ皆能ク養フコトアリ。敬セズンバ何ヲ以テ別タンヤ」で、敬親は、儒教道徳の大本である。「大戴礼記」曽子大孝篇に「孝ニ三アリ、大孝ハ親ヲ尊ブ、其次ハ辱シメズ、其下ハ能ク養フ」とあるから親を養ふことも孝のうちではあるが、子としての、自己の世間的体面などをも勘定に入れて最少限度の親に対する物質的給付、親だから仕方なしに捨ぶちをやるといふ考へ方、己と同じ家で養ふのは好まないが、捨てるわけにも行かないから、金をつけて養老院に送りこんでしまうといふやり方、それらといへども未開蛮族の棄老の風習、わが姨捨山的思想に比すれば、人間的ではあるが、しかし、小孝であり、下孝であるに過ぎない。「小人モ皆能クソノ親ヲ養フ。君子敬セザレバ何ヲ以テカ別タン」(「礼記」坊記)だ。尊尊は、生命本末上下の人間的自覚に基くものであり、親子間にその最も自然且つ至近の道理を体認せられるが、国家をより高次の共同体と観ずる時、その理は君臣間にも延長発展させられる。「論語」はこれを「其ノ己ヲ行フヤ恭、其ノ上ニ事フルヤ敬」（公冶長）と、恭敬であるとした。恭とは、上に尊敬を捧ぐることと不可分の自己としてへりくだり、うやうやしくすることである。「管子」は「恭敬忠信以事君上」といつてゐる。

「礼記」その他にしばしば敬忠尊君の精神と形式を、煩はしい迄に説いてゐるのを見る。

凡ソ君ノ為ニ使スル者ハ、己ニ命ヲ受クレバ、君言家ニ宿《トド》メズ。君言至レバ則チ主人出デテ君言ノ辱《カタジケナ》キヲ拝シ、使者帰レバ則チ必ズ門外ニ拝送ス。若シ人ヲシテ君ノ所ニ使セシムレバ、則必ズ朝服シテ之ニ命ズ。使者反レバ、則チ必ズ堂ヲ下リテ命ヲ受ク（曲礼上）

といふもその一。

凡ソ主ノ器ヲ執レバ、軽キモノヲ執ルモ克《タ》ヘザルガ如クス。主ノ器ヲ執リ、幣、圭、璧ヲ操レバ、則チ左手ヲ尚《ウヘ》ニシ行クニ足ヲ挙ゲズ、車輪ノ如ク踵ヲ曳ク（曲礼下）

といふもその一。

君、食ヲ賜ヘバ必ズ席ヲ正シクシテ先ヅ之ヲ嘗ム。君腥ヲ賜ヘバ必ズ熟シテ之ヲ薦ム。君生ヲ賜ヘバ必ズ之ヲ畜フ。君ニ侍食スルニ君祭レバ先ヅ飯ス（毒見する）、疾アルニ君之ヲ視レバ東首シテ朝服ヲ加ヘ、紳ヲ拖《ヒ》ク（大帯を上に引きかける）。君命ジテ召セバ駕ヲ俟タズシテ行ク（郷党）。

といふもまたその一。儒教大成期の英傑荀子の如きは

人ニ事ヘテ不順ナル者ハ不疾（怠慢）ナル者ナリ。疾ニシテ不順ナル者ハ不敬ナル者ナリ。敬ニシテ不順ナル者ハ不忠ナル者ナリ。忠ニシテ不順ナル者ハ無功ナル者ナリ。功アリテ不順ナル者ハ無徳ナル者ナリ。故ニ無徳ノ道タルヤ、疾（速）ヲ傷ヒ功ヲ堕シ、敬ヲ亡ボス。故ニ君子ハ為サヾルナリ（臣道篇）。

といひ、孟子は「君ニ事フルニ義ナク、進退礼ナク、言ヘバ則チ先王ノ道ヲ非《ソシ》ル者ハ猶ホ沓沓（言葉多くして止まらざるもの。口先きだけ）

ノ如キナリ」（離婁上）と戒めるのである。支那尊尊の原理からいへば父母も子にとつては至尊でありこれを尊敬すべきこと申す迄もないが、しかも父子と君臣とを比較する時は、「父母ハ恩ヲ主トシ君臣ハ敬ヲ主トス」（公孫下）といふ孟子の言を無視することはできなからう。

第五項　君徳補揚の臣道

「忠経」の楊聖は「君徳清明ナレバ忠臣以テ栄エ、君徳足ラザレバ忠臣以テ辱シメラル。足ラザレバ則チ之ヲ補ヒ、聖明ナレバ則チ之ヲ揚グルハ古ノ道ナリ」といふ。たとへ、君主は天命を受くとの信仰を堅持するも、尚ほ現実に国君たる者はすべて自然人であるから君徳清明なる者ばかりつゞくとは考へられずむしろ君徳不足の者が、君たる場合が多い。これはいづこの国に於ても然りであるが、君徳不足の至大なる場合、そしてこれを補ふ臣道のない時、天はその命を革めるのであるが革命を避けるためには、君主そのものが王道を行ふを要するのみならず、臣下が臣道をつくす事が必要である。仰せごもつともと、君命ならば是非を問はず服従しその執行に任ずるが如きは忠順でも恭順でもない。こゝに於て孟子は「難キヲ君ニ責ムル、之ヲ恭ト謂ヒ、善ヲ陳ベテ邪ヲ閉ヅル、之ヲ敬ト謂フ」（離婁上）といふのだが、「忠経」の補といふもこの意であらう。帝国憲法に国務大臣の任務を「輔弼」といつたのも同じ精神である。荀子が「以徳復君而化之大忠也、以徳調君而補之次忠也」といふも同巧異曲であるが、たゞし「晏子春秋」に、景公が晏子に「忠臣の行は何であるか」と問うたのに対し、晏子が「君ノ過ヲ掩ハズ、前ニ諫メテ外ニ華セズ」（内篇問上）といつてゐるのは味はふべき語であらう。華せずとは、自慢げに他言することであらうが、徳を以て化するにせよ、過を匡正するにせよ、君前に恭忠を以て之を行うても、出でては決して之を口外しないのが道である。子路が事君に就て問うたのに対し、孔子は一言にして「欺クコト勿レ、而シテ之ヲ犯セ」（憲問）と教へてゐる。犯せとは君の尊敬を犯してでも君徳を匡補せよの意味であらう。

君徳を匡補するといつても単なる匡補ではまだ臣道としては消極的たるを免れない。こゝにその宣揚の問題が起る。聖明なれば之を揚ぐと「忠経」にいふものは「臣軌」に所謂「内ニ君ノ過ヲ匡シ、外ニ君ノ美ヲ揚グ」といふものであり、その美の揚げ方は

君ノ一善ヲ見テハ、則チ力ヲ竭シテ以テ顕シ誉メ、唯四海ノ聞カザランコトヲ恐ル。君ノ微過ヲ見テハ、則チ心ヲ尽シテ潜《ヒソカ》ニ諫ム。唯、一徳ノ失アランコトヲ慮ル（至忠第二）。

とある。内補外揚は臣道の一要である。

第六項　諫争輔弼の臣道

諫争輔払は、君徳補揚と姉妹的関連にある観念だが、荀子は力を極めてこれを説いてゐる。

君ニ過謀過事ノ、将ニ節ヲ厄クシ、社稷ヲ殞《オト》サントスルノ具アリテ、大臣父兄、能ク言ヲ君ニ進ムルアリ。用フレバ則チ可用ヒザレバ則チ去ル、之ヲ諫ト謂フ。能ク言フ君ニ進ムルアリ。用フレバ則チ可。用ヒザレバ則チ死スル、之ヲ争ト謂フ。能ク知ヲ比《アハ》セ力ヲ同ジクシテ群臣百吏ヲ率ヰ、相与ニ君ヲ彊《シ》ヒ君ヲ撟《タ》メ、君安ンゼズト雖、聴カザルコト能ハズシテ遂ニ以テ国ノ大患ヲ解キ国ノ大害ヲ除キ、君ヲ尊ビ国ヲ安ンズルコトヲ成スアル、之ヲ輔ト謂フ。能ク君ノ命ニ抗シ、君ノ重（権勢権威）ヲ竊ミ、君ノ事ニ反キ、以テ国ノ厄キヲ安ンジ、君ノ辱ヲ除キ、功伐以テ国ノ大利ヲ成スニ足ルコトアル、之ヲ払ト謂フ。故ニ諫争輔払ノ人ハ社稷ノ臣ナリ。国君ノ宝ナリ、明君ノ尊厚スル所ナリ（臣道篇）。

一読明快であるが、荀子は伊尹、箕子を諫、比干、子胥を争、平原君の趙に於けるを輔、信陵君の魏に於けるを払、と謂ふべしと、それぞれ史上の実例を示してをる。而して、諫争輔払と、君主の徳との関連をば臣道篇に左の如く説いてをる。

聖君ニ事フル者ハ聴従アリテ諫争ナク、中君ニ事フル者ハ諫争アリテ諂諛ナク、暴君ニ事フル者ハ補削アリテ撟払ナシ。

「臣軌」には「夫レ諫ハ、君ヲ正ニ匡ス所以ナリ。易ニ曰ク、王臣蹇《ケン》々タリ、躬ノ故ニ匪《アラ》ズト。人臣ノ蹇々トシテ難キヲ為シテ、ソノ君ヲ諫ムル所以ノモノハ、身ノ為ニ非ザルナリ。将ニ君ノ過ヲ除キ、君ノ失ヲ矯メント欲スレバナリ。君、過失アリテ諫メザルハ忠臣ハ為スニ忍ビザルナリ」といひ、又「代要論」を引いて「夫レ諫諍ハ君ヲ道ニ納レ、枉レルヲ矯メ非ヲ正シ上ノ謬ヲ救フ所ナリ」といひ、更にこれを扶釈して次のやうにいふ。

君過失アリテ而モ諫諍セザルトキハ、将ニ国家ヲ危クシ、社稷ヲ殞サントス。能ク言ヲ君ニ尽スモノアリ、用ヰラル、トキハ則チ留マリ、用ヰラレザルトキハ則チ去ル。之ヲ諫ト謂フ。用ヰラル、トキハ則チ可ナリ、用ヰラレザルトキハ則チ死ス。之ヲ諍ト謂フ。能ク羣下ヲ率ヰテ以テ君ヲ諫ム。君、聴カザルコト能ハズシテ遂ニ国ノ大患ヲ解キ国ノ大害ヲ除キ、竟ニ能ク主ヲ尊ビ国ヲ安ンズル者アリ、之ヲ輔ト謂フ。能ク君ノ命ニ抗シ、君ノ事ニ反キ、以テ国ノ危キヲ安ンジ、主ノ辱ヲ除キ而シテ国ノ大利ヲ成ス者アリ。之ヲ弼ト謂フ。故ニ諫諍輔弼ハ所謂社稷ノ臣、名君ノ貴ブ所ナリ（匡諫）。

大体荀子の説を継承したことは一読明かであるが、輔払が輔弼となつてをり、後世の用字の源を成してゐる。儒教の忠孝は、封建的であるといふのが、敗戦民主主義化の日本の通説となつてゐるが、「孝経」ですらも「昔ハ天子、争臣七人アレバ無道ト雖天下ヲ失ハズ……父、争子アレバ則チ不義ニ陥ラズ。故ニ不義ニ当レバ則チ子以テ父ニ争ハザルベカラズ、臣以テ君ニ争ハザルベカラズ」といふのであるから、儒教のいふ孝や忠が、単なる無批判盲従の奴隷道徳でないことを知るべきである。不義に当るかどうかを判断する主体は臣自身、子自身である。もちろん、義であるか不義であるかを判ずる基準は、道であり、先王の道であつて、単なる臣子の恣意ではない。ひろく、人の拠るべき軌範として、累代その普遍妥当性が一般に確認されてゐるといふ前提に立つこの道、先王の道である。

法家に至れば、権力的要素が入りはするが、その代り、法といふ一応客観的規則、準則が立つてくる。

能ク法ニ拠リテ阿ラズ。上ハ以テ主ノ過ヲ匡シ、下ハ以テ万民ノ病ヲ振フハ忠臣ノ行フ所ナリ（「管子」君臣下）

といふのはそれであるが、万物を生養するのは地の則、百姓を治安するのが主の則、家事を救護するは父母の則であるやうに「正諫シテ節ニ死スルハ臣下ノ則」（形執解）だといつてゐる。そして、かくの如き臣道の責任精神を指して「臣軌」は「忠臣之勇」と名づけてゐる。たゞその諫め方には「曲礼」下に言ふやうな「人臣タルノ礼ハ顕ニ諫メズ」といふ配慮を要するとし、「礼記」にこれを詳述して次の如くいふ。

人ノ臣下タル者ハ、諫ムルコト有リテ訕《ソシ》ルコト無ク、亡《サ》ルコト有リテ疾《ニク》ムコト無ク、頌メテ閻《ヘツラ》フコト無ク、諫メテ驕ルコト無シ。怠ルトキハ則チ張リアリテ之ヲ相《タス》ケ、廃ルトキハ則チ掃ウテ之ヲ更ム。之ヲ社稷ノ益ト謂フ（少儀）。

顕諫せずといふは必ずしも諷諫に限るといふ意味ではない。あまりに露骨、強烈、無遠慮ではならないといふ意味であるから、言葉の言ひ回しなどにも注意を要するわけである。又、君臣の場合は、曲礼下にもある通り、三諫して聴かれざる時は、去るのであるが、父子の場合は「子ノ親ニ事フルヤ、三諫シテ聴カレザレバ、則チ号泣シテ之に随フ」（曲礼下）とされてゐる。家族のやうな近親の小団体では、その近親不可分の関係もあり、号泣してこれに随はざるを得ない場合もあらうが、君父の衝突のやうな事例にあたり子がとるべき道については十分な考察がないやうに思はれる。「管子」は、輔について多少趣を異にした説を出して「君ニ近ヅキテハ払ト為リ、君ニ遠ザカリテハ輔ト為リ、義以テ与ニ交リ廉以テ与リ官ニ臨ミテハ治アリ、酒食ニハ慈アリ、其君ヲ謗ラズ、其辞ヲ毀《ソシ》ラズ、君若シ過アルトキハ、進諫シテ疑ハズ、君若シ憂アルトキハ臣之ニ服ス。此レ亦昔者ノ有道ノ臣ト謂フベシ」（四称）といつてゐる。而して「白虎通」によれば、臣道もまた王道の一環と考へられ「忠臣ノ君ニ事フルヤ、諫ヨリモ先ナルハ莫シ。下、能ク之ヲ言ヒ、上、能ク之ヲ聴ケバ、則チ王道光ク矣」（忠諫）といひ、「下能言之」と「上能聴之」

の一如するところに王道光揚ありとの思想であらう。

第七項　当官処事の臣道

当官処事とは、宋の呂本中の「童蒙訓」によつたものであるが、朱子の編と称するも実は門人劉子澄が纂修し朱子が校閲したものと見られる。「小学」も亦「童蒙訓」に依り之れを用ゐてゐる。「国語」に「居官当事」といふものと同意で官に在つて政事を処理する意であるから、要するに官吏としての臣道を意味する。当官処事についてはの「論語」に「君ニ事フルニハ、其事ヲ敬シテ其食ヲ後ニス」（衛霊公）とある通り、その担当する職務の重要さや崇高さを認識して任務を敬重すべきであつて、官吏の俸禄や私生活を先きとしてはならぬことであらう。呂本中は、当官の法に三事ありとし、清と慎と勤とを挙げ、更に「忍ノ一字ハ衆妙ノ門」だからといふ理由で、忍を加へて四事とした。「若シ能ク、清、慎、勤ノ外、更ニ一忍ヲ行ヘバ何事カ弁ゼザラン」といふのがそれである。「小学」では「清心省事」「暴怒為戒」「但務着実」といふ表現であるが趣旨は同じである。又、「忠経」には報国四道の一として献猷即ち献策を算へてゐるが、献猷を為すには智能がなければならぬ。管子が、智能聡明は下の職なりといつたのは此の意味であると思ふが、唐太宗帝の「帝範」に「忠ハ其心ヲ瀝《ソソ》ギ、智ハ其策ヲ尽シ、臣、上ニ隔情ナク、君、能ク上ヲ遍照ス」、「漢書」に「百僚在官、忠ヲ竭シ謀ヲ尽シ後患ヲ懼レズ」（劉転伝）、「賈誼新書」に「智能ハ事業ニ困シマズ」（官人）など、みな当官処事に於ける正智善謀の臣道をいつたものである。君に仕へて君を匡す能はず、国を利する能はざる臣の如きは古来これを尸位素餐の徒といふこと、漢の王光の著「論衡」に「素トハ空ナリ、空虚徳無クシテ人禄ヲ餐ス、故ニ素餐ト曰フ。道芸ノ業無ク、政治ニ暁《アカ》ルカラズ、朝廷ニ黙座シテ事ヲ言フ能ハズ、尸《シ》（死かばね）ト異ル無シ、故ニ尸位ト曰フ」（量知篇）とある通りだ。

第八項　公正無私の臣道

大公無私は君道の眉目であつたが、然らばこれに呼応する臣道もまた公正無私であらねばならぬ。「臣軌」はその公正第四に於て先づ「天ニ私覆無ク地ニ私載無ク日月ニ私燭無ク四時ニ私為無シ。私スル所ヲ忍ンデ大義ヲ行フ。公ト謂フベシ」と公の意義を明かにし而して

人臣ノ公ナル者ハ、官事ヲ理ムルトキハ則チ私家ヲ営マズ。公門ニ在リテハ則チ貨利ヲ言ハズ。公法ニ当ツテハ則チ親戚ニ阿ラズ。公ニ奉ジ賢ヲ挙グルトキハ則チ仇讎ヲ避ケズ。君ニ事フルニ忠、下ヲ利スルニ仁、之ヲ推《スス》ムルニ恕ノ道ヲ以テシ、之ヲ行フニ不党ヲ以テス。

といひ、その範例としては伊尹と呂望を挙げてをる。そして「論語」の「苟モソノ身ヲ正シクセバ政ニ従フニ於テ何カアラン。ソノ身ヲ正シクスル能ハズンバ、人ヲ正シクスルコトヲ何如」(子路)、「其身正シケレバ令セズシテ行ハル。其身正シカラザレバ令スト雖従ハズ」(同上)の二訓を引き、更に「説苑」に従つて六正六邪を論じてゐる。

六正トハ、一ニ曰ク、萌芽未ダ動カズ形兆未ダ見ハレズ、昭然トシテ存亡ノ幾得失ノ要ヲ独見シ、預《アラカジ》メ不然ノ前ニ禁ジ、主ヲシテ超然トシテ顕栄ノ処ニ立チテ、天下ヲシテ孝ヲ称セシム。此クノ如キハ聖臣ナリ。二ニ曰ク、虚心白意ニシテ、善ニ進ミ道ニ通ジ、主ヲ勉メシムルニ礼誼ヲ以テシ、主ヲ諭スニ長策ヲ以テシ、其美ニ将順シテ其悪ヲ匡救シ、功成リ事立テバ、善ヲ君ニ帰シテ敢テ独リソノ労ニ伐《ホコ》ラズ。此クノ如キ者ハ良臣ナリ。三ニ曰ク、身ヲ卑《ヒク》クシ体ヲ賤シウシ、夙ニ興キ夜《ヨハ》ニ寐ネ、賢ヲ進メテ解《オコタ》ラズ、数々《シバシバ》往古ノ徳行ノ事ヲ称シテ、以テ主ノ意ヲ励マス、庶幾クハ以テ国家社稷宗廟ヲ安ンズルニ益アランコトヲ、ト。此クノ如キハ忠臣ナリ。四ニ曰ク、幽見ノ成敗ヲ明察シ、早ク防イデ之ヲ救ヒ、引イテ之ヲ復シ、其間ヲ塞ギ、其源ヲ絶チ、禍ヲ転ジテ以テ福ト為シ、君ヲシテ終ニ以テ憂無カラシム。此クノ如キ者ハ智臣ナリ。五ニ曰ク、文ヲ守リ法ヲ奉ジ、官

ニ任ジテ事ヲ職《ツカサ》ドリ、禄ヲ辞シ賜ヲ譲ツテ贈遺ヲ受ケズ、衣服端斉ニ飲食節倹ス。此クノ如キ者ハ貞臣ナリ。六ニ曰ク、国家昏乱シテ為ス所不道ナルモ、然モ敢テ主ノ顔ヲ犯シ、面《マノ》アタリ主ノ過失ヲ言ツテ其誅ヲ辞セズ、身死シテ国安クンバ行フ所ヲ悔イズ。此クノ如キ者ハ直臣ナリ。是ヲ六正ト為ス。

六正とは六正臣であり、聖臣、良臣、忠臣、智臣、貞臣、直臣と分類し、臣の正なるものを品質の上より等級を附し、聖臣を以て、その最上とした。而して又、六正を行ふ臣を賢臣ともいつてゐる。筆序に、六邪も併記しよう。

六邪トハ、一ニ曰ク、官ニ安ンジ禄ヲ貪リ、私家ヲ営ミテ公事ヲ務メズ。其智ヲ懐キ其能ヲ蔵シ、主、論ニ饑《ウ》エ策ニ渇スレドモ猶肯《アヘ》テ節ヲ尽サズ。容々乎トシテ世ト浮沈上下シ、左右ニ観望ス。此クノ如キ者ハ具臣ナリ。二ニ曰ク、主ノ言フ所ハ皆善ト曰ヒ、主ノ為ス所ハ皆可ト曰ヒ、隠シテ主ノ好ム所ヲ求メテ即チ之ヲ進メテ以テ主ノ耳目ヲ快ナラシメ、偸合苟容、主ト楽ヲ為シテ其後ノ害ヲ顧ミズ。此クノ如キ者ハ諛臣ナリ。三ニ曰ク、中ノ実ハ頗ル険、外ノ容貌ハ少シク謹ミ、言ヲ巧ニシ色ヲ令クシ、又心ニ賢ヲ嫉ミ進メント欲スル所ハ、則チ其美ヲ明カニシテ其悪ヲ隠シ、退ケント欲スル所ハ、則チ其過ヲ明ニシテ其美ヲ匿シ、主ヲシテ妄リニ行ヒ過ツテ任ゼシメ、賞罰当ラズ号令行ハレズ。此クノ如キ者ハ姦臣ナリ。四ニ曰ク、智ハ以テ非ヲ飾ルニ足リ、弁ハ以テ説ヲ行フニ足リ言ヲ反シ辞ヲ易ヘテ文章ヲ成シ、内、骨肉ノ親ヲ離シ、外、朝廷ヲ妬乱ス。此クノ如キ者ハ讒臣ナリ。五ニ曰ク、権ヲ専ニシ勢ヲ擅ニシ、国事ヲ持招シテ以テ軽重ヲ為シ、私門ニ於テ党ヲ成シテ其家ヲ富マシ、又復威勢ヲ増加シ、擅ニ主命ヲ矯メテ自ラ貴顕ニス。此クノ如キ者ハ賊臣ナリ。六ニ曰ク、諂言スルニ邪ヲ以テシ、主ヲ不義ニ墜シ、朋党比周シテ以テ主ノ明ヲ蔽ヒ、入ツテハ則チ言ヲ弁ニシ辞ヲ好クシ、出デテハ則チ更ニ復其言語ヲ異ニシ、白黒ヲシテ別無ク、是非ヲシテ間無カラシメ、推シテ因附スベキヲ伺候ス。然シテ主ノ悪ヲシテ境内ニ布キ四隣ニ聞エシム。此クノ如キハ亡国ノ臣ナリ。是ヲ六邪ト謂フ。

具臣、諛臣、姦臣、讒臣、賊臣、亡国臣は六邪臣であり不臣であつて、害臣であるのは申す迄もない。遠き支那の古い世代の言たるにとゞまらず、現代日本にとつても極めて痛切の言であらう。「阿私ヲ以テ託スルコトヲ得ザル者ハ大臣ナリ」（官人）といふ「賈誼新書」の大臣の如きは、いづれの国、いづれの時代にもすくないやうである。

第九項　廉潔利人の臣道

利人とは利民ともいふ。民に福利を与へるの謂であるが、これと根本的に関連するのは廉潔であらう。「臣軌」は廉潔を独立の一軌とし、

清浄無為ナルトキハ、則チ天之ニ時ヲ与フ。恭廉ニシテ節ヲ守ルトキハ、則チ天之ニ財ヲ与フ。君子ハ富貴ナリト雖養ヲ以テ身ヲ傷《ヤブ》ラズ。貧賤ナリト雖、利ヲ以テ廉ヲ毀《ソコ》ネズ。吏タルコトヲ知ル者ハ法ヲ奉ジテ以テ人《タミ》ヲ利ス。吏タルコトヲ知ラザル者ハ法ヲ枉ゲテ以テ人ヲ侵ス。官ヲ理ムル平ニ如クハナシ。財ニ臨ミテハ廉ニ如クハナシ。廉平ノ徳ハ吏ノ宝ナリ。

といふが、「財ヲ貪ラズ、色ニ淫セズ」（「賈誼新書」官人）といふことは、古今不謬の吏道であらう。管子は人臣の大罪なるものを論じて「夫レ人ニ臣タル者、君ノ高爵重禄ヲ受ケ、大官ヲ治メテ其官ニ倍《ソム》キ、其事ヲ遺《ワス》レ、君ノ色ニ穆《シタガ》ヒ其欲ニ従ヒ、阿リテ勝ツ。此レ人ニ臣タルモノノ大罪ナリ」（君臣下）といひ、「晏子春秋」には景公の臣たるの道を問へるに対し「善ヲ見テ必ズ通ジ、其利ヲ私セズ、善ヲス、メテソノ名ヲ有セズ、身ヲ称《ハカ》リテ位ニ居リ、苟クモ進ムコトヲ為サズ、事ヲ称《ハカ》リテ禄ヲ受ケ（原文「授」とあるは誤り）苟クモ得ルコトヲ為サズ。貴ニ体シ（近づく）賤ニ側シテ（賤者を側におく）ソノ倫ニ逆ハズ、賢不肖ヲ居《オ》クコトソノ序ヲ乱サズ肥利ノ地ハ私邑ト為サズ。賢質ノ士ハ私臣ト為サズ。君ソノ言フ所ヲ用ヰ、民ソノ利トスルトコロヲ得テ、而シテソノ功ニ伐《ホコ》ラズ。此レ臣ノ道ナリ」（内篇問下）といへるなど、みな清廉潔白、事君利民の臣道を高唱したものである。晏子は斉の景公に重用され厚く遇された者であるが「ソノ家貨ヲ以テ寡人ヲ養フスラソノ淫侈ヲ欲セザルナリ」（同上）と称された。左の一節

はその為人を伝へて余りありといってよい。〔　〕は理解に便したもの。

景公酒ヲ飲ム。田桓子侍ス。晏子ヲ望見シテ、田桓子公ニ復《モウ》シテ曰ク、請フ晏子ニ浮セン（罰盃を課さう）。〔公曰ク〕何ノ故ゾ。〔田桓子曰ク〕晏子ハ緇布（黒布）ノ衣、麋《ビ》鹿ノ裘《きう》（トナカイとシカの皮衣。下品な衣服）ヲ衣、桟《キ》軫《シン》ノ車（竹木で編んだ車士分の乗用車）ニシテ駑馬ヲ駕シ以テ朝ス。是レ君ノ賜ヲ隠スナリ。〔公曰ク〕諾。晏子坐ス。酌者觴《シヨウ》（盃）ヲ奉ジテ之ヲ進メテ曰ク、君命ジテ子ニ浮ス。〔晏子曰ク〕何ノ故ゾ。〔田桓子曰ク〕君、之ニ卿位ヲ賜ヒ以テ其身ヲ尊クシ、之ヲ百万ニ寵シ（百万銭を寵賜）、以テ其家ヲ富マス。群臣ソノ爵ハ子ヨリ尊キハナク、禄ハ子ヨリ重キハナシ。今、子、緇布ノ衣、麋鹿ノ裘ヲ衣、桟軫ノ車ニシテ駑馬ヲ駕シ以テ朝ス。是レ則チ君ノ賜ヲ隠スナリ。故ニ子ニ浮ス。晏子席ヲ避ケテ曰ク、請フ飲ミテ而ル後ニ辞センカ、ソレ辞シテ而ル後ニ飲マンカ。〔公曰ク〕辞シテ而ル後ニ飲メ。〔晏子曰ク〕君ノ卿位ヲ賜ウテ以テソノ身ヲ尊クスルヲ、嬰《エイ》（晏子の名）敢テ顕ノ為メニ受クルニ非ザルナリ。君ノ令ヲ行ハンガ為メナリ。寵スルニ百万ヲ以テシテ、以テソノ家ヲ富マスヲ、嬰敢テ富ノ為メニ受クルニ非ザルナリ。君ノ賜ヲ通ゼンガ為メナリ。臣聞ク、古ノ賢臣ハ、厚賜ヲ受ケテソノ国族ヲ顧ミザルコトアレバ則チ之ヲ過トス。事ニ臨ミ職ヲ守リ、ソノ任ニ勝《タ》ヘザレバ則チ之ヲ過トス。君ノ内隷（公家の臣）、君ノ父兄、若シ離散シテ野鄙ニ在ルアラバ、此レ臣ノ罪ナリ。君ノ外隷（卿大夫の家臣）、臣ノ職トスル所、若シ之ヲ播亡（逃亡離散）シテ四方ニ在ルアラバ、此レ臣ノ罪ナリ。兵革ノ完カラズ、戦車ノ修マラザル、此レ臣ノ罪ナリ。若シソレ弊車駑馬以テ朝スルハ、意《オモ》フニ臣ノ罪ニ非ザルカ。且ツ臣、君ノ賜ヲ以テ、父ノ党、車ニ乗ラザル者ナク、母ノ党、衣食ニ足ラザル者ナク、妻ノ党、凍餒《タイ》スル者ナク国ノ間士（交友）臣ヲ待チテ而ル後ニ火ヲ挙グル（生活する）者数百家。此クノ如キ者ハ、君ノ賜ヲ彰スト為サンカ、君ノ賜ヲ隠スト為サンカ。〔公曰ク〕善シ。我ガ為メニ無宇（田桓子）ニ浮セヨ。

廉潔の臣道躍如たるものがある。「論語」の所謂「士道ニ志シテ悪衣悪食ヲ恥ヅル者ハ未ダ与ニ議《ハカ》ルニ足ラザルナリ」

の言葉も連想されるであらう。「管子」枢言は「日ニ之ヲ益シテ而モ少キヲ憂フル者唯忠ナリ。日ニ之ヲ損シテ而モ多キヲ患《ウレ》フル者ハ唯欲ナリ。多忠少欲ハ智ナリ。人臣タル者ノ広道ナリ」といひ、この広道に反する「人臣タル者、国ニ功労アルニ非ズ、家富ミテ而モ国貧シキハ人臣タル者ノ大罪ナリ。人臣タル者、国ニ功労アルニ非ズ、爵尊クシテ而モ主卑キハ人臣タル者ノ大罪ナリ」（同上）といはねばならぬ。かの孟子の恒産恒心などもこれと関連して一考すべきところであらう。その「恒産ナクシテ恒心アル者ハ、惟《タダ》士ノミ能ク為ス、民ノ如キハ則チ恒産ナケレバ因ツテ恒心ナシ」とするは異論を免れないであらうが、梁恵王上に「苟クモ恒心ナケレバ放辟邪侈、為サヾルナキノミ。罪ニ陥ルニ及ビ然シテ後従ウテ刑ス。是レ民ヲ罔《アミ》スルナリ。焉ンゾ仁人位ニ在ルアリテ民ヲ罔シテ為スベケンヤ。是ノ故ニ明君ハ民ノ産ヲ制シ、必ズ仰イデハ以テ父母ニ事フルニ足リ、俯シテハ以テ妻子ヲ養フニ足リ、楽歳ニハ終身飽キ凶年ニモ死亡ヲ免ル。然シテ後駆リテ善ニ之カシム」（注7）といふのは王道の厚生利民として異論なきところであらう。苟くも臣事し国政を担当する者この道に和して君徳を暢達顕彰するは臣道の要であり、その他「管子」が「国ヲ佐クルノ道ハ必ズ先ヅ人ヲ富マス」といひ「臣軌」が「臣タルノ忠ハ先ヅ人ヲ利ス」などいふもの皆この臣道の要を指摘したものである。

第十項　武夫干城の臣道

「詩経」周南の「赳赳武夫公侯干城」の語は、国防尽忠の臣道をいへるものであらう。人欲国欲をほしいまゝにしてみだりに他国を武力で侵害するは武の本義ではない。文字そのものから見ても戈を止むることが武の積極的意義たるは明かであるし、既に第一章第四節第三項の第三款「王道の政治十綱」第八目「王道文武」（本書三四一頁）に説いた通りである。かく、王道に武があれば臣道にも亦武あるべく、これ武夫干城の臣道ある所以である。「孫子」は兵は国の大事、死生の地、存亡の道であるとし、これに道、天、地、将、法の五事を立てたが、その「道」を解して「民ヲシテ上ト意ヲ同ジクシ、之ト与ニ死スベク、之ト与ニ生クベクシテ危キヲ畏レザラシムルナリ」（始計）といひ、その「将」を論じては「夫レ将ハ国ノ輔ナリ。輔、周（周密）ネケレバ国必ズ強ク、輔、隙アレバ国必ズ弱シ」（謀攻）といひ、所謂武夫干城の重きを説いてゐる。兵を用ゐるのは一国の重大事であり国家至高の意思の発動でなければならぬから「凡ソ兵ヲ用フルノ法ハ、将、命ヲ君ニ受ケテヨリ軍ヲ合セ衆ヲ聚ム」（単争）べきものであるが、「主ハ、怒リヲ以テシテ師ヲ興スベカラズ」「将ハ、慍《イキドホ》リヲ以テシテ戦ヲ致スベカラズ」（火攻）といふ処に、王道の軍の本質を説くを見る。「尉繚子」をしていはしめれば、兵を動かすは、王道の教が兵の形で現はれるものなのであつて「兵ノ教令、営ヲ分チ陣ニ居ルニ、令ニ非ズシテ進退スルモノアレバ、教ヲ犯スノ罪ヲ加フ」（兵教上）といふは、けだし「将軍、命ヲ受クル、君、必ズ先ヅ廟ニ謀リ、令ヲ廷ニ行フ」（時令）ものだからであらう。「凡ソ師ヲ帥イ衆ニ将タルニ、慮、先ヅ設ケズ、器械備ハラズ、教精信ナラズ、士卒習ハズ、此クノ若キハ王者ノ兵トナスベカラズ」といふのは「六韜」の軍略であるが、王を輔けて王者の軍を育成し、之を統帥し、王道の師一たび動くところ、王道の教、征討防戦の大義全軍将卒に確信せられて徹せざることなきやう統率するのが武夫干城たる将の臣道だといふのである。「論語」子路篇に「教ヘザル民ヲ以テ戦フハ是レ之ヲ棄ツルト謂フ」といふところと思想の脈絡相通ずるものがある。

第十一項　選賢進能の臣道

選賢進能とは「晏子春秋」から採つた語であるが、賢能を公平に用ゐるのが王道である以上、いかに賢能を選び、いかにこれらのものを任用するかが君を輔ける臣道である。「忠経」はこれを貢賢と表現し、報国四道の一としてゐる。景公の下問に答へた晏子の言は左の如くである。

賢ヲ選ビ能ヲ進メテ、内ニ私セズ。身ヲ称《ハカ》リ位ニ就キ、能ヲ計リ禄を定メ、賢ヲ睹《ミ》レバ其上ニ居ラズ。禄ヲ受クルコト其量ニ過ギズ。居ヲ権《ハカ》リテ以テ行ヲ為サズ。位ヲ称《ハカ》リテ以テ忠ヲ為サズ。賢ヲ揜《オホ》ヒテ以テ長ヲ隠サズ。下ヲ刻シテ以テ上ニ諛《ヘツラ》ハズ。君在レバ太子ニ事ヘズ。諸侯ニ交ハラズ。順ナレバ則チ進ミ否ラザレバ則チ退キ、君ト邪ヲ行ハザルナリ（内篇問上）

これによると、㈠賢者を選び有能者を進めること、㈡貢進者は自己の能をはかつて賢者の上に立たぬこと、㈢賢能を私の臣僕とせぬこと、㈣妬心を以て賢能の者の長所をおほひかくさぬこと、㈤賢と不肖の用ゐ方を誤らぬことを必要としてゐる。このやうな考へ方は、必ずしも君臣関係に限るものではなく、一層ひろい社会生活に於て、苟くも上下の秩序の存する処、いづれにも適用さるべき原理であるとして、「管子」は「天子善アルトキハ徳ヲ天ニ譲リ、諸侯善アルトキハ之ヲ天子ニ慶《スス》メ、大夫善アルトキハ之ヲ君ニ納レ、民善アルトキハ父ニ本ヅケ之ヲ長老ニ慶《スス》ム。此レ道法ノ従《ヨ》ツテ来タル所ニシテ是レ治ノ本ナリ。……是ノ故ニ百姓ハソノ力ヲ父兄ノ間ニ量リ、ソノ言ヲ君臣ノ義ニ聴キ而シテ官ソノ徳能ヲ論ジテ之ヲ待ツ」（君臣上）といつてゐる。猶ほ、「管子」は四正五官の五官を論ずるところで「ソノ賢ヲ選ビ材ヲ遂《スス》ムルヤ、徳ヲ挙ゲテ以テ列ニ就カシメ、無徳ヲ類セシメズ、能ヲ挙ゲテ以テ官ニ就カシメ、無能ヲ類セシメズ、徳ヲ以テ労ヲ弁《オホ》ヒ、以テ年ヲ傷《ヤブ》ラズ。此クノ如クナルトキハ、上（人を得るが故に）困シムコトナクシテ、民、幸生（僥幸の生活）セズ」（君臣下）とも説いてゐる。「臣軌」には「賢ヲ見テハ之ヲ挙グルコト逮《オヨ》バザル如クス」といふが、けだし王道は野に遺賢なきを期するものであるから、「逮ばざる如く」してこそ、臣の道を全うし得るとなすものであらう。

凡そ一度び己れ政権枢要の座に就けば、阿佞も無能も、不徳も不賢も之を吟味せず、縁故親近の者を官にすゝめて朋党比周し易きは東西古今政治の痛弊といつてもよい。支那臣道論の中にはこれを現代にするも貴重とさるべきものの多くを含むを見るのである。終りにのぞみ、私は「呂氏春秋」から次の興味深き一文を引いておきたい。

人ヲシテ大イニ迷惑セシムル者ハ、必ズ物ノ相似タルモノナリ。玉《キウ》人ノ患フル所ハ石ノ玉ニ似タル者ヲ患ヘ、剱ヲ相スル者ノ患フル所ハ、剱ノ呉干（呉の干将と称する名剱）ニ似タル者ヲ患へ、賢主ノ患フル所ハ、人ノ博聞弁言ニシテ通ニ似タル者ヲ患フ。亡国ノ主ハ智ニ似、亡国ノ臣ハ忠ニ似タリ。相似タル者ハ、此レ愚者ノ大イニ惑フ所ニシテ、聖人ノ慮ヲ加フル所ナリ（疑似）。

注1　仕へれば臣、仕へなければ単なる民といふ伝統的君臣関係にありながら孔子は、終始、魯君の臣としての態度を一貫してゐることは「論語」に明かであり、且つ、封建制下の人臣としては孔子以上に典型的存在は他に見出し難い。

注2　「荀子」臣道篇にも次の如くいふ。『命ニ従ツテ君ヲ利スル、之ヲ順ト謂ヒ、命ニ従フモ君ヲ利セザル、之ヲ諂ト謂ヒ、命ニ逆ツテ君ヲ利スル、之ヲ忠ト謂ヒ、命ニ逆ツテ君ヲ利セザル、之ヲ簒ト謂ヒ、君ノ栄辱ヲ卹《カヘリ》ミズ、国ノ臧否ヲ卹ミズ、偸合苟容以テ禄ヲ持シ、交ヲ養フノミナル、之ヲ国賊ト謂フ』。

注3　「後漢書」馬援伝『馬援曰、当今非㆓但択㆒㆑臣、亦択㆑君』。

注4　王応麟（一二二三―一二九六）は宋末の学者、宋の忠臣文天祥は王応麟によつて登用の道を開かれた。著書七百巻、「玉海」の如きは今に史学の好参考書とされてゐる。

注5　「忠経」曰く『夫レ忠トハ豈惟ダ君ニ奉ジテ身ヲ忘レ、国ニ殉ジテ家ヲ忘レ、色ヲ正シクシ、辞ヲ直クシ、難ニ臨ンデ節ニ反スルノミナランヤ』

注6　我国では王応麟と同時代人の日蓮（一二二二―一二八二）が「立正安国論」一巻を著し、これに関連して北条幕府の実権者平左衛門に与へた「一昨日御書」と呼ばれる書簡に於て「安世安国為忠為孝」といふ注目すべき解釈を残してゐる。里見岸雄著「日蓮・その人と思想」一七一頁前後参照。

注7　孟子が滕の文公に答へた言葉にも『民ノ事ハ緩《ユル》ウスベカラザルナリ……民ノ道タルヤ恒産アル者ハ恒心アリ、

恒産ナキ者ハ恒心ナシ。苟クモ恒心ナケレバ放辟邪侈為サヾルナキノミ。罪ニ陥ルニ及ビテ然ル後ニ従ツテ之ヲ刑ス。焉ゾ仁人位ニアルアツテ民ヲ罔シテ為スベケンヤ』とある。

第三篇　印度の国体論

第一章　総　　論

第一節　印度の民族と歴史

こゝに述べようとする国体論は、現在の印度に関係がないけれども、過去の印度を見る便宜上一往現今の大勢を概観する。印度の原住民族たるドラヴィダ族は現在約六千万の人口を有してゐるがアフリカ黒人と蒙古人との混血といはれる。始はインド平原にゐたが、西北から侵入してきたヒンドゥー族の為めに圧迫されてデカン高原に退いて残存してゐる。ヒンドゥーは約二億人に達し住民の大部分を占めてゐる。

この二大民族の外、大小種々雑多のものを含んでをり、四十五種族、二千四百種姓といはれてゐる。従つて言語も亦種々雑多で、五百万人以上の言葉だけでも、ヒンドゥー語、ベンガル語、テルグ語、マレー語、タミル語、ラジャスタン語、カンナダ語、オリヤ語、グジャラート語、ビルマ語、パンジャープ語その他大小合して二百六十余の言語が使用されてゐる。

而して宗教方面を見れば、仏教徒は僅に一千百六十万人、第三位を占めるに過ぎず、第一位はヒンドゥー教で二億人以上、第二位はマホメット教で六千八百万人、以下、基督教、ジャイナ教、シク教、ゾロアスター教など、さまざまの信仰が行はれてゐる。

今その歴史を大観するに、五千年の古にあつては、チベット、ビルマ系の人種、黒色のコラリヤ、及び若干の文明を有したドラヴィダなどの先住民族がゐたのであるが、西紀前二千年の頃、中央アジアからアーリヤン民族が大移動を開始し、西方に向つた者は今日のヨーロッパ諸族となり、南方に向つた者は現今のペルシャ、トルコ、インドの諸民族となつた。かくて印度に侵入したアーリヤン族は先住諸族を征服して波羅門《バラモン》（僧侶）、刹帝利《クシャトリア》（武士）、吠奢《ヴァイシャ》（商工業者）、首陀羅《シュードラ》（奴隷）の四階級制、即ち四姓を確立したが、この階級制度は今日猶ほ維持せられてゐる。

而してこの波羅門階級が生み出した宗教が波羅門教で、宇宙の主神を梵天と名付け、霊魂は梵天より出でて輪廻するものと考へ、苦行懺悔によつて罪障を消滅し梵天に帰る事を得るといふのである。この波羅門教から語学（声明）、天文学、教学、機械学（巧明）、医学、薬学（医方明）、論理学（因明）、哲学（因明）などの諸学が起り、欝然たる印度文明が興つた。然しこの波羅門族が支配階級として堕落し横暴を極めるに及び、中印度の王族に釈迦が出現し仏教を唱導した。釈迦の生れた当時の印度には大小無数の国があつたが、北方では舎衛《シャエ》国、南方では摩竭陀《マガダ》国が強大で既に転輪聖王、即ち世界聖王の思想を有してゐた。

アレキサンダー大王が前三二七年に印度に侵入したが、この外寇に乗じて兵をあげた旃陀羅笈多《ナヤンドラクプタ》の為めに摩掲陀国は亡び、これより全印度を統一した孔雀王朝（マウリヤ朝）となる。旃陀羅笈多の孫は仏教の大外護者たる阿育《アショーカ》王で、仏教は実にこの王の力によつて東西にその教勢を拡張したのである。孔雀王朝（マウリヤ朝）は約十代百三四十年で亡び、ドラヴィダ族の王朝が起り、波羅門教が再び勢を得、仏教は西域即ち印度と支那の中間に位する地方の大月氏国（クシャーナ朝）を中心とするやうになつたが西紀二世紀頃の迦膩色迦《カニシカ》王は阿育王に比せられる大外護者であつた。第十世紀に回教徒の印度侵入があり、これよりイスラム時代ともいふべく、約二百年の王統であつた奴隷王朝（マムルーク朝）は、始祖クタブ・ウツ・ヂンが解放奴隷（マムルーク）から身を起した為めに、通常かやうに呼ばれるが、最後のモグル王朝の滅亡までに幾多の王統が興亡してゐる。

第二節　波羅門教の法経

予は印度の国体論を為すに当つては主として仏教の漢訳経典によつてこれを窺ふこととしたのであるが、必要な限りに於て、波羅門教の諸思想にも言及することとした。それにつき、この総論の中で特に一言解説しておきたいのは波羅門教の法経である。波羅門教は既述の通り、仏教に先立つて成立した古代印度の宗教であり又哲学であるが、この教は吠陀《ヴェーグ》（智識の義）即ちリグ、ヤジュール、シャマ、アタルヴァの四吠陀を根本聖典とし、更に之れを解説した梵書《ブラーフマナ》を不可分離のものとして尊重するのであるが、梵書は儀規、釈義、吠檀多の三部より成り、この最後のものを森林書又は奥義書《ウパニシャッド》といつてゐる。そしてこの四吠陀や梵書の内容に基き複雑な祭祀や制度を講述しそれを記憶し易い文体で記したものを修多羅《スートラ》（契経）と名付け、経書ともいふ。これは主として波羅門教の宗教的実践に関するもので、法経、天啓経、家庭経の三種に分れてゐる。今、こゝにいふ法経とはこの波羅門経書の一である。

印度で法（dharma）といふのは、規律の義であつて、それは法律のみならずひろく日常生活や、宗教行事の規定まで含んだもので、「マヌ法典」は最も有名であるが、ヴシシュタ法典、ヴィシュヌ法典、ヤーヂュニャヴルキャ法典なども著名である。これらの法典が通じて最も重んじたのは四姓の区別であつて、アーリヤン民族が先住族を征服した時、征服者と被征服者とを区別し、又、アーリヤン人の中で生じた職業の差異に基いた制度であるが、後には先天的差異として盲信され、永く印度を暗黒ならしめたものである。法経はこの制度を厳持し、征服者の権利、被征服者の無権利を強調してゐる。四姓の最上姓は波羅門《バラモン》であるがリグ吠陀を生んだ侍聖の子孫と信ぜられ、法経成立時代には梵天の第一子、生きたる神とされ国王と雖も之れを支配することは出来ぬと考へられた。刹帝利《クシヤトリヤ》といふのは国王を含む武士階級で、クシャトリヤは主権を意味する ksatra から来た語で、吠陀時代には王族（Rajanya）と称せられてゐた。政治、軍事を司るのであるが、経書時代には一方に仏教の興隆があり、仏教は因襲的四姓制度を打破せんとしたものだし、又、刹帝利族の中から世俗的には無論宗教的にも優れた者が出てきて、刹帝利が波羅門の上位と見られるやうな現象さへ起つた。法経はいづれも特に国王の章を設けて詳しく規律を述べてゐるが、法経の国王観は、便宜上、仏教の中に摂し、必要に応じて言及することにしてゐる。

第二章

印度の帝王観及び王道論

第一節　仏教経典の帝王観

第一項　総　説

支那儒教の帝王思想乃至王道論は、古来我国人によく研究され、又一般にも親しまれてきたが、印度系のそれは、殆んど注意せられてゐなかつたと称しても過言ではない。勿論、四恩の教説や、仁王経、金光明経などの信仰によつて若干の王者観が我国人と接触したことはあるが、それも極く一部の専門家の間のことで、一般にはむしろ、現世祈祷の呪文にも似た有り難さで、経文は深くも理解せられはしなかつたやうである。いはゞ、仏教、印度系の帝王思想は、日本の思想界に未だ十分研究せられる機会が無かつたのであつて、「王法政論経」など読まれはしたが、支那の王道思想に対する程、王道論として深い注意が支払はれなかつたものといふべきである。これは一面、仏教国であるところの日本としては、むしろ甚だ不思議な現象といはねばならぬ。

仏典には実に豊富な帝王論、王道論が説かれてをり、殊に、それらを一括して、「王者論」の名をさへ立てゝ呼んでゐるのである。即ち「四分律」の「九十単提法」の二に、六群比丘が六群比尼を意識する論目を挙げる中、第一に「王者論」、第二に「人民論」といつてをるが、かういふ風に、王者論、人民論といふ言葉が独立してゐるくらゐであるから、仏教の帝王論、王道論といふものは、決して、支那のそれに劣らぬほど縦横の思想を成してゐるのであるが、惜しいことには王道論といへば儒教のそれに圧倒せられて、千幾百年の久しい間経典の底に秘蔵せられたまゝであつた。然るに印度系の帝王思想は、支那のそれに比して断じて劣る事なき深さと広さと多様性とを具備してゐるものであつて、我々は、それを主として仏教の諸経典の中に発見するのである。勿論、マヌの法典、ウパニシャッド聖典、その他の諸教派の典籍をも参照するが、帝王思想に関しては仏典の如き豊富な材料は見出し難いから別に独立して論究しない事にした。たとへばかの転輪聖王の思想の如きも、おそらく仏教以前から印度に存した神話的伝承であるにちがひないが、これは仏教の中に伝へられ、そして大成したものであるから、仏典を見ればわかる問題である、といふやうな風であるから、本書に於ては主として仏典によつて印度帝王思想を概観するのである。

又、本章の最後には、「臣道論」をも附したが、帝王論、王道論が相当発達してゐる割に、臣道論は、さまで詳細な説がない。尤も王道論の中に、自然、王との関連に於て臣の道が附随して論明せられてゐる程度で、この方はほゞ古代印度的思想欲を満足させたものであらう。従つて王道論のやうな組織的教説は極めて稀であるが、猶ほ諸経に断片的に説くところなきにしもあらずであるから、それらの主要なものについて次項以下に若干の説明を加へよう。

第二項　仏教の理想国家論

仏典中に、君主を論ずる経の甚だ多きは、仏在世当時の印度に多数の王国が存し、それらの国王が仏門に参じた為めでもあるが、又一には実に釈迦その人の、君主国を最勝と為す国家観の現れでもある。釈迦従つて仏教が如何なる帝王観を有したか、又、その帝王観と関連して如何に国家を観察したかは、漸次本章の各節項を通じて明かにされるであらうが、それらの帝王論や王道観に就て筆を進める以前に、釈迦が、理想的国家、換言すれば君主を戴く国家の理想的状態についてその思想を披瀝した代表的一文献を左に掲げ、いはゞ仏教の理想する典型的国家についての教説を、先づ以て一読しておきたいと思ふ。それは「法句譬喩経」の巻第四、「泥洹品」第三十六によると、仏が曾て王舎城の霊鷲山《りようじゆせん》に諸の比丘千二百五十人が供にゐた時、阿闍世《あじやせ》といふ摩竭国の王が、越祇国を攻伐せんと欲し丞相の両舎なる者を使者として仏陀の意見を叩き教を乞うてきたことがある。時に仏は丞相に「是ノ越祇国ノ人民ハ七法ヲ奉行ス、之レニ勝ツ可カラズ、王、諦ニ思ヒ妄リニ挙動スルコト勿ルベシ」とて出兵を思ひ止まるやう誡喩した。そこで丞相両舎は、「何等ヲカ七法ト為スヤ」と質問するのであるが、それに対して仏の答へたところは次の通りである。

越祇国ノ人数相聚会シテ正法ヲ講議シ、福ヲ修メ自ラ守ル、此ヲ以テ常ト為ス、是レヲ謂《い》ヒテ一ト為ス、越祇ノ国人、君臣常ニ和シ、任ズル所忠良ナリ、教諫、承用シ相《あい》違戻セズ、是レヲ謂ヒテ二ト為ス。越祇ノ国人、法ヲ奉ジ相率ヒ調ハザル所無シ、敢テ過ヲ犯サズ上下常ニ循フ、是レヲ謂ヒテ三ト為ス。越祇ノ国人、礼譲ニシテ謹ミ敬ヒ、男女別有リ長幼相承ケ儀法ヲ失ハズ、是レヲ謂ヒテ四ト為ス。越祇ノ国人、父母ニ孝養シ師長ニ遜悌シ、誡ヲ受ケテ教誨ス、以テ国則ト為ス、是レヲ謂ヒテ五ト為ス。越祇ノ国人、天ニ承ケ地ニ則ル、社稷ヲ敬畏シ四時ヲ奉順シ民農廃レズ、是レヲ謂ヒテ六ト為ス。越祇ノ国人、道ヲ尊ビ徳ヲ敬ヒ国ニ沙門有リ、道ヲ得、応真ナリ、方ニ遠ク来ル者ニ衣被、床臥、医薬ヲ供養ス、是レヲ謂ヒテ七ト為ス。夫レ、国主ト為リ此ノ七法ヲ行ゼバ危ヲ得ベキコト難シ、天下ノ兵ヲ極メ共ニ往キテ之ヲ攻ムルモ勝ヲ得ルコト能ハズ。

といふのである。而して仏は、丞相に対し「若シ越祇国人ヲシテ一法ヲ持《タモ》タシムルモ尚攻ム可カラズ、何《いか》ニ況ンヤ、尽《ことごと》ク是クノ如キ七法ヲ持ツヲヤ」と警告し、更に「利ノ勝ハ恃ムニ足ラズ、勝ツト雖モ猶復苦ナリ、当ニ自ラ法ニ勝ツヲ求ムベシ、已ニ勝チテ生ズル所無シ」といつたとある。

これは、最初に、「人民七法ヲ奉行」といひ、後に「国主ト為リ此ノ七法ヲ行ズ」といつてをるから、いはゆる君民共に行ふべき法として説いて居るものといはなければならぬ。君民この七法に於て一如せるところに理想の国家がある、とするのである。

猶ほ、四十「華厳経」の中に国王の七支といふ説があるが、これは国王の君徳を基礎とする王道国家の要素論ともいふべきものであるから、次にその文を引いて参考に資する。

一ニ君徳有リ、天下ノ仰戴スルコト人ノ首ノ如シ。二ニ輔臣有リ、左右ノ忠良、人ノ臂ノ如シ。三ニ国境有リ、寛富ニシテ包容スルコト人ノ腹ノ如シ。四ニ険固有リ、万方ヲ嚢結スルコト人ノ臍ノ如シ。五ニ倉庫有リ、財食充盈シ往ク所トシテ難キコト無キコト人ノ髀ノ如シ。六ニ兵威有リ、士馬精鋭ニシテ制動己レニ由ルコト人ノ脛ノ如シ。七ニ隣境有リ、貢賦時ヲ以テシ王命ヲ往復スルコト人ノ足ノ如シ（巻第十一）。

而して更にこの七支をよく持《たも》たしむる二法がある、即ち、一に威勇、二に智謀であつて、この二徳の相資くること は恰も人の目足の如くである。この七支の住するによつて正教施行され所向皆従し、国は富み、徳は万民に被り「是レニ由リ四海皆聖化ニ遵フ」に到る、とするのである。

仏教の国家論を精叙する事は必ずしも本書の任ではないが、猶ほ一つ茲に注意を喚起しておきたいのは、「国土覚」の思想である。我国に於ても最近、広義の国家論乃至国民性等を論ずる場合に、一国の風土を重く取扱ふ論旨が見えてきたが、仏教ではさういふものをも含めて「国土覚」といふものを論じてをる。今、「成実論」によつてその思想を窺ふに

国土覚トハ、行者ハ念ヲ生ズラク、其処ノ国土ハ豊楽ニシテ安穏ナレバ、当ニ彼ニ住到シテ安楽ヲ得ベシト。又、心軽躁ナレバ遍ク遊観セント欲ス。行者ハ応ニ是クノ如キ覚ヲ起スベカラズ、所以ハ何《イカン》。一切ハ国土ニハ皆過悪有リ、アル国ハ大ニ熱ク、アル国ハ険多ク、アル国ハ病多ク、アル国ハ盗賊多シ。是クノ如キ等ノ種々ナル諸過アリ、故ニ応ニ念ズベカラズ（悪覚品第一百八十二）。

とある。これは、羅什訳「坐禅三昧経」によると更に一層明白、具足してゐる。曰く

問テ曰ク、云何ガ国土覚ヲ除クヤ、行者若シ是ノ国土ハ豊楽安穏ニシテ諸好人多シト念ゼバ、恒ニ国土覚ノ縄ノ為ニ牽カル。将ニ罪処ヲ去ラントスト、心ヲ覚スルコト是クノ如クセヨ、若シ有智ノ人ハ応ニ念著スベカラズ、

何ヲ以テノ故ニ、国土ハ種々ノ過罪ニ焼カレ時節転ズルガ故ニ。亦飢餓有リテ、身疲極スルガ故ニ。一切ノ国土ハ常ニ安キモノナシ。復次ニ老病死ノ苦ハ国トシテ有ラザル無シ。是ノ間ノ身苦ヨリ去ツテ彼ノ処ノ身苦ヲ得。一切ノ国土ニ去ルモ苦ナラザルハナシ。仮ヒ国土ノ安穏豊楽ナルアルモ、而モ結悩有リテ心ニ苦患ヲ生ズ、是レ好マシキ国土ニ非ズ、能ク雑悪ノ国土ヲ除キ能ク結使ヲ薄クシ心ヲシテ悩マザラシムレバ、是レヲ好マシキ国土ト謂フ。一切衆生ニ二種ノ苦有リ、身苦ト心苦トナリ。常ニ苦悩有リテ国土ニ此ノ二悩無キコト有ル無シ。復次ニ、国土ノ大寒ナルアリ、国土ノ大熱ナルアリ、国土ノ飢餓ナルアリ、国土ノ多病ナルアリ、国土ノ多賊ナルアリ、国土ノ王法ノ不理ナルアリ、是クノ如キ種々ノ国土ノ悪アリ、心応ニ著スベカラズ、是クノ如ク正観シテ国土覚ヲ除ク（巻上）。

覚とは思覚といひ、悪覚作用をいふのである。元来、仏教では娑婆世界を衆生の感見とする思想があつて、所感の主体たる身心を先づ以て正すべきものとするのである。若し、一度び、身心を正して、誤れる国土覚を除けば「或ハ仏身ニ於テ己が国土ヲ現ジ、或ハ己ガ国土ニ於テ仏身ヲ現ズ」（八十華厳経十地品第二十六ノ六）る事を得るとするのである。「法華経」の本国土思想の如きものも、かうした国土観が最高の教説としてあらはれたものである。

第三項　増一阿含経の七法成就論

仏教経典は、国王に関する記事教説を以て充満してゐるといふも敢て過言ではなく、むしろ支那の経典を凌駕する程である。殊に、国王の正法を行ずる事を力説し、王法の正しかるべき事を勧誡するに当り、仏教特有の思惟、観察、表現を用ゐてゐるのは一種の壮観といふべく、従つて、「非法ノ王」、「弊害ノ王」、「非法婬著ノ王」、「貪著楽邪見ノ王」（注1）を排斥擯斥すること極めて厳しいのである。最初に先づ阿含部に散見する帝王論から始めよう。

「増一阿含経」巻第三十三「等法品」第三十九には、聖王の七法成就といふことが説いてある。これは、「中阿含経」巻第一に収める第三経「城喩経」を参照すべきであるが、茲には「増一阿含」の文を引く。

聖王ハ遠国ニ在リテ治化スルモ七法成就セバ怨家盗賊ニ擒獲《キンギヤグ》セラレザルナリ。云何《イカン》ガ七ト為スヤ。然ルニ彼ノ城郭極メテ高峻タリ、修治斎整ス。是レヲ彼ノ王先ヅ第一ノ法ヲ成就スト謂フ。復次ニ彼ノ城ノ門戸牢固ナリ、是レヲ彼ノ城第二ノ法ヲ成就スト謂フ。復次ニ彼ノ城ノ外塹《ソトボリ》極メテ深ク且ツ広シ、是レヲ此ノ城第三ノ法ヲ成就スト謂フ。復次ニ彼ノ城ノ内ニ諸ノ穀米多ク倉庫盈満《ヤウマン》ス、是レヲ彼ノ城第四ノ法ヲ成就スト謂フ。復次ニ彼ノ城諸ノ薪草饒《オホ》シ。是レヲ彼ノ城第五ノ法ヲ成就スト謂フ。復次ニ彼ノ城諸ノ器杖多ク諸ノ戦具ヲ備フ、是レヲ彼ノ城六法ヲ成就スト謂フ。復次ニ彼ノ城主極メテ聡明高才ニシテ、予メ人ノ情ヲ知リ鞭ツ可クンバ則チ鞭チ治ス可クンバ則チ治ス、是レヲ彼ノ城七法ヲ成就シ外境来リ侵スコト能ハズト謂フ。是レヲ比丘ヨ彼ノ城ノ国主、此ノ七法ヲ成就セバ、外人嬈近《ネウゴン》スルコトヲ得ズト謂フ。

これは一見単に王城の国防を説けるかの如くであるが、この文につゞいて比丘の七法を説き、その七法を一々に王者の七法に対比してあるから、物心両面に亘っての七法と解して差支へあるまい。比丘の七法の文は注2に出してある。

第四項　増一阿含の十非法・十法論

「増一阿含経」巻第四十二「結禁品」第四十六には、王の十非法、十法といふことがある。十非法といふは、国王の身位を滅亡に導く行為であつて、文に左の如くいふ。

若シ国王十法ヲ成就セバ、久シク存スルコトヲ得ズ、諸ノ盗賊多カラン、云何ガ十ト為スヤ、時ニ国王慳貪ニシテ小軽事ヲ以テ便《スナハ》チ瞋恚《シンニ》ヲ興シ、義理ヲ観ゼズ、若シ王、初法ヲ成就セバ則チ久シク存スルコトヲ得ズ、国ニ盗賊饒《オホ》カラン。復次ニ彼ノ王財物ニ貪著シ肯テ庶幾セズ、是レヲ国王此ノ二法ヲ成就セバ、則チ久シク存スルコトヲ得ズト謂フ。復次ニ、彼ノ王、人ノ諫ヲ受ケズ、人ニ暴虐ヲ為シテ慈心有ルコト無シ、是レヲ第三法、久シク存スルコトヲ得ズト謂フ。復次ニ、彼ノ王、諸ノ人民ヲ枉《マ》ゲ、横取繋閉《ケイヘイ》シ、牢獄ノ中ニ在リテ出期有ルコト無シ、是レヲ第四法、久シク存スルコトヲ得ズト謂フ。復次ニ、国王ノ非法ノ相佐、正行ヲ案ゼズ、是レヲ第五法、久シク存スルコトヲ得ズト謂フ。復次ニ、彼ノ王、他色ニ貪著シテ己ガ妻ヲ遠離ス、是レヲ彼ノ王第六法ヲ成就シ、久シク存スルコトヲ得ズト謂フ。復次ニ、国王、好喜シテ酒ヲ嗜ミ官事ヲ理メズ、是レヲ七法ヲ成就シ久シク存スルコトヲ得ズト謂フ。復次ニ、国王、歌舞戯楽ヲ好喜シテ官事ヲ理メズ、是レヲ第八法、久シク存スルコトヲ得ズト謂フ。復次ニ、国王、恒ニ長患ヲ抱キ強健ノ日有ルコト無シ、是レヲ第九法、久シク存スルコトヲ得ズト謂フ。復次ニ、国王、忠孝ノ臣ヲ信ゼズ、翅《シ》羽《ウ》尠少《スクナ》クシテ強佐有ルコト無シ、是レヲ国王此ノ十法ヲ成就シ、久シク存スルコトヲ得ズト謂フ。

この十非法を自誡自誓して十法を成就するものは即ち真の帝王、無窮久住の王者といふ。

若シ国王十法ヲ成就セバ、便チ久シク世ニ住スルコトヲ得ン、云何ガ十ト為スヤ。是ニ於テ、国王、財物ニ著セズ、瞋恚ヲ興サズ、亦復、小事ヲ以テ怒害心《ヌガイシン》ヲ起サズ、是レヲ第一法、便チ久シク存スルコトヲ得ト謂フ。復次ニ、国王、群臣ノ諫ヲ受ケテ其ノ辞ニ逆ハズ、是レヲ第二ノ法ヲ成就セバ、便チ久シク存スルコトヲ得ト謂フ。復次ニ、国王、常ニ恵施ヲ好ミ民ト歎ビヲ同ジウス、是レヲ第三ノ法、便チ久シク存スルコトヲ得ト謂フ。復次ニ、国王、法ヲ以テ物ヲ取り、非法ヲ以テセズ、是レヲ第四ノ法、便チ久シク存スルコトヲ得ト謂フ。復次ニ、国王、他色ニ著セズ、恒ニ自ラ其ノ妻ヲ守護ス、是レヲ第五ノ法ヲ成就セバ、便チ久シク存スルコトヲ得ト謂フ。復次ニ、国王、亦酒ヲ飲マズ、心荒乱セズ、是レヲ第六ノ法ヲ成就セバ、便チ久シク存スルコトヲ得ト謂フ。復次ニ、国王、亦戯笑セズ、外敵ヲ降伏ス、是レヲ第七ノ法ヲ成就セバ、便チ久シク存スルコトヲ得ト謂フ。復次ニ、国王、法ヲ案ジテ治化シ、終ニ阿曲無シ、是レヲ第八ノ法ヲ成就セバ、便チ久シク存スルコトヲ得ト謂フ。復次ニ国王、群臣ト和睦シ、競ヒ争フコト有ルコト無シ、是レヲ第九ノ法ヲ成就セバ、便チ久シク存スルコトヲ得ト謂フ。復次ニ、国王、病患有ルコト無ク気力強盛ナリ、是レヲ第十ノ法、便チ久シク存スルコトヲ得ト謂フ。若シ国王ニシテ、此ノ十法ヲ成就セバ、便チ久シク存スルコトヲ得ン。之奈何無カランヤ。

第五項　長阿含経の八法成就論

「長阿含経」巻第十五「究羅檀頭経《くらだんづ》」第四に大臣の四法、王の八法の事が見えてゐる。王の八法の本文を引けば

云何ガ王、八法ヲ成就スルヤ、彼ノ刹利王ハ七世以来父母真正ナリ、他人ノ為メニ軽毀セラレズ、是レヲ初法ヲ成就スト為ス。彼ノ王ハ顔貌端正ナル刹利種族ナリ、是レヲ二法ト為ス。彼ノ王ハ戒徳増盛ニシテ智慧具足ス、是レヲ三法ト為ス。彼ノ王ハ種々ノ技術ヲ習ヒ、乗象馬車、刀、矛、弓矢、戦闘ノ法具《つぶさ》ニ知ラザル無シ、是レヲ四法ト為ス。彼ノ王ハ大威力有リ、諸ノ小王ヲ摂シ摩伏セザル無シ、是レヲ五法ト為ス。彼ノ王ハ言語ヲ善クシ、所説柔軟ニシテ義味具足セリ、是レヲ六法ト為ス。彼ノ王ハ多ク財宝有リ、庫蔵盈溢セリ、是レヲ七法ト為ス。彼ノ王ハ智謀勇果ニシテ復、怯弱無シ、是レヲ八法ト為ス。

父母真正は種姓血統の純真正統を、顔貌端正は相貌品格の高さを、徳慧具足は、智徳両全にして文化の淵源たる事を、技術具知は文明技芸兵術の総攬者たる事を、有大威力は権威権力の所有者たる事を、言語柔軟は真理道法の教化力を、庫蔵盈溢は豪勢天下を家と為すの義を、智謀勇果は作戦の大勇統帥の能力を、それぞれ表現したものとして、この八法の名目は、味ひ深きものがある。

第六項　心地観経の十徳論

「心地観経」は、仏教の帝王論中、最も注目すべきものの随一といふべきであるが、就中、注意すべきはその天

王論である。同経に随へば、人に王たる者の、最も完全最高の者は、之れを「天王」と称すべきで、天王は、天の善法を以て世を治化するのみならず、諸天善神は悉く来つて王宮を護る。それ故に、この「天王」は、王自らも人間の身体を具し而して人間社会の現実に処して活動する者であるが、それは、単なる人の業を行ふものではなく、まさに、「天業を修す」る者といはねばならぬ。かくの如き「天王」こそ即ち「聖王」であり、又真実の「正法王」である。故に「大集経」の如きは、「大王と人王」といふ風に使ひわけてゐる（巻第二十二）。この思想は、帝王思想として極めて高貴であるのみならず、いかに、真の聖王を求むる人類の思慕の深きものであるかを思はしむると共に、又実に、「日本天皇」の御本質を予言せるかの如き一教説として開顕し得られるものを含む事を認めざるを得ぬ。

若シ人ニ王タルモノ有リ、正見ヲ成就シテ如法ニ世ヲ化セバ、名ヅケテ天王ト為ス、天ノ善法ヲ以テ世間ヲ化シ、諸天善神及ビ護世ノ王、常ニ来ツテ王宮ヲ加護シ、人間ニ処スト雖モ、天業ヲ修行シ、賞罰ノ心偏党ナキヲ以テノ故ニ。一切ノ聖王ノ法皆是クノ如シ。是クノ如キノ聖王ヲ正法王ト名ヅク。（上）

この天王は十徳を成就するが、その十徳とは（一）能照、（二）荘厳、（三）与楽、（四）伏怨、（五）離怖、（六）任賢、（七）法本、（八）持世、（九）業主、（十）人主をいふ。同経に就てその説明を見よう。

一ニ能照ト名ヅク、智慧ノ眼ヲ以テ世間ヲ照スガ故ニ。二ニ荘厳ト名ヅク、大福智ヲ以テ国ヲ荘厳スルガ故ニ。三ニ与楽ト名ヅク、大安楽ヲ以テ人民ニ与フルガ故ニ。四ニ伏怨ト名ヅク、一切ノ怨敵自然ニ伏スルガ故ニ。五ニ離怖ト名ヅク、能ク八難ヲ却ケ、恐怖ヲ離ルヽガ故ニ。六ニ任賢ト名ヅク、諸ノ賢人ヲ集メテ国事ヲ評スルガ故ニ。七ニ法本ト名ヅク、万姓ノ安住ハ国王ニ依ルガ故ニ。八ニ持世ト名ヅク、天王ノ法ヲ以テ世間ヲ持《タモ》ツガ故ニ。九ニ業主ト名ヅク、善悪ノ諸業国王ニ属スルガ故ニ。十ニ人主ト名ヅク、一切ノ人民ハ王ヲ主ト為スガ故ニ。

「心地観経」は更にこの十徳論につゞけて、一つの宗教的政治論を展開してゐる。それは、仏教に共通の、諸天善神の国家衛護と捨離に関する教説であるが、日本の政治思想にも幾多の影響を与へたもの、その文は次の通りである。

大梵天王及忉利天《タウリテン》ハ常ニ人王ヲ助ケテ勝妙ノ楽ヲ受ケシメ、諸ノ羅刹王及ビ諸神等ハ、身ヲ現ゼズト雖モ潜《ヒソ》ミ来リテ王及ビ眷属ヲ衛護ス。王、人民ノ諸ノ不善ヲ造ルヲ見テ制止スル能ハズンバ、諸天神等ハ皆悉ク遠離セン。若シ善ヲ修スルヲ見バ、歓喜讃歎シテ皆尽《コトゴト》ク唱ヘテ、我ガ聖王、ト言ヒ、龍ハ天ハ喜悦シテ甘露ノ雨ヲ灑《ソソ》ギ、五穀成熟シテ人民豊楽ナラン。若シ悪人ニ親近セズシテ普ク世間ヲ利シ、咸《コトゴト》ク正化ニ従ヘバ、如意宝珠、必ズ王ノ国ニ現ハレ、王ノ隣国ニ於ケルモノ咸《ミ》ナ来ツテ帰服シ、人ト非人ト称歎セザルナケン。若シ悪人有リ、王ノ国内ニ於テ逆心ヲ生ゼバ、是クノ如キ人ノ福ハ、須臾《シュユ》ノ頃ニシテ自ラ衰滅セン。死スレバ当ニ地獄ノ中ニ堕シ畜生ヲ経歴シテ備《ツブ》サニ諸ノ苦悩ヲ受クベシ。所以《イカ》ハ何ン、聖王ニ於《ムカ》ツテ恩ヲ知ラザルニ由ルガ故ニ、諸ノ悪逆ヲ起シ是クノ如キ報ヲ得ルナリ。若シ人民アリ、能ク善心ヲ行ジテ仁王ヲ敬輔シ尊重スルコト仏ノ如クナラバ、是ノ人ハ現世ニ安穏豊楽ニシテ願求スル所ノモノ心ニ称《カナ》ハザルモノ無ケン。

第七項　仏本行集経の六十種功徳と方広大荘厳経の六十四種の功徳論

「仏本行集経」の巻第六、「上託兜率品第四」の下に説く王家六十種の功徳とは次の如きものである。

(一) 本来清浄好種、(二) 一切諸聖恒観、(三) 不行一切悪事、(四) 悉皆清浄、(五) 種姓真正無雑、(六) 体胤嫡嫡相承(無有断絶)、(七) 昔来不断王種、(八) 往昔深種善根、(九) 常為諸聖讃歎、(一〇) 具大威徳、(一一) 多有端正婦女、(一二) 多有智慧男児、(一三) 心性調順、(一四) 無有戯調、(一五) 無所可畏、(一六) 不曾怯弱、(一七) 聰明多智、(一八) 多解工巧、(一九) 皆畏過罪、(二〇) 不与世間工巧雑合《せけんのくげうとざふがふせず》不貪財以為活命《とんざいもつてくわつみやうをなさず》、(二一) 常存朋友、(二二) 不以殺害諸虫獣以自活命《しよちうしよじうをせつがいしてもつてみづからくわつみやうせず》、(二三) 恒知恩義、(二四) 能修苦行、(二五) 不随他転《たにしたがつてんぜず》、(二六) 不曾懐恨《かつてうらみをいだかず》、(二七) 不結癡《ち》心、（二八）不以怖畏随順於他《ふゐをもつてたにずゐじゆんせず》、（二九）畏殺害他、（三〇）無有罪患、（三一）乞食得多、（三二）無空発遣《むなしくはつけんすることなく》、（三三）剛強難可降伏《がうがうにしてがうぶくすべきことかたし》、（三四）恒出礼律、（三五）常楽布施衆生、（三六）建立因果勤劬《いんぐわごんくをこんりふす》（功）、（三七）世間勇健《せけんにゆうけん》、（三八）恒常供養一切諸仏諸聖、（三九）恒常供養神霊、（四〇）恒常供養諸天、（四一）恒常供養大人、（四二）歴世無有怨讎、（四三）名声威振十方、（四四）一切諸家為最、（四五）上世已来悉是聖種、（四六）於聖種中最為第一、（四七）恒是転輪聖王之種、（四八）大威徳人之種姓、（四九）多有無量眷属囲繞、（五〇）所有眷属不可破壊《あらゆるけんぞくもはゐすべからず》、（五一）所有眷属勝一切人、（五二）悉孝養母《ことごとくははにけうやうす》、（五三）皆孝順父、（五四）悉皆供養一切沙門、（五五）悉皆供養諸婆羅門、（五六）豊饒五穀倉庫盈溢、（五七）多有金銀硨磲瑪瑙一切資財無所乏少、（五八）多富奴婢象馬牛羊一切具足、（五九）不曾事他《かつてたにつかへず》、（六〇）如是一切衆事具足於世間中無所乏少

印度特有の思弁索及は驚歎すべきであるし、且つこれら六十種功徳の中には本来清浄好種、不行一切悪事、種姓真正無雑、体胤嫡々相承無有断絶、昔来不断王種、具大威徳、恒業供養神霊、上世已来悉是聖種、於聖種中最為第一等、日本国体の上から観て興味深き思想を含んでゐる。

これと類似のものに、「方広大荘厳経」巻第一「勝族品」の六十四種功徳の説がある。それは、仏が、「閻浮提の十六大国」――印度古代の十六大国――に就て、その「所有威徳勝望ある王種に於て周遍観察」したが、一として「菩薩の往きて生るゝに堪へ」た国がない、といふことを諸の比丘に告げた時、会中に智幢といふ一天子があつて、補処の菩薩は如何なる王家ならばそこに生れるものであるかを問うた。これに対する菩薩の答へが、即ち、六十四種の功徳であつて、この「六十四種ノ功徳ヲ成就セバ最後身ノ菩薩ハ当ニ其ノ家ニ生ズベシ」といふのである。その六十四種の功徳といふは、（1）国土寛広にして種姓真正、（2）衆に宗仰せられる、（3）雑姓に生れぬ、（4）人相端厳、（5）族類円満、（6）内外嫌ふこと無し、（7）心に下劣無し、（8）族高貴、（9）父母の二族を敬ふ、（10）二族望有り、（11）二族徳あり、（12）其の家男多し、（13）所生に畏無し、（14）瑕疵なし、（15）貪愛

心微薄、(16)禁戒を遵奉す、(17)皆智慧あり、(18)凡そ是の用ふる所要《かなら》ず群下をして先づ観じて之れを試みしめる、(19)人皆工巧、(20)朋友と善く終始して一の如し、(21)衆生を害せず、(22)恩義を忘れず、(23)儀式を行ふことを知る、(24)教に依つて事を行ふ、(25)疑へば即ち成すことなし、(26)業に愚かならず、(27)物を悋まず、(28)罪悪を作さず、(29)功、唐捐ならず、(30)心を施すこと殷重、(31)志性決定、(32)取捨を善くす、(33)施に於て信楽す、(34)丈夫の作用あり、(35)為す所成弁す、(36)勤勇自立、(37)勇猛増上、(38)仙人を供養す、(39)諸天を供養す、(40)論師を供養す、(41)先霊を供養す、(42)常に怨恨無し、(43)名十方に振ふ、(44)大眷属あり、(45)善友を阻《はば》まず、(46)多くの眷属あり、(47)強き眷属あり、(48)乱眷属なし、(49)威徳自在、(50)父母に孝順、(51)沙門に敬事す、(52)波羅門に遵ふ、(53)七珍具す、(54)五穀豊盈、(55)象馬無数、(56)諸の僕従多し、(57)他の為めに侵されず、(58)所作成就す、(59)転輪王の種、(60)宿世の善根を資糧とす、(61)其の家の一切所有は皆菩薩の善根増長に由る、(62)諸の過失なし、(63)諸の機嫌無し、(64)家法和順す。

「仏本行集経」も「方広大荘厳経」も共に仏伝であつて、唯、釈迦の把握に於て異るだけであるから、この功徳論も亦両者大体同一のものである。唯、若干の出入があるので参考の為め併記したのである。

第八項　地蔵十輪経の十種王輪論

「大乗大集地蔵十輪経」は玄奘の訳であるが、その十輪といふは、十種の王輪を十仏輪に比して十悪業を転ずべきを説いたものである。今、巻第二「十輪品」によつて十種王輪を叙べれば、第一王輪は殄滅怨敵、これにより自国の一切の黒品を損除し自国の一切の白品を増益する。第二王輪は建立三種業輪、――即ち(1)「善ク軍陣闘戦ヲ教習シテ他ノ兵衆ヲ降シテ人民ヲ撫育」する帝王業輪、(2)「善ク造舎営農ヲ教習シテ安穏ニシテ飲食充足ナルコトヲ得セシム」る田宅業輪、(3)「善ク工商雑芸ヲ教習シテ種々ノ珍玩資財モテ意ニ随ツテ愛用シテ諸ノ快楽ヲ堕スコトヲ得セシム」る財宝業輪――、第三王輪は種々謫罰これによつて悪行の者を懲らす。第四王輪は理諸王務、これによつて先王治国の正法を行ひ、教化修治して率土を和合せしめる。第五王輪は令無損失、この輪によつて国土を増長安楽ならしめ一切の怨敵悪友を伏し善く身を守護して寿命を増さしめる。第六王輪は六根放恣、これにより、五欲の種々の楽具を遊戯し六根を放恣して諸の喜楽を受け、身体的果報の極致に至らしめる。第七王輪は安撫自国、これによつて自国を防衛して人民を安撫し皆衆苦を離れて諸の快楽を受けしめる。第八王輪は不侵他境、これにより国土人民を撫育し自国を守護すれども他国を侵略しない。第九王輪は十種功徳、即ち、(1)具大称名、(2)具大財宝、(3)具妙色相、(4)具多眷属、(5)少病少悩、(6)朋友眷属聡慧多聞、(7)正至正行親近供養、(8)広美声誉流振十方、(9)大威徳天神常随衛護、(10)身壊命終当生天上常居善趣安楽国土の十種の功徳勝利を獲る。第十王輪は修正法令受安楽、これにより、王は七宝を具し四大洲を統べて皆自在なることを得、千子具足し勇健端正にして能く怨敵を摧き王の大地を跨りて亘《あま》ねく海際を窮め謫罰皆停め、刀杖挙げず、咸く正法を修し普く安楽を受けしむ。

以上が十種王輪の梗概であつて、十種の中には多少同一観念の重畳も存するやうであるが、これを十仏輪に比して、つひに「我レ大仙ノ尊キ位ニ処シテ仏輪ヲ転ジ諸ノ天、魔、外道ノ邪論ヲ摧クト大衆ノ中ニ処シテ正ニ師子吼ス」といふものと相合せしめてゐる。

第九項　大薩遮尼乾子所説経の十法論

其提留支訳「大薩遮尼乾子所説経」巻第四「王論品」第五之三に、行法行王の成就十法の説が見える。その十法とは、(1)自性成就、(2)眷属有礼、(3)智慧成就、(4)常勤精進、(5)尊重法、(6)猛利、(7)恩厚、(8)善解世間所行法、(9)能忍諸苦、(10)不取顚倒法であるが、この一つ一つが皆二種の功徳を有すとして、一々名目をあげてゐるから、次に各自に配当して列挙しておく。

(1) 自性成就王（一、王子大臣長者居士、城邑聚落所有人民、皆愛重王。二、無諸一切疾病。）

(2) 眷属有礼王（一、於王所作事中、即各競弁不須王憂。二、謹慎不犯王法。）

(3) 智慧成就王（一、善知方便依法善護衆生。二、於欲所作之事自智能知不依他作。）

(4) 常勤精進王（一、一切庫蔵満足。二、無諸一切怨賊、歓喜安住。）

(5) 尊重法王（一、常行一切善法無有休息。二、能化悪行衆生。）

(6) 猛利王（一、於心所欲求事速能満足。二、発心所欲作事、不久思惟即成如法。）

(7) 恩厚王（一、所有眷属楽王、二、大臣一切人民皆信重王。）

(8) 善解世間所行法王（一、能知悪行衆生善行衆生。二、王応民辺得物不令有失。）

(9) 能忍諸苦王（一、於王所欲行事能満成就。二、不畏諸苦悩事。）

(10) 不取顛倒法王（一、自能進趣勝道。二、常不離善知識。）

第十項　諸法集要経及び大乗宝要義論の帝王論

宋の日称等の漢訳せる観無畏尊者集むる処の「諸法集要経」は、仏典として我国に多く読まれなかつたものの一つではあるが、全篇珍しくも伽陀の形式を執れるもの、その巻第十「王者治国品」第三十五は、王者の治国論として相当綿密に一代仏教の諸説を集約せるものと思はれる。左にその全文を掲げるが、王道の総目、三十有五に及んでゐる。

（一）若シ王ニシテ正法ヲ行ゼバ、臣佐悉ク清浄ニシテ善ク諸根ヲ調伏シ諸天ノ守護ヲ得ン。

（二）常ニ安忍ノ行ヲ行ジ、愛語シテ喜怒無ケレバ、彼ノ王ハ世間ニ於テ人民咸ナ敬奉セン。

（三）時ヲ以テ輸賦《しゆふ》シ正法ニ依リテ受用セバ、彼ノ王ハ貪心アルコト無ク夜摩天主ト作ラン。
（四）清浄ニシテ偏党無ク及ビ寃親《をんしん》ノ想無ケレバ、彼ノ王ハ平等心モテ当ニ天主ト為ルコトヲ得ベシ。
（五）先王ノ賜フ所ニ於テ奪取ヲ生セズ、諸ノ有情ヲ悩マサザレバ、当ニ天主ト為ルヲ得ベシ。
（六）楽《ねが》ツテ施戒ヲ勤修シ常ニ真実ノ語ヲ発シ、諸ノ衆生ヲ等視セバ、当ニ天主ト為ルヲ得ベシ。
（七）常ニ賢善ノ人ヲ楽ヒ悪営従ヲ擯棄シ正法ヲ守護セバ、当ニ天主ト為ルヲ得ベシ。
（八）忠直ノ臣佐ヲ楽ヒ、女色ニ著セズ、心垢ヲ離レテ寂靜ナレバ、当ニ天主ト為ルヲ得ベシ。
（九）諂佞ノ言ヲ聴カズ、正人ノ所説ヲ楽フコト甘露ノ美キガ如クナレバ、当ニ天主ト為ルヲ得ベシ。
（一〇）常ニ正法ヲ聞カント楽ヒ、世ノ珍玩ニ著セズ、貪欲ノ垢ヲ解脱セバ、当ニ天主ト為ルヲ得ベシ。
（一一）常ニ正見ヲ生ジ彼ノ邪教ニ依ラズ、清浄ノ心動ゼザレバ、当ニ天主ト為ルヲ得ベシ。
（一二）戒、慧ト相応シ勇猛ニシテ施ヲ行ズルヲ楽ヘバ、人民ノ称讃ヲ得、当ニ天主ト為ルヲ得ベシ。
（一三）常ニ柔軟ノ語ヲ以テ群生ヲ愛念セバ、真実ニ相応スルヲ以テ、当ニ天主ト為ルヲ得ベシ。
（一四）財ノ増減ヲ畏レズ亦未ダ嘗テ慳悋ナラズ、其ノ心須弥ノ如クナレバ、当ニ天主ト為ルヲ得ベシ。
（一五）或ハ他兵侵暴スルモ勇悍怯弱ヲ知リ、権智ヲ以テ和平セバ、当ニ天主ト為ルヲ得ベシ。
（一六）彼ノ三界ノ中ニ於テ三宝第一タリ、能ク力ヲ以テ興顕セバ、当ニ天主ト為ルヲ得ベシ。
（一七）時ニ依リテ令ヲ布キ諸ノ群生ヲ利楽シ、険難ヲ離レシムレバ、当ニ天主ト為ルヲ得ベシ。
（一八）染欲ノ過悪ヲ離レ多ク睡眠ヲ楽ハズ、常ニ智ト相応セバ、当ニ天主ト為ルヲ得ベシ。
（一九）心堅固ニシテ精進シ未ダ嘗テ疲倦ヲ生ゼザレバ、三有ノ瀑流ヲ越エ、当ニ天主ト為ルヲ得ベシ。
（二〇）所作ノ事業ニ於テ審諦ニシ錯謬無ク群臣ヲ愛念セバ、当ニ天主ト為ルヲ得ベシ。
（二一）口ニ悪言ヲ施サズ諸ノ悪者ヲ喜バズ、唯ダ仁恕ニシテ和平ナレバ、当ニ天主ト為ルヲ得ベシ。

（二二）諸ノ罪悪ヲ造ラズ妄ニ喜慍ヲ生ゼズ、心ニ彼ノ垢染ヲ離ルレバ、当ニ天主ト為ルヲ得ベシ。

（二三）当ニ決択思惟シテ、然ル後ニ所作ニ随ヒ、正法ニ依リテ行ズベシ、当ニ天主ト為ルヲ得ベシ。

（二四）諸ノ飲食ヲ嗜マズ、常ニ正法ヲ楽ハバ、清浄軽安ナルヲ獲、智中ノ智者ト為ラン。

（二五）彼ノ正法ヲ解スルニ由リ、黎民ヲ愛育セバ、彼ノ王ハ福慧ヲ具シ天龍常ニ守護セン。

（二六）輪廻ハ極メテ長遠ナルコト絲緒ノ絶エザルガ如シ、若シ正法ニ入解セバ、彼ニ於テ善ク超越セン。

（二七）如来ノ説キタマフ所ノ十善ノ真実ノ法ニ於テ彼ノ王能ク奉行セバ、法ニ依リテ世ヲ治ムルナリ。

（二八）善ク因縁ノ法及ビ福非福ノ業ニ達セバ、色ヲ見ルニ其ノ貪ヲ離レ、常ニ大覚悟ヲ生ゼン。

（二九）上妙ノ諸物ヲ以テ如来ニ奉施シ、是ニ由リテ人天ヲ得、展転シテ常ニ恭敬セン。

（三〇）清浄ニシテ心ニ染無ク、后妃眷属ヲ護リ、彼ノ邪非ヲ遠離セバ、足ルヲ知リテ憂悩無カラン。

（三一）凡夫ハ境ニ牽カレ智者ハ心ニ垢無シ、常ニ楽ツテ正行ヲ修シ、戒ニ於テ能ク守護スベシ。

（三二）彼ノ毀戒ノ者ヲ離レ諸ノ善人ヲ憐念シ、正見思惟ニ住シ、常ニ法楽ヲ楽ハン。

（三三）正法ヲ以テ国ヲ治メ大臣人民ヲ護レバ、彼ノ王ハ世間ニ於テ、諸天ニ等シクシテ異ルコト無シ。

（三四）王ノ浄徳ヲ修スルニ由リ臣佐モ正行ニ依リ、民庶悉ク清浄ナルコト、月ノ秋空ニ麗ナルガ如シ。

（三五）因果ノ相ヲ了知セバ則チ相攻ノ罰無ク、一切ノ処吉祥ニシテ、自他安穏ナルヲ獲ン。

猶ほ、この「諸法集要経」と同じやうなものに、「大乗宝要義論」十巻があるが、これは大乗の菩薩の道徳実践を論明すべく諸経典の要文を引用して編纂したもので、第六巻迄は法護の訳出であるが、法護の死去により第七巻から第十巻迄は惟浄等の継業して成れるものである。この論の第四巻に、王者の八種想行といふものがあるが、その名目は、（1）世間の無子孤露の人に、為めに子の想を与ふ、（2）将に悪友を護ること病人の想の如し、（3）諸の苦有るを見れば救抜の想を起す、（4）諸の楽あるを見れば歓喜の想を起す、（5）諸の寃対に於て彼の縁を観るに随つて過失の想を離る、（6）諸の善友に於て随護の想を起す、（7）諸の富楽を見れば猶ほ薬の想の如し、（8）身に於て無常の想を作す、といふのである。

猶ほ、この次下に、破悪慧経を引いて王者の四種の法といふものを出してゐるが、それは、（1）如来の教法安を護持して久住することを得せしむ、（2）罪不善の法を棄捨す、（3）空無相無願の法門を摂取す、（4）阿耨多羅三藐三菩提心を発起すとなつてゐる。

第十一項　瑜伽師地論及び王法政論経の帝王論

瑜伽師地論一百巻は弥勒の所造、玄奘の訳出であるが、その巻第六十一の首に出す「出愛王経」には一種独自の帝王論を展開してゐる。又、沙門不空の訳といふ「仏為優塡王説王法政論経」といふものがあるが、これは、右の瑜伽師地論出愛王経と同本異訳と思はれる。今、両本を参照して、その帝王論を見るに、先づ王者十失を挙げ、次で十功徳を論じ、次に王の五種の衰損門を明し、更に王の五種の方便門を説き、又、王の五種の可愛の法を解き、而して最後に五種の可愛の法の発起を叙べてゐる。先づ、十種過失と十種功徳との名目を出せば次の通りであるが、括弧内の文字は王法政論経の異目である。

十種過失

（1）種姓不高、（2）不得自在、（3）立性暴悪、（4）猛利憤発、（5）恩恵奢薄（恩恵賒《奢に同じ》薄）、（6）受邪佞言、（7）所作不思不順儀則（所作不順古先王制）、（8）不顧善法、（9）不知差別忘所作恩（不鑑是非勝之与劣）、（10）一向縦任専行放逸（一向縦蕩専行放逸）。

十種功徳

（1）種姓尊高、（2）保大自在、（3）性不暴悪、（4）憤発軽微、（5）恩恵猛利、（6）受正直言、（7）所作諦思善順儀則（所作浄思善順先教）、（8）顧恋善法、（9）善知差別知所作恩（善知差別）、（10）不自縦任不行放逸（不自縦蕩不行放逸）。

十種過失と十種功徳とは要するに同一事を過失の点から観たのと功徳の点から観たのとの差に過ぎないから、煩を避け、過失の説明は之を省略し、次に経文に就て十種の功徳を挙げよう。

云何が名ヅケテ王ノ功徳ト為スヤ、大王ヨ当ニ知ルベシ、王ノ功徳ニ略シテ十種アリ、王若シ是クノ如キノ功徳ヲ成就セバ大府庫無ク、大輔佐無ク、大軍象無シト雖モ、而モ帰依スベシ。何等ヲカ十ト為ス。

かくて、十種功徳の名目を出せる後、経は次の如くに説明してゐる（瑜伽師地論の文に拠る）。

（1）云何ガ王ノ種姓尊高ト名ヅクルヤ、謂ク、国王アリ、相似セル王家ニ処在シテ生ジ、世ノ尊貴ニ宿ス、是レ相似ノ子ナリ。是クノ如キヲ王ノ種姓尊高ト名ヅク。

（2）云何ンガ王ノ得大自然ト名ヅクルヤ、謂ク、国王アリ、自ラ所欲ニ随ウテ所応作ヲ作シ、群臣ヲ労賚シ、妙五欲ニ於テ歓娯遊戯シ、諸ノ大臣、輔相、国師、群官等ノ所ニ於テ凡ソ教命ヲ出シ、宣布スルニ礙《ささ》ユルコト無シ、是クノ如キヲ王ノ得大自在ト名ヅク。

（3）云何ガ王ノ性ノ不楽悪ト名ヅクルヤ、謂ク、王アリ、諸ノ群臣等何レノ処ニ随ツテ増上ノ不如意ノ事ヲ行ズト雖モ、性能ク容認シテ現ニ擯黜セズ、麁言ヲ発セズ、亦咆勃セズ、広説乃至憤発ヲ生ゼズ、亦、背面シテ前ノ事ヲ作サズ、亦、内意忿纏ヲ秘匿セズ、亦、長夜ニ怨憤ノ心ヲ蓄ヘ相続シテ捨テザルニアラズ、現ニ暴悪ナラズ、背ニ暴悪ナラズ、匿レテ暴悪ナラズ、久シク暴悪ナラズ、是クノ如キヲ王ノ性ノ不暴悪ト名ヅク。

（4）云何ガ王ノ憤発軽微ト名ヅクルヤ、謂ク、国王アリ、諸ノ群臣等大愆アリ、大違越アリト雖モ、而モ一切其ノ封禄ヲ削リ其ノ妻妾ヲ奪ハズ、重罰ヲ以テ之ヲ刑罰セズ、過ノ軽重ニ随ツテ黜罰ヲ行フ。是クノ如キヲ王ノ憤発軽微ト名ヅク。

（5）云何ガ王ノ恩恵猛利ト名ヅクルヤ、謂ク、国王アリ、諸ノ群臣等正直ニ現前ニ供奉シ侍衛シ、其レ心清浄ニ其ノ心調順ナラバ、時々ノ中ニ於テ正シク円満ナル軟言ヲ以テ慰喩シ、爵禄、勲庸ヲ具足シテ頒錫シテ、彼ヲシテ損耗シ、稽留シ、劬労シ、怨恨セシメズ、供奉スベキコト易ク、承事スルコト難カラズ、是クノ如キヲ王ノ恩恵猛利ト名ヅク。

（6）云何ガ王ノ正直ノ言ヲ受クト名ヅクルヤ、謂ク、国王アリ、諸ノ群臣等実ニ聴叡アルモ聴叡ノ慢無ク、濁無ク、偏無ク、善ク憲式ヲ閑《なら》ヒ、情ニ違叛無ク、楽ツテ善法ヲ修シ、是クノ如キノ輩ノ人ノ進ムル所ノ言議ヲ聴受シ信用ス、此ノ因縁ニ由ツテ国務、財宝、名称、善法皆悉ク増盛ナリ。是クノ如キヲ王ノ正直ノ言ヲ受クト名ヅク。

（7）云何ガ王ノ所作諦思シ、善ク儀則ニ順ズト名ヅクルヤ、謂ク、国王アリ、性能ク究察シ、性能ク思択シ、能ク審カニ思択シ、諸ノ群臣等ノ彼々ノ務、機密ノ事ニ於テ委任ニ堪ヘザルニハ而モ委任セズ、委任ニ堪フル者ニハ而モ之ニ委任シ、役ニ堪ヘザル者ヲバ駆役セズ、駆役ニ堪ヘタル者ヲバ乃チ之ヲ駆役シ、応ニ賞賚スベキ者ニハ正シク賞賚シ、応ニ刑罰スベキ者ニハ正シク刑罰シ、凡ソ所為アラバ審カニ思ヒ、審カニ択ビ、然ル後ニ方ニ作シテ而モ卒暴ナラズ、又群臣ニ於テ能ク善ク先王ノ儀則ヲ安処セバ、此ニ由リテ群臣讌会ニ処スト雖モ、終ニ発言シテ余論ヲ間絶セズ、要ズ言ノ終ルヲ待チ、恭敬シ畏憚シテ而モ諫論ヲ興シ、其ノ旨教ノ如ク而モ善ク奉行シ、能ク正シク王ノ教命ニ安住ス。是クノ如キ王ヲ王ノ所作諦思シ、善ク儀則ニ順ズト名ヅク。

（8）云何ガ王ノ善法ヲ顧恋スト名ヅクルヤ、謂ク、国王アリ、他世ヲ信知シ、信知スルニ由ルガ故ニ、便チ当来ノ浄不浄ノ業、愛非愛ノ果ニ於テ能ク善ク信解シ、信解スルニ由ルガ故ニ、慚恥ヲ具足シテ情ヲ縦ニシテ身語意ノ三種ノ悪行ヲ作サズ、時々ニ思択シテ布施シ、福ヲ修シ斎ヲ受ケ戒ヲ学ブ。是クノ如キヲ王ノ善法ヲ顧恋スト名ヅク。

（9）云何ガ王ノ善ク差別ヲ知リ、所作ノ恩ヲ知ルト名ヅクルヤ、謂ク、国王アリ、諸ノ大臣、輔相、国師、及ビ群官等ニ於テ心ニ顚倒無ク、能ク善ク忠信ト伎芸ト智慧トノ差別ヲ了知シ、若シ諸ノ群臣ノ忠信ト伎芸ト及ビ智慧トノ若シハ有リ若シハ無キヲ並ビニ如実ニ知リ、其ノ無キ者ニ於テハ軽ンジテ之ヲ遠ザケ、其ノ有ル者ニ於テハ敬ツテ之ヲ愛シ、而シテ正シク摂受ス、又諸臣等ノ年耆衰邁ナルモ曾テ長夜ニ於テ供奉シ、侍衛セルハ、勢無ク力無ク勇無シト知ルト雖モ、然モ昔ノ恩ヲ念ヒ、転タ敬愛ヲ懐イテ而モ軽賤セズ、爵禄、勲庸、分賞替ルコト無シ。是クノ如キヲ王善ク差別ヲ知リ所作ノ恩ヲ知ルト名ヅク。

（10）云何ガ王自ラ縦任ナラズ、方逸ヲ行ゼズト名ヅクルヤ、謂ク、国王アリ、妙五欲ニ於テ嬉戯、愛楽、愛行ニ沈没シ、耽著セズ、能ク時々ニ於テ方便ヲ勗励シ、所応作ヲ作シ、群臣ヲ労賚ス。是クノ如キヲ王自ラ縦任ナラズ、放逸ヲ行ゼズト名ヅク。

以上に依つて国王の十法十非法といふを整理領解すれば、第一は国王の家系の貴賤高下、第二は国王の統治の自在不自在、第三は国王の人柄性質、第四は国王の寛仁の徳の有無、第五は恩賞恵与、第六は国王が直諫受不受、第七は王が行政刑罰に於て慎重機宜の措置を執るか否か、第八は国王が善法を修するか否か、第九は国王が臣僚を見るの明ありや否や、第十は国王の品行が厳粛なるか、放逸なるか、の問題である。

次に、五種の方便門と衰損門といふのは、恰も十種功徳と十種過失との関係の如きもので左の通り。

方便門	衰損門
（1）善く観察して群臣を摂す	善く観察せずして群臣を摂す
（2）時を以て恩と妙行とを行ふ	恩、妙行を行はず
（3）放逸無く専ら機務を思ふ	放逸にして機務を思はず
（4）放逸無く善く府庫を守る	放逸にして府庫を守らず

（5）放逸無く善く法行を修す　放逸にして法行を修せず

次に、王の愛の法、可欣、可意の法を説き、而して之れに伴うて此法を発起せしめる五法を示してゐる。但し「政論経」には、「発起」といふが、「地論」の方では「引く」と表現してある。先づ、可愛の法とは、（1）世に敬愛せらる、（2）自在増上、（3）能く怨敵を摧く、（4）善く身を摂養す、（5）能く善趣に往く、の五法である。而して、この五法を発起し、引くとは何であるかといふと、（1）世間を恩養し、（2）英勇具足し、（3）善権方便し、（4）正しく境界を受け、（5）勧めて法行を修するの五事である。五法発起の説明は経文によつて示さう。

（1）云何ガ王、世間ヲ恩養スト名ヅクルヤ、謂ク、国王有リ、性、本ヨリ財宝門ニ於テ知足シ、性、謹慎ニシテ邪ニ貪著セズ、其ノ所応ノ如ク財宝ヲ積集シ、広ク営求セズ。又国王有リ、性、貪悋無ク、無貪白浄ノ法ヲ成就シ、自ノ所有《アラユ》ル庫蔵ノ珍財ヲ以テ力ニ随ヒ能ニ随ツテ一切ノ貧窮《ビング》孤露ニ給施ス。又国王有リ、柔和忍辱ニシテ多ク軟言ヲ以テ国界ヲ暁諭シ、時々ノ間ニ於テ其ノ所応ニ随ツテ爵禄ヲ分賞シ、終ニ彼レノ能クスル所ニ非ザル業、悪業、重業ヲ以テ群臣ヲ役任セズ、諸有ル違犯ニシテ矜恕スベキ罪ハ即便チ矜恕シ、諸有ル違犯ニシテ恕ス可ラザル罪ハ実ヲ以テ時ヲ以テ理ノ如ク治罰ス。是クノ如キ王、正化ノ法ヲ以テ世間ヲ恩養スト名ヅク。王、是クノ如ク世間ヲ恩養スル法ヲ受行スルニ由ルガ故ニ、遂ニ世間ノ敬愛スル所ヲ感ズ。

（2）云何ガ王、英勇具足スト名ヅクルヤ、謂ク、国王有リ、計策ニ憒リ無ク、武略円満シ、未ダ降伏セザル者ハ之ヲ降伏シ、已ニ降伏セル者ハ之ヲ摂護シ、広ク事業ヲ営ミ、前ノ如ク乃至甚ダ博奕ノ戯等ニ耽楽セズ、又善ク応ニ与フベキト、応ニ与フベカラザルトヲ観察シ、勤メテ僚庶ニ於テ応ニ刑罰スベキ者ハ、正シク之ヲ刑罰シ、応ニ摂養スベキ者ハ、正シク之ヲ摂養ス。是クノ如キヲ、王、英勇具足スト名ヅク、王是クノ如キ英勇具足スルハ法ヲ受行スルニ由ルガ故ニ、遂ニ能ク自在増上ナルコトヲ感得ス。

（3）云何ガ王ノ善権方便ト名ヅクルヤ、謂ク、国王有リ、応ニ和好スベキ所作所成ノ機務等ノ事ニ於テ、前ノ如ク乃至大力ノ朋党ヲ摂受スベキ所作所成ノ機務等ノ事ニ於テ、能ク正シク和好ノ方便、乃至、強党ヲ摂受スル方便ヲ了知ス。是クノ如キヲ王ノ善権方便ト名ヅク。王、是クノ如キ善権方便ノ法ヲ受行スルニ由ルガ故ニ遂ニ能ク所有ル怨敵ヲ摧伏ス。

（4）云何ガ王正シク境界ヲ受クト名ヅクルヤ、謂ク、国王有リ、善ク能ク府庫ノ増減ヲ籌量シ、奢ラズ吝マズ平等ニ自ラ処シ、清正ニ受用シ衆雑ニ受用シ勝妙ニ受用シ、其ノ時候ノ宜シキ所ニ随ッテ受用シ、諸ノ臣佐、親属ノ為メニ受用シ、勝処ニ在リテ受用ヲ為シ、諸ノ伎楽ヲ奏シテ受用ヲ為シ、愆失アルコト無クシテ受ヲ為ス。愆失無シトハ謂ク疾悩ノ時ナリ、応ニ宜シキ所ヲ食シ宜シカラザル所ヲ避クベク、康予スル時ニ於テ消シ已ッテ方ニ食シ、若シ食未ダ消セザルト或ハ食シテモ而モ利ストハ皆応ニ食スベカラズ、応ニ共ニ食スベカラズ、応ニ共ニ食スベキ者正ニ現在前セバ応ニ精妙ナル上味ヲ食シ、余人ヲ詭擯スベカラズ。是クノ如キヲ王正シク境界ヲ受クト名ヅク。王是クノ如ク正シク境界ヲ受クル法ヲ受行スルニ由ルガ故ニ遂ニ能ク巧ミニ自身ヲ摂養ス。

（5）云何ガ王勤メテ法行ヲ修スト名ヅクルヤ。謂ク、国王有リ、浄ナル信、戒、聞、捨、慧ヲ具足スルナリ。云何ガ王浄信ヲ具足スト名ヅクルヤ、謂ク、国王有リ、他世ヲ信解シ当来ノ浄ト不浄業ト及ビ愛ト非愛ノ果ト異熟トヲ信解ス。是クノ如キヲ王浄信ヲ具足スト名ヅク。云何ガ王浄戒ヲ具足スト名ヅクルヤ、謂ク、国王有リ、殺生及ビ不与取、婬欲、邪行、妄語、飲酒、諸ノ放逸ヲ遠離ス、是クノ如キヲ王浄戒ヲ具足スト名ヅク。云何ンガ王浄聞ヲ具足スト名ヅクルヤ。謂ク、国王有リ、現法ノ戦ニ於テ、後法ノ義ニ於テ、及ビ現法後等ノ義ニ於テ衆ノ妙法門ヲバ善ク聴キ、善ク受ケ、習誦シ、通利シ、専意ニ研究シ、善ク見、善ク達ス、是クノ如キヲ王浄聞ヲ具足スト名ヅク。云何ガ王浄捨ヲ具足スト名ヅクルヤ。謂ク、国王有リ、慳垢ノ所纒ノ衆ノ中ニ在リト雖モ、心恒ニ清浄ニシテ慳垢ヲ遠離シ、而モ居家ニ処シテ常ニ棄捨ヲ行ジ、手ヲ舒ベテ楽《ネガ》ッテ施シ、好ンデ祠福ヲ興シ、恵捨円満シ、布施スル時ニ於テ常ニ平等ナルコトヲ楽フ、是クノ如キヲ王浄捨ヲ具足スト名ヅク。云何ンガ王浄慧ヲ具足スト名ヅクルヤ、謂ク、国王有リ、如実ニ善、不善ノ法ト、有罪無罪ト、修、不修トノ勝劣黒白ヲ了知シ、広ク諸ノ縁生ノ法ヲ分別スルコトニ於テ亦如実ニ知リ、縦令ヒ失念シテ悪貪欲、瞋恚、忿、恨、覆、悩、慳、嫉、幻誑、諂曲、無慚、無愧、悪欲、悪見ヲ生ズルトモ、而モ心覚悟シ、並ビニ堅住セズ、是クノ如キヲ王浄慧ヲ具足スト名ヅク。是クノ如キヲ王勤メテ王法行ヲ修スト名ヅク。王此ノ法行ヲ受行スルニ由ルガ故ニ能ク善趣ニ趣ク。

第十二項　七仏神呪経の十徳論

「七仏神呪経」即ち「七仏八菩薩所説大陀羅尼神呪経」は晋代に訳されたもので三蔵の名は不明であるが、密教系経典である。この経の第三巻にも亦、国王の十徳論がある。

即ち、（1）慈悲心ヲ以テ民物ヲ養育ス、（2）怨親平等ニシテ心ニ憎愛無シ、（3）国ヲ治ムルニ正法ヲモッテシ民物ヲ狂セズ、（4）悪ヲ退チ善ヲ任ジ賢ヲ識リ愚ヲ別ツ、（5）謙下シテ自ラ卑ウシ賢士ヲ軽ンゼズ、（6）来ツテ求ムル者有ラバ其ノ意ニ違ハズ其ノ求ムル所ヲ悉ク皆給与ス、（7）三宝ノ所ニ於テ其ノ心ヲ純厚ニス、（8）貧窮ヲ拯済シ諸ノ孤老ヲ愍ム、（9）国ニ賢士存ラバ当ニ之レヲ徴召スベシ、（10）普ク人民ヲ慈シミ恨ヲ捨テ旧キヲ念フコト猶ホ慈父ノ其ノ子ヲ念フガ如ク温潤清流ス。

といふのがその十徳で、国王がよくこの諸徳を行ふ時は諸仏の護念厚きのみならず、諸天又この王を護り、敵国の来侵絶て有ることなく、諸の善人、福徳の賢士は悉くその国に集り、雨沢も時に順ひ災霜無く、悪病流行せず人民安楽国土国界清浄である、といふのである。

第十三項　法句経の五事論

「法句譬喩経」には、王位を護るの五事に就ての説のある事は、第三節に記す筈であるが、同経には此の外、王者の行ふべき五事（1）領理万民無有抂鑑、（2）養育将士随時稟《ひん》与、（3）念修本業福徳無純、（4）当信忠臣正直之諫、無受讒言以傷正直、（5）節欲貪楽心不放逸、を挙げて「此ノ五事ヲ行ハヾ名四海ニ聞ヘ福禄自ラ来ル、此ノ五事ヲ捨テナバ衆綱挙ラズ、民困《クル》シミ、則チ思惑レ、士労シテ則チ勢挙ラズ、福無ク鬼神助ケズ自ラ用ツテ大理ヲ失フ、忠臣敢テ諫メズ、心逸《ハヤ》リ、国理アラズ、臣蘗《ウレ》ヒ民則チ怨ム、若シ是クノ如クンバ、身、令名ヲ失ヒ後則チ福無シ」（巻第四道利品第三十八）と説き、更に重ねて偈を以て「夫レ世間ノ将ト為ラバ、正シキヲ修メ、阿抂セバ、心ヲ調ヘテ諸悪ニ勝ツベシ、是クノ如キハ法王ト為ル、正シキヲ見テ能ク恵ヲ施シ、仁愛ニシテ好ク人ヲ利ス。既ニ利スルニ平均ヲ以テス、是クノ如キハ衆、附キ親シマン」といふのである。

猶ほ仏教には、国王の出家といふ問題がある。この事は、小乗大乗を通じ、あらゆる経論に於て扱つてゐるが、次の、「法句経」の所説を以てその一班を知るよすがとしよう。

世間ノ国王ノ栄楽ノ恩愛ハ幻ノ如ク化ノ如ク夢ノ如ク響ノ如シ、卒《ニハ》カニ来リ卒カニ去リ常ニ保ツ可カラズ、又、国王、太子、三事ヲ以テノ故ニ道ヲ得ル能ハズ、何ヲカ三事ト謂フ、一ニハ憍姿ニシテ仏経ヲ学問シ妙義ヲ以テ神本ヲ済《スク》フヲ念ハズ、二ニハ貪取シテ布施スルヲ念ハズ、下貧シク困厄スルヲ、群臣、将士ノ所有《アラユ》ル財宝ヲ民ニ与ヘテ共ニ以テ財本ヲ修ムルコトヲセズ、三ニハ色欲愛楽ノ事ヲ遠離シ牢獄憂煩ノ悩ミヲ捨棄シ、沙門ト行作《ナ》リテ衆ノ苦難ヲ滅シ、以テ身本ヲ修ムルコト能ハズ、是ヲ以テ菩薩ハ生ル、所王ト為リ此ノ三事ヲ除キ自《ミズカ》ラ致シテ仏タルヲ得タリ。又三事有リ、何ヲカ謂ツテ三ト為ス。一ニハ少壮ニシテ学問シ国土ヲ領理シ民庶ヲ率ヰ、化シテ十善ヲ行ハシム、二ニハ貧窮《ビングエ》、孤寡ニ財施ヲ以テシ群臣、将士民ト同ジク歎ズ、三ニハ毎ニ無常ノ久シク留マラザルヲ計リ、宜シク当ニ出家シ沙門ト行作《ナ》ルベシ、苦ノ因縁ヲ断チ更ニ生死スル勿《ナ》シ、三事施サズンバ独リ得ル所無シ（巻第四吉祥品第三十九）。

出家して沙門となるといふ仏教信仰内の特殊思想を、求道といふ一般命題に翻訳して考へてみれば、そのまゝ、普遍の帝王論となるであらう。

第十四項　瑜伽師地論の三円満論

「瑜伽論」巻第六十一に、国王の三円満論が出てゐる。曰く

諸ノ国王ニ三ノ円満有リ、謂ク、果報円満、士用円満、功徳円満ナリ。若シ諸ノ国王富貴ノ家ニ生レ、長寿少病ニシテ大宗葉アリテ倶生ノ聴利ノ慧ヲ成就スルハ、是ノ王ヲ名ヅケテ果報円満ト為ス。若シ諸ノ国王、善権方便ニ摂持セラルヽガ故ニ、恒常ニ円満ナル英勇ヲ成就スレバ、是ノ王ヲ名ヅケテ士用円満ト為ス。若シ諸ノ国王ニシテ正法ヲ任持スルハ名ヅケテ法王ト為シ、正法ニ安住スルハ名ヅケテ大王ト為ス、内宮、王子、群臣、英傑、豪貴、国人ト共ニ恵施ヲ修シ、福ヲ樹テ斎ヲ受ケ、堅ク禁戒ヲ持スレバ、是ノ王ヲ名ヅケテ功徳円満ト為ス。果報円満トハ先世ノ浄業ノ果報ヲ受用スルナリ、士用円満トハ現法ノ可愛ノ果ヲ受用スルナリ、功徳円満トハ亦当来ニ於テ円満ナル浄業ノ果報ヲ受用スルナリ。若シ国王有リ、三種ノ円満ヲ皆具足セザレバ、名ヅケテ下士ト為シ、若シ果報円満或ハ士用円満アリ、或ハ倶ニ円満スレバ名ヅケテ中士ト為シ、若シ三ノ円満、具足セザルコト無クンバ名ヅケテ上士ト為ス。

これは、国王の果報に上中下の三ありとし然も、その観察は、宗教的に、過去、現在、未来の三世に亘つてゐるところに、一つの特色が見出せる。即ち、三世の果報の円満せるを以て、王中の王、所謂上士と為し、そこに理想的最高義の王を見出さうとしたものである。かういふ種類の観察は、仏教王道論が宗教を背景とする処にその根拠

があるわけであるから、儒教のやうな単なる現世主義的政治哲学とはおのづから趣を異にするものが存するのである。

第十五項　華厳経の菩薩国王論、九法成就、十功徳論

華厳経は詳しくは大方広仏華厳経、一名を雑華経《ざふけ》といひ、三本あつて、一は東晋安帝代の六十巻本、晋訳、晋経、旧訳、六十華厳等といふ。二は唐則天武后代八十巻本、唐訳、唐経、新訳、八十華厳、大周経等といふ。三は唐徳宗代の四十巻本、具には大方広仏華厳経入不思議解脱境界普賢行願品といひ一品の別訳である、四十華厳、貞元経、又は単に普賢行願品といふ。今玆に紹介するのは八十華厳及四十華厳である。八十華厳の考へ方は、菩薩の下化衆生が国王政治の本質であるとするもので、儒教の聖人国王の類型である。華厳経は例の心は工《たくみ》なる画師の如しといふ有名な句でも察せられるであらう如く、唯心法界とて、徹底した唯心論的立場をとつてゐるものであるから、この点では、儒教の精神主義、例の国王が身を以て徳を行へば天下必ず仁に帰すといふ考へ方と相似性が多い。まづ華厳経自らの筆によつて要綱を学ばう。

菩薩ハ身ヲ現ジテ国王ト作リ、世ノ位ノ中ニ於テ最モ無等ニシテ、福徳、威光、一切ニ勝レ、普ク群萠《マフ》ノ為ニ利益ヲ興ス、其ノ心清浄ニシテ染著無ク、世ニ於テ自在ニ咸ク遵敬ス、正法ヲ弘宣シテ以テ人ヲ訓へ、普ク衆生ヲシテ安穏ヲ得シム、現ニ貴族ニ生レテ王位ニ昇リ、常ニ正教ニ依リテ法輪ヲ転ジ、性ヲ稟クルコト人慈ニシテ毒虐無ク、十方敬仰シテ皆化ニ従フ、智慧ヲモツテ分別シテ常ニ明了ニ、色相モ才能モ皆具足シ、率土ニ臨馭《シ》シテ従ハザル者無ク、魔軍ヲ摧伏シテ悉ク尽サシム、堅ク浄戒ヲ持シテ違犯スルコト無ク、志ヲ決シ堪忍《ジンニン》シテ動揺セズ、永ク楽ツテ忿恚《フンイ》ノ心ヲ蠲除《ジヨクジヨ》シ、常ニ楽ツテ諸仏ノ法ヲ修行ス（八十華厳巻第二十五、十廻向品第二十五ノ六）。

即ち、国王といふものは、上求菩提下化衆生の自利利他二行に於て一切の衆生を度せんが為めに四弘誓願を起して慈悲救済の活動止むことなき菩薩的本質を有するものである、といふのである。されば、王位は最高無等であり、王の人格には福徳充ち威光輝き何物も之れに比すべきものがなく、然も、普く、即ち一視同仁的に国民を救ひ導き正法に安住せしめようとする天業を興すのが王である、とするのが、この論の中心骨子であらうと思はれる。後に述べる転輪聖王の論と関連して考へると、よく、仏教王者論の真要を提言し得た教説といふべきである。

一方四十華厳を見ると、その巻第十一及び十二に可成り詳細な帝王論が示されてゐる。そのうち王の理身十位の説は後に述べるが、九法成就論、聖徳論、十功徳論、七支論の如きものを展開してゐるが、みな、根本はこの菩薩下化の思想を基盤としてゐる。九法成就といふは第一に「徳伏㆓四隣㆒自修㆓職責㆒」といふ通り、王自ら率ゆるに正しければいづれか正しからざらんといふ思想を基本として貢賤に対する態度その他を規定したものである。いづれにしても聖徳が根本である。そこで、同経はこの聖徳に二あり、内徳と外徳とであるとし、その内徳に更に二つを分析し、種族真正と仁慧深遠とを挙げてゐる。そして種族真正については、「種族尊勝ニシテ嫡嗣承襲シ歴代相伝」といふ三要件を劈頭に掲げてゐる。仁慧深遠に就ては「聖徳日躋《ヒニノボリ》、博聞強記ナリ」「仁智孝友ニシテ恭慈恵和ナリ」といふやうな一般的なことから、たとへば、自己の生活に於ては常に足るを知り民の苦難を見ては常に之れが救護を思うとか、つねに五根を摂して情志をほしひまゝにせぬとか、言を発すれば誠諦でなければならぬとか、更に細いことになれば、行幸の時などは車中に端坐し自心を審諦してみだりに内外を顧みないとか、更に身体の摂生や外容まで事細かに書いてある。そして、これから帰納して、帝王の十功徳を論じてゐるが、(1)威儀厳整、(2)令人敬畏、(3)増王膽勇、(4)佐王威勢、(5)降伏悪人、(6)天神自衛、(7)禁禦暴獣、(8)舒暢王意、(9)邪魅不侵、(10)行王教令、といふのがそれである。

以上で、諸経論中の主要なる帝王論を紹介した。猶ほ、このほかにも、たとへば「六度集経」の巻八の最後に「王ハ爾ノ時、五教ヲ以テ政ヲ治メ人民狂ゲザリキ。一ニハ慈仁ニシテ殺サズ恩ハ群生ニ及ブ、二ニハ清譲シテ盗マズ、己ヲ損《す》テ、衆ヲ済《すく》フ、三ニハ貞潔ニシテ婬ナラズ、諸欲ヲ犯サズ、四ニハ誠信ニシテ欺カズ、言ニ華飾無シ、五ニハ孝ヲ奉ジテ酔ハズ、行沾汚無シ」とあるやうに説は諸経中に決してすくなくないが、そのすべてを網羅する必要もあるまいと思ふので、以上に止めておかう。

注1　四分律、衣揵度の二。

注2　「増一阿含」の比丘の七法。曰く、此ノ比丘モ亦復是クノ如シ。若シ七法ヲ成就セバ、弊魔波旬其ノ便リヲ得ジ。云何ガ七ト為スヤ、是ニ於テ比丘、戒律成就シ威儀具足シ、小律ヲ犯スモ尚畏ル、何《イカ》ニ況ヤ大ナル者ヲヤ。是レヲ比丘、此ノ第一ノ法ヲ成就セバ弊魔其ノ便リヲ得ジト謂フコト、猶ホ彼ノ城高広ニシテ極メテ峻《ケハ》シク沮壊ス可カラザルガ如シ。復次ニ比丘、若眼色ヲ見ルモ想著ヲ起サズ、亦、念ヲ興サズ、眼根ヲ具足シテ欠漏スル所無ク、眼根、耳声、鼻香、舌味、身触《ソク》、意法ヲ護ルコト亦復是クノ如ク、亦想ヲ起サズ、意根ヲ具足シテ乱想無ク、具足シテ意根ヲ擁護セン。是レヲ比丘、此ノ第二法ヲ成就スト謂ヒ、弊魔波旬モ其ノ便リヲ得ザルコト、彼ノ城郭ノ門戸ノ牢固ナルガ如シ。復次ニ比丘、多聞ニシテ忘レズ、恒ニ念ジテ正法道教ヲ思惟シ、昔経歴セシ所ヲ皆悉ク備《ツブサ》ニ知ル、是レヲ比丘、此ノ第三法ヲ成就スト謂ヒ、弊魔波旬モ其ノ便リヲ得ザルコト、彼ノ城郭ノ外塹極メテ深ク且ツ広キガ如シ。復次ニ比丘、諸ノ方便ヲ多クシ、所有ノ諸法、初メ善ク、中善ク、竟リモ善ク、具足シ清浄ノ梵行ヲ修ムルコトヲ得、是レヲ比丘、此ノ第四法ヲ成就スト謂ヒ、彼ノ城郭ニ諸ノ穀米多ク、外寇《ゲク》敢テ来リ侵サザルガ如シ、復次ニ比丘、四増上心ノ法ヲ思惟シテ亦脱漏セズ、是レヲ比丘、此ノ第五ノ法ヲ成就スト謂ヒ、弊魔波旬モ其ノ便リヲ得ザルコト、彼ノ城郭ニ諸ノ薪草多ク、外人来ツテ触繞《ソクネウ》スルコト能ハザルガ如シ。復次ニ比丘、四神足ヲ得テ為ス所難キコト無シ、是レヲ比丘、

此ノ第六法ヲ成就スト謂ヒ、弊魔波旬モ其ノ便リヲ得ザルコト、彼ノ城内ニ器杖ノ備具スガ如シ。復次ニ比丘、具《ツブサ》ニ能ク陰入界ヲ分別シ、亦復、十二因縁所起ノ法ヲ分別ス。是レヲ比丘、此ノ七法ヲ成就スト謂ヒ、弊魔波旬モ其ノ便リヲ得ザルコト、彼ノ城郭ノ主ノ聡明高才ニシテ収ム可クンバ則チ収メ、捨ツ可クンバ則チ捨ツルガ如シ。

第二節　帝王観の諸問題

第一項　文字に現れた帝王観

大東亜戦争により、一時日本がマライ、ビルマ等の南域を支配した頃日本国民は、新聞紙上に於て、しば〳〵それらの地方に現存する古来土着諸国王が、ラージャと呼ばれるものであることを一般に知るやうになつた。尤も、日本の新聞紙は、主権関係の実際問題を考慮して、多くはそれらの王を「土侯」といふ文字で表現してゐたが、ラージャの意味は、土侯ではなく国王である。このラージャ Rājah といふは、元来、その語根 rāj より出でたものでこれにaを附加して Rājas とすれば、男性単数主格形の名詞となる。Rāajas が独立の一語として挙げられる場合及び一文の終りに置かれる時は Rājah となるのであるが、語根の rāj には、「輝く」、「支配す」等の意味がある。ところで、北天竺、迦畢試《かびし》国即ち罽賓《けいひん》国の般若三蔵の訳した密教系の「守護国界主陀羅尼経」を見ると次の如き解説がある。

夫レ王ト言フハ即チ囉惹《ラージャ》ノ義ナリ。囉ノ字ノ声ハ、所謂苦悩ノ声、啼哭愁歎シテ無主無帰無救護ノ声ナリ。王当ニ慰喩シテ是ノ如キノ言ヲ作スベシ。汝苦悩スル莫レ。我レ汝主ノ為ニ当ニ汝ヲ救護シ涙ヲ拭ヒ慈悲シテ之ヲ撫育スベシ。言ク惹字ノ声トハ是レ最勝ノ義、是レ富貴ノ義、是レ自在ノ義、是レ殊勝ノ義、是レ勇猛ノ義、是レ智慧ノ義、是レ能ク一切衆生ノ憍慢ヲ摧滅シ、自高ニシテ他ヲ陵懱《りようべつ》スル義ナリ（阿闍世王受記品第十）

この経の「囉惹」といふは、rāja 即ち rāja + a なる名詞の未だ格変化をなさゞる語基そのものであつて、「囉字声者云々」、「惹字声者云々」といふ解釈は、所謂真言的解釈であつて、Rajas（苦悩、闇黒等の意）の Ra に転解し、又 yaya（勝利、勇猛等の意）ya を採用して、Rāja を Ra と ja との二声を以て解したものであるが、この種の例は特筆に遑あらず、印度思想の展開にはこの種の教権的語原論が頗る甚大な役割を演じてゐるといはれる。又、Rājah は dharma pare rānjeti 即ち如法治化の意味だといふ注釈もある。

次に、Kshyatriyah は、一般に、印度四姓の中の王種刹帝利《クシャトリア》として知られてゐるが、この語は語根の kshi より来れる名詞であつて、kshi には「支配す」、「破壊す」、「住す」等の意味がある。「支配す」、「破壊す」等の意を含めての Kshyatriya は権力者の意味であるから、それが所謂刹帝利を意味するに到つたのである。

Kshatriya は又「田主」とも訳してあるが、この場合には、kshetra + i + ya 即ち、田、畑、平野等の意味の Kshetra と、属する者、所有する者などを意味する ya と解せば「農耕の保護者」の意味である。

なほこのほかに、王者を意味する梵語（注1）には光を放つといふ語根 div より出た deva（神、王）indra（帝王）、nara-deva（人中の神、王）、narendra（nara + indra）（人中の神、王）、nri-pa（人間の保護者）、nri-pati（人間の主）、bhū-pati（土地の主）、bhū-pāla（土地の保護者）、bhū-pa（同上）、pārthiva（prihivi 土地の領有者）。

第二項　帝王の起源

第一款　帝王の民選

特定国家の歴史から考へれば、国初に国王ある場合も多いが、一般に人類の歴史、否、世界の生成といふ点から考へたならば、そのはじめに於て、即ち、劫初に於ては、国王といふものは無かつた、然し、一定の時代になると、社会的必要から国王は生れたのであるが、か丶る国王たる者を定め選んだものは大衆であつた、と、多くの仏典は記してゐる。これは印度歴史の伝承に基いた事実論として見るべきである。

玄奘の訳した世親の「阿毘達磨倶舎論」巻第十二に依ると、劫初に王ありやいなやといふ問題について「劫初如二色天一後漸増二貪味一由二堕貯一賊起為レ防雇守田」とある。而してその解説を要約するに、劫初の人類は恰も色界の諸天の如くであつたのであるが、農耕生活に入るに及び、地味を愛著するに到り、つひに稲等の作物に於て「我所の心」すなはち私有の心を生じ、「各貪精を縦にして多く収めて厭ふこと」なき状態となり、はては自ら怠惰にして然も他人の物を盗み蓄ふるが如きありさまとなつたので、之れを遮防せんと欲して人々は聚議する事となり、この聚議の結果、国王を選出したのであると。文に云く

　衆ノ内ニ一ノ有徳ノ人ヲ詮量シ各収ムル所ノ六分ノ一ヲ以テ雇ウテ防護セシメ、封ジテ田主ト為ス。斯レニ因ルガ故ニ刹帝利ノ名ヲ立ツ。大衆欽承シテ、恩、率土ニ流ル。故ニ復タ大王末多王ト名ク。自後ノ諸王ハ此王ヲ首ト為ス。

と。茲に示された帝王の起源は、根本的には経済上の事情を指摘し、而して国王選任の方法を語つてゐる。即ち、私有財産制の起源と国王の起源とを結びつけ、更に、大王末多王宮（māha-sanmata）即ち「共許協立」の民選事情を明かにしてゐる。これは、古代印度に於ける私有財産の抬頭とそれに伴ふ国王の起源といふ歴史的事実を反映してゐるものであらう。勿論、さうした国王の起源は、ひとり、印度に於てのみ認められるといふわけではなく、他にも一般に、これに該当する事実は豊富に存するものと観て然るべきである。かういふ共許協立の場合に於て、実際には、四姓制度により、刹帝利種族の中から選んだではあらうが、それにしても刹帝利種族の中に於て、特に有能、有徳、有力、その他何等かの意味で卓越した人物が選ばれたであらう事も亦想像に難くはない。

私は「阿毘達磨倶舎論」を先づ引いたが、これは元来、「長阿含経」の「初小縁経」、「世記経本縁品」などをあぐべきなのであるが、「倶舎論」の「劫初如色天云々」の一文が、余りに要領よく、この思想の特色を表現してゐるので、何よりも先きに倶舎論に依つて説明したのである。「初小縁経」は

（上略）田地アルニ由リテ此ノ諍訟ヲ致ス、今ハ寧ロ一人ヲ立テテ主ト為シ以テ之ヲ治理スベク、護ルベキ者ハ護リ、責ムベキハ責メ衆共ニ米ヲ減ジ以テ之ニ供給《くきゅう》シテ諍訟ヲ理メシメント。時ニ彼ノ衆中ニ自カラ一人ノ形体長大、顔貌端正、威徳アル者ヲ選ビテ之ニ語ツテ言ク、汝今、我等ノ為ニ平等ノ主ト作リ、応ニ護ルベキ者ハ護リ、責ムベキ者ハ責メ、遣スベキ者ハ遣スベシ。当ニ共ニ米ヲ集メ以テ自ラ相供給スベシト。時ニ彼ノ一人ハ衆人ノ言ヲ聞イテ、即チ与ニ主トナリ諍訟ヲ断理スルニ衆人ハ即チ共ニ米ヲ集メテ供給ス、時ニ彼ノ一人ハ復、善言ヲ以テ衆人ヲ慰労スルニ衆人、聞キ已ツテ皆大イニ歓喜シテ皆共ニ称シテ曰ク、善哉大王ヨ、善哉大王ヨト。是ニ於テ世間ニ便チ王ノ名アリ、正法ヲ以テ民ヲ治ムル故ニ刹利ト名ヅク。是ニ於テ世間ニ始メテ利利ノ名ヲ生ズルアリ。

といつてをる。「仏本行集経」の「賢劫王種品」によれば

時ニ彼ノ大衆、是ノ如ク集会和合シテ共ニ彼ノ仁者ヲ推挟シ、持シテ地主ト為ス。大衆ノ商量シテ挙グルガ為ヲ以テノ故《ユヱ》ニ、故《カルガユヱ》ニ彼ヲ号シテ大衆平章ト為シヌ。又、彼ノ地主、諸ノ大衆ノ為ニ法ノ如ク治化シ、衆ヲシテ歓喜シ、同心ニ愛楽シ、共ニ和合スルヲ得テ各々処分セシメタリ。故ニ名ケテ王ト為ス。又復、一切ノ稲田ヲ守護シ、熟スレバ衆人ノ稲田ノ分ヲ取ルガ故ニ刹利王ト名ク。刹利王ヲ名ケテ田主ト為ス。汝等、当ニ知ルベシ、是ノ因縁ヲ以テ、劫ノ最初ノ時ノ大衆ノ立テシ所ノ王種ハ是ナルヲ。

「長阿」の「世記本縁品」にも同巧異曲の文あり、煩を厭はず参考の為め列記せば「時ニ彼ノ衆中ニ一人アリ、形質長大、容貌端正、甚ダ威徳アリ」とて先づ被選者の威徳の熾盛を叙し、然るのち

衆人語ツテ言ク、『我等今汝ヲ立テ、主トナサント欲ス。善ク人民ヲ護リ、善ヲ賞シ、悪ヲ罰シ、当ニ共ニ減割シ以テ相供給スベシ』ト。其人之ヲ聞キ即チ受ケテ主トナリ、賞スベキ者ハ賞シ、罰スベキ者ハ罰ス、是ニ於テ始メテ民主ノ名アリ

と書いてをる。これらは皆、古代印度に於ける事情を反映してゐるものと見て差支へなく、事実に於て先天の君を有せざる民族としてやむを得ざることであり、支那の、有徳者受命の思想、或はロック、ルソー等の契約説と好一対を成すものといつてよいのである。(注2) 但し、民主といふのは、今日のいはゆる民主ではなく、民の君主の意で、原文は「於是始有民主之名」となつてゐる。

第二款　先世従来

次に、儒教などには見られぬ仏教特有の三世因果観から帝王の起源を説いたものがある。例へば、「法句譬喩経」巻第四に、ある時仏陀がある国王に、「王、今、自ラ知ルヤ、本所《モトイヅコ》ヨリ来リ、何ノ功徳ヲ作シテ此ノ王位ヲ得タルカヲ」と質したるに、国王が、「不審ナリ、頑愚達セズ、先世ノ従来スル所ヲ知ラズ」と答へたのに対し仏陀は次の如く説いてゐる。

本、五事ヲ以テ国王ト為ルコトヲ得タリ。何等ヲカ五ト為ス。一ニハ布施、国王ト為ルコトヲ得、万民宮ヲ奉献シ殿堂資財極リ無キヲ観ル。二ニハ寺廟ヲ興立シ三尊ニ床、榻《コシカケ》、幃帳ヲ供養シ、是ヲ以テ王ト為ル。三ニハ親シク身三尊及ビ諸ノ長徳ヲ礼敬ス、是ヲ以テ王ト為ル、四ニハ忍辱シ身三口四及ビ意悪無シ、是ヲ以テ王ト為ル。一切見ル者歓欣セザルハ莫シ。五ニハ学問シテ常ニ智慧ヲ求ム、是ヲ以テ王ト為リ、国事ヲ決断シ奉用セザルハ莫シ、此ノ五事ヲ行ハバ世々王ト為ル（道利品第三十八）

即ち、先世の福業によつて今世に、今世の福業によつて来世に王となる、といふのであるが、これは、一般に何人

も、かくの如くなるを得るといふのではないであらうことは、これが、ある国王に対する教訓として説かれてゐることによつて推量し得られる。かういふ思想は、仏教経典には随所に散見するが

> 先ノ善業ノ力ニ由リテ天ニ生ジテ王ト作ルコトヲ得、若シ人中ニ在リテハ統領シテ人主ト為ル（金光明最勝王経正法正論第二十）

といひ、又、「無量寿経」に

> 世間ノ帝王ノ人中ニ独尊ナル所以ハ、皆宿世ノ積徳ノ致ス所ニ由ル。慈恵ニシテ博ク施シ、仁愛ニシテ兼ネ済《すく》ヒ、信ヲ履ミ、善ヲ修メテ違論スル所無シ。是ヲ以テ寿終リテ善道ニ昇ルコトヲ得。天上ニ上昇シテ茲ヲ福楽享ク。積善ノ余慶ニヨリテ今人ト為ルコトヲ得テ遇《タマタ》マ王家ニ生ジ自然《ジネン》ニ尊貴ナリ。儀容端正ニシテ衆ニ敬事セラレ、妙衣珍膳心ニ随ヒテ服御ス宿福ノ追フ所ノ故ニ能ク此レヲ致ス（上巻）

といふもののほか、又「心地観経」に「都テ人王タル果報ハ、業ノ感ズル所ニシテ、諸法ハ因縁ニヨリテ成セザルハナク、若シ因縁無ケレバ諸法無シ」（報恩品）といひ「是ノ故ニ王者ニハ因無キニアラズ、戒業ヲ精励シテ妙果ヲ成ズ」（同上）といふが如き、将た又、「王、今、受クル所ノ諸ノ福楽ハ、往昔曾テ三靜戒ヲ持チ、戒徳ノ重修ニヨリ招感スル所ニシテ、人天ノ妙果タル王ノ身ヲ獲タルナリ」（同上）といふものなど、皆この思想である。王位王身は、偶然の所得ではなく、現世の近因によりて獲たるものでもなく、それは、過去宿世の業によりて招感せる妙果である。これとかの王種の思想とを結合せば革命により人臣より昇つて王を僭称するを肯定すべき余地がない。これを、一言にして尽せば、「凡そ帝王たる者は先天の宿福あるが故に現に帝王である」といふことになる。単に現世の力や偶然によつて王となるのではなく、その位にあるべき先世の宿福によつて王たるものであるから、之れを尊敬せねばならぬ、とするのである。（注3）前項に述べたところは、王の起源が民選にあつたとする説であつたが、か丶る宿福論からすると、その民選も亦、結局宿福に原因を求め得るのであるから、王の根本に、先天的権威を観

ずるものといふべきであつて、支那思想と比較すべき原点の一つが此処に存する。

第三款　天匠所造

現実に基礎を置いた立論にあつては、その国体事実の然らしむるところ、民選王首をいはざるを得なかつた印度思想家も、若しそれ一度び天縦の思惟、純思想の門に遊ばんか、忽ちかの転輪聖王の如き理想の帝王論を成し、「乃往過去久遠ノ世時ニ王アリテ堅固念ト名ヅケ、刹利、水澆頭種ナリ、転輪聖王ト為リ四天下ヲ領ス」（長阿含六、転輪聖王修行経第二）といつて、先天の王者といふ思想を示してゐる。転輪聖王の転輪聖王たるの本質は、その「輪」に存するのであるが、この本質たる輪については、同経に「輪ニ千輻アリ光色具足シ、天匠ノ造ル所ニシテ世ノ所有ニ非ルナリ」といひ、その超勝の所以を説いてゐる。これは既に波羅門教のマヌの法典などにも地上の帝王を宇宙創造神たる梵天の所生と考へ、それ故に梵天と帝王とが不可分のものと考へられ、そこに、単なる「人間帝王」から「神聖帝王」“a great deity in human fovm”へと深まりゆく思想を示してゐる。（注4）

第三項　王　種

王種とは王の種姓即ち血統の出自であるが、かりそめにも帝王をば「人中独尊」と考へる以上、帝王が武力によつて帝王となつたにせよ、よし又、過去の善業によつて王位に即いたにせよ、将た又、現世の仁徳に基いて帝王たるにもせよ、その帝王の人間的素性、即ち種姓血統の貴賤といふことは、極めて重大な問題として人民の評価の対象とされる。

今、仏典に之れを探れば、不空の訳した「仏為優塡王説王法政論経」に王の十種の功徳、十種の過失を説ける時、十種の第一に王の種姓を挙げ、そして他の九種を一括してこの種姓に対せしめてゐる。即ち、功徳については、一を種姓功徳と名づけ、余の九を自性功徳と為し、又、過失についても、一を王種姓過失、余の九を王自性の過失と名づけた。曰く「云何ガ王ノ種姓尊高ト名ヅクルヤ、謂ク、国王有リ善根ヲ宿植シ大願力ヲ以テノ故ニ王族ニ生ズ、国位ヲ紹継シ万姓ヲ恩養シ三宝ヲ浄信ス、是クノ如キヲ王ノ種姓尊高ト名ヅク」。然らば、王種姓過失とは、曰く、「云何ガ王ノ種姓高カラズト名ヅクルヤ、謂ク、庶臣有リ、下類ニシテ生ル、尊貴ニ宿レルニ非ズシテ王位ヲ簒紹ス、是レヲ種姓尊不高ト名ヅク」。種姓の尊高はいつの場合でも望ましく、種姓の不高は王の威厳の敵である。これは、若干の相違はあるが「喩伽師地論」にも出てゐる。(注5) 民の口に戸は立てられぬ。種姓不高は常に批判される。仏陀伝として最も浩瀚なる「仏本行集経」を見るに、そこには、ある帝王に関しては、「種姓清浄ニシテ穢嫌スベキナシ」といひ、又ある帝王、例へば憍薩羅《ケウサラ》王に関しては「彼ノ国王憍薩羅王ハ是レ摩登伽《マトウカ》(注6)ノ苗裔種類、父母不浄雑穢ニシテ生レ、兼テ上世ヨリ来《コノカ》タ、是レ王種ニ非ズ。」というてある。印度では、かく、王種といふことを極めて重大なものとして考へるので、現実に帝王たる者に対しても、「王種姓ヲ観ズベシ」といひ、衷心の尊敬は、王者の種姓の如何によつて自然差等を生じたものと思はれる。「王侯将相イヅクンゾ種アラン」といふ支那では現実観の没法子にむしろ徹したであらうが、それでも、黄帝の血統に各王家の系図を関係せしめた心理のうちには、王種の尊貴性を尚ぶ人間本然の動きが看取せられるであらう。それで、この「仏本行集経」の中に帝王の六十種の功徳を説く時その一として王家の種姓の真正無雑（上託兜率品第四）といふことを挙げてゐる。さきに引用せる「無量寿経」に、「自然尊貴」或は四十華厳の「種族真正」、「種族尊勝」など彼此相関して考ふべきである。

第四項　王　統

王種の尊高と関連して王統の思想を観るに、「仏本行集経」に、上引の「真正無雑」といへる次に「彼ノ家ノ体胤ハ、嫡々相承ケテ断絶有ル無シ、彼ノ家ハ昔ヨリ王種ヲ断ゼズ」と記されてゐる。これは、この経の帝王六十種功徳の第六功徳と第七功徳を挙げたものであるが、この嫡々相承無有断絶及び不断王種の思想は、後に述べる転輪聖王思想にも顕著に現れてゐるところであるが、印度歴史の現実は兎にかく、王統連綿を以て、帝王に関する理想的軌範と考へたものであることは否定すべくもない。「増一阿含経」にも「聖王ノ位ヲシテ世々相紹《ツ》ガシメテ種ヲシテ断タシムルコト莫カラシム」（礼三宝品）とか、「善嗣ヲ承継シ其ノ紹《セウ》ヲシテ立テテ絶エザラシメシハ汝ノ功」（同上）とかいふ思想が見えるし、従つて、正当なる王種を断絶に導く行為を、同経には、「暴逆不道」と言つてゐるがかうした例が諸所に散見してゐる。又、ギリシャ種族の出身であるが曾て奢掲羅《サーガラ》城に都し今のアフガン地方から印度の西北部、更に恒河流域にまで勢力を伸張した弥蘭陀王（Milinda）と那先比丘即ち龍軍との問答を記録したものにも同様の思想が見える。即ち漢訳大蔵経に、「那先比丘経」として伝へられるものであるが、山上漕源が新たに英訳に依憑しつゝ巴利語の原典から訳出した「弥蘭陀王問経」に「大王よ、王者は往古以来の諸の聖王より継承伝統する法令に随つて法律規則を宣布し、自ら如法に其規則を遵守し、以て人民の親愛する所、世間の嘱望する所となり、其〔行ふ所の〕正義の力によつて、地上に幾代久しき王朝を打ち建てるものを意味します」と説いてある。これ又王統不滅思想の一参考とするに足りよう。

第五項　王位と革命

真諦の訳した「宝行王正論」に「王位ハ法ニ従ツテ得位ノ為メニ法ヲ壊ルコト莫レ、王位ハ肆家ノ如ク、若シ伝へバ所価ノ如シ」（正教王品第四）といふ句がある。これは、位の目的、従つて位取得の原因を、「法」とした思想であつて、同経には更に「法ノ為メニ王位ニ処シ、名欲ノ塵ヲ求メズ、王位、有利ニ勝ル。此ニ異レバ則チ如カズ、大王即チ世間ニテ多ク互ニ相食啖《じきたん》ス、法王ノ位義ヲ立テヨ」といふ処と照応して考ふべきである。王位と法即ち道とは、正しい意味に於て不可分であつて、王位は法に従つて得、法に依つて昌へ、法と共に無窮たるべきもの、されば、王位は又直ちに法位でなければならぬとする思想であつて、「法華経」の「是ノ法、法位ニ住シテ世間ノ相常住ナリ」（方便品）といふものとも照応して味はふべきであらう。されば、法、即ち正法を内容とすることを忘れ、外的なる権勢や、欲望の対象としての地位としての王位の為めに、内容たる法を壊ることは、王位の自己否定となるであらう事を戒しめたものである。「阿毘達磨大毘婆沙論」に「阿氏多ノ世間輪王位ヲ求ムルガ故ニ、仏ハ之ヲ訶スルモ、慈氏ハ出世法ノ輪王位ヲ求ムルガ故ニ、仏ハ之ヲ讃スルナリ。是ノ如ク、流転ノ王位ヲ求ムルト還滅ノ王位ヲ求ムルトニツキテ説クモ亦爾ナリ」（巻第百七十八）茲に流転の王位、還滅の王位といへるは、注目するに足る思想である。流転の王位とは真理に背きて凡情迷装に漂ふ迷界生死の王位であり、還滅の王位とは迷妄凡情を破り覚性の本源に安住せる悟界の王位である。仏教のことであるから、前者を世間、後者を出世間として取扱つてゐるが、その世間出世間といふは、単に、徳川時代の儒者が判断したやうな常識的進退を許すべきものでない事は、すこしく仏教の学に通ずる者の何人も惑はざるところであらう。即ち、出世間といふも、畢竟、真実世間の意味であつて、文字通り、この世間に非ざる世界といふことではなく、迷界を世間といへるに対し、悟界を出世間といつたまでの事として理解せらるべきである。即ち、流転の王位とは迷界の王位であり、還滅の王位とは悟界の王位であつて、王位に斯くの如き二種の観察を為し、迷界の王位に執着せる者を訶し、悟界の王位を覚れる者を讃歎せるところに、この教説の現実的意味が見出されなければならないのである。

猶ほ仏教には正法の王位は神聖なるものとして、之れを「天位」といへる例もある。即ち「七仏八菩薩所説大陀羅尼神呪経」巻第三に「若シ諸ノ国王、正法ヲ以テ国土ヲ治メント欲ル者ハ天位ヲ以テ世ヲ治メ人物ヲ抂ゲズ」とあるが如きはその一例である。而して、この「七仏神呪経」に、国王若し、国を治むるに正法を以てせず百姓を酷虐し暴虚濁乱の振舞ある時は、「我レ能ク之ヲ退ケ賢能ヲ徴召シ其ノ王位ヲ代フ」（巻第二）と、妙見菩薩をしていはしめてゐるのは、注意すべき点で、暴悪の国王に対しては、「瑜伽論」にも、「菩薩有力尚応廃黜」（巻第三十九）といつてゐる。仏教経典には諸所に、王者の悪業に対する悪果報を警説してあるが、これらの例により、一種の革命思想も存する事を知り得るのである。又、国王の退位――それは多くの場合、王位を棄つといふ表現が用ゐられてゐるが――も認められてゐるが、退位は殆んど皆、太子に位を譲り仏道に入る場合の処置として説かれてゐる。然し、この一種の革命思想は、支那の革命思想の如く顕著でないのみならず、支那の如く、事実上、人民が天の意志の表現者としてその君を革命するものと異り、北辰菩薩即ち妙見菩薩といふ非実在の菩薩が国土擁護の神呪を説く中に現れてくる思想となつてゐる。むしろ、仏教では、真に正法を以て国を治める場合には、「国土ト王法ト悉ク増長ヲ得」、又、「闘諍無ク兵革起ラズ」と考へてゐるやうである。世には、事実に於て、暴君もあり、愚王もゐるのであるから、さういふ類の王者が、王位の高さに立ちて民に臨むとすれば、その王位なるものは、いかにも尊豪の如くであつて実は誠に卑しむべきものである事を痛論する事も亦、正しい王位を昂揚する為めの必要となる。そこで、「辟支仏因縁論」の如きは、拘舎弥国王の条下に、婆翅多国王が異国王と交戦して二王共に戦死し、婆翅多城に於ては諸王子皆競うて国を評《あげつら》ひ大いに戦闘に従事せる事を叙した後、毘羅仙王が

王位、尊豪ナリト雖モ、其ノ楽甚ダ軽微ナリ、云何ゾ是ノ為メノ故ニ具《ツブ》サニ諸ノ苦毒ヲ受ケン。競心、闘戦ヲ生ジ、楽ンデ衆悪ニ著随ス。蠅ノ食蜜ヲ貪ルガ如ク、著蜜シテ喪ハザルナシ。人モ亦復是クノ如シ、小楽ヲ貪ルガ為メノ故ニ、闘戦シテ自ラ傷害ス。王位ハ鄙賤スベシ、多ク諸ノ苦悩ヲ集メ、患害用ヰテ滅ニ至ル。雑毒ノ漿ヲ飲ムガ如ク、毒消ヘテ身敗喪ス、一己身ノ為メノ故ニ、多ク傷害スル所アリ、愚ニシテ王者ノ楽ヲ貪リ、楽少クシテ苦甚ダ多シ、我レ今ヨリ永ク止メテ、更ニ此ノ楽ヲ求メズ、而シテ此ノ国ノ事務、憂怖其ノ中ニ充ツ。栄楽ハ須臾ノ頃ニテ憂患ノ苦延長ス、譬ヘバ妙金屋ノ如ク、火焚炎シテ熾然ナリ、智者ハ焼実ヲ畏レ応ニ其ノ中ニ入ル可カラズ。

と説いてゐる。この、王位鄙賤の思想は、王位尊豪、王位神聖の思想を擁護する為めの逆説として注意すべきであらう。又、真の王位、即ち、正法を行ふ王位の尊は無等絶対なるも、然らざる王位――支那で覇王の位といふが如きもの――に就ては、その内実の空虚にして仮象なる事を警告せるものに、「賓頭蘆突羅闍為優陀延王説法経」がある。これ又、印度撰述の経典であるが作者は不詳、漢訳者は求那跋陀羅である。曰く

王位ハ尊厳ナリト雖モ、代謝シテ暫クモ停マラズ。軽疾ナルコト電光ノ如ク、須臾ニシテ磨滅ニ帰ス。王位ハ極メテ富逸ニシテ、愚者ノ情ハ楽ヲ愛ス。衰滅シテ死スル時至ラバ、苦劇シクシテ下濺ニ過グ。王者ハ高位ニ居シテ名聞四方ニ満チ、端正甚ダ愛スベク、種々ニ自ラ身ヲ厳カニス。譬ヘバ死ニ臨ム者ノ花鬘瓔珞ヲ著クルガ如シ、余命未ダ幾《イクバ》クナラザル時、王位モ亦是クノ如シ。王者ハ譬ヘバ鳥ノ常ニ諸ノ恐怖ヲ懐クガ如シ、行住及ビ坐臥乃至一切時ニ其ノ親疎ノ中ニ於テ恒ニ疑懼ノ心アリ。臣民宮妃ノ后、象馬及ビ珍宝、国土ノ諸ノ所有ハ一切是レ王物ナレドモ諸王命ヲ捨ツル時、皆、棄テテ随フ者ナシ。人王及ビ天王、阿修羅王等ノ威力ハ人民ニ逼リ、斧鉞ハ相残害スルモ無常ノ苦ヲ識ラバ、横ニ貪疾ノ悩ヲ増ス、譬ヘバ妙華林ニ金蛇睡ツテ中ニ在ルガ如シ。愚人ハ珍宝ト謂ヒ、裹《ツツミ》ニ盛リ齎シテ家ニ帰ルニ蛇覚メテ毒火ヲ縦《ホシイママ》ニシ其ノ屋宅ヲ焚焼ス、王位ハ華林ノ如ク、災患ハ金蛇ノ如シ。愚人ハ以テ貴シト為セドモ、智者ハ楽シマザル所、譬ヘバ揣《たん》肉（肉塊）ヲ以テ四衢道頭ニ置クガ如シ、狐猿鳥鷹等競ヒ来リテ諍フテ之レヲ取ル、鳥獣ハ嘴《シ》爪ヲ以テ抓廋（つまみかく）シテ共ニ闘諍ス、王者ハ力矛ヲ以テ相害シテ栄位ヲ諍フコト亦彼ノ鳥獣ノ如ク愚癡等シクシテ異ナルコトナシ。我レ寧ロ灰土ヲ食シテ草采以テ自ラ存ス。此ノ身癰《ヨウ》瘡ノ如ク、会帰シテ当ニ潰爛スベシ。云何ゾ此ノ為メノ故ニ、衆、悪業ヲ造作ス。菴婆果ヲ食フガ如ク、香味悉ク具足ス、及ビ其ノ果消スル時、身体尽《コトゴト》ク爛壊ス、王位ハ彼ノ果ノ如シ。

かくて、この経は次に、欲の因縁の為めに敗滅せる帝王の例として、寄越王、繋趙王其他の名を列ねてゐる。支那、西洋その他の王位思想と比較して注意すべき点であらう。

第六項　王の諸義

第一款　父母の義

われわれは、前篇に於て、支那の王字乃至王義についての諸説、諸思想を見た時、古代支那人が、帝王を以て、民の父母と為すものあるを学んだ。それと共にそれが擬制であることを究めたが、印度に於ても亦、帝王を父又は父母と為し、人民を以てその子と為すの思想ある事を、仏典は語り残してゐるのである。

まづ仏教の最も原始的形態を伝へてゐるとされる阿含部を検するに、「大楼炭経」巻三「高善士品」に「万姓皆愛王、視皆如父母、王愛万姓、如父母愛其子」と出てゐるが、これは飽く迄「如父母」といふにその意味があるのであって、血縁上の事実関係をいつたものではない。菩提賢支の訳した「大薩遮尼乾子所説経」の「王論品」には「答ヘテ言ク、大王ヨ、王ハ民ノ父母ナリ、能ク法ニ依リ衆生ヲ擁護シ安楽ナラシムルノ故ヲ以テ、之ヲ名ヅケテ王ト為ス。大王ヨ当ニ知ルベシ、王ノ民ヲ養フヤ当ニ赤子ノ如シ」といひ、施護訳の「仏説勝軍王所問経」には「王慈心ヲ以テ諸ノ人民ヲ観ルコト既ニ子ノ如ク想ハバ彼ノ一切ノ人亦復王ニ於テ其ノ父母ノ如ケン」といひ、玄奘訳の「如来示教勝軍王経」に「譬如父母憐愍於子」とある。その他「雑宝蔵経」巻八にも「王如父母恩育慈務」の語があり、一々列挙の要はなからうが、類型的思想の一である事が明瞭である。

第二款　神聖の義

国王を以て神聖とするのも亦東西その軌を一にするところで、聖王、聖主といふやうな表現は、「心地観経」その他の経典に一般に見るところである。但し、仏教では、神聖を理の方面より見る場合と義の面より見る場合とがあるからである。たとへば、六十巻本の「大般涅槃経」巻第十七の梵行品に一切衆中若シ是レ王ナラバ自在随意ニ善悪ヲ造作ス、衆悪ヲ為スト雖モ悉ク罪有ルコト無シ、火ノ物ヲ焼キテ浄不浄無キガ如ク、王モ亦是クノ如シ、火ト性ヲ同ジウス。譬ヘバ大地ノ浄穢普ク載ス、是ノ事ヲ為スト雖モ初《すべ》テ瞋喜無キガ如ク、王モ亦是クノ如シ、地ト性ヲ同ジウス。警ヘバ水性ハ浄穢倶ニ洗フ、是ノ事ヲ為スト雖モ亦憂喜無キガ如ク、王モ亦是クノ如シ、水ト性ヲ同ジウス。譬ヘバ風性ノ浄穢等シク吹ク、是ノ事ヲ為スト雖モ亦憂喜無キガ如ク、王モ亦是クノ如シ、風ト性ヲ同ジウス。

といふのは理の神聖で、いはゆる「大威徳有リテ大神通ヲ具シ能ク衆生ヲシテ疑網ヲ離レシム」る綜合統一の実性である。而して、その道義の面に於ける神聖とは、たとへば、「心地観経」の「正法ヲ以テ人ヲ化スルガユヱニ聖主ト為ス」(報恩品下)(注7)といふが如きもので、この種の表現は諸経の中に同巧異曲、可成り豊富に見出される。諸経が、王について、或は三十二相を具すといひ、顔貌円満をいふは、神聖の観念に基くのであつて、この王者の人相を論ずる思想には注目すべきものがある。「菩薩本生鬘論」には「清浄ナル力用アル王者ハ天ノ如シ」(巻第十三)などといふ句も見えるが、これ又、神聖観念の表現であること疑ふ余地がないし、又、「無量寿経」に「帝王ハ人中ノ独尊」といふも、神聖尊厳をいへること明かである。

仏教のみならず、波羅門教でも王者の神聖観を説いてゐる。マヌ法典の国王義務章には、ブラフマン即ち梵天と帝王とを結びつけて帝王はブラフマンの出生であるとし、(注8)又、八神の権化(注9)であるといひ、幼帝といへども神であるから之れを軽しめてはならぬ(注10)といつてゐる。

第三款　根本の義

「心地観経」報恩品は、帝王を以て人間生活の根本と為すことを論じて

世間ハ王ヲ以テ根本ト為ス、一切ノ人民ノ依ル所タリ、猶ホ世間ノ諸ノ舎宅ノ柱ヲモツテ根本ト為シテ成立ス

ルガゴトシ。

といつてゐる。これは報恩品下巻の偈文であるが上巻にも同様の意味の事が見える。(注11)「四十華厳」の第十二、「入不思議解脱境界賢行願品」の偈には「人以王為命、王以法為身」といふ句があり、又、国王を船主に譬へて、「若無国王智臣者旧、如船無主漩洄覆没」と説き、舎宅堂殿の柱たり、又、船主にも比すべき帝王の絶対必要性を力説してつひに、「若シ国王無クンバ一日ノ中ニ万姓荒乱シ相残害シテ尽キン」といひ、又「主無ケレバ則チ乱ル、国ニ君主アリテ一切ハ安キヲ獲《ウ》」ともいつてある。又、「菩薩本生鬘論」巻第十二には「王ハ究竟シテ人中ノ極ト為ス」といふが、これちはいづれも帝王が、国家を営んで社会生活の柱心根本を為すことを指摘したもので、この故に、「金光明最勝王経」王法正論品には

害中ノ極重ナル者ハ国位ヲ失フニ過ギタルハ無シ、皆諂佞ノ人ニ因ル、此ノ為メニ当ニ治罰スベシ、若シ諂誑ノ人ヲ友トセバ当ニ国位ヲ失フベシ、斯レニ由リテ王政ヲ損ズルコト象ノ華園ニ入ルガ如シ。

と誡めてゐる。

猶ほ、君主を人体の有機的構造に比してその元首とする考へは類型的なもので、既に述べた支那にも存し後に叙べる西洋にも存するが、仏典の中にも諸所に散見してゐる。「法句経」に「国ノ君無キハ猶ホ身ノ首無キガ如シ」、「四十華厳に「天下ノ仰戴スルコト人ノ首ノ如シ」、などといふのはその一二例である。

第四款　道法の義

「雑宝蔵経」巻第八に国王の十譬を挙ぐる中に「王ハ当ニ道ノ如ク聖キ蹤ニ違ハザル可シ」といふによれば、仏教では帝王の身位に即して直ちに道を観じたるものといふことが出来る。これ道徳が帝王の当体に存するものと見て、帝王即道と考ふるものにほかならぬ。道徳とは、仏教に従へば「何ヲカ謂ツテ道徳ト為ス、信《まこと》ヲ道ト為シ、身

口意ヲ制スルヲ徳ト為ス」（三慧経）もので、この道を得る為めには、個々の我念を去り、如法たるを要するが故に「当ニ思想ヲ滅シテ道ヲ得、要、不食ニ在ルノミ」（三慧経）ともいふのである。この、「王即道」の観念を他の仏教の特殊慣用的表現に置きかへれば「王即法」となる。王即法たるは、王が法に如するを以てであるが、「大宝積経」を見るに、諸所に「如法為王」等の句あるは、それである。勿論、この「法」とは、仏の正法、即ち仏法であるが、その仏法とは、「大宝積経」自ら注して「何ヲカ仏法ト謂フ、大王ヨ、一切ノ諸法ハ皆是レ仏法ナリ」（第七十六巻菩薩見実品第十六の十六）といふ如く、要するに宇宙、世界等の実在の法である。然らば何故に之れを仏法と称するかといへば、「諸法ハ実ニ不可得ナルヲ、仏ハ衆生ノ為メニ但仮ニ言説セルノミ」（同上）といふ因縁によつて仏法の名を用ゐ、又、「諸法ノ中ニ於テ、法トシテ得ベキモノ無ケレバ、是クノ如キ法アルコト無シト、是ノ法ヲ証スルコトヲ得タルヲバ、号シテ仏者ト為ス」（同上）までのことである。「法苑珠林」の巻五十七に「国王正法ヲ任持スルヲ名ヅケテ法王ト為シ、正法ニ安住スルヲ名ヅケテ大王ト為ス」といひ、法王、大王と使ひわけてゐるが、所詮又この意味に外ならぬ。「王法政論経」が「顧戀善法」を十徳の一に算へ、又、「八十華厳経」巻第二十二に「於功徳法而得自在為大法王」、「於法自在成法王故」、「自在法王」等といふ表現をあまた見るのも、皆この王即法的思想であらう。

第五款　昌盛の義

支那の王道学者は、王を以て豪盛の義としたが、「大乗本生心地観経」報恩品は

其ノ国界ニ於ケル山河大地ハ大海ノ際ヲ尽シテ国王ニ属ス。一人ノ福徳ハ一切ノ衆生ノ福ニ勝過スル故ニ。

といひ、「賓頭盧突羅闍為優陀延王説法経」も亦「国土ノ諸ノ所有ハ一切是レ王物ナリ」といふ。即ち国土は悉く帝王の所有であり、それが帝王の本来の福徳と考へられてゐる。「合部金光明経」巻第六の正論品に「王領国土故

称人王」といひ、「大毘婆沙論」第百十三巻には「大地所有王為主」等といふは皆、帝王の福徳昌盛をいへるもので、この義を「金光明最勝王経」四天王護国品には、「王位尊高自在昌盛」の語を以て表現してゐる。これは、世の帝王の事実と転輪聖王の如き理想的帝王論の軌範観とによつていはれるのであらうが、この事は転輪聖王の説ある阿含部の諸経典を始め諸経に散見するところで、「起世経」(注12)の表現を用ゐれば帝王の「大福報」なのである。

第六款　人主の義

帝王は人主である、といふ思想は、支那の君長観念と同じものと思はれるが、ブリハー、アーラヌヤカ、ウパニシヤッドに「彼は実に王なり、主なり、統治者なり、王にして主なる彼は宜しく我を統治者たらしめよ」(「世界聖典全集」ウパニシヤッド全書第一巻一六五頁)とある。仏教の経典中にも、この思想の表現は頗る多いが、例へば「心地観経」に於ては帝王の十徳を挙ぐる中に、「一切ノ人民ハ王ヲ主ト為ス」といひ、又「国王ハ自カラ是レ人民ノ主タリ、慈恤スルコト母ノ嬰児《ヨウニ》ヲ養フガ如シ」(報恩品下)といひ、「阿育王経」を見ると、「王為地中主」(巻三)といふ句が見える。そのほか、たとへば、「長阿含経」の「世記経」本縁品などにも、「主ト為サント欲ス」とか、「受ケテ主トナリ」とかいひ、同じく「長阿含経」の巻第六「小縁経」にも「平等ノ主」とか、その他、国王を人の主となせるものは枚挙に遑がないが、この「人主」とは、別の文字を以て表現すれば、「根本薩婆多部律蔵」巻第二のいはゆる「王トハ謂ク是レ国王ナリ」である。その最も高く大なる者に到つては転輪聖王を以て「能ク一切ニ勝レテ四天下ニ主タリ」(四分律巻第三十一、受戒揵度一)といふところに照して考ふべきである。けだし、国王を人主、地中主となすは、単なる思弁によつてではなく、眼前の事実の観察によつて得た観念であるが、これは国王の本質に親する観念中、さきの父母の義、後に述べんとする師導の義と共に、最も基礎的な性質を有するものといふべきである。

第七款　師導の義

帝王は人主として、又世の根本柱石として国を治する者であるが、その治とは単に、権力による統制をのみ意味するものではなく、仏教の考へ方によれば、道法を以て人民を教化するものでなければならぬから、帝王はこの意味に於て師導者である。その師導の意味はけだし、次の華厳経の一節の如きものであらうか。

解脱ト言フハ要スルニ二類ヲ言フ。一ニハ波羅門、刹利王種ノ髪既ニ斑白、年五十ヲ踰《コ》エ、力邁《ス》ギ色衰へ、世ヲ厭ヒテ道ヲ求メ、情、出要（迷を出づ）ニ深クシテ威ク真修ト謂フモ、習フ所既ニ殊《コトナ》リ、師承自ラ異リ九十六種各々本宗《ホンジウ》ヲ業トシ或ハ生天ヲ求メ、或ハ解脱ヲ計ルモノ。二ニハ釈種如来ノ弟子、三乗ノ学人ノ甘露ノ味ヲ服シ慈悲ヲ修習シ群品（衆生）ヲ利益スルモノナリ。是クノ如ク種々ノ邪宗、正宗、在家、出家ノ精心道検ナルハ皆王国ニ依リテ住持スルコトヲ得、並ビニ我王ノ演化流布ニ因ルガ故ナリ。諸ノ学者ハ、世ノ輪縄ノ如ク、修スル所ノ芸業ハ聚メタル泥土ノ如ク、王ノ正化ヲ行フハ匠ノ埴《ネバツチ》ヲ挺《ネヤ》スガ如ク、巧ニ自他ヲ益スルハ、衆器ヲ成スガ如シ。若シ王力無クンバ功行成ラズ、法滅シテ余リナケン、況ンヤ能ク利済センヲヤ（四十華厳経巻第十二入不思議解脱境界賢行願品）

「増一阿含経」の中にも、帝王の師導を論じてあるが、(注13)「雑宝蔵経」巻第八には最も単純明白に「奉ジテ以テ師ト為シ正行ヲ受ケ修セン」といつてをるし、「菩薩本生鬘論」にも、「王ハ善ク教へ能フ」とか「王ハ善教ヲ行フ」（巻第十三）とかいふ句が諸所に散見してゐる。又その教令の威力はよく世の暗鈍我慢を除くとて、「王ノ教令ハ力用傾カザレバ暗鈍我慢ハ清浄ニ遠離ス」（巻第十三）と説き、その教令は偏枉なきものであるとて、「王ハ誠諦ニシテ教令均平ナリ」(注14)（巻第十五）と論じてをる。この、「王ハ誠諦」の語は、王を以て、「道法の当体」と考へたものであらう。

第八款　無外の義

王を無外の大と観ずることとは、帝王の事実に基ける観察から来るものであるから、支那に於ても、その義ありしは、我等の既に学びとつた処であつた。然るに、印度に於ても亦全く同じ観念があり、「四十華厳経」の巻第十二に「我王ノ聖化無外ナリ」とあるのを指摘することが出来る。著者の粗漏なる大蔵経通読の間には、「無外」の文字を使用したるものは此処一箇所だけしか記憶にないが、然し、「雑宝蔵経」の説くが如く、王者が「日ノ如ク普ク世間ヲ照シ、天ノ如ク一切ヲ覆蓋ヒ、地ノ如ク万物ヲ載養」するものであるならば、そのことが即ち、無外の大である。他に何物も比較し得るものの無い大きさ、それが帝王聖化の無外である。故に、「心地観経」も亦、「王ノ正法ヲ以テ人民ヲ化スルハ大梵王ノ万物ヲ生ズルガ如ク」といひ、又、「日天子ノ世間ヲ照スガ如ク国王ノ世ヲ化スルモ亦是クノ如シ、日光ハ夜分ヲ照サズト雖モ能ク有情ヲシテ安楽ヲ得シム」等といふのである。「法華経」神力品に、「風ノ空中ニ於テ一切ノ障礙無キガ如ク斯ノ人世間ニ行ジテ能ク衆生ノ闇ヲ滅ス」といへるが如き自在、「金光明経」にいはゆる「自在」、将た又「四分律」にいはゆる「王事自在」とは、この大きさを働きの上についていつたものであらう。若しそれこれを量の上についていふならば無量である。「大乗菩薩学論」巻第十八に「乃往過去無量世ノ時ニ、転輪王有リ、無量称ト名ヅク、威徳名聞富貴自在ナリ、四大洲ヲ統ベテ独リ尊勝ト為ス」（自性清浄品第十四ノ二）といへるものの如き、まさに、転輪聖王の形貌の大、作業の自在、福徳の無量を短文の中に表はしつくせるものであつて、この故に、無外の大は、作業の自在と、福徳の無量とをも併せ含むものでなければならぬ。王こそは形に於て、作業に於て、福徳に於て、即ち精神に於て将た又物量に於て、まさに人界の大を極めたる者といふべきで、かの「四十華厳経」が「我王巍々威徳乃至内外一心」といふも亦この無外の大の叙述形容であらう。

第九款　帰仰の義

支那に於ては、王は往なりと解し、支那仏教も注釈の間しば〱王往の義を説くを見るが、印度撰述の仏典にあつても亦、王を帰仰の義を以て解せるものがある。その代表的なものとしては「雑宝蔵経」巻八の「夫レ王タル者ハ率土ノ帰仰スルトコロ」の句を示す事が出来よう。而して、その下に説くは即ち、率土帰仰の理由であつて、文に

> 王ハ当ニ橋ノ如ク万民ヲ済渡スベシ、王ハ当ニ秤ノ如ク親疎皆平ナルベシ、王ハ当ニ道ノ如ク聖蹤ニ違ハザルベシ、王者ハ日ノ如ク普ク世間ヲ照シ、王者ハ月ノ如ク物ニ清涼ヲ与ヘ、王者ハ父母ノ如ク恩《メグ》ミ育テ慈シミ衿レミ、王者ハ天ノ如ク一切ヲ覆蓋《オホ》ヒ、王者ハ地ノ如ク万物ヲ載セ養ヒ、王者ハ火ノ如ク諸ノ万民ノ為ニ悪シキ患《ウレヒ》ヲ焼キ除キ、王者ハ水ノ如ク四方ヲ潤澤スベシ

といふはそれである。王が、人民の根本であり、父母であり、師導であり、人主である以上、天下は挙げて、王に帰仰せざるを得ない。天下悉く王に帰仰するが故に、王は天下を統理治化するのであり、我が憲法第四条に「総攬」といふが如きものである。帰仰は、王の徳によつて名づけた義であり、この徳に基いて発するところは、正法を以てする統治治化たらねばならぬ。真の王に対しては、たゞにその治下の人民が之れに帰仰するのみならず「心地観経」を例に引けば「王ノ隣国ニ於ケル者モ咸ク来リテ帰服シ」（報恩品）その上、「一切ノ怨敵モ皆帰伏シ」、更に、一層ひろく、「人ト非人ト称歎セザル無ク」、「万姓ハ歓娯シテ王化ニ感ズ」るのである。これは、明かに、真の王は、一世界一王たるべきをいへる思想であつて、転輪聖王の思想と照比して考ふべきもの、「群生ノ敬仰スルコト如来ニ等シ」（心地観経）き「仁王」、「聖主」たるものとなすところである。

第十款　天子の義

支那でも帝王を称して「天子」と為すが、その意味とは教義的に異りつゝ思想的には同一性を示すものと考へらるゝは仏教の帝王天子論である。「心地観経」報恩品下巻の文によると

十方一切諸国ノ王ハ、正法ヲモッテ人ヲ化シ聖主ト為ス。国王ノ福徳ハ最勝タリ、所作自在ナルモッテ名ヅケテ天ト為ス。三十三天及ビ余ノ天、恒ニ福力ヲ将《も》ッテ王化ヲ助ク。諸天ノ擁護スルコト一子ノ如シ、是ヲ以テ天子ノ名ヲ称シ得ルナリ

とあつて、その所謂「天子」の意義が明かである。「合部金光明経」巻第六の偈文も亦同断で「人中ニ在リト雖モ生レテ人王ト為ル、天ノ護ルヲ以テノ故ニ復タ天子ト称ス、三十三天各己ガ徳ヲ以テ分チテ是ノ人ニ与フ、故ニ天子ト称ス」といつてゐる。この天子が、即ち天王であつて、天子たり天王たる者は、「天業ヲ修行」（心地観経）し、又、「天業ヲ成就」（大集経巻二十三、四無量心品第四）する帝王とされる。

仏教に於ける「天」といふは、提婆 Deva 国の訳語であつて、欲界、色界、無色界の三界あり、諸神の総称である。欲界に住するは持国天王、増長天王、広目天王、多聞天王の所謂四天王及び帝釈天王であり、色界の初禅天に住するは大梵天王、色界の第四禅天に住するは大自在天であるとされる。而してこれらの諸天の天衆を領して王となるものを天王といふのであるが、国王を天王といへば、国王それ自身が天王であるを意味し、天子といへば、諸天王が守護する王者を意味する。いづれにしてもそれらの文字に多く繋縛せらるる必要はなく国王を以て、通常の人以上の存在と信ずる思想が、時に天王の観念となり又天子の観念となつたまでであると解してよい。要するに、天子といふ天王といふによつて察せらるる通り、国王を人として肯定しつゝもその本質中に超人的意義を感ぜんとせるもので、神聖の義と相通ふところがある。

注1　梵語に就てはsin M.Monier-Wiliams の Sanskrit-English Dictionary 及び予が早大在学中に用ゐた教科書、萩原雲来の「実習梵語学」等によつたが、学力不足の為め、畏友京大梵語学教授本田義英博士の教示を受ける事多大であつた。記して以て感謝の意を表する。

注2　「地蔵十輪経」に「有徳即位」の文字があり、又「注維摩詰経」巻二にも「遂立有徳……此王者之始」等々とある。

注3　過去世の因によつて現在の王位を得たとする考へは、仏典の到る処に説いてゐるところであつて、「仁王般若波羅蜜経」巻下にも『大王。我今五眼《ヲモッテ》明見二三世一。一切国王者由三過去侍二五百仏一。得レ為二帝王主一。』といひ、「心地観経」報恩品にも『智光長者応知。一切人王《ハ》業所感。諸法無不因縁《ニヨリテ》成。若無因縁無諸法』とか『是故王者非無因。戒業積勤成妙果』といひ、又「四十華厳」第十二にも『多生事多仏福徳勝為王』「大般若」第六百巻に『人修二施戒忍一愍二有情一獲二輪王位一』等といふの類、仏典中に猶その類例甚だ多きも今之を尽さず。

注4　マヌ法典の国王の義務章に曰ふ。When the Khatriyas become in any way overbearing towards the Brâhmanas, the Brâhmanas themselves shall duly restrain them; for the Kshatriyas, Brâhman so and Kshatriyas, sprang from the Brâhmanas (Duties of A King, 320)
Kshtriyas prosper not Without Brâhmenas, Brâhmanas prosper not without Kshatriyas, being closely united, prosper in this (world) and in the next, (322)
猶ほマヌ法典第七章の国王章の3には、Lord created a king for the protection of this whole (creation) と見えてゐる。

注5　「喩伽師地論」巻第六十一に曰く、『云何ガ王ノ種姓高カラズト名ヅクルヤ、謂ク、国王有リ、随一ノ下類ノ王家ニ生ジ、尊貴ニ宿レルニ非ズ、或ハ此王家ニ生ズト雖、賤女ノ子ニシテ相似セル子ナラズ、或ハ是レ大臣、輔相、国師、群官等ノ子ナリ、是ノ如キヲ王ノ種姓高カラズト名ヅク。云何ガ王ノ種姓尊高ト名ヅクルヤ、謂ク、

国王有リ、相似セル王家ニ処在シテ生ジ世ノ尊貴ニ宿ス、是レ相似ノ子ナリ、是ノ如キヲ王ノ種姓尊高ト名ヅク。』

注6　摩登伽は梵語 Mātanga の音訳で旃陀羅族、即ち屠膾を業とする賤種。

注7　「心地観経」の報恩品には、国王を仏陀と等しいものと為し『如是仁王為聖主、群生敬仰等如来』といつてゐる。

注8　"The Laws of Manu R399"

注9　マヌ法典 "Impurity" 九六に曰く A King is an incarnation of the eight guardian deities of the world, the Moon, the Fire, the Sun, the Wind, Indra, the Lands of wealth and wate (Kubera and Varuna), and Yama. (The Laws of Manu. p.185. of p396)

注10　"Even an infant King must not be despised (from an idea) that he is a (mere) mortal; for he is a great deity in human form（同上書二一七頁）

注11　『譬如世間一切堂殿柱為根本人民豊楽王為根本依王有故』（「心地観経」報恩品上）

注12　『転輪聖王、業力因縁、有大福報、世間種々、資産豊饒、珍奇衆宝、無不具足、於一切時一切世間、人中受生、無有如是富楽自在資材服玩衆妙宝物充溢府庫比輪王者、是則名為転輪聖王第四果報神通具足』（「起世経」巻第二）

注13　平易な文であるから原文のまゝ出してみよう。

猶如㆓牛渡㆒水、導者而不㆑正、一切皆不㆑正、斯由㆓本導㆒故、衆生亦如㆑是、衆中必有㆑導、導者行㆓非法㆒、況復下細人、萌類尽受㆑苦、由㆓王法不㆑正、以知㆓非法行㆒、一切民亦然、猶如㆓牛渡㆑水、導者而行正、従者亦皆正、斯由㆓本導㆒故、衆生亦如㆑是、衆中必有㆑導、導者行㆓正法㆒、況復下庶人、萌類尽受㆑楽、由㆓正法教正㆒、以知㆓正法行㆒、一切民亦便（「増一阿含経」巻八）

この本導とは師導に外ならぬが、牛渡水の譬は「大荘厳論」も之れを援引し『牛ノ属ミテ水ヲ渡スガ如シ、導正シケレバ従亦正シ、人王正法ニ立タバ従者モ亦是クノ如シ』（巻十五）といつてゐる。

注14　仏典にはこのほかにも「王ノ教令」「諸臣即チ王ノ教ヲ受ケ勅ノ如ク荘厳ス」（四分律受戒揵度一）などといふ表現が諸所にある。「六度集経」戒度無極章第二に「処スル所ノ国ノ其ノ王ハ真ヲ行ズ、臣民ヲ勧導シテ三導ヲ知ラシム」といふも亦この教導の義である。

第三節　帝王の破法とその悪果報

第一項　総　説

上来の記述により、我々は仏教が国王を以て、人主、人民の根本、人民の柱、橋梁等と為す思想に基き、王の尊貴、王の道、王の徳、王の法、王の威厳等に関し独特の教を到る処の経典会座に説き示してゐる事の一班を見た。従つて、王にして王の道を行はず、王の徳を具せざる者の如きに対しては、之れを「悪王」と銘して、その果報の悲惨をも説くのである。この事は、上引の諸経文の中にも既に散見してゐるところであるが、因縁果報の法則を重く観ることは仏教の根本思想であつて帝王論にあつても亦、実践的意味に於て極めて力を注いでゐる点であるから、今少しく、この点の教説を立入つて眺める事にしよう。

帝王の悪因縁を説く場合、大別して二つの型が看取せられる。即ち第一の型は、専ら真理正法――勿論仏教ではそれを仏法の名によつて表現する――を乱す罪を説くもの、第二の型は一般に国家、社会の生活に於ける王者の道を破る罪を説くもの、これである。この外にも猶ほこれらの両者を併せ説いてゐる混合型もないではない。又、悪果報を説く場合も亦然りで、王者をもひきくるめての国家全体の上に現れる悪果報を説く型、主として王者の身上に現れる悪果報を説く型、及び両者を併せ説く混合型がある。然し、そのいづれの場合に於てもその説き方は、一般人が悪因縁によりて悪果報を得る事を説く者に比し、事の重大さを厳しく意識させようとしてゐる意図をありありと察知し得られる。以下、代表的若干の経文に就て学んでゆかう。

第二項　仁王般若波羅蜜経の破法破国論

第一款　王の福尽無道と災難必起

「仁王般若波羅蜜経」は、一般に単に「仁王経」とも称され、我国に於ても古、極めて厚き信仰を得て朝野に崇ばれた経典で古くから仁王会《にんのうえ》が行はれたが清和天皇から一代一度の大仁王会が催され南北朝頃迄もつゞいたが、上下二巻、八品より成る比較的短小の経である。現存する漢訳は、鳩摩羅什訳「仁王般若波羅蜜経」と、不空訳「仁王護国般若蜜多経」の二種であるが、この「仁王経」には、二種の破法論が示されてゐる。先づ第一のものは、王の福尽無道とそれに伴ふ災難の到来であつて、それを不空本で示すと次の通りである。

大王ヨ、我レ諸国ノ一切ノ人王ヲ見ルニ皆過去ニ五百仏ニ侍《ツカ》へ恭敬供養セルガ故ニ帝王ト為ルコトヲ得タリ。一切ノ聖人、道果ヲ得タル者来ツテ其ノ国ニ生ジ大利益ヲ作ス。若シ王ノ福尽キテ無道ナラン時ニハ、聖人捨去シテ災難競ヒ起ラン。大王ヨ、若シ未来世ニ諸ノ国王アリ、正法ヲ建立シ三宝ヲ護ラン者ハ我レ五方ノ菩薩摩訶薩衆ヲシテ往イテ其ノ国ヲ護ラシム（巻下奉持品）

この不空本の「若王福尽無道之時聖人捨去災難競起」、又、羅什本で示せば「若王福尽一切聖人皆為捨去若一切聖人去時七難必起」といふ思想は、国王の個人的悪行、恣意の因果論ではなく、仏教特有の時代観に基く法滅と法興との史観に於て、法興の決定的契機性が一に国王の聡明の発揚並びに護法心の喚起自覚に内在してゐることをいつたものである。故に、仏陀は、同経の受持品（奉持品）に於て波斯匿王に告げて、「我ガ滅度ノ後、法ノ滅セントスル時ニ当ツテ是ノ般若波羅蜜ヲ受持シ大イニ仏事ヲ作スベシ。一切ノ国土ノ安立シ万姓ノ快楽ナランコトハ皆般若波羅蜜ニ由ル」といつてゐる。この「法欲滅時」といふは、帝王たる者の意志、行為等とは無関係に起り来る時代の関門であつて、それが、「過去侍五百仏得為帝王」の「王福尽時」にほかならぬ。然しか丶る重大なる時の変化の関門に当つて、人の帝王たる者は徒らに、一往の法滅尽時の中に衆と共にその影を没し去るべきではない、そこには、一往の法滅尽時は来つたが、それは同時に再往法興の時でもある事を深く自覚して起たなければならない。故に、帝王たる者は、先づ、「法欲滅時」、「王福尽時」の時を知る必要がある。その時は、帝王にとつては決して知り得ないものでも知り難いものでもなく、反対に、宇宙人心の大法現象を如法に観察しさへするならば、むしろ明白に察知し得るのである。そこで経は、法欲滅時の現象を説くのであるが、それは人間にとつての災難として覚知せられるが故に、之れを七難といつてをる。その意味は「七箇の国難」である。即ち、(一)日月失度難、(二)衆星変改難、(三)諸火焚焼難、(四)時節反逆難、(五)大風数起難、(六)大地亢陽難、(七)四方賊来難、これである。「薬師経」にもほゞ同様の事が説いてあるが、(一)人衆疾疫難、(二)他国侵逼《しんぴつ》難、(三)自界叛逆《ほんぎやく》難、(四)星宿変怪《へんげ》難、(五)日月薄蝕難、(六)非時風雨難、(七)過時不雨難となつてゐる。「仁王経」の文によつて説明しよう。

(1) 日月度ヲ失シ、時節返(反)逆シ、或ハ赤キ日出デ黒キ日出デ、二三四五ノ日出デ、或ハ日蝕シテ光ナク、或ハ日輪ノ一重ナルト二三四五重ノ輪現ハル。是ヲ一ノ難ト為ス。

(2) 二十八宿度ヲ失ス、金星、彗星、輪星、鬼星、火星、水星、風星、刀星、南斗北斗五鎮ノ大星、一切国ノ主星ト三公星ト百官星ト、是クノ如キノ諸星各変現ス、二ノ難ト為ス。

(3) 大火ノ国ヲ焼イテ万姓焼キ尽サレ、或ハ鬼火、龍火、天火、山神火、樹木火、賊火アラン、三ノ難ト為ス。

(4) 大水百姓ヲ漂没《ヘウモツ》シ時節返逆シ、冬ニ雨アリ夏ニ雪アリ、冬ノ時ニ雷電霹靂《ピヤクリヤク》シ、六月ニ氷、霜、雹雨《フ》リ、赤水、黒水、青水ヲ雨ラシ、江河逆シマニ流レ、山ヲ浮べ石ヲ流サン、四ノ難ト為ス。

（5）大風吹イテ万姓ヲ殺シ、国土山河一時ニ滅没シ、時ニ非ズシテ大風、黒風、赤風、青風、天風、地風、火風アリ、五ノ難ト為ス。

（6）天地国土ハ亢陽トシテ炎火洞然タリ、百草亢旱シテ五穀実ラズ、土地赫然トシテ万姓滅尽ス、六ノ難ト為ス。

（7）四方ヨリ賊来リテ国ヲ侵シ、内外ニ賊起リ、火賊、水賊、風賊、鬼賊アリテ、百姓荒乱シ刀兵劫〔掠〕起ラン、七ノ難ト為ス。

以上が所謂七難であるが、既に述べたやうに、これらの難は、国王自身の不徳不法の因縁によつて起るところではないから、七難の現前することそのことは必ずしも王の責任でも過失でもない。然し、この七難を観察してその意味を正確に把握し、王者として之れに対処し、而して現前の「法欲滅時」を当来の「法興」に転換する事を怠れば、それは最早や国王の過失である、と考へる。さればこそ、「法ノ滅セント欲スル時ニ当ツテハ是ノ般若波羅蜜ヲ受持シ大イニ仏事ヲ作スベシ」といふのであるが、若し、かくの如き時に当つて仏法を受持し仏事を作せば、「七難即チ滅シ七福即チ生ジ万姓安楽ニシテ帝王歓喜セン」といふ果報を得る。そもそも法欲滅時、王福尽時といふ一大転換期には、国土に衰退の法の行はれる時であるから、「一切ノ聖人ハ皆捨テ去ル、若シ一切ノ聖人捨テ去ル時ハ七難必ズ起ル」と考へ、かゝる国家危急存亡の時にこそ、国王たる者はその国土人民を救ふべきもの、といふ思想で、それが為め、国王の自覚による新しき正法建立の運動展開を必要とするのである。

第二款　王の恣意破法とその果報

次には、帝王が自らの恣意破法によつても国は滅びるから、経はそれを叙べて次の通りいつてゐる。

自ラ高貴ヲ侍ンデ、吾法ヲ滅破シ、明ニ制法ヲ作ツテ我ガ弟子ノ比丘比丘尼ヲ制シ、出家シテ道ヲ行ズルコト聴《ユル》サズ、亦復、仏像ノ形モ仏塔ノ形モ造作スルコトヲ聴サズ、統官ヲ立テテ衆《シュ》ヲ制シ、籍ヲ安ジテ僧ヲ記シ、比丘ヲ地ニ立テ白衣ヲ高座セシメ、兵奴《ヒョウヌ》ハ比丘ト為ツテ別請ノ法ヲ受ケ、知識ノ比丘モ共ニ心ヲ一ニ為シ、親善ノ比丘モ為メニ斉会ヲ作シテ福ヲ求ムルコト外道ノ法ノ如クナラバ、都テ吾法ニ非ズ、当ニ知ルベシ、爾時ニ正法ノ将ニ滅センコト久シカラザルコトヲ。

而して経は、「是レ破国ノ因縁ナリ」といひ、百姓は疾病して苦難の限りを嘗め、五濁の罪は「説クコト劫ヲ窮ムレドモ尽キズ」としてある。正義正法――経の立場に於ては即ち仏道仏法を、外敵によつて乱されるならば兎にかくも、国内に於て、国王自らが之れを破るといふことは、これ即ち「師子身中ノ虫ノ自ラ師子ヲ食フガ如キ」ものであつて、その悪報は「正教衰薄ニシテ民ニ正行ナク漸クニ悪ヲ為スヲ以テ其ノ寿日日ニ減ジ」或は「復孝子無ク、六親不和ニシテ天神モ祐ケズ、疾疫、悪鬼日《ヒビ》ニ来ツテ侵害シ、災怪《サイケ》首尾シ、連禍縦横ナラン。死シテハ地獄餓鬼畜生ニ入リ、若シ出デテ人ト為ラバ兵奴ノ果報〔ヲ受クルコト〕響ノ声ニ応ズルガ如ク、人ノ夜、書スルニ火滅スルモ字存スルガ如クナラン」といふが如きものである。

第三項　雑宝蔵経の七事非法と王国傾敗論

「雑宝蔵経」巻第八に次の如き物語がある。「昔迦尸国ニ王アリ、名ヲ悪作ト為ス、極メテ非法ヲ作シ百姓ヲ苦悩セリ、残賊無道ニシテ四遠ノ賈客ノ珍琦ノ勝物ハ、皆税トシテ奪ヒ取リ其ノ直《アタイ》ニ酬ヒズ、是ニ由ルガ故ニ国中ノ宝物ハ遂ニ大ニ貴キニ至リ、諸人称シ伝ヘテ悪名流布セリ」然るに一羽の鸚鵡が林中に於て、行路の人々の王の悪を罵る言葉を聞いて、自ら思念するには「我ハ是レ鳥ナリト雖モ尚其ノ非ヲ知レリ、今当ニ彼ニ詣リ為ニ善道ヲ説クベシ」そこで王宮の庭園に下降するや、たまたま王夫人の園を遊観するに値うたので、鸚鵡は、翼を鼓し鸚鳴して叫んだ。「王ハ今暴虐ニシテ無道之レ甚シ。万民ヲ残害シテ毒鳥獣ニ及ブ、含気嗷漱トシテ人畜憤結シ、呼嗟ノ音周ク天下ニ聞エタリ。夫人モ苛剋ナルコト王ト異ナルコト無シ、民ノ父母タルモノ豈ニ是クノ如クナルベケンヤ」と。之れを聞いて、王夫人は瞋り、小鳥を捕へしめて之れを王の前に引き据ゑ、こゝに王と鸚鵡との問答が行はれるのであるが、此時、王は鳥に、「われに何の非法があるか」と問うと、鳥はすかさず、「七事ノ非法アリ、能ク王ノ身ヲ危クス」と答へる。その七事の非法とは

一ニハ女色ニ耽リ荒ミテ貞正ヲ務メズ、二ニハ酒ヲ嗜ミテ酔乱シ国事ヲ恤《ウレ》ヘズ、三ニハ碁博ニ貪著シテ礼教ヲ修セズ、四ニハ遊猟殺生シテ都テ慈心無シ、五ニハ好ク悪言ヲ出シテ初ヨリ善語無シ、六ニハ賦役謫罰シテ常則ヲ倍加ス、七ニハ義理ヲ以テセズシテ民財ヲ劫奪ス。

これが、能危王身の七事であるが、経は更につゞけて、傾敗王国の三事といふことを説いてゐる。即ち「一ニハ邪佞諂悪ノ人親近シ、二ニハ賢聖ニ附カズシテ忠言ヲ受ケズ、三ニハ好ク他国ヲ伐チテ人民ヲ養ハズ、此ノ三ヲ除カズンバ傾敗ノ期、且《アシタ》ニ非ズンバ則チ夕ニアラン」とある。

第四項　虚空蔵菩薩経の五大罪論

仏陀耶舎の訳した「虚空蔵菩薩経」によると国王の根本罪といふものを五箇挙げてゐる。これは、「大乗集菩薩学論」巻第四にも「虚空蔵経ニ云フガ如シ」とて出してゐるが、第一の根本罪とは仏塔物（兜婆物）、四方僧物等を取り、他を教唆しても取らしめる罪、第二の根本罪とは、正法を毀謗し自ら声聞乗縁覚乗及び無上乗を捨てるのみならず他の修学を妨げる罪、第三の根本罪とは出家して仏道に入つてゐる者に迫つて之れを還俗せしめ王権を濫用して体刑を加へたり甚しきは死刑に行つたりする罪、第四の根本罪とは、母を殺し父を害し阿羅漢を殺し和合僧を破り仏身より血を出す等の所謂五逆罪を犯した罪、第五の根本罪とは因果律を否定して人心を惑乱し自ら十悪を作る罪をいふ。この経は更に大臣の五箇の根本罪をも論じてゐるが、要するに、「学論」のいふが如く、「若シ楽ツテ国邑聚

落舍宅人民ヲ破壊ス、是ヲ根本罪ト名ヅク」といふのがその要義である。

第五項　大集経の大悪果報論

「大方等大集経」第三十四巻日蔵分に、頻婆娑羅王と仏陀との問答の中に、二十種の大悪果報といふことが出てゐる。これは、必ずしも王のみに就ていつてゐるのではなく、ひろく、四姓に亘るものであることは、文に、「若シハ刹利、婆羅門、毘舍、首陀等ノ四種姓中ニ於テ」、とあるによりて明かである。然し、仏が、特に頻婆娑羅王を対告とし、更に、刹利即ち王種の名を挙げて説いてゐるから、一種の王道論と認めて差支へない。それは、「持法の比丘」の諸物を侵奪欺陵する罪を説いたものであるから、問題は、一般に正法の受持者に対する追害といふことに次代訳して考へられ得る性質を含んでゐる。経文は先づ

頻婆娑羅王、是ノ語ヲ説キ已ルニ、仏ノ言ハク、大王ヨ、善イ哉、善イ哉、快《ヨ》ク是ノ語ヲ説ケリ、大王ヨ、当来ノ世ニ、若シハ刹利（王種）、波羅門、毘舍、首陀有リ、行法ノ比丘ヲ供養セン為ノ故ニ、或ハ田宅、園林、奴碑、象馬、衣服、臥具、領食、薬蕩、資生ノ所須ヲ捨テン、若シハ刹利、波羅門、毘舍、首陀有リ、不信ヲ以テノ故ニ他ノ所施ヲ奪ハンニ、彼ノ愚人ハ現身ノ中ニ於テ二十種ノ大悪果報ヲ得ン。

といひ、次で、二十種の大悪果報とは

一ニ諸天善神皆悉ク遠離セン、二ニ大悪名有り、十方ニ流布セン、三ニ眷属知識、違背乖離セン、四ニ怨憎、悪人ト同ジク共ニ聚会セン、五ニ所有ノ資財、悉ク皆散失セン、六ニ心狂ヒテ癡乱シ恆ニ躁擾多カラン、七ニ諸根具セザラン、八ニ睡臥安カラザラン、九ニ恒ニ常ニ飢渇セン、十ニ食スル所ノ物猶ホ毒薬ノ如クナラン、十一ニ愛スル所ノ人悉ク皆離別セン、十二ニ事ヲ共ニスルノ人常ニ闘諍多カラン、十三ニ父母、兄弟、妻子、奴婢其ノ言ヲ信ゼザラン、十四ニ所有《アラユ》ル隠密覆匿ノ事ヲ知識親友共ニ相顕露セン、十五ニ所有ノ財物五家ニ分

散セン、十六ニ常ニ重病ニ遇ヒ、人ノ瞻視スル無ケン、十七ニ資生ノ須《マ》ツ所常ニ意ニ称ハザラン、十八ニ形体枯悴セン、十九ニ久シク勤苦ヲ受ケ免離ヲ得ルコト難カラン、二十ニ常ニ糞穢ニ処《ヲ》リ乃至命終セン。といつてゐる。このやうな悪果報の組織的詳論は、西洋にも支那にも全く見ないところであつて、印度系の一大特色といつてよい。猶ほ法護等の訳した「大乗宝原義論」巻四にも同様の記述が見えてゐる。(注1)

注1　王者の八種想行及び王者の四種法といふものを説いた後に王者の捨棄すべき悪法を説いて曰く、『一ニハ賢聖捨離ス、二ニハ向フ所ノ方隅ニ譏謗流布ス、三ニハ友愛遠離ス、四ニハ多ク冤対ヲ生ズ、五ニハ財物資具悉ク破壊ス、六ニハ多ク散乱ヲ生ズ、七ニハ身分残欠ス、八ニハ睡眠ヲ得ズ、九ニハ渇悩常ニ遍ル、十ニハ飲中毒アリ、十一ニハ朋友軽侮ス、十二ニハ常ニ他ト諍フ、十三ニハ父母妻子奴婢眷属教令ヲ行ハズ、十四ニハ自ラ法ヲ隠密シ及ビ財ヲ隠密シ他ノ為ニ顕示セラル、十五ニハ自ラ人ヲ隠密シ及ビ事ヲ隠密シ悉ク他ノ為ニ説カル、十六ニハ財物銷蕩シ散帰シ五分ス、十七ニハ軽重ノ病悩来リ侵逼ス、十八ニハ医薬ノ人ヲ奉ズルモ而モ悉ク捨離ス、十九ニハ血肉乾枯シ諸ノ苦悩ヲ受ク、二十ニハ其ノ身大小便利ヲ流注シ染汚シテ而モ終ル。大王ヨ、是クノ如クノ二十種ノ不可受ノ法ヲ彼等現生ニ決定シテ速ニ獲ン、皆彼ノ正法ヲ修行スル人ノ所ニ於テ彼ノ有スル受用資具ヲ侵奪シテ或ハ自ラ受用シ或ハ他人ニ与フルニ由ル』。

第四節　仏教王道論の要旨

第一項　総　説

仏教の経典には、「王道」の語は余り多くは用ゐられてゐないが、稀には、たとへば、「仏説末羅王経」「当於王道群臣共議」、「六十華厳」巻第四十五の偈に「示我法王道」などといふ風に用ゐてゐるものもある。仏教では「王道」といふ代りに、多くの場合「王法」と表現するが、王法は即ち王道に外ならず、「正法道教ヲ思惟ス」といふのがその法とか道とかいふもの、中味である事は、上引の諸経文読下しの際何人も気付いた筈である。これらの経文の示してゐるところは、事実、悉く仏教の王道論であり、国家論であり、政治論であるのだが、その中の、仏教特有の具体的事項を除いて、その意味を考察する時は、誠に、いづれの国家にも適用し得べき堂々の教説豊かなるものの存するを見出すに苦しまない。人は、殊に仏教に反感を有する人々は、表現の仏教的特殊性や又仏教的特殊事項にのみ神経を使ひ過ぎて、その思想の純粋なる一般性からも遠ざかつてしまふが、これは、思想を理解せんとする者、否、国体的思想方法を以て千想万教を取捨進退せんとする者の採るべき道ではない。

況して華厳経に「鶏鳴ノ時起キ先ヅ道場ニ入リ賢聖ヲ敬礼シ、福祐ヲ祈リ、祖宗ヲ祠祭シ、恩徳ニ報ゼンコトヲ思ヒ、人ニ孝敬ヲ教へ、万方ヲ冥蓋シ、了ツテ後朝ニ臨ミ諸大臣ト王事ヲ理シ事ヲ聴ク、此ノ一事了ツテ膳ヲ進ム」といふが如き、一教一派的立場を越えて誠に理身治化の枢要を説けるものであつて、極めて適切なる王道提要といつてよいのである。

著者は、これより、以上に引用せる諸経典は勿論、猶ほ其他の経論をも参照して、仏教王道論の要旨を摘示したいと思ふ。便宜上、国王が国王として其一身を修める方面に於ける王道と、国王が国王として民に臨み、法を立て、法を運用し、国家を治め護る方面に於ける王道とに分けて論述する。

第二項　帝王理身の道

第一款　華厳経の理身十位説

帝王は、一国最高の唯一人者である。帝王はそれ故に、人民の儀表者と仰がれる。此の意味に於て、帝王が、最高の一人たるにふさはしき者たる事を要求するは、王道の最も内面的、且つ基礎的軌範として考へらるゝは、いづこも同じ道理である。この故に、支那の王道思想に於ても、先づ、「修身」をあげるのだが仏教では、これを「理身」といふ。而して王道は一往自他の二面に分別して観察せらるべきであるから、先づ、王者自身その身を理むるの道を立てる事は印度も亦支那と同じである。

「四十華厳」巻第十一は、この理身に就て左の如く叙べてゐる。「王、人ヲ理《オサ》メント欲セバ先ヅ自ラ身ヲ理ム」。かくて同経は、この理身に十位ありとて（一）嚼楊枝、（二）浄沐浴、（三）御新衣、（四）塗妙香、（五）冠珠鬘、（六）油塗足、（七）擐革屣、（八）持傘蓋、（九）厳侍従、（十）修祠祭、の名を出してゐる。（十）の修祠祭を除けば主として王者の外容的威儀に属するものであるが、この十位は、一々に皆十種の功徳を具すと説いてをる。流石に精密な支那の王道学者も誠に思ひ及ばざるが如き周密の論といはねばならぬ。経文によつて示すは余りに煩しいから、要項のみ列記しよう。

（理身十位）　（十種功徳）

（一）嚼楊枝 —— 1鋳宿食、2除痰癊、3解衆毒、4去歯垢、5発口香、6能明目、7沢潤咽喉、8脣無皴裂、9増益声気、10食不爽味

（二）浄沐浴（香水沐浴） —— 1能除風、2去魑魅、3精気充実、4増益寿命、5解諸労乏、6身体柔軟、7浄除垢穢、8長養気力、9令人膽勇、10善去煩熱

（三）御新衣（御新淨衣） —— 1増長吉祥、2行歩適悦、3眷属愛敬、4処衆無畏、5安楽身心、6能益寿命、7浄無塵垢、8名称遠聞、9賢聖護念、10一切讃歎

（四）塗妙香（塗諸妙香） —— 1増益精気、2令身芳潔、3調適温涼、4長其寿命、5顔色光盛、6心神悦楽、7耳目精明、8令人強壮、9瞻観愛敬、10具大威徳

（五）冠珠鬘（冠妙珠鬘） —— 1勝福日増、2殊珍自至、3顔色充悦、4弁才清暢、5具足吉祥、6身心無悩、7吉慶恒集、8益其寿命、9具大膽勇、10奉覲歓喜

（六）油塗足（足塗香油） —— 1能除風疾、2身心軽利、3耳目聡明、4増益精気、5念無忘失、6減省昏睡、7眠夢吉祥、8延其寿命、9除諸垢穢、10不生衆疾

（七）擐革屣（擐妙革屣）
- 1足趺柔軟、2身触軽安、3行歩有力、4益其精気、5挙止安詳、
- 6増長寿命、7威儀整粛、8左右歓喜、9形相端厳、10諸天敬畏

（八）持傘蓋（侍衛持蓋）
- 1威厳尊重、2顔色鮮明、3露行去熱、4不犯風塵、5能遮雨湿、
- 6不視無福、7衆人敬畏、8身得安寧、9益寿増気、10清浄光華

（九）厳侍従（荘厳侍衛）
- 1威儀厳整、2令人敬畏、3増王膽勇、4佐王威勢、5降伏悪人、
- 6天神自衛、7禁潔暴獣、8舒暢王意、9邪魅不侵、10行王教令

同経は、かく十位のうち最後の祠祭についての十種功徳は説かず、（一）から（九）で終つてゐるが、それは主として外容威儀を論ずる為めであらう。尤も、巻を更め、次の第十二の首に祭祀のことを詳述してゐるが、十種功徳を具すといふ風には説いてゐない。

第二款　君徳の諸面

第一目　君徳の語

君徳といふは必ずしも儒教王道論のみの用語ではない。こゝに用ゐた「君徳」は四十華厳巻第十二の偈の中から採つたのであるが、同経の同巻には、なほこのほか「王徳簡検」といふ文字も見える。諸経に散見する王者の功徳などといふは、畢竟みな、王徳即ち君徳にほかならないのである。本章第一節に多く引用せる経典の如きは殆んど皆或る意味で君徳論といつて不可なきもの、如くであるし、それに又、さきに出せる「瑜伽師地論」巻第六十一の

説く浄信浄戒浄聞浄捨浄慧の六具足論の如きものも亦一種典型的君徳論と見ることが出来るであらう。「菩薩本生鬘論」には「王者ノ道徳ヲ修崇スルハ無尽ナリ」といふ通り、王者こそは、万民の光明として率先修徳の範を垂るべきものとするのである。但し、この修徳の問題には、猶ほその根底に、性徳といふことを考へる必要があるやうである。例へば「弥沙塞部和醯五分律」巻第十五、「受戒法」などに、「聖徳自然ニシテ応ニ四海ニ君タルベク、四海顒顒《ググ》トシテ企仰セザル莫ケン」といふやうに、王者には自然《じねん》の聖徳、即ち、性得の聖徳が本具内在するものとの思想は、主として、王位の意義及びその王位に即ける果報に基くものであらう。さればこの性得の徳、即ち性徳は、真の王ならば必ず之れを本具するのであるが、更にその上に、王者たる個性が修徳してこそ、王徳は益々完全なものとして顕発するとなすものが即ち、王の理身論である。「根本説一切有部毘奈耶」巻第四十五には仏が、勝光王に対し、「若シ人富貴ニシテ能ク禁戒ヲ受ケテ邪欲ヲ遠離センコト、諸ノ世間ニ於テ、斯レ実ニ希有ナリ」といふ因縁を以て、「若シ人尊位ニ処シテ卑微ニ求謝シ、或ハ復、貲財少キニ有ルニ随ツテ能ク施ヲ行ジ、設ヒ死難ニ遭ハンモ欺誑心ヲ生ゼズ、富貴ナルニ邪情ヲ簡バンコト此ノ四ハ悉ク希有ナリ」（入王宮門学処第八十二の二）と説いたといふのも、王の理身の困難なる事情の一面を喝破すると共に、理身の必要が、いかに大きく、切なるものであるかを誡しめる為めであつたらう。

印度では、ひとり仏教経典ばかりではなく、諸教派皆、王の理身に就ては相当重んじたものらしく、厳格な軌範を立てゝゐるものが多いが、わけて、マヌの法典の如きは、むしろ煩雑に過ぎるかと思はれる程微細な点にまで亘つて王者の理身を規律づけ、条々相重なるの概がある。

第二目　遠離放逸

「法句経」を見るとその巻第三に

愛喜ハ憂ヲ生ジ愛喜ハ畏ヲ生ズ、愛喜スル所無クンバ何ヲカ憂ヘ何ヲカ畏レン。好楽ハ憂ヲ生ジ好楽ハ畏ヲ生ズ、好楽スル所無クンバ何ヲカ憂ヘ何ヲカ畏レン。貪欲ハ憂ヲ生ジ貪欲ハ畏ヲ生ズ、食欲スル無キヲ解《サト》ラバ何ヲカ憂ヘ何ヲカ畏レン。法ヲ貪リ戒成ジ至誠慚ヲ知リ、身ニ行ジテ道ニ近ヅカバ衆ノ愛スル所ト為ル、欲態ヲ出サズ、正ヲ思ヒテ乃チ語リ、心ニ貪愛無クンバ必ズ流ヲ截《キ》リテ度《ワタ》ラン。

とある。飲食、娯楽、財宝、愛欲等は、これ苦悩憂畏の原本、三塗八難の苦痛万端これに由らざるはない、それ故に比丘は、これちの諸欲を捨て、「寂静求ムル無ク欲スル無ク淡泊一ヲ守リ道ヲ得ルヲ楽シミト為ス」べきであるのだが、比丘ならざる王といへども、身位万民の上に立ちてその主たり親たり師たる以上通常人に比して深くこれらの官能的欲望、即ち煩悩の上に自誓の心を張らなければならぬ。されば、仏典には到る処、放逸を離れよ、不放逸なれよといつてあるのである。マヌの法典にも、国王は臣民を服せしむる為めには国王自身の官能を克服せよと(注1)いつてゐるが、仏典では「王法政論経」等の如く、「嬉戯、愛楽、愛行ニ沈没シ耽著」する縦任、放逸を甚しく嫌ふのである。五欲に執着せず、放逸ならざるやう努めるといふことは、人の日常生活の基本的部面であるだけに、一見容易の如くであつてその実仲々困難なことである。困難なことであるだけに、仏典には著五欲を痛誡するのであるが、殊に、仏陀は諸国王に対し機会ある毎に、放逸に陥るなからん事を力説懇諭したのである。

第一に、飲食に於ける放逸、又、別しては酒に於ける放逸をあげる事が出来る。かの「諸法集要経」王者治国品に説ける三十五箇の誡の中にも、「諸ノ飲食ヲ嗜マズ」といひ、美妙の飲食に耽溺する事を以て国王の過失の一とみなしてゐるのである。酒に到つては、「大智度論」その他に三十五失とか三十六失とかいふ害毒論もあるし、五戒の一も不飲酒戒となつてゐる位で、可成り力を注いで誡しめてゐる。上引の「雑宝蔵経」にも酒に関する誡しめがあつたが、かういふ類例は枚挙に遑がないほどである。第二に女色に於ける放逸をあげることが出来る。国王は比丘の如く女犯を禁ずるわけではないが、「女色ニ耽リ荒ミテ貞正ヲ納メズ」(雑宝蔵経)といふやうな放逸ぶり、或は「王他色ニ貪著シテ己ガ妻ヲ遠離ス」（増阿含）といふやうな乱行は、断じて国王の理身に適ふものではない。それ故にこれを誡しめるのであつて、「王無好婬佚以自荒壊」（仏説諫王紀）といふは王者の一鉄則でなければならぬ、とするのである。第三に娯楽に於ける放逸も算へなければならぬ。歌舞音曲の必要有益なるは論なしとするも、この道又心せざれば放逸に陥る事、古今その例すくなしとせぬ。「増一阿含」が、「歌舞戯楽ヲ好喜シテ官事ヲ理メズ」といふことを王の不徳の一に算へてゐるのはこの為めである。勿論支那では礼楽を尚び、其他いづれの国家に於ても歌舞音楽等を用ゐざるはないが、「好喜シテ官事ヲ理メズ」といふ程度にまで、それに耽溺する事を誡しめるのであつて、一概にそれを否定するのではない。第四に貪財の警誡である。「国王財物ニ貪著ス」といふことは、己に収むる心であり、この心は、人に施すことを嫌ふ「慳貪」となる。国王は、人中の主として、富楽、欲楽、自在楽の三種楽を既に先天的に有してゐるのであるから、天下国家を以て自身と観ずるの心さへ開けてくれば、区々たる財物に対する貪心といふものは之れを抑へる事が出来る筈である。然るに、已れに貪り他に慳であることは、自らその王たる事を否定することで、これ、「勝軍王所問経」が、王を誡しめて「貪心生起無所厭足是為大失」といふ所以である。要するに、「王貪濁色欲恣心無厭、賦斂財宝餚膳兼味、園観浴池遊戯無極」（仏説薩羅国経）といふが如き、将た又「一向縦蕩専行放逸」（王法政論経）といふが如き官能的惑溺は、王者に於て特に自誓自戒を要する理身の軌範なのである。第五に瞋怒をつゝしまねばならぬ、とされる。「増一阿含」の説く王の十法の一に、「小事ヲ以テ怒害心ヲ起サズ」といふ所以のものは「瞋恚ヲ興ス」ことが即ち「王法久シク存スルコトヲ得ザル」一大原因だからである。瞋恚怒害の心といふものは建立養育することなく万事は破壊するものであるから、仏典には、「瞋恚罪報相阿鼻」（正法念経）といひ、又、瞋恚を起した身口意三業を指して「三穢」と称し（大毘婆娑論）てゐるがこの瞋恚に関し、「大智度論」巻第八十は上中下三品ありとし、上は害殺、中は罵詈、下は心瞋と注してをる。「瞋恚ヲ離レテ慈心ヲ起シ」（華厳）、「愛語シテ喜怒無ケレバ」（諸法集要経）、（1）得離瞋恚、（2）不楽積財、（3）

随順賢聖、（4）常與賢聖相会、（5）得利益事、（6）面部端厳、（7）見衆生則生歓喜、（8）常得三昧、（9）三業調導、（10）得生善道等の十種功徳を得るとされる（大集経）。

以上の食、色、楽、財、瞋等をつゝしむ事が、王者の個体個性の上に於ける理身の消極面で、「薄沙王五願経」の如きも、婬妖、瞋恚、愚癡を捨つべき事が王者の心得であると説く等、仏教全体を通じ、名目法教の隠顕存没の差こそあれ、これを説かぬものはないといつてよいのである。

第三目　孝順父母

仏典は幾多の国王談に於て、孝順父母の大義を説く事究れりといふべきものがある。「梵網経」によるに「孝順ハ至道ノ法ナリ、孝ヲ名ヅケテ戒ト為ス」とまでいふのであるから、いかに孝道を重視したかゞわかる。これは、支那と共に、東洋的風俗を要すもので、西洋のそれと比較する必要があらう。浄飯大王の崩じた時、浄飯大王の太子と生れながら、遂に出家成道した釈迦がいかにその父王の為めに孝心をつくしたかを、「浄飯王般涅槃経」は次の如く叙してゐる。

王中ノ尊王ハ今已ニ崩背シ国ハ威神ヲ失ヘリ。時ニ諸ノ釈子、衆《オホ》クノ香汁ヲ以テ王身ヲ洗浴シ、纒フニ劫波育氎《テフ》（劫波育といふ樹を以て製造せる織物）及ビ諸ノ繒帛《ショウハク》（きぬ）ヲ以テ、棺ニ斂《オサ》ム。師子座ノ上ニ置キ散華焼香ス。仏、難陀ト共ニ喪ノ頭前ニ在ツテ粛恭シテ立ツ、阿難、羅云ハ住シテ喪足ニ在リ。難陀長跪シテ仏ニ白シテ言ク、父王我レヲ養ヒタマフ、願クハ難陀ノ父王ノ棺ヲ擔グヲ聴《ユル》セト。阿難合掌シテ前《スス》ミテ仏ニ白シテ言ク、唯願クハ我レニ伯父ノ棺ヲ擔グヲ聴セト。羅云復《マタ》前ミテ仏ニ白シテ言ク、唯願クハ我レニ祖王ノ棺ヲ擔グヲ聴セト。爾ノ時ニ世尊、当来ノ世ヲ念フニ、人民兇暴ニシテ父母育養ノ恩ニ報キズ、是レ不孝ノ者タリ、是ノ当来ノ衆生等ノ為メニ、礼法ヲ設クルガ故ニ、如来躬身《ミミズカラ》、父王ノ棺ヲ擔ガント欲ス。

これは、王種たる釈迦が如来法王の位地にあつて、たまたまその父王の死に際会し、自ら孝順父母の道を行示せるもの、これ、理身の王道であると共に、又、天下をこゝに帰せしめるの基といはねばならぬ。故に、「仏説末羅王経」に「何等ヲカ父母ノ力ト為ス、謂ク、父母ニ身体、哺乳、育養ノ恩ヲ受ク、或ハ地ヨリ珍宝ヲ積ミ上ニ十八天ニ至ルモノヲ悉ク人ニ施ストモ、父母ヲ供養スルニハ如カズ」とて、孝養の徳の至大を讃してゐるのである。されば、「長阿含経」は、四天王をして「汝等、世間ニ案行シテ万民ヲ観視セヨ、父母ニ孝順ニ沙門波羅門ニ敬順ニ、長老ニ宗事シ、斉戒布施シテ諸ノ窮乏ヲ済《スク》フ者アリヤ不ヤヲ知レ」（世記経忉利天品）と叫ばしめてゐるのである。儒教と異り、仏教はひとり現世に於ける王者の孝道を説くのみならず、過去世に於けるそれをも説いて、慈孝の道の容易ならぬ事を示すのであるが、「雑宝蔵経」巻第一に、「但今日慈孝ヲ讃スルニ非ズ、無量劫ヨリ常ニ亦讃嘆セリ」といふが如きはその一例である。天下に民の父母として君臨する王者が、それ自らの理身に於て孝順父母の大道を歩まずして、民に孝順を教へる事や、自ら真に民の父母たる事は不可能であるから、王者は万民に率先して孝順父母の大義を、その尊位に於て実践垂範しなければならぬとするは蓋し当然であらう。而して王道論に於ける孝順の基礎論が、一般の孝道論に見られる事は申す迄もなく、それは多くの経典に広説されてゐるところである。

第四目　修習善慧

王者の理身に於ける積極面としての仏説は一言にして表せば修習善慧であらう。「心地観経」に於ける王の十徳の第一は、「能照」であるが、その意味は「智慧ノ眼ヲ以テ世間ヲ照ス」といふにあつた。智慧の眼を以て世間を照す為めには、先づ、王が智慧を求め養はねばならぬから、同経は、「正見成就」といふことをいつてゐる。「大薩遮尼乾子所説経」の「智慧成就」といひ、「瑜伽論」の「浄慧具足」といひ、みな、国王が善慧を修習すべきをいへるものにほかならぬ。所謂、帝王学の修習であつて、支那に於ても亦重視したところである。けだし、国王こそは、その慧眼を以て、「日ノ如ク天下ヲ観察」（心地観経）しなければならぬ者として、智慧具足も亦王徳の要件となる。「究羅檀頭経」が、戒徳増盛智慧具足といへるはこれであらう。持戒は智慧を生ずといふ思想で、道を以て慧の根本とする。智慧は、「優婆塞戒経」に従うと「智慧ニ三種有リ、一ハ聞ヨリ生ジ、二ハ思ヨリ生ジ、三ハ修ヨリ生ズ、字ニ従ヒテ義ヲ得ルヲ聞ヨリ生ズト名ヅケ、思惟シテ義ヲ得ルヲ思ヨリ生ズト名ヅケ、修ニ従ヒテ義ヲ得ルヲ修ヨリ生ズト名ヅク」（般若波羅蜜品第二十八）とあるから、聞思修によつて之れを得なければならぬ。「菩薩本生鬘論」は、王の慧解につき「王者ハ増上ノ慧解測リ難ク、真実ヲ了知スレバ自性ヲ出生ス」（巻第十三、菩薩施行荘厳尊者護国本生之義第二十八）といひ、増上縁の智慧なるを明し、又「智性ノ円満ハ世間ノ調伏ナリ、寂静ナル聖因ハ真実ヲ荷負シ、覚位ノ辺際ハ往古ノ修崇ナリ。智慧ヲ希求シ乃至遷変シ本染ヲ遠難シ寂静ナラバ有ルコト無ク四蘊ノ名、名ト質ト不可得ナリ。……是ノ処《コトハリ》ハ、国王ハ正直ニシテ邪無ク、内外治化スルコト聖智神ノ若シ。……熾念ナル智慧ハ円満ノ力用ニシテ、清浄ナル施因ハ究竟シテ患ヲ除ク」（菩薩本生鬘論巻第十四）といつてをる。「聖智神ノ若キ」王の智慧が、西洋哲学的知識でないことは申す迄もなく、同経にはこの意味に於て又「王者ハ聖智周普《アマネ》クシテ、遍《アマネ》ク治化ヲ施セバ災患生ゼズ」（同上）とか「王者ハ聖智ヲモッテ境内ヲ観察ス」（巻第十二）などともいつてある。

注1　Day and night he must strenuously exert himself to conquer his senses; fog he (alone) who has conquered his own senses, can keep his subjects in obedience. (The Lows of Manu, VII, 44 p.222)

第三項　帝王治国の道

第一款　如法治道

この「如法治」といふ語は、直接には『大宝積経』巻第七十六「菩薩見実会」の「四転輪王品」の文字を採つたのであるが、如法為王（大宝積経）とか、以法治化（増一阿含）とか、以法治（増一阿含）とかいふ表現は到る処に存し、仏教は仏教特有の法治論を成してゐる。申す迄もなく、この法治とは、近世法学に於ける法治思想や支那法家のそれとは全然異るものであつて、「増一阿含」の他の言葉を以てすれば、如正法治民、即ち、正法治民といふことである。「仏本行経」巻第三「為瓶沙王説法品」第四の「諸土地主、以正治法、正法之王、順理而治、一切人民、皆従真正」といふを見れば、正法は、政治的には正治法でもあるわけである。然し、この正法とか如法とか、正法治とか、如法治とかいふは、近代法学上法治主義とは、その意味を異にし、むしろ、法の最も本来的意味での如法治である。仏教に於ける「法」とは、「成唯識論」巻第一、「倶舎論」巻第一等の注するが如く、任持自性、軌生物解といふ意味での法、「般若経」のいはゆる「法ハ文言無ク亦語言ヲ離ル」（巻第五百七十一第六分無所得品第九）なる法、而して、それは、「一切ノ法性ハ皆説ク可カラズ、其ノ説ク可カラザルコトモ亦説ク可カラズ、若シ説ク所有ラバ、即チ是レ虚妄、虚妄ノ法ノ中ニハ都テ実法無シ」（大般若波羅蜜多経巻第五百七十一、第六分無所得品第九）といふ法、但し、それは「独法」とて「独リ仏ノミ能ク説キタマフ」（成実論巻第一）ところの法、又

是ノ法ノ根本ハ皆仏ヨリ出ヅレバナリ、……要ヲ取リテ之ヲ言ハヾ、一切世間ノ所有ノ善語ハ皆是レ仏説ナリ、故ニ独法ト名ヅク

といふ法である。故に、「法治」といふも、法律学上の法治の概念とは全然その趣を異にする。「増一阿含」によると、聖王の治なるものは、完全に如法でなければならぬ、即ち「法ヲ敬ヒ、法ヲ重ンジ、法ヲ念ジ、法ヲ養ヒ、法ヲ長ジ、法ヲ熾ンニシ、法ヲ大ニス、此ノ七法ヲ行ゼバ、便チ聖王ノ治ナルベシ」（巻第四十八、礼三宝品第五十）といふ七法の治たるべきものとされる。これは転輪聖王の法であるが、経はこの七法について「云何ガ法ヲ敬ヒ乃至法ヲ大ニスルヤ」といふ問を設け、之れに解答を与へて「当ニ貧窮ニ給賜シ、民ニ二親ニ孝養スルコトヲ教へ、四時八節ニ時ヲ以テ祭祠シ、誨フルニ忍辱ヲ以テシ、婬嫉癡行ヲ除クコトヲ学ブ可シ、此ノ七法ハ乃チ聖王ノ法タル応キナ

リ」（同上）と述べてゐるが、かの「時ヲ以テ輸賦ス」といふ貢納の法の如きも亦その一である。国王は人民の「根本」なのであるから、王道の第一義は、国王自らが、法であり道でなければならぬ、そこに、如法治の本義を見るのであるから、「金光明最勝王経」と亦「諸ノ国王、如法ニ行ズル時、一切ノ人民、王ニ随ツテ如法ノ行ヲ修習セン」（滅業障品第五）といひ又、「人王応ニ是クノ如クニ正法ヲ尊重スベシ」（金光明最勝王経四天王護国品第十二）といふのであつて、隋の吉蔵が、「仁王般若経疏」を製作して、仁王の護国を論ずるに際し、「仁王如法治道」といへるも、この義にほかならぬ。かういふ風に、如法といふことを殊のほか重視し、如法に非ざれば一切を成ぜずと考へる為め、つひには、その法を説ける仏を尊ぶのみならず、法を文字に移して留める経典をも、単にこれを物質視することなく、殆んど法の如くに崇ぶ思想をも生み出したので、我国史上に於ても、この仏典崇拝は重要な役を演じた事、周知の通りである。今その大概を代表的に「金光明最勝王経」を引いて紹介しておかう、参考の為めに。

世尊、若シ人王有リテ国土ヲ護リ常ニ快楽ヲ受ケント欲シ、衆生ヲシテ咸ク安穏ヲ蒙ラシメント欲シ、一切ノ外敵ヲ摧伏スルヲ得テ、自ノ国境ニ於テ永ク昌盛ヲ得ント欲シ、正教ヲシテ世間ニ流布セシメ、苦悩悪報皆除滅セシメント欲セバ、世尊、是ノ諸ノ国王必ズ当ニ是ノ如経王ヲ聴受スベシ、亦応ニ経ヲ読誦シ受持スル者ヲ恭敬シ供養スベシ、我等及ビ余ノ無量ノ天衆、是ノ法ヲ聴ク善根ノ威力ヲ以テ、無上ノ甘露ノ法味ヲ服スルヲ得テ、我等ノ所有《アラユ》ル眷属ヲ増益シ、并ニ余ノ天神皆勝利ヲ得ン、何ヲ以テノ故ニ、是ノ人王至心ニ是ノ経典ヲ聴受スルガ故ナリ。世尊、大梵天ノ如キ、諸ノ有情ニ於テ常世出世ノ論ヲ宣説ス、帝釈復タ種々ノ諸論ヲ説キ、五通ノ神仙モ亦諸論ヲ説ク。世尊、梵天、帝釈、五通ノ仙人百千倶胝那庚多《クチイナユタ》ノ無量ノ諸論有リト雖モ、然モ仏世尊ハ慈悲哀愍シ、人天衆ノタメニ金光明微妙ノ経典ヲ説キタマフ。前ノ所説ニ比スルニ、彼ニ勝ルコト百千倶胝那庚多倍ニシテ、喩ト為ス可カラズ、何ヲ以テノ故ニ、此レニ由リテ能ク贍部洲《センブシウ》ノ所有ル王等ヲシテ正法ヲモテ世ヲ化シ、能ク衆生ニ安楽ノ事ヲ与ヘシメ、自身及ビ諸ノ眷属ヲ護リテ苦悩無カラシムルガ為ナリ。又、他方怨賊ノ侵害無ク、所有ル諸悪悉ク皆遠ク去リ、亦国土ノ災厄ヲシテ屏除セシメ、化スルニ正法ヲ以テシ、諍訟有ルコト無シ、是ノ故ニ人王各其ノ国土ニ於テ当ニ法炬《ホウコ》ヲ然《モヤ》シ明ニ照スコト辺《カギ》リ無ク、天衆并ニ諸ノ眷属ヲ増益スベシ（四天王護国品第十二）

而して、この如法治は、王国の法統でなければならぬから、新王は常に「先王治政ノ法ヲ知ル」（長阿含経巻六）ことを第一とすべく、それが為めには、「群臣ヲ召シテ先王治政ノ道ヲ問フ」（同上）ことを忘れてはならない。而して「心地観経」報恩品が、「正見ヲ成就シテ如法ニ世ヲ化セバ名ヅケテ天王ト為ス」といへるを想起すべきである。

第二款　一切等心

「六十華厳」第五十五巻「入法界品」第三十四の十二に、「爾ノ時ニ大王有リ、号《ナ》曰《ヅ》ケテ勝光ト為ス、正法ヲモツテ天下ヲ治メ一切ニ等心ナリキ」とあるが、この「正法治天下等心於一切」といふは、帝王たる者の道の重要なる一つであつて、「金光明経」にも左の如くある。

……天主皆瞋恨シ阿蘇羅モ亦然ナリ。彼レ人王ト為リテ、法ヲ以テ国ヲ治メザルヲ以テナリ。是ノ故ニ、如法ニ悪人ヲ治罰スベシ、善ヲ以テ衆生ヲ化シ非法ニ順ハザレ、寧ロ身命ヲ捨ツルトモ非法ノ友ニ随ハズ、親及ビ非親ニ於テ平等ニ一切ヲ観ゼヨ。若シ正法ノ王タラバ、国内ニ偏党無ク、法王名称有リテ普ク三界ノ中ニ聞コユ（王法正論品第二十）

これ、「雑宝蔵経」が、王を秤にたとへ、「親疎皆平」といひたるものであつて、帝王の無外の大といふ性質、民の父母といふ本質上、かくあらねばならぬものと考へられる事、漢土の王道観と軌を一にする。これは、「仏説諫王経」にも「民事ヲ統理スルニ偏枉ス可カラズ、諸ノ公卿群寮ヨリ下凡民ニ逮ルマデ皆怨辞有ラン。王ノ治行平カナラザレバ海内皆忿ル……王ノ治国平正ニシテ常ニ節度ヲ以テセバ、臣民徳ヲ歎ジ四海心ヲ帰セン」といつてゐるし、「諸法集要経」も「清浄ニシテ偏党無ク、(注1)及ビ冤親ノ想無ケレバ、彼ノ心ハ平等心モテ当ニ天主ト為ルコトヲ得ベシ」（巻第十王者治国品第三十五）といつてゐる。皆、大公平正一切等心を尚ぶの文である。

第三款　如同一子

帝王はその治下の民に対し偏党なきを期する点から、一切等心といふ王道が立てられたが、その等心の心的内容は何であるか。之れを「心地観経」は「等シク群生ヲ示《み》ルコト同一子ノ如クシ、擁護ノ心昼夜ヲ捨ツルコト無シ」（報恩品上）と説いてゐる。「等示群生如同一子」とは即ち一視同仁にほかならぬ。如同一子といふは帝王が民の父母なるが為めで、君臣が父子であるとすればその関係は「万姓皆王ヲ愛シ視ルコト皆父母ノ如ク、王ノ万姓ヲ愛スルコト父母ノ其ノ子ヲ愛スルガ如シ」（大楼炭経巻第三高善士品第七之二）でなければならぬ。これ、「仏本行集経」巻第八、「従園還城品」第七上に「転輪聖王、愛護人民、過於赤子」ともある所以である。即ち、かの一切等心の等心なるものは、父母の心であつて、一切の人民を彼此の差別なく悉くが己が赤子として愛する、その心こそ王の持つべき心とされるのである。然しこの過於赤子の親心、如同一子の慈心は、個々の人々が、各々その子を愛する純真さを保つべきであると共に、個々の人々が、単に己の子を愛するのみで他人、及び他人の子に対しては閉鎖的であり或は無関心であつたり、時に憎悪的であつたりする点は之れを捨て去るべきことを要求される。それが愛万姓である。故に、それは、万姓を悉く己が赤子と観ずる事に徹底しなければならぬわけである。この意味に於て、王たる者は、真に正しく一切法を覚知せる正法の王たるを要するので、「正遍知ニシテ世間ノ父タリ、能ク三有ノ縛ヲ断ジ、(注2)覚路ニ登ラシメタマフニ帰依ス」（諸法集要経巻第十、称讃功徳品第三十六）といふ趣あるを要す、と考へられるのである。

第四款　能伏怨敵

仏典にあらはれたる帝王の道の一に、能伏怨敵といふを挙げなければならぬ。この「能伏怨敵」の四字は、「長阿含経」の六、「転輪聖王修行経」の文字を採つたのであるが、怨敵を伏するといふ事は、人主たる者の最高の務めの一であるは申す迄もない。「心地観経」の帝王十徳論に於ては、これを「伏怨《ふくをん》」と称し、然かもその解釈によると、「伏怨ト名ヅク、一切ノ怨敵自然ニ伏スルガ故ニ」とある。「自然ニ伏ス」といふことは必ずしも絶対に兵杖を用ゐない、戦闘的手段に訴へない、といふことではなく、たゞ究極に於て、国王の威徳に感受服従するに到ることをいへるものと解すべきである。それ故、それは既に兵杖を用ゐて敵対行為をなせるものが、究極に於て「自然ニ伏ス」ばかりではなく、想定敵国として対立してゐた国も、つひには「自然ニ伏ス」に到るもので、かの「四分律」にいふ「海内ノ諸地ヨリ刀杖ヲ加ヘズ」とか、「増一阿含」にいふ「外境来リ侵ス能ハズ」とか「外《ゲ》寇《ク》敢テ来リ侵サズ」とかいふ類のものは、皆この自然伏怨の中に含まれるのである。故に、仏教に於ては、武力を用ゐずして、いはゞ刃に血ぬらずして敵を伏するを王者の理想とし、「長阿含経」には、之れを「兵杖ヲ用ヰズシテ自然ニ太平ナラン」（転輪聖王修行経）といひ、「中阿含経」には、転輪王が四種の軍を有して天下を整御してゐるにも不拘、「彼レ必ズ此ノ一切ノ地乃至大海ヲ統領スルニ刀杖ヲ以テセズ、法ヲ以テ教令シテ安楽ヲ得セシム」（巻第十一、王相応品第六）といひ、又、立花俊道が巴利語の原典から訳した「長老偈」にも「七たび人主として、国事を領理し、四方の主、勝利者、閻浮洲の君として刀杖を用ゐず、法を以て〔民を〕訓誡しき」（国訳大蔵経、経部第十二巻一一五頁）といふのを見る。然し、不用兵杖とか、不以刀杖とかいふは、決して軍備撤廃や、不戦主義を意味するものではない。この思想は、「日本書紀」第三巻の神武天皇の詔勅にあらはれた「鋒刃ノ威ヲ仮ラズシテ」、乃至支那の王道論に類型の存する事は、申す迄もあるまい。

「地蔵十輪経」に従へば、正法の王が兵杖軍備を為す事につき、安撫自国と不侵他境といふ二箇の命題を立てゐる。安撫自国とは、外的の侵寇に対し自国を正当防衛するを意味するから、つまり、国防を本義とする軍備、といふことにほかならぬ。従つて、不侵他境とは、侵略の禁止である。軍は国防の為めにこそ意義あるものであつて、断じて他国を侵略すべきものでない、とするのである。されば「金光明経」にも「悪念ヲ起シテ他国ヲ貪求セズ」といひ領土欲、物質欲に基く侵略戦争を否定し、かくの如き侵略的意志を「悪念」と名づけ、「咸《コトゴト》ク少欲利楽ノ心ヲ生ジ闘戦繫縛等ノ苦有ルコト無シ」と教へてゐるのである。

然るに、「涅槃経」を見ると、更に、国王の兵を用ゐる場合に就て独自の思想を展開してゐる。涅槃経には諸訳があるが、最も代表的な法顕訳六巻本「大般泥洹経」、曇無讖訳四十巻本、即ち北本と称せられる旧訳の「大般涅槃経」、及び、東安寺慧厳、道場寺慧観等の校訂せる三十六巻本、即ち南本と称せられる「大般涅槃経」三本の所伝の合致する有徳王覚徳比丘の物語がそれである。今、南本によつて要文を引けば左の通りである。

爾ノ時ニ一《ヒト》リノ持戒ノ比丘有リ、名ヲ覚徳ト曰フ、多クノ徒衆有リテ眷属圍繞ス、能ク師子吼シテ九部ノ経典ヲ班宣広説ス、諸ノ比丘ヲ制シテ、奴婢、牛羊、非法ノ物ヲ畜養スルコトヲ得ザレ、ト。爾ノ時ニ多ク破戒ノ比丘有リ、是ノ説ヲ作スヲ聞キテ皆悪心ヲ生ジ、刀杖ヲ執持シテ是ノ法師ニ逼ル。是ノ時ニ国王ノ名ヲ有徳《ウトク》ト曰フ。是ノ事ヲ聞キ已リテ護法ノ為ノ故ニ即《スナハ》チ説法者ノ所ニ往至シテ、是ノ破壊ノ諸ノ悪比丘ト共ニ戦闘ヲ極メテ、説法者ヲシテ危害ヲ免ルコトヲ得セシメタリ、王、時ニ創《キズ》ヲ被リテ挙身周編ス。爾ノ時ニ覚徳、尋《ツ》イデ王ヲ讃メテ言ク、善イ哉、善イ哉、王ハ今真ニ是レ正法ヲ護ル者、当来ノ世、此身当ニ無量ノ法器ト為ルベシ……若シ正法滅尽セント欲スル時有ラバ、応当《マサ》ニ是クノ如ク受持擁護スベシ、迦葉、爾ノ時ノ王トハ則チ我身是レナリ、説法比丘ハ迦葉仏是レナリ（金剛身品第五）

これ、王者が刀杖を以て破法の者を征ち、かくして正法を受持擁護すべきをいへるもので王者用兵の最高の意義を黙示したものと観てよい。が、一転すれば、死身弘法、護持正法が王道の中核だといふことにもなる。有徳王の此の行為は、然し、戒律といふ仏教の通常の軌範からいへば、刀杖を用ゐて他を殺害するといふことは当然破戒の悪行として斥けられる筈のものである。この問題について、経は迦葉と仏との問答として実に左の如くいつてゐる。

仏、迦葉ニ告ゲタマハク、善男子、是ノ因縁ヲ以テノ故ニ、比丘、比丘尼、優婆塞、優婆夷、応当ニ勤加シテ正法ヲ護持スベシ、護法ノ果報広大無量ナリ、善男子、是ノ故ニ護法ノ優婆塞等、刀杖ヲ執リテ是クノ如キノ持法比丘擁護スベシ、若シ五戒ヲ受持シ具スル者有ルモ名ヅケテ大乗ノ人ト為スコトヲ得ズ、五戒ヲ受ケザルモ為ニ正法ヲ護ル者ハ乃チ大乗ト名ヅク、正法ヲ護ル者ハ応当ニ刀剣器杖ヲ執持シテ法師ヲ侍衛スベシ。……善男子、是ノ故ニ我レ今持戒ノ人、諸ノ白衣ノ刀杖ヲ持スル者ニ依リテ、以テ伴侶ト為スコトヲ聴《ユル》ス。若シ諸ノ国主、大臣、長者、優婆塞等、護法ノ為ノ故ニ刀杖ヲ持スト雖モ、我レ説キテ是レ等ヲ名ヅケテ持戒ト為ス、刀杖ヲ持スト雖モ、命《イノチ》ヲ断ズ可カラズ、若シ能ク是クノ如キハ即チ名ヅケテ第一持戒ト為スコトヲ得（金剛身品第五）

かく、安撫自国なり護持正法なりの目的を以て王者の兵を用ゐる事を認めるのであるから、そこに、「地蔵十輪経」の第二王輪として示されたやうに、「軍陣闘戦ヲ教習シテ他ノ兵衆ヲ降シテ人民ヲ撫育ス」といふ練兵演習も必要であるし、「増一阿含」の説く如く、五種の戦闘の人、即ち戦士の中には「鎧ヲ著ケ杖《ツエ》ヲ持シ、陣ニ入ツテ戦ハント欲シ、彼若シハ風塵ヲ見、若シハ高幢ヲ見、若シハ箭《ヤ》ヲ見、若シハ他ノ為ニ捉ヘラレテ乃チ死ニ至ルモ恐怖ヲ懐カズ、能ク他軍ノ壊界ヲ壊リ外レルコト無クシテ人民ヲ領ス」（巻第二十五、五王品第三十三）といふ精強の兵を養ふことも必要であり、又、同じく、既出「増一阿含」（巻第三十三）のいふ如く、城郭の高峻、堅固、修治斉整をも要するし、兵食の準備も忘れてはならないし又、兵器戦具の充実常備も必要となるものである。日蓮は、その本門戒壇建立の思想を叙べる時、この有徳王の故事を引いて国立戒壇建立の一要件としてゐる。君主、即ち、国家の護持

正法とは即ち、国家の正法化にほかならぬ。（注3）

第五款　発言誠諦

仏典には、王者の言に就ての説がある。儒教に於ては「中庸」が、「言ヒテ世天下ノ則トナル」ものを王言としてゐるやうに、仏教も亦、王者の言を特に重視し、王道の斉整発揚又一にこの王言に存することを注意してゐる。その王者の言が、多くの人民にとり、直ちに「法」として服従を来す性質に就ては、「王処万民之尊、遠近敬服、発言人従」（普達王経）といつてゐるが、かくの如き性質の王言の内容が、虚偽、不善たる事の反対に真理であるべきを要求されるは当然である。かくて、「王は真理を語るべし」といふ王者にとつての軌範が成立するのであつて、「王者ノ法ハ、法ニ二語無ク前言ニ負《そむ》カズ」（雑宝蔵経巻一）と考へる。真理を語る王の「言論は無我」（菩薩本生鬘論巻第五）であるべく、無我であつてこそ、「清浄ノ語言ハ本ヨリ自《オノヅ》カラ王者」（同上巻第十三）といはれるのであり、かくてこそ、王者の言たるや「言語自在ニシテ誠実」（同上巻第五）といはるべく、又、「王ノ言説ハ雲ノ普ク覆フガ如ク、利剣ヲ施サズシテ有力止寂シ、性縛無クシテ法相尽ク止息セン」（同上）といひ得られるのである。王の言は真理なるが故に、それは王道を言葉に出したものでなければなるまい。かうした考へが、「四十華厳」巻第十一に「発言誠諦」といふものであらう。仏典では真理教法をさながらに言葉に出せる仏の語をば、「如来誠諦之語」などといふが、王は又実にこの誠諦之語を発する者なのである。誠諦とは誠実にして真理にかなふ事である。故に、「大毘盧遮那成仏神変加持経」には、「真実語王」（阿闍梨真実智品第十六）といふ語さへ見える。仏教では、「復次ニ大王、若シ菩薩有リテ四無量ヲ修センニ、所住ノ国ニ随ヒ、其ノ土ノ人民、真語、実語、無破壊語ヲナシ常ニ善語ヲ修ス」（大方等大集経巻第二十三、四無量心品第四）といふ如く、人民にさへ、真語実語無破壊語善語をなさしめん事を理想とする程であるから、況して王者に於て之れが期待は更に大なるものがある訳である。王者は言を発するや誠諦の語たるべく、而してこの誠諦の王語を聴く臣下の聴き方は、王語を仏語に準じて解せる仏教の趣旨に従へば、おそらく、「諦聴」でなければならないであらう。因みに諦とは、「真実不虚」の義である。「宝行王正論」は、故に厳しくも「仮設《タト》ヒ王位ヲ失フトモ或ハ死ストモ実言ニ由レ」といひ、又、「王若シ一実語ナラバ、生民堅ク信ズルガ如シ、此ノ妄語ヲ尊ブガ如キハ他ニ安信ヲ起サズ、実意起ツテ違フ無クンバ、流レテ能ク他ヲ利スル靡《ナ》シ、是ヲ説イテ実語ト名ヅク、此ニ翻スルヲ妄言ト為ス」といつてある。この「実語」の表現と内容は、「長阿含」の「究羅檀頭経」が、「彼ノ王ハ言語ヲ善クシ所説柔軟ニシテ義味具足」といつてゐるところによつて理解される。「法華経」が「言辞柔軟衆心悦可」といへるは仏の言辞が真理正法を巧説するを表はしたものとして有名な句であるが、この「言辞柔軟」は即ち「長阿含」の「柔軟」に外ならない。「王法政論経」などが、「麤言ヲ出サズ」と戒しめたのも此処である。「諸法集要経」に「愛語シテ喜怒無クンバ彼ノ王ハ世間ニ於テ人民咸ナ敬奉セン」といへるものも、これらと関連せしめて、王者の語言の道を示したものと受取らるべきであらう。

第六款　化導民庶

仏教帝王論の一つとして注目すべきものに「辟支仏因縁論」がある。これは、訳者不明のものであるが、小乗系思想に属し、興味ある物語といふべきである。この論の巻上、波羅捺国王辟支仏を悟る縁のところに、王がその愛臣に語る言葉として次の句がある。

汝今、且《シバラ》ク聴ケ、吾ガ食フ所ハ一味ニ過ギズ、吾ガ衣《キ》ル所ノ者ハ一襲ニ過ギズ、坐臥スル所ハ身ヲ容ルルニ過ギズ、此レヨリシテ観ルニ、何ノ用アリテ多求ニシテ厭足無キ。王位、尊号ヲ称スル所以ハ、其ノ教ヲ以テ必ズ行ゼシメ、承粛セザル無シ、唯此ノ事有リテ衆庶ニ異ルヲ取ル、又、輔相ニ告グ、王者ノ重ンズル所唯此ノ一事ナリ、我今汝ニ付ス、汝今応当ニ後世正法治国ヲ畏ルベシ、賦歛旧ニヨリテ常限ヲ違フ莫レ。

これは、王道の一端として王教をいへるものであつて、その偈の一節には「世人皆愚癡ニシテ各自ニ愆《ケン》過ヲ作リ、所犯罪ノ中ニ於テ復《マタ》其ノ恐怖ヲ生ズ、汝当ニ正法ヲ以テ撫育シテ無畏ヲ施スベシ、当ニ正法ニ依リテ民庶ヲ化導スベシ」と明白に「化導」といつてゐる。即ち教化である。而して、「教化」の語も亦、仏典の記すところであつて、「大般若経」の荘厳品第十七には「転輪聖王ノ家ニ生ジ、十善道ヲ以テ衆生ヲ教化ス」といひ、「四十華厳」巻第十一にも「以是慈悲平等教化」等といふ。この、王の教化、化導は、文字知識技術の末端の教授といふものを勿論包含はするけれども、その根本に於ては、「慈悲平等」といひ、「十善道ヲ以テ」といへるが如く、菩薩の教化でなければならぬ。このことを、「大集経」には、「菩薩、衆生ノ始ヨリ以来《コノカタ》、清浄ナルヲ分別シテ衆生ヲ教化ス」（巻第十五、虚空蔵菩薩品第八の二）と説いてをる。

　故にそれは或は「欲法を修し」、「尊法を修し」、「向法を修し」、「敬仰法を修し」、「楽法を修し」、「求法を修し」、或は、「正法を受持して開示解説することを修し」、「正法を受持して身命を惜まざることを修し」、或は、「智慧を求むるの根を栽うることを修し」、「大智行もて憍慢を生ぜざることを修し」、又、「常に衆生を教化して厭倦無きことを修する」（大集経同上品）ものでなければならぬ。「地蔵十輪経」巻第二に「大王知リ已ツテ数々召シ集メテ、其ノ先王ノ治国ノ正法ヲ以テ、開悟シ示現シ教習シ誡勅シテ、其レヲシテ倒ノ信、倒ノ見ヲ捨除シテ、先王ノ正直ノ旧法ヲ修学セシメ、自ラノ国土ノ一切ノ有情ヲシテ一趣一帰一意一欲ニシテ、一切和合シテ同ジク先王ノ正法ニ依ツテ而モ転ジテ、詔命ヲ聴受シ随順奉行シ、率土和同シテ所応ノ作ヲ作サシム」（十輪品第二）といへるは、か丶る菩薩教化の大義に基いて先王の正法につき化導を垂る丶、王道実修を説いたものであらう。教化国家の思想は日本にも支那にも見られるが仏典には、教化が、王より人民に命令の形で発せられる事をば、「教令」と称し、時に又、「教命」と称してあるが、又、「教勅」（中阿含経の転輪王経第六）と称してゐる場合もある。王教の権威を言ひあらはさんとしたもので「軍令」などの日本の用語と考照し、又、「諸臣即チ王教ヲ受ケテ勅ノ如ク荘厳ス」（四分律受戒揵度之一）

といふものと思ひあはせて、東洋特有の思想的感覚に触れる感がある。

第七款　制止不善

正法治国は、不善制止を伴はざるを得ぬ。正法に随順する者と然らざる者とがあるからである。「心地観経」は、故に「王、人民ノ諸ノ不善ヲ造ルヲ見テ制止スル能ハズンバ、諸天神等ハ皆悉ク遠離セン」（報恩品上）といふ。「諸ノ人民ヲ抂ゲ横取繋閉シ牢獄ノ中ニ在リテ出期有ルコト無シ」（増一阿含経巻第四十二、結禁品）といふことが、王の非法であるのと一対に、悪を放置して治罰せざるは王道でない。「王ノ非法ヲ行ズル時ハ臣佐ノ人民モ亦復悪ヲ行ズ」（増一阿含経巻第四十三善悪品第四十七）であるから、王自身非法を行はざるべきは勿論、悪を作す者あるを見ば之れを制止し、或は罰することは、まさに、政治の道である。「四十華厳」巻第十一に、「治罰悪人鎖其過犯」といへる「治罰」とはこの意味に於て又王道たるものといはねばならぬ。されば「悪営従ヲ擯棄シ正法ヲ守護」（諸法集要経巻十）する必要が起るのである。「地蔵十輪経」に「一切ノ怨敵悪友ノ能ク害ヲ為ス者ヲシテ悉ク殄滅シ自国ノ一切ノ黒品（悪法悪業）ヲ損除シ自国ノ一切白品ヲ増益セシム」といつたのは、制止の代りに損除とせるまでである。「王法政論経」はこの制止、損除、治罰等を、簡明に「刑罰」と表現し「勤メテ僚庶ニ於テ応ニ刑罰スベキ者ハ正シク之ヲ刑罰ス」といつてゐる。就中、国家の独立を破壊せんとする罪は最も重いものであるから、王、之れを放置するは王の天職に背くところなるを以て、「金光明経」は「諸ノ姦悪ヲ起シ国土ヲ壊スル者ハ縦捨スベカラズ、正ニ正《マサ》シク罪ヲ治スベシ」（巻第五）といふのである。仏教の「国土」といふは単に、領土たる土地そのもののみをいふのではなく、現代の「国家」の意味と知るべきである。

第八款　祭祀神霊

帝王の道は、単に兵馬国財等の現実の社会統制や孝順忠義等の思想指導にのみ存するのではない。国民の深き宗教心、心霊的生活の内面に於ても亦王治が充ち亘らねばならぬ。心霊そのものを説き、宗教的教説を以てする指導といふよりは、すくなくも古代国家にあつては国民をして実践的に宗教生活を営ましめるその宗教生活の国家的修行が即ち王道の重要なる一面と考へられるのは諸国一規である。そこに帝王の行ふ祭祀の重要さがある。「仏本行集経」の「上託兜率品」が日種王家につき六十種の功徳を算へ説ける事は既に述べたところであるが、この六十種功徳の第三十八以下に（38）恒常ニ一切ノ諸仙諸聖ヲ供養ス、（39）恒常ニ神霊ヲ供養ス、（40）恒常ニ諸天ヲ供養ス、（41）恒常ニ大人ヲ供養ス、等の目の存したことは読者の記憶せられるところであらう。「供養」といふは要するに祭祀の中核的行為としての感謝恭敬の表現であるが、祭祀の語も亦しば〳〵仏典に散見する。例へば「長阿含」など、祭祀、大祀、三祭祀法、祭祀者法等、幾多の用語を示してゐるし、又、「吉凶祭祀儀礼」と三者を連称した例もある。

帝王が父母に孝順でなければならぬといふことは諸経の説く処であつて、現実の父母に孝順する道は、死せる父母、乃至過去一切の祖先を祭祀し供養する道たるべきは一般倫理の道理としても多言を要せざるところであるとすれば、況して宗教たる仏教が、之れを重視せぬ筈はない。「梵網経」の「孝ヲ名ヅケテ戒ト為ス」といふ意味からすれば、祖先への孝が戒たらざる筈もない。然らば、祖先への孝が、祖先への報恩供養祭祀となつてあらはれるは自然である。又、宇宙に仏を認め、或は天神地祇（歌子経）、又、守護鬼神（長阿含経巻第二十世記経忉利天品）を認める以上、一国の王者が、人民に率先して之れ等を祭祀供養するは、又、確に王道の要であるにちがひない。「長阿含経」巻第十五に、「彼ノ王、大祭祀ノ時ハ牛羊及ビ諸ノ衆生ヲ殺サズ、唯、酵乳、麻油、蜜、黒蜜、石蜜ヲ用ヰ祭祀ヲ為ス」などとある通り、印度に於ける帝王の祭祀は儀軌定まり、三祭祀、十六祀具などといふものがあつたやうである。「華厳経」には王者の為すべき仕事、即ち王事の一として、明かに、「祭祀祖宗」といつてゐるが、支那、日本と比較して考へるとき無限の興味を覚えるであらう。

第九款　楽忠臣佐

「忠直ノ臣佐ヲ楽フ」とは「諸法集要経」によつてさきに出せる語であるが、東西古今いかなる王国に於ても臣僚の輔佐なくして王政を完うし得たものはない。輔佐の最も困難にして然も又最も重大なるものは、けだし、諫言であるにちがひない。「仏説未生冤経」に「ソレ諫ヲ用ヒザルハ亡国ノ基ナリ矣」と見えるが、「心地観経」の説いた「任賢」即ち「諸ノ賢人ヲ集メテ国事ヲ評ス」るを王徳とするならば、それは当然、楽忠臣佐を道とするものでなくてはならぬ。楽忠臣佐、諫言を容れる心なきところ、任賢は無意味たらざるを得ないからである。「毘尼母経」には

諫法ハ応ニ三処ニ諫ムベシ、見聞疑破戒破見破行ナリ、諫ムトハ五事ノ因縁アリ、一ニハ時ヲ知ル、二ニハ前人ニ利アリ、三ニハ実心、四ニハ調和語、五ニハ麤思語セズ、復内ニ五種ノ因縁ヲ立ツルアリ、故ニ応ニ諫ムベシ、一ニ利益、二ニ安楽、三ニ慈心、四ニ悲心、五ニ犯罪ノ中ニ於テ速ニ離レシメント欲ス、是レヲ諫法ノ縁事ト名ヅク（巻第二）

といつてゐるが、か丶る作法に協うた諫言こそ王政の大推進力であるから、諫言を聞く雅量、それに基いて反省する心の道こそ、王道の一路でなければならぬ。「諂佞ノ言ヲ聴カズ、正人ノ所説ヲ楽フコト甘露ノ美キガ如ク」ある事は極めて困難であるが、その困難を突破してこそ誠の王道はあらはれるのである。されば「増一阿含経」にも「群臣ノ諫ヲ受ケテ其ノ辞ニ逆ラハズ」（巻第四十二、結禁品）といつて、王者の、臣翼についての心得を説いてゐるのである。連綿三千年の歴史を誇る我国に於て列聖が恒に求諫の詔諭を下したまへる事実を回想しきたらば、こ丶にも亦我等は、世界の各地に発達せる王道理念と、日本に発達せる王道事実との関係を見出すであらう。「根本説一切有部毘奈耶」の巻第四十六を見ると、勝音城頂髻王が、父禅を受けて後、初は正法治化したが、間もなく非法を

行へるを以て、先王以来の忠臣の二大臣が三度び諫めたが用ゐず、かへつて二人の佞臣を用ゐ、終に退位せる父王の教誡をも怨と為し、父王を弑せんと謀る長い物語があるが、諫臣の言を斥けて佞臣の語に聴く国王を誡しめたものである。但し、仏教では、すべて受諫者が諫の言葉に従はざるを可とする場合に就ても説を為し之れを不受諫と称してをる。「毘尼母経」を見ると「受諫者ハ、五種ノ人ノ諫ヲ受ク可カラズ、一ニハ無慚無愧、二ニハ広ク学バズ、三ニハ常ニ人ノ過ヲ覓《もと》ム、四ニハ闘諍ヲ喜ブ、五ニハ服ヲ捨テヽ俗ニ還ラント欲ス、此クノ如キ等ノ五人ハ、其ノ諫ヲ受クベカラズ、是レヲ不受諫ト名ヅク」（巻第三）とあるから、王者の場合にも此種の不受諫はあり得るであらう。

第十款　統化自在

「金光明経」の「四天王護国品」は、「王位尊高自在昌盛」といひ、「四分律」の「受戒揵度」は、「行王事所為自在」といふが、吉蔵の「仁王般若経疏」巻上に、「統化自在故名為王」といへるは、此種王事自在の観念の実践的姿と見てよい。王の統化自在円満は王道の窮極的理念でなければならぬ。吾人は、この統化自在を説ける最も微妙の好文例として左に羅什訳「維摩詰所説経」――それは聖徳太子御注三部の一であつて我国体思想史の上にも深い関係がある――の「方便品」第二冒頭の一文を煩をいとはず引く。

爾ノ時ニ、毘耶離大城ノ中ニ長者有リ、維摩詰ト名ヅク、已ニ曽テ無量ノ諸仏ヲ供養シテ深ク善本ヲ植ヱ、無生忍ヲ得テ弁才無礙ナリ。神通ニ遊戯シテ諸ノ総持ニ逮ビ、無所畏ヲ獲テ魔ノ労怨ヲ降シ、深法門ニ入リ智度ニ善クシテ方便ニ通達ス。大朝成就シテ、衆生ノ心ノ所趣ヲ明了ニシ、又善ク諸根ノ利鈍ヲ分別ス、久シク仏道ニ於テ心已ニ純淑シ、大乗ヲ決定シテ諸有ノ所作能ク善ク思量シ、仏ノ威儀ニ住シテ心ノ大ナルコト海ノ如シ、諸仏咨嗟《しさ》シ、弟子釈、梵、世主ノ敬フ所ナリ。

人ヲ度セント欲スルガ故ニ善方便ヲ以テ毘耶離ニ居ス。資財無量ニシテ諸ノ貧民ヲ摂シ、奉戒清浄ニシテ諸ノ毀禁ヲ摂シ、忍調ノ行ヲ以テ諸ノ恚怒《イヌ》ヲ摂シ、大精進ヲ以テ諸ノ懈怠ヲ摂シ、一心禅寂ニシテ諸ノ乱意ヲ摂シ、決定ノ慧ヲ以テ諸ノ無智ヲ摂ス。白衣タリト雖モ、沙門清浄ノ律行ヲ奉持シ、居家ニ処スト雖モ三界ニ著セズ、妻子有ルコトヲ示セドモ、常ニ梵行ヲ修シ、眷属有ルコトヲ現ズルモ常ニ遠離ヲ楽ヒ、宝飾ヲ服スト雖モ而モ相好ヲ以テ身ヲ厳リ、復、飲食スト雖モ、而モ禅悦ヲ以テ味ト為ス、若シ博変奕戯処ニ至リテモ、輙チ以テ人ヲ度シ、諸ノ異道ヲ受クレドモ正信ヲ毀《ヤブ》ラズ、世典ヲ明カニスト雖モ常ニ仏法ヲ楽ヒ、一切ニ敬ハレテ供養中ノ最ト為リ、正法ヲ執持シテ諸ノ長幼ヲ摂シ、一切ノ治生諧偶シテ俗利ヲ獲ルト雖モ以テ喜悦セズ。諸ノ四衢《ク》ニ遊ビテ衆生ヲ饒益シ、治正ノ法ニ入リテ一切ヲ救護シ、講論ノ処ニ入リテハ導クニ大乗ヲ以テシ、諸ノ学堂ニ入リテハ童蒙ヲ誘開シ、諸ノ婬舎ニ入リテハ欲ノ過ヲ示シ、諸ノ酒肆ニ入リテハ能ク其ノ志ヲ立ツ。若シ長者ニ在リテハ長者中ノ尊トシテ勝法ヲ説キ、若シ居士ニ在リテハ居士中ノ尊トシテ其ノ貪著ヲ断ジ、若シ刹利ニ在テハ刹利中ノ尊トシテ教フルニ忍辱ヲ以テシ、若シ波羅門ニ在リテハ波羅門中ノ尊トシテ其ノ我慢ヲ除カシメ、若シ大臣ニ在リテハ大臣中ノ尊トシテ教フルニ正法ヲ以テシ、若シ王子ニ在リテハ王子中ノ尊トシテ示スニ忠孝ヲ以テシ、若シ内宦《クワン》ニ在リテハ内宦中ノ尊トシテ宮女ヲ化正シ、若シ庶民ニ在リテハ庶民中ノ尊トシテ福力ヲ興サシメ、若シ梵天ニ在リテハ梵天中ノ尊トシテ誨フルニ勝慧ヲ以テシ、若シ帝釈ニ在リテハ帝釈中ノ尊トシテ無常ヲ示現シ、若シ護世ニ在リテハ護世中ノ尊トシテ諸ノ衆生ヲ護ル。

此の思想は実に、王治の無礙自在をいへるもので、支那や西洋には見出し難い一大特色を具へたものといはねばならぬ。それは、王の包容力の自在無礙を語ると共に、同化融和統一への自在無礙をも語つたもので、希有独特の帝王観といふてよい。就中、「諸ノ異道ヲ受クレドモ正信ヲ毀ラズ」の句の如き、まさに、世界文化の採取吸収綜合統一を以て天業としたまふ日本天皇の御上の予言と感ずるのほかないのである。

注1　「心地観経」にも『以賞罰心無偏党』とある。

注2　「過去現在因果経」巻第一に「時ニ彼ノ国王、正法モテ世ヲ治メ、人民ヲ枉《シヒタ》ゲズ、殺戮楚撻ノ苦アルコトナク、諸ノ人民ヲ視ルコト一子ノ如キ有リ」とあり、又、「仏為勝光天子説王法華」にも「成就二種利益之事、云何ガ二ト為ス、王、父母ノ如ク愛念シテ差無シ、国人子ノ如ク並ニ忠孝ヲ懐フ」とある。

注3　「三大秘法鈔」曰く、「戒壇トハ王法仏法ニ冥シ仏法王法ニ合シテ王臣一同ニ三秘密ノ法ヲ持チテ、有徳王覚徳比丘ノ其乃往ヲ末法濁悪ノ未来ニ移サン時、勅宣並ニ御教書ヲ申シ下シテ霊山浄土ニ似タラン最勝ノ地ヲ尋ネテ戒壇ヲ建立スベキモノカ云々」（『類纂高祖遺文録』二四一頁）

第五節　転輪聖王

第一項　総　説

転輪聖王 Cakravarti-rāja は印度独特の理想的帝王として説かれたものであるが、支那には斫迦羅伐辣底遏羅闍《しやからばつらていかつらじや》と音訳されてゐる。斫迦羅 catra は「輪」、伐辣底 varti は「転」、遏羅闍 rāja は「王」、即ち、「輪を転ずる王」の意味である。而して「輪を転ず」とは正法善治、理想の統治を行ふことを意味する。故に之れを訳して、「転輪王」、「転輪聖帝」、「転輪聖王」、「輪王」、時に又「飛行皇帝」などといふ。仏典に見ゆる音訳には、上記の外、「遮迦越」、「斫迦羅跋羅底、遮迦越羅等の文字も見られる。理想の帝王が地上に降臨するといふ信仰は、転輪聖王説のみならず、「ラーマ・プールバ・ターパニーヤ・ウパニシャット」などにも大ビシュヌ・ハリ天がラーマヒーニラグの王家に生れ、地上にありて「全く施者として支配」し、「王権に応しき王者」となり「正義の道を示し、また知識の道を

示す」といふ風に説いてゐる例もある。(注1)

転輪王はその位に即くにあたつて輪宝を感得するが、小乗の諸経には、金輪の一種を以て説き後の発達せる思想に於ては、金、銀、鉄、銅の四種を以て説いてをる。金輪宝を得たる王を金輪王、乃至鉄輪宝を得たる王を鉄輪王といふ風に呼ぶが、金輪王は須弥四天下を治化統理し、須弥世界の四洲に王たり、銀輪王は東、南、西の三洲に王たり、銅輪王は東、南の二洲に主たり、鉄輪王は南一洲を統理する。いづれも仏陀の如く三十二相を具足し、輪宝、象宝、馬宝、珠宝、主蔵臣宝、女宝、主兵臣宝の七宝を有し、「大薩遮尼乾子経」巻第三によると、更に、この外に劔宝、皮宝、牀宝、園宝、舎宝、衣宝、足所用宝の七種輭宝を有するといはれる。

転輪聖王は、仏教の創案にかゝるものといふよりは、古印度よりの神話的伝承と見るべく、種々の異説はあるも結局インドラ、即ち帝釈天崇拝の発達せるものと考へられる。全世界を正法によつて統一治化する神聖帝王と信ぜられ、将来世界は此王によつて現実に救はれると為す、一種のメシア的思想である。而して、この転輪聖王は、一仏世界に二仏並立のなき如く、一世界に二王倶出する事なく、出世間即ち霊界に於ける仏と世間即ち現実界に於ける転輪聖王とは、面を異にするだけで実は同一霊体と考へる。その事は、「四分律」や、阿含の「転輪聖王修行経」の如き比較的原始の思想を伝へたものに於て特に顕著である。これは転輪聖王思想に於て最も基礎的肝要の問題であつて、特に、日本仏教の、転輪聖王思想の摂取は、此の本質に於て為されてゐるのであるから、比較国体論の立場から眺める場合にも、此の要点を見失つてはならないと思ふ。今、試みに、「四分律」の「受戒揵度」一の文を引いてみよう。

大王此児ニ三十二大人ノ相有リ、此相有ル者ハ必ズ二道ニ趣ク、終ニ差錯スルコト無シ、若シ出家セズンバ当ニ刹利澆《ネウ》頂転輪聖王ト為ルベシ。能ク一切ニ勝レテ四天下ニ主タリ、名ヅケテ法王ト為ス、衆生ノ為ノ故ニ而モ自在ヲ作シ、七宝具足ス。所謂七宝トハ、一ニ輪宝、二ニ象宝、三ニ馬宝、四ニ珠宝、五ニ玉女宝、六ニ主蔵臣宝、七ニ典兵宝ナリ。千子有リテ満足シ、雄猛勇健ニシテ能ク衆敵ヲ却ケ、海内ノ諸地ヨリ刀杖ヲ加ヘズ、自ラ己力ヲ以テ正法治化シ、畏懼スル所無シ。而モ王事ヲ行ツテ所為自在ニ、怯弱ヲ為サズ。若シ出家シテ非家ニ入ルベクンバ、当ニ無上、正真等、正覚、明行足為、善逝、世間解、無上士、調御丈夫、天人師、仏、世尊ト成ルベシ。彼レ魔衆、梵衆、沙門、波羅門衆、天及ビ人衆ニ於テ、自身作証シテ自ラ娯楽シ、衆生ノ為ニ説法シ、上善、中善、下善、義味有リテ具足シ、梵行ヲ開現セン。

更に又、次の一文も、一層簡潔にこの思想を表現してゐるであらう。

王、此ノ児ヲ生ム、大威神アリ、大功徳アリ、福願具足ス。若シ此ノ王子、家ニ在ラバ当ニ刹利水澆頂転輪王トナリ、七宝具足シ四天下ヲ領スベシ。千子満足シ勇健雄猛ニシテ能ク衆敵ヲ却ケ、法ヲ以テ治化シテ刀杖ヲ加ヘズ（以上転輪聖王となれる場合）、若シ出家スレバ、如来、至真、等正覚、明行足為、善逝、世間解、無上士、調御丈夫、天人師、仏、世尊ト成リ、天及ビ人、魔若シハ魔天、梵天、沙門、波羅門ニハ、身自ラ作証シ、自ラ遊化シテ彼レ当ニ説法スベシ、上善、中善、下善、義アリ味アリ、具足シテ梵行ヲ修セン（以上仏陀となれる場合）。

これによつてこれを観れば、王仏勝劣なく、むしろ、一体の二面、一実在の二作用として考へてゐることが明かである。「大毘婆沙論」や「大智度論」の如き、後の大乗哲学書になると、いづれも王仏を比較して、転輪王の劣位なる事をいふべく努力してゐるのは、彼此対照考察して興味を覚える処である。

第二項　転輪聖王の出現

転輪聖王の記事は大乗小乗の諸経典に亘り多く散見するところで、諸説間に種々異同あるも、その大概を探り、その本旨と思はる処を求めて叙述するに、「長阿含」の転輪聖王修行経が、「乃往過去久遠ノ世、時ニ王アリテ堅固念ト名ヅケ刹利水澆頭種ナリ、転輪聖王ト為リ四天下ヲ領ス。」といふ処によつて知らるゝ如く、それは過去久遠の古に、四天下全世界の真王として、本来的に王たりしもの、然も、「倶舎論」巻第十二によると、「此洲ノ人寿無量歳ナリシヨリ乃《いま》シ八万歳ニ至リ、転輪聖王アリテ生ル、八万ヲ減ズル時、有情宝楽ナレドモ寿量ハ損減ス、衆悪熾盛ニシテ大人ノ器ニ非ズ、故ニ輪王無シ。輪ノ旋転ニ由リ、応導シテ一切ヲ威伏スルヲ転輪王ト名ヅク。」とある如く、大人の出世すべき時に非ざれば世に出現しない特別の王とされる。而して「転輪聖王修行経」によれば「時ニ王自在ハ王ヲ以テ治化シ、人中特殊ノ七宝具足ス、一ハ金輪宝、二ハ白象宝、三ハ紺馬宝、四ハ神珠宝、五ハ玉女宝、六ハ居士宝、七ハ主兵宝ナリ。千子具足シテ勇健雄猛、能ク怨敵ヲ伏シ、兵杖ヲ用ヰズシテ自然ニ太平ナリ」とある如く、この王は七宝を具足してゐる。この七宝の第一は金輪宝であるが、「施設足論」になると、この輪宝に、金銀銅鉄の四種ある事、従つて輪王にも金輪王以下四種ある事を説くのであるが、金輪王については、「長阿含経」の「世記経転輪聖王品」が

若シ刹利王水澆頭種ノ十五日月満ツル時ヲ以テ、香湯ニ沐浴シ、法殿上ニ上リ、婇女ニ囲繞セラレ、自然ノ金輪忽チニ現ジテ前ニ在リ、輪ニ千幅アツテ光色具足シ、天匠ノ所造ニシテ世ノ所有ニ非ズ、輪径丈四十ナレバ見レバ則チ名ヅケテ転輪聖王ト為ス。

といひ又、「倶舎論」（巻第十二）が

若シ王生ゼバ刹帝利種ニ在ツテ灌頂ノ位ヲ紹グ、十五日ニ於テ斎戒ヲ受クル時、首身ヲ沐浴シテ勝タル斎戒ヲ受ケ、高台殿ニ升《ノボ》リ臣僚アツテ輔翼ス、東方ニ忽チ金輪宝アツテ現ズ、其ノ輪ニ千輻アリ、轂輞《コクマウ》衆相ヲ具足シテ円浄ナルコト巧匠ノ成セルガ如シ、妙光明ヲ舒べ、来ツテ王ノ所ニ応ズ、此ノ王ハ定メテ是レ金輪ヲ転ズル王ナリ。

といふところに詳細である。銀、銅、鉄三輪王も亦これに例して知るべきである。但し、四種の輪王には

謂ク金輪ハ諸ノ小国ノ王、各自ラ来リ迎ヘテ是クノ如キノ説ヲ成ス、我等ガ国土宝広豊饒、安穏豊楽ニシテ諸

ノ人衆多シ、惟《タダ》願クバ天尊、親《マノアタ》リ教勅ヲ垂レヨ、我等ハ皆是レ天尊ノ翼従ナリト。若シ銀輪王ハ自ラ彼土ニ往ク、威厳近ヅキ至レバ、彼方ノ臣伏ス。若シ銅輪王ハ、彼国ニ至リ已テ、威ヲ宣べ徳ヲ競《つと》ムルニ、彼方推勝ス。若シ鉄輪王ハ亦タ彼国ニ至リ、威ヲ現ジ、陣ヲ列ネテ剋《セ》メ勝チヌレバ、便チ止ム。一切ノ輪王ハ皆傷害スルコト無ク、伏セシメテ勝ヲ得レバ各其所ヲ安ゼシメ、勧化シテ十善業道ヲ修セシム。

といふ差異を説いてゐるが、これは最初、金輪王だけであつたものが思弁的に分析され発達した教説として整うてきたものであらう。又、この四種の輪王といふは、必ずしも四種別々に存すと解すべきではなく、客観的情勢と治化治政の必要上、唯一の転輪聖王が四種に応化するものと考へて差支へないであらう。いづれにしても、前項にも注意した処であるが、「中阿含経」の「多界経」が「若シ世中ニ転輪王並ビ治スルコト有ランハ終ニ是ノ処《コトハリ》無シ、若シ世中一転輪王治スル有ランハ必ズ是ノ処有リ」といへるところから考へても、唯一の転輪王の四種身と解する方がよいと思はれる。現に法賢訳の「衆許華訂帝経」巻第一は、乃往過去に頂上に一肉皰《はう》を生じたる頂生王あり、その皰、後に熟して自然に破裂し一童子を生めるに福徳端厳にして三十二相を具し尼嚕《にろ》と名づけたが、大智慧あり、金輪王となつて四天下を統べた、此王後に到り左股上に亦一皰を生じ前と同じく一童子を生んだが、烏波尼嚕《うはにろ》と名づけ、これは銀輪王となり、烏波尼嚕又皰より室尼嚕と名づくる童子を生み、これ又、銅輪王となつたが、室尼嚕の皰より生れた麻尼嚕は鉄輪王となり、「如是王位相継至今其数極多」とて、児孫の王が或は「子孫相継帝位不絶」にして五万四千王、或は八万四千王、或は三万二千王等と記してをる。又、四輪王治化のありさまについては、慈恩の「法華玄賛」（巻九）にも、「喩伽論」を引いて「金輪ハ風ヲ望ンデ順化ス、銀輪ハ使ヲ遣シテ方ニ降ス、銅輪ハ威ヲ震ツテ乃チ服ス、鉄輪ハ戈ヲ奮ツテ始メテ定マル。」と注釈してをる。

第三項　七宝四徳と治政

転輪聖王は七宝具足といふが、七宝の名目は、「総説」の項に出した如くである。然して七宝の性質を観るに、第一の輪宝といふは、神業といふべきか、奇蹟といふべきか、将た又神通力といふべきか、要するに超人的神力を意味する。第二の象宝、第三の馬宝は、丘力、交通力、財力を、第四の珠宝は光明、瑞宝を、第五の女宝は不長、不短、不麤、不細、不白、不黒、不剛、不柔等の瑞宝を、第六の蔵宝は又「居士宝」ともいひ、財力を、第七の兵宝は兵力を自在に駆使作戦を必勝ならしめる智謀勇猛英略の力を、それぞれ意味する。以上は「長阿含経」巻第十八の説である。又、この「長阿」十八の「珠輪聖王品」及びその異訳本たる「大楼炭経」等には、輪王の四神徳といふものが説いてある。即ち「何ヲカ四神徳ト謂フヤ、一ニハ長寿不夭《ヤウ》ニシテ能ク及ブ者無シ、二ニハ身強ク無患ニシテ能ク及ブ者無シ、三ニハ顔貌端正ニシテ能ク及ブ者無シ、四ニハ宝蔵盈溢シテ能ク及ブ者無シ。」といふのが、四功徳成就であるとしてゐる。転輪王の一般の法相に就ては猶ほ説くべきものもあるが、略して、直ちに、その治政、治化を見るに、興味深きことには、この転輪聖王は、この世界の東方に理想の王土を求めるとある。されば、転輪王は、四兵を召し、金輪宝に向ひ、その輪を右手を以て摩捫して「汝、東方ニ向ツテ如法ニ転ジテ常則ニ違フコト勿レ」（長阿含経巻第十八、転輪聖王品）といふ。金輪は即ち東に向つて回転し、転輪王は四兵を将ゐてその後に随つて行く。然るに東方の諸の小国王は、転輪聖王の至るを見て王所に来詣し「善哉、大王、今此ノ東方ノ土地ハ豊楽《ブギヤウ》ニシテ諸ノ珍宝多シ、人民熾盛ニシテ志性仁和、慈孝忠順ナリ、唯願クハ聖王、此ニ於テ治政シタマヘ、我等当ニ左右ニ給使シテ受所ヲ承クベシ」といふ。その時、転輪聖王は、諸の小王に対し、

止ミナン、止ミナン、諸賢、汝等則チ我レニ供養ヲ為シ已レリ。但《タダ》、当ニ正法ヲ以テ治化スベシ。偏枉セシムルコト勿レ、国内ニ非法行ヲアラシムルコト勿レ、自ラ殺生セズ、人ヲシテモ殺生、偸盗、邪婬、両舌、悪口、妄語、綺語、貪取、嫉妬、邪見ノ人ナラザラシメヨ。此レヲ即チ名ヅケテ我ガ所治ト為ス。

といふのである。これを「法華経」安楽行品には、「譬如強力転輪聖王欲以威勢降伏諸国」といつてをる。ところで、

「大薩遮尼乾子経」巻三によるに、前述の七宝の外に更に、七種の軟宝を有するとされてゐる。今同経によつてその名と内容とを見るに、七種軟宝とは、（一）剣宝、（二）皮宝、（三）床宝、（四）園宝、（五）屋舎宝、（六）衣宝、（七）足所用宝であること、既述の通りであるが、各宝に就ては次の如き説明が与へられてゐる。（一）の剣宝とは、若し国内に王命に違ふ心念をなす者ある時は、剣宝忽ち虚空を飛んでその者の頭上に降り、伏せしめる。然し、それは何等殺害心を起したり加害したりして順はしめるのではなく、この宝を見た者が自然に随順するのである。（二）皮宝といふは、大海中より出で、大海の商主の献上した海龍王の皮であつて、広さ五由旬、長さ十由旬あり、火にも焼けず水にも混らず、猛風にも動かず、寒熱を却け、王処に随つて移動しその従者を覆うて能く屋舎となる。（三）床宝とは、王の床座であつて、平正安穏不動、不高不下、不広不狭、不長不短、不坤不垤、不堅不軟、不渋不滑、王入禅してこの上に坐せば解脱禅定三昧に入る事を得、万一、王にせよ女人にせよ三毒の心を起さば忽ちにその心を離れしめる。（四）園宝は、王が若し禅定に入らんとして此の園に入れば直ちに定心を得られるし、又、五欲の楽を欲するとすれば、そこに直ちに諸の欲楽が現じ来る。（五）舎宝とは、王若し屋舎にして日月星宿を見んことを欲せば忽ち眼前に現れ一切悉く見ることを得、あらゆる憂悩疲労を離れ、爽快なる睡眠、希妙なる瑞夢を楽しみ、寒き時には暖かく、暑き時には涼しく、夜の四分中、第二分は眠り、第三分は法楽を受け、第四分には説法教化する。（六）衣宝とは、之れを著用せば寒熱を免れ、その他水に爛《ぬ》れず、火に焼けず、刀に割かれぬ。（七）足所用宝とは、鞾であつて、王之れを用ゐれば水でも火でも自在に渉ることを得、百千由旬を行くも疲労しない。以上が七種類法の大要であるが、要は、転輪聖王の神秘自在をいはんとしたものにほかならぬ。

　最後に転輪王について今一つ注意すべきことは、この王の治化は、その本質を、道の教に見出すべきだといふ点である。四兵（象兵、馬兵、車兵、歩兵）も具備し、武略も存するけれども、要中の要は、道の教を以て王の天職とする、といふ思想である。それを、「増一阿含」は、四未曾有法と称してゐるが、その文は次の通りである。

転輪聖王ニ四未曾有ノ法有リ、云何ガ四ト為ス、是ニ於テ転輪聖王、国界ヲ出デント欲スル時、人民ノ見ル者喜悦セザルハ莫シ。爾ノ時、転輪聖王言教スル所有リ、其ノ聞クコト有ラン者喜悦セザルハ靡《ナ》シ。其ノ言教ヲ聞ケバ乃チ厭足無シ。爾ノ時転輪聖王黙然タレバ、正使《タト》ヒ人民、王ノ黙然タルヲ見ルモ亦復歓喜ス。是レヲ比丘、転輪聖王ニ此ノ四未曾有ノ法有リト謂フナリ。

言あるも喜び、黙するも歓ぶといふは、その存在が道であり、言黙共に、道の教たり光明たるが為めである。

第四項　転輪聖王と日本の国体思想

転輪聖王の思想は、印度の現実的思想ではなく、一種独特の世界観に基いた理想論である。勿論、印度にも阿育王の如き著名な護法王があつて、転輪聖王思想を以て阿育王事蹟の神話的生長と考へる事もあり得るであらうが、そこに於ける事実と神話、理想と歴史との合致は極めて薄弱である。然るに、一度び仏教を受容した日本に於ては、この転輪聖王の思想に遭遇するや、彼を思ひ此れを想うて、日本天皇こそ即ちこの世界唯一の最高最尊の正法帝王たる転輪聖王にましますといふ信念をいだいたのである。これは、奈良朝には未だ見なかつた処であるが、平安朝以後になると、日本仏教の国家的中心信仰となつた。既に観察し来つた通り、転輪聖王といふのは、元来、仏教に於て宇宙最高の尊者とする如来仏陀と同一本体のものであり、真理の啓示説法者、一切衆生の導師としては仏陀となり、真理正法を以て治化し治政する治者としては転輪王となるものである。後の発達した諸大乗経中には、「仁王経」（巻上）や「瓔珞本業経」（巻上）のやうに、転輪王を菩薩の位に置き仏より一級下のものとする思想、又、「大智度論」（巻第二十五初品第四十）の如く、仏は煩悩を離るゝも転輪王は煩悩を離れず等の十数箇の理由を挙げて、仏は転輪王の勝位にありと為す思想、倶舎論（巻第十二）の如く、仏と王との三十二相につき、「仏ノ大士ノ相ハ処正シク円明ナレドモ王ノ相ハ然ラズ、故ニ差別アリ。」として勝劣を立てる思想等を生じたが、印度に於ても、之れと反対に、転輪聖王を仏の上位にありとする思想も存在したことは、「増一阿含経」の注釈書たる「分別功徳論」が左の如く記してゐるに徴して明かである。

或ハ説ク者有リ、曰ク、聖王ハ仏ニ勝ル、何ヲ以テカ之ヲ言フ、聖人世人ヲ治ムルニ、三悪道ニ堕スル者無シ、仏出世ノ時三悪道断エズ、是ヲ以テ勝レタリト為スナリ。或ハ復説イテ曰ク、仏ハ勝王（転輪聖王）ニ勝ル、勝ルト言フ所以ハ、聖王ハ十善ヲ以テ世ヲ教フルモ人天ニ過ギズ、仏出デテ世ヲ教ヘ涅槃ニ至ルコトヲ得シム、是ヲ以テ勝レタリト為ス。（巻三）

然るに日本国体の自覚の下に摂取され信仰せられた日本仏教は、皇室の太祖にまします天照大神を仏陀と信じ、天照大神の神統皇尊を転輪聖王と信じたのであるから、この点、日本に於ける仏陀と転輪とは共に、皇位の上に統融実感せられたものといはねばならぬ。

国王の即位する時、及び立太子の時に、王又は太子の頂に海水を灌ぐは印度の民俗儀礼であつて、之れを灌頂又は即位灌頂といふ、之れが仏教に伝はつて摩頂灌頂とか授記灌頂とかいふものなどを生んだのである。即位灌頂は、日本仏教にも亦伝習せられるに到つたが、「渓嵐拾葉集」の巻第十七、第四の「金輪法の事」の条を見るに「覚大師（慈覚）御伝、付今尊四海統領灌頂秘法有之、山王院（智証）大師立太子灌頂伝給。」とあるに依れば、すくなくも慈覚は、清和天皇の御為めに即位灌頂の法儀を制作し、三井の智証も亦立太子灌頂をつくつたことがわかる。かく清和天皇の頃か御歴代、即位灌頂の儀式を行はせられたのであるが、就中、後三条天皇の即位灌頂は後代の範とせられた。この即位灌頂は、即ち日本天皇が転輪聖王の名を以て伝へられてゐる世界の理想的真王たらせたまふことを証する儀式であつて、金輪仏頂法、伝法灌頂とを含むものである。金輪仏頂といふは如来の頂相功徳が金輪聖王の上に具現してゐるといふことであつて、これに、大日金輪と釈迦金輪とがあるが、要するに仏即王、王即仏の意に於ける転輪王である。それを不空訳の「金剛頂経一字頂輪王瑜伽一切時処念誦成仏儀軌」の劈頭に諸仏転輪王、大菩提ヲ現証シテ名ヲ金剛界ニ受ケ給フ、教勅輪ヲ転ゼンガ為メニ自ノ頂ヨリ大金輪明王ヲ流出シタマフ、威光衆《モロモロ》ノ日ニ逾《コ》エタリ、七宝具ニ囲遶セリ、一切仏頂、輪王ノ輪王タリ、纔ニ奇特ノ身ヲ現ズルニ諸ノ聖衆皆没ス、勝絶不共ニシテ唯仏一体タルコトヲ顕スガ故ナリ。

といつてゐる。これを不空訳の「菩提場所説一字頂輪王経」の巻第一には、「顕現輪王仏頂」といひ、又、「自身作転輪王形……大輪王師子座而坐」といつてをる。即位灌頂に於ける大御座はこの師子座に象つたものであつて、陛下が大日金輪の印や釈迦金輪の印を結びたまうて「法身大日和国天照大神ト示現シ相承シテ第何十代ニ至ル」と仰せられるのであるから、日本天皇の御本質は、世の常の、仏及び転輪聖王以下とされる国王とは異り、直ちに天照大神の神応たる天皇御自身が仏であり転輪聖王であらせられる事を証したまふものである。此の御信仰は、当時、皇室御自身の堅持したまふ処であつた事は、村上天皇が法華経を御書写遊ばされ、その宸筆の法華経供養の為の法華講会を天暦九年正月四日に催し給へる際、村上天皇の皇弟にして醍醐天皇の皇子にまします前中書王兼明親王が、問者となられ、その表白の劈頭に、村上天皇の聖徳を奉称して、転輪聖王と奏したまうたことが、「本朝文粋」巻第十三に、「天皇御筆ノ法華経供養講説ノ日ノ問者表白」と題して載せてあるによつても立証し得られる。

金輪聖主、堯雲遍ク燾《オホウテ》。潤シ二薬草ヲ於春畝一ニ。舜日重ネ照シテ。転ズ二法輪ヲ於昏衢一ニ。方今開蓮之文ハ(法華経)。出デ二聖跡(宸筆)臨池之妙一ヨリ貫花之偈ハ。生二神筆入木之功一。爰択二碩徳於鴈堂一。開二ク講筵ヲ於燕寝一ニ。誠ニ是レ所レ未ダ二曾テ聴一カ。不レ可レ得レ逢フヲ者也。講匠(寺)先(殿上)当二其仁一。始説二彼義一。東風未レ温。舌下之氷尽解ケ。子夜未レ至。胸中之月先ツ明ナリ。聊カ叩二イテ疑関之樞《とぼそを》一。将ニ披二難入之義一。

民間に於ても、鎌倉時代の日蓮は、「已ニ地涌ノ上首上行(法華経難解難入)(此ノ日本ニ)出テサセ給ヒヌ、結要ノ大法亦弘ラセ給フベシ、日本漢土万国ノ一切衆生ハ、金輪聖王ノ出現ノ先兆、優曇華ニ値ヘルナルベシ」(教行証御書)といひ、又、蒙古の来襲に際し顕した「衛護大日本国之本尊」の座配の中に、「聖天子金輪大王」として大日本国皇位を表はしてゐるのは、この日本仏教の正純なる信仰を伝承したものである。

注1　「世界聖典全集」ウパニシャット全書二。一三七―一三九頁参照。

第二章

仏教の君民関係と臣道論

第一節　君民関係一般論

四十華厳巻第十二に波羅門言として、「師子獣王一徳最勝、謂無二心」以下漸次六徳迄説いた後、偈に入ると、「王以人為本、億兆同一身」といふ。これは、王の本と為すべきものは民である事、及び王が民を本とすることに徹すれば億兆は皆同様となる事をいつたものであるが、王がかく民を本とするを「人以王為命」とする。以人為本と為王為命とは不可分の因果関係に結ばれるのであるが、然も民を以て本とする王は、更に法を以て己れの身とせねばならぬ。「王以法為身」といふのがそれである。かやうな、王、民、法の関係の確立ある処に、国人は王を護り、王は国人を護りて、王は内外清く国人も一切の怖れなく、こゝに「九族既従風、百辟遵王政、八方帰聖化、端拱以無為、推功因理心、心静曾無事、忠臣輔我主、順動如股肱、万国達聡明、四海称君徳」といふ理想国家が実現するといふのである。王と正法と、王と民人との関係論は、合理的に思惟する限り、根本的には、洋の東西を問ふことなく同一たらざるを得ないであらう。

第二節　三臣論

上述の如く、仏教経典には、帝王論、王道論としての説は頗る多いが、臣道論は比較的独立の形式に於て存することが少ないが、普賢行願品即ち「四十華厳」の三臣論を見よう。この経の巻第十二によると、帝王の「建国体人」について三事を挙げてをる。「建国体人」とは、国家を建設し人民をわけゐらんで用ゐる、といふほどの意味と思はれるが、その三事といふのは「我王建国体人、恆在三事、一念除五怖、二慎択三臣、三精修御膳」、であるといふ。

こゝに取扱はうとするのはこの中の慎択三臣である。抑々国に「十千大臣、一億猛将」ありともそれらは悉く「皆王照使、為国之光」たるべきであつて、いやしくも国王から離れ、国王を去つて、それらが自存独立の意義を為し得るものでないことは、王を以て国の根本とする国家観からの当然の帰結である。国王の治政を行はんとするや臣僚を要するは多言するまでもないところであるが、臣僚の職能職域多端といへども、その大本は之れを三箇のものとする事が出来る。即ち、輔臣と将帥と使臣とである。故に、この三臣の如何は、やがて一国治政の岐るゝところであるから、国王は、三臣を択び任用する事、最も慎重でなければならぬ。それが慎択三臣である。

「輔臣」といふは、輔弼行政の臣僚であるが、経はこれに七要義を分別してゐる。第一に、「弼譜王化」であるが、「弼」はたすける、「譜」はといのふ、かなふ、調和するなどの意であるから、王化即ち国王の治化を輔弼協賛することである。勿論、この輔弼の中には、諸経に散説する諫事をも含む。仏教では諫言、諫争等については、「諫法」といふことを立てるが、帝王求諫の処で引用した「毘尼母経」には、「諫法五事の因縁」を説いてゐる。

諫法ハ応ニ三処ニ諫ムベシ、見聞疑破戒破見破行ナリ。諫ムトハ五事ノ因縁アリ、一ニハ時ヲ知ル、二ニハ前人ニ利アリ、三ニハ実心、四ニハ調和語、五ニハ麁悪語セズ、復、内ニ五種ノ因縁ヲ立ツルアリ、故ニ応ニ諫ムベシ、一ニ利益、二ニ安楽、三ニ慈心、四ニ悲心、五ニ犯罪ノ中ニ於テ、速ニ離レシメント欲ス、是レヲ諫法ノ縁事ト名ヅク（巻第二）

といふのがそれである。これは、特に「帝王に対する諫法」、といふ意味を持つものではなく同経の巻第三にも説き、律部の他の処にも若干散見するところの、比丘への教戒ではあるが、帝王に対して臣下が諫言を上るときも亦この原則に従ふべきは勿論のことである。第二に、「代王理政」とは、王に代つて政事を統理することであるから、或は行政或は摂政等総じて行政的行為をいふ。第三に、「上佐王徳」とは、上、王徳を輔佐増進し又之れが顕揚に努力することであらう。第四に、「下恤《じゆつ》王人」とは、下、国民をいたはりめぐみ、王徳を国民の個々の生活に触れ

すが如くに熱を与へ光を投じ、闇を除いて万物その処を得せしめるをいふ。

れの本分使命をつくす意味である。第七に、「如日照曜類弁群分」とは、かくて国政を処理する事、日の万物を照

しめることとである。第六に、「清心奉職」とは貪汚、叛逆等の不浄の心をすて、忠信の清き心を以て職を奉じ、己

て感ぜしめるの意である。第五に、「進賢任能」とは、いはゆる野に遺賢無きを期し、賢人を起用して国政に当ら

次に、「将帥」といふは、経に「主兵大臣」と解してゐるが、いはゞ軍務の大臣、参謀部の長官、軍団の司令官といふが如きものであらう。これに、六義を開してゐる。第一に、「必在忠淳」とは武臣の君王に捧ぐる忠節心を重しとなせるもの、淳とは「すなほ」、即ち王命のまゝに死を厭はぬ精神である。第二に、「深仁厚義」、即ち、仁義の精神の深厚なるべきをいふのである。第三に、「徳行兼茂」とは、武臣の徳操と品行との一致両全をいへるものので、君に忠淳でさへあれば、武将個人の徳行の如き敢て問はずといふが如きは、衆兵を率ゐて之れに将たる者の思想に非ずとするものであらう。第四に、「勇略無虧《き》」、勇健智略にあらずんば武将大臣としての資格に欠くるものなるをいへるものである。第五に、「為護衆生除悪務本」とは、国家民生を保護することが兵武の本義たるを自覚し、諸の悪風悪行悪心を除いて兵武将帥としての本を養ふことに務めるの意であらう。第六に、「如日照曜滌闇除昏」とは、かくして太陽の世界を照すが如く、闇昏を除いて建軍の本旨を発揚せよといふのである。

次に「使臣」といふは、今日のいはゆる外務大臣とか大使とかいふもので、国交に携る臣僚である。元来、国王といふものは奥深い宮殿の中に居るもので、王がひろく海外の国民に接して、その王徳王道を示すことは出来ぬ。いはゆる九重の雲深き処に居すのが王者であるから、この王徳王道を八紘に宣布すべきが、使臣の任務である、と為すのである。それをば、「王道宣布八表欽承」といつてゐるが、それが使臣の正に為すべき使命なのである。そこで経は、この使臣について十徳を算へてゐる。その名目は（一）資忠奉信、（二）愛敬君親、（三）強記博聞、（四）識量宏達、（五）才辯縦横、（六）精閑内外、（七）謙卑仁譲、（八）剛正無暇、（九）儀範出群、（十）通王密意、と

なつてゐる。(一)(二)は使臣の君主に対する心情、(三)(四)(五)(六)は使臣の学才能力、(七)(八)は使臣の徳操、(九)は使臣としての儀容礼範、而して、(十)は使臣がよく王の真意、真精神に通達して精神一体たるべきをいふものであらう。此の十徳の如きは、単に使臣にのみ限らるべきものではなく、凡そ大臣高官たる者のひとしく修めて以て道とし徳とすべきところといふべきである。経は猶ほ、使臣は国外に経遊せば「奉使隣国必達王言」すべく、それには、「清身潔独」、「不婚酒色」であるべく、国家の機密の如きは酔後眠中といへども洩らすべきではなく、利を以て誘はるゝも遷つてはならず、時と風俗とに万全の注意を注いで進退し、「於王権変了達無礙」の国心確把が必要である、といふやうなことが詳しく書かれてゐる。かくて、此の三臣によつて、王の徳化は成り、悪を変じ善を顕し、王威国光を万国に被らしめることが出来る、と論じてをる。

今一つ、「瑜伽論」巻第六十一にも三臣論があるが、それは極めて簡略に次の如く説いてをる。

復、三臣有リ、一ニハ忠信有リテ伎能智慧無シ、二ニハ忠信ト伎能有リテ智慧無シ、三ニハ忠信、伎能、智慧ヲ具フ。初ヲ下士ト名ヅケ、次ヲ中士ト名ヅケ、後ヲ上士ト名ヅク。若シ忠信ナラズ、伎能アルコト無ク、亦智慧無ケレバ、当ニ知ルベシ此ノ臣ハ下ノ中ノ下ナリト。

この三臣論に於ては、忠信、伎能、智慧と分けながら、忠信を以て、臣道の基礎と為してゐる。これは、本章第一節の第十一項に引用せる十徳論の文の(9)に、「能ク善ク忠信ト伎芸ト智慧トノ差別ヲ了知シ、若シ諸ノ群臣ノ忠信ト伎芸ト及び智慧トノ若シハ有リ若シハ無キヲ並ビニ如実ニ知リ、其ノ無キ教ニ於テハ軽ンジテ之ヲ遠ザケ、其ノ有ル者ニ於テハ散ツテ之ヲ愛シ、而シテ正シク摂愛ス。」とある処と出入した説であるから、両者を彼此参照することによつて一層その意を明白ならしめることが出来よう。

第三節　其　他

「法句経」に「国王、臣民咸各道ヲ修メム、天尋イデ大イニ雨《アメフ》リ、国豊カニ民寧《ヤス》シ。道化興隆シ楽シミ聞カザルハ莫シ」（巻第三愛欲品）といふが如く、国王は国王の道を、而して臣民は臣民の道を、おのおの修むるところあつてこそ、誠の王道国家とはなるのであるから、仏典には、随所に、臣道の要を散説してをる。忠孝の道は、仏教も極めて重視し、世の根本たる国王の下、国を挙げて忠孝なるにより、はじめて理想の国家を実現し得るのであるから、「雑宝蔵経」の如きは

道ノ被ル所、黎元頼ミヲ蒙リ、忠孝ノ加フル所、人ノ思ヒ自ラ勧メテ奉事孝敬ナリ。波羅陀ノ母大悪ヲ造ルト雖モ、都テ怨心無ク、此ノ忠孝ノ因縁ヲ以テノ故ニ、風雨時ヲ以テシ、五穀豊熟シ、人ニ疾疫無ク、閻浮提ノ内ノ一切ノ人民熾盛豊満ニシテ常ニ十倍セリ（巻第一）

とて、忠孝の道を力説するのである。忠孝の道を第一義絶対とするところに、「逆心」はまさに最大の罪悪たらざるを得ない。故に、「心地観経」は臣民の逆心を論じて「若シ悪人有リ、王ノ国内ニ於テ逆心ヲ生ゼバ、是クノ如キノ人ノ福ハ、須臾ニ頓ニシテ自ラ衰滅セン、死スレバ当ニ地獄ノ中ニ堕シ畜生ヲ経歴シテ備《ツブ》サニ諸ノ苦悩ヲ受クベシ。」といふのである。「虚空孕《よう》経」上も亦、大臣五重罪の一に、「破国城」をあげ、逆心の重罪なるを論じてをる。

仏教の諸経典は皆、臣民が、王の教命、教令に服し安住すべき事を強く説くが、それは、必ずしも諫争の道を拒んで盲従せよといふのではない。瑜伽論や政論経にこの事を説けるは、既に紹介した処であるが、要文を摘出して想起の便に資すれば、「恭敬シ畏憚シテ而モ諫諍ヲ興シ、其ノ旨教ノ如ク而モ善ク奉行シ、能ク正シク王ノ教条ニ安住ス。」といふは即ちそれである。引用文の圏点の異るは、義門の別を示さんが為めであるが、「恭敬シ畏憚ス」と

は、臣民の王に於ける精神態度が、如法なるべきを表した文字である。「僑慢ノ所レ懐無ニ教法一」（雑宝蔵経巻三）で、臣民が臣民の道を行ひ、その所尊たる国王の前に己れの正しさを持《たも》たんとせば、「恭敬畏憚」、「敬輔尊重」（心地観経）でなければならぬ。恭敬である事は然し、盲従ではない。殊に、輔佐の任にある臣の如きは、諌諍を必要とする。意見を奉ることである。諌諍は、東西古今、すべての君主国に於ける厳粛なる臣道であり、又、それを受容する事は王者の君道であつて、仏典にも亦その精神が諸所に説かれてゐる。而して諌むべきは諌め進言すべきは進言して、王命王教の発布とならば、これをその旨教の如くに善く奉行することは左右の臣のみならず、広く臣民の道である。かくして、全臣民、否全国をあげて正しく王への教命に安住して惑ふ所なきを得るのであるが、この「旨教ノ如ク」、又、「正シク」といへる処に深い意味が存する事を注意すべきである。君臣父子一体の義については、すでに述べたが、「長阿含経」巻第十八は、転輪聖王につき「時ニ転輪聖王ハ民物ヲ慈育スルコト父ノ子ヲ愛スルガ如ク、国民ハ王ヲ慕フコト子ノ父ヲ仰グガ如シ。所有《アラユ》ル珍琦ナルモノヲ尽ク以テ王ニ貢ギ、願クハ納受ヲ垂レ意与ラル丶ニ任セタマヘ」（世起経転輪聖王品）といつてをるが、これは、忠孝忠信敬輔尊重の極を叙したものであらう。国民が身命を以て王に貢ぐを以て楽《ねが》ひとするところに、国民の道の奥義があるのである。

　茲に於て、民は先づ、深く正しくその王を解する必要がある。従つて、軽々たる称護の如きは最も慎しまなければならぬところであつて、「増一阿含経」に、仏が比丘に告げて誡しめてゐる処は、啻に比丘のみならず、またまさに国民、人民たる者の心とすべきものであらう。曰く、「汝等、王治ノ国家界ヲ称譏スルコト莫レ、亦、王ニ勝劣有ルヲ論ズル莫レ」と。又、「長阿含経」巻第二十一に「天王ノ黙スル所以ハ、短者ノ行ヲ損セン事ヲ恐ル丶ナリ。而ルニ彼ノ愚騃《がい》ノ人ハ、王、怖畏ヲ懐クト謂リ。愚ハ自ラヲ付量セズシテ王ト敵スベシト謂ヘリ」（世起経戦闘品）とあるのも、単に、王の物量力の強大のみをいつたのではなく、精神の権威としての無敵をいつたものであらう。

　されば、臣たるの道は結局、「方広大荘厳経」が「法ヲ奉ジテ善ニ従ヒ咸王者ノ心ニ同ズ」（巻第一勝族品）といへるが如く、真の王心、王意ニ如同帰一するを以て要となすのである。

第四篇　西洋の国体論

第一章　帝王観及び王道論

第一節　総　論

エジプト、ヘブライ、フェニキア、バビロニア、アッシリア、ペルシャ等、古代東方の諸国は例外なく君主国であり、そのあるものは例へば旧約聖書の如く、後世永く一種の王道論を残し、そのあるものは例へばエジプトのピラミッドの如く、後代の驚異する物質的遺物を置いて行つた。

然るにギリシャは、ホメロスの叙事詩時代から王制の歴史を以てはじまつたが、それは近代の国家とは異なり、都市国家と称して一定の土地を所有する同族の排他的宗教的団体であつた。これらの都市国家は紀前七百年頃に成立したものであらうが、アテネとスパルタが最大のものであつた。

ギリシャの政治は、支那、印度等に比して複雑であり、政権は国王、貴族会議、自由民会に存したが、そのあるものは王権を圧迫して貴族政治が実力を占め、貴族政治の中から寡頭政治、富者政治の如きものを派生してゐる。又、自由民会が発達して遂に民主政《デモクラシー》を布いたものもあり、政体の多様なことは驚くべきものがある。

スパルタの如きは王政が衰へて自由なる貴族政治となり五人の監督官の手に政権が掌握されたし、アテネは王政から制限的貴族政治へ、更に富者政治へ、次に潜主政治へ、そして最後に民主政治へと目まぐるしい経過を示してゐる。然しそれらはいづれもローマに併呑される迄の独立であつた。

ローマは国祖ロムルスが紀元前七五三年テヴュレ河畔のパラティーノ丘に都市を建設したのに始まるのでこの名に因んでローマと称したのであるが、前五〇九年迄は選挙王政体であつて、後、貴族政治となつた。住民はラテン、サビニ、エトルスキ三族であつたが、平民は参政権を有せず、常に貴族と軋轢してやまなかつたけれども、やがてローマが伊太利を統一するやカエサルが現れて第一回の三頭政治体制をつくつたが、実際には王制にひとしかつた。

次でオクタヴィアヌスがアントニウスとクレオパトラの連合艦隊を破つてエジプト及び西方アジアを席巻し終るやアウグストスの尊号を贈られ、ローマ帝国の起源となつたが、ローマ人は又彼を「指導的市民の頭領」といふほどの意味でプリンケプスとも呼んだが、この両語は後にいづれも君主を意味する語となつた。

ローマはしば〳〵外征の師を起し次第にその版図も拡大して行つたが、その間ネロ、コンモドゥス等の暴君現れ国内の紛擾を来し国威を失墜した。ディオクレティアヌスに到り帝国を東西に二分したが、コンスタンティヌス即位するや分国の制を廃し再び一帝国としたが、その後内乱相次ぎ西紀三九五年テオドシウス一世歿して後は永く東西に分裂してしまつた。

かくて欧州は古代史を終つて中世に入るのであるが、スカンディナヴィア半島に居住してゐたゲルマン民族が、モンゴル種のフン族に侵冦せられてから其地を捨て、ゲルマン族中の東ゴートはドナウ河北に、西ゴートは東ローマ帝国内に移動した。やがて西ローマ帝国は亡び、東ゴート王国、フランク王国が生まれ、イギリスも亦ゲルマン族の一たるアングル、サクソン、ジュート等が、スコット、ピクト等を北方に駆逐して南部に七王国を建て、八二八年にウェセックス王エグバートの為めに統一せられた。

東ローマ帝国はペルシャと存亡を賭して交戦に従事して国力疲弊し、サラセンの雄飛に好機を与へムハンマドに覇業を成さしめ、一方ローマに於ては教会の勢力伸張し五九〇年に到つてグレゴリウス一世が法王となつた。然し、東ローマ皇帝レオ三世が七二六年偶像禁止令を出してローマ法王と対立を来し、法王はつひにフランク王国と結ぶに到り、教会も亦東のギリシァ正教と西のローマ正教とに分裂した。

フランク王国のカールは西ローマ帝国を再興したが歿後分裂し、これより、ドイツ、フランス、ロシア等の建国を見、ローマ法王とローマ皇帝とは支配権を廻つて衝突したが日本の源氏三代の頃、法王インノケンティウス三世の法権が勝つて、これより各国の君主は皆法王の下風に立つやうになり封建制度の確立に向つた。恰もキリストの墳墓の地エルサレムがトルコの領となつてゐて基督教巡礼者を酷遇すること甚しく、法王ウルバノ二世の一〇九六年トルコ遠征の十字軍を起し爾後七回に亘つて繰返へした。

然し、十字軍は第五回の遠征の時一時エルサレムを占領しただけでつひにその目的を達成し得なかつたにも不拘、法王は権勢に驕りて不遜なる行動を敢てしたので、フランス王フィリップ四世は法王と争ひこれを屈伏せしめたが、一方ローマ皇帝の支配すべきドイツ領内（神聖ローマ帝国）に於ては諸侯皆実力を以て抗し、法王も皇帝も相共に衰微の一途をたどつた。

かくて西欧新興の各国は、漸次中央集権の体制を整へて国力を飛躍的に充実せしめ、神聖ローマ帝国の支配を脱却し、国家主義旺盛時代を迎へたのであるが東欧に於てはオスマン・トルコの建国あり、皇帝メフメト二世により東ローマ帝国は亡ぼされてしまつた。一四五三年である。

そしてこれより一方ではルターなどの宗教改革運動、文芸復興運動の勃興を見ると共に他方漸く盛大に赴いた各国の国家主義的潮流の中から王権の絶対化運動が起り、ローマ法王の帝王権への介入を拒んで、王権を神から直接に国王に授けられたものであるとする王権神授の思想、即ち神権説を樹立し王政時代に突入し、君権の弊害頂点に達してフランスの大革命となり、民主主義的近世史を迎へ、君権無限の政治から憲政政治に入るのである。

かくの如き複雑極まる西洋史であるから、帝王観乃至王道論も亦決して単純ではありえない。ヘーゲルの如く君主なる概念は反省思考の上で最も困難な概念である。何となればそれは単独に存在するものであつて然もあらゆるものの根本として考ふべきものだからである。従つて君主の権威は単に形式だけからでなく、総ての根本規定としてあらはさるべきものである。否むしろ、この君主なる概念は、何者か派生したものではなくて却つてそれ自身創造的なものと見なければならぬ（『権利哲学』Philosophie des Rechts.S.367）といふ東洋の王道思想に彷彿たる者もあれば、無政府主義、共産主義の如くに、人民の敵たる憎悪すべき支配階級と見る者もあり、極めて複雑であるが、君主否定論に就ては簡単ながら後に一瞥する筈である。

第二節　基督教の帝王観

第一項　総説

印度文化の根本が仏典に求められ、支那文化の大本が儒教に見出されると同じ意味で、西洋の精神文化は基督教にその淵源を求め得るであらう。基督教とは、言ふ迄もなく、耶蘇を救世主キリストと信ずる宗教であつて、耶蘇が僅かに一年有余の活動の後十字架上に断罪された時、弟子等は驚いてガリラヤに逃走してしまつたが、やがて耶蘇に対する思慕の情や自己の卑怯な行為に対する自責の念にさいなまれ、耶蘇の復活を信ずるやうになつた。そして弟子共はこの復活した耶蘇こそは、ユダヤ人の間に出現を信仰的に期待されてゐたメシア、即ちキリストであると信じたのである。

メシアといふのはヘブライ語で「膏注がれし者」といふ普通名詞であり、キリストとはそのギリシャ語訳で、ユダヤ民族の間では最初は単に僧侶や国王など特殊な膏注がれた人々を一般人と区別した意味で用ゐてゐたが、後には漸次、メシアとはユダヤ民族に幸福を齎すべく将来に出現する救世主として信ずるやうになつたのである。基督教は、かく耶蘇の復活の信仰の成立によつて生まれた宗教で、猶太教とは切つても切れぬ関係にある。

而してユダヤ教の聖典が旧約聖書と呼ばれるものであり、ユダヤ教ではそれだけを聖書とするのであるが、基督教に於ては弟子等によつて記録された耶蘇の言行録たる四福音書（マタイ伝、マルコ伝、ルカ伝、ヨハネ伝）その他を集めて新約聖書といひ、この旧約と新約とを合せて基督教の聖書としてゐる。

約といふのは契約の意味であるが、旧約はヘブライ語、新約はコイネーと称する通俗ギリシャ語で書かれたものであつて、第四世紀にヒエロニムスがラテン語訳を決定する際に元来契約書の意味であつたものを、遺言《テスタメント》と誤訳したのが、英語その他に踏襲されたため、今日でも、西洋諸国ではそのまゝにテスタメントの語を用ゐてゐる。

それで基督教の帝王観を窺ふには、以上の旧新両約を見る必要があるのであつて、さうすることによつてひとり基督教のみならず、自然、猶太教の帝王観にも触れるわけである。

第二項　聖書の帝王観

第一款　聖書と神

西洋の諸国は例外なしに基督教国家である。この意味に於て、基督教の帝王観は、西洋の帝王思想に於ける最も根本的なものとして重視せられなければならぬ。尤も、さればといつて、基督教の帝王思想のみが、西洋人の持つ唯一の原本的帝王観である、といふのではない。そこには、ギリシャ的要素その他種々複雑ではあるが、然も、幾多の思想を押しのけて全欧に拡がり充ち、西洋諸国民の思想、信仰の根幹を成して今日猶ほ生きてゐるものは実に基督教である、といふ意味に於て、その帝王観も亦、特別の淵源的、古典的権威を有するものと解されなければならぬ。吾人はこのやうな考へから、印度に於て仏教経典の帝王観を概見した趣意と同じく先づ聖書に指を屈する事とした。最初に聖書の概念とそれに於ける神に就て一言しよう。

ユダヤ教に於ける「唯一の書」たりし旧約聖書は、神を説くと共に又救世者たるキリストの出現を予言した契約書である、といはれる。今日、西洋を支配してゐる基督教は、旧約聖書の啓示を経ずしては成立しないのであつて、基督教の中核たるキリストそのもの、キリストに於て啓示せられたる神、耶蘇に於て実現せられたキリスト、それの結晶たる使徒パウロの信仰等は、旧約聖書を経ずに理解することは出来ない。

つまり、旧約が予言して新約が実証し、旧約が期待して新約がそれに答へた関係にあるものだから、両者は分離するを許されない。キリストの出現を予言せるものは旧約であるが、キリストの降誕を示しその救世の事業を契約するは新約である。故に両者は合して一の聖書を為す、といはれるのである。

聖書にはヱホバ（ヤーヴェー）の神を説いてある。この神は、聖書の諸所の記述に従うと、宇宙の創造者であり絶対者であるが、それは「見え難き」ものであり、「索ね難い」ものでもあり、「全智」にして「全能」、「至高」、「至善」、「至聖」、而して「完全」なる「独一の叡智」であり「真理」である。故にそれは「永遠」に「不滅」なる「光り」であり「霊」であり「愛」であり又「恩恵」である。ヱホバの前に神なく、ヱホバの外に神はない。

即ち、聖書、従つて基督教の神は、唯一の全智全能なる生ける神であるとする唯一神教を主張するものであるが、その神は、この世界を超越して世界を創造し、且つ永遠にこの世界を支配する唯一者である、といふにつきるのである。旧約聖書の「創世記」の冒頭が、「元始《はじめ》に神天地を創造《つくり》たまへり」といへるはこの為めであつて、国王も国家も亦実に、この神の所造にほかならないのである。

第二款　神の授権

神はかく絶対であるが故に、国王以上たるはいふまでもないが、両者の間には単に上下の秩序の存するだけでなく、命令授受の関係がある。聖書によれば、国王は神が選び、神が命じ、神に依つて立てられるものである。この事は旧約の「創世記」がモーゼについて、「サムエル前書」がサウルについて、「詩篇」がダビデについてといふ風に、皆当時実在の国王について一々に、神命によつて国を建て王位に即いたことを記してをるによつて明らかである。

「出エジプト記」に「神またモーゼにいひたまひけるは汝かくイスラエルの子孫にいふべし、汝らの先祖等の神アブラハムの神イサクの神ヤコブの神ヱホバわれを汝らにつかはしたまふと、是は永遠にわが名となり世々にわが誌《しるし》となるべし」（第三章）といふものはその一例である。国王となることも、国王を立てることも、王位を設定することも、やがては国家を建てることも、すべては神意であり神命であつて、人間の自由なる意欲や能力に基くものではない。

　されば、イスラエルの地に「汝もし我周囲の一切の国人のごとくに我も王をわが上に立《たて》ん」とするならば、恣に、私の王を私に立てるといふことは許されないのであつて「只汝の神ヱホバの選びたまふ人を汝の上にたて、王と」(申命記、第十七章) なさなければならぬ。されば、

　イスラエルの神ヱホバ我父の全家の中より我を選びて永くイスラエルに王たらしめ給ふ即ちユダを選びて長《かしら》となしユダの全家の中より我父の家を選び我父の子等の中にて我を悦びイスラエルの王とならしめたまふ、而してヱホバ我に衆多《おほく》の子をたまひて其わが諸《すべて》の子等の中より我子ソロモンを選び之をヱホバの国の位に坐せしめてイスラエルを治め (歴代志略上、第二十八章)

しめんとするのである。

　従つて、新約によれば、「神より出ざる権なく凡そ有《ある》ところの権は神の立たまふ所」(ロマ書、第十三章) であつて、王権は神より出るのである。所詮、王は神によつて立てられたところであるが、然も神は之れを立てるに当り、民衆をして選ばしめる。「今汝らが選みし王汝らがねがひし王を見よ、視よヱホバ汝らに王をたてたまへり」(サムエル前書、第十二章) とあるは即ちそれである。支那、印度の思想といかに類型的であるかがわかるであらう。

　故に、神はこれに膏を沃《そそ》ぐは、「ヱホバいひ給ひけるは起ちて之にあぶらを沃《そそ》げ、是其人なり」(サムエル前書第十六章)、「ナタンダビデにいひけるは汝は其人なり、イスラエルの神ヱホバ斯くいひ給ふ、我汝に膏を沃いでイスラエルの王となし」(サムエル後書、第十二章) とある通りである。

　茲に於て聖書の国王観は形而上的には神之れを立て神之れを選び神之れを命ずるのであるが、形而下的即ち現実的には民之れを選ぶのである。

従つて、王の廃立は、一に神の意志によるのであつて、ダニエル書は、これを「彼は時と期とを変じ王を廃し王を立て智者に智慧を与へ賢者に知識を賜ふ」（第二章）と明記してをる。

神は、国王の意志の源頭であり、国王の存、不存の自由なる決定者でもある。ヨブ記の左の一文は、この神と国王との関係を総括的に、且つ又、両者の権の性質の差をも明かにしてゐる。

> 智慧と権能は神に在り、智謀と顕悟《さとり》も彼に属す。視よ、彼毀《こぼ》てば再び建《たつ》ること能はず、彼人を閉こむれば開き出すことを得ず、視よ、彼水を止むれば則ち涸れ、水を出せば則ち地を滅す、権能と顕悟は彼に在り、惑はさる丶者も惑はす者も共に彼に属す、彼は戦士を裸体にして擄《とら》へゆき、審判人をして愚なる者とならしめ、王等の権威を解きて反て之が腰に縄をかけ、祭司等を裸体にして擄へゆき、権力ある者を滅し、言爽《ことばさやか》なる者の言語《ことば》を取除き、長たる者の了知《さとり》を奪ひ、侯伯《きみ》たる者等に恥辱を蒙らせ、強き者の帯を解き、暗中より陰れたる事等を顕し、死の蔭を光明《ひかり》に出し、国々を大にしまた之を滅し、国々を広くしまた之を旧《もと》に帰し、地の民の長たる者等の了知を奪ひ、これを跡なき荒野に吟行《さまよ》はしむ（第十二章）

これによれば、神に属するものは権能であり、この神の権能は、智慧、智謀、顕悟等を必伴する。されば権能は、智慧、智謀、顕悟のはたらきたる力である。而して、神は、この権能によつて、国王に、権威と権力とをば或は与へ、或は奪ふ、といふのである。これが両者の権に於ける根本関係である。

然るに、聖書には、メシア思想がある。メシア（Māsiah）とはヘブライ語で、「膏注がれたる者」の意であるが、この語のギリシャ語がキリスト（Christos）である。ユダヤ教にあつてはメシアとは最初、単に僧侶又は国王などの膏沃がれた者を意味したのであつたが後には特に、ユダヤ民族の為めに幸福を齎す者、といふ意味に解され、民衆によつてその出現を期待されるに到つた。後、ナザレの大工の子イエス出づるに及びその徒はこのメシア即ちキリストをイエスの中に見出して彼をキリストと称し、つひには固有名詞として用ゐたのである。而して神とキリストとは父子の関係にあり、神は子キリストを地上絶対の王者として下す、といふことは、旧約に「汝はわが子なり今日われ汝を生めり、われに求めよ、さらば汝にもろ〳〵の国を嗣業《ゆづり》としてあたへ地の極《はて》を汝の有《もの》としてあたへん」（詩篇、第二篇）とある通りだが、キリストは父なる神の子である以上、それは又直ちに神と呼ばるべきで、「詩篇」の第二十四篇、「イザヤ書」の第四十章を始め、キリスト即神とせる箇所は甚だ多い。キリストは、かく神の愛子であり、従つて又神そのものでもあるとすれば、それが、「もろ〳〵の国を嗣業《ゆづり》」うけ、「地の極《はて》」をその「有」とした時、キリストは「天下の諸王の君」（ヨハネ黙示録、第一章）であり、「諸の主の主、王の王」（同上第十七章）と信ぜられるは当然である。かくて、そこに国王は、神及びキリストとに、何等かの服属関係を持つものとして考へられるに到る。

第三款　国王の神に対する服属規定

聖書は、国王に対し、第一に、「神を畏る」べきことを命じてゐる。儒教の天を畏れるのと同趣であるが、「サムエル後書」は「イスラエルの神いひ給ふ、イスラエルの磐《いは》われに語《つ》げたまふ、人を正く治むる者、神を畏れて治むる者は、日の出の朝の光のごとく又雨の後の日の光明《かがやき》によりて地に茁《もえ》いづる新草《わかぐさ》のごとし」（第二十三章）といひ、「申命記」には「その神ヱホバを畏るゝことを学び」（第十七章）といつてをる。而して「ヱホバを畏るゝ」とは、「悪を憎むことなり」と「箴言」（第八章）に説明してある。第二には、国王が神の律法を遵守すべきことを命ずるもので、「申命記」前引の文章の項につゞけて「この律法の一切の言と是等の法度《のり》を守りて行ふべし」（第十七章）と示し、又

汝の神ヱホバの職守《つとめ》を守り其道に歩行《あゆ》み其法憲《のり》と其誡命《いましめ》と其律例《さだめ》と其証言《あかし》とをモーセの律法に録《しる》されたる如く守るべし、然らば汝凡て汝の為すところと凡て汝の向うところにて栄ゆべし、又ヱホバは其嘗《さき》に我の事に付き

て語りて若汝の子等其道を慎み心を尽し精神を尽して真実をもて吾前に歩《あゆま》ばイスラエルの位に上る人汝に欠くることなかるべしと言ひ給ひし言を堅《かたう》し給はん（列王紀略上、第二章）

などといひ、律法を守るべきを命ずると共に、それを遵守する国王に真の栄光あるべきことをいつてをるのである。神の律法を守ることは、国王たる者の絶対の義務であつて、神はむしろ、神の律法を守りて政治を為す者を欲するが故に、国王を選び立てるのである。故に、国王にして神の律法を守らず、行はざる者あらば、そは、神によりて立てられ、選ばれ、命ぜられた存立の根幹を失ふものといはねばならぬ。されば「ヱホバソロモンに言ひ給ひけるは此事爾にありしに因り又汝わが契約とわが爾に命じたる法憲《のり》を守らざりしに因て我必ず爾より国を裂きはなして之を爾の臣僕に与ふべし」（列王紀略上、第十一章）といひ、王が神の律法に遵ひ守るべきは神の命なること、従つてこれに背ける場合には神が之れを懲らすこともいつてをる。

聖書は第三に、国王が神に従つて政治を為すべきことを命じてをる。即ち「我に由りて王者は政をなし君たる者は義《ただ》しき律《おきて》をたて、我によりて主たる者および牧伯《つかさ》たちなど凡て地の審判人《さばきびと》は世を治む」（箴言、第八章）といふに徴すれば、王者はキリストの命に従つて正しき政治を行ふべきものとされてゐるのである。第四に「詩篇」によれば国王は神に仕へなければならぬ。即ち「されば汝等もろ〳〵の王よさとかれ、地の審士輩《さばきびとら》をしへをうけよ、畏をもてヱホバにつかへ戦慄《をののき》をもてよろこべ、子にくちつけせよ、（中略）すべて彼に依頼《よりたの》むものは福なり」（第二篇）といふのであるから、国王は、神及びキリストの教を受け、又、彼等に仕へなければならぬ、とされるのである。以上の、神を畏れること、神の律法を守るべきこと、神に由て政治を為すべきこと、神に仕ふべきことの四つが、国王の神に、従つてキリストに対する服属関係を示した四大要義である。このほかにも、聖書を学ぶべきこと、教会を保護すべきことなど、国王の神事関係の諸規定があるが、それとは、国王と神との直接の関係問題でないから茲には省いておく。

第四款　神の国王に対する審判

神に対する叛逆は、聖書の認めて絶対悪となすところである。神に対する叛逆とは何であるか、曰く、神を信ぜざることである。神より離れ遠ざかることである、神の律法を賤しめることである、神の政治を用ゐないことである、神の教訓に遵はないことである、而して、叛逆を犯す者は、神によつて懲しめられる、これが聖書のいふところである。然らば、国王にして神に叛逆せる者は如何。勿論、之れに対しては神の審判があり、懲罰が下される。「王たちを懲しめて宣給《のたまは》く、わが受膏者たちにふる、なかれわが預言者たちをそこなふなかれ」（歴代志略上、第十六章）さういふ懲しめの下る場合もある、「主は忿恚《いきどほり》をもてものいひ大なる怒をもてかれらを怖ぢまどはしめる」（詩篇、第二篇）場合もある。一層烈しい時には「おそらくはかれ怒をはなち、なんぢら途にほろびん、その忿恚はすみやかに燃ゆべければなり」（詩篇、第二篇）といふやうな形であらはれることもある。或は又、「民数紀略」にいふごとく、「生きながら陰府《よみ》」に下される事もある（第十六章）。又、前引の「列王紀略」にありし如く、「国を裂きはなす」懲罰もあり、「ダニエル書」にいへる如く、「王を廃し」てしまふこともある。この、神の審判思想の中に、既に、西洋に於ける合理主義的革命思想の根拠があるのであつて、支那にせよ、印度にせよ、ギリシャにせよ、ローマにせよ、乃至はユダヤにせよ、新しき西洋にせよ、それぞれ皆然りである。

第五款　国王の政道（君道）

国王の政道に関して聖書に散見するところを見るに、第一、王位については、「その位は公義によりて堅く立てばなり」（箴言、第十六章）といひ、又、「真実をもて弱者を審判する王は、その位つねに堅く立つべし」（箴言、第二十九章）等といふ処を以て推すに、王位の確立は、王者の正義、公平、真実《まこと》などに依るものであつて、君主が公義真実なる限りその位は不動であると為すものであらう。もとより、既に述べた通り、王位の根源は、神に存するのであるが、一度び王位を授かれる以上、王者が、公義真実であることは、神の授国の恩命に報じ、且つその王位を永く堅固ならしめるものとするのである。これによりて明かなるごとく、聖書、従つて基督教に於ては、王の血統の尊厳性といふ思想は無いものといふべく、従つて、王統が王位と不可分なるものとは解せられてゐないのである。

第二、王の一身上の修徳誠慎については、貪慾、虚偽、女色、飲酒、その他があげられてゐる。これも世界共通の考へ方である。（1）貪慾は無智より来り、「智《さと》からざる君は多く暴虐をおこなふ」が、王者たるものは「不義の利を悪み」て遐齢《ながきいのち》を保べきである（箴言、第二十九章）、（2）君主は虚偽の言を吐いてはならぬ（箴言、第十七章）、（3）君主は「なんぢの力を女につひやしてはならぬ、それは王を滅す道である（箴言、第三十一章）、（4）「酒を飲むは王の為すべき事」でない、何となれば酒を飲むと往々「律法を忘れ且凡て悩まさるゝ者の審判を枉げ」る結果となるからである（箴言、第三十一章）。

第三に、国王治国、即ち政治に関しては、（1）王は国民最高の法官（サムエル前書、第八章）であるから、裁判を曲げてはならぬ（箴言、第三十一章）、（2）君王が虚偽の言を聴くやうではその臣民は皆悪くなる（同第二十九章）、（3）国王の口を出でる言葉は正義でなければならぬ（同第十六章）、（4）従つて又国王は人の義たゞしき口唇を愛す（同第十六章）、（5）国王は悪を憎む（同第十六章）、（6）国王はその目もてすべての悪を散らす（同第二十章）、（7）国王は悪人を罰する（同第二十章）、（8）国王は智《さと》き僕を恩恵す（同第十四章）、（9）国王は辱をきたらす者には震怒す（同第十四章）、（10）王の怒は獅《しし》の吼ゆるが如くその恩典は草の上におく露の如かるべきである（同第十九章）、（11）王は心の潔き者の友でなければならぬ（同第二十二章）、（12）王はその業に巧なる者を用ゐる（同第二十二章）、（13）「王の栄は民の多きにあり、牧伯《きみ》の衰敗《ほうはい》は民を失ふに」あるのだから、民口の増加を計らねばならぬ（同第十四言）、(14) 国王は、国の利益といふことを考へて農事を勧め励まさねばならぬ（伝道之書、第五章）、(15) 国王は諫言を聴かなくてはならぬ、諫を納れざる王は貧しくして賢き童子に劣る（同第四章）、(16) 国王は王の前より大臣官吏等の悪者を除くべきである（箴言、第二十五章、歴代志略下、第二十二章）、(17) 神の王国は義（ロマ書、第十四章）である以上、当然地上の王位も亦義によりて建てるもの（箴言、第十六章、第二十五章）とせねばならぬから、王は仁慈と真実と恩恵とを以て自らを保ち又その位を堅固にすべきである（箴言、第二十章）。この種の断片的教説は猶ほすくなくないが、以上を以て大概を察知すべく、(18) 要するに、「ヱホバを畏るゝをもて歓楽《たのしみ》とし、また目みるところによりて審判をなさず、耳きくところによりて断定《さだめ》をなさず、正義をもて貧しき者をさばき、公平をもて国のうちの卑しき者のために断定をなし、その口の杖をもて国をうち、その口唇の気息《いぶき》とて悪人をころすべし、正義はその腰の帯となり忠信はその身のおびとならん」（イザヤ書、第十一章）といふ国王を理想とするのである。一言にして尽せば「彼王となりて世を治め栄え公道と公義を世に行ふべし」（エレミヤ書、第二十三章）となる。されば神を畏れて公道公義を行ふ者こそ、まことの王として、人民に君臨し得る資格を有する、といふのが聖書の一貫したる国王観だと見て差支へない。

第六款　王　権

「神はその大能をもてとこしへに統治《すべをさ》め、その御目《みめ》は諸国《くにぐに》をみ給ふ」（詩篇、第六十六篇）ものであるから、ソロモンの歌に

神よねがはくは汝のもろ〳〵の審判を王にあたへ、なんぢの義を王の子にあたへたまへ、かれは義をもてなんぢの民をさばき、公平をもて苦しむものを鞫《さば》かん、義によりて山と岡とは民に平康《やすき》をあたふべし、かれは民のくるしむ者のために審判をなし、乏しき者の子輩《こら》をすくひ虐ぐるものを壊《くだ》きたまはん（詩篇、第七十二篇）

といふが如く、神の統治を行ふものが王なのである。然し、地上に於て神の命じた神の統治を行ふには、権力が無けれぱならぬ。

こゝに王権の問題が起る。聖書に於ては、上述せる如くに、「権」について、神には「権能」、国王には、「権威」、「権力」といふ風に使ひわけてゐるが、「権能」は、権の根本、即ち、権威、権力等をして各々権威たり権力たらしめる根本の力であつて、それは智慧智謀穎悟を背景としてをる。即ち、地上の国王のいはゆる王権に対し活殺自在の力を有するものが神の権能である。神は、真実究極的意味に於て「いにしへよりわが王」であり、「すくひを世の中におこなはん」（詩篇、第七十四篇）とする。そして、「その政治は河より海にいたり、河より地のはてにおよぶ」（詩篇、第七十二篇）べく、「もろ〳〵の王はそのまへに俯伏《ひれふ》し、もろ〳〵の国はかれにつかへ」（詩篇、第七十二篇）ることを理想として、もろ〳〵の国王に授権するのである。だから、「凡て有ところの権は神の立たまふ所」（ロマ書、第十三章）であり、国王の行ふところの一切の「公平の権衡と天秤とはヱホバのもの」（箴言、第十六章）たらざるはない。王の私権ではない。従つて王の言の重きこと神言に比すべく「王のくちびるには神の審判あり」（箴言、第十六章）といふことを解らなければならず、神の審判として発する王言である以上、それは、「王の言語には権力あり、然《さ》れば誰か之に汝何をなすやといふことを得ん」（伝道之書、第八章）で、無限、最高、絶対の強制力を有することは当然である。従つて「命令を守る者は禍患《わざはひ》を受くるに至らず」であるが、命令に従はざる者は「大なる禍患を受く」（伝道之書、第八章）るの道理である。

然し、こゝに注意すべきは、聖書に現れた王権は、神より出たものであるが、従つて、その意味での神権であるが、この神権たる王権は耶蘇の解釈によれば決して、かの神の権能を全的に継承せるものではない。それは左の有名な一文が物語るところである。曰く、

此時パリサイの人いでゝ如何にしてか彼を言誤らせんと相謀り、その弟子とヘロデの党《ともがら》を遣して云せけるは、

師よ爾は真《まこと》なる者なり、真をもて神の道を教《おしふ》。また誰にも偏らざることを我儕《われら》は知《しる》。そは貌《かたち》に由て人を取らざればや、然ば貢をカイザルに納るは善《よき》や悪《あしき》や、爾いかに意《おも》ふか、我儕に告よ。イエスその悪を知て曰けるは、偽善者よ何ぞ我を誡むるや、貢の銀銭《かね》を我に見せよ、彼等デナリ一をイエスに携《もち》来りしに、之に曰けるは此像と号は誰か、答てカイザル也、といふ。是に於てイエス彼等に曰けるは、然ばカイザルの物はカイザルに帰しまた神の物は神に帰すべし、彼等之をきき奇としてイエスを去ゆけり（馬太伝、第二十二章）

これは王権が全く肉に於ける俗権のみを内実とするものであつて、霊に於ける神権の内実を継承してゐないことを認めたものである。旧約聖書に於ては、未だ極めて抽象的、原則的に、王権の「あるべき」様相と性質とに関し理想を立てゝゐたが、新約に於てはキリストたる耶蘇によつて、王権の旧約的理念の極めて根本的なる部分が、現実的に訂正せられてゐるのである。これは注意しておくべき点であらう。即ち、本質的には霊肉二元、祭政二元、神俗二元の方向に発達して行つたのである。これは、聖書殊に旧約のもつ神王関係の理想論が余りに世界の事実と無関係に構成せられてゐた為め、教説の美しさと現実の諸王国との間に常に拭ひ難き矛盾を呈してゐたことが、耶蘇その人の悩みとなつてゐたものが、たまたまパリサイ人の陰謀を見破つた機会に於て、実際的に解決され、そしてキリスト教の、神王関係の発展的思想として示されたものであらう。

以上によつて、聖書の王権思想は、旧約と新約とで多少の相違はあるものの、所謂神権思想に外ならないのであるが、それが神権と認められ、又、正当なる王権と認められるには一定の準拠が示されてをつて、いかなる場合に於ても王権を神権と為し、絶対としてゐるのではない。従つて、正しき王権として認められざる場合には、神これを懲らし、或は、その権を奪取することをも説いてゐるが、それは、便宜上、後に革命思想を述べる場合に譲つて今はこれ以上言及しない。

第七款　国王に対する人民の道

神が義である以上、国王も義でなければならず、国王が義であるならば、国民も亦義でなければならない。義こそは「国を高く」（箴言、第十五章）するものである。人民の国王に対して守るべく踏むべき義とは何であるのか、勿論、それには多々あるにちがひない、然し、国民と国王との関係は、まづ、国王の命令によつて保たれるのであるから、聖書は、「我言ふ王の命《めい》を守るべし、既に神をさして誓ひしことあれば然るべきなり」（伝道之書、第八章）とて、王命遵守を示してゐる。「上に在て権を掌《もて》る者に凡て人々服《したが》ふべし」（ロマ書、第十三章）といふも亦それである。而して、その服従の心構へについては、「ロマ書」に「之に服へ、惟怒に縁《よ》りてのみ服はず、良心に縁りて服ふべし」（第十三章）と教へてをる。「ペテロ前書」をみると、一層詳細に「なんぢら主の為に凡て人の立る所の者に服へ、或は上にある王、或は悪を行ふ者を罰し善を行ふ者を賞《ほむ》る為に王より遣されたる方伯《つかさ》に服ふべし、蓋《そは》なんぢら善を行ふを以て愚なる人の無知の言を止るは神の旨なれば也」（第二章）とて、王のみならず王の官吏にも服従すべきをいひ、かつその服従の価値と理由とをも示してをる。更に、この書は、善良柔和なる者に対してのみならず苛酷なる主権者に対しても服従すべきことを

僕なる者よ、畏懼《おそれ》を以て主人に服ふべし、只善良柔和なる者にのみならず苛酷者にも服ふべし、人もし受べからざる苦難をうけ、神を敬ひて之を忍ばゝ、嘉べき事なり、爾曹《なんぢら》もし過をなし撻《うた》れて之を忍ぶとも何の嘉べき事ならん乎《や》、されど若し善をなし苦められて此を忍ばゝ神に嘉称《ほまれ》を得べし（第二章）

と説いてゐるのは注目すべき点である。即ちたとへ苛酷なる君主の命令、或は善を行ふ者を圧迫し苦難にあはせるやうな王権に対しても猶ほ、臣僕としては之れを「神を敬ひて」忍べといふのである。「カイザルの物はカイザルに神の物は神に」といふ霊肉二元の立場に於ても、猶ほ俗界の権の神に出づる事を否定するものではないから、王

権王命への服従はこれを為すべきものとするのである。されば、王権への反抗、王命への不服従は「権に悖《さか》ふ者は神の定に逆くなり」（羅馬書、第十三章）で、直ちに神への叛逆と見做される。故に、王権は神聖であり、王命は絶対である。神聖且つ絶対なる王命にそむき王権の権威を傷つくることは罪悪であるから「逆者は自ら其審判をうくべし」（ロマ書、第十三章）といふ如く、審判を受け罰せられ、或は、「王の震怒《いかり》は獅の吼ゆるが如し、彼を怒らす者は自己のいのちを害ふ」（箴言、第二十章）といふ結果を招く。この事は、国王に敵対し、或はそれを弑する者は神によりて罰せられるから、畏れなければならぬといふサムエル書の説、「ダビデ、アビシャイにいふ、彼をころすなかれ、誰かヱホバの膏そゝぎし者に敵して其手をのべて罪なからんや」（サムエル前書第二十六章）、「ダビデかれにいひけるは汝なんぞ手をのばしてヱホバの膏そゝぎし者をころすことを畏ざりしや」（サムエル後書、第一章）等と併せ考ふべきである。

かくて、国王と人民との間には、神と精神的絶対の媒介として命令服従の軌範が成り立ち、従つて不可叛逆、不可弑虐の軌範が成り立つのである。

これが、王民関係の根本的規定であるが、更に、聖書は、この根本的規定を予想して、王者に対する人民の若干の掟を説いてゐる。その主なるもの二三をあげれば、第一に、王を尊敬する事、「ロマ書」に「敬ふべき者は之を敬へ」（第十三章）、「ペテロ前書」に「王を尊ぶべし」（第二章）、「サムエル前書」に「我主王よ……ダビデ地にふして拝す」（第二十四章）、「列王記」上に「王のまへに入り地に伏して王を拝せり」（第一章）、などといふの類これである。第二に、王を畏れよ、「箴言」第二十四章に「わが子よ、ヱホバと王とを畏れよ」、「ロマ書」に「畏るべきものには畏れ」（第十二章）等といふの類、第三に、君主の前にありては慎しめ、「箴言」第二十三章に「なんぢ侯《きみ》たる者とともに坐して食うときは慎みて汝の前にある者の誰なるかを思へ」、同じく「箴言」第二十五章に「王の前に自から高ぶることなかれ、貴人の場に立つことなかれ」等といふ類、第四に、諫言は道をふみて行へ、「箴言」第二十五章に「機《をり》にかなひて」「智慧をもて」「怒を緩くする」ことによつて「能くその主の心を喜ばし」「君も言を容る」ことを説くの類、第五に、君を偏視してはならぬ、「まして君王たる者をも偏視《かたよりみ》ず」（ヨブ記、第三十四章）といふの類、第六に、王者を軽んじ誹謗すべからず、「王たる者に向ひて汝は邪曲《よこしま》なりと言ひ、牧伯《つかさ》たる者に向ひて汝らは悪しといふべけんや」（ヨブ記、第三十四章）、「別《わけ》て汚たる情慾に循ひ肉の慾を行ひ、主たる者を藐視《かろん》ずる者を罰することを知給ふなり、此輩は脆《きも》太く自放《わがまま》なる者にして尊者を謗ることを畏ざるなり」（ペトロ後書、第二章）、といふの類、第七に、君主を詛るべからず、「汝神を罵るべからず、民の主長《つかさ》を詛るべからず」（出エジプト記、第二十五章）、「汝心の中にても王たる者を詛ふなかれ」（伝道之書、第十章）、などとある類、第八に、叛逆者と交ることは与同罪たる事、「箴言」第二十五章に「叛逆者に交ること勿れ」といふの類、第九に、貢を納むべきこと、「貢を受くべき者には之に貢し税を受くべき者には之に税し」（ロマ書、第十二章）「カイザルの物はカイザルに帰し」（マタイ伝、第二十二章）等といふの類、第十に、国王の神に祈るべし、「われ殊に勧む、万人の為にねがひ、いのり、もとめ、感謝せよ、王及び凡て権威を有《もつ》ものの為には別《わけ》て之を行《なす》べし」（テモテ前書、第二章）といふの類、等これである。聖書の人民道に就ては猶ほ僕の道を併せ考ふべきだがこれについては後に別に述べる。

第三項　中世及び近世の神権説

神権説には広義と狭義と二様の意味があるのだが、聖書のは広義のものであり、それは決して単なる無限君権を説いたものではなく既に明かにした通り所謂王道的思想を十分に含んだものである。猶ほ中世にも広義の神権説が現れてゐるが、狭義の神権説は中世の終から近世にかけて始めて活動したものである。

中世紀のローマ教会に於ては、ローマ法王の支配権拡大を意図して、新しい教会理論を考案した。ローマ教会の人々の考へ方によると、この地上の世界は罪悪の世界であるから、何等か強力なる支配によつて秩序を維持せずしては平和を保証し得ない、茲に於て、神は、イエス・キリストの使徒の上首たるペテロに地上の支配権を授与した、ペテロは耶蘇の死後、原始教会の「磐石」となつたが、後つひにローマに到り、パウロと共に伝道に従事し教会の中心となつた、さればペテロこそは最初の司教にして又ローマ法王の祖であつて、ローマ法王はかくて神の選任せる直系の、そして唯一の地上支配者である、けれども、ローマ法王はその地上支配権のうち霊の世界を支配する権力、即ち教権（Spiritual power）のみを自己の手に残して、肉の世界を支配する権力即ち俗権（Temporal power）はこれを各国の君主に委任した、よつて、君主の支配権はローマ法王から与へられたものであつて、決してそれ自身に独立せる至高権ではない、といふ理論である。これを「両剣論」（Zweischwerter theorie, Theory of two words）といつてゐる。この名称はルカ伝第二十二章に「此に二つの刃あり、イエス彼等に曰ひけるは足れり」といふ句に基いたものであるが、この思想と聖書の内容とは必ずしも一致してゐないが、それは兎も角として、これは厳密な意味の神権説ではない。この両剣論に対して俗権の独立を主張する者が現れた。ダンテ、及びルター、カルヴィン、メランヒトン、ツヴィングリー等がそれで、彼等は教会の俗世界への深入を非とし、王権は独立して神から国王に授けられたものであつて、ローマ法王から授けられたものではないことを主張した。然しこの君権独立神授説は、ローマ法王の俗権介入否定の為に考案されたものであつて、国王に無限絶対の主権ありといふことを主張したものではなく、却つて、君権は神意神授によるものだから苟くも君主たる者は深く神意を体して善政を為すべく、かりそめにも秕政や暴政があつてはならぬ、といふのである。だからこれも狭義の神権説ではない。

然るに、近代の神権説と呼ばれるものは、民権との関係に於て君権を絶対万能とする思想であつて、西洋近代の君民闘争政治の源を為せるものである。これを又便宜上、君権神授万能説と呼ぶことにしよう。この万能説は従つて絶対説、無限説でもあつて、要するに、君主はその支配権を神から直接に授けられた、故に君主は神に対しては責任を負ふがその他の者に対しては一切無責任であり、その権力は万能、絶対、無制限である、たとへ悪政暴政を擅にする王ありとも之れに叛逆し或はその非を口にすることは、神への叛逆であり又不敬虔でもある、人民は唯絶対的に服従するの義務を有するのみで、僅に許されるのは、「神への祈り」のみである、といふのである。独逸のフリードリッヒ・ホルン、英のジェームス一世、仏のボシュエ、その他フェヌロン、バークレー、アントニウス、マイスター、ゼッケンドルフ、ボーダン等、幾多の理論家が之れを主張し、その説き方や立場には若干の差違を見るが、王権を絶対、無限、可能とした点では皆同一である。而して、斯くの如き神権説は、近代の民族国家の中央集権制の確立より各国がローマ法王の宗主権から離脱してそれぞれ民族君主専制国家へと発達した時代の政治勢力の生み出したところである。而して又、この君権神授万能説及び君主専制国家の重圧の中から西洋近代の憲法及び民主国家が血路を開いて躍り出したことも記憶されなければならない。神権説の主張は、フィッギスによれば、（1）君主制は神意に基く政体である、（2）君主権は万世一系の世襲権の継承に基く、（3）君主は神に対しての責任を負ふべく、法律の拘束を受けない、（4）君主への反抗は神への反抗罪である、の四大要義に尽きるのであるが、そこには君権の万能を説くのみであつて、毫も王道を説くところがない。かゝる君権万能思想を以て民権を無視し、絶対専横の暴治を事とした国家から、革命思想を激化し、民主主義の総進軍を事実にし或は君主制の破壊、或は君権の性質変革、或は著しき君権の制限等を行つたことは、何等あやしむべきでないのである。（注1）

第三節　帝王観の諸問題

第一項　文字に現れた帝王観

第一款　ΒΑΣΙΛΕΥΣ（Basileus）（希）

Βασιλεσ は、King, Prince などと訳されるギリシャ文字であつて、通常天上の神ゼウスなどに附せられるから、支那に於ける、上帝、天帝などと趣を同じうする用法といふべきであるが、時には、地上実在の王者の上にも用ゐられる（注2）。ギリシャ人は、この語を極めて高く評価し、誠の善王を意味せしめ、「僣主」とか「暴君」とか訳されてゐる Τυραννος（Tyrannos）とは厳重に区別して用ゐたらしい。語源は未だよく明かにされてゐないやうであるが、語義の上からいへば、βαςι「人の前に進む者」、「導く者」（one who goes before, leads）なる語と ιαος「民衆」、「大勢」、「軍隊」（People, host, army）なる語との結合より成る文字であるから、「軍隊の指揮者」を意味するものといはれ、その点で、古英語の heretoga 近代ドイツ語の herzog と同義とされてゐる。故にバシレウスは、軍隊の指揮者の意味を内容とする「帝王」であつて、ラテン語の imperator と共通する趣がある。

第二款　Caesar（羅）・Kaiser（独）・Czar（露）

ラテン語 Caesar は後に述べる如く、ジュリアス・シーザーの発音によつて日本人に親しまれてゐる人物の姓として起り、後、ローマ帝国の皇帝の称となつたもので、独逸の Kaiser ロシアの Czar は共にその変形である。語源的には、ウエブスター辞典（Webster's New International Dictionary）に従ふと「不明」とのことであるが、ルイスのラテン語辞典（Lewis, A Latin Dictionary for schools）その他には、caes, caedes, caedo 等の語を挙げて由つて来るところとなしてゐるから、これらに従へば、「切る」「切り倒す」「打撃す」（to cut, hew, strike）などの意味を含んだものといつてよからう。然しいづれにしても、直接にはこの語源の意味から用ゐられたものではなく、皇帝ジュリアスの姓として使はれたものが漸次皇帝そのものの意味に転化したものであらう。

第三款　Dominus（羅）

ラテン語 Doinus は、時に、英語の lord 或は master, owner, possessor と訳され、領主、君主の意味に用ゐられる。dom といふは元来「家」のことで、アリアン語の dom-os やサンスクリット語の dámūnaś、ギリシャ語の domos など、みな「家」を意味する共通の語根をとつてゐる。英語の「家」「建物」の義たる dome や、「領主、君主に属する」（belonging to a lord）土地の意である domain、形容詞の dominal なども、同一語根の語である。故に、ラテン語 dominus も元来、「一つの家の主人」（the master of a house）或は「一つの家族の長」（the head of the household）などの意味で、それが転じて、君主、帝王の意味にも用ゐられるやうになつたのである。然し、この場合の「家族の長」とか「主人」とかいふのは、King の場合に於けるが如き血縁関係を主にせる観念ではなく、その支配主領の義によるものであるから、この Dominus を帝王、君主の意味に用ゐるのは、君主の領主性を指せるものといふべきであらう。

第四款　Dynastes（羅）・δυναστης（希）

ラテン語の Dynastes、ギリシャ語の dunastes も亦、君主と訳されるのであるが、これは、語源的には dyna 即ち、ギリシャ語の力を意味する dúnamis より出でたものであるといはれる。英語の、「君主」、「帝王」を意味する dynast（hereditary ruler, prince, a member of dynasty）や、「王朝」、「王室」の意に用ゐられる dynasty の語、その他、力の観念を根底とする dynamic, dynamics, dynamist, dynamite などの諸語は、みな同一の語根より出でたものである。従つて、ラテン語やギリシャ語に於て、「君主」とか「主権」とかの意味にこの語を用ゐるのは、帝王君主が持つ偉大なる力、絶対的な権力、豪盛を極むる勢力など、さういふ方面から帝王の性質を観、それを帝王の存在の象徴と考へた為めであらう。漢字の「王」に豪盛の義あると趣を一つにする点がある。

第五款　Emperor（英）・Empereur（仏）・Imperator（羅）

英語の emperor、フランス語の empereur、古代フランス語の emperor などは、日本に於て通常、「皇帝」と訳されてゐるが、これらは、もと、ラテン語の imperator から出た文字である。imperator は「命令する」「指揮する」といふ意味の動詞 impero（to order, command）より出た男性の名詞であるから「命令者」、「指揮者」といふことである。即ちそれは軍隊の最高指揮者（the commander-in-chief of an army）にほかならないが、ジュリアス・シーザーがローマ軍の総指揮官として自らイムペラトールと称したことに始まる。然し、彼の甥のアウグストゥスがローマ帝国を建て、、ローマの君主をイムペラトールと称してからは、ローマ帝国の君主に限つて Imperator Augustus といふ風に用ゐた。

ところが其後ローマ帝国が滅亡し、西紀八百年カールが神聖ローマ帝国を建て、自らイムペラトールの称を用ゐてからは、中世を通じ、神聖ローマ帝国の元首をイムペラトールと呼んだ。ナポレオンに敗れてオーストリアのフランシス二世が西紀一八〇六年、神聖ローマ皇帝の位を退くと共に、ローマの歴史的イムペラトールは亡び去り、其後には、フランスのナポレオン、ドイツの統一者フレデリック一世等が、又、印度に対して英国王が、従つて又その他の国々が、イムペラトールを名乗つたのである。ラテン系のイムペラトールは、チュートン系の King, Konig の語よりも上位の観念を附与せられた。それは文字の意味によるものではなく、カールがフランク王から神聖ローマ皇帝になつてから、キングは、エムペラーの下級概念として用ゐられ始めたのである。かく、イムペラトールの語は、その語義としては上述の如く、指揮者とか命令者とかいふことに過ぎないが、慣用的に一王国の支配者たるものよりも高い権威を有する者の称号として観念せられたためである。英国でも、国内ではキングの称号を用ゐながら、印度に臨むや Emperor of India と称するは、か丶るローマ的古慣用を採つたものであらう。

第六款　Fürst（独）

独逸語の Fürst は古代高地独逸の Füristo より出で、英語の first、現代独逸語の Erst に相当する文字であるから、語義としては第一、最初、或は第一者といふほどの意味であるが、Prince や支那や我国の「上一人」「一人」の思想に通ずるものがあるやうだが、男性名詞として Der Fürst といふ時は、第一義に於て「王侯」、第二義に於て「公爵」と訳されてゐる。これは何人にも推察し得られる通り、別に複雑な事由や深遠な理由より来れるものではなく、国家構成の人的序列に於て第一位にある人なるが故に Fürst と称するのである。故にこの Fürst は第一の者といふ意味に於て Der König, Der Herrscher、又は Das Staatsoberhaupt 即ち国王、又は元首の同義語として認められるのである。されば die Fürstlich Keit（王侯たること、又は王侯の人物）、die Fürsten Krone（王冠）、das Fürstengeschlecht（君主の血統、王朝、又は王義）、das Fürstenrecht（王権、君主権）、der Furtenhof（王城）、die Fürstenwürde（王位、君位）等と用ゐられる。英語の Prince にも似た格で、実際上多くは、das Fürstentum 公国などと用ゐられるが、これを公爵と訳しても、現在日本の華族制度上の公爵とは異り、その領土に於ける元首としての権限を有するものである。

第七款　Gebieter（独）

独逸語の Gebieter は支配者（Herrscher）、主人（Herr）、即ち「君主」の意味に用ゐられる語であるが、この語の動詞たる gebieten は「命令する」、「号令する」といふことであるから、「命令者」従つて支配権を有する者、換言すれば主権者の意味となるのである。又、「領土」のことをば、Gebiet といふが、それは、人が命令し支配し得る領域（Bezirk, Herrschaft, in dem man zu gebieten hat）といふ観念に基くのであらう。君主が人民に対する命令者であることは、東西古今いかなる君主に於ても異ることなき君主の一面であるが、ローマに於て imperator と称し、英国では之れを称して emperor といひ、フランスなども亦同じくこの語を用ゐてゐるばかりでなく、独逸に於ても「命令者」の意味たる Gebieter の語を「君主」の上に用ゐるあたり、ヨーロッパ人が、君主の命令的機能に極めて敏感であつた一面を物語るものであらう。

第八款　Herr（独）・Herrscher（独）

独逸語の Herr は Meister, Gebieter などと同義で、「主」、「主人」、「君主」、「支配者」などの訳が与へられてをり、König und Herr といへば「国王陛下」といふ程の意味となる。通常の場合には、勿論、男性の敬称として用ゐられてゐるのであるが、それも、この語が、「主人」の義であるによるのであるから、これを国王の場合に用ゐるのも、国王の「人主」であり「領主」であり「国主」である「主人性」を把握したものといつてよからう。

次に Herrscher は、主権者（Gewalthaber）、君主（Fürst）従つて国王 König の同義語として用ゐられるが、これは権力を何者かの上に用ゐる（Gewalt über etwas aüsuben）即ち、支配するといふ動詞 herrschen によつてその本来の語義を知るべきである。herrschen は、時に自己の情慾を制して己れに勝つ意味で über seine Leidenschaften herrschen などとも用ゐるが、本来は、自己以外の他のものを力によつて支配する即ち主人性を発揮するの意味で、政治的には regieren と同じ意味である。従つて、この Herrscher は Regiere（支配者、君主）とも同義である。「命令する者」と並んで、西洋人の頭には、支配する者、征御する者、権力を行ふ者といふやうな意味での国王の性質が、いちじるしく、国王の本義として重圧的に感受せられたであらうことが、これらの帝王を意味する文字の使用法によつてもよく察知し得られるのである。

第九款　König（独）・King（英）

独逸語の König、英語の King は共に我国に於て「王」と訳されてゐる。古い英語では cyning と書き後 cyng, cing などと書き、更に king と綴るやうになつたが、独逸語でも古は Kuning, Kunig などと書きつひに現代の König となつた。オランダ語でも Koning といふ。いづれも、家族、種族、部族（family, race, tribe）等を意味する Kun なる語幹より出でたものである。即ち現代英語の kin と同源の文字で、血族、同族、親族、種属などの意味を内含してゐる。kin は古英語では cynn と綴り、中世英語では cunn, kinn などと綴つたが、種類を意味する kind（古英語 cynd）血統種属などの意味を有する kith（古英語 cyppo――kunp-jo より）など皆同源である。又、古代高地独逸の kunni、古スカンディナヴィア語の kynn、ゴート語の kuni なども亦同源の語で、「産む」といふ意味のラテン語 genus や、アーリアン語の gen なども関連ある文字といはれるから、King, König 等は、「種族の人」又は「種族の父」などの意味であらう。ブルンチュリーの「近代国家論」（J.Kaspar Bluntschli：Lehre vom moderhen Stat）やマイエルの百科辞典（Mayer Rexikon）によると、Churning 又は Kun-ing は家族を意味する。ゴート語の Chun 又は churi の語より出でたもので、帝王の最初の形の一は、家族君主（Geschlechtskönigtum）オックスフォード大学版の英訳には（Kingship of the Family と訳）又は族長（Patriarchie）であつて、種族の長老にして父と見做されたものだ、といひ、ゲルマン族の Kuning はまさしくそれであると為し、且つ印度の Vizpati も亦これと同じだ、といつてをる。独逸語の Stamm は、幹とか大動脈とかを意味するが、又「種族」の意味にも用ゐられ、アラマン人（Alamanen）がフランク国王に敗れて統一せられた頃には、独逸では、国王のことをStammberzog即ち「種族長」と呼んだが、これなども、又参考とすべきであらう。

猶ほ、ウェブスター辞典を検すると、デンマーク語のKongeや、スウェーデン語に於けるKonungや、また、アイスランド語のKnungrなど、及び同じくアイスランド語で「貴族」、又は「貴族生まれの男」といふほどの意味であるKnorの語なども皆、König, Kingなどと同一語源に出づるものであることが説明してある。君主に父又は族父の義を認めるは恐らく東西古今の一通義といふべく、文字を離れても思想上これをいへるものは、アリストテレス（Aristoteles）、聖オーガスチン（St.Augustine）、ボシュエ（Bossuet）、ロバート・フィルマー（Robert Filmer）、トマス・アクィナス（Thomas Aquinas）、ブルンチュリ（Bluntschli）等数へ来れば少々ではないやうである。

猶ほ序でながら英国では、現在、キングのほかにCrownなる文字をも国王の意味に用ゐてゐる。クラウンは冠であるが、これに定冠詞を附し大文字で書くときは、単独法人としての国王、即ち制度としての国王を意味する。勿論キングにもさういふ用法はあるが、キングには自然人の意味も存するわけであつて、クラウンよりは包括的意味をもつてをる。この意味でのクラウンにも、立法部と司法部とを除いた国家の執行部、即ち行政府とか政府とかを指すものとして用ゐられることもあり、無論国王を指す場合もあり、又、国家の代名詞であることもあつて一様ではないが、大体、極めて包括的、抽象的に用ゐられる。グレートブリテン及アイルランドの国王の場合にはKing of United Kingdom of Great Britain and Irelandであり、海外植民の国王の場合にもKing of Oversea Dominionsであるが、印度に対しては印度皇帝Emperor of Indiaといふ。又、立法権に関連してはKing in Parliament、行政権に関連してはKing in Councilなどといふが、それらを綜合した抽象的意味の場合にはCrownといふ。これらは、クラウンの文字そのものの語義ではなく歴史的事情によつて、さまざまの用法を帯びるに到つたものであるから、本文に於て必ずしも研究を要する事項ではないが、あはせて参考に資するまでである。

第十款　Lord（英）

英語の lord も亦辞典に superior, ruler, govenor, master などと注してゐる通り、君主の意味を有する。淑女、貴婦人などと訳されてゐる lady もこれと関連ある語である。lord は又、宗教上の用語としては、上帝、神などの意にも用ゐられることは、*<Lord have mercy upon us>* といふ祈祷の語の存するに徴して明かである。この lord なる語の語源は、古英語の hlāford であるといはれるが、hlaf とは現代英語の loaf で、それは元来、「一塊」の意味であるが、転じて、一塊のパン bread を意味することとなつた。従つて hlaford とは the warder or keeper of bread 即ちパンの監守人の意味である。パンの監守人とは hlāf-aeta 即ち loaf-eater 即ち「パンを食する者」に対する者を指すことは明かである。要するに、hlāford 即ち lord は、「一族を養ひ護る者」といふ意味から、家族の父、同族の首長を指す語となり、この意味の拡大によつて更に、君長を表現する語として用ゐられたものと思はれる。同血同族を意味する king の語、命令者指揮者の義たる emperor の語と対比して国王観念の一起源を示すものといふべきである。

第十一款　Maitre（仏）

フランス語の maitre は英語の master 即ち「主人」に相当する男性名詞であるが、ruler, lord, owner, proprietor, landlord, instructor, teacher, tutor, governor, chief, director, head など、さまざまな意味に用ゐられる文字である。たゞその本来の意味は、「主人」といふに存し、その他の意味はそれから派生したものであらう。故に、maitrisable と形容詞にすれば、「支配し得べき」といふ意味であり、maitriser と動詞にすれば「支配する」であり、而して、maitrise と女性名詞にすれば、主権、支配権、所有権、転じて優越、又転じて制御などと訳される。いづれにしても、物の所有者、支配者といふ意味での「主人」といふことがその本義であるところから、これを、君主、主権者の意味にも用ゐたのであらう。「族父」の義あり、「指導者」の義あり、又、「主人」の義ありで、西洋の帝王観念も亦仲々に各種の方面に発達してゐるのは興味深きところである。

第十二款　Majesty（英）・Majesté（仏）

英語の majesty、フランス語の majesté は共にラテン語の majestat, majestas より出でた語で、威厳（dignity）、壮大（grandeur）、名誉、尊敬（honour）、秀徳、卓越（excellence）等の意味ありと辞書に注してある。「より大きい」といふ比較級に用ゐられるラテン語 major より出でた同用法の英語 major や「壮大」「主要」を意味するラテン語 magnum 並びにそれより出でた英仏語 magnificence, magnitude など皆同源の語である。著者の手許にある H. G. Wyld の“The Universal English Dictionary”を見ると、1. Stateliness, dignity, elevation, sublimity. 2. Sovereignty, royal power. などと注してをる。日本の英語辞典は、故に、「威厳」とか「陛下」とかいふ訳語を与へてをる。これに通常、august なる文字を副へ更に Your, His, Her 等の語を附して国王の敬称とするが、この august はラテン語の augeo より出で、「増大する」（increase）、「尊敬すべき、神厳なる」（venerable）、「荘厳なる、堂々たる」（majestic）等の意であるが、更に「神聖なる」、「聖列に加へられたる」、「神事に奉献せられたる」（holy, consecrated）などの義をも有する。殊にオクタヴィアヌス（Octavianus）が皇帝（Gaius Julius Caesar）となつてから Augustus を姓として用ゐて以来、ローマ皇帝は代々之れを用ゐた為め、この語は皇帝専属の語なるかの観を呈したが、それは、ギリシャ語の Σεβαστός の用法に従つたものといはれてゐる。

第十三款　Monarch（英）・Monarque（仏）

我国に於て「君主」と訳してゐる英語の monarch フランス語の monarque は、ラテン語 monarcha の語、又、ギリシャ語の Μοναρχια の語を源頭とし、「一」又は「単独」を意味する Μονος 及び「支配」を意味する αρχη といふ文字の結合によつて成れるもので、辞書には、「分割せられざる主権」undevided sovereignty とか、「単独人の支配」rule of a single person とか注し、従つて、その分割せられざる主権を行使する人、支配する単独人たる者、即ち、"one who rules alone という風に、国王の義となることを示してゐる。"The Universal English Dictionary" は、この語の語源を示した後、絶対君主の意味であると解釈してゐる。(注3)

第十四款　Oberlehnsherr（独）

Oberlehnsherr は又 Oberherrlichkeit、或は Oberherrschaft といふも同義で、通常、領主とか藩主とか、国主とか、主権者とか、さまざまに訳されてゐるが、時には単に Lehnsherr ともいふ。Lehn といふは Lehen と同じで、領地、封土、采邑などのことであつて封建時代の用語である。Ober は「上」であるから、結局、Oberlehnsherr といふは、封建時代の領主としての君主をいへるものであるから、文字そのものについて見れば、土地の所有者といふ点が表面に浮び出てゐるわけである。これは必ずしも独逸にのみ限るわけではなく、いづれの国にも共通する帝王の一観念で、漢字の王にもその義を含んでゐるわけであるし、又、その他の中世的、古代的帝王観念に伴随するところであるから、格別、異とするには足りない。

第十五款　Potentate（英）・Potentat（仏）

英語の Potentate もフランス語の Potentat も、共にもとラテン語の potentatus より出でた語である。この potentatus といふのは、力とか、勢力とか、勢とか、または権勢などといふ意味を有するのであるが、それがつひには、権勢、権力を有する人そのものを指すこととなつて、主権者とか国王とかを意味することとなつたものであらう。ヨーロッパに於ける君主の性質なり又はヨーロッパ人の君主観念の一面を、最もよく表現し得てゐる文字といふべきである。フランスでは、potentat といへば、単に、君主を意味するといふよりは、むしろ「専制君主」とか又は、「絶対的君主」とかいふ意味に用ゐられる事がしば〳〵あり、つひには、「空威張りする」とか、「無暗に権勢ぶる」とかいふ意味の熟語にこの語を用ゐて trancher du potentat などと表現するが、これを以て推すも、この語が如何に民衆に感ぜられてゐたかゞわかる。

第十六款　Prince（英仏）・Prinz（独）・Principe（伊）

英語を通じて日本人に親しまれてゐる語の一に Prince があるが、これ又、「支配者」、「主権者」、「国王」などの意味を有するのであるが、ラテン語の原型は princeps である。princeps といふは、「第一」とか、「最初の者」とかいふ意味の primus と「取る」といふ意味の capere といふ語より成れるものであるが、ローマでは、元来氏族の長を指すに用ゐられた語である。然るに、後に首席元老院議員（princeps senatus）の称として用ゐられるやうになり、帝政前期に入つてからは、皇帝の実権を有する者を指す称号、即ち元首の意味を帯びるに到つた。されば prince なる文字も亦このラテンの原義に基くものであることはいふまでもなく、英語の字典を調査すると、first, chief, principal, the most eminent, most distinguished, noble などといふ注釈が施してあり、更に転じて支配者、君主、主権者などの意味を有する a ruler とか a sorereign とかいふ語義を示してゐる。現今、大国ではその元首たる君主を指すに此語を用ゐないが、モナコ国の如きは今猶ほその元首を prince と称してゐる。ウェブスター辞典のいふ通り（注4）、近世以後の大国に於てはプリンスの語を最高主権者の称呼に用ゐず、漸次この語は主権者の一族の資格称呼として用ゐられるやうになり、通常、国王の子、又は王皇族の上に使用する様になつた。時に王皇族に非ざる貴族の最高階級をもプリンスと呼び、この場合には、我国では公爵と訳用してゐる。公爵たるプリンスと王皇族たるプリンスとを区別する為には後者に Royal 又は Imperial 等、王族たることを示す語を副へるが、英国では貴族にプリンスの称号を認めてゐないから、単にプリンスといへば王皇族の意味に慣用されてゐる。否、慣用といふよりは、むしろこの語本来の意味に於て用ゐられてゐるのであつて、公爵をプリンスとする方がや、非名分的用法といはねばなるまい。

第十七款　Rex（羅）・Roi（仏）・Re（伊）

ラテン語 Rex はフランス語の roi イタリヤ語の re となれるものであるが、英語では原型 rex のま、国王の意味に用ゐる。古アイルランド語の ri、ゴート語の riks、古英語の ric 及びサンスクリット語の raj- などみな関連ある文字である。rex は rex Dejotarus などと用ゐれば、国王の意味であるが、rex Eridanus（ヱリダヌス河）といふやうな用法もあつて、頭、首長、指揮者（head, chief, leader）などの義もある。rex pueritiae と用ゐれば the guide, tutor of a young man 即ち若者の家庭教師、指導者の意味となる。次の royalty も亦この rex と関係ある文字である。

第十八款　Royalty（英）・Royaute（仏）

英の royal（王の、王室の）、royalty（王権、王威、王徳、王道、王族等）、仏の royal（王の、王室の）、royalement（王らしく）、royalisme（尊王主義）、royaume（王国）等の文字は、皆ラテン語の reg といふ語根より出でた rex, regalis などの語より来れるものであつてルイスの「ラテン語辞典」によると、本来、専制支配者（an arbitrary ruler）絶対的君主（absolute monarch）の意味であるといふ。王族の全体、王に属する物、乃至王権の支配下にあるものなどを総称するに用ゐられる。

第十九款　Ruler（英）・Regierer（独）

英語 ruler も亦君主の意味に用ゐられる文字であるが、その語義は、通常、「支配する者」として詳解せられてゐる。「支配する者」が必ずしも王者ではないが、王者は支配する者であるから、その意味に於て帝王の同義語として ruler の語を用ゐるのである。語根の rule は、中世英語では riule 又は reule と綴り古仏語では riule と綴るが、共にラテン語 regula, regent, rex など reg を語根とする文字と関係がある。rule は名詞に用ゐれば、「規則」、「法則」、転じて裁判官の「決定」、「布令」、帝王の「支配」などの意味となり、他動詞の場合には「治める」、「支配する」、自動詞に用ゐて over の語を伴へば「君臨する」意味となる。上述の如くラテン語 reg より出たもので、英語辞典によれば「導く」、「案内する」（to guide）といふ義もある。「支配者」といふ日本訳より来る語感、殊に、大正昭和にかけてのマルクス主義思想の影響を経たる日本人の感覚には意識的にか無意識的にか不知不識の間一種の先入感を伴ひ易いやうであるが、ruler の文字そのものは、規則を定める者、指導する者、統禦する者などを意味するだけで、特に民衆を抑圧強制する者といふ悪い意味を含んでゐるわけではない。故に辞典にも Statement, formula, direction, serving, or intended, to guide, and control action, conduct, behaviour（H.C.Wyld: Dictionary）と注釈してゐる。「摂政」と訳されてゐる英語の regent や、「規則正しい」と訳す形容詞の regular や「調整する」「調整」regulate, regulation「統治」「制度」、regimen、「女王」Regina などの文字は皆ラテン語 reg より出でたものとして、rule, ruler と思想的関連を保つ文字である。猶ほ独逸語の支配者を意味する Regierer については既に上述せる処を参照せられたい。

第二十款　Sovereign（英）・Souverain（仏）

英語のsovereign、フランス語のsouverainは両者とも君主の義であるが、中世の英語、古仏語は、共にsoverainと綴つた。英語に於ては後、名詞に用ゐれば「主権」「支配」、動詞に用ゐれば「支配す」などの意味のreignに影響されて現行の綴となつたものの如くである。語源的には頭首、主重なる人などの意味を有するsuperanusから来た文字であるが、superとは、「上」とか「超過」とかの義であるから、我国に於て「お上」とか「上御一人」とかいふ場合の「かみ」の観念とも似通ふ観念である。故に、英語の辞典は、「至尊」(supreme)「上位者」(superior)、「最高者」(paramount)、「首長」(chief)、「上に」(adbve)などの解釈を与へてゐると共に、「至善の」、「至妙の」(Excellent, efficacious, effectual to a high degree)などといふ意味をも認め、a sovereign remedy(妙薬、特効薬)の語例を示してゐる。要するに、至高、至尊、至善等の意味を有するところより、帝王の義に用ゐる文字と思はれる。

第二十一款　Suzerain(仏・英)・Suzeran(独)

Suzerainは元来、フランス語であるが英独にも用ゐられる。これはsusといふ「上」を意味する語根の変化せる文字で、ラテン語のsu(r)sumを根元としたものである。大体sovereiguと同じ意味で、「上」、「上方」(from becow,upwards, over,above)などの意味であることから特に、封建時代に於ける支配権、宗主権を有する者、即ち君主を指したものである。(one who has supreme power, dominant authority, especially in fendal system.)

第二十二款　Τυραννος(希)・Tyrannus(羅)・Tyrant(英)・Tyran(仏)・Tyrann(独)

辞典には「絶対的君主」(an absolute prince or ruler)とか「残忍、不正なる君主」(acruel ,unjust ruler)などと注されてゐる。語源に関しては諸説一致せざるも、一説に従へば小アジアのフリジア語(Phrygian)から出たといひ、又、他の説に依れば露西亜西部のリトアニア語(Lithudnian)の「捉ふ」、「奪ひ取る」を意味する(tveyti)から来た語であるといひ、更に又他の一説に聴くと梵語の「征服する」意味の turvati より出たといふ。語源的にはかく諸説区々であるが、古代ギリシヤの歴史に於ては、要するに、世襲に非ずして実力により突然絶対権を掌握して絶対的支配者となれる者、従つて、「人民を圧迫する専制的、粗暴的、不正的、恣意的支配者」を指して「ティラノス」といつたのであつて、ラテン語、その他英仏独等に於ても亦この意味に於てこの語を用ゐたことは極めて明かである。但し、いふまでもなく此語は、正当な意味に於ての君主人君を指称する為のものではないから、emperor, King などの語と全く同架にのぼせて、君王の正当なる一義とする事は出来ぬ。然し、一種の人君を現すものにはちがひない。かくの如き、正当の意味での人君にあらずして然も人を支配する者を、特別の用語を以て呼んでゐるところに、ヨーロッパ各国人が、いかに国王について悩んできたかの歴史的残香が漂うてゐる。それは、支那に於て、王覇の区別を強調したものと稍々趣を同じうするところもないではないが、然し、既に吾々は支那の帝王思想に於て学び取つたところにより、支那に於ける覇といふは必ずしもティラノスでないことを知つてゐるから、結局、ティラノスといふ特別の語は、矢張り西洋独自の発明にかゝるところで、それは、長い彼等の歴史的事実が生み出したものにほかならないのである。故に王覇の区別と西洋の正当なる意味での王を表す諸語とティラノスとの区別とは、以て然も非なるものを含んでゐるといふべきである。マイエルの辞典によれば、猶ほこのほか、ラテン語の Carolus 即ちカール大帝より出でたチェッコ語の Kral, ポーランド語の Krol, ハンガリー語の Kiraly, などの語を出してゐるが固有名詞に基くものであるから、語義の研究を必要とするものではない。

第二項　帝王の起源

第一款　軍事・政治的目的に基く選挙

西洋人は、しばしば、例へばオーストラリヤの未開人が今猶ほ定住生活を持たず群を成して放浪をつゞけてをり、然もその群の個々の家族は互に孤立してをつて群といふもそれは漠然且つ不安定の集団であるといふやうな現証を援引して逆に、古代人の群《ホルド》が種族《トライブ》になつても未だ明瞭な君主なく、万人が服従すべき主権なるものは存在しなかつたであらう、といふ風に考へる（The Encyclopaedia Britannica に於ける Sir John Macdonell の "Sovereignty" の項による）。これは、印度に於て、劫初に国王なしと考へたものと共通点を有する。然らば帝王は如何にして起つたか、フンク及びワグネルの字典には、ゲルマン民族及びラテン民族の間に於ける王職は選挙によつたものであることを注してゐるが（Funk & Wagnell's New Standard Dictionary of the English Language）米国の社会学者ギディングスも亦その名著「社会学原理」の中で、各種族が外敵を防ぐ必要上、軍事・政治的目的を以て同盟（Federation）を形成するに及んでつひに主権者たる帝王を選挙したものであることを論じてをる。（注5）

遠い太古に存在して既に完全に滅亡し去つた国々の場合は、しばらく措いて問はずとするも、中世以後に実在したヨーロッパの諸王国に於ける君主はローマに於てその適例を見る通り、選挙的、推戴的なるをその特質とする。ゲルマニアに於ては世襲的特色を発揮したが、それも、絶対的本来的ではなく、王家に勢力のあつた時に選挙制を退けて世襲制を維持し得たまでのことであり、フランスに於ても亦全く同様のことがいへるのである。これが、おそらく、全欧州諸国を通じての国王の本質上の起源であると推断しても甚しい誤謬とはいへないであらう。

第二款　僧・武的起源説

ウエルズはその「歴史大観」（H.G.Wells: The Outline or History. 北川三郎氏訳。『ウエルズ世界文化史大系』）に於て、最古の文明的政治組織の本質を僧侶の政治、即ち祭政一致の政治であるとなしたが、これは古代の諸国を見るにほほむね然りといへるやうである。ペルシャに於てもツアラトストラ（Zarathustra）は、彼れ自ら「僧王」と称したとのことであるが、（注6）これは絶対の神を祭る者の王的性質機能を指摘したもので、王その者が神であり又は神の末である、といふのではない。支那古代の王にしても、シュメールやアッカドなどの王にしても、後世の筆を以て王とはいふものの実は、神を祀る者、即ち宗教者、更に換言すれば僧侶階級が祭祀の中におのづから政治をしたのであるから、近代的概念に於ける帝王と直ちに同一視することは出来ないかも知れぬ。然し、たとへさうであるとするも、猶ほそこには、権威ある政治的支配が、何ほどかは行はれたのであるから、この点に於て、それを矢張り一種の帝王起源と認めることは必ずしも無理とはいへないであらう。そして古代の世界には、かうした僧王が実は存外に多かつたであらうと思はれる。

然も、ウエルズのいふやうに、あらゆる僧族には共通な二個の弱点がある。即ち彼に従へば、それは兵軍統帥の無能と、異宗派相互の必然的嫉妬心であつて、僧族がこの二大弱点を有する間隙に乗じて

勃興の機会を獲得したのが即非僧的国王なるものであつた。異邦の敵の猖獗に抗する為民衆の上に国王を臨ましめる場合もあつた。或は御互に相譲らず睨みあふ両僧族のどちらもが時々利用する武将が次第に其勢力権力を増大し、遂に戦時のみならず平時にも多少の権力を握るに到つて生ずる国王もある。いづれにせよか丶る非僧的国王は身近に一群の官吏を取巻かせ、やがて軍事組織に関する事柄に就て、一般の僧侶執政による民衆統治に関与するやうになつた。かくして、僧族の中から生ひ立ち是に併立して国王なる者、僧侶の主領なる者、が人類歴史の舞台に初登場する条りとはなつた、爾後人類の体験する大部分が即今後の所謂国家歴史の大部分が、是を大観すれば結局僧侶と国王なる人間統治の二系統即寺院と宮殿との間の意識無意識の闘争の顚末に外ならない。（「世界文化史大系」北川氏訳本3、三五〇頁）

といひ、そして「紀元前四千年から亜歴山大王の時代に到る大凡四千年に亘る歴史は、是を煎じつめれば結局一つの単純な公式に要約せられ得る」（北川氏訳本3、三五二頁）と叙べてゐる。是れは確に、国王の起源に関する一個の観方であるが、ウエルズはこの見地に立つて世界に於ける文書歴史時代の黎明期なるシュメール、並にアッカド

等「最古の上代に於ける諸都市の王とは真の国王ではなくて実は僧侶或は医者に外ならない。やがて外国の征服者が侵入して来て、既存の制度に結びつけて征服者の位置を確立しようと努めるに到つて、始めて僧侶と国王との差別が明白になつた」（同上書、三五二頁）と見、結局「最古バビロン帝国の創設者ハムラビ王に到つて始めて都市の政務統治が完全に国王の手中に収められるに到つたのであるが、是に際してもハムラビ王は神に対して最も慇懃な態度を取つてをる」（同上書三五二頁）と論じてをる。ハムラビ法典（Code of Hammurabi）といふのは、バビロンの第六代王たるハムラビ王の時代（大約西紀前二二五〇年頃）に編纂されたもので現存する世界最古の法といはれ、ペルシャの旧市スサに於て発見され、高さ二メートル四分の一、周囲二メートル大の塔形の暗緑石に彫られたもので、現在パリのルーヴル博物館に秘蔵せられてをり、その表面には今猶ほ約二百五十条の条文が残されてをる。可成り近代的規定に充ちた驚歎すべき法典で、ギリシャ法には多大の彰響を与へてをるものと認められるから、西洋文明にとつては確に重大な一淵源を為せるものであるらしいが、この法典に於ても、その名儀上の発布者はシャマシュ神（Schmash）であつてこの神から国王が授かつたことになつてゐる。而してウエルズによれば、「バビロニア、アッシリア帝国の全歴史を通じて如何なる君主と雖も『ベル神の御手を戴か』ない間は即ベル神の僧侶にベル神の子として、其権現として認められぬ間は政権掌握に確実安全を期し得、感じ得なかつたものであるらしい」（同上書三五三頁）し、又「スメリアやアッシリアの国王達はいづれも元来僧侶だつたのが国王に化したのであつた、即実は還俗の僧侶であつたのだ」（同上書三五六頁）といつてゐる。

要するに、武将が僧侶を圧迫して支配者となつたか、僧侶が武将に転化して国王となつたか、兎に角、僧武の関連といふことは、之れを印度の祭祀神官、支那の祭天、日本皇室の御祭祀等を照し合せて考へるとき古代国王の起源の一として注意せられるべきであらう。

第三款　神的起源説（自然発生説）

ジェームス・ブライスの意見を読んでみたい。

古代の欧州には、アッシリア、エジプト、ペルシャのやうな大きな王国は存しなかつた。人々は酋長の下に種族《トライブ》或は民族《クラン》に組織され、その酋長の一人は上位を占め、時としては、種族の大集団が由緒古き血統の王（恐らくはスウェーデンのイングリングスの如く、神的な起源を有するものと考へられてゐたであらう）の下に一民族を形成し、酋長達は戦時は王に従つて出征した。ゴール及びブリテン諸島のケルト人、ならびにスペインのケルチイベリアン（Celtiberian）の如きは前記の如く氏族に組織され、氏族の集団の上には、北東部のピクツ（Picts）の王、西カレドニア（Western Caledonia）のスコッツ王の如き王を戴いてをつた。独逸では、血統による王は、戦時武勇の最も優れた首領に従ふ習慣によつて変化を見、ホメロス時代の希臘同様に自由民は公共の問題を討議する為めに公の集会に参加する習であつた。都会的生活の発達したのは希臘人、伊太利人、フエニキア人の間に限られ、都市の組織の発端は種族的なものであつた。少数の家族のみが優越権を持し、家柄古き氏族の首長達がより低き階級の市民の上に権力を揮つた。そしてこれ等市民は外部から市に集つて来た外国人なことが多かつた。これ等都市は概ね最初には王政が行はれてをつたらしく見えるが、政権は漸次王から大家族の首長等に推移した（James Bryce: Modern Democracies、松山武氏訳「近代民主政治第一巻」四〇—四一頁岩波文庫版）

ブライスの此の叙述の中には、「由緒ある古き血統」に基く王を想定し、その一例としてスウエーデンのイングリンガ（Ynglinga Saga）を挙げてゐるから、古き神的血統の自然的起源を考へたのであらう。イングリンガのみならず、古エジプト代々の王フアラオー（Pharaoh）も亦生ける神として崇拝せられた。フアラオーとは、「大家」又はその「門」を意味するエジプト語であるが、このファラオーは太陽神ラー（Ra）の権化と信ぜられた。ファラオー即ち国王は「太陽の子」（Son of the Sun）なるが故に、生きながら「善き神」（the good god）として尊敬せられ、「地上に於ける真実の神」（注7）（a veritable god on earth）と信仰せられ、王はその人民にとつて、精神的にも物質的にも淵源とせられたのである。従つて、ファラオーは日本の「公」、「大家」、「大宅」即ちおほやけ、またはみかどなどと一面の共通観念を有するものであることが認められる。

又、西洋ではないが、ペルーのインカ族（inca）が太陽を神として崇信し、その国王の一家を太陽の子と信じたことも宗教史家によつて既に指摘せられたところで、メンジースの「宗教史」に詳しい。（注8）

英国に於てさへ、ノルマン朝、プランタジネット朝、ランカスター朝、ヨーク朝、チューダー朝、スチュアート朝等を通じ、その王家は、ウォーデン神（Woden）の子孫であると主張された。ウォーデンといふのは、元来スカンディナヴィアの神話に出てくるOdinを、アングロサクソン民族の方でウォーデンと呼んだもので、独逸でも、同じ神をWodan又はWoutanと呼んでゐる。いづれにせよ、古い時代に英国及び独逸に於て信ぜられた神であるが、英国王室の歴朝は多く自ら、その子孫を以て任じたものの如くである。然し、この神の子孫であるといふことは、家柄を高貴なりとしたものであつて、国王の絶対的決定を意味したもではないから、この家柄の中から国民によつて好き国王の適当者が探し出された上で、国民の選挙によつて王位に即く事を承認せられたのである。

これらはさきに述べた僧王の場合と、その宗教関係なる点に於て同一でありながら、然も趣を異にするものである。即ち、僧王の場合には、祭祀の対象たる神、祭祀の本質たる神聖は「僧王」以外に存したのであるが、これは、王そのものを神又は神の末とし、その淵源を神話の中の自然発生にまで求めてゆくもので、ギリシャなどに於ても、後には、王を神の末と考へたものである。王を神に起源せしめる思想も、かくて欧州其他にも実在したことは注意すべきであるが、日本の学者の中には、わが日神信仰、即ち皇祖を以て日神と仰ぎ、天皇を以て日のみこ、日つぎのみこと信ずるものと比較して説く者もある。

第四款　文化的起源説

吾人は、さきに印度の帝王起源観に田主説の存する事を述べたが、西洋にも灌漑農耕、暦術の発明等、要するに文化の創造指導の中に帝王の起源を説く学者もある。たとへば、エリオット・スミス（Elliot Smith）のやうに、エジプト民衆の生活にとつて最大最要の関心はナイル河の氾濫であるから、この氾濫を活用もし治めもする方法であるところの灌漑といふものは彼等の生存に於て決定的意義を有する、といふところから、おそらく、最初に灌漑の方法を発明した者が帝王となつたにちがひないといふのである（注10）。然るに又、ペリー（W. J. Perry）のやうに、スミスの考へ方は逆で、エジプトの農業、従つて灌漑は一にナイル河の定期氾濫に基くものであるから、天文の理を究めて暦術を考案した者こそ最初の王となつたものといふべきだ、といふ説を立てる学者もある（注11）。

第五款　社会関係及び能力起源説

ギリシャのアーカデアに生まれローマの研究に志し、政治家として又学者とし名を成し、「ローマ史」の著書を残したポリビアス（Polybius）は、人類の原始的状態は他の動物と同じく群生的生活を為し、その中の強者がその体力に正比例する権力を以て率ゐてゐたものであるが、群生的生活の中にやがて家族的結合の観念が生じ、且つそこに一種の社会的関係が認められるやうになると、是れより、君主の観念が発生し、人類は始めて、正善とか公正とか邪悪とかいふ概念を案出したものであると説いた（注12）。勿論、社会的関係が十分意識されないやうな幼稚な低段階に属してゐた時代の人類には、国家とか主権とか乃至帝王とかいふ観念の無かつたであらうことは何人と雖も承認せざるを得ないであらうから、ポリビアスの社会関係の認識の上に君主観念の発生を説くのも一面の観方である。

然し、母子、父子が、乃至は近親の者が相互にその社会関係を認めるのと異り、君主といふやうな組織社会的関係の認識は如何にして成り立つたであらうか。これに関しては、武力などが最も顕著な認識示標である筈だが、武力とか、伝承的信仰とかのほかのものとしては、果して何であらうか、これをライプニッツ（Leibnitz）に徴するに、おそらく世界最初の帝王は、その徳と智との優越によつて人民の政府に高められ、徳と同時に法律に依り、個人的価値と同時に幸運に依つて支配したものであらう、といふ。（注13）

ポリビアスの思想は社会の全体的関連に於て考へたものであり、ライプニッツの説は、か丶る社会の全体的関連は兎に角、主として帝王たる人の個人的能力に於て、王の起源を見たものであらう。

第三項　王　種

古代諸国家の神人帝王はしばらく別とし、ローマ以後の欧州各国の帝王には、民族生命の起源にまで遡つて本来王種とされるものはなく、いづれも歴史の一定の段階に於て、貴族の地位を得、又は、貴族の門地より出でて帝王となれることを記憶せられてゐるもののみである。ヨーロッパには、一方に極端な平民主義が根を張つてゐるかと思うと他方には意外なる貴族主義が生活の底を強く流れてゐるが、此の矛盾は、ローマのパトリシアン（貴族）とプレベアン（平民）との対立抗争以来の伝統であらう。かのニイチェの貴族主義とカントの平民主義の如きは、一見、単に道徳的人格の論議の如くに思はれるであらうが、かくの如き両極端の思想の共存するは、畢竟するに欧州が、永遠に「貴族と平民」とを一元化し得ないでゐる苦悶の象徴にほかならぬ。門地を尚ぶ感情は勿論欧州にのみ存するのではなく、恐らく、歴史と伝統とを有するすべての人類に共通する意識ではあるにちがひないが、欧州に於ては、それが特に王家に関する限りむしろ偏奇な発達を遂げてゐるやうである。

さきにもいへる如く、欧州には、現在、太古始原の民族生命の威源にまでさかのぼつて本来の王種と信ぜられる王家を見出し難く、いづれも歴史的事情によつて王種となつたものばかりであるが、然も、この王種王統に対するむしろ偏奇的なる尊重は、一般人民の側に於てより、かへつて王室それ自らに於て強調堅持せられてゐる。日本のやうに、皇、民の両血統がすくなくも女子を通じて交流循環して君民一体を成すものと大いにその趣を異にする。欧州の諸君主国に於ては、臣下の血統の王統に入る事を忌み嫌ふ事甚しきものがあり、王族は王族からのみ女を納るゝを以て不文の王族法としてゐる。これは一面には、王族が自らその王種王統を誇り、民種民統を卑しき異種のものとする思想で、そこに、王民の生命的不融性を示してゐるものといはねばならぬ。この王族と人民との血統的不融性は、ヨーロッパの各君主国をして、奇妙の現象を呈せしむるに到つた。即ち、各国の君主は、その一族を王種王統として誇高するの余りその人民から血統的に孤立してしまひ、王族は王族以外の民種民統から娶ることなきに到るから、各国とも自国の王族内に、娶るべき適当なる女子の候補者なき時は、之れを自国の人民の中に求める事をせず、外国王族の女子につき候補者の人選を為すを恒とする。その結果、一国の君臣間に生命の一体性を欠くのみならず、国民と国民とは仇怨相対立することあるとも、欧州各国の王室は悉く姻戚親族の関係に結ばれるといふ奇妙な現象を呈してゐるのである。歴史的に観れば例へば、百年戦争時代（一三三九—一四五三）の仏国カペー王朝の王女イサベラは英国王エドワード二世と婚して英国王エドワード三世を、又仏王女カザリンは英国王ヘンリー五世と婚して英国王ヘンリー六世を生み、スペインの王位継承戦時代（一七〇一—一七一四）のフェリペ三世の王女アンは仏王ルイ十三世の皇妃となりルイ十四世を生み、アナの妹マリア・アナは独逸国王フェルディナント三世と婚して独逸国王レオポルド一世を生み、ルイ十四世は、スペインのフェリペ四世の王女マリア・テレサと婚し、その妹のマルガリータ・テレサは独逸国王レオポルド一世と婚してバヴァリア王マクシミリアン二世を生む等等、第一次欧州大戦当時の独露英デンマークの四王室は親族関係にあつた等、而して勿論、現在のヨーロッパに於ける君主国の主要なるものは、たいてい親戚関係を結んでをり、各国の元首又は王家はそれぞれ自国の国民を乗り

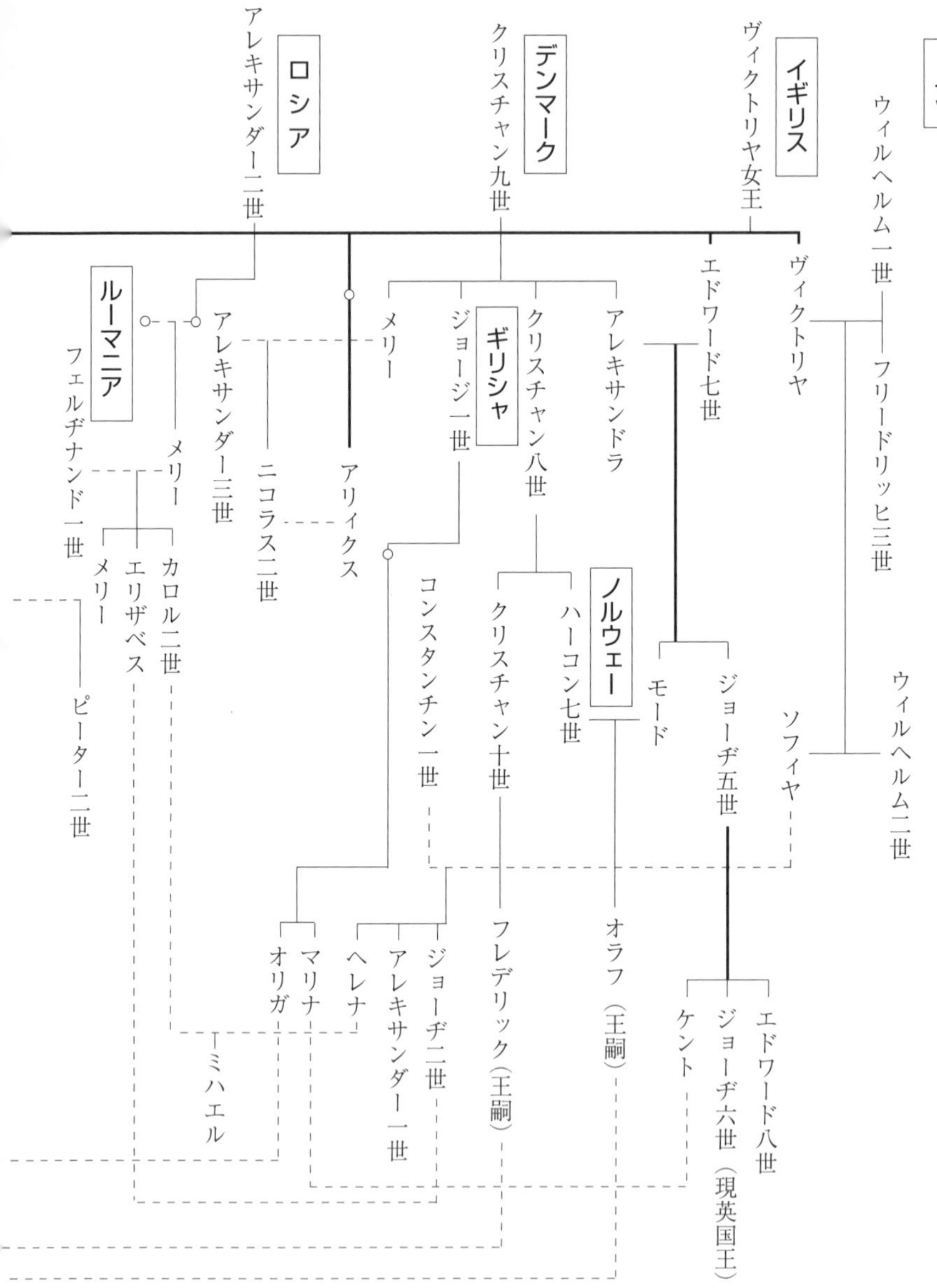

ドイツ
ウィルヘルム一世
フリードリッヒ三世
ウィルヘルム二世
イギリス
ヴィクトリヤ女王
ヴィクトリヤ
ソフィヤ
エドワード七世
ジョーヂ五世
モード
エドワード八世
ジョーヂ六世（現英国王）
ケント
デンマーク
クリスチャン九世
アレキサンドラ
クリスチャン八世
ハーコン七世
ノルウェー
オラフ（王嗣）
クリスチャン十世
フレデリック（王嗣）
ギリシャ
ジョージ一世
コンスタンチン一世
ジョーヂ二世
アレキサンダー一世
ヘレナ
マリナ
オリガ
メリー
ロシア
アレキサンダー二世
アリイクス
ニコラス二世
アレキサンダー三世
メリー
ルーマニア
フェルヂナンド一世
カロル二世
エリザベス
メリー
ミハエル
ピーター二世

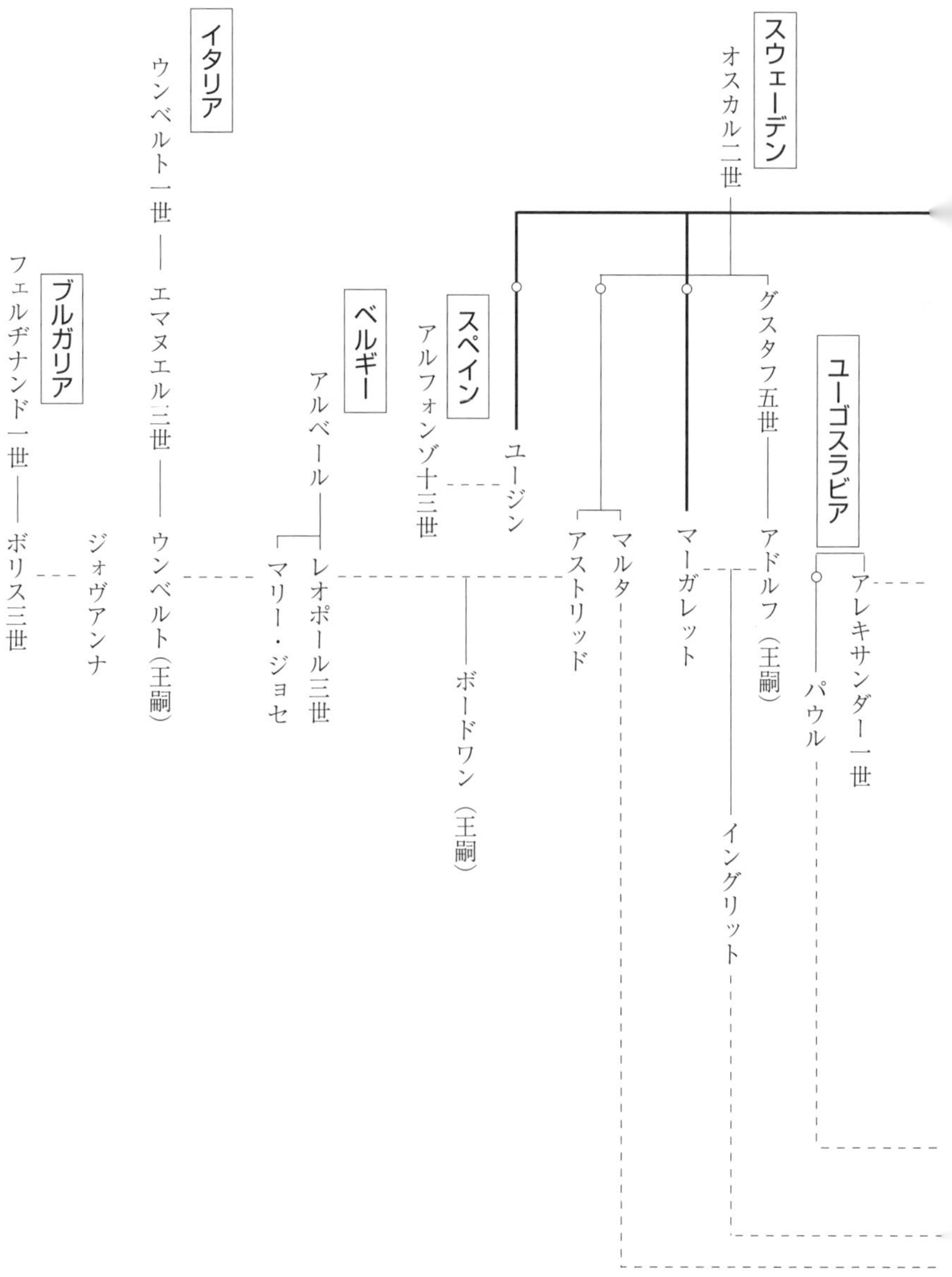
スウェーデン
オスカル二世
グスタフ五世
アドルフ（王嗣）
イングリット
マーガレット
マルタ
アストリッド
ユージン
ユーゴスラビア
アレキサンダー一世
パウル
スペイン
アルフォンゾ十三世
ボードワン（王嗣）
ベルギー
アルベール
レオポール三世
マリー・ジョセ
イタリア
ウンベルト一世
エマヌエル三世
ウンベルト（王嗣）
ジョヴアンナ
ブルガリア
フェルヂナンド一世
ボリス三世

越えて血縁網を張り廻らしてゐる。だから第一次欧州大戦頃からドイツ、イギリス、デンマーク、ロシア、スエーデン、イタリヤ、ギリシャ、ノールウエー、スペイン、ユーゴースラビヤ、ベルギー、ブルガリヤ等悉く、いはゆる「引ずり引張り」の間柄にあるが、今その関係を図示すれば左の如くである。

第四項　王　統

王統の一系を理想とする思想はプラトンと対蹠的にヘーゲルに於て最もよくあらはれてゐる。彼に従へば、君主の本質は之れをその才智に求むべきものでもなく、もとより徳に見出すべきものでもなく、純粋なる国家意志として見るべきものである。従つて君主は本質的にすべての他の内容から抽象せられたところの個体である、而してこの個体は、直接自然的方法により、換言すれば自然的の出生によつて君主としての権威を決定されたものにほかならぬ。即ち君主は、生れながらにして君主たるの地位を得たもので、その他に何の理由もないのである。これは勿論世襲君主国についていつたものであるが、かゝる君主の先天的本質の個体に現れることをば彼は生得権（geburtsrecht）と考へたのである。この生得権といふ思想は、畢竟君主の先天的出自を以て王権の根拠となすものであるから、それは王統の一系を以て理想と為すものにほかならぬ。ヘーゲルとは匆論趣を異にするがマキァヴェリーも亦、その「君主論」の中で、世襲君主国に関して次の如くいつてをるのは注意に価する。

世襲的国家、即ち代々その君主の血統を戴いて来てゐる国家を維持するにあたつては、新興国家に比して、その困難ははるかに尠いと私はいふ。といふのは君主はたゞ祖先の遺風に干犯しさへしなければ、次に不意の事件に対して機宜の処置を取りさへすれば、それで足りる。さればかゝる君主は凡庸の才を以つてしても、異常な強大な力がその国を奪つてしまはない限り、彼は常に普通の努力によつて国を維持することができる。万一国を失ふやうなことがあつても一度簒奪者に不幸が起つた時には、必ずそれを恢復するであらう。例へばイタリヤではフェラ公がさうである。彼が一四八四年ヴェネチア人の攻略に堪へ、また一五一〇年法王イウリウスの侵略によく抗したるは、全く代々領主であつたことに帰因する。されば世襲的君主は人民を虐げる理由もはるかに少くまたその必要もない。従つて人民には一層愛慕されるのが当然である。故に非常な悪徳によつて人民の憎悪を買ふことがなかつたなら、人民に好意を寄せられることは理の当然である。主権が遼遠にして連綿として継承される時は革命の記憶も動機も無くなつて了ふ、これ一度変革のあるときは必ずや他の変革を招く機縁を遺すものであるからである。（黒田正利訳「君主論」七三―七四頁）

勿論、マキァヴェリーは、王統連綿を以て絶対の大義であると考へたのではなく、彼の君術思想から、由緒なき王家に比して王統連綿が有利であることを述べたに過ぎないのであるから、新興君主国、或は混合君主国の利益を論ずる条に臨んでは、国家を維持する二大要義の一つとして、旧君主の血統を根絶すべきことをあげてゐる。王統の連綿、従つて帝王の家柄の由緒あることが望ましきことであるといふ思想は、フランスのモーラス（Charles Maurras）などになるともう少し純粋に考へたところで、彼がドーデ（Leon Daudet）と共に西紀一九〇八年に創刊したアクション・フランセーズ紙（L'action française）によつて国王の独裁政治を讃美唱導せる時の思想も亦王統の古さ、王家の由緒を高く掲げて評価したのである。

君主の存在を認め、君主を頭に戴いて国を成す君主国のたてまへとしては、いかなる君主国にあつても元来、その王統の連綿を主義とせざるはない。それは特定の君主たる者が、帝王として君臨する以上、むしろ当然の考へであつて、元来みづからその王統の連綿たらざることを希望する君主国といふものは存在しないであらう。各国の君主国が現にそれぞれの憲法に於て現に君臨しつゝ、ある王室の血統を一往、絶対的要件としてゐる法相を示してゐるのは、その深き根底の吟味は別問題として、かゝる理由に基くのである。故に、ヨーロッパの諸君主国といへども、特定の国王の治下に於ては、その王統の連綿を一往の主義となすものであつて、君主国家そのものの立場に於て王統の変更を認めてゐるものはないのである。これは君主国自存の原理といふべきである。又、いやしくも君主国を肯定し是認する限り、いかなる思想家、法律家といへども王統連綿たらざる事を君主国の原理と考へる者はあり得ないのである。唯、事実上、王統連綿が尊厳なる歴史の成績として無窮なる現実となつてゐないだけである。

第五項　王　位

東洋にあつては、印度といひ支那といひ、いづれも世襲王位の政治哲学的意味の確認に相当な努力を支払つてゐるが、欧州の君主観に於ては、王位といふ抽象的座所の観念を表はす代りに、主として冠 Crown. Krone、王座、王の椅子、Throne Thron 等の具体物を以て遙に王位の抽象観念に想を走せしめるの趣がある。東洋的観念としては、王位なる抽象的表現の中に、王たることの法理や政治哲学を含ませ、王たる人の具体性と王たることの実質即ち王原理とを「王位」なる抽象観念に於て深部的に結びつけようとする。勿論、英国でも時に Kingship を王位の意味に用ゐ、Crown を制度上の国王といふ意味に用ゐたりすることもあり、又、独逸では、Furstenstad（王位）といふ如く、国王たるの地位の観念を有し、殊に、一八六一年にフイッカー（J. Ficker）が"Vom Reichsfurstenstand"（帝位論）を著せる例もある通り、稀には、王位の抽象性に於て王の本質を考へることもあるが、一般には、冠や椅子などの具体物を以て王位観念を表現する。故に王位継承といへば、「王の椅子に上る」或は「王冠をいただく」と表現するのであつて、見えざる王の本質的地位を践む、といふ思想は顕著でない。尤も、聖書には、「箴言」の第十六章に「是その位は公義によりて堅く立てばなり」とあるから、王位の内容を、公義と為す思想もあるけれども、不幸にしてこの思想は単なる合理主義でしかない。勿論、吾人は、王位の内容に義の存することを否定するのではない。然し、その義の内容が問題である。聖書の「公義」といふは、おそらく、正義とか公平とか仁愛とかいふものであらうと思はれるが、これらの徳義を直ちに王位の内容とすることは、いはゆる能力を第一義とするものにほかならぬ。能力は消滅あるを免れ難いから、かゝる能力王位観念は、即ち合理主義である。これは、西洋に於ては全く不可避的運命といはねばならぬ。王位が生命の本義に基いて盛りあがつてゐれば、その王位は、単に能力や権力の坐所ではなく、直ちに生命の道の中心となる、即ち王位はそのまゝ不変絶対の道位なのであるが、これは、日本にのみ存在してゐる万邦無比の国体の精華であつて、西洋その他の諸民族の思ひも及ばぬところである。西洋には、勿論、かうした王位観を盛りあがらせる国体が存在しないのであるから止むを得ず、能力、殊に道徳的能力を第一義とする王位観が発達したのである。悠久の太古には族父的国家もあつたやうであるが、それが天壌無窮に発展しないで、選挙的王制を生むに到つたところに、彼等の救ひ難い不運があつたわけであるが、聖書が、王位の内容を公義に求め、王位の根源を神に発せしめたのは、要するに、その国情に基くものに外ならない。王位の根源が神である、といふのは、換言すれば、自然であり、更に一層剋すれば民意にほかならぬ事は、科学的には何人も否定出来ないであらう。我々が神話にせよ歴史にせよ、何等か文書の記録によつて知る事の出来ない遠い古にも、人間の社会には何種かの政治が行はれたであらうことはアリストテレスの言を待つまでもない。それらの悠古、太古の時代は、唯、自然とか神とか君主とかに帰せられる。然し、時代が進むにつれて、そこには次第に、明瞭に人民が活発に現れてくる。悠古、太古以来、族父的王位、征服的王位もあり、従つてそれらの継承事実もあつたけれども、ある文明史的観点からは、それらは単純に、神又は自然の名によつて束ねられてしまふ。然るに、一度びこれらの太古的王位の崩壊期に入つてからは、たとへ、そこに「神」が至高のものとして語られてゐても、猶ほその裏に、次第に明確に活発なる動きをみせてくるのが、人民であり民意である。聖書にあらはれてゐる神の中には既にこの活発なる「人民」、「民意」が、相当高度に語られてゐるのである。「人民」、「民意」が活発に動いてくると、そこに、王位の人民側からの見方と、王者自身の側からの見方が対立してくる。ヨーロッパや支那の、いかに古代的な素朴な王命服従の絶対性を説いてゐるものの中にでも、必ずその底にこの両者の対立が見られざるはない。

然し、太古的王位の崩壊せる後、われわれの身に近い歴史の時代を見出してからのヨーロッパでは、大体、王位の選挙制から始まる。これは印度、支那の伝統も亦全く同じである。西洋ではギリシャがさうであり、ローマがさうであり、そして、聖書の諸国がみなさうである。これが後に、世襲制度を生むやうになつて、王位継承観に二つの対立する原理が明白化され始めたのである。たとへばローマでは、王位なるものは人民の為めのものであつて、王位にある君主は人民の代表者と考へられてゐた。然るにゲルマニヤ人は、王権王位を国王個人の所有、特権と考へた為め、フランク王の如きは王権、王位、国土は全くこれを国王の私有財産としてゐた。そこで、ローマでは即位なり、帝位継承なりは選挙推戴を本義とし、ゲルマニヤでは大体世襲制を原則とし、一見、全然正反対の如き観を呈したが、ゲルマニヤの世襲制も実は厳密な意味でのそれではなく、選挙制の一変形であつたのである。(注14) 何となれば国王は多くの地方的小君主又は重臣の選挙によつて定められたからである。従つて、国王即位の後に於ても重臣総会（Volksver sammlung, Conventus generalis）の干渉や制限を受けることとなつてゐた。然し、国王の勢力が強大であつた場合にはこの重臣総会の意向を無視しても王の欲するところを行ひ、或は選挙制から来る当然の結果としての王位一代制を、世襲制の如くならしめた。殊にメロヴィンガ朝のクロドウィッヒ（Chlodwig）が強大なる力を以て選挙制を斥け世襲制を確立してから、大体、世襲制が行はれるやうになつたが、それでも時に王勢の衰退するや又選挙制に逆戻りする事もあつたりした。(注15) これはゲルマニヤの例であるが、ローマでもフランスでも、いづれも最初は選挙制であつたものが、後に、漸次、世襲制の確立を来したのであつて、それは、一方に、封建制度の中央集権国家への移行とも深い関係のあることは多言を要しないところである。

王位が、かく最初おほむねみな選挙制であつた事実は、西洋の国家が、国家として誕生し来れる時、既にそこには、人間の生命の本義たる血に基く本末上下の秩序を失つて、王位の内容が、早くも、「功利」となりさがつてゐたことを物語るものである。生命の本義を立てることを以て生活の道と為し、この道の大本、根元、中心として王位を考へることの代りに君主と生命的に遊離した人民の幸福をはかる功利の元位として王位を観たのである。従つて、それは、某といふ個人の君主への信望、信頼、即ち功利的評価が、王位継承の大則を決定するものとなるのも当然である。従つてこの立場に於て徹底すると、君主の「有徳」もむしろ、功利、実益を基準として観察され易いから、マキアヴェリーの如く、必ずしも有徳たるを要しない、有徳らしくみせかけてをりさへすればよい、慈恵であるよりはむしろ吝嗇であるがよい、といふやうな議論にまで発展する。然し、マキァヴェリーの場合の如きは極端な徹底であるとして、通常の場合にはどうなるかといへば、君主個人の有徳とその権力の制限、即ち王位の内容は徳と、限定せられた権力といふ二つのものに求められる。そして実際の場合には、徳を求められなければ、限定せられた権力だけを求める。換言すれば一方に王の恣意に出でる無限君権を喰ひ止めると共に他方に能ふ限り人民の統制、従つて福利に必要なるものとしての権力たらしめようとする努力を持つのである。君主が有徳であることは勿論いつ、いかなる場合といへども必要であるとは考へられ、又、希望せられるけれども、実際には、有徳者は稀であり無徳者が多い、又、小徳者が多く大徳者がすくない。更に、選挙せられた頃に於て多少有徳であつても、権勢の地位にのぼれば、人間の弱点として環境に誘惑支配せられて、不徳者へと徐々に転落する場合も極めて多い、故に、君主に徳を望むことは飽く迄必要であるが、徳にのみ信頼をかけることは危険である、茲に於て、実際問題としては、権力の制限こそ民利民福と直接につながるものとなり、いかにせば、不徳或は小徳の君主をしても猶ほ比較的功利的必要の存在たらしめるか、といふことは、西洋諸国民の最大関心事となつたのである。既にアリストテレスの古に於て、「有徳なる君主の徳に基く政治と正善なる法律に依る政治とはいづれが国家に多く寄与するか」が議せられ、アリストテレスは、「善良なる君主は法律の中に存する一般的原則を無視し得ないのみならず、一時的感情によつて支配せられるやうなことがあつてはならないのであるから、全く感情を有することなき法律に拠つて政治を行ふを可」(注16)とすると解決してゐる。近代の法治主義の出で来るも亦当然といはねばならぬ。

かゝる王位観に於ては、王統の連綿、即ち世襲一系は王位の絶対的要件とはならず、あくまで、王位に即くべき人、又は即いてゐる人の個人性に第一義的重点をおく。勿論、かゝる王位観は民衆の側から実践的に構成されるものであるから、そこには猶ほ、王者側からの王位観の介入といふことも考へねばなるまい。即ち王者側、則ち王者自身、又、その子孫や一族、乃至その臣僕として直接的に結びついてゐる人々、及び思想的又は感情的に王者に心酔してゐる国民等は、それに反し、種々な観点から、王位の伝統、世襲を主張する。これも亦当然であるが、この場合には、概して、王位が権利の対象として考へられ易いことは歴史が何より雄弁に実証してゐる。かくて、この民衆側の王位観と君主側のそれとがそれぞれ微妙な関係を構成して抱合連繫する処に一国の王位観が決定せられるものと見て大過あるまい。現在ヨーロッパの諸君主国は、その憲法に於て、それぞれ現王室の一系世襲を主義とするに到つてゐるが、それは斯くの如き経緯をふまへて、一往落ちつくところに落ちついたものであつて、王位の根本が道位として確立したものではない。故に、その根本には猶ほ依然として、革命の是認を内含してゐるものと解さなければならぬ。

第六項　王の諸義

西洋人に観念せられた帝王の諸義は、上述せる彼等の「帝王」を表す言語文字及び、言語文字に拘らず彼等が包懐した帝王思想を検してその要を探るに、僭主又は暴君を除いて凡そ左の如きものに括約し得るやうである。

（1）軍隊の指揮者の義（Basileus, Emperor）
（2）斬り倒す者（Caesar）
（3）命令者の義（Imperator, Emperor, Gebieter）

（4）第一者の義（Fürst）
（5）族父、又は父の義（König, King）
（6）与食者又は食の監守人の義（Lord）
（7）威厳、名誉、尊敬、秀徳、卓越等の義（Majesty, Majesté）
（8）単独人の支配又は分割せられざる主権の義（Monarch, Monarque）
（9）最初に取る者の義（Prince, Prinz）
（10）権勢、権力の義（Potentate, Potentat, Dynastes）
（11）頭又は首長の義（Rex, Roi, Re, Sovereign, Soverain）
（12）支配者の義（Ruler, Regierer Sovereign, Soverain）
（13）法又は規則を定める者の義（Ruler）
（14）指揮者又は指導者の義（Rex, Roi, Re, Ruler）
（15）専制又は絶対的支配者の義（Royalty）
（16）上《かみ》又は上一人の義（Sovereign, Soverain, Suzerain）
（17）主人の義（Herr, Herrscher, maitre）
（18）領主（家族長）の義（Dominus, Oberlehnsherr 等）
（19）人民の牧者の義（アクイナス等）
（20）人民の公僕の義（フレデリック大王、ライプニッツ等）
（21）神聖の義（国王を神そのものとする諸思想）
（22）神の代理者の義（君主を神の代理者 Vicar or image とする諸思想）

（23）主権者の義（主として中世に行はれる法学上の一義）
（24）国家元首の義（法学上の君主の位地により斯く名付く）
（25）国家機関の義（ドイツを中心に近世各国に行はれた法学上の一義）
（1）から（18）までは前項の文字の解説を参照すべく（19）以下に就ては、王権論の説明、その他本書各巻に帝王の意義を論明せる箇所、又、法学上、政治学上の君主の解説を試みし諸所を参照せられたい。これらの、西洋に発達せる帝王の諸義は、ある意味に於て、極めて科学的であり、その精緻むしろ驚歎すべきものがある。いかなればかくも夥しき諸義を発達せしめたか、これ実に上下二千年の西洋歴史乃至、悠久の太古エジプトの国家以来五千年の西洋的歴史が事実を以て回答を与へるところであつて、如何に、西洋人が、彼等の帝王との間に心労に充ちた交渉を持ちつゞけてきたかを立証するに足る同情すべき観念及び言語の発達といふべきなのである。

第七項　帝王存在の意義

西洋各国語の君主を意味する文字についてその語源を尋ね又はその語義を探求してみると、そこに現れた帝王観に関する限り、君主を生命の根元又は大本と為し、或は精神生活の淵源乃至権威と為すが如きものの存在する事を我等は知り得た。正しき君主観は、かくあるべきであつて、曽ては彼等の或者も亦いづれの時代に於てか素朴ながらも君主の誠の意義を大なり小なり体験した痕蹟がほの見えるのである。人類が祖孫親子の本末関係に於て連続しつゝ発展する生命の主体であり、而して人類が意識の主体である限り、自己の生命の体験内省に於て生命本末の大義を自覚せざるものなしとするならば、組織的集団的生命体に於ても亦最初何種かこの生命本末の組成を見得なかつた筈はないのであるから、原初の君主観に生命本末的大義がどれほどか存在したであらう事を疑ふわけにはゆかない。だが、悲しむべきことには、この生命本末的君主観は歴史の転回の中に雄々しく力強く永生し得なかつた。

それは、生命本末的君民一体観の破綻に負ふ処であつて、一言にして尽せば、恵まれざる不運の月日の下に彼等が立たされたわけなのである。茲に於て、全体としての彼等の君主観は、人類生命の本義の、ひたむきなる向上発展としての君民一体観の上に生長することが出来ず、単なる支配被支配の実力関係の上に、合理的に築きあげられるほかなかつたのである。十八世紀のドイツに生れ巴里に住んで名を成し百科全書派の大立物と目されるに到つたオルバック（Holbach）がその著「社会体系」（注17）（Systeme Social）の中で「国王は人民の為めに作られたものであつて人民が国王の為に作られたものではない」といつたのは、まさしくヨーロッパ君主国に於ける至極の帝王存在の理由観であつて、決してオルバック一人にのみ特有の思想とはいひ得ない。これは君主の側に於ても賢明なるものにあつてはしば〳〵「帝王の自覚」として尊重せられたものといふべく、人口に膾炙せるかのフレデリック大王の「君主は人民の第一の公僕」（Le prince est le premier domestique du peuple.）といふ思想とは、表裏一体をなすものといつてよい。しば〳〵フレデリックと比較せられる啓蒙絶対主義の大女帝ロシアのエカテリーナ二世（Ecaterina）も亦「国民が国王の為めに作られたのではなく国王が国民の為めに作られたのである」といつてゐる。殊に太古からの、世襲君主国が種々なる事情によつて漸次減少し始め、その代りにマキァヴェリーの所謂「自己の武力又は能力によつて新らしく獲得した君主権」や、「他人の武力を借り又は僥倖によつて得た新主権」や、「非違によつて獲得した主権」やなどが続々として発生し来り、権力の下に君民関係が一夜にして設定された国家が多くなるに随つて、君主観がこの新しい事情の下に変化するのは自然のおもむきといはざるを得ぬ。勿論ヨーロッパにも曽ては君主を以て生命の大本と為す思想も実在したでもあらうし、従つてそれの微かなる残想の作用なり、封建の時代思潮の影響なりによつて、君主を人民の主人と考へ、或は一層厳かに神、又は神の代理者と信じた時代もあつたにはちがひないが、それらはいづれも長き歴史の経過につれ次第に消滅せざるを得ない運命に遭遇し、又、思想家の一部には比較的遅くまで保守的に残存した辺もある。これ又精算に次ぐに精算を以てし、挙句の果てに到着した最後の決定的思想としては、オルバックが、同じ書物の中で、誠に思ひ切りよく、「君主は断じて主人ではない、単に国民に対して契約を果すべき任務を有し、又、市民をして彼等の約束を実行せしめるやうにするのに必要な権力を与へられたところの社会の大臣である」(注18)といつたやうな観念に落着くのである。これを法学思想史の上に徴すれば、中世の君主主権者説が漸次に崩壊し、ライプニッツが彼の学問生活の後期に於て君主機関説に到達して以来、この国家を人格とし君主をその機関と為す思想はつひにヨーロッパ法思想不動の核心となるに到つたのは、むしろヨーロッパ君主観の必然の運命といはねばならぬ。

所詮、帝王存在の意義は、ヨーロッパ人にとつて、合理不合理の範疇内に於ての判断によつて観念せられるのほかない。合理不合理の理とは、具体的には人民の利益であるから結局、人民の生活の利益不利益が、帝王存在の意義を決定する基準である。故に、合理不合理は、要するに合利不合利にほかならないのである。

第八項　君主存在の合理説

凡そ人類の社会あるところ、支配者又は統治者あらざるはない。民主国家といへば、あたかも支配者なき国家なるかの如く考ふるものもなしとはせぬが、民主国家といへども亦支配者を有するのである。個々の人にあらざる「人民全体」といふ思想は、一見、支配者なきものの如くであるが、「人民全体」そのものが、個々の人に或時は対立し、或時は之れを包含して、支配の原理となるのであるから、それは、個々の人に非ずして然も支配する者にほかならぬ。即ち、民主国家に於ては、個々の人の中から一個の支配者を選出こそしないが、個々の人に非ずして、個々の人を全体的に支配する「人民全体」又は「人民総体」なる法理上の支配者を有するわけである。「人民全体」、又は、「人民総体」は、然し、個者にあらざるが故に法理的には支配者であつても、事実に於て、支配の行為を持ち得ざるが故に、法上、これを代表する者とせられる個なる自然人を、或は大統領、或は人民委員長、或は国家主席等の名称を以て設定する。かくて設定せられたる個なる自然人は、一定の限界内に於て、事実上、支配者たるの地位にあり支配の機能を権限として営むのである。かゝる民主的支配に対立する支配は、いふまでもなく君主的支配である。

君主といふも種々なる種類があり、又その性質に関する思想も、必ずしも一定してゐるとはいへないから、時代により、又、人によつて、さまざまに異る性質を附与せられてはゐるけれども、支配者本来の意味に照してみれば、君主が前者に比して一層純粋な支配者であることは申す迄もない。君主の存在の意義に関しては、次項に略述するやうに、否定的思想も存在するけれども、他方、ヨーロッパと雖も君主存在の意義を積極的に、必然、価値、として肯定する者もすくなくないのである。

国家の起源、従つて君主の起源についていては族父権説をとる者もあり、神権に帰する説もあり、国家契約説に従ふものもあり、将た又国家征服説をとるものもあり、一様ではないが、君主存在の必然性なり又は価値なりに関しては、これを自然に帰する者、力に帰する者、合理に帰する者、と大体三別することが出来ると思ふ。自然と解するは、主として族父権説に依るものであるが、王統の一貫を欠くヨーロッパ諸国に於ては、天地の成りしのまゝなる君民関係を飽く迄現実として立証し難いし、力の関係を以て理解すれば必然性をある程度に於て肯定し得るけれども、将来無窮の必然性と価値とは確認し難い。こゝに於て、帝王存在の意義を主張せんとする者は、どうしても合理説に拠らざるを得ないことになる。たとへ、君主の発生や王権の基礎が何であるにもせよ、君主の存在それ自身が合理的である事は、その存在の意義を積極的に構成するものである、と考へられる。

トマス・アクィナス（Thomas Aquinas）は西紀一二二七年イタリーのナポリ国に生まれ遠くアリストテレスの思想を汲み、近くは聖オーガスティンに影響せられて神学及び哲学を研究し、スコラ哲学の熟爛期に立つて、その派の大立物となつた人であるが、神学論（Summa Theologica）を著して、その中に法律論や王政論を展開して、特色ある思想を示した。彼の王政論は、勿論、いはゆる神権説に属するものであつて、二創説を唱へたけれども、その神権説については、後に別に触れる筈であるから今はいはない。唯、茲には彼の、君主必然論、君主価値論が、如何に合理説として整備せるものの代表的な例であるかを紹介するに止める。

アクィナスに従へば、航海する船は到達すべき目的地ありて出帆するのであるが、徒らに風波に弄ばれてゐるのでは目的地に達することは出来ぬ。そこで、舵手の存在を必要とする。人も亦、人生の目的を達する為めには、指針を必要とする、この指針とは各人に本来具はれるところの理性である。元来、動物は衣食住及び自働の方法をそれ自身の身体に具はれる力を以て講じ得るが、人間には牙も角も爪も走力も十分に備はらず、唯、理性のみを与へられてゐる。然るに自然の脅威に対抗して闘争勝利を得んとすることは人間の如き薄弱なる肉体力を以てしては、如何に理性を有するも所詮不可能である。茲に於て人間は、本来、孤立的生活には適せず、集団的、社会的生活を為すが如く計画せられてゐる。人が社会生活を為すべきものとすれば、その社会を支配する設備を必要とする。然るに、人は、各自に自己の利益を図るやうに動くを常とするから、要するに、人は私益に於て互に相反する者である。若し、各人の、この相互に反する私益の追求をその好むにまかせておく時は、多数者の共存社会は崩壊せざるを得ない。然し、それは結局人を破滅に導くものにほかならぬから、社会生活には必ず全体の利益幸福を図る人の存在を必要とする。即ち私益に於て相離反する個々人を、公益に於て結合せしむることこそ社会生活を存続せしめ、人生の目的を達成せしめるものであるから、この共通の利益即ち公益を図る人の存在することは社会生活の必要といはなければならぬ。即ち社会は一人の支配者を必要とする。勿論、一人の支配者が彼自身の利益のみを図つて公益の利福を顧みないならば、それは暴君であつて正当なる政治を行ふ者とはいひ難い、神が「わが僕ダビデ彼等の王とならん、彼等全体の者の牧者は一人なるべし」といへるは、万民の上に立つて公共の利益幸福を図る一人の君主を意味するのであつて、この意味の支配者は、家父に比較して、民の父と呼ばるべきである。人類の社会は、自然の本質に沿うて一人政治たる事を最良とする。歴史を反省してみても、一人の支配者によつて支配されなかつた国家や都市は、不断に内乱に悩み、平和な生活を送り得なかつた事が立証せられる、神が予言者の口を通して、「彼等に一人の元首を与へん、而して君主は一人に限るべし」といつたのは、人生の目的たる天国の幸福を人民に与へ給はんとしたものである。個人の身体に於ける統一的組織は自然の所与であるが、平和なる社会の統一は、一人の支配者の努力の生むところであつて、君主は、社会の統一を生みたる後は更にそれを維持する事を為すべきである。凡そ公共の利益、幸福の維持を妨害するものは第一に自然の障害、第二に人性の邪悪、第三に外敵である。故に、君主たるものは、第一に官職の組織を充実して公共の利益、幸福を追求維持すべく、第二に法律によつて人民を邪悪より救ひ、第三に外敵を斥けて人民を保護する事をその責任とするのである。一人の支配者即ち君主は、必然性と価値性とのある者としてアクィナスは斯くの如く考へ且つ説明したのである。

第九項　君主存在の否定論

上記の如く、君主存在の意義を認め、又、君主存在の合理的なるを説く者のある一方、西洋には、明白且つ極端に、君主存在の意義を否認し、その将来の消滅を信ずる思想も顕著に存在する。これは、すくなくとも、日本の思想史上には、近来、直訳的にマルクス主義を妄信した一部の者の外には見られないところであつて、西洋に於ける帝王思想史の一大特色である。古代に於て、アリストテレスは有徳なる一人の君主によりて行はる丶政治と有徳なる多数の貴族によつて組織せらる丶政府の支配といづれが優れりやといふ問題に就ては多数者政治を可とすと論じた。これは君主の否定ではないが、君主政治を最良のものとは認めない思想である。君主の存在を無用とする思想は勿論必ずしも西洋にのみ存するのではなく、支那にも亦確に存在したが、かくの如く、君主の無用を論じ又は消滅の必然性を論ずるやうな思想を発生せしめたのも、亦、日本の如く曽て固有の思想としてか丶るものを生ぜしめなかつたのも、それは唯実に、彼等の生ける国体事実の反映にほかならない。又、君主の存在に就ては正当な理由を肯定しても、特定の君主即ち暴君に対しては人民の反抗権、乃至は革命権を承認し、結局、王統王室の変更を是認する思想も亦、支那と共に、西洋の帝王思想の一大特色であるが、それに就ては後に詳述するから、茲では、単に、君主の否定に関する思想に就てのみ一言しよう。

マルクス及びその徒が、君主の否定に努力したことは、日本に於ても生々しい経験として苦々しく回想されることであるが、マルクスに先立つて、最も明白顕著に、然も、「科学的」なる装ひの下にこの思想の闡明に力を尽したものはフォイエルバッハ（Ludwig Feuerbach）である。彼は、その著「将来の哲学の根本命題」の中で、「絶対君主の朕は国家なりといひ、絶対的神の余は世界なりといふのに対比的に絶対的哲学者は、それ自らを人間としてでなく思想家として、余は真理である、と言つた、若しくは少くともさう思惟した。これに反し、人間的哲学者は、私は思惟に於ても、哲学者としても人間と共にある人間である、と言ふ」と述べてゐるが、この考へに基いて彼は、信仰の世界に於ては神学を人類学に、弁証法的国家論の領域に於ては君主政治を民主政治へと解消する事を期した。彼の著「キリスト教の本質」に於て、神学の秘密を暴露して人間の科学に高揚せんとしたフォイエルバッハは、国家論に於ても亦二元論と分裂とを君主政治の本質と考へたのである。古代乃至中世の人々の君主の絶対性や神性に関する思想は、すべて君主を他の人間と異るものと見る妄想の所産にほかならないのであるから、妄想力が君主政治の力であると、彼はいふのである。されば、人間が妄想に支配せられてゐる間だけは君主に支配される。つまり、彼に従へば人間が、科学によらず空想によつて支配されてゐる時は即ち君主に支配される時なのであるが、君主政治の必然的属性は、その外面に於て華麗、奢侈、光輝、然もその内面に於ては実に危機、不幸、窮乏である、といふことになる。彼が、その著「法と国家」（Recht und Staat, Nachlassene Aphorismen）に於て主張せる要旨はこれである。かういふ思想は、前述の如くマルクス及びその亜流に継承せられ一層戦闘的相貌を示し、又一方には、バクーニンがその著「神と国家」に露呈したやうな無政府主義的相貌をも示し、世界の思想史上にあらはれた最も強烈な君主否認思想、乃至国家否定主義となつた。然し、これらの思想を生み、殊に、極めて戦闘的実践的に思想の活動を見たことは、矢張り、西洋の君主国が本質的に持つ欠陥を一部の温床とせるものであることは否定来ないであらう。吾人は此処に、君主否認の思想を詳細に紹介するの意図を有するものではないが、西洋の帝王に関する思想の一面としての君主否定論の公行を、後に述べる革命論と共に、参考として知れば足りるのである。

第十項　革命論

西洋の帝王思想は惟ふに聖書に淵源を発したところの、ある程度まで王統の一系を理想としつゝ、結局能力主義に陥れるものと、ギリシャの個人主義的能力主義の影響を受けたるものと更にローマの思想と、この三大淵源に帰せしめることが出来るやうであるが、まづ、聖書系の思想を眺めよう。然しそれに先立つて、数言を費しておきたいことがある。

アリストテレスは、その「ニコマコス倫理学」の第八篇に於て、真正なる「国王」といはれるものと「暴君」なるものとを区別して、「暴君は自利の為めに、然し、国王は人民の為めに支配する」といつた。ルソーは、このアリストテレスの一句を読んで、その著「民約論」第十章の中に、国王と暴君との区別の正当なることをいつた後、「アリストテレスの区別に従うと、世界には最初から唯一人の国王もなかつた」と極言した。而して更に、ルソーはその「不平等起源論」の中で、「私王をして私王と曰はしむるのみ」と過去の一切の王を痛罵してゐる。この、ルソーの言葉が厳しく文字通りに受取らるべきものか、或は概評として受取らるべきかは意見の岐れるところとするも、一般にヨーロッパの政治史並に思想史を大観する時、これを最も適切な概評と見て大過あるまい。勿論、長い各国の興亡史上には、明君賢君と呼ばるべきものも無いわけではないが、全体を通じて、それは極めて稀に個人的王徳として現れたものであつて、王位の根本から道が立ち、王位王統に即して道位道統が連綿実在したものではない。

故に、ルソーの批評は、これら有徳の君主若干の上には稍例外を為すけれども全体としては、真の国王なし、といはれても止むを得ないところがある。ギリシャ神話にあらはれたその地の古代世界と、旧約聖書にあらはれた諸地方の古代世界とは、その様相を若干異にしてはゐるけれども、真の王位王統——それは過去より未来を一貫しての天壌無窮、王統一系——が確認せられてゐなかつた点に於ては全く等しい。先づ聖書に就て見ると、旧約の世界にあつては、「神」なる万能絶対の原理を十分に活躍せしめて、「神が国王を廃立する」といふ思想を打ち樹て、現実の秩序の中では相対的に国王への服従を恰も「絶対」であるかの如く説きはするが、然も窮極に於て、神が王を廃し得るとするは、畢竟、人民による廃位革命を是認せるものにほかならぬ。国王の非を謗る事すら神威を冒瀆するものであり、まして国王に反抗するが如きは、神への叛逆罪である、とする限りに於て基督教の君主観は、君主絶対主義の如くであるが、それは飽く迄、一往の国家秩序の維持上に於ける相対的観念を出でない事は疑ふ余地がない。即ち現実の国王の中に絶対があるのではなく、国王の根拠としての神なる観念の中に絶対を立てゝゐるのであるから、現実の国家秩序を維持し得る範囲に於ては、神の観念の中に求めた絶対を国王の中にも適用するけれども、国王の暴政の極まる所、所詮、現実の国家秩序の維持不可能といふ限界に達すれば、絶対は国王の中から神へと召し上げられ、神意に基く、廃位革命が行はれるのである。神意とは、事実に於て民意以外のなにものでもない。「智慧と権能とは神に在り……王等の権威を解きて反て之が腰に縄をかけ」（ヨブ記、第十二章）、「若し彼等聴きしたがはずば刀剣にて亡び」（ヨブ記、第三十六章）るのも、要するにサムエルの子等がイスラエルの士師《さばきつかさ》となつて民の信望を失へる時、イスラエルの長老がサムエルの許に到り、「視よ汝は老い汝の子は汝の道をあゆまずされはわれらに王をたてゝわれらを鞫《さば》かしめ他の国々のごとくならしめよ」といへるに、サムエルよろこばずしてエホバの神に祈れるところ、「エホバ、サムエルにいひ給ひけるは民のすべて汝にいふ所のことばを聴け」（サムエル前書、第八章）と命じた、といふその民の意志に外ならないのである。聖書は、かくして、神意と称する民意に基いての王位王統の革命を、究極に於て是認してゐるものといはなければならぬ。

然らば、西洋思想の他の一淵源となれるギリシャの哲学はどうか、といふと、これまた実に革命是認論にほかならないのである。第一に指を屈すべきは申す迄もなくプラトンであるが、彼も亦、実は一種の神権論者である。プラトンに従へば、世界が最初クロノス神（Kronos）の時代に全くの理想郷であつて、そこには政治現象は絶無であつた。然るに、その後、世界はゼウス神（Zeus）の時代となり、罪悪が発生するに到りつひに政治現象が見られるやうになつたが、世界は再びクロノス神の時代に戻されなければならぬ、といふのである。それが為めには、先づ現実の国家の政治を理想的なものにする必要がある、茲に於て彼は「哲学者王」なる考へに到達し、哲学者王を立てるか又は世界の国王をして哲学の精神と力とを獲させるかすれば、「天日を仰ぎ得る」と考へたのである。哲学者王とは、知識、然も部分のそれでなく全体の知識、即ち、真理を愛好する人の意味であるが、かゝる哲学者王は、王自身の利益を考へたり命じたりすることなく、人民の利益を目的として政治をする者である、といふのである。この限りに於て、それは個人主義的理想主義ではあるが必ずしも革命是認の論ではない。然るに、プラトンは、神が国民を創造するとき、ある者には黄金を混へて支配者即ち国王と為し、ある者には銀を混じて補助者につりあげ、ある者は真鍮や鉄を以てつくり農夫や職工たらしめた、これが金・支配者、銀・補助者、真鍮・農夫、鉄・職工の四階級であるが、これらは一般に児孫を生みて後胤を存してゐる、神は支配者即ち君主に対して、特に注意深き保護を与ふべきこと、又、このやうな善良なる保護者である為めには種族の純潔を保つに優るものなきことを宣言してをる。然しもともと皆同一本幹から出たものであるから、時に黄金の親が銀の子を生むこともあり、銀の親が金の子を生むこともある。それだから、彼等四階級の児孫の中に如何なる要素が混入してゐるかをよく観察すべきであつて、若し金や銀の親から出た子供であつて真鍮や鉄の分子を含んでゐるとすれば、それは自然が階級の置き換へを命じてゐるものにほかならぬ、何となれば神託によると、真鍮や鉄の人間が国家保護の任に当るときはその国家は滅亡すると説かれてゐるからである、といふのである。これが「理想国」第三巻の終りに記されてゐるプラトンの革命是認論である。

プラトンの門より出でたアリストテレスも亦その「政治学」に於て、太だ君主の資性を重視せることは師説の継承といふべく、主権問題についても又革命論についても早くも既に相当科学的分析を加へて一流の見解を樹て丶ゐる。彼は、多数者政治、富者政治、有徳者政治、最善なる一人の政治、暴君政治のいづれをも等しく実在するものとして認めてはゐるが、多数者の政治と一人の有徳者の政治とを比較しては、前者が一層優れたものであることを、恰も多数者が協力して設けた宴会は一人の財嚢によつて提供せられた晩餐よりも遙に優つてをるが如きものだと論じてゐる程であるから、その思想が大体、民主的である事は多言を要しない。従つて、革命論についても、亦、自然、革命是認に傾くは当然である。尤も、アリストテレスの革命論は、彼自身の政治的意見として主張せられてゐるものではなく、革命の原因や、革命に対する国家の政策等についての論究といふ形式をとつてをるけれども、その思想の根幹は、原因あれば革命あり、といふ事を説いてゐるのであるから、革命是認の思想と見做さるべきである。哲学者の四角張つた理論のみに依るばかりが能でもないから、方面を換へて、ソフォクレスの「オイディプス王」(Sophoclis: Oedipus Rex)を見ると、その中にオイディプス王とクレオーンとの一問一答のところがある。

王　　　　君は反抗し、従はないと云ふのか。

クレオーン　私には王の考へが正しいとは思はれません。

王　　　　いや俺のが正しいのだ。

クレオーン　併し、私に就いても同じく正しくなければならないのです。

王　　　　併し、君は悪人である。

クレオーン　併し、若し王が誤つておゐでになるとしたら。

王　それでも従はねばならないのだ。
クレオーン　不当な王には左様ではありません。
（村松正俊訳「希臘古典別集」二〇〇頁）

合理主義的不服従権、反抗権は、蓋し、遠き古の民衆の生活そのものの生み出したものであらう。最後にローマであるが、ローマに於ては、最初から君主選挙制の思想であつた。君主を選挙するといふ思想は、窮極的に民主主義であつて、民意が君主存在の、従つて君位の原因である以上、それが、革命肯定の思想を根底に包含してゐることはいふまでもない。

かくして、欧州の思想的三大淵源は悉くその根底に於て革命を容認してゐる。これ実に欧州諸国の国体事実に基くものであつて、蓋し宿命といはざるを得ない。然らば、その後の各国に萌え出でた諸思想の大勢が、革命容認たる事も亦実に免れ能はざる運命といふべきであらう。

西洋の政治学、法律学は、十六世紀の後半に入つてから、革命権の思想を生産した。神権説は革命を絶対に否認して王権の神的性格とそれの結果としての万能無制限を主張したが、この思想とその実践とは近代民主主義の血闘によつて完全に撃滅せられ、自然法思想を経て国家契約説の勝利を獲得すると共に、正当なる民権の一としての反抗権、革命権が是認せられるに到つた。ヨーロッパ人の観念に従へば、マキァヴェリーの「王を戴かざる人民はあるが、人民を有せざる国王はない」のであり、又、ライプニッツのいはゆる「人民が君主の為めに存在するのでなく、君主が人民の為めに存在する」のであるから、神権説を奉ぜざるに到らば、君民間の関係は、一に合理的思想によつて秩序を保つのほかない。合理的思想によつて君民の関係が維持せられるとするならば、そこにはどうしても代償観念が導入されざるを得ぬ。これライプニッツをして、「君主は人民が反抗権を有してゐる事を、人民は君主に受動的服従の義務ある事を信じあふ」のが理想的であるといはしめ、（注19）クリスチャン・ヴォルクをして「君主は根本法に反したことを命ずる権利を有する者ではないから、か丶る事を命じた場合には服従する必要なし」といはしめ（注20）、更に、オルバックをして、君主が若し「堪へ難き害悪を我等に忍ばしめる」ならば、「我等は君主を憎悪し敵として取扱ふ（注21）」と叫ばしめたところで、これは、現代に到るまで、ヨーロッパの対君主思想の不動の信念となつてゐるであらうところのものである。而して、か丶る不当の君権に対して人民は之れを放伐するの権利を有するといふ暴君放伐（Monarchomahia, Tyrannicidium）は、事実、欧州各君主国近世の、否、むしろ有史以来の歴史を通じて実演せられたところであつて、単にか丶る思想の発生に止まれるものではない。

然し、かくの如き反抗権、放伐権、革命権の認容とその実践も亦、支那その他の場合と同じく、断じて、西洋の王道思想の内容を成すものではない。思想家の論述に、実際上、若し、いはゆる帝王の政道論と併せて革命権の主張が、例せばライプニッツの場合の如くに説かれてゐても、それは説述が併記されてゐるといふだけであつて、王道そのものが革命を内含してゐる、とは解すべきでない。

注1　神権説に就ては一般の西洋哲学史、法律思想史、政治思想史などに概説されてゐるが、手頃の参考書と思はれるものは、穂積陳重著「神権説と契約説」、大石兵太郎著「君主の神的権威」、今中次麿著「政治学説史」、J.N.Figgisの“The Divine Right of Kings”などを参照。

注2　“A Lexicon Abridged from Liddell and Scott's Greek-English Lerican”に次の如く言ふ。“The second of the nine Archons at Athens was called βασιλευς; he had charge of the public worship, and the conduct of criminal processes. After the Persian war the king of Persia was called βασιλευς (without the Art)。

注3　“Supreme ruler, usually an hereditary head of a state; strictly, a king, emperor & c. who is the sole ruler, or an absolute monarch; the term is now constantly applied to a limited or constitutianal sovereign, and is regarded as synonymous with king & c."

注4　ウェブスター大辞典は"Prince: a sovereign, a monareh, As the Prince of Monaco" と注し、更に、"A title given to the son of a sovereign, or to other members of a royal family, as the Prinee of Wales" と解釈してゐる。

注5　Having common enemies of different ethnic stocks, these tribes may form a great military-political purposive association, a confederation. The head chiefs of tribes may become the council of the confederacy, or the latter may include lesser chieftains elected by the clans of the tribes. The confederacy may have also an elected head chief or chiefs. Within the council of the confederacy, and, more generally, in the confederacy, sovereignty arises and the true political tradition is evolved."(Giddings, The Principles of Sociolgy. pp.284-285. Cf. p.314)

注6　Vuller, Fragmente über die Religion des Zorsaster, S.33.

注7　(A)A .H .Sayce, The Religion of Ancient Egypt, pp. 44, 88. (B)Sayce, Religions of Ancient Egypt and Babylonia, p.40. (C)Allen, Evolution of the Idea of God, p.172.

注8　(A) Allan Menzies, "History of Religion, p.87. (B) D'Alviella,"Lectures on the Origin and Growth of the Conception of God as illustrated by Anthropology and History, pp.169, 170. (C) Max Muller, Physical Religin, p.184. (D) F .B Jevons, Introduction to the History of Religin, p.142. (E)Sayce, The Religion of Ancient Egypt, p.42.

注9　加藤玄智著「宗教学」二三二頁、西村真次著「世界古代文化史」一八六頁

注10　Elliot Smith, The Evolutiors of the Dragon, p.29.

注11　W.J.Perry, The Growth of Civilizatios, p.128.

注12　高橋清吾編述「欧州政治思想史」一八六頁に依る。

注13　五来欣造著「儒教の独逸政治思想に及ぼせる影響」三六九頁に依る。

注14　現代猶ほこの選挙制の変形としての王位継承は、例せば英国の如き国に完全に保存せられてゐる。即ち英国王の即位に際して行ふ戴冠式に、「承認」(recognition)の式の存するは選挙制の遺風にほかならぬ。ジョーヂ五世の承認式については、その報道文の中に、「喇叭はその時国王の選挙を宣奏した」(And the trumpets then proclaimed the election of the king.)とあるを以て見ても、今は世襲ながら猶ほそこに選挙(election)思想の纏綿してゐる事を知り得るであらう。英国ではサクソン時代には完全に選挙制であつたがノルマン征服後も選挙制の形式が襲踏されたが実質的には漸次世襲制となり、長系継承(Primogeniture)の原則が確立したのは僅に十三世紀以後のことである。

注15　中川一男著「西洋中世史新論」参照。

注16　Aristotlis Politics (Jowett), p.136

注17　Holbach, Systeme Social t. II, pp.63-64

注18　Holbach ibid, p.6

注19　Die Werke vom Leibnitz, B. III,S.165

注20　Wolff, Institution, t I.531

注21　Holbach, ibid. t. II, p.12

第四節　王道論

第一項　西洋の王道

「王道」「皇道」等の語は東洋独特の表現であつて、西洋語には、これに相当する熟語成語を見ない。日本で出来た辞典を見ると、たとへば木村謹治博士の「和独大辞典」の「王道」の下にはn. der Weg(-<e> s) der Gerechtigkeit; die Kaiserliche Herrschaft, と訳し、「王道と覇道」といふのをdie Regierung des Rechts und die Regierung der Macht. と訳して、而して、「治むるに王道を以てす」といふ文例についてはEr regiert mit Gerechtigkeit. といふ訳例が与へられてゐる。

転じて斎藤秀三郎氏の名著「斎藤和英大辞典」の「王道」の項を見るにThe Rule of right and justiceと訳し、「王道と覇道」は之れをright and mightと為し、而して、「治むるに王道を以てす」をばHe rules over his people with justice. と訳出してをる。竹原常太氏の『スタンダード和英大辞典』には、「王道」をthe principles of royalty; the rule of right などと翻じ、「治むるに王道を以てせり」をばHe ruled his people with justiceと訳出してある。更に、井上七吉氏の「和英大辞典」を参照すると、これは一層簡単に、King-craft; the way of government といふ二訳を与へてをる。

いづれも苦心の訳であるにちがひないが、王道とか皇道とかいふ文字や言葉から吾々が受ける感じは全然出てゐないし、King-craft に到つては、全く、王道の語義とかけはなれてゐるやうに思はれる。若し又Kongsweg とかThe way of King とか乃至はThe Emperor's Path などと訳せば文字の形体は「王道」に近いであらうが、それでも十分とはいへまい。

かやうに、西洋には、元来、「王道」の語が無いのである。然し、「王道」に匹敵する熟語成語が無い、といふことは、必ずしも「王道」そのものの無いことを意味するものでもなく、又、王道的観念の存せざることを立証するといふわけのものでもない。

夫婦といふ事実が存すれば、そこには必ず夫婦の道がある訳であるし、親子といふ事実が存するところには必ず親子の道がなければならぬ。西洋の夫婦の間には絶対に道がないとか、又、西洋の親子の間に行はれてゐる道は、仮に道とは名付くるも正道ではなく邪道のみである、とかいふことはいへない。

勿論、道の自覚、把握、乃至実践には、種々の相異があり得よう。浅いものもあれば深いものもあり、正しい部分の多いものもあり、誤れる部分の多いものもあるであらう。然し、全部が道ではない、といふことは容易にいへるものではない。

西洋各国にも、古来多くの君主国が存在し、又現に存在してゐる。然らば、そこに君民関係の実在する事は疑ふわけにはゆかぬ。所謂治者と被治者とが実在する以上、そこに、治者たる君主の道、或は被治者たる国民の道が、何等かの意味で存在せざるを得ない。

勿論、君民の間柄の性質は、日本と西洋諸国とでは根底に於て異るから、日本の君臣関係と西洋各国のそれとが全同である筈はない。然し、他方、根底は兎に角、現実的に治者と被治者といふ間柄を成してゐるといふ点では共通性も見得るわけである。既に治者と被治者との関係を成せる君民が実在する以上、名称は「王道」でないまでも、実質的に、何ほどか、又、何等かの意味での王道が考へられない筈はない。

それは必ずしも「王道」が一貫して王者に行はれた、といふ意味ではないが、東洋で「王道」といふところのものに該当する「王者の道」が、全然考へられず、全然行はれなかつたとすることは出来ぬ。西洋に於ても、どれだけかは「王者の道」が観念され、どれだけかは実践もされたのである。たゞ、日本に比しては、王道が事実上一貫して完全に行はれなかつたのは事実であり、他方、支那や印度に比して道の把握の仕方や自覚に於て異るものがあるのも亦事実である。

つまり、王道の自覚に於て、一般に浅く、現実的であり、功利的であり、又時にしばく技術的でさへもあるが、それは、西洋人の君民関係の事実から来つた王道思想の欠陥であつて、「無王道」といふこととは異る。西洋人といへども、「王は無用だ」と考へてゐる者ばかりではなく、王政を以て最高の理想であると考へた者もあるのであるし、又、現に、国王を戴いて君主国家を形成してゐる国もすくなくはないのである。そして、君主国に於て、「王は悪事を為すべし」、「王は徳を養ふ必要なし」と考へてゐる者は一人もない筈である。

凡そ此の世界に於て君主を戴ける国家国民にして、君主の有徳を希ひ、その修徳を期待せざるものはない。君位君権の基礎を徳に置く思想は申す迄もなく、たとへ、それらを徳以外のものに見出す論者といへども、君主の不徳を歓迎して有徳を排斥するものはない。これは西洋たると東洋たるとによつて情を異にするものではなからう。

西洋に於ても、およそ王国の事に志を存するの士は、それ故に、古来各国に於て皆、国王の修徳、即ち君徳の涵養を熱誠以て唱導提言してゐる。遠くはプラトン、アリストテレス等を始め古代中世近代を通じ、著名なる哲学者、政治家、法律家、その他の所説決して少々ではない。それらは吾々が、それらの幾多の名著の翻訳により、或は哲学史、政治思想史等の学習により、大要を知つてゐるところであるが、さういふ一般の文献以外に、特殊の事情下に君徳を論じたものも亦頗る豊富のやうである。

そもそも、帝王の修徳を必要とし、帝王の人格の玉成を希ふ所以のものは、一にその政治に道ある事を熱望するに基くものといはねばならぬとすれば、ひとり消極的に君主の人徳を論ずるに止まらず、進んでは大いにその政道を高唱するも亦当然といふべきである。而して、西洋の王道思想を通観するに、そこには、東洋のそれと比較して極めて顕著な特色の存することを発見するのである。

その一は、東洋殊に、支那、印度等の王道思想の根底が、天とか、大道とか法とか其他甚だ抽象的にして且つ「先天的原理」なるものを認めての上に立つてゐるに反し、西洋のそれは著しく現実的である。従つて、帝王の政治上の規範即ち王道の立て方に於ても前者が哲学的宗教的色彩に富むに反し、後者は頗る具体的に徳律的であり又科学的であるといふ特色を為してゐる。この点は頗る興味深きところであつて、王道研究者の注意すべき要点と思はれるが、西洋の王道論は、それ故に、王道の根本法の方面に余り多くの発達を遂げず、専ら、王道の徳律的方面、従つて又、法律的方面に異常の発達を遂げたものの如くである。

即ち、東洋の王道論が、王道の根本法の方面に哲学的宗教的色彩を以て発達せるに反し、西洋のそれは主として王者の道徳的規律、社交、運動などの、要するに個性の修養と、王権論との二方面に特別の展開を見せたものといふことが出来よう。この意味に於て、西洋にも亦一種の王道思想が存在するのである。

第二項　君主の自覚に現れた王道思想

王道論は必ずしも東洋の専売ではない。曽て伯林大学の教育学部教授たりしヴィルヘルム・ミュンヒの「帝王教育思想史」(Gedanken über Fürstenerziehung aus alter und neuer Zeit, von Wilhelm Münch. 文学士西田宏の訳あり)によると、広義の帝王教育に関して実に千余の文献を網羅してゐるから、西洋各国に亘り王道論と目すべきものの著作がいかに豊富であるかに驚くのである。その中から、予が最も重要なものと考へたものだけを拾つてみても、古代には前三七四年のイソクラテスの「王道論」(Vom Königtum)以下七八種、中世には十六世紀迄に約二十種、十七世紀には実に六十種以上、十八世紀及び十九世紀に入つてからでもおよそ三十種を算へることが出来る。

これらの一千以上にも及び就中重要なものと思はれるものでさへ百種にのぼる文献はこれを通覧することさへ今の予には力及ばぬところであるが、ミュンヒの著書の中に示されたものの中、特に帝王自身が治道に於て如何に自覚してゐたかをや、組織的に知り得るものとしては五種をあげ得る。

即ち、第一にはユリウス・フォンブラウンシュヴァイク、第二にはジェームス一世、第三にはマクシミリアン選挙侯、第四にはルードヴイッヒ第十四世、第五にはフリードリッヒ大王、これである。以上の五君主のうちジェームスが英国王であるのを除けば余は悉く独逸の君主であるのは、かの書の著者が独逸人である為めにさうした結果に陥つたものか、或は偶然さうなつたものか、必ずしも詮索の必要はない。又、これによつて、欧州諸君主国の国王中、幾分でも王道思想の自覚に生きた者は、独逸の四君主、英国の一王のみにして、他には皆無であつたといふ断定を下すべきでもない。

要するに、この五例は、ひろく一般に欧州君主国の君主の王道思想を代表するものとして見るべきであらう。五例とも父なる国王がやがてその後を継承すべき者としての王子に与へた教訓であるが、我国に於けるこの種のものとしては宇多天皇の「寛平御遺誡」、後崇光院の「椿葉記」、「後花園天皇御消息」などがある。以下第四項迄主として西田氏訳する処のミュンヒの書に拠り、諸帝の遺訓その他を大観したいと思ふ。(注1) 特に出所を明記してないものは、皆ミュンヒの拠つたものであることを断つておく。

第一。ドイツのブラウシュヴァイクの君主ユリウス (Juliusu von Braunschweig) が長子ハインリッヒを始めその三人の王子に一五七九年に与へた教訓は、ミュンヒの著作の紹介する限りに於て、先づ第一に、王子の家庭教師、太夫、侍従等に対し、神学と礼法との高度の習得を命じ、言語、態度、行為の不行儀を戒めてゐる。

これは、「吾々独逸人の間にあまり甚だしく侵潤してゐる悪い習慣」として特に側近の者の王者に侍する心得を説いたものであらう。王子教育に関しての積極的要求としては、

(一)、「基督教的の諌練せられたる純潔にして閑寂なる、名誉ある生活」を推奨し、

(二)、破廉耻な言葉及び尾籠な言句、みつともない道化、その他の不作法、軽薄な詩歌や俗謡類を禁止し、

(三)、王子等が互に喧嘩口論、憎悪罵詈を為さざるべきこと、
(四)、高齢にして尊重すべき人々に対して慇懃温順で懇切に話掛くべきこと、
(五)、武士、貴族、平民等すべての人民に対し、及び文書を以て訴訟せる人々に対し、学問の邪魔にならぬ限り親切な態度で接し、不興な顔をすることなく、場合によつては親切且つ正当公平な判決を与へ、何人に対しても不作法な荒い言葉で頭ごなしにしてはならぬ、

といふやうなこと、総じては、「各人から畏怖せらるゝよりも寧ろ愛敬せらるゝ」を要す、と訓へてゐる。

第二。ジェームス一世は元来スコットランドの国王であつたが、一六〇三年イングランドの女王エリザベスの死によつてチュードル王朝の亡びた後、スチュアート王家を興した人で、この人によりブリテン島は始めて同君聯合の統一国家となつた。

この王は「国王の進物」(Basilikon doron)なる書を長男ヘンリーの為めに書いた。この書はミュンヒによれば「明かに王侯社会に於て非常に尊重せられ且つ広く読まれ、そしてこの書に模倣した者が現れた」といふのであるから、西洋の君主自らによつてなされた王道論として出色のものなのであらう。ミュンヒに従うと、「この珍らしき著書は普通一般の著者の如く敬神的な説論を以て始まつて居る」のであるが、国王にとつて如何に宗教心が大切であるか、又、宗教に関して如何に国王が絶大な責任を有するかが、王子の心底に徹するやうに書かれてゐる、といふ。それで、王子が聖書を研究すべきことを注意し、特に列王紀略と歴代志略とを中心とすべきことを教訓してゐるが、ジェームス一世は帝王神権説をふりかざして国民側の議会主義と対立し又、国教を主張して新旧両教と相容れなかつた人であるから、この宗教上の教訓には余程力を入れたものと見える。

次に、政治に臨む君主の根本大綱ともいふべきものについての彼の思想は、左の訓言によつて察することが出来る。

汝の模範の影響が如何に大きく、如何に多くの人々が猿猴の如く汝の為す所を真似るかを考へよ。暴君と明君との差別を常に眼中に置け。一般の為めに、国民の為めに生活せよ。善良の君主と雖も弑虐漢の犠牲となることがあるが、弑虐漢も明君の肖像を人々の心裡から抹殺することは出来ぬ。公益の保障に任命された人民の代表者は其の全権を個人の利益の為めに濫用し、又は一個人によりて濫用せしめぬ様に注意せよ。彼等をして専ら立法の目的のみに集合する様にせよ。而してこの事は稀に必要である。有力でも現行法律では願はしい事を成し遂ぐることは困難である。汝の即位以後は万機を確実に取扱ひ、実に厳正に取扱へ。最初或期間は温和を旨として人民を卿の恩恵に服せしめようなどと考へるな。公衆の意見の潮流によつて卿の確定した方針を変更するな。最も価値ある協賛を博するものは正義である。世には恩恵にあづかり得ざる多くの犯罪がある、殺人犯、姦通罪、貨幣贋造罪がこれに属する。これに反して不敬罪は必ずしも真面目にとらぬ様にせよ。然し卿の王朝、卿の祖先を侮辱するものあらば之れを不問に附してはならぬ。

更に、政治上の実際問題に関しては、たとへば、当時常に相互に不和であり闘争復讐癖の強かつた貴族に対する方針を、

貴族社会に於ては、悪性の人々に峻厳に対抗する為めに善良なる人々を厚く手なづけることが必要である。けれども一般に各階級の尊敬すべき人物には常に自由の謁見を許し、彼等に接するに親切に且つ自然的にして、彼等を信頼せしむべきである。又特に貴族の優良なるものを身に近く引込み、彼等を尊敬し、彼等に官職を与へよ。

と指導し、又、商人階級に就ては、

商人は一体に常に自己の利益のみを求める、其の際、彼等は善良なる貨物を内国かち輸出し、而して無価値の百貨を高価にて輸入する、元来彼等は物価を毎日騰貴させる、これらの出来事を監督する為めに特別なる検査

官を任命し、貨物の価格を一定する必要がある。

と教へ、又、有力な職人や芸術家は外国から来た者でも歓迎すべきこと、善良な国民の祭礼を保護助長すべきこと、国情を知悉する為めに国内を旅行すべきことなどを勧め、法律関係については、

平時にありては国王は国家の法律に精通しなければならぬ、そしてそのために、国王は法廷当局に列席し注意し、最も肝要な法律上の争は他人に委任して裁判させず国王親ら解決すべきである、法律は出来るだけ簡単明瞭でなければならぬ、さうでないと、弁護人等は人為的解釈をして驚くべき事を為すからである。

といひ、軍事関係については、

決して隣国に於ける謀反を援助するな、君主は皆相互にかゝる危険に瀕してゐるのである。戦争を起さねばならぬ場合には戦争の結果に就て、ある予言者に問うてはならぬ。支配者は交戦国間の談判に際して個人的の決闘をしてはならぬ。戦闘員に対しては厳格を最も必要とする。スペイン人が偉大なる効果を発したのは主として彼等の軍隊内の厳格なる軍律によつたものである。戦闘に於ては、国王は、一二度は自分の生命を賭すべきである。けれどもかくして自分の勇気を示した後は、退いて生命を大事にせなければならぬ。

と訓誡してゐる。国王たる者の修学に就ては、

国王は信ずべき諸著述の講義によつて、世界歴史に通達しなければならぬが、古代史よりも近代史、特に自国の近代史を繙くことを忽にしてはならぬ。

とて歴史の研究に重きを置いた。その他、君主の道徳や心術についての実際的訓諭を示した後、次のやうな極めて卑近な実際生活への指導を試みてゐる。

ある公の会合に於て飲食するときは、作法を厳守せよ、その際には美麗なる器物を用ゐよ、しかし好んで単純な食物を取り、特に粗食に甘んぜよ。卿は他の誰よりも暴食を避けなければならぬ、人々の前で不平な顔付を

するな、諧謔と娯楽とを全く除くべきではない。活発で上品な会話を愛せよ、じだらくな服装はよくない、けれども華奢な装ひをすることは避けよ。尚又、衒学者の風をしてはならぬ、卿の身体を鍛へ、身体の運動のためにはあらゆる種類の遊戯を為すのがよろしい。特に卿は王者としては、屈強の騎者といはるゝ程に乗馬を練習し荒馬をも御しなければならぬ。猟人としては、卿は重に、鉄砲と犬とを使用する大仕掛の公の猟に於て活動せよ。卿には野獣に忍び寄ることや、待伏して殺戮することは適しない。鳥狩はあまり勧められない。楽器を弄することは国王には適しない。即ち（ある古人が曰つた通り）、『精神を指頭に弄するは』努むべきことではない。卿が何か判決をなさんとするときは、必ず先づ憤怒を鎮めなければならぬ。臣下に善良な者があれば努めて之れを表彰するがよい、けれども一人の表彰を過大にしたり、特に表彰する必要のない者にまで恩恵を施したりするのはよくない。

以上のジェームス一世の教訓の中には、王道にかなへるところもあり、又、王道といふよりむしろ王術といふべき点も多々あるが、いづれにもせよ、王国を保つ君主としての父が、その国の後継者たるべき最愛の王子の為めに吐いた言葉であるから、衷心の信念であるにはちがひなく、われらとしては、これによつて、欧州の帝王の自覚の一端を知る事が出来よう。

さりながら、かくの如き好言をその児孫に残す事切なるものありしジェームス一世その人は、容貌醜悪、美少年を愛し、のみならず自らその子を誡しめてゐるところの衒学癖あり、「賢明なる愚人」と国民から評せられた人である。王国の破綻を来すほどの失政は行はなかつたが、宗教上の問題で、外交上の事件で国内に摩擦を起した事は否定出来ない。然し、この訓言そのものは、多少、自らのこれらの冷暖を経て、反省自覚したところを伝へたものであらう。

第三。「マクシミリアン父訓」と称せられるドイツのバイエルンのマクシミリアン選挙侯の遺訓は正式には、「基督教主義の帝王、一名バイエルン公、マクシミリアン選挙侯王子フェルディナント・マリアに宛てたる父としての訓諭」(Der Christliche fürst oder Vätterliche Ermahnungen des Churfürsten Maximilian Hertzogens in Bayern, an den chur-Prinzen Ferdinand-Maria, seinen drey-jahrigen Sohn) と呼ばれる。

この書は、その冒頭に、「我は今文筆で二三の語を費して、卿が絶対の権力を以て、この国に君臨する時に、卿の善行態度及び卿の名誉の発揚に最も利益になると思慮したものを草案して提供する」といふ書出しがあり、そして、「我が一生は終つた、最早卿の倍にあつて助言し又助力することは出来ぬ、我の代りに、我が卿に賂るこの教訓を指導として仕事せよ、之を以て、かくも衷心から卿を愛する父の最後の忠告と思へ」と書いてある、といふ。

内容の詳細は不明であるが、「王国は三つの悲嘆の外何物であらうか、即ち王国を得んとする慾望、王国を失はんとする恐怖、王国を保全せんとする配慮」といふ一句は、実に、古今東西のすべての君主に共通な偽らざる声である。訓誡は、基督教に対する正信の問題、王子にして「若し偉大にして尊敬せられんと欲せば宜しく躬ら偉大に且つ高尚に生活し、而して人民よりかく思はれたしと卿が願ふ人物の如くに躬らを処せよ」といふが如き修養の問題、及び臣民に対する本務及び責任の問題などに亘つてゐるらしい。殊に、臣民の本務の問題中、犯人の所罰に関して非常に力説し、「君主たるものは心からの懺悔を聞いては感動するやうでなくてはならぬ」といふやうな名言もある。

第四。ルードヴィイッヒ十四世も亦その愛する世嗣の為めに、自分自身の政治を顧み、多年の経験を批判して、教訓を垂れた一人であるが、こゝに紹介するのは、王の孫フィリップがスペインの王位に即いた時の訓誡である。「善事の為めに汝に不興を惹起するの勇気を有する人士を尊重せよ、これこそ汝が真正の友である」といふは、王者が忠臣の諫争を用ゐることをいへるもので、支那に於ても印度に於ても、将た又我国に於ても、これと異言同趣の軌範を有してゐることは申すまでもない。

又、「汝の娯楽の為めに国政を忽にするな、けれどもある時間を自由なる使用と娯楽との為めに保存するやうに汝の生活を規定せよ」といふは国王の生活に於て直接公務と見做される生活と私務と考へられる生活とに於て、前者を重しとなしつゝ、両者を混交せざらんことを注意せるものである。「人々が事務に就て汝に報告するときは、十分注意して聴け、特に初めには、なほ判決を与ふることをせずに沢山の事に傾聴せよ」といふは国王が臣下の奏言を聴くについての心得であり、「有為なる人物を知ることに全力を尽せよ、さすれば汝は必要ある時に彼等を使用することが出来る」とあるのは、所謂、「野に遺賢なきを期する」王者の人材登用の道を説いたもの、而して「各の人を親切に取扱へ、誰にも侮辱するやうなことを言ふな、而して汝は高き地位の人々と人格の高い功績のある人々とを彰表せねばならぬ」といふは、王者が人に接し人を包容するについての訓言であらう。「少しのものでも進物を受取るな」といふは贈物によつて人に対する精神の厚薄を来すが如きは王者の道に非ざるが故で、帰するところ、君主たる者は「臣下の幸福の基礎を作らんと努力する」ことを使命とするのである。然し、臣下の幸福の為めにもせよ「強ひられて止むを得ざる時の外、決して戦争を起すな」といつてゐる。簡潔ではあるが、西洋人の、比較的正純な王道思想の表現とみてよいであらう。

猶ほ、此の王は、その死去の少し以前に、フランスの王位を継承する幼冲なる彼の王子に次の如き訓誡を垂れてゐる。

国家の利害が何よりも先に立たねばならぬ。人々は自分の個人的性癖を支配せねばならない。柔弱が一番危険であつて、それには色々な種類がある。人たる者は自分自身や、自分の性癖や、自分の自然性に対して警戒せねばならぬ。国王の職は高尚にして貴重なものである、而して自分に委ねられた凡ての責務に忠実なる男子であるとの自信を有するときは、国王となつて非常に愉快なものである。けれども困難と苦痛と心配とは国王には少くはない。加之《しかのみならず》、人は国家の利害を眼中におくときにも、自分自身の為めに働くものである、然るに君主の名誉は全く公安公益とに存するのである。人若し失敗せばこの失敗を出来る丈け速に良くせんと試みなければならぬ。如何なる顧慮によりてもこれを中止してはならぬ。

第五。フリードリッヒ大王の書簡といふは、西紀一七四四年に、フリードリッヒがその甥にしてヴュルテンベルク国の君主たりし十六歳のカール・オイゲンに与へたもので、彼の意識した王道・王術を説いたものである。先づ「世の中は、統治の始めに際して、若き君主に注目を集め、而して其の最初の統治行為は彼に対する公衆の判断を大抵一定するものである」とて登極最初の出発の肝要なるをいひ、次で「最初に善良なる声誉を博するといふことが必要である、臣下の信任を博するといふことが君主にとつて最も願はしき永続的利益である」といふ。これは、王術の尤なるものであらう。ところが、君主がかゝる声誉を博する上に最も注意を要することがある。それは国家の内部には「阿諛によつて君主の信任を博し、これを自己の利益に悪用し、やがて、君主を支配せんとする小人」が到る処にゐる事である。殊に、政府の役人の中にも「政治を擅にせんが為め、故らに君主から政務の知識を奪はんと努め、これが為めに、事柄が実際よりも困難であるかの如く陳述する者」のゐる事を発見するであらう。而して実に「これらの人々は君主を自分等の後見の下に置かんとする者であり、又、それを最も利益あるかの如く示す」のである。

そこでフリードリッヒ大王は、かくの如き不逞の臣への対策として「あらゆる財政に於ける明確なる知識を得ることが必要で、それには経験に富める秘書官を選択するを要する、財政に精通するときは、其の他の必要なる考査は容易である」と訓へてゐる。その他、

汝の決定に於て確乎たれ、小心翼々として賛否を思料せよ、けれども汝の意志を宣言した以上、如何なることがあつても、それを翻すな、然らずんば人々は汝の権威を嘲弄し、而して汝は不信用の評判を招くものぞ。

と諭し、又、

宮中に於て色々な陰謀が、摂政の終結の際必ず起るものと知れ、かゝる際にはこの張本人を最も厳格に罰することが必要である、かゝる場合の好意は、主として時ならざる親切の如く、全く失敗に帰する、さればとて必要なき厳格は罪悪である。

来らんとする実際問題に対し指針を与へ、更に、政治の根本原理については、汝の邦土が、汝の為めに存在してゐると思ふな、斯民を幸福ならしめんが為めに神の摂理が汝を斯の世に呼びたるものなるぞ。民の幸福を常に汝が娯楽の上に位せしめよ。汝の青年期に於て、汝の性癖を汝の臣民の安寧の為めに犠牲とする事が出来るならば、汝は万衆の愛、いな、実に讃嘆をも惹起するであらう。汝は又、君主として、汝の国土に於て、正義とあらゆる道徳的に善良なる諸性質とを融合する所の国民的宗教の首領であれ。されば汝は此等を躬から示さなければならぬ。然し特に主徳即ち真正なる仁愛を示さなければならない。

といつてゐるが、此の辺、確かに王道的である。

フリードリッヒ大王は別に又「マキァヴェリズムを厳格に批判するものは道徳学者のみで、治国術に於ては彼は現代に到るまで大なる尊敬を受けてゐる」、しかし、「余自身は彼が無きものにせんと欲した人道の為めに、尚又、彼が詭弁と犯罪とを以て代へんとした理性と正義との為めに、この怪物に大胆に反抗する者である、私人のみならず君主までも誘惑し堕落せしむる者は如何なる罪を受くべきものだらうか」との公憤から、「反マキアヴェリ」といふ一書を述作して、マキァヴェリが、現実の君主の悪の描写ばかりしたのを痛撃して理想の君主を論明せんとしたあたり、西洋の国王としては稀なる王道的意識の帝王であつたといつてよからう。

第三項　帝王修徳の道

第一款　序　説

帝王の占むる高き地位と、帝王の行ふ絶大なる権力とは、一国の全住民の一人一人に放射線状に結びつき、地上に於ける人力中最高最大最強の支配力として活動する。それ故に、帝王が如何なる個性であるかは、封建の古も立憲の今も一国国民にとつて実に最大の関心事たらざるを得ないが、就中、近代的憲政の確立せざりし西洋諸国の往時にあつては、これが一国国民の運命を左右するほどの重大事として考へられたことは想像に余りあるところであらう。こゝに於て、いづれの時代にあつてもその時の識者といはるゝ者の中から、然もそれは宮廷生活の内部に属する輔臣の中からのみならず、むしろ、より多く一般在野の憂国の識者の中から、或は王道、若しくは王術に関しての意見が続出し来らざるを得ないわけである。

王道・王術の論はいかに精緻を極むるも結局、実際問題としては之れを行ふ人、即ち君主王者の問題となる。道の観念が如何に立派に示されても、政治のあるべき様相が軌範としてどれほど整然と示されても、之れを行ふ君主その人が、王道に反し王術にも背く体の不徳の者である以上、王道も王術も国民の生活に実践的価値を示すものではない。王道、王術は、それ故、現実の実践的関連に於ては、先づ、基礎的に、君主その人の個性の修養、即ち君徳の培養から始まる。これは、一貫不滅の王統なく、従つて又、王統に即して不滅の道統なき西洋諸国として、やむを得ないところである。

西洋の君主国にあつてはこの意味に於て、先づ、君主の人間的教育論が、重大な先決問題として与へられてゐる。勿論、如何なる君主国に於ても、君主たる人の徳性教育を忽にしてよいものではないが、西洋に於ては、殊にこの点、切実な意義を有するものの如くである。

前例にならひ、便宜上こゝにも亦、主として帝王の個性の修徳と治国の上に積極的に行ふべき道とを分つて観察しよう。

第二款　君主の道徳

王様の心は惨虐なものでございます。人に従ふ事が稀で殆ど何時でも命令してゐるので、王様といふものは怒りを押へる事は困難でございます。（村松正俊訳『メーデイヤ』希臘古典劇集三九九頁）

これは、西紀前四八五—四〇七年の、ギリシア三大悲劇詩人の最後の一人といはれるエウリピデス（Euripides）の作品 Medeia 中にあらはれる乳母の言葉の一節である。君主の道徳に関してはヨーロッパに於ても亦極めて厳格に思惟され要求され、そして期待されてゐる。されば、明君といはれた程の者は、自らきびしく道徳を修得する事に努めるとともにその子孫に対して遺訓を垂れた者もすくないないし、臣下からも、上言して君道の基礎としての修徳に就て進言したものもすくなくない。

帝王自身の帝王訓については既に述べた通りであるが、臣下にして帝王に修徳の道を説いた者としては、既に、西暦前三七四年に、アテネのイソクラテス（Isokrates）が、チペルン島のザラミスの専制君主オイアゴラスの王子ニコクレスの為めに陳べた「王道論」（Vom Konigrum）の如き古きものの存在さへ知られてゐる。イソクラテスは、善き君主を定義して、「善良なる君主とは自分の国家を困難から救ひ国家を隆盛の域に保ち国家の意義を常に向上せしむることを知つてゐる人」であると為し、而して国家の隆盛は君主自身の精神的円熟と密接な関係あるものと考へて、「闘技家は体格を鍛錬すべき理由を有してゐるが、君主はこれにも優つて精神を修養すべき理由を有する」とて、国王が他の何人よりも円満な人格修養に邁進すべき気概あるを要すと説いてゐる。そして彼は、この君主の人格修養をば結局、「汝の祖先の遺風を守つて神々に事へよ、汝が躬から正しき人善なる人としてこれ等の神々の前に参ずることが出来るならば、それこそ最美の犠牲にして最良の礼拝であることを考へよ」といふ風に表現してゐる。

又、クセノフォン（Xenophon）の如きもペルシャ国王キューロスの為めに著したKyropadieの中で、「自己を支配すること」の必要を力説した。尤もそれは、純粋に王者の修徳を説くといふよりは、功利主義的思想を以てせるものであるらしいが、いづれにもせよ、一種の君徳修養を力説せるものである。

又、後のものに例をとるならば、ジュスイット教徒、スペイン人マリアナ（Juan Mariana）が一五九九年にフェリペ三世に献じたる「王侯及び王侯教育に就て」三巻の著述の如きはその好箇の一例で、この書は第一巻に於て君主国の起源と価値、王位世襲、明君と暴君等を、第二巻に於て君主の個人的生活の教養と軌範とを、第三巻に国家行政のことを論述してをるが、その国王修徳の必要は、実に国王の国王たる地位に基くものであることを強く主張し、「国王たるものは必ず各刹那毎に胸に手を当てゝ汝は唯、国家の為めにのみ高位に昇つてゐるので、決して汝自身の為めではない、国家の救済の為めであつて、決して国王一人の救済の為めではない、国家の名誉の為めであつて決して国王の名誉の為めではない、尚又国王一人の光栄の為めに王冠を戴き権力の杖を携へるのではないと思念せねばならぬ」といひ、そして国王の政治に対し十箇の要義を進言してをる。

その他、かういふ例は一々挙げる煩に堪えないが、これを以て察するも、かのマキアヴェリの如く、君主は一切の倫理的軌範や制限などを顧慮する事なく、只管、具体的に政治的効果を獲得すべく努力すればよい、といふやうな思想は、決してヨーロッパとしても正系の中には入らないのである。すでにギリシャに於て、プルターク（Plutarch）が、「支配者の地位にある人々は教訓に遵ひにくい、彼等はあらゆる従属を嫌ひ、思想に従属するといふことも嫌ふ、彼等は何者にも拘束されずして行動の自由を擅にしようと願ふ」と喝破してゐるやうに至高の地位にあり最大の権力を把握する帝王が、やゝともすれば恣意を好むことはあり勝ちのことであり、又、事実、さうした君主の実在に依つて、幾多の人民の生活は闇黒の中に突き落されてきたのであるから、支那に於て王者の修徳が厳しく民人によつて論ぜられたるが如く西洋に於ても此の点亦甚だ多弁を極めてゐる。

君主の修徳を重視するのは君主国家の実際上の必要に基くものであるから、その点ではいかなる君主国家といへども反対の意見を持つものではないが、修徳の基準とか目的とかいふ点ではそれぞれ考へ方を異にしてゐる。西洋に於ては、一方に、君主は人間らしい処を除去して基督を模範とし基督に合一せねばならぬとする人文主義的ユートピアンの思想が見られると共に他方には、君主を先づ唯の一個の人間として完全なものたらしめる事を理想とする思想が見られる。

エラスムス・フォン・ロッテルダム（Erasmus von Rotterdam）が、その著「基督教王侯教育」に於て、「完全円満なる神其物が人君の態度の規範」であり、「神には感情が無いから最も公平なる判官たる事が出来るのであつて、君主はまさにかくの如くあるべき」だと主張して、「世界に於ける最も円満な君主の像」を説けるが如きは前者の最も極端な一例である。

そこで、彼は、「人君たる者は自分の王子及び相続人を自分よりも優良なる統治者に育つることに努力すべきである」と為し、それが為めには、幼少の時から王子に適当な生活団体を準備し、その中に於て、王子が寛大により て柔弱になされず、厳格によりて卑屈に陥ち入らしめられぬやうにし、道徳堅固で真面目な識見を有する人物をのみ王子に近侍せしめる必要のあることを論じ、而して、

幼少なる時代を魯鈍なる婦女子の間に過し、彼等の愚かなる思想によりて養育せられ、其後生長しては不真面目なる若き婦女子や、徳操なき伴侶や、賎しむべき阿諛者、俳優及び道化、飲酒者、賭博者、あらゆる快楽の職業的助成者、要するに愚者と無能者との間に空しく日を過した王子から、果して何者を予期することが出来ようか、這の裏に己が気分の動くまゝに主人を気取つて居るとすれば後に暴君とならずして何者になることが

出来ようか。

と痛論してゐる。この国王の宮廷生活に関する立言などは、まさにその通りであるが、基督教のゴッドを模範とする要求は、実際には空想的理想である為めか、帝王の修徳論として一般に行はれ得なかつたやうである。

之れに反し、君主を一個の人間として完全なる道徳者たらしめんとする要求は、「人間」本位の思想であるだけに、その空想性が比較的に目立たず、むしろ高遠な、かくあらまほしき理想として比較的ひろく行はれたらしい。

トーマシ（Tomaso Tomasi）の「学者王子」（Der gelehrte Prinz）によれば、人間は一方に於て、「慨然に、暗愚に而して百千の欠点を以て汚され」てゐるが、他方に於ては「有為に、豊富に、覚醒的に、円満になさるゝ」やうに出来てゐる、而して、前者は自然より得たもの、後者は学習の結果得るところであつて、人間が、自然の貪域より道徳の宝境に達せんと欲するならば、帝王は幾多の懿徳を体得する事に努めなければならぬ、何となれば帝王、又は幼冲の王子等と雖も、生れながらにして「他の人間よりも声誉ある天稟の才能と徳とを有つて、この世に生れてくるものではない」からである。故に、王子も亦「一に修徳に励むことによつてのみ非理性的動物を超越し得る」といふのである。即ち、人間としての修徳が、帝王の基礎的課題とされてゐる。これは又、ジンテニス（Sintenis）などに於ても、「如何にして君主は真正の君主になり得るか、如何にして君主は真正の君主にまで教養され得るか」といふ提問に対し、「彼が実際成るべきものは先づ特別に君主的のことではない、即ち只出来るだけ健全、強壮、有為にして男らしく、敏く、貴く、愛に満ちたる人間になることである」と答へてゐるところや、父ミラボー（Mirabeaupére）が、君主は先づ自分を善良なる人間に為さねばならぬ（se rendre bon）といつたところなど、みなこれである。

「自分を善良なるものになさねばならぬ」ことはひとり帝王たる者に限らるゝわけではなく、すべての人に要求せられるところであるが、この立場に於て特に君主の位地の考慮が重く働いてくると、君主に神たらん事を望むほどでなくても、絶対至高の道徳人たらん事を求めるに到る。その一例としてはブーデ（G. Bude）の説をあげようと思ふが、それは、ミュンヒが、「こゝに至つて著者はまるで理想的の要求に陥つてしまつてゐる」と評したところであるが、「君主なるものは一人前の人間たらしむるあらゆる事柄に於て、臣下よりも卓越せんと努めて欲しい。かくてこそ初めて君主は、彼の地位にふさはしいのである。君主は節制、公正、仁慈、温良の徳に於て国中のあらゆる人に後れを取つてはならぬ、良心の鋭敏なることに於ても同断である」と、いふのである。

かの英国人が、「国王は国内（又は欧州）第一の紳士（Gentleman）でなければならぬ」といふものも亦同様の心持ちからであらう。

勿論、神の如き人格にせよ、他の臣民に倫を絶したる完全なる「人」としての人格にせよ、将た又、国内第一の紳士にせよ、実際的修徳としては、人として可能なる修徳を出ることは出来ないが、この修徳は、おほむね遮制と勧修との二面にわかれてゐる。遮制とは、たとへばヤンゼン教徒ニコル（Nicole）の「王子教育論」（De l'Education d'un Prince）で述べたやうな「尊大、高慢、不正、剛情」を除けとか、ヘレスバッハ（Konrad Hersebach）の「阿諛のペストを斥けよ」とか、その他、一般に君主の陥り易い不徳を、たとへば父ミラボーの「君主たるものは無精神的に見えてはならぬ、若しフランスの諸君主が為したる如く、田猟や、乗馬や、激情的遊戯をなして騒しき甚だ不相応な交際裡に時々を浪費するならば遂には馬丁とさしたる軒輊はなくなる」といふ風に警しめてゐるが如き類である。

勧修とは申すまでもなく、博愛仁慈なれ、寛大なれ、謙譲なれ等々といふが如き積極的修徳を勧める類のものである。今一々、それらを個別的に羅列するの煩を避けるが、ミュンヒの「帝王教育思想史」の第八章「現代に於ける帝王教育の諸条件」の中の第六節「帝王の懿徳」に於て、「色々な時代よりの王者の鏡又は教育案」が、「君主をして確認し獲得せしめんと切に願望した帝徳の一列」が、結局、「正義と善、智慧と真実、高邁と寛大、威厳と堅忍、敬虔と謙譲、博愛と寛容、及びその他の高尚にして善良なるもの」であり、それらが、しば〳〵繰り返し——而かも総じて非常に相類似して——応答せられ、集められて美しき花環に編まれてゐる、と述べてゐるが、実際、西洋の古代より中世乃至近世にかけて試みつゞけられた帝王の修徳の要義なるものは、要するにこれらの数項に分括し得て余すところなきものといつてよい。

第三款　君主の学問

「無識の国王は冠をつけたる驢馬にほかならぬ」とは伊太利の人文主義者ピコロミニの引用せる警句であるが、デフォーをしていはしむるならば「帝王の愚鈍（又は無教育）は彼をして一種の単なる暴君とならしむる」ものであるから、国王の修徳は必然国王の学問と深く結びつかざるを得ぬ。学問は修徳の極めて重要不可欠の方法だからである。

我国にも帝王学といふ表現があるが、徳川幕府は、「禁中並公家諸法度」の中に「天子御芸能之事、御学問第一也」と規定した。そして、その下に、「学バザレバ則チ古道明カナラズ」と書いてゐるが、これは伝統の学問で、支那でいへば先王之道である。

然し西洋では、この点は各国の伝統が独自のものに乏しい為めか、より多く「人」の完成におかれてをる。従つて、帝王の学問もその中心が特にその国固有の学問に存するといふことはなく、一般に、歴史とか哲学とか科学とかいふ学問の種類によつて表現されてゐる。勿論、我国でいへば古典とか神典とかいふやうなものに或る意味で相当するものとしてのラテン語、ギリシャ語、聖書などの学習があげられるけれども、これらとて、英国なりフランスなりの一国に固有のものといふわけではなく、全欧州に共通せるものであるから、日本や支那に於ける帝王学の古典の意味と全然その趣を同じうするものとはいへない。又、ドイツのバゼドウ（Basedow）の如く、その著「アガトクラートル（Agattokrator）」一名「将来の君主の教育に就て（Von Erziehung Künftiger Regenten）」の中で、「祖国及び祖国の性質と情態との知識、祖国の産物と工業との知識、祖国の人民国力輸入の知識、祖国の政体と国法との知識、祖国の古代史及び近代史の知識、祖国に殊勲のあつた重なる階級の家柄と人物との知識」を必要とすると論じた者もあるが、これとて、一国の国王として当然なことで、特に、そこに絶対的原理の存在を確信して帝王学の根元と為したものとはいへない。

今、ミュンヒの「帝王教育思想史」によつて、主要なるものを拾つてみると、プラトーが、「支配者は哲学を研究せねばならぬ」といつた哲学を始めとし、習字、聖書、教会史、文法、弁証法、実用数学、自然科学、発音、歴史、フランス語、ラテン語、医学、地理、道徳、ヘブライ語、イタリー語、スラヴ語、スペイン語、法律、建築、測量、天文学、神話学、経済、美術、産業活動、国家学、修辞学、書簡文、戦術、戦史、築城、雄弁術、砲術、兵制、王位の哲学など、さまざまのものがあげられ、殆んど学問一般といつてよい。

この最後の王位の哲学といふのはマッセンバッハといふ陸軍大佐の言だといふことだが、「統治本務に関する教訓」のことだといつてゐるから、所謂王道とか治術とかいふものに相当するものであらう。但し、トーマシが王者勉学無用論を唱へるもののあることを紹介してゐるが、トーマシ自身は、多くの引用と例証とをあげて「世界の列君の中に位する君主は、あらゆる事柄に対して相当に完全なる知識を備へてゐなければならぬ」といつてゐる。興味深く思ふことはピコロミニが君主の筆蹟を重視し、「悪筆は、ほかの事では卓越したアルフォンソ大帝の名誉を甚しく毀損した」が、「法王ニコラウス第五世やフリードリッヒ王の筆蹟は立派であつた」事を讃美し、「君主にして自から筆を執る場合は甚だ稀であるけれども自分の書いた字が真珠のやうに見える代りに蝿の糞のやうに見えぬやうに注意せよ」といつてゐることである。マッセンバッハも、帝王学の一として習字をあげてゐる。

西洋に書道といつたやうなものがあるかどうか予は不敏にして知らないが、ペンで書く文字は筆で書く文字に比して芸術的に劣ることはやむを得ないであらう。それでも文字は文字であるから、巧拙は勿論、気品の雅法、気宇の大小、情の強弱その他、人格、精神の反映するものであつて、予のたまたま所蔵する、The British Legion Alubum を見ると、第一次欧州大戦に参加した人々の、上は英国皇后アレクサンドラ、当時皇太子で後、国王となりシンプソン夫人事件で退位したエドワード八世、スペインの皇帝アルフォンソ、伊太利国王エマヌエル、その他各国大統領、元帥、大将、大臣などから下は無名の一兵迄さまざまの筆蹟を集めてあるのだが、かうしてみれば書風といふものがヨーロッパ文字でさへ、歴然として現れてくる。

支那では唐の太宗の如き王義之を学んだ名筆の君主があり、その他、各王朝とも大なり小なり、名筆家を出してゐるやうである。日本の皇室が書道の上に多くの貢献を残してをられる事は周知の通りである。又、トーマシが、帝王学の一科として詩学をあげてゐるのも注目せられるべきで、殊に、我国に於て、歌道、又は、敷島の道と称し、歴代天皇悉く深く茲に大御心を注がせたまひ、世界無比の帝王詩の伝統を築きあげ来れる事実と照合するとき、教へらるゝもの甚だ多きを覚えるのである。

国王が、幾多の学問の修養を必要とし、又ピコロミニのいへるが如く、「国王に栄光あらしめるものは博識」であるにせよ、君主の修学は決して単なる学者となることを目的とするものではない。この点に関してはブーデが「知識そのもの即ち抽象的哲学的知識は国王に望ましきものではない、反つて判断力、実際的識見、人及び臣下を知る事、実生活及びその要求を悟得する事、即ち広き観察」を大切とするといつてゐる通りである。又、君主が外国語を学ぶべきや否やに就ては、アルント（Arndt）の如く、「帝職には毫も外国語を要しない、そは帝王は商人にも通弁人にも大使にもなつてはならぬからである」といふやうな一種の識見を示してゐるものもある。

次に日本人には稍奇異の観を与へるけれども西洋人の社交観念からは不思議ならざることとして、君主に雄弁又は能弁である事を要求してゐる。

ブーデは、いかに君主が学識に富んでゐても、「知識は鞘を払はぬ太刀の如きもの」であるから「能弁を欠いては」ならぬ、然し、人は、「汎く知り、多く研究すること」によつて能弁となることが出来る、といつたが、帝王学の科目の中に、弁証法や修辞学乃至雄弁術などを加へてゐる者の存することは、我等として単に興味深く注意すれば足りよう。

猶ほ帝王の学問修徳に関してはその学友が問題であるが、これについては、ボーダンが、「早く王子に良友を選ばねばならぬ、勿論この際悪い感化を受くるの危険もあるが、王子は朋友をもたねばならぬ――これは蓋し王子より匡正を受くる者が居らねばならぬからである」といつてゐるが、これは、帝王たるの自覚を王子に早く養はせようとの考へであらう。

エルンスト・モーリッツ・アルントも、「生々とした而して純粋な青年、真面目にして勇敢なる成人が青年の王子と共に生活せねばならぬ、厳格なる鍛練、高尚なる感情、剛健なる思想が同じ程度で向上せねばならぬ」といつてゐる。かうして、学友なり修徳の伴侶たる人を厳選して、王子、帝王の自覚的学問修養を高めようとすることは、如何なる国人の思想にも存することであるが、父ミラボーが、「君主は質問することを知らねばならぬ、数多の書籍を読む代りに彼は出来る丈け数多の人間を読まなければならぬ、彼等と互に討議しなければならぬ、彼等に質問し或は詰問しなければならぬ、親交ある人々にては全然都合よく自己を発表するのに、公開の場合には、生涯只ざつとした、しば〳〵気まづい質問などを発した君主の事例は世間に多い」といつてゐるのは、帝王に対する西洋人的感覚の一端を示すものとして興味を覚えるところである。

第四款　君主の身体及び礼容

ピコロミニは、君主の「身体の養護と営養」とに関して論述を試みた中に、「汝もし天成の美しい容貌を有し而して王笏の相応しい所持者であるならば、外面的態度も亦この美しい容貌に照応する様に努めねばならぬ、汝の顔面の風格を損じてはいけない、軽々しく傍《わ》き目をふるな、地上を俯視するな、須らく直視せよ．頂をまげて歩くな、農夫の様な手つきをするな、無作法な座作進退をするな、強いて腕を振るな、大股で傲然たる歩き振りをするな」といひ、更に食事に就ては、「汝は必要上粗食に甘んじなければならぬ、陣営や森林や荒野に時々滞在せねばならぬ、故に児童は夙に、必要の場合には、唯一片の牛肉で満足する習慣をつけなければならぬ」と論じ、殊に、飲酒に関しては、「児童でありながら夙に酒を嗜むのは恥辱である」とて少年王子の飲酒を警め又、「飲酒家は記憶衰退し、精神の活気を失ひ、美術を玩賞するの心を失ひ、名誉心もなくなる」といひ、但し、「国王にして身体に懸念するの余り柔弱に堕ち入るのは耻辱である」と論じてをる。

かういふ論旨は、各国とも極めて多いのは、君主を戴く以上、そこに、何程かは「仰ぐ」気持を満足させたい民心的要求があるからであらう。これは西洋に於ても極めて切実な問題であつたと見え、多くの王子教育論、帝王論に於て唱導されてゐる。ペラルヅス(Peraldus von Lyon)の如きも、「帝王教育論」(De educatione principum)の中で、「頸を高く伸べたり、腕を大きく振つたり、肩を動かしたり、肢を大跨に広げたりなどして座作進退に高慢の風」のないやうにとか、「笑ふにも礼儀作法に抵触してはならぬ」、とかいふやうな具体的規定を細かに述べてをるし、又質素に就ても「万人は必要品さへも得られぬのに他の人は贅沢をするならば同胞の親愛が何にならうか、主のイエスが貧民の為めに餓死し給うたことを知りながら、その僕の吾等が高価なものを欲しがるとは何と道理に背くではないか」といふ風に宗教信仰の立場からいつてをる。

又、ヘレスバッハは、「非常に実際的に、小児を儲ける両親の物理道徳的情態」にまで論及し、「王子の両親の節制と情慾的情態のないこと」や、「懐胎せる母が節制的に生活すべきこと」をまで、「人の肺腑を刺す様に説述」してをるから、これらは将に帝王たらんとする運命の下に生れんとする王子に対する胎教の必要をいへるものであつて、周到なる帝王観と見られる。

又、ボーダンの如きは、「王子が六七時間以上睡眠を続けること」は不可であると論じてゐるが、こゝにも、厳格なる帝王修徳の一面があらはれてゐる。又、ペラルヅスが、「衣服に於ても余り高価なものは避くべきである、のみならず、見慣れぬ風や、外国の服装も用ふべきでない」とて異様の風体、又、外国の服装を用ふる事を強く戒しめてゐるのも、注意するに足りる識見である。

第四項　帝王治国の道

第一款　序　説

ロッテルダムのエラスムス（Erasmus von Rotterdam）は、西紀一五一八年に「基督教王侯教育論」を著したが、その中には、可成り綿密に、王侯政治の具体的軌範を多く掲げてゐる。勿論、それは東洋的観念の王道と更に王術の思想を混じたやうなものであるが、一種の王道又は帝王政治の概論の如きものであるから、ミュンヒの書に拠つて次にその要旨を紹介する。

エラスムスに従へば、君主たるものは、国民の経済生活との関連に於て、何よりも、「神は世界を無料にて統治したまふ」例に鑑みて、「止むを得ざる時にのみ人民から租税を徴収すべき」であり、財源として輸入税を課する場合でも、それは国民の生活必需品に賦課すべきではなく、「外国産の贅沢品」に限るべきである。たとへば、絹布、其他の繊巧な織物類、香油、香料、薬味、紫衣、宝石などの如きものがその課税の対象とさるべきである。

又、たとへ国王の財政の苦しい場合に於ても、「良貨の代りに悪貨を鋳造してはならぬ、それは国王自らの尊厳を傷つくることに等しい」。

次に、国王は、つねに、国中の最善の人々が国王から最善のものを受け取るやうに心掛くべきであつて、忠実な人物の眼前で君主自身の面目を失はぬことが肝要である。又、曾て、ヨーロッパでは一国の王が数国の王を兼ねてゐたから、それについては、「一国の君主たる者は、出来得べくんば、又其処に生れ其処に人となりたる国民であるべきだ」といつてゐるが、それは国情の全然異る日本人にとつてはかのルイ十四世の「帝王職業」の語や、マスセンバッハの「権力所有者の本来の職業」などといふ思想と共に頗る異様の感あるところである。

　エラスムスは、次に、「国王の一大本務は彼が自分の国土を知る事である。国王は須らく自分の国を知つて之を愛するや、恰も農夫が己れの耕地に対するが如くでなければならぬ」と説き、「仮令戦争の場合でも君主は余り長く国外に駐輦すべきでない」といつてゐる。

又彼は、「国民が君主の愛に報い得るやう努力すべきである」といふが、然し、「国王は、愚なる夫が自分の妻の貞節を確にする考へを以て贈物をして寵愛の徴表とするやうな仕方で国民の愛を得んと欲してはならぬ」と警めてゐるが、この辺、所謂王術の王術たるところであらう。

然らば、如何にして国民の愛を得るか、彼は極めて平凡に「単純な事柄や几帳面な事や、穏健な事で国民の輿望を得るやう努むべきである」といつてゐる。

次に、法律に関しては、「法律なるものは、唯命令し恐嚇するのみならず、却て教訓するところがなくてはならぬ」といふ啓蒙主義を是となし、且つ「国王は、善意を以て作られたる法律が、役人の取扱ひによりて悪用せられぬやう」注意すべきものと為してゐる。

又、興味ある説述としては、「ある人々が動もすれば軽忽に発見し密告する不敬事件」に関し

君主は一体自分の威厳なるものは実際何に存するかを感得する程賢明でなければならぬ、又、個人的の侮辱に対し、復讐せんと欲することなく、反つて唯国家の体面を汚し、国家の存立を危くせんとする人々に対してのみ復讐せんと欲する程温厚でなければならぬ。君主の威厳を傷つくるものは、唯、君主が実際偉大なる所以の

ものを低く評価する人のみである。けれどもあらゆる君主の行為を、最も皮相的な最も論難すべき最も不幸なものまでも、正しく且つ善であると称へない廉を以て、其の者を君主に対する謀叛人と視るのは何と間違つたことではないか。此は恰も絶対的の称揚が忠義で、その反対は悉く謀叛であるかの如く想うと同じことである。

と警告教訓してゐる。

これは恐らく、ヨーロッパ君主国、特に専制主義政治の下に於て、君主の周囲に群る阿諛者によつて君主をして誤れる道に陥れしめない為めには極めて適切な問題であつたのであらう。

エラスムスは、猶ほ「国家を外面的に威厳あるやうに代表することが必要な場合には、国王は奢侈浪費に陥つてはならぬがそれでも相当な儀容を整へなくてはならぬ、例へば大使の引見や、公共的建築物の装置に於けるが如きこれである」といひ、更に「然し一私人としては君主たるものは常に簡易生活を営むべきである、それは国民の財貨を浪費せぬため許りでなく、又、贅沢の模範を与へぬ為めである」と論じてゐる。

最後に、戦争については、「止むを得ざる戦争の外は避くべし」との見解を持し、基督教国家間のみならず「土《と》耳《る》其《こ》人に対しても無雑作に戦争を起してはならぬ、洵に基督の国は、これと全く異つた方法で樹立され、拡張され、鞏固にされた、殉教者は正しい信仰を、自分の鮮血によつて弘めたのであつて戦士の力によつたのではない」と訓へてをる。

ミュンヒのいふ処によれば、このエラスムスの帝王訓は、「無比の尊敬」をうけ、基督教的君主から非常に称讃せられ、その他、帝王論、王子教育論を為した幾多の論者によつて、好んで引用されたものであるといふから、ヨーロッパの王道論としては、けだし、上乗の説の随一なのであらう。

マリアナの帝王十訓も亦簡潔ながら、この組に入るところのものと思はれるが、それには、第一、豊富なる洞察力と最善の識見とを有する大臣の意見を聴かずして事を行ふ勿れ。第二、国民性に逆ふ勿れ。第三、臣下の心中には常に愛情を養へ。第四、偏発的の贔屓より無能の人物を国家の要職に当らしむること勿れ。第五、正義の法律的形式に反して何人とも交渉すること勿れ。第六、醜行を罰せんと努むるよりも寧ろそれを防止せよ。第七、汝の使節に対してなりとも汝の心底を打ち明くること勿れ。第八、戦争に於ては僥倖と勇敢とによりてよりも寧ろ熟慮と予想とによりて効果を挙げんと努力せよ。国家を以て狂気じみた無謀なる芝居を演ずること勿れ。第九、汝の領地を世襲的固有的のものと観ぜずして寧ろ不確実にして容易に奪ひ去られるものと観ぜよ。第十、凡て他国の君主との会合を避けよ、而して外国の君主と談判しなければならぬ時には、寧ろ使節に委任せよ、そは君主間の直接の面会は、大抵相敵視する動機となるからである。といふ十箇条である。

絶対専制の暴君として芳しからぬ名を千載に残した仏王ルイ十四世ですらも、暮夜ひそかにその行為を顧み、而して、人間の偽らざる本能たる父子の情愛に胸打たれし時には、幾分でも王道の権威の前に頭を垂れざるを得なかつたと見え、其の子シャール第八世に対し、政治に関する教訓を遺してゐるのである。

この教訓は十七世紀の初葉に、「戦争の薔薇樹」と題して出版せられたのであるが、その中に、「自分を恐れさせるよりも愛せしめよ」(de se faire plus aimer que craidre) といふ切々たる教訓を垂れてゐる。然も、ルイ十四世は、この教訓に添へて、「朕は此の貴重なる点に於て殆んど失敗した」(qu'il avait principalement failli en ce point important) と述懐告白してゐるのは、子を思ふ親心の真情として、何よりも有力なる実物教訓であつたらう。

西洋には、支那に於ける書経の如き、王道の古典として権威を認められる特定の経典はないが、極めて散文的ありかたに於て、諸書に、王者治国の道が説かれてゐる。上記の如きは、その纒つた一二の例として引用したのである。

以下、彼等の王者治国の道と考へたところのもののうち、最も重要と思はれるもの若干を個々に列挙して、その要義を学ぶこととしよう。

第二款　民福民利

民福民利なるものは、西洋や支那の絶対君主国家が君利君福を目的とした思想の破れ去つた後、支那に於けると同様、全く、帝王存在の意義を決定するものとなつた。

民福民利は、又、公共の福利とも呼ばれるが、要するに人民の利益と幸福とを以て政治の、従つて君主の最高最大の目的とするもので、それ故に、これを王者治国の道と考へるのは当然である。

元来人君といふものは「人民の友、寛大なる人、学術奨励者、臣下尊重者として真正の尊敬を獲得」する者であり、それ故に人民を慈愛すること、即ち「仁愛に富むことが帝王の懿徳中の懿徳」なのである。

君主が人民の福利増進を最高絶対の目的とすべきことは、既に遠き古プラトンが、如何なる支配に於ても、凡そ治者である限り、彼自身の利益になることを考へたり命じたりすべきではなく、反対に常にその人民の利益となるところ、若しくは彼の治術に適合するところのみをその言行とすべきだといふことをいつてをる。(注2)

これは、西洋に於て、王道の根本と考へられたもので、プラトンの古から現代に到るまで、表現の差や、説明の差はあつても、要するに、すべての王道論者王政論者に、とりあげられた軌範である。この点は、支那の王道論とてもほゞ同様である。

アダム・スミス（Adam Smith）は、その著「正義論」（Lectures on Justice, police, revenue, and arms）の初に、政治の起源を権威（authority）と福利（utility）とにありと論じてゐるが、マスセンバッハは、このスミスの思想と帝王とを結びつけて、「戦術の教科書に依りて新らしき戦闘隊形を案出し又軍服に一新式を発明する君主よりも、アダム・スミスの『民福を計る知識』を獲得する君主の方が遥に価値がある」といつてゐる。

かのフレデリック大王の「君主は人民第一の公僕」といひ、乃至ルードウイッヒ十四世の「国家の利害が何よりも先に立たねばならぬ」といへるが如き類の王言は畢竟、所謂民を以て天と為すもので、民利民福を王の至高の目的とする思想が、帝王側に巧に吸収せられ、そしてやがて、それが帝王自身に自覚せられたるものとして、軌範的に表現せられたものであらう。

勿論、民利民福なるものは王道の中ではある。従つて、民利民福を以て王者の目的とするも必ずしも誤れり、といふのではなく、王道の一分に当るのではあるが、君利君福と相対せる民利民福を、前者の否定の上に立つて第一義とするところに、日本に比し国体的欠陥を見ざるを得ないのである。

ゲーテの「エグモンド」(Goethe: Egmond) の第四幕に、「一国の王たる者はその国民と一心同体であるべき時こそ、最も安全なる地位にあるのだらう」といふ言葉がある。これは明に、「君民一体」とか「君民一心」とかいふ表現を用ゐてあるが、然も、それは、君主が民意と一体になるの意味であり、その内容は、民利民福と一体になることであるから、日本に於ける「君民一体」「上下一心」とはその実質上、頗る異るものである。

第三款　国家公共

西暦一七〇〇年代の終りに、子ミラボーは、当時の家産国家に対し、痛烈にして然も要領よき批評を試み、「由来、国王は、その国土を彼等に属する小作地の如くに観じ、人民をその畜群の如くに考へ、而して人民その者も亦国王に屈従する事によりてこの思想を養成した」といつてゐる。

ミラボーの言は、如何にも適切であるが、彼は、この状態に奮起して王子教育に志し「だからそれ丈け多大に吾等は、今、未来の王位継承者を、ある全然これと異つた思想に教育することを、国民的任務と観じなければならぬ」と述べてゐる。

この、国土を小作地観し、人民を畜群観した王者達の歩み来れる道こそは、所謂王者の邪路なのであつて正道でない、将来の王者を王者たる者の正道にひきあげる為めには、それと全然反対の思想に導かなければならぬといふ考へは、そこに、王道としての国家公有観を物語るものでなければならぬ。

即ち、国家の私有観、国家を以て君主の私有財産とする思想は邪道であるが、それと反対の思想、即ち、国家は公有であつて王者の私有財産でないとする思想こそ、王道でもあり又、正しき国家観でもある、と考へたのである。

これは、君権の無限を主張せるボーダンに於てすら、「国家論六書」（Six livres de la republique）の最初に国家の定義を示せる時「国家とは多数の家族及び彼等の共通的所有物より成り、最高の権力及び理性によつて支配せられる団体である」といつてをる。これは、決して単なる家産国家思想に理念的に対立して発生した思想ではない。

フィジオクラット（Physiokraten）やフォン・ハルラー（L.von Haller）などの財産説は、単に一部の学者の頭脳の中を往来するだけの学説に過ぎないが、「朕は国家なり」式帝王の国家私財化政治は、すべての国民の生活を支配する。この「小作地化」政治、「畜群化」政治の生々しい支配の中に苦吟する者の生活こそ、国家非私有思想の母胎でもあり、又、その他の帝王に関する種々なる行動の生産者でもあつたのである。そして、フリードリッヒ大王の、その甥オイゲンに対する「汝の邦土が汝の為めに存在してゐると思ふな」といふ一部王者の自覚をも呼び醒したものなのである。

但し、この国家公共の思想は、西洋諸君主国の国体の性質上、完全なる生命的君民一体の基礎なき為め、民主的性格を免れ難く、従つて、この思想は、遥に人民主権の観念の底へとつながつてゐるものと観なければなるまい。

第四款　国父愛民

国家の支配権は、家族に於ける家長の支配権から発達したものだ、といふ学説を、父権説とか、族父権説とか、家長権説とか呼んでゐるが、たとへ国家の起源が族父権に淵源しようとしまいと、又は、さういふ学説を認めようと認めまいと、将た又、君主が、事実上、国民血縁の大本中心でなからうと、それらとは全く別に、君主を戴きつつある君主国家が現実問題として、君民の関係を、或る意味で父子の関係に擬するといふことは、一般にあり得る現象である。

ミュンヒが、その「帝王教育思想史」の第八章「現代に於ける帝王教育の諸条件」の第一節「帝王の地位の変遷」に於て

今や君主は最早や、獲得した所有と共に卓越せる力量や体格によりて、囲繞する民衆に対して圧制と君権とを実施し、而して彼の要求の重荷と威力とによりて自分の地位を保有する単なる君主（マキァヴェリーが理想とした如き）ではない。尚又君主は最早や安楽な優越の地位から絶対的権威を以て支配し、而して彼の国民の崇敬的服従を確受する所の族長でもない。更に又、君主の多くは、最早や自分の臣下の少数な人数の生活情態を熟知し、而して各人の困難を熟案し、自分の財力に応じて、彼等を救済する所の国父でもない（西田氏訳本三三六頁）

と述べてゐるのは、欧州君主の実情であるにはちがひないが、それであるから、君主を父に比することが今日全く不当である、とはいひ得ない。

現代君主の性質が古代中世のそれに比して著しい変遷を示してゐるのは事実であるが、然も猶ほ、いづれの君主国に於ても、何ほどか君主を以て大統領よりも高貴なる性質を有する者と信じ、一般民人の出身にして高官に在る者に対して使用する敬称と特に区別せられたる敬称を用ゐ、乃至、特別の儀容を整へしむる所以のものは、特にその地位なり身分なりを高く評価するからである。

即ち、単に、君主を、職能に於てのみ見ず、地位、身分に於て、大統領に比して一層高貴なるもの、一層権威あるもの、一層絶対に近きものとするからである。

然も、国家が、国民的共同体たる性格を何程か有し、すくなくも他国に対しては自国内の人民が高度の一体感を持つものである以上、この一人の最高貴なる人格、即ち君主とその下にある人民との間に、事実上の族父関係の有無如何に拘らず、ある場合に父子的関係が譬喩的にでも考へられるのは当然といはねばならぬ。

事実、君主と国民との血縁関係は別として、両者の仲は、父子に譬へられるに相応しいものであることは、東西古今にその思想が存するによつて知られる。従つて、君主が国父として人民に臨み、人民を子の如く慈愛するといふことは、君主治国の一要道と考へらるゝも亦自然である。

ブーデは「国民を一の大なる家族と見、自身をその父らしき長と観る」ことが君主の道であることを曰ひ、フェヌロン（Fenelon）も「国王は人民の父なる心得でゐなくてはならぬ」と言ひ、ライプニッツも亦国王を父に譬へてをる。

国王が事実上、国民の父たるの生命的関係を有してゐるか否かは、歴史的社会事実としての国体の問題ではあるが、たとへ国体に於て、君民が事実上斯くの如き関係を有してゐない西洋君主国に於ても、往々、君主に国父たる事を要求してゐるのは、実は、彼等が、事実に於ては既に失はれてゐる彼等の国家的生命の本義を、理念的には猶ほ多少追想し、憧憬する声と考へられぬでもない。

君主が国父として一視同仁の政治を行うといふことは、いかなる時代、いかなる国家に於ても、王道の正しい一面観として許されなければなるまい。

トマス・アクイナスの「大国家を治める人は王といふ尊称を受け、一家を支配する者は父といはれる。家父はある点に於て、王に類似するものであるから、王は民の父と呼ばれることもある」といへるも、あながちに、家族と国家、そして家長と君主との素朴なる同一視とのみはいへないのである。

国王が国中の貧者を国王の財産によつて救済するとか、或は、ジェームス一世やフィルマー（Filmer）の族長論のいふやうな、国王と人民とを父子に譬へつゝ、若し国王が暴政を布くことあらんも、人民の不幸とあきらめ叛逆してはならないといふ君主暴政の擁護とかに関連しての国父論こそ滅亡したる国父観であらうが、国家に於ける人間的生命性の原理に覚醒して、君民間に父子の義を承認することは、たとへ擬制であるにもせよ、将来の王道の有力なる一義でなければならぬ。

国父として民を恵み人を愛するといふことほど、国王として大切な道はない。人なきところ、民なきところ、国は存しないのである。

ギリシャの古に、ソフォクレスはその作「オイディープス王」（Sopoclis: Oedipus Rex.）の中で、祭司をして

王が今のやうに将来も此地を支配されるとならば、人の滅び果てた地を統べられるよりも人と共に此地を統べられる方がよいのです。人もゐず、その中に住む者もなければ塔も舩も何の役にも立ちますまい（村松正俊訳に依る、「希臘古典劇集」一八七頁）

といはしめてゐる。

人を愛し民を恵む立場の国王に、父たるの義を見んとするは、よし実際に血縁的本末なくとも、止み難き民の望みでもある。

ただ、その望みがつねに裏切られるところに悲劇があるのであつて、かゝる望みは、たとへ、君主の不法行為に際会しては、反抗、不服従、革命をすら已むなき事として是認する人々ですらも之れをいだくものである事は、かゝる思想の代表的一人であるロックが、その「政府論」の中で、「若し君主にして慈父の赤子に対するやうに、真正なる愛情を以て人民の利福を計りさへするならば、人民が彼に反抗するといふが如きことがどうしてあり得ようか」といつてゐるに徴しても明かであらう。

第五款　遵守規範

トーマシの「学者王子」によれば「君主は掟に服従すべきである、そは神といへども彼の神様の最高価値を掟より受納するからである」とあるが、か丶る思想は、ボーダンに於て、一層その内容を明かにして、「君主は人民と同じく、神の法律及び自然法に従ふべきものである、若しそれを侵す時は何人と雖も神罰を蒙るであらう」とて、君主の神法及び自然法を遵守すべきことを説いた。

ボーダン等に従へば、君主は制定法に拘束せられることはない、何となれば制定法は、制定者たる国王の意志によつて強制力を有するもので、法それ自身に於て公平ならんが為めに拘束力を有するのではないからである。ローマのポンポニアス（Pomponius）が、「自己自身を自己の相手方とする契約は無効である」といつたのは、君主が自ら制定せる法律によつて拘束せられざることを明かにしたものである、といふのである。

尤もボーダンも、君主が彼の法律を破らざることをその人民なり他国の君主に宣誓した時は法律を遵守しなければならないが、然しこの拘束力は、君主の宣誓の効果ではなく、善意の契約に基くものであるとて、事実上の拘束は認めてゐる。

けれども、かういふ思想は、永く支持せられ得ないものであるから、つひにはローマ皇帝テオドシウス二世（Theodosius）の如く、「凡ての帝王は彼等の権力の基礎を法律に置く」と定めるものが現れたが、更に、このテオドシウスの法典に倣ひハドリアヌス皇帝（Hadrianus）以来の勅法を蒐集して編纂せられたる皇帝ユスティニアヌス（Justinianus）の法典（Codex）に於ても採用せられるに到り、後のヨーロッパ諸君主国の準則となつた。

子ミラボーは、国王と法律との関係に就て、国王は法を尊敬し且つ絶対に之れを確守すべしとて

法律の管理を托せらるべき国王は、法律に対する至高なる尊敬の念に充たされてゐなければならぬ、彼の幼時

のあらゆる印象、彼の青年時代のあらゆる習慣、成熟時代のあらゆる思料は、国王の精神に於て、法律の最高権威に服従しなければならぬ。国王は唯一刹那でも法律を侵害し得るものと感ぜんか、彼には最早法律を執行する機関たるの価値はないのである。けれどもこれを確実ならしむる為めには美しき極言を、一種の神託として精神に銘刻せしむる丈けでは十分でない、彼の最内部の感情と意志とが法律と結びついて発達しなければならぬ。

と論じてゐる。

英国などでは現代に於ても猶ほ、国王即位の初に当つて戴冠式を挙行するに際し、第一の承認式がすむと、国王の宣誓式に移るのである。この宣誓式にはカンタベリーの大僧正が三箇の質問を発し国王が一々これに答誓することとなつてゐるが、その第一は遵法に関するものである。

即ち、カンタベリーの大僧の「あなたは国の法律によつて政治をすることを約束せられますか」(注3)といふ問に対し、新国王は、「必ず遵法することを誓ふ」(注4)と答へるのである。

又、第二問も、遵法に関係あることであるが、此の方は、法律の施行に関する心構へであつて、大僧正が「あなたは仁愛の精神を以て法律を施行なされますか」(注5)と問ふに対し、「その通りにする」(注6)旨誓答する。

第三のものは神法の遵守及び教会に関する稍長い質問であつて、「あなたは力の限り神法、神の福音、国教を守り支へられますか、又大僧正の特権を保護されますか」(注7)と問へば、新国王が、「その悉くを確約する」(注8)と誓ふのである。

以上によつて明かな通り、英国では今も猶ほ、国王は、神に対し将た又国民に対し、法律及び神法を遵守することを即位に当つて誓約するのである。

如何なる歴史的事情が斯くの如き誓約を生むに到つたか、又、その誓約の形式が民主的であること、などは、国体の反映であるから、今しばらく措いて問はない。しかし、君主の道の一端が、神法、法律等、総じて軌範を遵守するところに存するといふ思想は、明白に之れを看取し得るであらう。

第六款　神の代理

第二節第二項の第二款（本書五一四～五一七頁）に於て、西洋に於ける諸の国王の神的起源説を一見し、又、第一節に於ては聖書の国王選任、君権神授説を要説したところによつてほゞ明かにせられた通り、西洋にも、国王を以て、神、又は神の代理とする思想は明かに存在したのである。

否、単に教家思想家によつて思想として示されたに止まらず、支配権を現実に行使した帝王にして、自ら神の代理者たることを信じ、そして神の代理者として振舞つた者も、たとへばユスチニアン法典の編纂者たるディオクレティアヌス皇帝の如く、或はグレゴリー法王の如く、又たとへばジェームス一世の如く、すくなからず存在したのである。けれども、これら皆、今日よりいへば過ぎ去つた遠き古のことである。

この君主の神性に関する思想又は感情が、現代のヨーロッパ人に果して多少とも実在してゐるであらうか。吾人は、之れについて英国のモーラン教授の「近代民主主義の激闘（注9）によつても国王の神性が完全に消滅したわけではない」といつてゐるのを興深く考へざるを得ない。今日猶ほ英国の国王はその正式の称号を Edward the 8th, by the Grace of God, King of the United Kingdom of Great Britain and Ireland and of the British Dominions beyond the Seas, Defender of the Faith, Emperor of India. と長々しくも定めてゐるのであるが、その「神の恩恵に依り」by the Grace of God の一句の使用は国王の特権として見られてをり、又、最近まで実在したロシヤのロマノフ王朝やドイツのホーヘンツォルレン家の歴代が即位する時の儀式文や宣言文には、「神の意志に依つて王位に即く」旨の語句を挿入してゐる。

これらは、もとより神権説時代の形式が、単に踏襲されてゐるといひ去つてしまへばそれだけのことであるが、それらの王室の人々自身や又国民中のそこばくの者は、猶ほ、衷心さう信じてゐるかも知れない。

聖書のいふ神・王関係は、極めて幼稚な一部の人士の信仰中には、たとへ今猶ほ残存するとしても、一般に西洋の思想史上からいへば、それは既に中世の終を境として滅亡し去つたもの、と考へられてゐる。

今日の思想家、学者といはれるもので、依然として古代のまゝの君主即神なる信仰を、又、君権は神護の権にして万能なり、といふが如き学説を主張する者は現代のヨーロッパに之れを見出すことは出来ない。されば、過去の神権説が、彼等の国家生活、政治現象の中に生きてゐるわけでもなく、又、それが、現代又は近き将来に於て政治的に更生する見込みも全然あるわけではない。

然し、ヨーロッパ人が、何かの意味で、曾て君主を神、神孫、又は神から権を授けられた神の代理者、といつたやうなことを考へたといふことは、無限万能の君権擁護といふ点を除去して見るときには、実は彼等も亦君主に、何等か、神聖なるものを感じ得る素質を有することを示すものとして注意されてよいと思ふのである。

即ち、若し新しく彼等の国家生活が根本から導き訂されゝば、その時は、この「神性を感じ得る」心の素質が、真の教養と信仰とに恵まれて、始めて純真なる王道観に到達し得るのであると思ふ。

つまり、欧州の諸国、殊に君主国が基督教の信仰を捨てない限りは、聖書の、君主を神の代理とする思想こそは、単なる権利、権力の視界からでなく、国王を道義的に基礎づける欧州にとつての殆んど唯一ともいふべき重要なる権威的根拠となるものといはねばならぬ。

神の代理といふその「神」が観念する人によつて或は文字通り基督教的信仰のゴッドであつても、或は、儒教に所謂「天」と類似の権威概念であつても、或は絶対的理法であつても、乃至自然法であつても、それは差支へない。

要するに、君主たる者の道に於ける使命観が鞏固にせられる根本の権威が立ちさへすればよいのであるから、文字、言語としては、聖書に基いて「神の代理者」などといふのが最も適切な響を持つものと思はれる。

支那では、王者の言は天下に満つ、といひ印度に於ても亦同様の観念を有したが、西洋でも、王者の言に深く注意すべきをいふは同じである。

第七款　王言真実

ミュンヒに拠ればブーデは、「君主の話す非理性的の一語は、臣下に対する彼の威厳と、臣下の服従心とを埋没せしめる」といふ理由で王者の自戒を促してゐるが、旧約の箴言は、王の唇を神の唇に比し、「その口あやまる可からず」といひ、「勝れたる事をいふは愚なる人に適《かな》はず、況して虚偽をいふ口唇は君たる者に適はんや」といつてゐる。

箴言には猶ほ「人の口の言《ことば》は深水《ふかきみづ》の如し、涌きてながるゝ川、智慧の泉なり」とか、「愚なる者の口唇《くちびる》はあらそひを起し、其口は打たるゝことを招く」とか、「愚なる者の口はおのれの霊魂《たましい》の罠《わな》となる」などといふ句があつて、一般に、虚偽の言、悪口の言を戒しめてゐるが、茲を以ても君主自ら虚言を吐く事の不可なるは申す迄もなく、君主は他の虚言を聴くことすら不可なりとして「君主もし虚偽の言を聴かばその臣みな悪く」とさへいつてをる。

これらは、いやしくも君主たる者の言は、偽虚であつてはいけない、反対に真たるべきである、又、悪口であつてはならぬ、善言たるべきである、とするもので、君主の言に真と善とを求めたものであらう。

今一つ国王の言に関し、特に注目すべきだと思はれるのは、西洋人が、古来、王の能弁とか雄弁とかを相当重要視してきてゐる事実である。

殊に音韻学や発音学をさへ帝王学として重んじてゐるのは、王の言葉の真理性を尚ぶのみならず、その優美なるべきことを欲したからであらう。この点では、印度の思想と共通するところがある。

故に、他人にわかるやうに話すこと、美しい音韻を持つこと、正しい発音をなすべきこと、野卑な言葉を使はぬこと、快活に話すこと、その他種々の可能なる注意を以て王言を美なるものとなさねばならぬと考へられてゐるのであつて、されば、王子の教育に当つても、ライプニッツのいへるが如く「言語が慎重に監督せられ教養されねばならぬ」と信ぜられるのである。

かの、ブラウンシュヴァイクの君主ユリウスがその子に与へて、破廉恥な言語を用ゐてはならぬ、他人に対して軽蔑の言葉を弄してはならぬ、悪口罵詈の言葉を慎しめ、更に、又、軽薄なる詩歌や俗謡類の如きを口にするは君主の最も避けねばならぬところであると誡めてをるのも、かくて誠に興味深く読むことが出来るのである。

されば、ミュンヒもその「思想史」の中に、彼の見解を述べて「人々が国王の言葉を、その声のまゝに解して差支なき事、及び此の際、約束の履行を確に期待し得ることは、全体としては正しく保存された確信である」（西田氏訳本　三五五頁）といつてゐるのである。

第八款　通暁民心

西洋にあつては、支那と同じく、民心はとりも直さず神なのである。民心を察せず、民心に通せず、民心を卜し得ず、民心と背反することは、現実的に王者の最大の失敗となる。民心は一見極めて莫としてゐるやうで然も実は甚だ厳しい。こゝに於て、西洋の帝王学は、民心を察知すべきことを、王者の極めて重要なる務として掲げざるはない。

又、君主の正しき自覚を有せる帝王みづからも、その子孫に、それをいへる者がすくなくない。

試みに、エルンスト・モーリッツ・アルントの言に聴けば、「帝王の教育案及び教訓案」の中で「何人よりも将来の支配者に必要なことは、あらゆる方法で人民の精神に通暁することである」といつてゐる。

あらゆる方法を以て民心に通暁せんが為めにはどうすればよいか、これに対しては「帝王は最も多くの人民が群り住んでゐる所に公然と居所を置くべきである、而して此処で帝王は人民の懐に——即ち真中にゐるのだ、さうすると人民は帝王の眼下に在りて一層健気に活動することが出来る、帝王は自分の威厳の為めには稀に人民に接すべきであらうか、帝王は毎日一時間宛人民が彼に接近する為めに閉ぢ籠らず引き籠らずに居なければならぬ」といふやうな意見や、或は、正当なる社交を必要とするといふ意見や、乃至、国内をしばしば旅行すべきであるとする意見や、概して、具体的方法が多く説かれてゐる。

又、賢明なる君主は、たとへばドイツのアドルフの如くその子のテオドールに向つて「吾等は吾等自身丈では人間の不幸の全般を知る事は出来ぬ、幾千の愁訴の中で吾等の耳に達するものは高々一つしかない、吾等は自から脚を動かさなければ、人間悲惨の大なる真画幅を永久に知らずに終る。この悲惨に接して多少不快の感を催すとも、これは害にはならぬ、寧ろ君主の為めには大に苦い」といふ風に教訓してをる。

具体的な方法については種々考察も行はるべきであるが、いづれにしても、君主が民心に通暁する事は王道の一端であり、又、従つて、民心察知も亦、王道を廻る道の一環と見る事が出来よう。

第九款　恩寵公正

帝王に国父たるの道を履むことを要求する王道観は、当然、一部の廷臣等に対してのみ示され勝ちな寵幸については

納税によりて、人民から集めた金銭を、贔屓人又は「寵人」に勝手に投与するが如き昔時にはよくあつた非常に悪い寛大は勿論今日の秩序ある世界には消失した。こんな風にして示された恩恵や有難さに対しては屢々正当な感謝が君主に報ゐられない（西田訳本「帝王教育思想史」三五二頁）

といふミュンヒの結論的批判を生み出す。

それは、ミュンヒが「君主の寵者の勢力に就ては、あらゆる時代に亘りて言議せられ、又屢々非難せられ」（同上書三七四頁）たといひ、又、それと関連ある阿諛者についても「殆んど凡ての君主生活を論ずる諸著書に通じて現れてをり、人は百千の舌を以て阿諛者に対して警戒してゐる」（同上書三七四頁）といふところによつて大体を察知し得られる。

若し国王にして、バゼドウのいへる如く「農夫、手工業者は云ふに及ばず、樵夫や水運搬人までも心から尊重することを学ぶ」ならば、君主の寵幸は一視同仁でなければならぬことを暁るは当然である。

帝王の政治及び帝王の教育に関して論じたヨーロッパの幾多の著者が、殆んど異口同音に叫んでゐる宮廷生活への警告の中に、寵幸の正しくなければならぬことを極論してゐるのは、実際の弊害に悩まされたからではあるが、その事が又たまたま君主の正しき道への思惟をも深めたであらうことは疑ひ得ない。

ジンテニスの「彼の全心は、あらゆる人間に対する愛情と善と親切と好意とに満ち、又、善人賢人の尊敬と崇拝とに嚮けられなければならぬ」といふは、即ち偏頗な寵幸に代る王者の道を説いてその君主を誡めたものであらう。

事実、西洋の歴史は、あやまれる君主の恩寵が、如何に王国を危機に追ひ込み、亦、しばしば破滅に導いたかを、まざまざと示すものであるから、この歴史の反省からも、将来、益々王者の正道としての一視同仁が守られなければなるまい。

第十款　道徳本源

吾人は曾てバジョット（W. Bagehot）の「英国憲法論」（The English Constitution）を読んで、英国人が、英国王を以て、道徳の本源と観てゐる思想の存することに注意せざるを得なかつた。

それは、もとより、我国に於て、天皇を道の大本、根源、否々更に一層剋実して、「道の当体」にあらせられると観るものと比較して浅薄なものであることは多言を要しないが、それでも猶ほ、君主を道徳の本源と観る思想は一往注目するに足るものがあると思ふ。

君主の道徳的感化又は影響（moral influence）が君主国の存在にとつて極めて重大な意義を有することは、古来の賢哲が筆舌を尽していへるところであり、又、バジョットと同じ英国のトッド（Todd）や、モーランの書にも見えるところであるが、バジョツトに到つては、単に、道徳的影響とか、有徳なる君主といふ表現以上に、これを道徳の本源、首脳（moral head of the nation）と表現したところに、若干別の意味が見出されるやうである。

バジョットはいふ

今や英国人は君主を以て道徳の本源、道徳の首脳と見做すに至つた。ヴィクトリア女皇の盛徳及びジョージ三世の美徳は深く国民の脳裡に浸潤するに至つた。我々は有徳の君主を戴くは自然であり、又、家庭的の道徳は、天子の位に於ても必ず之を見ることが出来るものと信ずる様になつた（吉田世民訳「英国憲政論」八六―八七頁）

尤も、バジョットはその後につゞけて

但し皮相の見を以てすれば此事必ずしも信ずる能はざるが如くに思へる、例へばジョージ一世及二世並にウイリヤム四世の如きは家庭に於ける美徳の模範とは云はれない、ジョージ四世の如きは寧ろ不徳の標本である（同上書八七頁）

と附加してをる。

これは、その「皮相の見を以てすれば信じ難い」といふ彼の筆によつて、そのいはんとせる処を察すべきであつて、要するに、英国の君民がその長き歴史の試練の後漸くにして、国王の側に於ても、一国の徳源たるべく自覚するに到り、国民の側に於てもこの新しき事態を信ずるに到り、漸くにして国王の道茲に立てることをいへるものであらう。単に、国王は有徳でなければならぬといふ思想と、「国王は一国の徳源でなければならぬ」といふ思想とは、もとより同一視すべきものではない。

即ち、前者は、政治の前線に於て構成された軌範であるに対し、後者はむしろ政治の内奥に於て把握された軌範である。

第十一款　無為而化

こゝに無為といふは勿論老子流の無為ではなく、バジョットがその「英国憲法論」に「立憲君主の最も賢明とするところは無為に如くは無いのである、所謂慎重熟慮の無為に出づるは是れ賢明なる君主の所為である」（吉田訳本一一五頁）といふところの無為である。

彼に従へば、君主国に於て、君主が英明であれば、その与ふるところの利益は甚大である。英明なる君主は、有為なる政治家を選定して宰相たらしめ、宰相をして思ふ存分手腕を発揮する事の出来るやうに擁護も出来るであらうし、又、政党に対しては、よく各党の一致すべき均衡点を発見もするであらうし、その效益は蓋し測るべからざるものがある。

けれども、歴史の事実は、かくの如き英明なる君主といふものを、そもそも幾人算へしめるであらうか。彼は、

歴史を繙きて世襲君主の天資多くは庸弱なるを見る時は、吾人は常才の人主の英明の主より多かるべきを期待せざる可らざるを陰に恐るゝのである（同上書一一四頁）

といふのである。しかも、

古来の学説と経験とに依れば皇子王孫の教育は到底不完全なるを免れず、而して王侯の家概ね劣材を生ずるを示すのである。果して然らば百世稀に出づる明君英主の家に子々孫々必ず麟鳳の出づるを望むことを得べきや

（同上書一一五頁）

といふ。こゝに於て、君主の聡明叡智経験を期待するよりは、無為を王政の原理とするに如くはない。

かくて西紀一八五七年乃至五九年の混乱せる政局に臨みて、女皇及びアルバート親王が内閣組織に際し超然無為、敢て大臣の選択を試みなかつたのは最も賢明な所為といはざるを得ないが、賢明なる君主はかへつてその智能を用ゐざるを可とする。

即ち、これは「明君賢主世に出でずとも四海波静に自から治まる」（同上書一一五頁）やうにする秘訣と考へられたのである。

プラトンが、君主の中に「哲学者」を見出さんとせるものとは反対に、これは、「果して斯の如き君主を実際に見ることが出来るであらうか、又斯の如き君主の代々続出するを期待することが出来るであらうか」（同上書一三三頁）といふ実際論から技術的に到達した英国憲政論の帰着なのである。

かの「国王は統して治せず」といふ仏、英の格言は、かゝる観念の軌範化にほかならないのであらうが、果して然らば、この「統して治せず」は、バジョットのいはゆる無為に相当する。

而してこの「無為而化」のヨーロッパ的素性は、王道といふよりはむしろ王術に近いものかと思はれるが、然し、さまで露骨に政治術らしい相貌を示してもゐないから、開顕の仕方、従つて用ゐ方によつては、十分王道の一端とされ得るものである。いふ迄もなく、それは日本国体の霊光に照されてゐる話である。

第十二款　王心不測

儒教にも仏教にも王者無外の思想のあることは、吾人の既に学び来つたところであるが、西洋にもほゞそれに近い思想が見出せる。旧約聖書の「箴言」第二十五章の「天の高さと、地の深さと、王たる者の心とは、測るべからず」

といふのがそれである。即ち王心の大きさ、高さ、深さ等は、恰も天地のそれの如きものである、といふのであらう。王者の不可測的大きさは、通常、その国民の感覚にのぼる王者の宮殿、財産、権力等によつて考へられるから、君権絶対主義の下、財産国家制度の下に於ては、最も強く現実的に感じさせられるにちがひない。然し、そのやうな物質的又は権力的大きさ以外に、その心の大きさも亦考へられるのであつて、この心の大きさ、深さ、高さ等こそは、物質的、権力的のそれと異り、王者のかくあるべき軌範として信ぜられるに到る。

西洋に於てはこの聖書の文句以外に、か丶る意味の王心の大を説けるものが多くあるかどうか、現在の著者としては十分調査も出来てはゐないが、たとへ、唯一例でもよい、殊に、それが西洋人の信仰の源泉たる聖書の中の言葉であることは、活用さへすれば、確に新しく力ある軌範として、人々の意識にのぼつてくる可能性がある。

王心無外にして測るべからざるもの、とするは、王者自身の軌範たるのみならず、又同時にその民をして窮極的に依るところを得せしめ、不可測の心を仰がしめ畏れしむるものであるから、民にとつての軌範でもあり得る。

第十三款　反省自粛

マリアナが、「国王たる者は必ず各刹那毎に胸に手を当て丶」国王は国家の為めに王位に在るのであつて、彼自身の為めでないこと、国家の救済の為めであつて彼自身の救済の為めでないこと、等を反省思念せよ、といつたことは、帝王存在の意義に就ての積極的反省を王道の一部とする考へであらうが、ミュンヒによればジンテニスは、むしろ一々の行為についての反省を指摘してゐる。曰く、

帝王が朝に頼りなき不幸の人民より生活資料を奪ひ、而して夕にこれを己が長夜の宴、大宰の料に消費するならば、国民挙つて謀叛せんことは必定である。市民と農民とが畢竟彼等の帝王の遊戯の為めの負債を償はねばならぬことは実に驚くべき次第である。尚亦、帝王の一身に関する祝日が次から〳〵と絶えず行はれてはなら

ぬ。稀にしか又全く自分を反省せず、常に酩酊蹣跚の裏に生活する帝王は実に沙汰の限りである。あらゆる人間中帝王程屢々我身を反省せねばならぬものはあるまい。（「帝王教育思想史」二五〇頁）

と。

それは勿論、酒色に耽溺したり遊戯に現をぬかせる暗君を引合ひに出したものではあるが、然も、「あらゆる人間中帝王程屢々我身を反省せねばならぬものはない」といふところに、君主の道としての「反省自粛」といふ軌範理念が見られる。

けだし、この種の軌範を窺ふべき文献、格言類は、極めて豊富であつて一々引用の煩に堪へないが、支那の三者論を持ち出すまでもなく、人たる者が己を省みて自ら直くすることは、人間的軌範として、何人も之れを肯定せざるはない。況して一国の君主たる者が、その存在の意義に就て将た又自己の日々の行為心情に就て、反省自粛すべきは、洋の東西、時の古今によつて異るものではないのである。

このほか、個々にひろへば、或は租税の徴収に関し、或は宮廷財政の浪費に関し、或は人材登用に関し、或は戦争に関し、その他多くのものを算へることが出来るが、その根本については大体上記のものに尽きるやうである。が、たゞ戦争又は軍備に関しては、印度、支那等の「王者の師」に類する軌範が十分に発達してゐない、といつてよいであらう。又「道徳の本質」といふやうな考へも僅かに生長はしてゐるが、未だ、君主を以て教化の根本と為す思想が、正しく成立して居らぬ。

以上に述べた王者の道は、或はそのまゝで若しくはそくばくの開顕騰致を与へることによつて、王道と認められるものではあるが、西洋諸国に於ては、かういふ王道観を成せるものもあり、稀には若干の実践を示した明君賢君もあつたといふだけで、全体として、この王道が西洋の各君主国の強力なる又は底力ある指導原理となつて不滅の仰慕を一般国民に与へてきた、とは認められない。

かうして特に考察すれば相当なものを含蓄してはゐるのであるけれども、それが、歴史を貫いて陰に陽に国民や国家の発展向上の根本原理として貴重せられたといふ実際上の勢力とまではならなかつたのである。

聖書の王道思想はその民道思想と共に、すくなくも基督教国にとつては、最高の権威であり不滅の光明として窮極的指導力を持つものでなければならぬ筈であるにも拘らず、西洋人の歴史の示した彼等の国家生活に関する限り、それらは殆んど、書虫《ブックウォーム》の訪れるだけのもので、何等有効なる指導を為し得なかつたのである。反対に、君権の拡大、樹立、維持、保護に多忙を極め、王道、君道は殆んど、君権、王権の思想によつて忘れられてしまつた観がある。

即ち、西洋の君主国に於ては、王道君道の確立、実践に何等顕著なものを示さず、ひたすら君主の権利、権力、権威の高揚に主力を傾倒し尽したといつてよい。たゞその中にあつて、上記の如き思想も探れば僅に之れを見得るのは、むしろ実に空谷《くうこく》の跫音《きょうおん》といふべきであらう。

最後に、これは既に一言しておいたところではあるが、重要な点であるから、重ねて注意しなければならないのは、西洋の王道論は、特にその帝王教育は、人民の利害、人民の幸福を絶対原理とする建前で理論が構成せられてゐる。これは彼等の君民対立の国体的本質の反映として、免れ難いところではあるが、それであるから、王道論、君道論は、や、ともすれば、王権論、君権論に圧倒せられて影を没するわけなのである。

第五項　王術と暴君

以上は大体、王者の目的々軌範たる王道そのものの概見であるが、西洋の帝王思想中には、王道と一見極めて似通へるもので、実は王道に非ず、王術と名づくべき思想が、可成り顕著に発達してゐる。

それは既にプラトンの思想の中にあらはれてゐるところであつて、彼の重要なる一著作「政治家」（Politikos）には、政治術（politike）王術（Basilike）等の語が用ゐられ、種々説明が加へられてゐる。彼は政治活動を織物にたとへ、その織物に於ける君主の働きは紡織術であるといつてゐるが、かうした王術思想こそは、永くヨーロッパ君主国の国王及び思想家によつて継承された統御術思想にほかならぬ。王術は支那に於ては王道の異名であるが、こゝでは、より多く技術の意味に解すべきである。

プラトンの王術思想は、アリストテレスに到つては、暴君政体の維持策論となつてあらはれてゐるが、このアリストテレスの暴君論は、後、マキァヴェリーの君主論に多大の影響を与へたものである。

ポリビアスに従へば、「王位が世襲となれば、その子孫は不義の快楽に耽溺するやうになり、王政は暴君政治となる」、といつてゐるが、この王と暴君との区別は、一見、支那の王覇の分類を思はせるものがある。勿論、王道的観点からは、暴君 Tyrant を王道を行ふ国王と認めることは出来ないが、現実の政治的支配からいへば、暴君も亦君主である。

この君主としてのタイラントが、現実に支配するとすれば、人民は自衛上、タイラントをして幾分たりとも暴虐なる政治から退却させる必要がある。又、ポリビアスのいへるが如く、暴君に非ざる王といへども、永き世襲の間には、暴君に転化する危険性があるとすれば、これも併せて警戒せざるを得ぬ。勿論、これが解決は、窮極に於ては、実力による革命ではあるが、革命は窮余の勃発であつて、平素に於ける君権の制肘とはならぬ。

茲に於て、王道の道義的、理想的教説も必要ではあるが、それよりも一層彼等の現実生活に適切なるものとして考へられたのが、「王者の支配術」即ち「王術《バシリケー》」である。

王術思想の最も代表的なものはマキァヴェリーの「君主論」である。彼は、宗教改革の烽火が西欧に燃えあがり、ルターが断乎法王の教書を焼き棄てた騒然たる時代の中に、この本を書いたのであるが、勿論、宗教家をはじめ幾多の駁論に包囲され、ヨーロッパに於て最も激しい問題を起した。然し、又、実に古今を通じて最もよく人に読まれた書物であつて、かのナポレオンの如きも之れを熟読したといはれる。

ダンテはイタリアを「皇帝の楽園」として讃美したが、マキァヴェリーの見解は全然これと異り、その当時のイタリアは実に窮迫の底にうごめき、疲弊の深井に陥つてゐたのである。いかにせば、イタリアをこの窮地から救ひ出せるか、これが彼の唯一の問題であつた。

かゝるやみ難き願望から迸り出でたものが、この「君主論」であるが、彼は此の書に於て、徹底的に、王術を論明した。そこには崇高なる道義、然し抽象的なる理想たる王道の代りに、極めて実際的な王術を甚だ独特の筆法を以て不遠慮に書き列ねた。

彼も、もとより、「有徳の君主」なるものがいかなる概念のものであるかは十分に知つてゐた。然し、彼の直面したイタリヤの国情は、さうした「有徳の君主」を期待するよりは、もつと切実にその日その日の国民生活の第一線に直接触れ合ふ実際問題に於ての「君主」を解決せねばならなかつた。そこで彼は、なまじ有徳の君主を期待するよりは、要するに要領のよい君主を必要と考へたのである。

彼は、君主の美徳は慈悲、信義、人情、廉直、敬虔であるといひ、そして「君主が信を守り奸智によらず正直な生活をして行くことは誰しも賞讃するところである」ことを認めつゝも、然も、「われわれの経験は、偉業をなした君主達は信義をさまで重んずることなく、奸智によつて他人の智慧を浪費せしめ、終には自分の言葉を守る人々を征服したことを教へる」といふ。

それ故に、かやうな「美徳を悉く備へることは君主には必要がない、たゞ備へてゐるやうな風を装ふことは絶対に必要である」といふ大胆な結論を生んでくる。

彼に従へば、「現今のある君主は、その名前をあげるのはよくないが、彼は一度口を開けば平和と敬神とを説くのであるが、しかもこの三つのもの程、彼と敵同志のものはないので、彼が若しこれを守つたとしたら幾度かその名声と領土とを失つたことであらう」とて、暗にアラゴンのフェルディナント王を諷してゐる。彼は又いふ、併しこゝで、善行は悪行と同じやうに、嫌悪を招いたといふ事実を注意しなければならぬ、だから、私が前に言つたやうに、君主が位を保たんがためには常に善ばかりであることはできない、何となれば、君主の地位を維持するに必要なりと思ふところのこの世間が――それが平民であらうと、軍人であらうと、貴族であらうと、――腐敗してゐるときは、彼等を満足させるために又彼等の気儘な振舞を許さなくてはならぬのであるから、正しい行は必ずや彼等の反感を招かざるを得ない（黒田正利訳本一九四頁）

これは実に奇驕の言の如くであるが、マキァヴェリーの観察した当時のイタリア王国を救ふ為めには最も実際的な道であると考へられたのであらう。

更に、彼は、君主が寛大仁慈であることは善いが、余りに寛仁である時には、己れの財力にのみ待つことが出来なくなるので、つひには人民に対して苛斂となり反つて人民の反感憎悪を買ふ結果になるから、むしろ最初から吝嗇の名を意に介してはならぬ、治者をしてその地位をよく保たしむるものはこの悪法の一である吝嗇であつて、現代に於て偉業を成せる君主は悉く吝嗇の名を得てゐる者のみである、ともいふ。要するに、かういふ突飛な思想は、

主権者は上記諸性質の中で立派なものを顕してほしいものだとは誰しも言ふところであると私は思ふが、しかし人間の境遇はそれを許さないのであるから、到底十分にかうした美質を持つことも守ることも出来ないのである、だから君主は自己の地位を危くするやうなこれら悪徳の非難を避ける方法を知るやうに十分心懸けなければならぬ（同上書　一七〇頁）

といふ君術、王術、政治術以外に、王者を救ふ方法はない、といふ見解に立つものであらう。勿論、これには、既にいへる如く、幾多の反対論があるけれども、かくまで徹底した王術思想は、実に支那、印度にも絶対に見ることを得ないものであつて、まさに、西洋の帝王思想に於ける一方の白眉といはねばならぬ。

而して、かくばかり底を尽した王術思想が生れ来つた所以のものは、これを単にマキァヴェリーその人の思想の

偏奇性に帰すべきか、断じてさうではない。一方に相当注目に足る王道思想も豊富に発達したにも拘らず、他方に世界無比のかゝる君術論を生み出したものこそ、実に、西洋の帝王その者に外ならないのである。否、換言すれば、西洋各国の国体の欠陥そのものに外ならないのである。

既に、各国とも皆、近代的立憲主義の政体を完成して、君権の変革を断行し了つてゐる今日、再び、専制君主主義、一転して、暴君政治といふものは起らないかも知れないが、その代りこの立憲主義の上に鎮座せる各国の君主は、去勢せられた君主であり、自己の意志に基くことを得ぬ機関体に過ぎなくなつてゐる。

かくて、ヨーロッパ諸国の国王は、今やマキァヴェリーの熱烈鉄火の如き王術論もさまで必要を感じない境遇にある代りに、まことの王道の主たる事をも得ない境遇にさまよへる者といふべく、こゝに、日本国体との関係が根本的に考へられなければならないのである。

注1　「寛平御遺誡」は宇多天皇御譲位の後に御子醍醐天皇に奉られたもの、「椿葉記」は後花園天皇即位せられた時御父入道無昌道欽親王が天皇に奉られたもの、「後花園天皇御消息」は、天皇が御子土御門天皇に送りたもうたもの、いづれも「群書類従」に収めてあるが、「日本教育文庫」家訓篇には三種をまとめて巻頭に奉掲してゐる

注2　"Then, Thrasymachus, no one in any Kind of governnment will, So far as he is a ruler, prescribe or seek his own advantage but that of the subject of his craft over which he rules, all that he says and does is said and done with the subject in view, and for his advantage and

注3　Will you solemnly promise and swear to govern the people of this United Kingdom of Great Britain and Ireland, and the Dominions thereto belonging, according to the Statuetes in Parliament agreed on, and the respective laws and customs of the same?

注4 I solemnly promise so to do.

注5 Will you to the utmost of your power cause Law and Justice, in mercy, to be executed in all yous judgments?

注6 I will.

注7 Will you, to the utmost of your power, maintain the Lows of God, the true profession of the Gospel, and the Protestant reformed religion established by law? And will you maintain and preserve inviolably the Settlement of the United Church of England and Ireland, and the doctrine, worship, dissipline, and government thereof, as by the Law established within England and Ireland and the territories thereunts belonging? And will you preserve unto the Bishops and Clergy of England and Ireland, and to the Churches there committed to their charge, all such rights and privileges, as by law do, or shall uppertain to them, or of any of them?

注8 All this I promise to do.

注9 It is easy even for the casual observer to see that even now in the United Kingdom there is still that "divinity which doth hedge a King" and the magic spell of royal rule has not been entirely dissipated by the fierce blasts of modern democracy (Moran's, The English Government. p.53)

第二章

西洋の人民道

第一節　総　論

西洋に於ては、君道を説くことの綿密なるに比し、君主に対する臣民の道を高唱するものは極めてすくない。それは、世界各国大体の傾向と見て差支へないが、これ実に、国民即臣民の身分が厳格でないが為めである。日本に於ては、国民必臣民たること、既に本書の前巻に十分に説いたところであるが、西洋では、かゝる意識を国民一般が有してゐるわけでもなく、又、それを国家的軌範として要請してゐるところでもない。

西洋現代に於ける最古最大にして代表的君主国たる英国の王は、その詔勅の中で国民に呼びかける時にでも、「臣民」の文字は用ゐず、人民、国民、民族、人々、公衆、などと訳せられる people の語を慣用するやうである。

西紀一九二七年、ヴィクトリア女王の誕生日にジョージ五世の発布した教育に就ての勅語や、エドワード八世の退位の勅語や、ジョージ六世即位の勅語などには例外なく people 又はその複数形を用ゐてゐるが、臣民（subjects）といふ文字は使つてをらぬ。封建制度の下に神権説の思想的支持を得てゐた時代に於ては兎も角、現代のヨーロッパ君主国では、国民とその君主との間に、我国に於けるが如き君臣関係はもとよりのこと、一般にいはゆる君臣関係も明確に意識せられてゐない。

勿論、ある時代、特に封建時代には、その社会機構に基く君臣関係が成立し、恰も我国に於ける武士の棟梁と一般武士との如き結合現象を呈した頃に於ては、明白に君臣であつた。然し、それは特に君主と人民との間に君臣たるべき契約の成立せる当事者間の身分関係であつて、一般に人民たる者が臣であり、一君の下、万民が臣事する、といふのではない。これは支那に於ける臣と民との身分関係とほゞ同様である。

故に臣即民、民即臣、君即国、国即君といふ意識に於て一般に臣民道として国民的軌範を樹てるといふことは出来ないけれども、曾て封建的意義に於ての君臣があり、今又、国家元首たる者に対し国民たる者といふ間柄に於ての君民があるのだから、西洋にも君臣の道、或は君民の道なるものが、何等かの程度に於て発生発達してをるべきことはいふまでもない。

それを総称して仮りに「人民道」といふならば、この人民道は君権絶対の時代には王権王威を以て厳しく遵守を命ぜられたにちがひないのであるが、近代の民主主義的風潮が旺盛になるに随つて或は崩壊し或は消滅して、次第に薄弱になつて行つて、つひには、極めて形式的なものと、比較的に社会的機能として事実上妥当してゐたものの一部とが僅に軌範として残存してゐる、と解される。即ち一には法律的、政治的軌範として残れるもの、今一には社会的軌範として生き残つてゐるものとがそれである。

既に述べた通り、西洋では、一国の全民を通じて、「臣たるの民」即ち臣民を構成してゐないのであるから、一国の全民衆を貫いて一の臣民道の主体たらしめることは出来ない。しかし、君・臣・民の事実に即し、ある立場の者に臣道が、一般国民に民道が、それぞれ見出されることはいふまでもない。けれどもこの場合、臣道と民道とでは帰着を異にするものがある。

臣道にあつては、どこまでもその君主に道を尽すから、道の対象は君主であるが、民道にあつては道の対象は必ずしも君主ではなく、国家である。この意味の民道は即ち国民道ともいひ得、人民道ともいひ得るが、それは、ひとり君主国にのみ存するものではなく、全く君主を戴かざる民主国にも亦存在してゐる。

君主国に於ける民道にあつても、君主の命令に服し、君主を国家元首としてある程度迄尊敬もするにはちがひないけれども、その命令に服しその尊敬を捧ぐる所以のものは、国家を重点とするのであつて、君主そのものを必ずしも窮極的に民道実践の対象としてゐるのではない。そこに、臣道と民道との二元的構成が存するのであつて、如何とも融合の途がない。

されば、忠義といふも、君主に対する忠義と祖国に対するそれとが必ずしも一致するものではない、といふのである。

臣道は、後に判明する通りその沿革から観て、明確に君たり臣たる者の間に儀式を以て私的契約が交換せられたところから出発するのであるが、民道は之れと異り、民たる者個々が一々に君主と君民たる契約を結んで発生するものではなく、むしろ、自然発生的関係を公法的に格づけたところに成立する。

然して、この公法的格づけに於て、西洋近代の本流は、古き神権説を排しのけ除いて遂に国家契約説を公義として押しあげたのである。かくて、封建的起源を有する君臣も契約、近代的性格を闘ひ取られた君民も亦契約、たとへ契約の内容や性格に相違はあつても契約たることに於ては軌を一にするのである。

契約の上に成立した臣道であり又民道であるとすれば、契約の有効性が認められる限りに於ての道であることは言ふまでもない。これ、西洋の臣・民道の実相である。

勿論、契約であるから飽く迄利害的、打算的である、と考へるのは早計であつて、契約の範囲に於て献身的、犠牲的なることも十分にあり得る。

君主の為めに一身一家を犠牲に献げた忠臣もあれば、君主の命令以下祖国の為めにあつたら若き命を献げて戦死する者もある。それ故に、単に目前の個人的又は家族的利害の打算に於てのみ君臣・君民が、仮合してゐる、とばかりは言へないのである。故に、国家の戦時に於ける国民的精神力の如きを単に彼等の忠君観念の観測から割出して予断するのは極めて危険である。

以上によつて、西洋の臣道、民道の共に契約に基く事、又両者は本来帰着を異にすること等を明かにしたが、便宜上両者を一括して、これを人民道と称し、その内容の主要なる点に若干の研究を試みてゆかう。

第二節　聖書の僕道

吾人は本章の第一節に、聖書の君道と人民道とを述べておいたが、人民道については、猶ほ聖書特有の僕《しもべ》の道を考察する必要がある。何となれば、僕とは、君主の臣・民にも通ずるところの、一般に主人への従僕を意味し、そこに、主人への道が説かれてゐるからである。

聖書の僕の観念の中には、無論、宗教特有の色彩もあつて、例へば、

　然《され》ど爾曹《なんじら》のうち大ならんと欲《おも》ふ者は爾曹に役《つかは》るゝ者となるべし、また爾曹のうち首《かしら》たらんと欲ふ者は爾曹の僕となるべし、此の如く人の子の来るも人を役《つか》ふ為には非ず、反て人に役はれ又おほくの人に代て生命《いのち》を予《あた》へその贖《あがなひ》とならん為なり（マタイ伝第二十章）

といふが如く、救世の為めの意義を説いてゐる。

これは、主としてキリストが僕の務をとれることをいふのであつて、「ルカ伝」に

　食に就る者と事《つかふ》る者と孰か大なる、食に就る者ならずや、然ども我は爾曹の中に事る者の如し（第二十二章）

とあるはその一例である。今、この意味の僕には用がない。たゞ主人に対する従者としての僕の道こそ、かの臣・民たる者が主君たる国王に対する道の一環として考察されようとしてゐるその僕道なのであつて、聖書には此の意味の僕道を説けるものが、存外にすくなくない。

今、それらを大約して、次の数目に分類する。

旧約聖書「マラキ書」に「子は其父を敬ひ僕はその主を敬ふ」（第一章）新約「テモテ前書」に「凡そ軛《くびき》の下にある僕は己の主を毎事《ごとごと》に敬ふべき者となすべし、是神の名と教を謗《そしら》れざらん為なり」（第六章）等とあるは、主を

尊敬することの臣僕の道なるをいへるものであつて、その尊敬は、子の父を敬ふに比せられてゐる。

尊敬は、他者と自己との間に本来又は上下の関連意識あるに基くのであるが、末から本へ、下から上へ尊敬の念の立つところ、その関連は、末が本に下が上に服従すべきことを軌範とするに到る、それ故に「ペテロ前書」は「僕なる者よ、畏懼を以て主人に服《したが》ふべし、只善良柔和なる者にのみならず、苛刻者《なさけなきもの》にも服ふべし」（第二章）といひて、僕は、その主たる者の善良柔和なると苛刻なるとを問はず、之れに服従すべきものであるといふ。

「エペソ書」又「僕なる者よ、キリストに服ふが如く畏懼戦標《おそれおののき》まことの心もて肉体に属《つけ》る主人に従ふべし」（第六章）といひ、「テトス書」にも「僕には己の主人に服ひ何事を為《なす》にも之を悦ばせん事を務め之に言咈《いいさから》はず」（第二章）といつてをる。即ち、その服従は、キリストに服従するが如く、その命を畏こみ、まことの心を以て服従すること、進んでは主の心を悦可することに努力すること、及び、言ひ逆《さか》らはざること、の三点を要義としてゐる。

「まことの心」とは、「テトス書」（第二章）「コリント前書」（第四章）等にいふ「忠信」にほかならず、主の心を悦ばすといふは、単に主の目前を悦ばすとの意味ではないこと、「エペソ書」の「人を悦ばする者の如く只眼前の事を務むること勿れ、キリストの僕の如く心より神の旨を行ふべし」（第六章）といふによつて明かである。

かく、僕はその主を「キリストの僕の如く心より神の旨を行ふ」ものとして尊敬し服従すべきである以上、一僕二主に仕へる事は許されない。「一人の僕は二人の主人に事ふること能《あたは》ず、蓋《そは》これを悪みかれを愛し或は此を重んじ彼を軽んずれば也、なんぢら神と財に兼事ること能ず」（ルカ伝第十六章）といふのがそれである。

かく臣僕は唯一人の主人に仕ふべきであるが、従者は己れの食よりも主人の用務を第一に尚ばなければならぬことは「創世記」に「彼の（僕従の者）の前に食をそなへたるに彼言ふ、我はわが事（主の用務）をのぶるまでは食はじ、と」（第二十四章）といへる通り、又臣僕は常にその主の側に侍さんことを心とすべきことは

我をして吾主人に還らしめよ、リベカの兄と母言けるは童女《むすめ》を数日の間少くとも十日我等と楷《とも》にをらしめよ、

然るのち彼ゆくべし、彼人之に言ふ、エホバ吾途に福祉《さいはひ》をくだしたまひたるなれば我を阻むるなかれ、我を帰してわが主人に往かしめよ（創世記第二十四章）

といふが如くである。猶ほ、「ルカ伝」第十九章には、僕は主人に利益を得させるやう努むべきことをいひ、又、「創世記」にも「わが来れる前に汝の有《もち》たる者は鮮少《わづか》なりしが増て遂に群をなすに至る」（第三十章）の記事がある。

総じては、僕の主に臨むや「人」に仕へるが如き考へでなく、「神」に奉仕する如くであれといふに尽きるであらうが、「人に事るが如《ごと》くせず主（即ち神）に事るが如く甘心《こゝろよく》つかふべし」（エペソ書第六章）、「僕なる者よ、凡《すべて》のこと肉体に属《つけ》る主人に従ふべし、人を悦ばする者の如くたゞ眼前の事を務ることなく誠心《まことのこころ》を以て神を畏れて従へ、なんぢら何事も人に事るが如《ごと》くせず主に事る如く心より之を行ふべし」（コロサイ書第三章）等といふのはそれである。

聖書には猶ほこのほか、主人を欺いてはならぬ（テトス書第二章）、己が位地に満足せよ（コリント前書第七章）、同僚を憐め（マタイ伝第十八章）、主の為めに祈れ（創世記第二十四章、サムエル前書第二十五章、列王紀略下第五章）等といふ諸訓誡が見えるし、悪しき臣僕の例をも種々あげてをる。即ち、目前の事のみを為すもの（エペソ書第六章、コロサイ書第三章）、主人の鼻息を伺ふもの（エペソ書第六章、コロサイ書第三章）、詐欺するもの（サムエル後書第十九章、詩篇第百一篇）、虚言を吐くもの（列王紀略下第五章）、主のものを盗みする者（テトス書第二章）、貪慾なるもの（列王紀略下第五章）、闘争を好むもの（創世記第十三章、同第二十六章）、同僚を憐まざるもの（マタイ伝第十八章）、等である。

以上、聖書に現れた僕の守るべき道の概要であるが、僕とは主に臣事する者であつて、下は一家一個人の僕より、上は大国の宰相までを含ませ得る。よし、直接に、国君の臣をいへるものに非ずとも、主に臣事奉仕するといふ点では共通である。

「ルカ伝」に「小事に忠《たゞし》き者は大事にも忠く小事に忠からざる者は大事にも忠からず」（第十六章）といふを此の

場合に導入し来らば、蓋し僕臣の道相通ずるものあるをいへるものと解して差支へあるまい。されば第一節の「国王に対する人民の道」とこの僕の道とを彼此相照して、聖書の臣・民道を概括把握するが便であらうと思はれる。

第三節　西洋現代の人民道

聖書の人民道・僕道は完備した説でない迄も、流石に要義は巧に説き示してゐる。さて然らば西洋の民道は如何に実践されたか。

日本の場合には、「大日本帝国ハ万世一系ノ天皇之ヲ統治ス」であるから、歴代天皇の即位したまふ度びに誓忠するといふことは、臣民道として特別に考へられてゐない。然し、たとへ世襲制君主国の場合といへども西洋ではその王統の絶対が成立してゐないのであるから人民と君主との関係は常に、特定と君主と人民との関係に於て存する。英国を例にとれば、現ウインザー王家の血統は、一定の条件の下に王位継承者の特権を有することを認められてゐるが、それは「一定の条件下に於て」であるから相対的であり絶対的でない。

ヨーロッパの君主国は、たいてい新王即位の儀式の中に誓忠式を組り込むものと惟はれるが、これは元来、選挙制の中から生まれたもので、封建国家に於て特にその必要が痛感せられたのである。

オッペンハイマー（Oppenheimer）の「国家論」にトゥルンワルト（Thurnwald）の「古代エジプトの国家と経済」（Staat and Wirtschaft im alten Egypten）の報告を引いてゐるが、それによると、古代エジプトの封建国家に於てすら、既に、権力者に服従するとそれによつて保護を受け、君臣間に保護・忠義の関係が出来、忠義を尽す代りに保護を受けるといふ契約的状態が、その社会全体の基礎となつてゐた事が記されてゐる。（注1）

その他の国々にあつても封建組織をとつた限りに於てはいづれも大なり小なりかゝる君臣関係に進んだことはおそらく否定出来ないであらう。

君臣関係が契約によつて成立するといふと、その離合も極めて自由であり任意であるが如く考へられ易いが、封建社会は、その生活が領地といふ尨大にして固定せるものの上に置かれてゐる為め、一旦この契約に入ると、容易に離脱することは出来なかつた。即ち、君臣の身分関係を固着させる性質を多分に有してゐた。

それを一層堅固にするものは、かかる物的条件と歩調を合す精神であるが、国王が多くの氏族によつて選挙せられてゐた六世紀頃から起つた誓忠式（Sacramentum fidelitatis）の如きはそれである。（注2）これは大体、臣事（Homage）と誓忠（Oath of Fealty）の式に分れてゐたらしいが、臣事式は君主から領地を与へられその家臣としての服従を命ぜられる式、誓忠式はそれにつゞいて臣下となつたものが君主に永久の忠実を誓ふ式であるが、通常、誓忠が終ると叙位式（investiture）を行ふ。

オッグ（F.A.Ogg）の書によると、（注3）この誓忠式に於て臣たる者のいふところは、生死いづれの場合にも知行を受くるに対しての義務を尽すべき事、相続金を貢すべきことなどを誓ふのであるが、全く、一種の結合契約に過ぎない。君主の中には、たとへば、カール大帝の如く、法令を以て十二歳以上の男子に誓忠させ、君主に対する多くの義務を規定した者もある。

かうした君臣の結合契約は、原則として一君一民間の出来事であつて、それは、相互に、契約当事者以外の第三者にそのまゝ有効なものではないから、君主が代がはりすれば、新君主に就て誓忠しなければならないし、臣たる者が死亡すれば、その相続者は改めて誓忠すると共に、相続金を納めなければならなかつた。英国では、この相続金を relief と呼んだが、臣下の義務を行はざる時には forfeiture とて没収せらることとなつてゐた。かゝる没収の重罪（felony）を執行せられて、君臣関係を断絶せしめられる場合は、オッグに従へば、（一）軍事的奉公又は要求せられたる奉仕を拒絶せる時、(二) 君主の権威を無視せる時、(三) 君主に武力を以て敵対せる時、(四) 君主の家族に敬意を失したる時、(五) 君主よりの召喚に応ぜざりし時、等である。

かくの如き臣事式なり誓忠式は、現代に於ても全く死滅し去つてはゐない。

英国の如く、――その他の西洋君主国亦然り――今猶ほ、これを国王即位の始めに重大なる儀式として実施してゐることは、比較的近年に若干の年月の距りを置いて挙行されたジョージ五世、エドワード八世、ジョージ六世の父子三人の戴冠式が之れを証明してゐる。人或は全くそれを以て、伝統的形式と為すかも知れないが、われらは、決してそれを単に伝統を尚ぶ古典主義に基く死骸的形式とは考へない。

英国の現王室ウインザー家の血統たるハノヴァー系の王位継承権の確認を前提として歴代国王の即位が成立つにはちがひないけれども、然も、その歴代の個々の王が、一定の条件に服する事をも亦一つの前提としてゐるのであるから、新国王の宣誓に次で臣事式なり誓忠式なりの行はれる戴冠式の式相は、明かに新国王との契約に依つて、君臣関係を肯定するものにほかならない。

万が一にも、国王が、宣誓しなかつたとするならば、そこには臣事の礼も誓忠の礼も行はれまい。

封建時代には「領地の賜与」が君臣関係を成立させる基礎であつたが、か丶る制度の亡び去つた現代にあつては、「憲法的宣誓」が「領地の賜与」に代つた迄で、臣事、誓忠が、条件つきであり、契約であることに於ては、古今とでその趣を全く異にするものではないのである。これは、然し、生命の本末的大義の国体なき国としては、それ自身に於ては是れ以上に出ることの出来ないところであらう。

次に、聖書に王を尊び君を敬ふべきことを記してあるが、西洋の各君主国に於ては、いかにこの尊王敬君が実践せられてゐるであらうか。

吾人は不幸にして、各国に於ける尊王敬君の思想や実践がどうあるかを学ぶべき適当の資料を座右に有しないので、一々文献に徴して立証することを得ない。然し、予が曾て親しく欧洲にありて観察せるところを基礎とし、更に諸般の事情を綜合して考ふるに、神を敬ふが如くに尊ぶといふ実感が君主国の国民に普遍実在してゐないのは事実である。

日本の尊皇が、神の信仰に不可分離に結びついてゐるのに反し、西洋に於ては、聖書の教にも拘らず、かゝる信仰的尊王は殆んど全く之れを見ることは出来ぬ。もとより、極めて一部の者には或はかゝる信仰的尊王敬君も存するかも知れないが、要するに国民大多数の中に普遍実在してゐないといふことは断定して誤りでないと信ずる。

外交儀礼や、国家の重大なる公務執行の儀礼に於て尊王敬君の言辞や作法をとゝのへる、といふことは、文明国たる限り、いづれの国にもあり得るが、さうした儀礼以外、国民生活の中に、いかなる尊王敬君の感情が存在するであらうかは、甚だ疑問なきを得ないところである。

否、儀礼的場合に於てでさへも、或る特別の国家的、宮廷的大儀式はいざ知らず、一般には、尊を尊び、貴を敬ふ精神の高度の発揮は見られないやうである。

予は予の実見に基いて此の言を為すのやむを得ざるに到ったのである。

曾て吾人は、英国皇太子が臨席するといふので、ロンドン、セシルホテルに開かれた日本協会の恒年例会の晩餐会にわざわざ見学の意味もて出席したことがあつた。

時は、大正十二年六月六日。その時の国王は人格者を以て謳はれたジョージ五世であつたが、皇太子は後に即位してエドワード八世となり、間もなくシンプソン夫人の事件で自ら退位するに到つたその人であつた。

座席は一段高いところの中央に二箇の特別席が設けられてあり、その左右にも貴賓席とでもいふか幾人分づつかの席が設はれてゐた。

英国国歌の奏楽裡に、日本大使にして日本協会長たる林権助が先導して皇太子の姿が現れた。一段低いところに列席してゐた多くの日英人男女は起立して之れを迎へたが、日本流の最敬礼の如きものはなく、やがて満場割れんばかりの拍手を送つた。

中央の特別席二箇の上座に皇太子が着座し、それと並んで林大使が腰をおろしたが、その左右には、カンタベリーの大僧正夫妻、マーシャル卿、デンマークの大使某、当時駐日英国大使であつたサー・チャールス・エリオットも賜暇帰省中であつたのか、それとも更迭したのかその点は忘れたが、列席してゐた。

食事が終りデザートに入つてから、林会長、エリオット博士などの卓上演説があつたが、それらは兎に角、皇太子の演説は、吾人の異常なる注意を以て聞き且つ観察したところであつた。

皇太子の話の内容などは、その場限りの外交的にそつのないもので格別記憶に価するほどのものではなかつたが、皇太子が、臨場以来絶え間なく手を燕尾服の白蝶ネクタイへ持つて行くのを見てゐると、予の臨席にゐた名も知らぬ英国人が、小さい声で、予にむかひ、「皇太子は非常に神経質（nervous）で、ネクタイをいぢるのが有名な癖です」といつたのは、場所柄、今猶ほ鮮かに記憶してゐる。

又、皇太子の声が、その父キング・ジョージ五世の、あの重々しい、俗に英人が「白銀の声」（silver voice）といふ壮重な声の持主であつたに比べ、頗る軽金属性の声で、威厳のなかつた事が深く印象に残つた。

然し、吾人が茲にこの見聞を記さんとする趣旨は、それらの事を述べんとするのではなく、上記は単に前景に過ぎないのである。

われわれ東洋流の考へ方では、皇太子の臨場演説といふことは、皇帝に亜ぐ尊貴なものとして、極めて厳粛尊敬の限りを尽して之れを仰ぐものと考へてをつた。然るに、万事は甚だ軽快でわれわれの幾分かでも心に想像したところとはいたくも異つてゐた。

皇太子の臨退場には流石に総員起立せるも厳粛なる「奉送」といふ感はなく、たゞ一般に対するよりは、公的敬意を表したといふ程度であつた。

然しそれよりも、最も予をして感慨無量ならしめたものは、皇太子の演説に対する列席英国人の態度であつた。或者はコーヒー茶椀を手にしつゝ、或者はシガー又はシガレットを口にしつゝ、或者は右又は左の手をズボンのポケットに突込みつゝ聞いてゐるのである。

そして、時々、皇太子の言葉に対して拍手を送るのであるが、中には軽くテーブルの端をたゝく者もあり、言語道断と思はれたのは拍手の代りに、軽く靴で床を叩く、いはゞ拍足拍床する者さへあつた。吾人は実に吾人の想像を絶した異様なる光景として深く脳裡に刻みつけられたのである。

演説がすみ、総員拍手を送つた瞬間、吾人の側の美人は又もや予を顧み皇太子を評したが、その時、nice fellow といふ言葉を用ゐたことは、強く予の記憶に印せられた。

又、吾人の欧洲滞在中、英国その他の君主国で、たまたま国王の外出を目撃したことが数回あるが、民衆のこれに対する態度は、尊王とか敬君とかいふ東洋的表現よりは、むしろ、愛王とか、王に親しむとかいふ言葉を用ゐた方が適当であるといふ感じを受けた。

三階五階の高層から地上の国王の乗物めがけてハンケチをふる男女、路上では国王の目前通過の際男子は帽子を軽く取つて之れを手であげながら振つたりする光景は、正当な意味に於ての尊王的姿態とはいへない。勿論、それが、全然、尊敬でないとは曰はないが、正しい尊敬といふよりは、むしろ敬愛といつた方がよい。

シンプソン事件の際の英国の新聞を見ると、ボールドウィン首相の強硬なる態度に反感を抱き、むしろ国王の慈愛に同情した人もあつたと見え、婦人連が「神よ国王をボールドウィンから助けたまへ」(God save the King from Baldwin)とか、「吾等は吾等の国王を必要とす」(We want our King)などのポスターを手にして街頭で国王支持運動を展開した写報があるが、これらも、一種の敬愛の表現であらう。

西洋に於ては、国家に於ける最高なる地位にある人として、栄誉的に敬ひ、又、英国などでは、ヴィクトリア女王以来、王室が民衆的人気を博しつゝあるを以て、社会的親愛を、幾分敬意的表現と共にあらはすものと考へられる。欧州人は、概して一方に甚だ封建的嗜好性を持つてゐることは、博士、教授、男爵、公爵、大将、中将等凡そ国家的、社会的に価値ある階級的称号を愛好すること甚しきものあるに徴してもわかる。

それ故に、栄誉の源泉でもあり又それ自身最高の栄誉をも負うてゐる国王を、栄誉的感覚を通じて畏敬するといふことは確にある。

然し、道義の絶対性に於て王を尊び敬うといふ尊王は、一般的には殆んど滅亡し去つてゐると思はれる。それは、何よりも、かゝる意味での尊王の対象とされる王者の実在せざることに原因するのであつて、西洋人が一般にかゝる意識を持つ精神的能力に全然欠けてゐるといふことではないのである。

次に、「忠君愛国」とは、我国の解釈に従へば、「忠君」なるものと「愛国」なるものとの二者対立でもなく「忠君と愛国」の二者連繫でもない。忠君必愛国であり愛国必忠君であり、そして又、忠君即愛国なると共に愛国即忠君でもある。忠君ならざる愛国はなく、愛国ならざる忠君もないのであつて、忠君も愛国も、各々国体に即自的なる一者の二面にほかならないのである。

而して西洋にも忠君あり、又愛国あるはいふまでもないが、その愛国は必ずしも忠君とはいへず又、忠君必ずしも愛国といひ得ないのである。

勿論、事実上、忠君が愛国となり、愛国が忠君となつて両者が恰も表裏の一体であるかの如き相貌を呈する史象は、上下二千年の西洋史上必ずしもその発見に苦しむものではないが、それは本質上の一体相貌ではなく、忠君と愛国とが利害関係上全く一致した時に起る一体であるかの如き相貌にほかならないのである。

されば忠君と愛国とが利害一致せざるに当つては、両者は互に矛盾関係に置かれるのであつて、君主に忠義であつても国民にとつての叛逆であれば、人民はそれを祖国への不忠とするし、人民、祖国への忠義であつても、君主に対して忠順でなければ君主側からは、それを不忠とする。

これは、その君国二元、君民二元の致命的欠陥から来るのであつて、いかに、利害の一致に基いての忠君即愛国、愛国即忠君の一元的相貌を呈してゐる時に於ても、具眼の士は、彼等の根本的奥底に、君民の生命的不融が横たはつてゐる事を見逃し得ない、といふのである。

故に、西洋に於ては愛国心と勤王心とは必ずしも一致するものでなく、時にいづれか一方の犠牲に於ていづれか一方を、主張せざるを得ないことがある。これ全く、その国体の然らしむるところといはねばならぬ。

日本では忠君即愛国、愛国即忠君であるのみならず、真の愛国は忠君によりて得られるものと信ぜられる。若し、忠君なくして愛国あり、とすればそは断じて日本の愛国ではないのである。

日本国体の本義よりすれば忠君より逬る愛国、忠君に結晶する愛国にして始めて、真理、道義に合体せる愛国であつて、然らざる愛国は、一種の煩悩性の愛国に過ぎないのである。此点、西洋の忠君愛国は、たとへそれが外貌的に一致してゐる場合といへども、日本の如くに忠君を愛国の魂と為す、といふ性格を有してゐない。

ロイスの名著といはるゝ「忠義の哲学」一巻は、著者がアメリカの大学教授であるといふことを念頭において見るべきものではあるが、「忠義とは一対象に対して人が自奮的に実際的に全身を捧ぐるの謂なり、忠義ならんには先づ対象を要す」（鈴木半三郎訳「忠義の哲学」一三―一四頁）といふのはよいとして、その対象論に於て、彼は全然忠義本来の重点を見失つてゐる。

勿論、国家に対する忠義、といふことも取扱つてはゐるが、アメリカ人であるだけに、君主に対する忠義については、殆んど何等特別の研究をさへ試みてをらぬ。要するにヨーロッパ人には、国家への忠誠といふことは理解出来るし、又、封建的、又は半封建的意味での国君への忠義といふ事も理解し得るが、「君主への忠義に結晶されない愛国は真の国家的忠義たり得ない」といふ日本の忠君愛国の如き、現在のところでは体験的基礎がないから理解し能はないのである。

最後に、君民間に於ける臣又は民の君主への道の中で最も可視的にして然も君民の体系、秩序を維持する直接の道は服従である。

いかなる君主国に於てもいやしくもそこに君民の体系あり秩序ある限り、人民の君主に対する服従を無視する者は無政府主義其他特殊の思想者のほかには見出せないであらう。服従はこの意味に於て臣・民の道である、と考へられてゐる。

而して、この服従は、神権説時代には無限君権に対する無限服従として強要せられたのであるが、神権説が凋落し、無限君権が否定せられるやうになつてから、この「無限服従の強要」は、中世の歴史的幕の彼方へと押しやられ、近代的民権意識に援護せられつゝ、新しく義務としての性格を帯びたる服従となつて、君主国の秩序維持に協力する事となつた。

国家建設の目的は人民全体の幸福に存するといふ国家観念の勝利の下に於ては、君民の関係は契約にありと見らるるが故に、「自由共和政治論」のミルトンをしていはしむれば、「人民全体が君主の為めに造られそして君主が人民の為めに造られたものでないことが明白であるならば兎に角、然らざる限り、人民全体が君主一人の為めに造られたものとするのは、これ人民の威厳に対する一種の犯罪である」と、両者の存在理由は従来の思想と正反対になる。

これに対してはいかにホッブスの「レヴイアサン」（Hobbes: : Leviathan）に於けるが如き君主擁護の想弾を発射するも所詮徒労であつて、グロチウスが十六世紀末から十七世紀へかけての彼生存当時の思想として「相互的服従」を説く者あるを指摘してゐるが、かくの如き思想はよし実現し得ざりしにせよ君民の命令服従関係を益々変革的方向に導き、君主国家を最善となせるホッブスをして猶ほ「国家設立の目的に叶ふ主権者の命令には絶対に服従しなければならないが、之れに副はざる命令には服従の義務なきものとする」といはしめるに到つたのである。

かくて西洋の君民関係に於ける服従は、生命の本義に基く道義の鉄則ではなくて、単に契約の中に於ける権利に伴ふ法的義務と化し去つたのである。故に、彼等は、正当なる君主権の発動と彼等の認めた命令に対しては服従の義務を尽すけれども、然らざる時は、之れに服従せざるの権利を有す、と確信せられてゐるのである。

かゝる思想が更に積極化すれば、そこに反抗権、革命権の如き権利思想にまで大成せられるは必然の帰趨といはざるを得ない。

ロックはその著「政府論」（The Treatises on Goverment）に於て彼の祖国イギリスの君主政体を支持し、且つ君主の神聖の維持をもいひつゝ、然も「人民が彼に忠順の誓を為すのは、彼を以て其国の最高立法部となすが為めではなく、寧ろ彼が立法部と倶に制定せる法律を執行するに因るものであるから、人民の宣誓は法律の厳粛なる執行そのものに向つて為されたものと観るのが正当である、随つて、若し行政権者が法律を犯す時は人民は彼に服従の義務はない」といひ、又、「君主の不法行為が多数人民の権利を侵害し、若しくは其の行為の被害が少数者に止まつてゐる時でも、若し之れを看過しておくと人民全体の生命、自由、財産及び国法そのものをも破壊するに到るであらうことを多数者が予知した場合には、彼等が不法なる君主に敵対するも誠に已むを得ないことである」といつてをる。

この権利義務の法思想下に保証せられた服従は、かくして、ヨーロッパ君主国の人民の殆んど再び動かすべからざるものとしての信念となり、今日に及んでゐる。

そこに、彼等の君民間の合法的、合理的、契約的結合の実相を見ると共に、曾て、王道君道が王権君権に移行した事を観察した吾等の眼をして、再びこゝに臣道、民道が臣権民権に移行せる姿を確認せしめずにはおかぬものあるを見るであらう。

かくて、我等は西洋の君民に関する思想史上、民道観は王道観に比して更に一層不振であり、未発達であることを教へられると共に、その因て来る所以が何であるかをも亦考へさせられるのである。

西洋の人民道にも、猶ほ断片的なものを拾ひ出せば、取りて以て項目となすべきものなしとはせぬ。しかし、それらは、おほむね派生的第二次第三次的なものであつて、根本は上述の数項に尽きるものと思ふ。

注1　Franz Oppenheimer:Der Staat, S. 135-136
注2　中川一男著「西洋中世史新論」五四頁
注3　F.A Ogg:Sowrce Book of Mediaeval History, p.216 seq. "Homage" Encyclopaedia Britannica

第三章

結びの言葉

第一節　日本神権説の崩壊

日本も亦一種の神権説を有する国と信ぜられてゐる。然もその神権説なるものは敗戦前迄、国家的権威を負ふた公論でさへあつた。然るに、一度び敗戦、無条件降伏、国土の占領、占領軍司令官の最高支配権の確立、帝国憲法の否定的改正による日本国憲法の制定等、驚天動地の改革日に夜を継いで決行されるに及び、言論出版の自由と共に、日本神権説はあらゆる方面からの批判に直面させられる運命に逢着したのであつた。その批判の中には、正当なものもないではないが、それらは民心に大きな支配的影響を与へず、極端な破壊的思想のみが烈しく人心を動揺せしめた感が深い。日本神権説の根拠たる天壌無窮の神勅は、あらゆる公的機会と場所から抹消され、多くの私的場所と機会に於て、天照大神や神話と共に、嘲笑、憎悪、否定、破壊の対象として弄ばれ、弊履の如く取扱はれた。そして、旧皇室典範には、第十条に祖宗の神器を受けつぎ給う規定の明文があつたのであるが、昭和二十二年の改正典範にはそらが抹殺され、帝国憲法第一条に「万世一系ノ天皇」とあつたものは日本国憲法第一条に於て単に天皇と改められてしまつた。

敗戦は、勝者にも混乱を与へた。ひとり、敗者たる日本国民だけが混乱に陥つたのではない。この混乱の中から、これらの多くの新事態が生れたのであるから、講和と共に冷静を取り戻してゆくであらう世界の眼前で、混乱卑屈から立直るであらう日本人が、自己の権威に基いた理性的再吟味を加へる事は、日本独立にとつて不可分の要件と曰はなければならぬ。

第二節　日本神権説の再検討

日本の神権説は、日本人自身の独立的権威を負ひ、然も世界人類の理性の前で、日本人自身の理性を以て再検討されなければならぬ。この再検討は何よりも先きに、神話殊に天壌無窮の神勅そのものをそのものとして考察する事、第二にこの神勅が皇室並びに国民の間に如何に伝持されてきたかを歴史的に考察する事にその端緒を持つべきであらう。神勅そのものの研究は、本書の後巻たる規範論に詳述してあるが、その要を言へば、㈠神勅は記紀の記してゐる通りの形で、天照大神といふ女神が高天原で皇孫に託宣されたものではないのは言ふ迄もない。すくなくも、書紀や古語拾遺に示されてゐる文章形態の成立は推古朝以後にちがひない。㈡然し、その思想内容は必ずしも推古朝以後とは断定し難く、皇室の全国的統一の緒についた頃、例へば継体朝あたりには大体の成立を見たとしても少しも不思議ではない。否、一層さかのぼれば記紀に言ふ崇神朝でも神武朝にでも成立し得るのであつて、要するに、日本民族が成立しその中枢が皇室である又はあるべきだとする関係が諸豪族諸支配者の中に事実的に又は観念的に肯定せられ、そして日本の国土がほゞ一体的に把握される情態さへ起つてくれば、神勅の如き意志が起つてくるのは決して不思議ではない。㈢神勅は然し支那の天帝、印度の転輪聖王、西洋のゴッドの神権とは、本来の性質を異にする。教権と俗権との統一といふことは、人類初期の政治的発展に於てはいづこにも普通な要求であつて、武力や経済力に於て統一者の地位を獲得してもそれらはいづれも有限なものであつて到底永遠なる王位の基礎とは為し得ないから、そこに精神的世界を築いて永遠性と絶対性とを求めようとする。そこで王位の神秘性や尊厳性を物語る神話が生れるのであつて、日本の神話や神勅だけがこの類型の例外であるとは考へられない。けれどもその場合に、天や造物主たる神にその根拠を求めてゐる支那、印度、西洋の場合と、天皇の御祖先と信じられたカミにそれを求めてゐる日本とでは、根本的に異るものがある。根拠の非人間性と人間性の問題である。非人間的根拠に出発した王権は非人間的絶対独尊を本質とするから、たまたま特に道義的思惟の強い者の思索に捉へられれば、例へばダンテの如く、例へばヘーゲルの如く、例へば支那の王道論者の如く、殆んど理想的ともいふべき君主論となり、又は稀な名君となるのであるが、実際に王位に在る人、その側近等の俗物者流は、その超越的絶対性の観念に便乗した非人間的絶対専制に堕し易いのである。之に反して、人間的根拠に発した王権は、王権の基礎が人間性に存する為め、非人間的絶対化を警戒し実践的に人間的となる傾向を持つ。人類の社会に於ては非人間的暴力は衰滅し、人間的正力は保存せられる。天照大神はより多く人間的神であつて宇宙的絶対者でなく、天壌無窮の神勅も亦人間的王権と王統とに関する思想を宗教的権威に高めたものであつて、この場合に於ける神と人とは本質的に同じうする。㈣神勅の実態は、漸く統一的基礎を盛りあげた日本民族社会の実態の反映であつて、それは民族を遊離した一方的決定ではない。日本の民族国家の形成に参加してゐた諸豪族、諸氏族の社会的決定の齎した規範であつて、一人の王者や数人の仕事師や乃至一二人の思想家が案出した民族遊離、孤独天降の託宣ではない。神勅の文章形態は一人又数人の協力によつて形成されたものであつても、かかる規範は、断じて少数者の私製ではなく、民族社会の総意の反映でなければならぬ。これ各国の神権説が一として終を完うしなかつたのに、日本の神勅のみは、敗戦前迄不動の民族的信念とされた所以である。この意味で神勅と日本国憲法の国民の総意に基くといふことは、法律的に異るだけで社会的には同一実態なのである。

第二に、日本の歴史を通観して、天皇大権は種々変遷を示してゐるが、然し、幕末明治以前に於けるいかなる時代にも天皇を以て必ず国家権力の掌握者行使者とする事が神勅的規範の命ずる処であるとする解釈や思想運動や政治運動が行はれたことはない。絶対的に天皇を要すとは考へたが、天皇が唯一の権力者でなければならぬとする思想は未だ曽て存在しなかつたのである。古語に所謂ミソナハス、キコシメス、シロシメス、食《ヲ》ス等、即ち純粋無雑な非暴力的統治は、歴史を一貫して日本自存の最大要件として信持されてきたが一度び権力に関係すると、歴史は種々の万態を示してゐるのであつて、むしろ、天皇が権力の主体でなかつた時代の方が圧倒的に多いのである。かく多くの場合権力から遠ざかりながら、いかなる時代のいかなる権力掌握者からも天皇は権力以上の究極的存在として仰がれてきたのであつて、然も各時代のあらゆる権力掌握者は、民衆と共に一人として、神勅を否定した者がない。神勅は常に最高の規範としての権威を保持し、皇室は権力者以上の究極的存在としてすべての権力者の上位に立つてきたとすれば、日本民族の政治的実践史に於ては、政治学説上国家契約説に対するものとしての所謂神権説といふものが厳密には成立しないわけである。これが従来の日本の正しい歴史的伝統であつた。

　然るに、明治以後、西洋の君権神授説を知るに及び、日本の政治家や政治学者法学者の中には、神道家、国学者等と相呼応して、神勅に基き日本的君権神授説を打ち樹てたのであつて、日本の神権説は、実に、明治以後に発生し、昭和に到つて絶対化された新産物なのである。この神権説こそ、帝国憲法を不明朗ならしめた官僚・軍閥・右翼・財閥の狂的に築きあげた絶対的天皇制、実は名目的天皇制・実質的特権階級制の御用学説なのであつて、それは、神勅の狡猾なる悪用以外のなにものでもない。圧制者の独裁に対して個人の尊厳を自覚した者、君主の暴政に対して国民の権利を自覚した者は近代政治の建設者となつた。不当に抑圧された多くの人々を解放した功績は蓋し大である。日本はその点に於て明かに世界に遅れてゐたが、唯一つ、民族の尊厳を自覚した点に於て、古来の各国の王道論、近世西洋の民主主義と比較して確に一頭地をぬきんでてゐる。それは法律論ではなく社会論であり国体論である。神勅は、明かに、この民族尊厳の自覚を示した根本的文献であつて、われわれが現実に支配せられ兎もすれば脅かされやともすればそれに拘泥し勝ちな国家権力や帝王主権を乗り越えてゐる。即ち、皇位を単なる権力の坐所とする代りに、それを民族生命体の自覚的尊位とし、よつて以て日本民族の永遠なるそして絶対なる安定と統一とを外なる権力にでなく内なる生命そのものに求めてゐるのである。昭和時代を恐怖せしめた神権思想は官僚軍閥その他の支配者の神勅を枉曲した作為であつて、このやうな神権説こそ抜本的に滅亡せしむべきものであれ、神勅及び明治迄の歴史的実践は、これを欧洲の神権説の如きものと同一視することは断じて許さるべきではないのである。

日本国体学第七巻「比較国体論」終

解題

本書「比較国体論」は、里見岸雄博士が心血を注いだ『日本国体学』の第七巻にあたる。この『日本国体学』は、大東亜戦争中の昭和十八年十一月から敗戦後の昭和二十三年三月にかけて執筆された全十四巻の大著であり、本書が書かれたのはサイパン玉砕、東条内閣総辞職と戦局が悪化しつゝある時期であつた。

『日本国体学』は、第一巻「国体学総論」が昭和二十五年四月に刊行されたものの、資金難により続刊は断念の已むなきに至る。その後、本書の第二篇「支那の王道論」が里見日本文化学研究所・日本国体学会の機関誌『国体文化』（昭和三十三年四月号~同三十八年六月号）に加筆修正の上で連載され、昭和三十五年に年刊の『里見日本文化学研究所学報』が創刊されると、その第一号から第三号に改めて収録された。この学報は全国の図書館・大学・有識者に寄贈され、少なからず反響を呼んだといふ。さらに、「支那の王道論」は錦正社から単行本として昭和三十八年に上梓された。その序言において、里見博士は次のやうに述べてゐる。

思ふに、支那の王道論は、世界思想史上から観ても、まことに瞠目すべき一大政治哲学と称して不可はあるまい。私はもちろん支那思想史の専門家ではないから、読書研究の範囲も狭少であり、知識も十分ではないが、事、王道思想に関する限り、日本国体の研究上等閑に附し難いので、多年にわたり、できるだけ注意を払ってきた。特に、昭和六年以後、「王道建国」を標榜した満洲国が成立し、王道論が盛行するようになってから、俄然、日本の国体論者に多大の刺戟を与へ、卒然として、王道皇道峻別論が抬頭しはじめ、漸く尊内外卑的皇道論が日本を風靡せんとするかの風情を示すに至った。それは国民を駆って独善的神国論､或るは独善的皇道論に陥らしめ、ひいては不測の国害となって国歩を誤らしめる恐れ多大であると思った私は、当時の国情から判断して、一身の不利危険を十分覚悟の上「皇道か王道か」を著し、又、当時私の担当してゐた立命館大学国体学科で七回の「日本国体と王道」と題する特別講義を行ひ、これは速記をとらして講後出版して一般読書子にも提供する等、「王道は革命を許す思想」だとする背理を訂し、支那の王道思想の純正なるものを闡明すると共に、日本国体並びに日本で言ふ皇道なる概念との異同を弁別する事に力をつくした。

日本国体思想は、これを大観するに支那の王道論や仏教思想の影響を受くること甚大であって、「古事記」の如き純日本思想といはれるものでさへ、最近の研究によれば、その用字が、法華経に根拠したもの多々であることが判明してゐるほどである。十七条憲法は勿論、「日本書紀」にせよ、歴代の詔勅などにせよ、仏教のことはしばらく別とするも、支那王道思想の影響をうけないものは殆んどないといってよい。明治以降敗戦による占領のはじまる日まで、教育の根本聖典と仰がれた教育勅語もまた決して支那王道思想と無関係であるとはいへない。このような観点に立つとき比較国体論として支那の王道論を学ぶことは、日本国体研究の重要な一側面であるといはなければならぬ。私の支那王道の研究はいはばこのような比較国体論的な意欲に立って日本の国体思想研究に於ける一素材を自分なりにまとめあげたものである。意欲余りあって力足らざる嫌ひもあり薯として尚不満な点が多いが、それにも拘らず若し何等かの意味で著者のの努力が学社研究の参考になる点もあらば実に望外の幸せである。

〔仮名遣ひママ〕

だが、残る第一篇「比較国体論概説」、第三篇「印度の王道論」、第四篇「西洋の王道論」は、これまで刊行の機会がなかつた。今回、このやうな形で全体が公刊されることは実に喜ばしい。

まず第一篇であるが、「自らを自らとして覚るといふことは、自らが他でないことを覚るのであるから、他者の無いところに、自らを自らとして自覚するすべはない。この意味に於て、日本国体の自覚といふも亦然りで、他の国家、他の国体との比較の上に立たなければ、真の意味の国体自覚はむしろ不可能と曰ふのほかない」と論ずる里見は、「万邦無比の国体」といふ言葉があるけれども、それは「及ぶものがない」といふ意味であつて比較じたいを否定するものではないと比較国体論の必要性を説く。さらに、「外国人をして、各々自国の国体を反省しつゝ、日本国体との比較に思ひ到らせ、日本国体の世界に於ける至宝たるの所以を察知自覚せしめる為め」にも、「諸外国の国体の研究も十分外国人を首肯せしむるに足るだけのもの」たらねばならぬと強調するなど、普遍的視野に立つた比較を志向してゐる。また、具体的な視角として、君臣ないし君民関係を中心とする狭義の国体のみならず、政治的共同体たる国家、さらに人倫・風俗・言語・信仰など国民性を挙げてゐる。かうした人文社会科学的方法論は里見が大成した日本国体学全般を貫くものであるが、その射程は極めて広い。

続いて第三篇であるが、里見博士の仏教学に対する深い素養に裏打ちされてゐる。我が国は仏教を受容したにもかかはらず、その王道論に対する関心は高まらなかつた。これは、儒教を中心とする支那の王道論に対して示された強い関心とは対照的である。けれども、「印度系の帝王思想は、支那のそれに比して断じて劣る事なき深さと広さと多様性とを具備してゐる」と指摘する里見は、漢訳仏典を博捜して印度における帝王思想の紹介に努めてゐる。中でも特筆すべきは、転輪聖王 Cakravarti-rāja と呼ばれる理想王の思想である。これは、「仏教に於て宇宙最高の尊者とする如来仏陀と同一本体のものであり、真理の啓示説法者、一切衆生の導師としては仏陀となり、真理正法を以て治化し治政する知者としては転輪王となるもの」だ。「法《ダルマ》に基づく政治」を行つたマウリヤ朝の阿育王《アショーカ》との関はりを云々する者もあるが、阿育王が転輪聖王のモデルとなつたのか、転輪聖王の理念に基づいて阿育王が統治を行つたのか定かではない。けれども、仏教が日本に定着する中で、天皇こそ転輪聖王であるとの観念が発達し、即位に際して（頭頂部に海水を注ぐ）灌頂の儀を行ふことが通例となつた。これは、（西欧諸国で新国王即位の際に行はれる塗油の儀に比せられようが、江戸幕末における国学の影響力増大に伴ひ、明治天皇の即位式において灌頂の儀を始めとする仏教由来の儀式は全て排されるに至つた。しかし、その後も田中智學の国体論などに転輪聖王思想は大きな影響を与へてをり、その源流を辿る上でも有益な論篇である。

最後の第四篇であるが、なぜ西洋において民主主義が生まれるに至つたのか、里見博士は王道や人民道といふ観点から探求を試みる。新旧聖書には、「神が義である以上、国王も義でなければならず、国王が義であるならば、国民も亦義でなければならない」といふ王道および人民道の萌芽が見られるにもかかはらず、さうした思想が結果として力を失つたのは何故か。中世においてローマ教皇（教権）と君主（俗権）とが対立する中で君主の権力は神から授けられたものとする考へが生じ、さらには神から権力を授けられた君主に人民は叛逆してはならぬといふ主張が一世を風靡するに至つたもの丶、「そこには君権の万能を説くのみであつて、毫も王道を説くところがない。か丶る君権万能思想を以て民権を無視し、絶対専横の暴治を事としたる国家から、革命思想を激化し、民主主義の総進軍を事実にし或は君主制の破壊、或は君権の性質変革、或は著しき君権の制限等を行つたことは、何等あやしむべきでない」と里見博士は述べる。また、「西洋では、一国の全民を通じて、『臣たるの民』即ち臣民を構成してゐないのであるから、一国の全民衆を貫いて一の臣民道の主体たらしめることは出来ない」ことを指摘し、君主に臣従してゐるわけではない民からすれば、「その命令に服しその尊敬を捧ぐる所以のものは、国家を重点とするのであつて、君主そのものを必ずしも窮極的に民道実践の対象としてゐるのではない」と、西洋諸国の君民関係に民主主義擡頭の遠因を見出してゐるが、これは重大な指摘である。

以上、各篇の学問的意義について略叙したが、グローバル化が進み、世界的な視野に立つた国体研究が求められる今日、その先駆的業績たる本書の刊行は極めて意義深い。多くの方々の御一読を乞ふ次第である。

金子宗德〔里見日本文化学研究所所長〕

日本国体学全十四巻内容概観

これは一人の著者が一箇の題目について執筆した著書としては世界の各方面を通じて最大の著作の一つに属するものであるが就中、日本国体に関する体系的著作としては、古今第一の大作である。従来のあらゆる神学的、国学的、独断的国体論を根底から覆した著者三十年唱導の国体科学の集大成された驚歎すべき一大学的殿堂である。今後、日本国体を正当に論ずるほどの者ならば讃美者否定者の孰れたるを問はず本書に展開された科学的理論を無視する事は出来ないであらう。然も著者は、高遠難解な理論を辿るに最も民衆的表現を以てし、徒らに国民の良識を超越せるかの如きアカデミズムの態度を打破しながらよく学術書としての品位を保持する事に成功した。三千五百を算へる綱目の中に展開された各巻の概要を指摘すれば大体左の如きものである。

【第一巻・国体学総論】＊国体の科学的研究に必要な基礎論で就中国体概念の確立唯物弁証法の批判と生命弁証法の闡明及び人間生命論は国体学が事実の認識と価値及び法則の把握に出発する事を示す。

【第二巻・国体思想史】＊一般に日本人がわが皇室並びに国家に対し如何なる思想信仰を懐いてゐたかを太古以来現代に到るまで歴史的に観察し、日本国民の思想の根底に流れる不変の心脈を指摘した。

【第三巻・国体論史　上】＊国体論史とは学者思想家の国体に関する議論の歴史で上巻には、鎌倉時代前後の起源時代から江戸時代に到る迄を学派的に分類し、その中心学説を要領よく網羅し批判した。

【第四巻・国体論史　下】＊下巻は明治以後現代に到る複雑多端な国体論議を大観し縦横に文献を駆使して余す所なき観がある。而して非科学的国体論の長き歴史を清算して国体科学の勃興すべき必然性が条理整然として納得される。

【第五巻・国体学創建史　上】＊古今の国体論の冥闇を排し理性的国体学が現れる。本巻は即ち田中智学の日本国体学創建史であつて、偉大の全面手に取る如し。

【第六巻・国体学創建史　下】＊父子二代半世紀に亘る学業は光圀綱条、司馬談司馬遷、英のミル父子に比すべく、本巻は里見岸雄博士の多難な国体科学が右翼官僚軍閥の迫害の中に創建された歴史。

【第七巻・比較国体論】＊支那印度西洋の帝王思想を詳説した所謂我皇道国体との異同を明かにし、かの日本皇道支那王道の誤謬を完膚なく破折し尽した。単に支那王道論の研究として見るも空前の力作。

【第八巻・国体生成論】前篇古典論に於て記紀の概説とその限界を明かにし後篇に於て石器時代神話時代史話時代初期歴史時代を通じ国体の生成確立する状を示し、左右両史学の偏見独断を粉砕した。

【第九巻・国体構造論】実在としての日本国体を血縁・心縁・治縁及び地縁の四点より考究分析し、いづれの時代の国家をも貫いてその基本社会となつてゐる民族生命体系たる事を明白にした。

【第十巻・国体軌範論　上】本巻には社会軌範としての国体を論究し古くは神勅神器より近くは教育勅語乃至所謂皇道に就て縦横無尽の科学的闡明を試み日本人が失ひかけてゐる自信を取戻してゐる。

【第十一巻・国体軌範論　中】本巻は特に国家軌範の面より国体を観察し推古憲法、明治憲法並びに日本国憲法を研究したもので、世の憲法学者の見解と全く趣を異にする科学的国体憲法学の最高峰。

【第十二巻・国体軌範論　下】本巻には国体の宗教的軌範及び武道的軌範を論明し神道禁止令並びに武装禁止戦争放棄の鉄檻の中に於て今後の日本人が是等の問題に如何に善処すべきかの原理を明示。

【第十三巻・天皇・政治論】天皇の現象と本質とを究明して従来の如何なる天皇論も到達し得なかつた難問題を徹底的に解決し、更に再建日本の歩むべき今後の政治に関し示唆多き指導的結論を与ふ。

【第十四巻・附録及全巻索引】本巻には日本国体学起稿式及び大成奉告式等の記録を収め、且つ精密なる全巻の索引を編纂し、本書のあらゆる人名・書名・事項等これを掌の中に探るが如き思ひあらしめる。

（＊印は既刊行）

里見岸雄先生略歴

明治30年　3月17日、田中智学先生（国柱会創始者）の三男として東京本所横網町に生まれる。
大正9年　早稲田大学哲学科卒業。
同 11年　英・独・仏に遊学。
同 13年　帰国後、兵庫西宮に里見日本文化学研究所を開設。
同 15年　機関誌「日本文化」創刊。
昭和3年　国体科学連盟を結成。
同 4年　機関誌を「国体科学」と改題。
同 7年　研究所を京都吉田に移し国体主義同盟を結成。
同 11年　2月11日、日本国体学会を設立。東京武蔵野に研究所を移転し、機関誌を「国体学雑誌」と改題。
同 16年　立命館大学法学部教授に就任（憲法担当）するとともに報知新聞客員。
同 17年　法学博士の学位を受く。立命館大学に国体学科が創立され主任教授。
同 18年　11月11日、橿原陵前にて『日本国体学』起稿式。
同 20年　秋田県扇田に疎開。
同 23年　『日本国体学』全13巻を脱稿、4月3日、橿原陵前にて大成奉告式。
同 25年　『日本国体学』第一巻『国体学総論』を刊行。
同 26年　機関誌を「国体文化」と改題。
同 27年　憲法改正運動を全国展開。
同 31年　（宗）立正教団設立。
同 33年　大日本国憲法案を発表。
同 44年　新研究所の建築落成。
同 49年　4月18日、武蔵野日赤病院にて太寂。世寿78歳。

主要著書

大正8年　『日蓮主義の新研究』
同 15年　『日本国体学概論』
昭和3年　『国体に対する疑惑』
同 4年　『天皇とプロレタリア』
同 6年　『吼えろ日蓮』
同 7年　『天皇の科学的研究』
同 8年　『「国体」の学語史的管見』
同 13年　『国体法の研究』
同 14年　『中世の国体思想』
同 28年　『天皇？』
同 28年　『日本国憲法の批判』
同 35年　『日蓮 その人と思想』
同 36年　『萬世一系の天皇』
同 37年　『日本国の憲法』
同 38年　『支那の王道論』
同 47年　『天皇法の研究』
同 61年　『里見岸雄論文集Ⅰ』
平成元年　『天皇とは何か』
同 4年　『国体思想史』

『日本国体学』第七巻

比較国体論

平成二十九年七月十六日　第一刷発行

著者　里見岸雄

発行　日本国体学会
〒180-0014 東京都武蔵野市関前5―21―33
TEL〇四二二（五一）四四〇三
FAX〇四二二（五五）七三七二

発売　展転社
〒157-0061 東京都世田谷区北烏山4―20―10
TEL〇三（五三一四）九四七〇
FAX〇三（五三一四）九四八〇
郵便振替　〇〇一四〇―六―七九九九二

組版　日本国体学会印字部
印刷　文昇堂
製本　誠製本

ISBN978-4-88656-443-6 C0036